国际工程法务管理

GUOJI GONGCHENG FAWU GUANLI

张浩 著

法律出版社 | LAW PRESS

序

在中国“走出去”和“一路一带”战略实施的大背景下，中国企业特别是工程类总承包企业，正面临着巨大历史机遇与挑战。面对国内市场饱和以及产能过剩突出的残酷现实，中国企业存在着“走出去”强烈的内在需求与动力。然而，由于国内外法律法规、政治制度、经济市场等环境的巨大差异和复杂性，国际工程总承包项目往往会面临比国内工程更大的风险。实际上，中国企业普遍存在项目管理水平落后、对国际规则的漠视、国际化专业人才的匮乏等诸多问题。这些不足或短板给一些已经走出去的中国企业带来很多“血淋淋”的惨痛教训，这不仅仅造成经济上的损失，而且影响到中国国际形象和国家战略的实施。解决不好这些问题，中国企业在国际工程方面的成本、经验、效率等方面的竞争优势将被大幅度地抵消。

作为一名国际法学科的学者，我近年来的专业研究集中于国际投资的法律规制领域，尤其是“一带一路”下投资公平与便利化的国际环境研究，我也一直将能培养出在中国企业“走出去”过程中发挥专业作用的法律人才为己任。然而，与很多国际法学家一样，我的理论研究和教学也囿于法律实务经验的局限。张浩律师的这本新书如“久旱逢甘霖”，恰好填补了法律界在这方面的空白。其“难得之处”可以归纳为如下三点：

第一，“接地气”，能站在从事国际工程法务管理第一线工作者的视角来分析和探究现在中国企业在这方面问题，比如“法务管理机构设置混乱”这一节，就非常具体和具有代表性，法务管理的职能是始终贯穿本书的一条主线。如果没有深入国际工程总承包企业内部的第一手实践经验，很难提出具有针对性的顶层设计建议，书中提出的建议并不是照搬国外经验，而是针对中国企业现阶段法务管理的特点“对症下药”。

第二，“有高度”，例如，国际工程项目索赔的法理基础，首次从法学角度进行了索赔理论方面的探索,关于国际工程索赔的论文虽然可以用汗牛充栋来形容,但基本上都是站在管理学或工程学角度进行论述的,缺乏法学方面的探索。再如,《国际工程项目腐败治理研究》,这是我国首篇关于国际工程领域腐败治理研究的论文,该论文无论从理论还是从实践角度看都具有极高的学术价值,填补了我国国际工程项目腐败领域研究方面的空白。在所有专题论述中,都有法学理论方面的见解。在繁忙的实务工作中,作者能一直保持大量的文献调研和较高水平的理论研究,实在是难能可贵,基于这些扎实的基础工作上进行的分析和建议大大提升了本书的学术价值。

第三,"有广度",本书虽然从法务管理切入,却涵盖了国际工程法务工作中方方面面的知识,如法务团队建设、合同管理、法律管理、律所管理、工程保险、银行保函、争议解决、企业合规、腐败治理等内容,并列举了大量作者亲身经历过或监管过的有关国际工程的工程案例。本书贯穿了法学、管理学、工程学三大学科,可称之为国际工程法务实务和研究领域的"工具书"。

以上这些"难得之处"得益于张浩律师难以复制的丰富工作经历,他在大型国有企业和一流的民营企业都担任过重要涉外法务管理职位;之前的律师执业经历也为他在后来在公司内有效管理国外律师提供了有益的积淀与帮助;多年的国际法务工作历练造就了他开阔的国际视野和深度的认识问题的思维。当然,这些成就更得益于他的勤奋以及对本职工作的执著与热爱。

中国企业走出去还处在起步阶段,如何能走出一条适合中国企业法务管理之路是大家都在思考的问题。张浩律师作为该领域实践的开拓者,将自己多年来积累的经验和研究贡献出来,这是为中国企业在国际化过程中能走得更远、步子更稳做出了一份贡献。我相信,无论是公司法务人员,还是企业领导、涉外律师、学术界、业务人员等都能从本书中收获颇丰。

我很荣幸应作者的邀请,为本书作序,我衷心地希望以这种方式见证中国企业在国际竞争舞台上一步一步走向成熟的成长历程。

胡晓红

2016年12月16日于南京

Perface

I am an Indian Lawyer and as a general practice in India, it is very few time, one may receive an honor to endorse a work of a writer and therefore, I feel privileged that I am considered as an important person by Mr. Zhang Hao to endorse his efforts by way of this preface.

While perusing the contents at depth, I can certainly ensure the efforts and pain that the author has taken are of great help to those who are doing business at international level. The aspects cover most of the international transactions and although the book has been published in Chinese Language, if published in English, it can be of great help not only to the lawyers but business people also as it will give ease of doing business.

It commences with the establishment of legal team for any organization and it is pertinent to state that this is to protect bottom line i. e. profitability of an Organization. It is not merely a legal team, rather it should be treated as a Risk Prevention team. Such a preventive team reviews the project and thereby, identifies the risk at pre-bid stage which can certainly protect profitability of the Organization.

Secondly, as rightly pointed out by the Author about importance of consortium, it needs careful perusal by the Team as it may lead the organization towards unwarranted risk if consortium partner fails with higher stake.

Further, the Author has widened the scope while touching essentials of FIDIC and in any international transaction for the project, adoption of such internationally agreed terms and conditions would certainly play a vital role meaning thereby, probabilities for the dispute would be reduced at certain level considering clarity on various terms and conditions.

The Author has also rightly touched EPC contracts in totality as it is also important to notice contracts other than FIDIC and thus, the book has been exhaustive covering major aspects of commercial transactions related to project management aspects.

At bird's eye view, if the book is rated, it covers an extensive aspect related to the projects as well EPC and not only the legal but it certainly extends to the commercial aspects viz, BG, Insurance claim etc., along with technical parameters of Design and Engineering. It is a perfect blend for both business and a lawyer.

It is also pertinent to state that an Author recognizes maintenance of profitability vis-à-vis to ethical practice and therefore, Author has rightly widened its scope while pressing on integrity as well development of ethical mechanism and thereby, an author has made his best endeavor to make this book complete in terms of business, technical aspect and legal aspects.

I, once again, tender my sincere thanks to the Author to consider me eligible by giving an opportunity to mention my thoughts by way of this preface.

Date: 24th December, 2016 ....
India Rutvik Patel

目　录

前　言

国际工程法务现状是什么？国际工程法务管理的难点在哪里？为什么大家都说工程索赔很难？带着这些疑惑，我在2010年9月开始关注并研究国际工程法务管理，并把自己的心得体会逐渐写成文章发表。本书的写作是建立在前期发表的20余篇论文基础上的，没有前期大量的调查与研究，很难在短时间内完成本书的写作，时至2016年10月，不知不觉走过了6个春秋。2016年5月20日，习近平总书记主持召开中央全面深化改革领导小组第二十四次会议，会议审议通过了《关于发展涉外法律服务业的意见》，这更坚定了我继续探索国际工程法务的信心与勇气。

国际工程法务管理涉及法学、工程学、管理学三大学科，在法学学科下又涉及国际私法、国际经济法、民商法、合同法、担保法、保险法等部门法，鉴于国际工程法学的复杂性，国内对工程法学的研究尚处于摸索阶段，传统的"五院四系"法学院校并没有形成一个高层次的国际工程法学研究中心，也没有国际工程法学博士点。现阶段，能够熟练使用外语，通晓国际工程惯例、规则、法律，有着国际工程实践的法律服务人才极度匮乏。国际工程法务管理在国际法律服务市场上竞争力弱，整体水平还不能适应国际工程发展需要，更不适应"一带一路"战略框架下国际工程法务服务的迫切需要。在图书市场上，关于国际工程管理的书籍，可以用"百花齐放，百家争鸣"来形容，其中也不乏有国际工程合同管理的论著，然而时至今日，并没有发现国际工程法务管理方面的专著，这不能不说是我国涉外法务领域的一块"短板"。现行的合同管理专著通常并不强调从事合同法律管理人员的专业化，无论是工程技术人员还是商务人员都在做合同管理，而法务管理特别强调法务人员的专业化与职业化。国际总承包市场是成熟的市场，有其客观的运行规律和成熟的游戏规则，我国的总承包商应以开放的心态来面对,不要试图抱着“摸着石头过河”的想法,把国内所谓的“成功经验”生搬硬套到国际总承市场上,需深入研究国际知名承包商的法务管理经验。

本书命名为《国际工程法务管理》,其特点是贯穿了“两个基本点,一条主线”。一个基本点是法务人员的专业化,即“专业的人做专业的事”,专业化要求从事国际工程法务人员必须获得国家法律职业资格,这是最起码的要求。另一个基点是大型国际总承项目在机构设置上必须设置独立的法务部。对于我国承包商而言,法务管理重点在于内部管理而不是外部管理,外部管理侧重的是与业主、联合体伙伴、分包商的合同法律关系,对内则侧重法务部与其他职能部门职责的划分。机构设置随意、不科学、职责不清,导致了工作推诿、项目管理混乱。我国企业对外投资的失利、经营失败,根源就出在法务团队建设环节上。自2010年以后,国际大型工程项目基本上采用了FIDIC EPC合同模式,红皮书模式基本上淡出主流市场,这是国际总承包市场自身选择的结果。因此,一条主线是指全书贯穿了FIDIC银皮书合同条件的知识要点。本书引用了大量案例,这些案例有的是本人亲身经历过的,有的是作为管理者亲身监管过的。以往,我们分析案例时,归结失败的原因时通常归结到承包商这一层级就结束了,而本书进行了深度挖掘,根源在于项目组织结构不合理以及法务人员(尤其是法务主管领导)非专业化造成的。非法务人员在法务岗位上不作为可怕,但乱作为比不作为造成的后果更严重、更可怕,这点从本书所引述的案例中“窥一斑而知全豹”。这些案例的引用并不是批评我们的企业做得不好,所选择的企业都是国内同行业中的佼佼者,而核心要义是通过这些案例来发现我国企业在对外承包中的不足或经常犯的错误,旨在提醒其他承包商需加强法务团队建设,不再犯类似的错误。

本书共分十三章,可以分成四部分:关于法务团队建设论述,主要是第一章;法律管理,主要包括第二章、第十一章、第十二章、第十三章;合同管理,主要包括第三章、第四章、第五章、第六章、第七章、第八章;保险管理,包括第九章、第十章。法务人才团队建设专业化是首章的主要内容,以后章节法务管理的论述是建立在设置独立的法务部的前提和基础之上的,并进一步厘清法务部在法律、合同、保险与合规管理方面的职责。国际法务团队的专业化、职业化、国际化是本书的基调。本书的写作思路和结构是,对于每一个专题,首先从法学角度进行法理分析,其次再从管理学角度进行管理论述。例如,第三章论述的是国际工程承包商的联合体合作模式,第一节从法学角度分析国际总承包中联合体的法律关系;第二节从法学角度与管理学角度综合论述联合体协议的主要条款;第三节则从管理学的角度分析联合体运行中经常出现的问题以及应对策略。再如,关于总承包合同的论述,第四章主要从法学角度论述国际 FIDIC EPC 合同条件的法理关系,第五章则对相同的主题从管理学角度进行分析。此外,第六章、第七章、第八章、第九章、第十章、第十一章均按照这个模式进行论述。法务管理的价值和生命在于法理分析,只有建立在法理分析基础上的法务管理才有实际意义,否则空谈"法律风险防控"则会导致舍本逐末,甚至缘木求鱼。

本书在付梓之际,感谢曾经为我发表过文章的各类期刊,主要有《国际经济合作》《国际石油经济》《管理科技研究》《国际工程与劳务》《辽宁工业大学学报(社会科学版)》《河南科技大学学报(社会科学版)》《北京石油干部管理学院学报》《行政与法》《海峡法学》《法制与社会》《中国保险》《中国经贸》《中国国情国力》《建筑经济》《企业研究》等。本书在写作过程中,学习并参考了国内外同行们大量的文献,鉴于有些文献已在我公开发表的论文中列明,因此,本书不再重新标出,感谢本书和曾经发表的论文中参考文献的所有作者,更感谢那些未曾标出的作者。感谢伊朗的 KHOSROW TABASSI、FARNAZ GHODOSI、DIVID HEMANTY 三位律师以及巴基斯坦的国际工程合同专家 MOHAMMED ISHAQUE,在与他们过去的交流合作过程中,我学到了很多国际工程合同法律知识和法务管理经验,也开拓了视野。南京大学博士生导师胡晓红教授在百忙之中为此书作序,是对我的极大鼓励和帮助。感谢印度的 RUTVIK. PATEL 律师,他在繁忙的工作中也为本书作序。同时,感谢特变电工股份有限公司的刘雪莲博士、李胜,中国石油工程建设公司的王兵、王朋,他们在本书写作过程中给予过帮助。

法律本身不是科学,本书中的很多观点,乃本人一家之言,并非通说,存在诸多争议,仍值得商榷。限于本人知识的有限、认识的不足,某些观点论述得尚不准确,衷心地希望广大读者提出宝贵的意见和建议。请随时通过我的电子信箱和我联系：luo999an@126. com；dingdalawyerzh@163. com。

2017 年 7 月将迎来我的母校西北政法大学八十年周年华诞，此书作为微薄的礼物奉献给培养了我的母校。

张　浩

2016 年 10 月

第一章 国际工程公司的法务队伍建设

导语：构建社会律师、公职律师、公司律师等优势互补、结构合理的律师队伍是进一步完善我国律师执业结构，适应国家和社会对法律服务多层次、宽领域需求的重大举措。企业法律顾问制度与公司律师制度设置的职能和功能基本相同，该制度的存在造成了法律服务市场的割裂和司法资源的浪费，是公司律师制度试点受阻的直接原因。构建公司律师制度既有必要性又有可行性。我国国际工程公司法务队伍建设缓慢的原因根源于国内企业法律服务市场的定位错乱。高素质的法务管理团队已经成为广大国际工程公司最宝贵的资源和竞争优势。由于认识上的偏差以及历史、制度等方面的原因，我国国际工程公司的法务队伍建设迟缓，已经成为制约国际工程公司可持续发展的"瓶颈"。我们在本章选取了两家具有广泛代表性的国际工程总承包商，以其法务队伍建设情况为样板，剖析我国国际总承包商法务队伍建设存在的问题和原因，并就构建法务队伍成长机制提出了思路。

第一节 企业法律服务市场现状与构建公司律师制度[1]

十八届四中全会通过的《中共中央关于全面推进依法治国若干重大问题的决定》明确提出"构建社会律师、公职律师、公司律师等优势互补、

---

〔1〕 张浩：《论公司律师制度的困境与构建》，载《行政与法》2016 年第 4 期，第 75～80 页。

结构合理的律师队伍”。2015 年 6 月 5 日,中央深化改革领导小组第十三次会议通过了《关于完善国家统一法律职业资格制度的意见》,指出“要按照法治队伍建设正规化、专业化、职业化标准,建立统一职前培训制度,加强对法律职业人员的管理,把好法律职业的入口关、考试关、培训关,提高法律职业人才选拔的科学性和公信力”。这是进一步完善我国律师执业结构,适应国家和社会对法律服务多层次、宽领域需求的重大举措。我国正试图从顶层设计一个多层次、宽领域和多方位的法律服务市场。在构建公司律师制度方面,既面临着历史性机遇,又面临着严重困境与挑战。

一、我国企业法务服务现状

(一)公司律师制度现状

2002 年 10 月,司法部颁布《关于开展公司律师试点工作的意见》,尝试在公司内部进行公司律师试点工作。按照该意见,公司律师是指具有律师资格或法律职业资格,受雇于公司,专职从事公司内部法律事务,不对外提供有偿法律服务的专职法律人员。2002 年 12 月,吉林省首批 19 位法务工作者获得了司法部颁发的公司律师执业资格证。开展公司律师试点的单位基本上是国有大中型企业,而民营企业和中小企业作为试点的单位很少。据公开的资料显示,截至 2014 年 12 月,我国律师共有 27.14 万人,其中专职律师 24.42 万人,兼职律师 1 万多人,公职律师 6800 多人,公司律师 2300 多人,法律援助律师 5900 人。公司律师约占律师总人数的 0.8%,所占的比例微乎其微。当今世界发达国家基本上都建立了成熟的公司律师制度,社会律师、公职律师和公司律师比例通常为 70%、15%、15%。随着依法治国的深入发展,企业依法经营,防范法律风险的要求也在不断增加,律师队伍结构不合理,公司律师人数偏少,越来越成为制约企业依法治企的“瓶颈”。公司律师制度试点以来,始终处于边缘化的地位,这与公司律师制度所存在的内外环境有关。

(二)外资企业与民营企业的企业法务管理模式

法务管理在企业中的基本职能是:对上,法务管理是企业领导层和决策层的法律参谋;横向,法务管理是为各职能部门提供法律咨询和法律支持的顾问;对下,法务管理是协调和干预全系统法律事务的主管。然而由于企业的性质不同,法务管理所处的地位和作用发挥的程度也不尽相同。

我国公司法务根据企业的性质，大致可以分为三种类型，即外资企业、民营企业和国有企业。外资企业和民营企业的法务是由内生需求的推动力产生的。外资企业的法务是外国公司法务的延伸，基本上采用了发达国家成熟的企业法务管理模式，侧重把外部的法律事务内部化。大型民营企业则是更多地把一些业务处理方面的工作放到法务部，法律事务的工作流程已经融入到业务管理范围内。微小企业通常是聘请社会律师打理企业法务。民营企业法务发展是内在的真实的需要，涌现出了像中兴、华为等一些优秀民营企业，他们借鉴了国外先进的法务理念和工作模式，其法务水平已经与作为法务标杆的美国非常接近。以美国专利经营公司IDC诉中兴、华为公司为例，在企业法务部的策划下，中兴在美国337件调查中取得了历史上罕见的胜诉，华为更是在中国诉IDC的反垄断诉讼中创造了经典案例。这些大型民营企业的法务实际上已经成为引领我国法务管理的排头兵。

（三）国有企业的法务管理模式

企业法律顾问制度是国有企业的法务管理基本形式。企业法律顾问是指由国资委主导的，具有企业法律顾问执业资格，由企业聘任并经注册机关注册后从事企业法律事务工作的内部专业人员。国有企业的法务管理是在国资委的推动下依靠行政命令运行的，更多的是从防范法律风险的角度考虑的。由于不是来自企业本身内生的动力，导致大部分国企对法务工作阳奉阴违、赶着上路、被动前行。例如，我国大型央企在海外重大投资的屡屡失败，总能隐隐约约地找到忽视法务管理的影子，不重视对东道国进行法律尽职调查，不熟悉东道国的政策和法律法规，不了解国际规则，盲目投资决策，最终导致投资失利。然而，类似的惨痛教训，却在我国对外承包企业中，年复一年地不断地重复上演着。在国际竞争中，法务管理水平基本上反映了一个企业的真正实力，与国际同类承包商同台竞技，其真实的法务管理水平会暴露得一览无余。

二、我国公司律师制度受阻的原因

（一）国有企业法务进展缓慢的原因

从外部因素来讲，经济越发达，竞争越充分，社会越法治，公司治理越合理，公司律师发挥的作用就越大，这一点在西方国家得到不断的实证。虽然深化国有企业改革已经进行了30多年，但大型国企尤其是央企仍然居于垄断地位，每个国企都有相应级别的政府作为其强大的后盾，能够得到国家多种特殊政策的扶持和优惠，拥有绝对的市场话语权，并没有真正置身于激烈的市场竞争中，因此，采用市场的游戏规则——“依法治企”的欲望并不高，不迫切需要通过法务管理来控制风险和保持企业的竞争力。国有企业的高管一般由党的组织任命，自上而下带有浓烈的行政化管理色彩，企业行政化管理要求“下级服从上级”，是否具有话语权，以及话语权的分量，往往不在于所持观点是否正确，而在于在企业中的行政级别。如果法律人在企业中没有一定的行政地位，往往会处于“人微言轻”的境地，当作为法律人与行政人的角色发生冲突时，法律人往往无可奈何地屈从于行政人，法律的尊严在行政权威面前颜面扫地。国有法务部门对企业运作全程及各环节的参与度有限，甚至常常被游离于企业核心业务活动之外。在多数情况下，他们普遍是用来充当解决争议和处理案件的“消防队”，而这种“消防”功能，应当只是企业法务管理职能中的一项内容，不是全部。同时，即使是在对外争讼时，案件管理所遇到的困难和障碍，也常常不是来自外部，而是源自内部信息的不对称。天然的垄断地位，竞争压力小，公司内部结构治理落后是国有企业法务发展缓慢的深层原因。

（二）国有企业法律顾问制度对公司律师制度的阻碍

一个成熟的法律职业阶层的形成和存在是一个国家、一个民族、一个地区文明与法治的重要表现。我国现阶段法律职业阶层中法官、检察官、社会律师、公证员的准入门槛都实现了同一，即必须获得国家法律职业资格证，只有国有企业的法务还游离于共同体之外。国有企业内部法律服务市场一直被企业法律顾问所垄断，司法部主导的试图与国际接轨的公司律师制度的尝试极大地触动了国资委在这一传统领域的管辖权，受到了国资委的强烈抵制。2002 年 12 月公司律师试点不久，国家经贸委（后来的国资委）于 2003 年 1 月要求各省市地方经贸委，严格禁止企业法律顾问的国企参与地方司法行政机关组织的公司律师试点工作。企业法律顾问制度把公司律师制度排挤到国企外部，这是公司律师制度试点萎缩的直接原因。公司律师制度的建立失去了第一次历史机遇。2007 年修订《律师法》时，同样还是由于企业法律顾问制度的存在，新修订的《律师法》对试点的公司律师制度没有进行及时的确认，试点中规定的公司律师执业权利全部落空,致使公司律师制度渐行渐远,逐步走向萎缩状态,失去了第二次历史机遇。

三、具有代表性的国际公司律师制度

(一)美国公司律师制度

世界上最早的公司律师出现在1882年的美孚石油公司,直到20世纪60年代美国正式确立了公司律师制度,至今美国的公司律师制度已经发展得相当成熟。在美国,从事公司律师有相当高的条件要求:一是取得法律博士学位。美国教育制度在本科阶段不设法学教育,取得非法学专业学士学位后,再考取法学院,经过三年的全日制学习,成绩合格后授予法律博士学位(JD)。二是取得法学博士学位后,再通过州的律师职业资格考试,获得律师资格。三是需在律师事务所或司法行政部门从事若干年法务实践,有一定的法务从业经历后才能聘为企业法律顾问(美国的企业法律顾问具有律师资格)。美国执业律师通常分布在不同领域,如律师事务所、政府机关、公司企业,但执业条件都相同。社会律师又称挂牌律师,对社会提供有偿服务。政府机关聘用的律师不接受其他当事人的有偿委托,仅处理本政府机关的法律事务。公司律师本身是公司的高级雇员,不允许到社会律师事务所兼职,也不能从事其他有偿服务,但必须参加所在州的律师协会。美国的大公司都根据企业经营的特点和需求建立起完善的法律事务管理体系,聘请公司律师和设立法务部门是企业的自主行为,公司律师人数通常从几个人到上千人不等,还配备部分律师助理和行政管理人员。公司法务基本上由公司律师完成。美国设立首席公司律师制度,首席律师保持一定的独立性并具有相当程度的监督职能,既对公司经理负责,还可以把自己的法律意见直接反映到董事会。企业法人治理结构的权力合理分配为首席律师保持独立性和行使监督权提供了制度保障。

(二)德国公司律师制度

德国有着发达的法学教育体系,其“宽进严出”的培养法官和律师的法学教育闻名于世。从事律师职业必须通过两次国家司法考试。经过三年半的大学法学本科教育后,需通过国家第一次司法考试,约50%的学生被淘汰。第一次司法考试合格人员进入到法院、检察院、行政机关或律师事务所等法律部门进行为期两年多的法律实践,期满后需经过第二次国家司法考试,包括笔试和口试,此时的通过率约为25%。只有通过了两次国家司法考试,才能拥有法官或律师职业资格,才能以公司律师身份申请执业。严格的法律教育体系是德国社会经济和科技长期处于世界领先地位的因素之一。公司律师根据雇佣合同成为公司的高级雇员,专职为本公司提供法律服务。公司律师独立办理公司的法律事务,不受雇主的干涉,具有相对的独立性,这是德国律师制度的一大特色。因此,德国律师执业章程规定公司律师不得为雇主担任诉讼代理人,也不得出席诉讼活动。德国公司律师在企业中享有崇高的地位,有与职务和职位相匹配的丰厚的薪酬,退休后还能享受高级管理人员的待遇。

(三)美国与德国公司律师制度比较

美国和德国的公司律师制度基本上代表了当今国际社会最先进的法务管理模式,也代表着世界公司法务管理的方向。以上两个国家,法学均属于精英教育,只有少数人才能获得公司律师资格。虽然两国在法务微观管理上存在不同,但法务管理的理念、组织框架和功能设计已经趋同,主要表现在:法律事务管理职能化和专业化;设置法务管理专门机构,业务广、层次高,其他专业部门不可代替;实行首席律师制,该制度的设立得益于公司律师在公司治理方面的专长,以及政府、股东会和董事会的厚重期许;不排斥聘用社会律师;公司律师与社会律师身份转换无障碍。

四、构建公司律师制度的必要性

(一)现代化法治国家的需要

现代国家治理的一个非常重要的主题就是构建统一的国内市场,形成统一的法定秩序,或者说要构建一个法律共同体,用一个简单的公式来概括就是法律秩序的一元化。十八届四中全会要求实现国家法治统一,并在全国形成统一开放、竞争有序的市场秩序,特别强调反对垄断、促进合理竞争、维护公平竞争。市场经济是法治经济,是现代法律制度的根本力量,也是公司法务的核心推动力。依法治企是依法治国的微观基础,是推动市场经济进程的必然要求,也是企业参与市场竞争的软实力。建立公司律师制度是适应现代化市场经济发展的要求,也是推动依法治企和律师业健康发展的客观要求。市场经济竞争越激烈,作为市场竞争主体的企业就越迫切希望拥有自己的专职法务队伍。法务管理在企业中的地位和发挥的作用已经成为市场经济和现代化企业制度成熟的重要标志。

统一法律职业资格制度有助于法律职业人员形成共同的法律信仰、职业操守以及对法律职业的认同感。毫不夸张地说，没有律师的参与，就不可能依法治国；没有公司律师的参与，就谈不上依法治企。

（二）律师制度的自身优点

建立公司律师制度是深化企业改革，促进企业依法经营，提高企业管理水平的需要。随着依法治国的全面推进，对企业依法经营提出了更高要求，企业面临着大量经常性的法律事务，需要专门的律师队伍提供咨询意见、处理法律事务，公司律师已经成为现代企业制度中不可或缺的法律资源。公司律师长期供职于一家企业，其工作是连续性的，对企业内部管理、业务环节以及技术方面较为熟悉，有着社会律师无法比拟的地位优势和无法超越的核心价值，公司律师与公司有稳固的关系，对公司了解更加透彻，可随时随地地提供应急服务并参与到公司业务的最前线，所提供的法律服务有更强的针对性、时效性和预防性，具有社会律师不可比拟的优点。同时，公司律师又享有调查取证、查阅案卷、会见等方面的权利，这是企业法律顾问所不具备的。作为企业的雇员，其人事关系、薪酬待遇、业务考核、技能培训、职务晋升均由所在企业管理，个人的命运与企业紧密地联系在一起，由其代理本企业的诉讼、仲裁和非诉讼法律事务，能够真正以企业的利益最大化为出发点。公司律师制度的构建有利于律师走向专业化，如公司治理结构的制度安排；公司股权及资本经营中法律技术的有效运用；公司在融资、投资等重大决策及经营中法律预警措施的设立；公司涉税业务；公司兼并与收购；单位法人及高管人员涉嫌刑事犯罪的法律风险规避等。揭示企业法律风险、采取有效的预警措施、缔造良好的企业法治氛围是公司律师自身价值的体现。

（三）融入国际社会的需求

建立公司律师制度，是适应对外开放的需要，能够使我国公司法务尽早地融入国际社会。目前很多国家都建立了公司律师制度，美国和德国的实践证明了公司律师制度的不可或缺性和巨大的生命力。随着我国从资本输入国到资本输出国身份的转变，对公司法务提出了更高的要求，企业不仅要熟悉国内法，还要通晓国际条约和国际惯例，这需要公司律师参与进来。公司律师的发展和强大便于企业对外交往，处理好涉外事务，也有利于实现律师队伍的专业化和国际化。

五、构建公司律师制度的可行性

（一）顶层设计与政策保障

十八届四中全会提出了构建社会律师、公职律师、公司律师等优势互补、结构合理的律师队伍，这为构建公司律师制度提供了最有力的顶层设计和政策保障，也迎来了构建公司律师制度的第三次历史性机遇。抓住历史机遇，形成多层次律师执业体系，提高企业依法经营管理水平，不仅是对十八届四中全会关于推动企业法律服务队伍专业化、职业化要求，也是企业健康发展依法经营的必然选择。

（二）企业法律顾问制度割裂法律服务市场

企业法律顾问制度与公司律师制度设置的功能、职能基本相同。企业法律顾问考试虽然在名义上被冠以“资格准入类考试”，然而在国有企业遴选法务人员时可有可无。法律顾问机构作为企业的内部机构，在企业中普遍处于相对边缘的地位，身份不独立，对外交流闭塞，开放程度低，在专业指导方面得不到发展，不利于提升专业水准。企业法律顾问制度很大程度上被看成国有企业内部一种制度，社会不予认可，缺乏公信力。由于本身存在的违法性，导致国有企业的法务管理的重要性多见于书面文章和口头宣传，并没有被形成普遍性认识。企业法律顾问制度的存在造成了司法资源的浪费和司法制度的割裂。一个统一的健康的法律服务市场一定是人才自由流通、优胜劣汰的市场，人为地割裂这个市场必然会造成市场失灵，无法发挥市场自身的优胜劣汰、资源合理配置的功能。取消法律顾问制度必然会冲击长期以来形成的少数人或集团的利益，必然会遇到更多的阻力，这其中既有对既得利益的眷恋，惯性的思维模式，也有对时下国有企业改革不确定性的恐惧。国家法律职业资格考试作为国家统一组织的从事特定职业的资格考试，有律师法、法官法、检察官法、公证员法等法律作为支撑，是评价或衡量法律人才水平的权威性标准，是最基本的入口关，社会普遍认可。

（三）企业法律顾问制度被取缔

企业法律顾问制度实施的依据是国家经贸委、人事部和司法部共同制定的部门规章《企业法律顾问执业资格制度暂行规定》及《企业法律顾问执业资格考试实施办法》（人发〔1997〕26 号）设立的考试制度。按照三部门的规定，企业法律顾问职业资格是一项前置性的职业准入行政许可，从事企业法律顾问工作，必须首先通过企业法律顾问执业资格考试。2004年7月1日《行政许可法》施行，明确规定部门规章不能作为职业准入类行政许可的设定依据，法律顾问制度从此便贴上了违法的标签。本届政府，在简政放权方面进行了大刀阔斧的改革，对历史遗留下来的存在严重违法的行政许可事项全部取消。2014年7月22日，国务院发布《关于取消和调整一批行政审批项目等事项的决定》（国发〔2014〕27号），取消了包括企业法律顾问在内的11项准入类职业资格。国务院取消企业法律顾问准入类职业资格考试，是依法而为，于法有据。人社部函〔2014〕144号文件将取消的房地产经纪人、注册税务师、土地登记代理人、矿业权评估师、注册资产评估师等5项准入类职业资格调整为水平评价类职业资格，而企业法律顾问资格考试并不在其中，可以说企业法律顾问制度从此潸然谢幕，这为建立公司律师制度提供了空间。可以说取消企业法律顾问职业资格考试是完善公司律师制度和企业法律顾问制度的有效举措。用国家统一法律职业考试作为企业法律顾问的准入标准，替代企业法律顾问职业资格考试是国家司法统一的要求。

（四）有成熟的国际经验可借鉴

公司律师制度作为一项世界通行的制度，已经证明是一种有着旺盛生命力的制度，成为现代化企业成功的标志。美国和德国等发达国家的公司律师制度已经发展得相当成熟，有可借鉴的成熟经验，研究其律师制度发展史可以让我们少走弯路。我国的公司法务存在多头管理的现象，当今世界上再没有一个国家在法律服务领域实行双轨制。公司律师制度试点13年来进行了有益探索，无论是从理论上还是从实践上都积累了成功和成熟的经验。当然，企业法律顾问制度也从一定程度上为构建公司律师制度提供了可借鉴的经验。

六、构建公司律师制度的具体措施

（一）及时修订《律师法》

构建公司律师制度既要借鉴国外成熟的做法，也要基于我国的国情，应在有所吸收的基础上进行顶层设计和制度创新。司法部颁布的《公司律师试点工作意见》，法律效力层级低，不利于公司律师制度的建立和发展，必须尽早修改《中华人民共和国律师法》，在立法上确立公司律师制度。可以对现行律师法中的律师的定义、法律地位、执业机构、执业类型、权利义务、流动机制等内容做出相应的调整,同时增加对公司律师必要的规范。还应修改相关的法律,如《公司法》《证券法》,增加公司律师参与公司经营和提供法律服务的内容,构建完整的公司律师制度体系。

需要着重指出的是需慎用《律师法》第 8 条规定:“具有高等院校本科以上学历,在法律服务人员紧缺领域从事专业工作满十五年,具有高级职称或者同等专业水平并具有相应的专业法律知识的人员,申请专职律师执业的,经国务院司法行政部门考核合格,准予执业。”当初制定律师法时,设计该例外制度是因为当时法律职业人才满足不了社会的需求,经过多年的发展,现在已经不存在哪个领域法律服务人员紧缺,如果从事法律工作 15 年了,还没有通过国家法律职业资格考试,那只能说明法律知识欠缺。如果适用该条规定获得律师执业资格,那将会造成新的不公平,因此建议修订《律师法》时删除该规定。

(二)建立法律职业从业者之间良性流动和开放型的人才吸纳机制

企业应吸引优秀的社会律师到企业中来做公司律师,公司律师可以随时转换成社会律师,这种开放型流动机制的建立,能充分调动企业市场和律师市场两个市场的积极性,实现法律服务人才的优化配置。有观点担心公司律师会以社会律师名义从事有偿法律服务,其实这种担心根本没有必要,因为在现行的体制下,司法机关要求代理律师出具律师执业证的同时,还要提供当事人授权的委托书以及律师事务所出具的律师函。律师函需要加盖律师事务所的印章,因此,加强对律师事务所的管理就能从制度上杜绝此类现象的发生。现代化的企业用工制度正朝着劳动合同聘任制发展,雇员与雇主的单一劳动合同将成为国企用工的主流,央企的大量劳务派遣用工以及变相的劳务分包用工将随着国企的改革慢慢地退出历史舞台,这为公司律师在不同企业中自由流动以及与社会律师无障碍转化身份提供了可能。

(三)对不同的企业采取灵活的雇佣律师形式

市场经济是法治经济,在现代企业制度中,企业自主经营权是企业的一项基本权利,企业聘用具备什么资质的法务人员、对法务人员有什么具体要求,是企业行使自主经营权,开展人力资源管理活动的市场行为,政府没有必要干预。但国企具有很大的行政色彩,可以按企业的性质,对法务机构设置与公司律师招聘采取灵活的策略:

1. 小微企业可以和律师事务所签订雇佣劳务合同,采取“挂靠”的方式,给签约的社会律师发放薪酬并提供福利待遇,约定签约的社会律师专职为本企业服务,执业机构还是律师事务所,但不得接受其他社会有偿法律服务。

2. 对于大中型民营企业、外资企业可以自行出资设立本企业的公司律师事务所,同时接受本企业、司法行政管理部门和律师协会的多重管理。民营企业或外资企业可以自行招聘,也可以委托公司律师招聘委员会遴选所需要的律师。

3. 对于国有企业或国有控股企业,必须设立律师事务所,接受本企业、司法行政管理部门和律师协会的多重管理。对于国有企业招聘公司律师,应借鉴公务员招考制度,实行用人单位与招聘单位分离的制度。国有企业需把拟招聘的公司律师的专业、资历、经验等要求交由公司律师招聘委员会统一招录。

(四)保持公司律师在企业中相对独立的地位

作为执业律师,应以法律为最高信仰,遵守律师的职业道德和纪律规范,依法独立出示各种法律意见,不能完全听命于和依附于公司。立法赋予公司律师对拟定的各类合同,对外的各类法律文件等有最终的审查权。为确保国有企业律师全面介入公司的重大经营决策,防范和降低法律风险,对国企公司律师进行严格要求、特别规范,赋予一定程度上的反腐职能。对于国企中的职务犯罪行为,负有举报的义务,否则按包庇罪处理。利用倒逼机制迫使国有企业进行内部结构治理,对于未设置公司律师事务所的企业,其高管人员构成职务犯罪时,作为法定刑的加重情节判处。立法给予公司律师因遵守律师职业规范而与公司发生冲突的司法救济机制。

(五)成立公司律师协会实行行业自律管理

公司律师协会是公司律师的自律组织,是公司律师的交流平台。主要职能有:提高公司律师执业水平;规范公司律师的执业道德;对违反职业道德的律师进行惩处;维护公司律师的合法权利;律师职称评定;下设公司律师招聘委员会;代表本国公司律师进行国际交流。

(六)对国有企业原企业法律顾问安置

现在不可回避最棘手的问题是如何消化现存的国有企业法律顾问问

题。需要采取积极稳妥的措施,循序渐进地进行。可以采取“新人新办法,老人老办法”的方式解决。

1. 对于既持有国家法律职业证书又持有企业法律顾问证书的人员,可以转化成公司律师,执业年限从获得公司律师执业资格证书之日起算。

2. 对于只持有企业法律顾问证书人员,可以给予一定的时间(如八年)要求,鼓励这些人员取得国家法律职业证书,在规定的时间内企业法律顾问证书继续有效。

3. 国有企业在招聘新入职的企业法务人员时,只能在公司律师中选择。

4. 对于社会律师和公职律师,转为公司律师时,执业年限连续计算。

第二节 国际工程公司法务队伍建设的现状与未来[1]

历经30多年的快速发展,我国已经跃居为全球第六大对外承包工程市场。我国工程技术队伍总体素质比较高,理论基础好,实践经验丰富,在技术领域与国外公司差距并不大。当我国从资本输入国转变为资本输出国时,与发达国家相比,我国的国际承包商在管理方面仍存在很大的差距,尤其是在企业法务管理方面还没有形成以合同管理为核心的企业经营模式,法务队伍建设进展缓慢,法律人才、合同人才、索赔人才、保险人才匮乏,法律文化尚未占据企业文化的主导地位。

一、复杂的国际工程法律事务对法务队伍有着较高的要求

国际工程是一项复杂的系统工程,涉及面广、不可预测因素多,法务方面主要涉及法律、合同、索赔、保险和合规等事务。国际工程承包市场是开放性的,竞争异常激烈,高素质的法务队伍对于一个国际承包商的发展具有基础性、决定性和战略性的意义。

---

〔1〕 张浩:《关于国际石油工程公司的法务队伍机制建设的思考》,载《国际石油经济》2014年第9期,第51~55页。

(一)海外项目需要更高素质的法律专家

通常情况下,从事海外项目面临的法律风险比国内项目更大,国际工程公司必须熟悉工程所在国的法律环境,以达到预防、规避法律风险的目的。国际工程公司涉及的法律主要有公司法、劳动法、招标投标法、合同法、建筑法、对外贸易法、保险法、税法、HSE法律、知识产权保护法、反不正当竞争法等法律。对于一个国际工程公司来说,公司的注册、证照的年审、税务的策划、社保的缴纳、劳务纠纷、合同纠纷、诉讼、仲裁等大量法律事务需要高素质的法律专家。承包商通常会聘请当地知名律师事务所处理法律事务,然而如果承包商的管理团队中没有高素质的法律专家,就很难主动预防潜在的法律风险,只能被动地预防,也很难与当地的律师沟通,因此承包商必须培养自己的复合型、外向型的法律专家。

(二)合同管理需要开拓型、外向型的合同专家

合同管理是国际工程项目管理的核心,需要开拓型、外向型的合同专家。在国际总承包中,一个大型主合同下会伴随众多不同类型的从合同,例如,联合体协议、技术服务、工程分包、委托、保险、买卖、运输、加工承揽、租赁、维修、贷款、外籍劳务等方面的合同。国际工程合同从前期的招投标、谈判、签订、执行到合同关闭都是以合同管理为中心展开的。合同管理包含了技术、进度、成本、质量、HSE以及对分包商的管理等多维度的管理,合同管理不应仅仅看成是程序性的事务性管理,而是更需要开拓型、外向型合同专家的专业性管理。

(三)国际工程需要高素质的索赔专家

国际工程索赔是随着工程承包发展而产生的一门独立的集工程管理、法律法规、合同知识、工程成本与技术经济以及沟通交流能力等于一身的综合跨学科的专业,是一项复杂的系统工程。索赔水平是国际工程项目管理水平的综合体现,需要专门的索赔团队和索赔管理专家。索赔管理是合同管理的核心内容之一,一个国际工程项目是否盈利,索赔占很大因素。总承包商不仅有大量针对业主的索赔与反索赔,还会有与联合体伙伴、分包商、供应商之间的索赔与反索赔。在国际工程实践中,我国的承包商也许能交出高质量的工程,但最终不能获利的案例比比皆是,究其原因是承包商没有形成以合同管理为中心的索赔理念。例如,2011年我国在伊朗的某承包商等到EPC项目结束了,突然向业主提出索赔1亿

美元,但不能提交任何索赔证据,最终导致索赔失败,究其原因是在合同履行中没有按程序及时发起索赔,该承包商没有高素质的索赔人才。国际工程索赔水平是国际工程项目管理水平的综合体现,发达国家的国际承包商都有专门的索赔团队和索赔专家,而我国的承包商现阶段最缺乏的是索赔管理专家。

（四）国际工程需要高水平的保险专家

国际工程总承包是高风险行业,需要专门的风险评估专家和保险管理专家。工程所在国的保险通常有社会强制险和商业保险。社会保险是工程所在国要求为雇员依法强制缴纳的保险,主要有养老保险、医疗保险、工伤保险、失业保险等。商业保险主要有一切工程险、雇主责任险、第三方责任险、施工机具和设备险等,在法语系的国家还有十年工程险。我国的总承包行业起步晚,承包商普遍存在着风险意识淡薄,对工程保险知识知之甚少,认为工程保险是花“冤枉钱”。由于不熟悉保险业务,即使投保了也不能及时发现索赔点,从而丧失了索赔机会。发达国家的国际承包商都有专门的风险评估专家和保险理赔专业人士,然而现阶段我国的承包商几乎没有专业保险人才,须高度重视保险业务,培养出自己的保险管理专家。

（五）国际工程需要合规管理专家

一个不讲诚信、不守规矩的总承包企业,不可能为市场和社会所接受,必然会被淘汰。一些著名的国际工程公司能够保持长盛不衰,始终引领企业潮流,因素固然很多,但最基本是依靠诚信合规。欲建立一流的国际总承包企业必须以诚信合规为基础,没有这个基础,企业不可能发展,即便发展也不能长久。十八届四中全会对推进依法治国进行了全面部署,我国的法治进程进一步加快,法律体系不断健全完善,执法越来越严格,企业将被赋予更多的合规义务和责任,所面临的合规风险将越来越大。企业合规管理已经发展成为国际总承包商防控风险的主要措施之一。近年来,我国的国际总承包企业也在学习借鉴国际大型公司的经验,建立自己的合规管理体系。国际大型承包商普遍倡导合规理念,并形成了较为完备的合规管理体系,而且这些大型承包商非常关注合作对象是否合规,合规已经成为中国承包企业与国际大型工程公司进行合资合作和参与投标的前提条件。因此,要提高在国际交往合作中的话语权和竞争力，与国际工程公司的管理接轨，必须加强合规管理。执行企业合规管理的部门通常是法务部，人员通常为法务人员，因此，合规管理需要专家管理。

（六）国际工程需要高素质的法律服务队伍

国际工程中的法律、合同、索赔、保险、合规管理业务的特点是集工程管理、法律法规、合同知识、成本与技术经济、外语水平和沟通能力等于一身的综合跨学科专业，要求知识面不仅专而且宽，国际工程复杂的法律事务对法务队伍提出了较高的要求。具有扎实法律基础的复合型人才的匮乏已经成为制约我国国际工程公司向更高水平、更广领域发展的"瓶颈"。

二、我国国际工程公司的法务队伍建设现状

（一）发达国家的企业法务队伍状况

发达国家的总承包商通常实行企业法律顾问制度或公司律师制度来管理公司法律事务。世界范围内最早在企业内部设置法律工作人员的是美孚石油公司。到 20 世纪七八十年代，发达国家的企业法律顾问制度（公司律师制度）进入成熟期。国际知名企业都有专门的法律事务机构和众多的法律执业人员，如法国埃尔夫石油公司有 500 多名企业法律顾问，美国埃克森美孚石油公司共有企业法律顾问 700 余人。发达国家企业法律顾问平均具有 15 到 20 年的专业法律事务经验。据业内专家估计，大型国际石油企业在外部律师方面的投入与其在内部法律顾问方面的投入不相上下，年费约在 3 亿～6 亿美元。

（二）我国国有工程公司的法务队伍建设状况

我国企业中的法务管理是伴随着经济向着市场化方向转型，以及在推进建立和持续完善现代企业制度的过程中出现和发展起来的。与发达国家的法律服务市场相比，我国法律服务市场存在着人为切割，定位混乱，评价与选拔法务人才存在多重标准的现象。即使国有企业原来实行的企业法律顾问制度也不过 10 余年，法务服务队伍还很年轻，缺乏处理复杂国际事务的经验。

以某国际工程公司为例，分析国有工程公司的法务队伍建设现状。某总承包企业是工程建设领域具有典型代表性的国际承包商，专门从事石油工程设计、采购、制造、施工和工程总承包。美国《工程新闻记录》（ENR）榜单是国际工程界公认的、较为全面反映年度国际工程发展状况

的权威排名,具有极高的权威性和广泛的影响力。该公司连续22年被ENR评选为全球最大的250家国际工程承包商之一,2015年位列第66位,成为目前亚洲区最大的国际石油工程总承包商。根据《国际经济合作》杂志2016年第3期发布的《2015年全国对外承包工程企业30强》显示,该企业对外承包完成营业额为118,873万美元,排名第18位。该公司的法务队伍建设状况基本上能够反映出我国国企工程领域法务队伍的总体状况,具有广泛的代表性。该公司自1980年成立以来已有35年历史,法务工作经历了从无到有、从不完善到体系化的发展历程。1980~1990年,公司没有专职的法务人员;1991~2002年,商务合同部和法律处协同管理公司的合同法律事务,但管理职责不明确,体系和制度不健全;2002年法务部正式成立,标志着独立的合同法律事务机构的建立,逐步搭建了合同法律管理体系架构。与知名的国际工程公司相比,该工程公司现阶段法务队伍建设方面主要存在以下六个方面的问题。

1. 法律职业化程度低

据有关数据统计:截至2015年12月31日,该公司有55名法务人员,海外分子公司约30人,国内法务人员约20名;约95%拥有本科及以上学历;约80%拥有法律专业学位;获得国家法律职业资格证书17人,合格率为31%;持有企业法律顾问资格执证书16人,上岗率为29%。其中有10人同时获得了国家法律职业资格证书和企业法律顾问证书。在法务队伍中也存在少量法务人员,不仅未获得法律职业资格,也不具有任何法学基础知识。

2. 法务管理机构设置混乱

截至2015年12月,在法务机构设置上呈现无序性异象:(1)分公司层面上单独设立合同部,如苏丹分公司、阿布扎比分公司和伊拉克分公司,在合同部经理下设合同法律事务管理人员,分管一个或多个项目的合同法律事务。(2)分公司层面设立合同控制部,如乍得分公司,土库曼斯坦分公司,由合同法律事务管理人员分管一个或多个项目的合同法律事务。(3)在分公司层面设立合同控制部,并在所属各项目部分设合同控制部,如哈萨克斯坦分公司、伊朗分公司。(4)合同法律管理业务归口于市场部,如澳大利亚子公司。(5)分别归口于市场部和控制部,如乌兹别克子公司。

多数海外分子公司法务部门并不是独立的部门，往往与成本、计划业务混编为一个部门。是否设立独立的法务部门没有制度性或者强制性的规定，很大程度上取决于分公司经理的个人偏好。例如，出现了同一时期对法务部的废立做法完全相左的荒唐现象。2013 年 5 月，伊朗与伊拉克两个海外分公司总经理同时换届，新上任的伊拉克的分公司总经理认为法务很重要，必须以合同为中心，因此把法律合同职能从原合同控制部中独立出来成立了独立的法务部；相反，新上任的伊朗分公司总经理认为法务工作无关大局，必须以施工为中心，因此将本来独立的法务部并入到了计划成本部门。该公司不仅在法务部门设置上混乱，即使法务机构名称也各自为政，公司总部与二级单位之间的法务部分别称为：合同条法处、企业法规处、市场开发部、市场部、生产经营管理部、合同部、合同控制部、合同经营部。一个企业管理法务的部门，居然出现了 8 种不同的叫法。

3. 复合型高端法律人才力量较薄弱

虽然大部分法务人员拥有全日制法学本科以上学历，但懂工程且精通外语的法律人才数量较少，大部分法务人员还不能够完全独立处理高端市场和复杂环境下的合同法律事务，从专业水平和语言能力方面，不能应对国际化项目大型合同谈判及变更、索赔等工作。即使出现少量高端法务人员，也很快流失，没有领军人才，没有真正形成一支专业化、职业化、国际化的复合型法律队伍。

4. 合同法律管理职能不到位

海外分子公司合同法律事务归口部门无论是合同控制部、计划经营部还是市场部，其管理职能和人员多以计划、控制为主，或以市场开发为主。混编导致了法务人员做不擅长的计划、成本等工作，而计划、成本人员由于不懂法务，存在瞎指挥、乱作为的怪状，法律专业化成为一句空话，法务人员存在精力被成本控制、计划工作或其他业务分散的现象，工作难以系统化和持续化地开展。没有相对独立的合同法律事务职能和机构，法务人员难以充分发挥为公司整体利益提供法律服务的能力和动力，法务人员的业务水不能得到有效提高。即使设立法务部的分子公司也存在着合同部门职能在项目管理流程中弱化、虚化的现象。由于没有独立的法务部门，或管理流程弱化，法务人员参与分子公司重要决策的法律审核率不能得到保证,经营中的合同法律风险也不能得到有效的识别和管控。

5. 公司总部对法律人员的管理缺乏整体性和系统性

法务人员分散在海外各分子公司,较大程度上局限在各自的分子公司或项目上,各分子公司之间以及分子公司与总部法务部之间缺乏统一有效的工作沟通渠道和管理协调机制,尚未实现在公司范围内法务人才资源的合理调配及整合。法务人员考核没有配套的统一体系和标准。国内外及项目之间的岗位轮换制度未有效建立。

6. 法律风险防控流于形式

海外各分子公司片面强调速度和效率,缺乏风险意识,忽视法律合同风险,重要决策法律论证制度不健全,合规合约管理流于书面形式,法务人员不能真正地参与企业的重大经营决策中来。部分海外法务人员在被动应付着不断产生的突发性事件和诉讼中充当着"救火队员"的角色。法务部门参与企业重要经营管理活动的程度不够,往往停留在事后补救上,法务工作偏重事后处理,对法律环境变化所产生的法律风险缺乏防范意识和有针对性的应对措施,对岗位人员引发风险的广泛性和严重性及防控风险的长期性缺乏足够认识。

(三)民营企业的法务队伍建设状况

选取某上市股份公司,该企业可作为民营企业的代表。该企业是中国重大装备制造业核心骨干企业,国际电力成套项目总承包商,全球能源事业提供系统解决方案的大型服务商。该企业有三家上市公司,其中两家在内地上市,一家在香港上市。拥有对外经济技术合作经营权和国家外援项目建设资质。已经在 43 个国家从事过或者正在从事国际工程总承包业务。根据《国际经济合作》2016 年第 3 期发布的《2015 年全国对外承包工程企业 30 强》显示,该企业 2015 年对外承包完成营业额为 102,863 万美元,排名第 20 位。其法律队伍状况基本上能反映出大型民营企业的法务状况。

1. 法律职业化程度较高

据有关数据统计:截至 2015 年 12 月 31 日,该企业拥有专职法务人员 67 名,全部拥有全日制法学本科及以上学历;研究生 26 人,约占比 39%;持有法律职业资格证书 56 人,约占比 84%;总编数 89 人,缺编 19 人,约占比 21%;没有人持有企业法务顾问资格证书。

2. 涉外法务队伍建设滞后

各个分子公司基本上只有少数人从事涉外法务工作，大部分法务人员基本上从事国内诉讼与非诉讼业务。涉外人员参与国际工程项目程度低。对于大型国外总承包项目，涉外法务人员基本上都能做到在合同签订前进行合同审查和报批。但在工程所在国标前调研时，涉外法务人员基本上未参加。涉外人员对工程所在国的法制环境、法律制度没有形成一个基本的清晰的认识，导致合同审查时不能以工程所在国的法律背景为依托，存在着合同审查缺乏针对性的弊端。合同谈判时，由商务人员、技术人员直接谈判，涉外法务人员没有直接参与合同谈判。合同签订后，缺少合同宣贯，项目管理人员不了解合同，甚至抛开合同，盲目执行项目成为普遍现象。由于没有法务人员直接参与到国际项目中，相当重要的索赔与反索赔事务完全处于被动状态。工程保险虽然投保，但并没有得到有效的索赔。合同关闭时，项目人员不知道合同关闭的条件，致使一些项目始终处于开口状态，一拖再拖，得不到及时关闭。

3. 涉外法务人员知识能力不能适应公司国际化业务的需要

由于涉外法务人员对于国际工程的参与只是浅尝辄止，并且很多国际业务直接由国内的涉外律师事务所处理，再加之平时缺乏高水平的国际工程法务培训，逐步造成涉外法务人员过度依靠国内律师、不熟悉工程、不熟悉国际规则、外语水平达不到交流水平的状态，最终导致涉外法务人员在从事涉外合同、国际 EPC 合同、国际工程保险事务时不能适应需要。

三、法务队伍建设方面存在问题的原因分析

在法务队伍建设上，国有企业与民营企业存在问题的现象不同，其背后的原因也不尽相同。

（一）国有企业法务队伍建设方面存在问题的原因

1. "依法治企"观念没有落到实处

"依法治企"是全面建成世界水平综合性国际工程公司的重要标志之一，也是建设世界水平综合性国际工程公司的必由之路。海外经营业务是在市场法制经济环境下进行的，市场经济的基础是法治，而核心是契约，因此必须树立"契约至上"的理念。纵观国际一流工程公司的实践，虽然没有法务管理统一的标准和模式，但都有共同遵循的理念和规律，由

此形成了法务管理的普遍做法和基本经验。例如,崇尚法律,把行为合规作为公司和员工基本义务并建立完备的机制保障;尊重法务管理作为公共资源的属性,内部集中管理、合理授权;建立以首席律师或总法律顾问为核心的专业管理团队和职能化的专家队伍;规范法律业务与经营业务的工作界面,形成有效的支持和约束机制。然而我国的大部分国有企业对于“依法治企”历来就是“雷声大雨点小”,台上乱哄哄,台下冷清清,一些领导的骨子里并不希望真正依法治企,从大量揭露出来的国有企业领导人腐败案件可以得到佐证。在海外国际工程管理中,由于监督力量薄弱,各个分子公司领导骨子里天然地排斥依法治企,因为水至清则无鱼。

2. 制度原因和认识上的偏差

造成与国际工程公司差距的原因既有制度上的原因,也有认识上的偏差:国企的法务管理大多是自上而下由国资委推动的,企业自发主动加强法务管理的少;法务管理流于形式的多,落实到具体制度和流程上的少;法务部门被边缘化的多,真正受重视的少;海外投资经营风险发生的多,事前倾听并采纳法律风险建议的少;造成重大损失后推脱责任的多,被追究责任的少。企业法律顾问制度在国有企业内部推行了10多年,但由于缺少必要的法律支撑,先天存在着不足,因而并没有真正落实到实处。国企部分领导人员习惯性地认为法务管理部门是成本部门,可有可无,没有认识到法务工作的重要价值,甚至有个别领导视法务人员或法律部门是恣意行事的绊脚石,刻意把法务部门边缘化或排斥法务人员。

3. 人事制度上的缺陷是难以培养法务专家队伍的“瓶颈”

在用人制度上不能借鉴欧美大型工程公司的灵活的用人策略,僵化的用人机制从某种程度上抑制了外向型法务专家的成长环境。虽然法务岗是核心岗位,但在法务人员中存在大量的劳务派遣人员,劳务派遣制度或劳务外包制度让法务核心人员缺乏归属感和凝聚力,造成了雇员和雇主之间的短期行为,雇主和雇员的长期不信任,使法务专家很难在国企脱颖而出。而相反,民企的法务队伍建设是从真正的业务需要而建立的,具有迫切性、实用性和灵活性的特点,相比而言,容易造就法务专家脱颖而出。对民营企业来说,用人问题相对比国企灵活得多。

4. 管理制度混乱

海外分子公司的法务管理经常挂靠在其他部门之内,没有独立设置。

设置独立法务部门可以保证企业的法务管理对上能够直接对企业最高领导和决策层负责，横向能够有效地与其他各职能部门协调，对下能够保持其必要的权威性以统筹实施系统管理。设立独立的合同法律管理部门，是充分发挥法律人员对分子公司重要决策的法律审核作用，有效识别和管控分子公司经营和项目管理中的合同和法律风险的必要前提和条件。案例中的某国有工程公司在2013年改革之前，几乎所有的海外分子公司法务都挂靠在计划部、市场部，甚至是行管部。

5. 法律职业资格制度没有建立起来

我国的法律职业准入制度主要是国家司法考试制度。我国的法官、检察官、律师、公证员职业已经建立起严格的职业准入制度，统一的法律职业准入制度很大程度上保证了法律服务执业队伍的质量。相比之下，我国的国有工程公司在法律职业准入制度方面存在混乱现象，法务从业人员很多没有法科背景，不具备法律逻辑思维，通过关系进入到公司后，仅仅靠经验办理合同法律事务，公司法务被片面地理解为程序性事务、无关大局。一部分国有工程公司在海外用“法盲”管理外聘律师，结果导致双方互相指责抱怨，办事效率低下。究其原因，问题出在中方人员的法务队伍建设上，用技术人员、成本人员、计划人员、后勤人员等来代替法务人员，“陶狗不能守夜，瓦鸡不能司晨”，非法务人员管理法务或者从事法务弊端暴露无遗。国际工程法务队伍欢迎不同学科不同背景的高层次人员加入，但实行严格的统一的法律职业制度有助于使法务队伍建设走向专业化、职业化和国际化，也能在一定程度上遏制用人腐败。

6. 未形成学习型和研究型企业法律文化氛围

国内大部分工程公司在业绩考核上普遍存在着指挥棒偏颇——多以年度为单位的绩效考核目标，注重短期效益，忽略长期战略利益，这样的考核机制会导致海外项目管理层急功近利，不能长期孕育学习型和研究型的企业法律文化氛围。到海外承包工程，本身就是锻炼队伍的好机会，应随着工程的进展，产生出一批工程管理论文或研究报告，以指导将来的实践。由于考核机制的偏差，忽略对法务队伍培养机制的考核，是难以产生法务高端人才的重要因素。

7. 未形成有效的岗位轮换制度

国际一流的承包商在不同国家有不同的项目，实行定期工作地点的轮岗制度可以迅速培养法务人员。欧美大型承包商凭借其业务遍布全球的优势,为员工提供固定化的岗位轮换制度,这种内部跳槽极大地满足了员工的好奇心,在一定程度上可以取代外部跳槽,最大限度地挽留队伍。各自为政的海外分子公司和僵化的用人制度是法务人员流失的一大诱因。

8.职业培训制度欠缺

我国高校虽然每年培养大批的法律硕士、博士,但现有的法学教育制度所培养的人才具有同质性,没有形成学科交叉培养,在质量上远远满足不了国际工程法务的需要。国际工程法务需要扎实的法学基础理论、严谨的逻辑思维、熟悉国际工程惯例和合同条款、熟悉工程语言,熟练地掌握外语。纵观传统的“五院四系”政法类院校,居然找不到国际工程法律类的博士点,这从一定程度上表明国内法学界研究国际工程法律存在盲区。国际上通常把国际企业法务队伍的培养定位于职业教育,法务人员职业培训可以保证国际工程公司获得合格的法务人才,建立长期和短期的在职培训机制是培养专家型队伍的必经之路。

(二)民营企业涉外法务所存在问题的原因

不同于国有企业,民营企业国际工程法务存在上述问题的原因可归结为:

1.对国际工程法务缺乏足够的认识

从公司总部到各个二级单位的主管领导缺乏对国际工程法务管理足够和清晰的认识。部分领导用国内的管理工程项目的思维和经验来想象和管理国际项目,试图“摸着石头过河”,把国内所谓的成功经验复制到国际工程管理中。其不知国际工程项目管理是以“合同管理为中心”的,国际工程早已有着成熟的国际管理规则和经验,靠国内“拉关系”从事工程项目管理的成功经验在国际上根本没有市场。民营企业“又想马儿跑得快,又想马儿不吃草”的一厢情愿的想法与做法是涉外法务进展缓慢的主要原因。

2.缺乏管理经验

我国的民企从国内走向国外,真正从事国际工程总承包的时间不长,普遍缺乏国际工程管理的经验,很多人认为,国际工程总承包有技术人员、商务人员、财务人员就足够了,没有意识到国际法务人员所起的作用,为了节约成本,基本上不派遣法务人员跟踪项目,最终造成的损失远远大于节约的成本。法务人员虽然参与重大合同的评审,然而由于没有参加工程所在国的法律尽职调查,使审核合同没有针对性。法务人员不跟踪项目,法务风险的处理基本上属于事后防御。国际工程项目出现了大量的被业主索赔事件,而项目管理人员由于没有法学背景,基本上不能从法律角度发起索赔,不会论证索赔,也不敢主动索赔,即使项目接连出现严重亏损,也找不到项目损失的根本原因。

3. 缺乏配套的管理措施

民营工程公司在国际工程管理上以"管理精炼"为特色,基本上不像国有企业那样供养富余人员或关系户。但同时也缺乏必要的基本的配套管理措施,如缺少标前法律尽职调查制度、合同交底与宣贯制度、涉外法务报表制度、风险防控制度、国际项目涉外法务巡查制度等管理措施。

4. 管理制度存在瑕疵

趋利避害是人的本性,法务管理也不例外。如果管理制度上存在漏洞或者导向错误,就会让人做出不当的选择。比如国内业务与国际业务执行同样的薪酬制度,作为理性人在国内法务与国际法务选择面前,通常会选择任务量相对较少、难度也较小的国内业务,再加之根据公司规定如果涉及大额的债务追讨中,会得到1% ~3%的返点报酬,选择国内业务的倾向会进一步加剧,没有人愿意选择涉外法务。有的二级单位按照招聘国内法务人员的条件招聘涉外法务人员,低廉的薪酬很难招到理想的人选。

四、构建法务队伍成长机制的思路

(一)顶层设计公司律师制度

十八届四中全会首次以"依法治国"为主题,把法治中国提升到了前所未有的高度,这在我国法制史上具有里程碑意义。会议指出,在法律人才队伍建设方面要求"建设高素质法治专门队伍","加强法律服务队伍建设","创新法治人才培养机制",这为法律人才提供了广阔的发展空间,有力提高了法律人才在社会上的地位,也为国际工程公司打造专业化、国际化的法务队伍提供了历史机遇。应顶层设计,统一法律服务市场,构建公司律师制度。

(二)严格法务人员的遴选条件

法律是专业性很强的学科,仅仅看一些法律条文,懂一些法律常识是不够的，只有经过系统的基础理论学习才可能培养起法律思维能力，才有可能为企业提供专业化的服务。因此应严格法务人员的遴选条件，保证质量，从源头上杜绝腐败。遴选涉外法务人员的基本条件至少要包括三个方面：一是普通高等学校全日制法学类本科及以上学历学位；二是持有国家法律职业资格证书；三是有一定的外语水平。法务人员遴选完毕后，再纳入国际工程法务知识培训计划。

（三）建立引进人才留住人才制度

尽快搭建和发展国际水准的公司法律资源体制，特别是建设适当的法律事务管理基础设施。培养国际水准的公司法务人才队伍的核心是建立合理的引进法务人才、开发和使用好人才、挽留住人才的制度。国际化公司除了与工程所在国的律师事务所紧密合作外，还应积极推进法务人才本土化战略，重视引进工程所在国的法务人才和第三国法务人才，这既能及时解决我国工程公司法律队伍层次不高的现状，也能为我国法务人员提供交流学习的平台，更好地培养自己的法务队伍。在引进人才的同时，应注重培养人才，到工程所在国工作，与当地法务人员交流，向当地律师学习，本身就是培养人才。

（四）努力营造与法律环境相适应的企业法律文化氛围

法治文化不是一个徒具外表的摆设，而是应该内化于心、外化于行、物化于制。必须将依法依规治企作为企业发展的管理方略，把依法依规治企理念渗透到企业决策论证、制度修订、程序设计、方案审核、文件把关等工作的全过程。突出宣传“法律至上、权责对等、遵守程序、诚实守信、公平公正、依法维权”的现代企业法治理念。开展具有国际工程特色的普法活动，大力加强企业法治文化建设，使法律意识、法治观念潜移默化地融入到全体员工的内心。努力营造与法律环境相适应的企业合规文化氛围，打牢法律风险防控的基础。将法治文化培育与业务相结合、与法律环境相适应，将项目基本合同、所在国的相关行业法、合同法、公司法、税法的学习都纳入普法计划，建立“普法年度最低工作量”制度，加强普法考核，避免走过场。

（五）加快法务人才的培养增强自身造血功能

对国际工程公司而言，法务管理优势是公司的核心竞争优势之一，它能够保证企业在激烈的国际竞争中立于不败之地。首先，必须完善法务人员培训体系,重视对员工持续性的培训。注意短期培训与长期培训相结合,可以选派法务骨干参加欧美国家的在线学习或脱产学习,选派法务人员参加相关国际研讨会。其次,建立良好的学习、研究氛围,如果一个组织只是一个机械性的工作场所而不是一个学习型、研究型组织,是留不住人才的。再次,法务人员必须树立终生学习的理念,不断总结经验,善于学习,自我完善,自我发展。最后,公司统一部署,对所有法务人员实施定期轮岗制度,定期轮岗制度是人才脱颖而出的捷径。

(六)对法务部门职责清晰定位

首先要在海外分子公司设立专门法律事务机构,统一处理涉外法律事务。法务部是分子公司合同、法律、保险业务和合规管理的归口管理部门,负责合同协议、法律事务、商业保险、普法教育、营业执照、合规合约等事项业务管理。针对海外业务的特点,法务部从法律专业的角度参与分子公司业务执行和重大经营决策,将法律要求落实到项目实践操作中,有效防范法律风险;强化合同管理工作,增强全体管理人员的合同意识,保障和促进项目成功执行;全面整合合同法律管理的经典案例、管理经验和教训,形成书面化体系化的经验积累,为公司海外业务发展提供保障。

海外项目法务部的具体职责主要有:

(1)全面参与重大项目总包合同及分包合同从投标报价到合同谈判的工作过程,负责组织合同文件的起草、评审及合同风险评估,并对合同的最终文本审查把关。

(2)全面参与分子公司及项目的经营管理决策活动,对分于公司业务和项目相关的重大决策和重要事项进行法律审查和法律风险评估。收集和研究项目所在国及相关国家的政策、法律法规和国际公约,研究、解决分子公司当地经营和项目管理面临的各类法律障碍,确保项目合法合规全面履行。

(3)强化合同执行过程管理、变更索赔管理和合同关闭管理工作,增强全体管理人员的合同意识,保障和促进项目成功执行。

(4)负责分子公司及其分支机构的设立、注册、变更及撤销等法律事务,负责当地营业执照的申办、年检、变更和注销等管理工作。

(5)根据公司总部及分子公司授权,代表分子公司参与合同纠纷的调解,受理法律应诉业务。

(6)负责并配合公司总部进行分子公司商业保险的管理,包括投保、保险索赔等保险业务全过程的归口管理。

(7)负责分子公司授权管理工作,建立相应制度和管理台账,办理授权和撤销授权的有关手续。

(8)负责合同法律管理相关事务,包括为分子公司员工提供涉及合同、法律、保险和合规合约业务的培训和咨询服务。

(9)各类合同、协议、有关法律和保险文件的收集、整理和归档工作。负责建立和完善分子公司合同、法律事务和商业保险管理的各项规章制度、业务数据库及规范合同文本,指导、监督和协调分子公司各部门和项目部做好相应工作。

(10)负责 ISO 9000 质量管理体系和 HSE 管理体系中所承担的主控要素及相关要素的管理与控制,并根据公司总部内控体系要求做好日常运行与维护工作。

(七)科学配置法务人员

人员层级配备上,根据分子公司具体项目的合同法律事务及保险事务实际需要,设置部门经理一名,之下可以设立部门副经理和法务管理人员。法务部经理 1 名,统管分子公司或直属项目部全面合同法律事务,包括所有变更、索赔及重大合同、协议谈判等。部门副经理 1 ~ 2 名,协助部门经理策划、协调合同法律事务等工作,根据业务要求对所分管的具体工作负责。合同法律事务人员根据分子公司业务需要,设立法律事务管理岗、合同管理岗、保险事务管理岗、合规合约管理岗,具体管理分子公司及所属各项目的合同法律事务。

(八)明确法务人员主要职责

1. 法务部经理

在保证分子公司各项经营活动能够做到守法和遵守合同的前提下,以依法保护分子公司利益为目标,在分子公司的战略目标和管理要求的指导下,统管分子公司或直属项目部全面合同法律事务,包括协调和处理所有变更、索赔及组织,并参加重大合同、协议谈判等。参照公司总部的相关规定,策划、协调涉及合同、法律及保险方面管理的各项制度、程序的制订并组织实施。完善合同、法律、保险和合规管理体系,包括建立健全工程所在国法律信息库,制定分子公司合同管理手册等。统管整个法务部门工作，组织并监督本部门法务人员完成各项工作，进行分子公司范围内的统一人员调配，统一分派日常活动和所有任务，确保合同法律工作的正常运行。

2. 法务部副经理

在保证分子公司各项经营活动能够做到守法和遵守合同的前提下，以依法保护分子公司利益为目标，在分子公司的战略目标和管理要求的指导下，协助部门经理策划、协调分子公司合同法律事务及所分管项目的合同法律事务等工作，完成各项制度或程序的制定和组织实施，完善相关管理体系。负责协助部门经理，处理本部门内各项工作的管理和组织开发工作。负责领导、组织和监督分管项目或业务的合同法律事务管理工作，组织并监督法务人员完成各项工作，确保部门内工作的正常运行。

3. 合同法律事务管理人员

负责合同法律具体事务性工作，负责项目合同管理工作，包括所涉及的招投标文件的起草和准备、审核、谈判、签订、合同履行、变更、索赔、关闭等各项管理工作；负责分子公司和项目所涉及的商业保险的投保、日常管理、理赔、索赔以及保险合同管理等相关工作；所在国的法律环境调研、律师协调；具体办理合同索赔、争议，包括仲裁或诉讼等前期和后期的相关法律事务工作等。

第二章 国际工程投资的前期法制环境调查

导语：工程总承包商在“走出去”的同时，需要做好项目所在国的法制环境调查。为什么要做详尽的法制环境调查？法律风险又有哪些？如何撰写法制环境调查报告？如何进行法律风险评估？如何进行风险控制？本章结合国内某国际工程公司到伊朗进行的法制环境调查为例，指出法制环境调查的必要性和针对性，阐释了工程项目法律风险的识别与评估方法，并着重说明调查结论对投资决策的影响以及对实践的指导意义。

第一节 项目前期法制环境调查的意义与内容[1]

一、法制环境调查的重要性

（一）法制环境调查的意义

投资环境是指足以影响国际资本有效运行、发挥基本职能以及实现增值保值的一切外部条件和因素，包括自然、社会、政治、经济、法制、文化教育、科学技术乃至民族意识、民众心理、历史传统、社会风尚等诸多条件和因素在内的一个综合体系。法律可以使投资者、东道国的行为得以规范，有法可依。法制可以为投资双方纠纷的及时、有效解决提供法律保

---

〔1〕 张浩：《国际项目投资的前期法制环境调查》，载《中国国情国力》2015年第3期，第69~71页。

障。一个国家或地区的足以直接或间接影响外国投资者投资权益、相关法律制度和法律规范的总称为法制环境。法制环境调研是法务管理的一项重要职能,是指承包商拟对进入的海外目标市场国所有与承包商开展经营业务相关的法律、法规等具有法律效力的规范性文件进行的收集、整理、分析和评估的行为。国际工程与国内工程在风险方面的一个显著的区别是不仅受到项目本身层面的影响,还更多受到工程所在地的建筑行业市场状况以及工程所在国的经济、法律、社会等宏观层面因素的影响。目前世界各国均制定了保护本国资源和市场为目的的市场准入法律法规,其中广泛涉及经营主体、当地化份额、资金流动、货物进出口、非本国人力资源的使用、税收、保险等内容,同时项目所在国已经加入的国际公约、双边与多边条约等涉及准入的相关内容,都是进入目标所在国必须遵守执行的。法制环境的状况构成了中国企业"走出去"的风险成本。法制环境调研是为承包商在进入目标市场国前进行法律风险评估和合法经营提供法律上的决策依据,是防范法律风险的重要途径。

(二)忽视法制环境风险所造成重大损失的案例

在海外市场开展业务的中国公司,必须遵守当地法律,新的法律环境可能招致各类诉讼和处罚,还可能从法律上或事实上对企业在当地开展商业活动造成障碍,无法实现投资该市场的商业目的。对于法律风险防范不力可能带来的严重后果来说,法律风险防范的投资对于任何一个企业来说都是物超所值的,预防比救治的社会成本显然要低得多。一些国企习惯了在国内的优越市场地位条件下经营,基于这种特殊地位,这些国企过去在国内很少被追诉,更少承担社会责任,但在国内的不良纪录可能限制其未来在国外的商业机会,如果在海外市场依旧"任性",忽视法律风险,则将很快招致法律诉讼,必然遭受重大损失。近年来,国内大型总承包商因忽视前期法制环境调查而遭受巨大损失的惨痛教训比比皆是,这为我国的总承包企业"走出去"敲响了警钟,不重视法制环境调查有可能遭遇致命性伤害。

(1)2010 年 10 月,中国铁建发布公告称其承包的沙特麦加轻轨项目预计发生亏损 41.53 亿元人民币,公告称巨额亏损的原因是实际工程量远超签约时的工程量。但究其深层次的原因,其中之一就有未做好前期的法律环境调查以及风险评估与决策。中铁建在这个项目上首次进入沙特市场，从风险控制角度考虑，应该对新市场进行认真考察。该项目采用的是EPC总承包模式，当地工程公司报价27亿美元，中铁建报价22亿美元，后来在议标时，中铁建又把报价压至17亿美元，比当地第一位竞标对手的27亿美元报价，整整降低了10亿美元。中铁建敢于过低报价的原因是以广州轻轨项目的EPC承包成本来测算该项目的。把项目所在国的法制环境视同了国内法制环境，忽视了沙特国特殊法制环境因素的制约，如忽视当地劳工法的制约，意图把依靠廉价劳动力和加班加点的国内通行的赶工习惯做法移植到该国，结果根本行不通。在项目设计标准上，沙特主要使用欧美标准，如土建工程执行美国标准，系统工程执行欧洲标准，对初入沙特的中国承包商来说，短时间内掌握欧美技术规范提出了非常高的要求，中国的设计分包商不能掌握欧美标准和当地的标准进行设计是普遍现象。

(2)2009年9月，中国中铁旗下的两家子公司组建的联合体中标了波兰A2高速公路项目A、C两标段，总长49公里，总工期32个月，合同总额4.47亿美元。该项目被称为是中国企业首次进入欧盟国家的大型基础设施项目，由于其较低的报价，受到了海内外的业内人士的高度关注。2010年6月，该项目正式开工。2011年6月，该项目A、C标段的EPC总承包合同被业主取消，并被索赔2.7亿美元。中方承包商公开的说法是由于业主工程款支付条件苛刻、业主不配合，导致项目中期计价严重不足，工程款拨付滞后，与现场投入极不匹配，以致出现了巨额亏损和资金困难。但究其深层原因，还是沿袭了我国工程界传统的“低价中标、高价索赔”做法，对波兰的自然环境和法制环境了解不足，没有充分估计到相应的履约成本，导致发生巨额亏损。

(3)根据2010年5月审计署的报告，截至2009年12月，中化集团投资开发的6个海外油气田项目中，有2个项目虽盈利但未达到可行性研究的预期目标，累计净现金流比预测少1.33亿美元，3个项目累计亏损1526.62万美元。中国兵器装备集团公司海外投资也存在问题，2008年3月，这家公司旗下企业天威新能源未经慎重决策与境外某公司签订10年期，4.68亿美元购货合同，并预付7900万美元货款。2009年，该境外公司濒临破产、无法履约，天威新能源以债转股方式控股该公司，并又投入近1亿美元。但因项目后期投资缺口巨大，截至审计日仍未能建成投产，前期投资面临巨大风险。

以上海外项目投资失败的共同原因就有未能进行翔实的法制环境调查,不能有效地对海外法律风险进行评估与控制。“市场变幻莫测,精准的监管在实际操作中很难实现”,往往成了大部分企业投资失利的借口,国企海外投资失利没被追究责任的占多数。为避免国企在海外投资巨额损失的进一步扩大,2011 年 6 月,国资委出台了《中央企业境外国有资产监督管理暂行办法》和《中央企业境外国有产权管理暂行办法》,要求中央企业进行海外投资时应加强内部控制。2011 年 11 月,为加强中央企业对未来中长期所面临风险的全局性、趋势性进行研判、全面控制风险,国资委再次发布《关于 2012 年中央企业开展全面风险管理工作有关事项的通知》,要求国企要逐步建立健全重大风险监测预警指标体系和重大风险管理全过程的动态监控,逐步将风险管理考核纳入企业绩效考核体系。党的十八大以后,随着国内反腐持续发力,国企在海外任性投资、盲目铺摊子、抢市场的势头很大程度上受到遏制。

(三)开展法制环境调查需注意事项

由于历史、地理、政治、文化的不同,各国的法制环境存在着明显的差异,尤其是英美法系和大陆法系的差异更为突出。英美法系的传统主要基于判例,判例具有拘束力;大陆法系则是成文法系,强调成文法的制定和执行。对英美法系国家的法制环境,需重视判例和习惯法的研究,而对大陆法系国家则需要重视对法律条文的推敲。不同法系的国家,经济法律概念往往是不同的,即使同一法系中,因国情不同,各国的具体法律制度也并不完全相同。这些差异直接影响着企业在该国的投资活动。我国的总承包商在“走出去”的同时,需要注意做好以下四项内容:

(1)对海外市场国别风险调研建立贴近业务、可操作的流程和清单式的调研模板。

(2)在进入新市场前,组织工程经验丰富的法律、商务、技术专家开展国别风险调研,分门别类地收集海内外各相关国家和地区的法律,跟踪国内外的立法动态,为下一步投标报价阶段的合同审查和法律风险评估奠定基础。

(3)加强重大项目法律论证,把法律环境分析评估作为项目启动的基本条件和项目决策的重要依据。

(4)考察项目国法制是否健全,法制环境是否良好,利用其法制特点争取实现投资效益最大化。

二、工程项目法制环境调研的通常内容

(一)新市场国法制环境调查的通用性要求

新市场国法制环境调研通常开始于公司对拟进入的目标市场国进行综合考察之时,或在目标市场国进行工程承包项目投标之时。法制环境调查主要包括法律制度规范调查和司法环境调查两方面。就法律制度规范调查而言,主要是调研各类法律规范性文件,诸如项目国所制定的国内法,双边投资条约和世界性多边公约等国际法规范。从司法环境调查来说,需了解其法律体系、信守合同的环境、工程建设相关环节执法情况,参与相关多边条约以及与中国签署相关双边条约的情况。法制环境调查并不是对一国法律体系系统地了解和研究,而是重点调研对承包项目有重要影响的法律因素,以便承包商对法律风险评估更具有针对性。鉴于法制环境调查的内容庞杂,可以参考表 2－1《法制环境通用问题调查清单》。

表 2－1　法制环境通用问题调查清单

一、目标市场国当地的政治环境

(主要对近 5 年的政治风险进行描述)

1. 战争、动乱。
2. 政府更迭。
3. 国家政策的重大改变。
4. 遭遇恐怖袭击。
5. 遭遇制裁。
6. 所在国与中国关系。
7. 所在国与周边关系。
8. 同盟国、周边国家战争、动乱情况。

二、社会环境

(主要对近 5 年的社会风险进行描述)

1. 宗教禁忌。
2. 种族、派系冲突。
3. 社会治安。
4. 政府腐败。
5. 政府组织体系和办事效率。
6. 劳动者素质。
7. 罢工状况。

8. 民众反对项目(设置障碍、破坏)。

9. 盗抢项目物资。

三、经济状况

(主要对近5年的经济情况进行描述)

1. 市场国管控:

(1)市场国就进出口货物的管控制度(包括工厂、机械、设备和材料)。

(2)市场国对现金的管控。

(3)市场国市场准入的要求或限制。

(4)行业准入政策,对外资投资比例的限制和要求。

2. 市场竞争程度(尤其是×××市场、×××承包项目、正在投标的项目行业竞争程度)。

3. 物价上涨。

4. 当地货币利率变化。

5. 外汇:

(1)当地币收入兑换限制。

(2)收入汇回中国受限制。

(3)汇率变化幅度大。

6. 税收(与工程建设紧密相连的税收):

(1)适用的税种及税率。

(2)注册缴税程序。

(3)免税规定。

(4)项目所在国的进出口法律法规,重点关注进口材料的税收优惠政策。

(5)项目所在国与我国之间的税收协定。

(6)税收政策可能发生的变化(如优惠政策的实施及变动、可能增加的税种及相关税率)。

四、法律风险

1. 双边条约:

是否与我国签订了双边条约?条约内容?是否有双重避税的双边协定?

2. 若市场国为WTO成员国,是否熟悉该国做出的WTO承诺?

有无需要特别注意的附加承诺条件或保留条款。

3. 政府保证:

市场国政府做出的鼓励外国投资者的政府保证。

4. 用工要求:

(1)当地劳工法律的规定和适用,例如,雇工的一般条件、最低工资、工伤、赔偿、病假、劳动保险等。

(2)哪些法律涉及外籍劳工或外籍行政管理人员的工作许可或签证?这些工作许可或签证是否有时间限制?能否与相关机构进行协商?

(3)外国投资者在所有雇员构成中是否有种族或国籍的比例要求,这一要求是否涉及管理层?

5. 当地含量:

是否有当地含量的要求?若有,注意当地含量的具体要求。

6. 承包商资质：
市场国针对需要在当地开展项目的承包商的资质及等级的具体规定。
7. 格式合同：有关工程建设行业的格式合同是否有强制要求或惯例。
8. 争端解决机构和机制：市场国适宜的争端解决机构和机制。
9. 环保要求：EPC 模式下的环保法要求。

五、业主的情况

业主的主体资格、资信状况：
(1)业主的主体资格。
(2)资信状况、偿付(担保)能力。
(3)业主要求项目的承包模式，是 EPC、BOT，还是其他模式。
(4)业主对项目附带的其他要求，如融资要求、运营要求、特殊技术标准要求等。

六、投资主体要求

根据市场国的法律和行政规定，采取市场国可接受的最适宜的企业实体类。
1. 企业实体类型。
2. 有关涉及外国承包商设立企业实体的规定。
3. 有关子承包商/分承包商等股份资本的规定。
4. 有关海外投资准入的要求。
5. 是否需要商业许可，若需要，查询具体规定。
6. 是否需要常驻许可，若需要，查询具体规定。
7. 若在当地建立子承包商，是否查询了针对母承包商的要求。
8. 有关签证管理的具体规定。
9. 海外雇员配额/施工许可。
10. 设立机构的费用，例如注册费用、印花税。
11. 应向政府缴纳的费用。
12. 非常驻当地，是否需要开立当地账户。
13. 是否需要指定一名当地代理，该代理需要何种资质。
14. 各类文件的要求。
15. 设立企业实体的时间表。
16. 对承包商使用何种法律管辖。

七、工程所在国的律所资源

1. 曾经为我公司服务过的律师事务所。
(简介、联系方式、评价)
2. 推荐法律服务资源。

(二)开展法制环境调查的针对性要求

1. 针对不同投资行业开展调查

不同类型的承包商应根据自身的行业特点，开展有针对性的调查。石化、电力、高铁、路桥、房屋、水坝等各类实体工程看起来差别不大，但在建设过程中所处的法律环境和涉及的法律要求却是千差万别。因此，就特定的项目必须了解所在国家的法律环境和法律要求，照搬我国或在其他国家的做法,必然埋下风险隐患。比如,作为石油工程建设的总承包商,可结合自身业务特点,重点对新市场所在国家的外商投资法、公司法、石油法、招投标法、外汇法、财税法、海关法、合同法、劳动法和环保法等法律进行调研和分析,并就此形成该国的《法制环境调研报告》,为以后的项目运作和商务模式设立奠定坚实的基础。国际石油天然气行业所采用的合同通常冗长、复杂,随着海外扩张进程的加快,我国企业必将越来越多地采用非常专业化和技术化的行业标准合同,这类合同中某些条款的细微变化,就有可能将数百万美元甚至数亿美元的风险从一方转移到另一方。因此,石油工程建设承包商在进行项目所在国市场调查时,应针对性地调查业主通用的合同模式和合同模板。

2. 是否签订投资保护协定

调查东道国政府对我国投资者在其境内投资是否有保护义务及其对投资者做出的承诺,这在一定程度上能减少造成投资企业损害的可能性。对于没有签订投资保护协定的国家,应采取慎重的态度,对于已经签订投资保护协定的国家,应充分了解并善加利用《投资保护协定》中的待遇和相关条款。

3. 了解东道国是否成为 WTO 成员国或其他国际公约的成员国

WTO 不仅为成员国提供贸易协商的平台,还建立了一套贸易、投资自由化下的保障机制和任何其他地区性组织、国际协议都不具备的贸易争端解决机制。这些规则对各国在良好的国际经贸环境下发展对外贸易、投资是极其重要的。要充分利用我国作为 WTO 成员国的有利因素,利用各种新的国际机制保护在海外的直接投资,为海外直接投资服务。

4. 经营属地化

经营属地化是指海外投资企业以东道国独立的企业法人身份,按照当地的法律规定和人文因素,以及国际上通行的企业管理惯例进行企业的经营和管理。它包含雇佣当地员工、当地研发等方面。经营本土化是海外投资企业降低经营风险,提高适应能力,走向国际化的战略措施之一。以雇佣当地员工为例,为确保外来投资能创造国内就业机会,各国法律一般要求外国投资企业雇佣当地员工,并限定一定的比例。

美国建筑法规定,招收技术管理人员要首先在当地报纸刊登广告,经面试本地人不合格后才能考虑雇佣外国人。《美国劳工法》规定公司招聘雇员必须优先考虑当地人，外国工程公司很难带建筑工人入境。

德国法规定居留许可制度，外国技术管理人员在德国就业，必须申请长期居留许可，就业申请者也只能在替其申请工作许可的公司里工作。

加拿大法律规定，外国投资企业一般只能雇佣加拿大籍工人，只有少数管理人员和技术人员可以来自投资一方。

日本《入管法》规定外国建筑技术工人严禁入境。

沙特法律规定，不同行业的项目，各层次人员都必须聘用一定比例（5%～40%）的沙特人，以提高当地人的就业率。

新加坡政府规定建筑企业雇佣外籍劳务的额度限制为1∶7，即每雇用1名新加坡公民或永久居民，公司最多可申请雇佣7名外籍人。

俄罗斯对外来劳务采用配额管理办法。根据俄罗斯劳务移民法规，用工企业和部门每年向当地劳动就业部门及移民局申请下一年度使用外来劳务的数量，次年5月之前，使用外来劳务配额发放完毕。在外资信贷机构中俄罗斯雇员的数量不能少于雇员总人数的75%；产品分成项目中，投资者聘用的俄罗斯籍雇员数量应不少于所聘雇员总数的80%。只有在按协议进行的工程初期或在俄罗斯联邦国内缺乏具有相应专长的工人和专家的情况下才可聘用外国工人和专家。

印尼目前只允许引进外籍专业人员，普通劳务人员不许引进。对于印尼经济建设和国家发展需要的外籍专业人员，在保证优先录用本国专业人员的前提下，允许外籍专业人员依合法途径进入印度尼西亚，并获工作许可。受聘的外国技术人员，可以申请居留签证和工作证。

泰国相关法律规定建筑安装部分（C部分）必须由泰国本地人或本地企业（持有股份在51%以上）进行承包。本地与外籍员工比例为4∶1。

尼日利亚针对具体项目需要提交本地含量计划：合同金额1500万奈拉以上的电力项目，执行之前需向电监会提交本地含量计划。合同授予应优先考虑尼日利亚企业，采购优先考虑尼日利亚商品；每半年结束前30天内，向电监会提交价格1500万奈拉以上的电力合同、分包合同、采购订单清单；合同额在1500万美元以上的电力项目，需要向电监会提交领导岗位使用当地员工的比例。

哈萨克斯坦对外国劳务人员实行严格的工作许可制度。在哈萨克斯坦从事有偿劳务的外国公民必须获得劳动部门颁发的工作许可，否则将被罚款、拘留,直至驱逐出境。哈萨克斯坦劳动部门对外国劳务的数量实行总量控制,按州发放。必须雇用相应比例的当地员工,一线工作人员比例为1∶7,不涉及管理层。"哈萨克含量"概念引入国家法律体系,哈政府高度重视该项工作的开展,一般情况下,"哈萨克含量"不低于30%。

智利法律规定一个公司中25人以下,对于外国雇员没有限制;超过25人,80%初级雇员必须是当地人。对管理层无限制。

苏丹政府为保护国内就业,对外来劳工采取了一些管制措施,严格控制外籍劳工数量,要求外资企业首先雇用当地员工。对此,苏丹针对外籍劳务人员进人苏丹采取了诸多限制措施:一是严格控制劳动许可发放。按照苏丹劳动部门规定,任何外籍劳工来苏工作之前,需取得一个劳动许可,凭借该许可方能办理来苏签证以及来苏后的劳动证和居住签。然而,苏丹劳工部门设定当地员工和外籍员工比例,一般为3∶1,通过正常途径取得劳动许可较为困难。二是收取较高数额的入境签证费、劳动居住手续费和个人所得税,提高入境门槛。三是要求企业在招募外国劳工时,首先在报刊上发布招工广告,如广告发布一个月内无当地人应聘或均不满足招工要求,方允许外国劳工进入。四是外国劳工在苏丹办理居住签和劳动证,一年后还需办理年审和延期,逾期则处以高额罚款。

赞比亚本土失业率很高,尽管各类技术工人、工程师和高级管理人员稀缺,但外籍劳务市场规模较小,目前只允许外籍劳务在外资企业或外资投资的项目工作。《赞比亚发展署法》规定,对于投资25万美元以上、雇佣不少于200名当地员工的投资者,给予一个自雇许可和最多五名外籍员工的工作许可。

科威特长期以来依赖外籍劳务,但为了保障本国人充分就业,科威特强制规定外国公司根据不同行业,雇用2%～25%的科威特人,科威特人员工资标准普遍高于其他国籍雇员。中国公司在科申请中方人员的工作签证手续较多,科方办事效率较低,这是在科威特承揽项目的所有中国公司遇到的普遍难题。原法律规定当地含量比例为51%,近年来已经逐渐放开,外国企业可以在自贸区设立独资企业。

安哥拉国家规定关于海外雇员配额或施工许可外商投资企业的雇员要求70%的雇员必须是安哥拉人,外商代表处的雇员要求50%为本国人。

从以上国家对外籍工人的政策可知,无论是发达国家还是发展中国家,基本上都限制普通劳工入境。我国企业的竞争力很大程度上来源于廉价劳动力,当中国承包商习惯于本国劳动力的廉价,随意延长工人的劳动时间,工作环境恶劣,这些在对外投资过程中就极容易违反当地的劳动法,这些做法会遭到当地工会组织的强烈抵制与抗议,公司的经济损失将远远超过其因违法行为所获得的利益。当然,意图靠从国内带大批劳务工到国外从事非技术性劳动,也基本上走不通。在向海外扩展的过程中,我国的承包商必须建立合法合规制度,保证公司行为符合当地劳工法的规定。

5. 选择适合自身的进入模式

法律法规是一个国家市场准入的门槛,也是政府进行行业管理的重要手段。"工程所在地法"逐渐成为国际上通用的调整涉外工程承包法律的准据法。各国通过制定有关公司的设立、资质审查、劳务用工、招投标等一系列法律法规为外国建筑承包商进入本国建筑承包市场设定硬性指标。

沙特政府对企业参与项目竞标的资格有特殊要求,根据海湾合作委员会的有关规定,参加本地竞标项目的企业必须是在沙特有关部门正式注册的当地公司或当地公司与外国公司的合资公司,外国公司要以总包方式参与或与当地公司成立合资公司并在当地注册,才能取得竞标资格,否则只能分包。

塔吉克斯坦法律规定,接受外国投资的企业可以是合资企业,也可以是外商独资企业。外资企业具有法人资格。除塔吉克斯坦法律禁止的形式以外,外资企业可以采用任何企业形式。

韩国在一般建设领域对外国公司实行国民待遇,但为了防止外国建筑业挤占本国市场,在联合承包、分包、承包规模、开放领域方面对外国公司作了限制。对于政府工程,通过调整有关建筑业法律规定,减少外国企业参与的机会。

新加坡投资设立企业的形式主要有公司代表处或办事处、分公司、私人有限公司、股份有限公司和有限责任公司。外国承包商在新加坡承包工程需首先在新注册分公司、个人所有或合伙制的企业,并向新加坡建设局申请相应的建筑资质。首次注册的个人所有或合伙制企业原则上最高只能定位 C1 级或 L1 级。对于从事某些特定行业工程的承包商(如电力及通信工程承包商),其人员或企业必须获得相关政府主管部门颁发的许可,方可进行资质评定。

巴基斯坦法律规定外国公司可以选择设立办事处、分公司或者子公司三种方式开展业务。办事处不是独立的完税机构,其业务范围很有限,不能单独进行商务交易,也不能承揽工程合同,实际上相当于代理机构。如果申请永久机构的话,也只能从事采购性合同服务。分公司系外国企业在当地设立的永久机构,和巴基斯坦其他当地公司一样承担相同的税务责任,可以独立承揽合同。当地子公司是外国公司投资按照巴基斯坦公司法在当地成立的独立法人机构,在其注册资本范围内承担法律责任,在其经营范围内开展业务活动。外国公司在巴基斯坦无论设立分公司还是子公司都具有永久性机构的特点,但是,从分公司和子公司的法人属性和归属上主要有以下几方面的差异:外国公司总部承担分公司的全部债权债务,分公司不具备独立法人资格;子公司具有独立法人资格,公司总部不直接承担子公司的债权债务;分公司不属于当地公司范畴,因此,在巴基斯坦工程师协会注册从事工程建设项目时仍需按照要求与当地公司合作,并且需要将至少 30% 的份额交由当地伙伴实施,而子公司则不受此法令的限制,可以单独参加工程项目承包或者作为当地公司与总部或其他外国公司联合投标;当地子公司可以拥有不动产,而分公司则必须获得有关政府部门的许可后才有资格购买不动产;根据国家银行的法规和外汇法律的规定,子公司比分公司更容易获得当地银行机构的融资支持和其他金融服务;当地子公司在达到 SECP 的有关资格和条件后,可以申请在当地证券市场上市融资,而分公司则不能;当地子公司参加世界银行、亚洲银行贷款项目,同其他当地公司一样享受当地优惠,如 7% 的评标优惠。不仅注册公司形式不同,税收政策不同,即使同一国家注册地不同,税率也不同。如巴基斯坦服务税由市级政府负责征收,不同的城市服务税税率不一样。因此,在任何一个城市操作项目、提供服务必须在当地进行注册。

印度政府规定外国公司可以以三种形式在印度从事工程建设服务活动。第一种方式是在印度建立办事处。须经过印度储备银行审批设立。办事处可以从事且只限于从事信息收集,进出口或者技术、商务金融合作。第二种方式是建立项目公司,印度法律规定,国外的企业要在印度境内实施特定的工程,允许在印度设立一个临时的项目公司。该项目公司只能进行与这个项目相关的商务活动。第三种方式就是建立分支机构,即在印度境内建立分公司。这种方式主要适用于制造企业或者贸易企业。最适合中国工程承包商的方式就是第二种,在印度建立实施项目的项目公司。根据印度的法律,外国公司只有注册项目公司才能实施工程项目。没有项目公司的注册,工程也就没有合法的实施主体,项目不能实施。但是由于中国和印度的政治关系的信任度低,项目公司很难在项目初期注册成功,往往是工程开工迫在眉睫,项目公司注册迟迟不能完成。而项目注册又是其他各种注册的基础,如劳务注册、税务注册。因此,项目公司的注册成功是否及时已经成为中国承包商在印度承揽工程的最大风险。

世界各国为了实现各自的经济战略布局,纷纷制定了不同的注册要求以及不同地区税负存有差别的税收优惠政策,如科威特、卡塔尔、沙特、叙利亚等,外资公司均在业主或代理的名下来开展业务,为了便于协调双方关系,建议与业主或代理在同一地区注册。阿联酋、伊朗等国,则选择自由贸易区注册公司以便享受税收优惠政策。

6. 税收法律

纳税成本在承包商支出成本中占比例很高,直接影响承包商的利润,纳税风险是承包商的法律风险来源之一。纳税风险主要包括两个方面:一方面是承包商的纳税行为不符合东道国税收法律的规定,发生应纳税而不纳税、少缴纳的行为,从而面临着补税、罚款、加收滞纳金、刑罚处罚以及声誉受损等风险;另一方面是指由于承包商对相关税法把握不准,适用错误,没有进行税务筹划而导致企业多交税款。国别不同,税种和税率也会差别很大。承包商调研应重点把握以下几个方面:首先,调研与项目紧密相连的所有税种和税率,包括增值税、营业税、所得税等,以及缴纳期限、征收范围、缴纳的主体、代扣代缴义务、各种税务证书等。其次,对招标文件中税务条款进行分析,找出税务条款中不合理或者表述不清楚的地方,通过修改税务条款或者向业主提出偏离来保证投资者的利益。最后,调查我国的出口税收优惠政策,同东道国是否签订避免双重征税协定,是否允许我国海外投资者在我国应纳税款中扣除已在东道国实际缴纳的税款。做好标前纳税法律调研,并做好税务筹划是承包商一项重要课题。鉴于税收的对总承包合同影响巨大,将在第四章第六节《国家的税收对 EPC 合同的影响》进行专项论述。

7. 环保法律风险

很多国家在环境保护方面的立法、执法都非常严格,违规成本非常高,我国企业在调研中必须给予充分重视。发达国家在环境保护方面的法律比发展中国严格得多,而发展中国家的环境保护意识也在不断提高,尤其是石油天然气等高污染项目,一旦发生环境污染,很可能成为环境保护主义者的抗议对象,这将耽误项目的工期,甚至导致项目被叫停。由于污染而引发的诉讼,如果被认定存在责任,赔偿的金额往往是惊人的。例如,美国雪佛龙公司在厄瓜多尔违法倾倒有毒废水,按裁决,雪佛龙公司须赔偿 86 亿美元,外加法律就发放赔偿所规定的 10% 费用,合计 95 亿美元。其中 60 亿美元用于清理遭污染土壤和水源;14 亿美元设立医疗系统;8 亿美元用于护理癌症患者;其余部分用于恢复原生植物物种、建立供水系统和弥补当地文化所受破坏。该案例在世界范围造成重大影响,因此,承包商在调研过程中,必须对 HSE 法律进行专项调研。以下是几个国家法律对环保的要求:

印度尼西亚《环境法》要求,对投资或承包工程必须进行环境影响评估(AMDAL),规定企业必须获得由环境部颁发的环境许可证,并详细规定了对于那些造成环境破坏的行为的处罚,包括监禁和罚款。

近年来,巴基斯坦对环境污染的整治力度不断加大,中国企业在巴基斯坦开展投资合作,应当了解相关环保法规,科学评估投资项目的排污情况及其他可能对环境造成的影响,有针对性地制定解决方案。此外,制造企业应按规定定期向当地环保部门提交企业环境监测报告。

赞比亚的环境保护法规要求投资者在境内投资前,向赞比亚环境委员会(Environmental Council of Zambia)提交投资项目简介或投资项目对环境影响的评估报告。投资者在申请投资许可证之前,需要制定出《项目环境管理计划》,申领“三废”排放许可证。环保部根据投资项目对环境影响的大小,核发不同级别的许可证(一般分为三等)。

刚果金法律要求投资者在境内投资前,需要对投资项目做环境影响评估报告,企业有责任消除投资项目对当地环境的影响。投资者因环境保护不力,对当地环境造成损害时,将受到环境保护主管部门的处罚。刚果金对环境影响评估标准,主要参照世界银行标准和做法。根据环境旅游部、矿业部规定,在刚果金开展矿业等项目投资以及实施可能对环境造成影响的工程项目时,投资或施工主体需事先提交项目对环境影响的评估报告,获批准后方可开展下一步工作。

8. 出口信贷

出口信贷是一种国际信贷方式,是我国政府为了支持和鼓励大型机械设备、工程项目的出口,加强国际竞争力,以向国内出口商或国外进口商提供利息补贴和信贷担保的优惠贷款方式,鼓励国内银行对国内出口商或国外进口商提供利率较低的贷款,以解决国内出口商资金周转的困难,或满足国外进口商对国内出口商支付货款需要的一种融资方式。出口信贷能够为我国建筑企业"走出去"战略提供资金支持,提高其国际竞争力。我国的承包商在开展对外投资合作过程中可使用中国政策性保险机构——中国出口信用保险公司提供的包括政治风险、商业风险在内的信用风险保障产品,也可使用中国进出口银行等政策性银行提供的商业担保服务。中国出口信用保险公司是由国家出资设立、支持中国对外经济贸易发展与合作、具有独立法人地位的国有政策性保险公司,是我国唯一承办政策性出口信用保险业务的金融机构。公司支持企业对外投资合作的保险产品,包括短期出口信用保险、中长期出口信用保险、海外投资保险和融资担保等,对因投资所在国(地区)发生的国有化征收、汇兑限制、战争及政治暴乱、违约等政治风险造成的经济损失提供风险保障。

三、法制环境的特殊调查

我国的承包商应顺应时代潮流,把握历史趋势,与保险资金、银行、信托等社会资金方建立战略合作,进行制度创新,为业主提供"融资+建设+运营"等"一揽子"解决方案,谋求从项目的承包商向运营商积极转型,从单纯的工程EPC承包向复合的运营努力转变,增强企业的市场竞争力。

(一)EPC+F(承包商提供融资)

EPC+F(承包商提供融资)总承包模式是指除了包含EPC内容外,承包商还担负着另外一个核心的内容,即受业主委托,筹集项目开发所需的资金,通常为商业或政策性优惠银行贷款。近年来EPC+F项目管理模式受到了海外业主们的广泛欢迎。尤其是发展中国家,业主资金往往短缺甚至不到位,导致越来越多的业主采用 EPC + F(承包商融资)的建设管理方式。业主越来越重视建筑业企业的勘察、设计、采购、施工的全面建设管理能力以及融资能力。建筑市场的竞争,尤其是大型基础设施投资建设项目,正成为建筑市场主要参与者国际总承包企业之间关于融资、管理和运营等综合能力的竞争。随着投融资项目的增多,业主除要求建筑企业具有大型项目的独立操盘能力外,对建筑企业资金实力和综合金融服务能力的要求也越来越高。而在国内,我国承包商“走出去”,资金支持是必不可少的保障,随着中国外汇储备的增长和银行国际化经营的发展,我国的银行也越来越多地为“走出去”的能源企业在境外的投资项目提供资金融通。如果工程项目的业主使用 EPC + F(承包商融资)合同模式,则需要对东道国法律环境、境内外能源项目投融资和中国银行的境外项目贷款业务进行调研。调研内容主要包括:

(1)中国政府对境外项目投融资的法律、政策;

(2)东道国投融资法律环境;

(3)融资项目法律尽职调查及风险评估;

(4)项目融资方案和担保结构设计以及法律可行性论证;

(5)利用中国政府和东道国政策和项目特许权协议争取优惠贷款条件、政府担保;

(6)贷款协议、担保协议(包括银行与承包商、政府间的直接协议)等融资文件;

(7)银行账户设立、外汇、提款等涉及的法律问题;

(8)融资关闭条件的实现以及融资涉及的其他法律问题;

(9)东道国及中国相关审批程序及外汇管理相关的咨询;

(10)其他事项。

(二)EPC 项目 + 业主抵押融资

1. EPC 项目 + 业主抵押融资的法律关系

某些 EPC 项目的资金来源是由业主以抵押项目权益的方式向国际金融机构或有实力的投资者(有的情况下向总承包商抵押)获取融资。如图2 - 1所示,EPC 项目 + 业主抵押融资项目所涉及法律主体主要为总承包商、业主、融资方及分包商,涉及的法律文件主要包括但不限于(根据实际情况可能会有所不同)EPC 总包合同及保函、融资协议/担保协议、分包协议等。

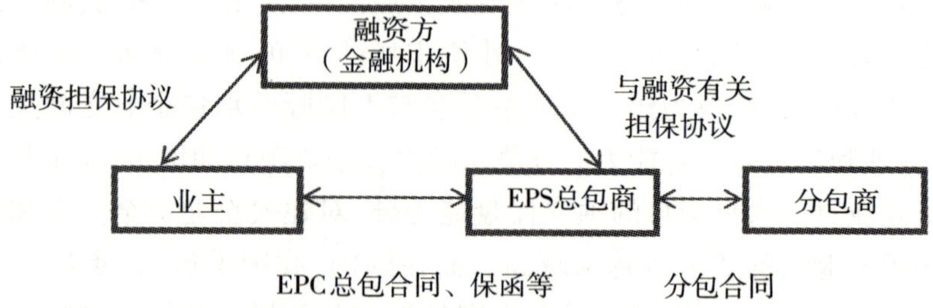

图 2-1 EPC 项目 + 业主抵押融资所涉及的各方及其法律关系

2. EPC 项目 + 业主抵押融资的法律风险

出于对投资安全及自身利益保护的考虑，投资方一般要求业主和承包商与其签署一份三方协议，并将该协议的签署作为 EPC 合同的生效条件之一。在项目实施过程中，一旦业主违约导致资金链断裂，代表投资方利益的担保权益代理人就会向借款人（项目业主）发出通知，阐明其行为已违反贷款协议，投资方可以派遣"指定代表"取代业主行使 EPC 合同中业主的权利并承担相应的义务，或者选择"合适的替代者"取代 EPC 合同中的原有业主，实现合同的完全转让。该模式对承包商产生了很大的风险：

（1）失去签订其他合同机会的风险。对于业主融资的项目，通常在 EPC 合同中规定，融资款的落地是合同生效的条件之一，这就导致 EPC 合同签订了，但并没有生效。业主的融资时间通常为半年到 1 年，也可能在合同签订后数年才能融资落地，从而使承包商面临在以后时间如果签订其他项目，会发生项目冲突，从而不敢签订其他合同，一旦该合同融资失败，则会失去其他项目签约机会。

（2）限制承包商终止合同权利的风险。在以 FIDIC 银皮书为代表的 EPC 标准合同版本中，当业主未能向承包商证实其资金安排，或未能在规定期限内向承包商支付到期款项的情况下，承包商有权在发出 21 天通知后暂停工程或在发出 14 天通知后终止合同。在工程施工长时间中断或业主破产的情况下，终止合同的通知可立即生效。而在"三方协议"中，投资方为了规避自身风险，实现其投资目的，往往会对承包商暂停工程或终止合同的权利做出种种限制,以便给予业主更多时间纠正其违约行为,或使投资方有机会介入项目管理,改善项目实施环境,重新整合资源,直至寻求有实力的机构取代原项目业主。为此,"三方协议"中一般都会规定:"在承包商向代理人发出终止通知之后、规定期限(一般确定为120天)到期之前,承包商不得放弃、暂停或终止合同的履行。"该规定很大程度上限制了FIDIC EPC合同中赋予给承包商的终止合同的权利。

(3)未及时申报债权的风险。无论是承包商向投资方发出终止合同的通知,还是投资方通知承包商业主已违约,"三方协议"都会规定在此后的一定期限内,承包商必须向投资方申报债权,述明截至终止通知发出之日以及此后的"规定时间"到期之前,承包商依据合同拥有的已知或应知的债权,或业主应履行的其他合同义务。如果没有正当理由及时申报,根据"三方协议"相关内容,承包商有可能丧失该项目权益。

(4)保函转让风险。在EPC合同中,履约保函及预付款保函一般属于"见索即付"类型,一旦其中包含受益人可以转让保函的内容,保函不仅可以随着合同的转让而被转让,还可能被受益人作为融资手段转入二级市场,从而使承包商承担因索赔权滥用而导致的风险。为了避免此类情况发生,保函的条文中应尽可能避免包含保函转让的内容。当投资方按照"三方协议"替换项目业主而EPC合同继续执行的情况下,承包商可承诺在撤销原保函的前提下重新开立保函,或在保函的条文中明确保函的转让对象必须与承包商同意签署的相关协议内容相符。

(5)适用法律及司法管辖权的风险。按照惯例,EPC合同的适用法律及司法管辖权一般遵循工程所在地法。而在"三方协议"中,投资方为了维护自身利益,往往选择对自己有利或自己相对熟悉的工程所在国以外的其他法律体系。为此,可能在协议中安插:"本协议及与其相关的非合同义务适用×××法律。当事方同意×××国法院是解决争议最为合适和便利的法院。"如此选择的法律不仅可能与EPC合同的适用法律体系相冲突,还可能给合同争议的解决留下难以预料的隐患。因此,在条件允许的情况下,承包商应尽可能争取将"三方协议"的适用法律与EPC合同的适用法律保持一致,或争取适用自己相对熟悉的法律体系。

总之,境外EPC项目+业主抵押融资项目的风险很大。承包商与业主、投资方签订的投资协议通常由投资方委托专业律师起草。其中的合同条款设置烦琐，在强调投资者的利益的同时，往往疏于顾及承包商在EPC合同项下的权利和保障。考虑到EPC项目一般实施周期较长，涉及范围较广，不确定因素较多，因此，承包商在签署此类协议之前，需认真研究协议的实质及与EPC合同的内在联系，辨识其中的潜在风险，要求修订或删除有可能损害承包商利益的内容。

（三）境外项目运营维护（O&M）承包

EPC合同结束后，项目业主有可能与EPC承包商再签订项目运营维护（O&M）承包合同，也可能单独签订项目运营维护（O&M）承包合同。EPC合同与项目运营合同既有牵连又是两个相对独立的合同。承包商需要从事工程行业背景和项目运作流程进行调研，主要内容包括：

（1）项目所在国法律调研；

（2）招标文件审查及投标文件内容；

（3）O&M合作模式、实施方案；

（4）运营维护承包风险评估及防控风险；

（5）项目运作主体设立和资质申请；

（6）分包、供货、服务审查；

（7）运营维护人员借用、出入境和劳工许可事宜；

（8）项目涉及的保函、保险、海关、税务、外汇等咨询和处理；

（9）O&M奖罚机制的设计、落实和应对；

（10）突发事件处理；

（11）争议解决。

（四）境外BOT与PPP投资的法制环境调研内容

除了EPC合同、EPC+F合同，在境外还会存在各种各样的合同，例如BOT、PPP以及其他衍生的合同，承包企业需要开展针对性的调研。以电力行业承包调研为例说明：

（1）东道国投资法律环境和产业政策调研，项目尽职调查及风险评估，风险分析报告，针对东道国和项目具体情况有效防控建议；

（2）投资方案、海外机构设立方案和交易架构设计及可行性论证；

（3）东道国及我国相关审批程序、海关及外汇管理相关问题；

（4）项目合作框架协议（FA）、备忘录（MOU）或原则协议（MOA）/项目开发协议（PDA）的起草、审查、修改；

(5)BOT(BT、BOO、BOOT、TOT)协议/收购协议、JV 协议、股东协议(SA)、项目公司章程的起草、审查和谈判;

(6)特许权协议(CA)的起草、修改、谈判;

(7)东道国政府出具的担保(GGU)、有关政策或补偿承诺文件的审查、谈判;

(8)项目购售电合同(PPA)、并网协议、输电协议、配电协议或其他产品销售合同、EPC 总承包合同、燃料供应协议的起草、审查、谈判;

(9)其他涉及土地租赁、项目建设、融资等相关协议的起草、审查和谈判;

(10)境外机构的法律咨询和代为办理,及其运营涉及的高管派遣、当地员工招聘、账户设立、审计、税务、利润汇回或再投资等法律问题处理;

(11)境外离岸公司的设立和管理。

四、不同承包模式对法制环境调查的要求

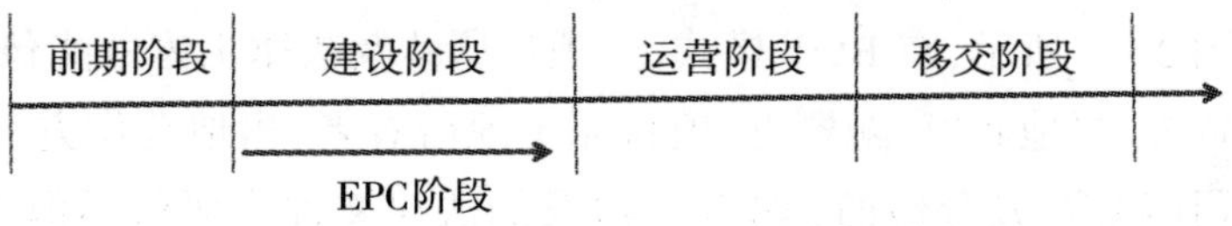

图 2-2　EPC 合同模式与 BOT 模式关系

(一)EPC 合同模式与 BOT 模式关系

BOT(Build-Operate-Transfer)即“建设—经营—转让”模式。通常指政府将自身承担的重大项目的建设、经营以及维护责任以契约方式转交给一个投资或经营机构(或大型承包商),该机构建设完项目后,在协议期内对该项目拥有经营权、受益权,以收回投资和获得的合理利润,在特许权期满后则将项目无偿移交给当地政府。从图 2-2 EPC 合同模式与 BOT 模式关系可以看出,带有融资性质的 BOT 项目中的 B 实质上就是 EPC,BOT 是建立在 EPC 基础上的,EPC 阶段是 BOT 模式的一个建设阶段。BOT 模式多用于投资额度大而且期限长的项目。BOT 项目核心问题主要有特许经营权、项目融资、项目运营和风险应对四个方面。

（二）BOT模式下各方的法律关系及风险

以电力行业为例说明：

1. BOT模式下各方的法律关系

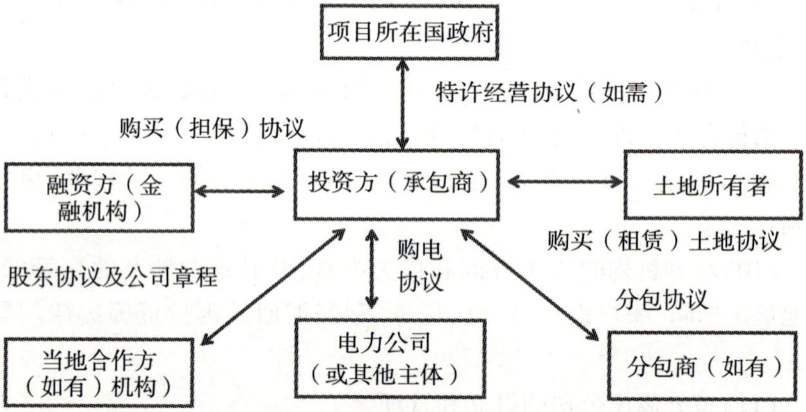

图2－3 BOT模式下各方的法律关系

如图2－3所示，在BOT模式下，项目所涉及法律主体可能包括但不限于投资方、当地政府、融资方、项目原土地所有者、当地合作方（如需）、电力公司（如需）及分包商（如需），涉及的法律文件主要包括但不限于：承包商与项目原土地所有人之间的购地或租地协议；承包商与政府之间的特许经营协议（如法律有强制性规定）；承包商与电力公司（或其他适格主体）之间的购电协议。以上三个协议为BOT模式下最为基础和核心的协议，其中会对土地的取得及权利期限、特许经营权利期限及税收优惠、财政支持政策、电价及支付方式、调整机制、汇率波动对电价的影响等至关重要的要素做出具体明确的约定。除此之外，根据项目的不同情况，还可能涉及投资方与当地合作方（如有）之间关于项目公司（如为合资公司）的股东协议及公司章程等文件；投资方与融资方之间的融资及担保协议；投资方与分包商之间的分包协议（如存在分包商）。

2. BOT模式下的风险

相对于EPC合同模式，BOT项目中的风险更大，最突出的是增加了融资风险、运营风险和协调风险。

（1）融资风险。融资风险是指由于通货膨胀率、利率、汇率预期外的变化所带来的风险。若发生了比预期高的通货膨胀,则 BOT 项目预定的价格则会偏低。通货膨胀、物价浮动的不确定性主要影响项目施工阶段材料、设备、人工、机械成本。在进行材料设备采购时,可以根据近几年价格走势,对价格进行预测,根据预测制定有效的风险应对措施。对于人工、机械成本的不确定性,可以通过与分包商签订总价合同的方式,进行充分的风险分担;利率变动不确定性主要影响融资成本。项目融资阶段,如果融资合同中采用浮动利率的还款方式,当利率上涨时,会给项目带来融资成本超支的风险;汇率异常变化或者汇兑困难,将会给投资者收益不能返回母国或者产生巨大损失的风险。融资方案是 BOT 模式的核心,如果融资方案出现缺陷,会导致项目现金流出现问题,资金成本加大等后果,影响项目投资收益。如果融资能力有限,无法筹集到融资方案规定的资金,也会导致后期融资成本偏大,投资收益受损。

(2)运营风险。对于基础设施项目,如公路、电力等,需求量基本是稳定的,很少会出现市场风险。一般情况下,BOT 项目需要政府的协助和特许,具有垄断性,政府为吸引资金,会在特许经营协议中对项目收益进行担保,如果需求量低于一定数量,政府会给项目进行补贴。但由于特许期一般时间都比较长,在 BOT 项目回收全部投资以前,市场上有可能出现更廉价的竞争产品,或更受欢迎的替代产品,供求关系和价格变化时有发生,以至于对该 BOT 项目的产出需求大大降低,价格形成竞争,从而构成运营风险。对于运营风险,承包商在进行调研时,必须进行充分的评估。

(3)协调风险。仅从项目公司的角度来看,与各方的合同关系包括政府方、公司的众多股东、多个融资方、总承包商、运营公司和开发公司、保险公司、各类咨询公司等,任何一方关系处理不好都可能产生风险,带来损失。

(4)不可抗力风险。BOT 项目和其他许多项目一样要承担地震、火灾、暴雨、洪水等不可抵抗而又难以预计的外力的风险,并且时间越长,不可抗力的风险越大。这种风险是 BOT 项目投资者必须要考虑的。

(三)针对合同模式不定条件下的法制环境调查

以下是针对中亚某国火力电站建设的法律尽职调查提纲,业主拟采用的模式为 EPC + F(业主融资,承包商协助)或采用 BOT 模式。针对前述两种模式各自的特点，将可能涉及的重点法律问题进行比较：

1. 业主的主体资格、资信状况

EPC + F 模式下，承包商需要协助业主取得金融机构的融资，因此，业主的主体资格、资信状况、偿付(担保)能力会决定项目能否顺利取得金融机构的信贷支持。

2. 项目当地的政治环境

项目当地的政治环境的调研，主要是指对东道国政局稳定性，政府征收征用政策、政府办事效率和办事程序的复杂性等问题的调研。BOT 模式下，在相当长的一段时期内，承包商作为投资方将于当地完成项目建设、投资及运营，因此当地的政治环境将会对项目产生较大影响。

3. 项目当地的法律环境

项目当地的法律环境的调研，即对工程所在国法律环境的调研，主要涵盖：

(1)行业准入政策，对外资投资比例的限制和要求。

(2)建设主体(投资主体)的要求：如当地法律是否要求承包商(BOT 项目投资方)在当地注册项目公司运营项目；项目公司的股权比例配置要求(具体是指当地资本与外资的股权比例要求)；项目公司需要取得的资质及办理程序(在 EPC + F 模式下主要是指项目公司可能被要求取得的建设资质，在 BOT 模式下还应包括未来运营项目被要求取得的特殊资质)。

(3)项目所在国的环保要求：在 EPC + F 模式下，业主会了解当地的环保要求，承包商按照合同要求的各项标准完成建设即可；但在 BOT 模式下，由于业主本身就是建设、运营主体，因此，在确定采用该模式之前，应对当地的环保要求进行充分调研，并在建设运营过程中按照当地法律要求取得相关许可(如需)方可顺利完成项目，以免因环保问题引发当地的处罚或是面临停工的风险。

(4)项目所在地的劳动法律要求：无论是 EPC + F 模式还是 BOT 模式，承包商均应在前期充分了解项目所在地的劳动法律要求，诸如当地对于项目所要求雇佣其本国国民的比例、劳动保护政策、社会保障标准、保险、假期等各个方面的强制性规定。

(5)承包商(投资方)拟委派参与本项目建设的本国员工的工作签证

办理难度、程序要求等。

(6)项目所在国的外汇管理制度:工程所在国汇率的稳定性、未来项目取得的利润汇出需要履行的审批程序,对外汇汇入和汇出是否存在特殊的要求和强制性规定等。

(7)项目所在国的税收政策:EPC + F 和 BOT 模式下火电厂项目分别应适用的税种、税率,工程所在国对于外国承包商(投资方)是否存在税收优惠等规定。

除此之外,在 BOT 模式下,承包商还应着重关注以下几个方面:

(1)土地所有权(使用权)的取得方式和期限:土地是否允许外国投资者或其子公司拥有;项目运营期结束后,土地能否转让及转让程序。

(2)采矿权的取得:在前期调研中关注当地采矿权取得的要求、取得的方式、权利期限等限制性规定。

(3)当地的特许经营相关法律和规定:对于火电站项目,建设完成投入运营后,可能需要取得当地的特许经营许可并与政府签订特许经营协议;因此,在前期调研过程中还应着重了解项目当地的特许经营相关法律和规定,为特许经营协议的谈判和签署奠定基础。

4. 项目相关法律文件的谈判和签署

项目相关法律文件的谈判和签署系项目最为关键的工作环节,关于 EPC + F 模式或者 BOT 模式的相关法律文件已经论述。

5. 项目运营管理模式的选择

项目运营管理模式的选择主要是指在 BOT 模式下,承包商用于项目建设、运营、投资的项目公司是否采用单一项目公司模式或是分别以独立的项目公司负责建设、运营、投资乃至持有矿权(如拟取得矿权)。

6. 项目协议的执行

相较于 EPC + F 模式,由于 BOT 模式的后续运营期限较长,项目相关协议执行阶段所涉及的法律问题更为复杂,执行过程中对风险的管控要求更高,因此承包商在前期合同签订的过程中予以充分考虑。

7. 项目的移交

EPC + F 模式下,项目符合 EPC 合同项下要求的移交条件,则承包商按照合同的约定移交项目即可。BOT 模式下,由于运营期限较长,运营期满后,与政府之间如何移交项目,土地所有权如何转让等问题较为复杂，因此，承包商必在前期谈判中充分考虑并与合同相对方明确约定。

五、法制环境调查的程序和撰写调查报告的要求

（一）国际工程项目前期调研的途径

1. 委托第三方调查机构调研

委托公司的常年法律顾问、当地律师事务所、中介机构等组织。在国际市场上存在许多商业调研机构，他们可以对某一区域、某一领域的市场，承接项目前期调研工作。采用这种方式的优点是专业性与针对性较强，客户可以根据自己的需要，要求第三方调研机构开展针对性的前期调研活动。缺点是费用过高，第三方机构鱼龙混杂，很难准确判断所选商业机构的权威性。

2. 购买商业性研究报告

通过购买市场上已经存在的商业性研究报告，对某一市场的前期调研提供参考。为了确保前期调研工作的准确性，必须要选择专业性较强、背景较深厚的法律顾问或商业性机构，切不能因为贪图便宜与方便，选择资质不深的法律顾问和缺少信用的商业结构。

3. 实地考察

承包商自行组成调研小组，赴项目所在国进行所需资料的调查研究。可通过目标市场国驻中国的使馆/领馆（含网站），或中国驻目标市场国的使馆/领馆等（含网站）以及经参处（我国在该国的办事机构，具有政策权威性），或者通过接触当地政府与有实力的咨询机构获取相关资料，或者到项目所在国的中资企业调研。

4. 通过媒体、网络以及图书资源获取

媒体、网络以及图书等资源成本低廉，对于工程项目前期调研具有一定的帮助。但由于这些资源与实际存在一定的误差，因此，在使用这些资源时，必须进行现场核实。通过媒体、网络以及图书资源获取的调研资料只能作为一种参考。

（二）前期调研组织程序

国际工程项目前期调研的组织程序一般分为以下步骤：

1. 成立前期调研小组

根据调研的目的确定调研小组成员组成，包括法务人员、商务人员、

技术人员等。调研小组成员的构成必须专业结构搭配合理，有能力完成前期调研的任务。

2. 制定前期调研方案

调研小组负责制定调研计划，调研计划的内容有：调研目的、调研重点、调研方式、途径、日程安排、调研提纲、费用预算、人员分工等。由于调研计划多是根据以往的经验与状况制定的，有可能存在不合理性，因此在调研计划确定后，遇到具体问题时，可根据情况进行调整。

3. 执行调研计划

贯彻深、广、准的调研工作要求，严格执行调研计划，积极采用各种手段，深入细致、全面广泛地了解调研提纲中规定的内容。

4. 编写调研报告

调研报告是调研小组根据前期调研的结果编写而成的，需要注意的是不能将调研结果简单罗列出来，就认为编写好了调研报告，而需要根据调研的目的进行初步分析、调整与编辑。调研结果的可靠性分析是确保调研质量的重要手段，可靠的调研结果可以帮助项目的投标报价与风险评估，不可靠的调研结果不仅没有一点帮助，而且还能误导工作，对未来的项目执行造成极大的危害。

（三）《前期调研方案》要求

（1）调研基本范围说明，如调研超出法制环境调研通用问题清单涵盖的内容，应详细说明。

（2）调研的组织，人员、时间、方式和所涉及的费用。

（3）调研需涉及审批的事项，需要相关部门配合的事项。

（四）《法制环境调研报告》的写法要求

（1）调研完成情况。本部分概述调研过程，并对照调研方案所定的目标完成的情况进行说明。

（2）总体法制环境介绍。包含对所调研国家的法律体系和框架结构的清晰介绍。

（3）详细阐述法制环境通用问题清单所列各项法律问题。本部分的阐述必须有法律法规依据，依据必须清晰准确。

（4）对本次调研超出法制环境调研通用问题清单的法律问题的阐述。

(5)对该国法制环境的初步评价,并提出应对的初步建议。

(6)附件:①调研所收集到的相关法律法规清单;②外部律师咨询的法律意见书。

六、法制环境调研内容的补充与更新

法制环境是一个动态的、不断变化的外部环境。企业海外投资项目实施过程中,法律风险也会不断发生变化,或者出现新的风险,或者预期的法律风险会消失,企业认识法律风险的能力和控制手段本身也处于动态变化中,因此,企业法律风险管理工作就不能只停留在静态、恒定的状态。对一国的法制环境不仅要看到现在的状况,还要观察其法制的稳定性和连续性,不仅满足于该国目前良好的法制状况,还必须预测该国未来的政策和法律可能的变化给执行项目带来的影响。例如,苏丹国家石油公司在其原来的招标文件中,规定承包商可以选择适用法律,但后来将EPC合同的适用法律修改为苏丹法律,不再允许承包商选择适用法律;对于争议解决的方式,当事人可以约定诉讼或仲裁,但后来将仲裁地点选定在苏丹首都喀土穆,使承包商对争议的处理别无选择。国际工程项目的前期调研结果具有一定的时效性,短期内当地政治、经济与法律也许不会有太大的变化,但时间长了,必然有明显的变化。因此,对于已经进行过法制环境调研的国家,应对原有的法制环境调研报告内容进行及时的补充与更新。

(一)需要补充与更新的内容

(1)该国新颁布或废止的与承包商经营业务相关的法律法规法令。

(2)该国新实行的对承包商经营业务产生重大影响的政策。

(3)承包商经营具体业务过程中出现的相关法律问题未在原调查报告中反映而需要补充和完善的内容。

(二)补充和更新的方式

法制环境调研的补充和更新采取的最主要的方式,一般由承包商在该国执行经营业务的机构分公司/子公司/项目部等进行更新和补充。当然,也可以采用其他方式,如公司法务部派专人前往,或由公司聘请的当地法律顾问提供相关信息等。

第二节 工程项目的法律风险识别与评估

风险识别是通过某种方法和技术找出未来欲执行的项目所潜在的风险。风险识别的步骤首先是收集相关资料和数据,其次分析和评估其中的风险,最后是直接和间接标识症状。风险评估的目的是通过识别风险因素,预设应对方案,以最大限度地减少各类风险给投标和工程项目执行带来的不利影响。风险识别和评估的内容很多,法制环境风险识别与评估只是其中一项重要内容。只有经过评估法律风险后,才能因地制宜地采取不同的风险分解手段。

一、海外工程项目存在的风险因素

(一)政治风险

海外政治风险主要是指项目执行国的社会稳定程度,如政局紊乱、政权更迭、地区战争、武装冲突、恐怖活动、权力腐败、罢工、动乱等社会治安状况,也包括对中国的友好程度,业主在该国的社会地位,该工程项目在当地的重要程度,当地社会依托条件,工会的活动情况,东道国对外国投资者的企业实行征收或国有化的风险。政治风险在不发达的国家和地区表现尤为明显,这些国家经常出现政局不稳、战争和武装冲突,而这些地区又是当今我国重要工程承包的投资地区。例如,从 2011 年 2 月发生骚乱以来,利比亚的社会动荡发展成为内战,中资企业在当地有各类承包项目 50 余个,总金额高达 188 亿美元。利比亚内战爆发后,中国撤回大部分在利中国侨民,几乎所有中资项目都因战火而被迫叫停,一些中国承包的工程项目工地沦为战场,被打砸抢劫一空,损失惨重。再如,缅甸政府军与克钦独立武装之间自 2011 年 6 月以来爆发了大规模军事冲突,造成缅北多个中资水电项目停工、停运,包括投资项目和承包项目,如密松项目、太平江项目、瑞丽江项目等,中资企业因此招致了严重损失。近年来,中国企业中标的墨西哥高铁项目,被墨西哥政府取消;斯里兰卡港口城项目被斯里兰卡政府取消;中广核 Hinkly Point C

核电项目被英国叫停。津巴布韦政府新近的国有化和本土化政策。政局不稳定、社会不安定会给BOT项目带来重大政治风险，投资人承担的政治风险随项目期限的延长而相应递增，这种风险是跨国投资的BOT项目公司特别考虑的。

（二）法律风险

法律风险主要分为以下三类：一是法律法规风险，如公司合法经营的身份对执行项目的影响，该国法律法规体系健全程度，了解法律的难易程度，劳工政策与法律，进出口政策与法律，环境保护政策与法律，工商登记法律，税收法律等；二是工程项目合同条件中的适用法律和责任条款体现的风险因素，如适用法律与合同内容不一致的法律解释权，承包商应承担的合同法律责任，争议解决的方式与地点；三是东道国法律不健全或缺失，承包商无法可依，或不能通过法律救济途径保护自己的风险。

法律风险和政治风险经常被放在一起使用，称之为政治法律风险，这主要是因为政治风险与法律风险经常像孪生姊妹一样同时出现，东道国政府出于政治、市场等原因限制外国资本进入战略性行业或是为了国家安全或者防止行业垄断的原因，突然改变其针对外国投资者的法律法规政策，或者制定与原有法律、法规不一致或者相冲突的新的法律、法规。其实法律风险与政治风险又有实质性的差别，政治风险很多是突发性的，很难预测，也很难控制；而法律风险是法律法规变化带来的，修法有个过程，因此法律风险相对于政治风险来说，容易预测与控制。

（三）自然风险

我国承包商从事的海外工程项目现场一般都在自然和生活条件比较差的地方，因此需要了解当地的自然风险因素，如气象条件、当地的水文地质资料、常见的水灾、风暴、地震等自然灾害以及疾病等。

（四）经济风险

经济风险也称市场风险，主要是指市场国管控，本行业的市场竞争程度，物价上涨尤其是设备材料价格急剧上涨，通货膨胀，银行利率异常波动，货币汇兑风险，与工程项目紧密相连的税收、国家债务严重，这些变动超出了承包商难以预测的范围而存在潜在的损失。

（五）社会风险

社会风险包括如宗教习惯、民族禁忌、人文习俗、语言文化差异、种族民族歧视，以及抢劫、盗窃等社会治安状况等。

（六）合同本身风险

该国业主经常使用的合同模式，合同样本本身存在的风险。例如，科威特水电部总承包项目合同为格式合同，不可更改。合同本身风险主要包括合同中包含的技术、保函、预付款、付款程序、工期罚款、性能保证、指定供货商、质保期、最高赔偿责任、变更、业主付款能力、保险要求等风险。

二、法律风险的特征

法律风险是基于法律环境产生的与权利义务有关的风险，是公司行为违反法律规范招致的法律责任或产生实际损害的可能性。法律风险主要包括：经营性损失、民事赔偿、行政制裁、刑事处罚、企业有形资产或无形资产受损、商誉受损等风险。

（一）规范性和透明性

法律风险不同于其他风险的一个重要特征就是法律风险是一种制度规则产生的风险，法律风险必须以法律本身的规范内容作为衡量标准；相对于其他风险来说，由于法律具有较强的规范性和较高的透明度，因此法律风险具有较高的预测性和可控性。法律风险转化为实际损害，很大程度上来源于企业人员的法律意识淡薄，对法制环境的认识不够，不能将合法合规经营理念落实到实处。法律风险在不同国家可控性差别很大，对于法制健全、法律文明程度高的投资东道国，法律风险的可控性程度自然较高；而对于政局不稳、市场经济发育不完全的东道国而言，法律风险的可控性则较差。

（二）法律风险识别的专业性

识别法律风险需要具有法律风险认知的专业能力。判断某种行为是否具有风险，以及法律风险的损害结果的大小，都依赖于对法律本身的把握程度以及法律的实践经验。同时，法律风险的防范方案、法律风险解决方案、实施步骤也具有较强专业性，都需要法律专业人士，甚至法律专家来设计，这种认知能力和防控能力并不是每个人所都具有的。

（三）法律风险事件适用冲突

同一法律事件可能存在法律适用冲突，诸如东道国与我国之间的法律冲突，东道国或我国法律与国际惯例之间的冲突，以及投资活动与第三国法律冲突等。法律适用冲突还包括合同条款与适用法律的冲突，尤其是在大陆法系国家，有些看来通用的国际工程惯例很可能被工程所在地国家法律加以禁止或否定。

（四）法律风险具有颠覆性

如果企业防范或处理法律风险不利，就有可能演变为颠覆性的企业危机，产生颠覆性的后果。民事法律风险是企业最常见的法律风险，也是承包商法律风险防范的重点，严重的民事责任会让承包商倾家荡产。承包商因违反工程所在国的行政法规而遭到行政处罚所带来的风险是行政法律风险，常见的有企业罚款、行业禁入、吊销营业执照等处罚。最容易被忽视且最具有颠覆性的法律风险是刑事法律风险，企业个别领导严重不负责任，故意违法犯罪经营，权力寻租，职务犯罪，企业构成单位犯罪，这些会致使一些企业轰然倒塌，一批叱咤风云的企业人物轰然倒下。

三、法律风险评估的方法

法律风险评估的方法多种多样，但最常用的主要是定性分析法和定量分析法。定性分析法是一种典型的模糊分析法，主要依据评估者的法律知识、法务经验、历史教训、特殊案例、假设条件、概率范围与后果、法律制度的发展趋势等非量化资料，根据风险影响的大小和其发生的概率对风险因素进行排序。由于法律风险中人为因素的存在，社会的复杂性等原因，使得定性分析法在法律风险评估中较其他风险评估活动更具有实用性，更具有传统性。法律风险的定性分析可以确定法律风险的属性和特征，使评估的结论更全面、更深刻。与定量方法相比较，定性方法通过全面的论证分析，将法律风险的原因、表现形式、损害程度、将来可能出现的动向能够全面阐释出来。定性分析法主要有因素分析法、逻辑分析法、历史数据分析法等。

定量分析法是使用数字、图表、图形等量化指标对法律风险进行分析。其优点是这种风险评估方式分析的目标和采取的措施更加具体、明确、可靠，可将法律风险数量化和直观化。当然，理想状态下，如果企业面临的法律风险都能够被准确量化，则企业就能够确定法律风险的真实水平,而不至于仅凭感觉和经验行事。事实上,由于没有任何一种度量方法能够精确刻画出所有的法律风险。单纯地依靠数字化的法律风险评估值是很难说明问题的,法律风险的大小必须与该风险的实际背景分析相联系才有意义,法律风险评估的过程需要把量化过程同法律风险来源及性质等因素的定性过程综合考虑。简言之,法律风险的定量分析是建立在定性分析基础上的。作为法务人员,应尽可能地把法律风险数量化、准确化,但也没有必要因不能将所有的因素数量化而感到困惑与惋惜。

四、法律风险的评估过程

法律风险评级就是以法律风险可能发生的概率、造成后果的严重性、影响大小来确定法律风险大小的一种方法。法律风险分级时应当考虑的因素主要是法律风险的严重性、重要性、发生的概率、发生的频率等几个因素。主要包括表 2－2 风险知悉程度等级标准,针对企业所潜在的风险,是否是该风险的直接责任人进行的知悉程度等级划分。表 2－3 法律风险影响程度等级标准表和表 2－3 法律风险概率等级标准表是对法律风险影响因素进行的量化评估。法律风险评级方法可以显示某种法律风险的重要程度,有助于法律风险大小的识别。法律风险概率等级标准表表明了同一个法律事件将来发生的概率,以便能从模糊中求得相对准确。不同等级的法律风险直接影响法律风险度量时的评分值,等级越高的法律风险必然得到较高的法律风险衡量值,不同企业可以根据自身的法律风险承受能力制定不同的标准。

表 2－2　风险知悉程度等级标准

<table>
<tr><th>数值</th><th>分类</th><th>分类标准具体描述</th></tr>
<tr><td rowspan="2">1</td><td rowspan="2">非常不了解</td><td>不是该风险直接责任人,也没有碰到或听说过该类风险。</td></tr>
<tr><td>是该风险直接责任人,但没有碰到或听说过此类风险。</td></tr>
<tr><td rowspan="2">2</td><td rowspan="2">比较不了解</td><td>不是该风险直接责任人,碰到或听说过该类风险,但次数很少。</td></tr>
<tr><td>是该风险直接责任人,虽没碰到过此类风险,但听说过此类风险。</td></tr>
<tr><td rowspan="2">3</td><td rowspan="2">了解</td><td>不是该风险直接责任人,但碰到或听说过该类风险的次数比较多,对该风险略有了解。</td></tr>
<tr><td>是该风险直接责任人,碰到或听说过该类风险,但次数很少。</td></tr>
</table>

续表

数值	分类	分类标准具体描述
4	比较了解	不是该风险直接责任人，但多次碰到或听说过该类风险，对该风险比较清楚。
		是该风险直接责任人，碰到或听说过该类风险的次数比较多，对该风险略有了解。
5	非常了解	不是该风险直接责任人，但以前工作中经常碰到此类风险，对风险的形成原因和问题都非常清楚。
		是该风险直接责任人，而且多次碰到过该类风险，对该类风险非常清楚。

表 2－3　法律风险影响程度等级标准

分类	分值	分类标准具体描述
		合同法律
轻微	1	招标书中合同条款存在疏漏，可能存在轻微的违反当地法规的问题。
较小	2	合同双方可能无法就合同条款达成一致，合同履行进入僵局。
中等	3	出现一般劳资纠纷事件 3 起，当地员工雇佣比例违反当地劳工法规定。
严重	4	企业有被处罚款、吊销营业执照风险。
非常严重	5	出现商业贿赂，有可能构成企业法人犯罪。

表 2－4　法律风险概率等级标准

可能性	概率性种类			概率性分值
	发生概率	大型灾害/事件类	日常营运	
基本确定	概率 >95%	半年内至少发生 1 次	常常会发生	5
很可能	50% <概率≤95%	一年内可能发生 1 次	较多情况下发生	4
有可能	30% <概率≤50%	二年内可能发 1 次	某些情况下发生	3
不太可能	5% <概率≤30%	三年内可能发 1 次	极少情况下才发生	2
极小	概率≤5%	三年内发生可能少于 1 次	一般情况下不会发生	1

五、法律风险的分解原则

同其他风险的分解方法一样，海外工程项目的法律风险，经过识别与评估后，法务人员应就不同的分解手段提出意见和建议：

（一）风险的规避、转移、减轻和接受

1. 规避

审查业主招标书中或合同中的风险，当国际工程项目危险发生概率的可能性很大，其负面后果很严重，而又无其他策略可用时，为了避免出现低回报、高风险的投资行为，应主动放弃投标或者改变项目目标等方式规避风险。放弃投标或放弃合同，能从根本上避免风险事件发生，但也可能丧失获利机会，承包商需要认真评估风险与利润取舍。为了挽救项目，可通过改变项目目标、合作模式、项目规模、合同模式、合同条款或增减风险防范条款等措施以避免风险事件的发生。

2. 转移

对于不能接受，也不能规避的风险，让风险转移给合同另一方或第三方不失为一种较好的选择。如在投标时向业主提出偏离项，要求业主接受自己的建议，修改招标文件；签订总包合同时，明确有关风险责任条款，如不可抗力条款风险、汇率风险、材料价格异常波动风险，固定总价条款变更单价固定总价开口条款，从而将一些风险转嫁给业主；组成联合体投标，将该部分风险部分转移至联合体一方；将具有保险利益可投保的风险向保险公司进行投保，转移至保险公司，当风险发生造成损失时由保险公司进行赔偿；通过契约，将承包商的索赔权、工程留置权出售给专业担保公司等。需要明确的是，风险转移并不能减少风险的危害程度，由于主体的自身能力和所处环境不同，接受风险的第三方会采取应对措施减少或消灭风险，从而达到一个双赢局面。

3. 减轻

对于不能转移，不能承受，也无法回避的风险，应采取应急或补急措施，减少损失范围和损失程度的策略。如增加风险承担者，来分担风险损失。通过分包的方式，将部分风险转移给分包商承担。分包方式不是真正意义上的风险转移，对于业主来说，承包商无论分包多少，最终的法律责任首先是由总承包商来承担，只有在总承包商承担之后，才可以按照分包合同向分包商索赔。因此，分包是减轻风险的重要途径。还可以通过采取隔断封闭等手段，限制风险事件发生范围的扩展。对于承包商的法务人员来说，应在日常的法务管理过程中，密切注意项目内外法制环境变化,及早发现风险因素,做到事前防范,将风险的损失控制在最低点。

4. 接受

即维持现有的风险水平,或称风险自留。一些合同法律风险,无论签订的合同是多么完美,同样会遇到合同另外一方的违约,不可抗力等因素发生法律上的损失风险,因此,承包商必须接受这些风险。一些投机性的法律风险,企业可能从法律价值判断中获得肯定性评价,也可能从法律价值的否定中丧失某种利益,因此,投机法律风险通常是企业自己选择承担的法律风险。优秀的企业法务人员不仅仅要判断企业法律行为的风险,更需要将该法律风险从企业的商务运作相结合的整体角度去分析,经过评估后,认为无法转移、无法分担,也无法规避的风险,而依据公司的能力和通过努力可以承受的风险,应建议公司直接承受该部分风险。

(二)法律风险的方案与应对措施(可以参见表2-5)

表2-5 法律风险应对措施

<table>
<tr><td>风险名称</td><td colspan="2">法律风险</td></tr>
<tr><td>重要风险定义</td><td colspan="2">法律风险是指因当地的政府、法律、社会及腐败等因素而导致的政府关系处理、法律诉讼等方面的风险。</td></tr>
<tr><td>重要风险描述</td><td colspan="2">该国政府官员的信誉差。
在该国经营与当地政府处理好关系难度大,腐败和商业贿赂事件多。</td></tr>
<tr><td rowspan="2">重要风险值</td><td rowspan="2">9.3326</td><td>风险可能性分值=3.25</td></tr>
<tr><td>风险影响程度分值=2.87</td></tr>
<tr><td>风险应对策略</td><td colspan="2">风险接受( )、风险减轻( )、风险分担( )、风险规避(√)
请在你选择的选项后的括号内打“√”</td></tr>
<tr><td>风险偏好</td><td colspan="2">杜绝重大法律纠纷的出现。</td></tr>
<tr><td>风险承受度</td><td colspan="2">允许出现少量影响不大的法律纠纷,杜绝重大法律纠纷。</td></tr>
<tr><td>风险预警指标</td><td colspan="2">因腐败和商业贿赂被当地机关传讯1次;
被中国驻该国领使馆通报1次;
被当地人、公司、机构起诉5次。</td></tr>
<tr><td>风险应对措施</td><td colspan="2">积极处理与有关政府机关的关系,平时建立良好的联系;
聘请当地法律顾问或当地律师对公司在该国经营提供咨询和法律服务;
强化内控体系建设,全体管理人员树立法律意识,全面提高全员职业道德水平,杜绝腐败及商业贿赂的发生;
出现纠纷苗头时及时安抚,尽量通过协商、调解解决出现的纠纷。</td></tr>
</table>

第三节　案例——某总承包商的伊朗法制环境调查[1]

2009 年 10 月,中国某承包商得知伊朗某业主预对某油田进行地面工程招标,随即于 2009 年 12 月、2010 年 3 月和 5 月,分三次赴伊朗进行市场调研。该承包商对项目预期执行影响的法律法规展开了翔实的调查,主要调查的指标有当地化要求、进口限制、转运或出口要求、外汇政策、税收、资质要求、代理制度、劳动法、签证等方面。在伊朗执行国际项目的商务、法律环境相当复杂,必须对影响项目执行的关键问题进行专项调研。

一、目标市场国的法制环境调查内容

(一)国外承包商在伊朗注册公司

根据《伊朗公司法》和《外国公司在伊朗设立分支机构或代表处注册登记管理条例》规定,外国公司可以在伊朗设立办事处、代表处、分公司或者子公司。但从法律意义上讲,办事处、代表处和分公司均被视作外国公司,只有按照伊朗法律规定程序注册的子公司才能被视为伊朗当地公司。根据当地律师的建议和通行做法,国外承包商最好选择在 Kish 岛自由贸易区注册有限责任公司,作为在伊朗的合法子公司,实现在伊朗境内以当地公司的身份开展业务。如果在 KISH 岛以外的地区承揽项目,则需在伊朗的内陆注册一个分支机构。选择有限责任股份公司而不是其他公司形式是因为注册其他形式的公司需要办理许多法律手续,如私人合股公司有 300 多个规范性的法律条款,而有限责任公司只有 12 个相关条款。

(二)社会保险

伊朗社会保险法规定,雇员需把个人工资的 7% 缴纳社会保险,承包

[1] 张浩、赵水彬:《回购合同模式下的风险与对策》,载《河南科技大学学报》(社会科学版)2011 年 12 月,第 73 ~76 页。

商为该雇员另外再缴纳相当于其工资总额 23% 的社会保险。承包商负有代扣代缴义务。承包商的社会保险责任是以项目为单位履行的，一个项目结束前，业主需签发一封信函，信函中明确项目开工时间和项目结束时间以及承包合同总价中人工部分和机械部分所占的百分比。人工部分和机械部分分别按 16.7% 和 7.78% 的费率缴纳社会保险费，两部分相加就是整个项目要缴纳的社会保险费。项目最终的社会保险约占合同总额的 8% ~10%。承包商拿着这封信函到当地社会保险机构办理项目社会保险结清事宜。如果对社保机构认定的社会保险费有异议，有两次申辩的机会。一旦当地社保机构确定了项目上缴的社会保险总额，则可把当地雇员缴纳的社会保险从社会保险总额中冲减。承包商只有将核定的项目社会保险总金额缴清后，才能从当地的社保机构拿到社会保险结清证明。社会保险法还规定，业主必须预扣押每张进度发票额的 5%，并扣押最后一张发票，直到承包商从当地的社会保险机构拿到社会保险结清证明，业主才可以将上述金额释放给承包商。承包商必须在承包合同结束后一年内从当地社会保险机构拿到社会保险结清证明，否则业主必须在一年到期时将预扣的 5% 和扣押的最后一张发票的金额全部上缴到当地的社会保险机构。即便如此，承包商在该项目的社会保险责任并没有解除，当地社保机构会继续追究承包商的责任，包括对承包商进行罚款、冻结账户，甚至拘禁等措施。

（三）劳动配额和工作许可证限制

在伊朗从事工程项目承包，外国雇员的数量受到限制。通常只允许工程技术和管理人员进入，在办理工作许可证时，要考察所有外国人员的学历、经历、职位。《伊朗劳工法》强制规定，雇佣一个外国雇员必须同时雇佣 3 个伊朗人，社会保险机构是这项法规执行的监控机构。如果不遵守该项规定，在办理外籍雇员工作许可证或工作许可证延期时就不能得到批准。在伊工作许可证的最长有效期为 1 年，续期需经过重新评估和审核，超期居留将面临每日 50 美元的罚款。受伊朗劳务配额的限制，大规模从国内动迁队伍的办法是比较困难的。

（四）51% 当地份额的规定

为了鼓励最大限度地利用当地的设计、施工和制造资源，伊朗《工程项目最大限度使用当地技术、设计和生产能力》的法规规定，承包合同额的51%份额要花在伊朗。一个外国公司在伊朗参与政府项目的投标必须有当地合作伙伴的参与,且合作伙伴所占份额必须在51%以上。伊朗国家石油公司使用的回购合同(Buy-Back Contract)对最大限度地利用当地制造服务资源作了明确的规定:国际承包商需在其标书中明确伊朗当地份额计划、利用当地分包商计划、当地雇员的雇佣计划、当地雇员的培训计划、当地设备和材料利用计划,以及技术转让等内容。回购合同还规定了没有达到当地51%份额的处罚条款。

(五)进口限制

为了保护伊朗当地的制造业,《伊朗进出口法》规定伊朗国内能够生产并且能在质量和数量上满足要求的产品,禁止从国外进口。伊朗所有货物进口均需要进口许可证,需要满足伊朗国家标准管理部门认可的国际检验公司的VOC和COI认证。贸易和技术管制极大地影响了伊朗的进出口成本和效率。伊朗海关清关手续繁杂、费时长、税率不确定、进口归类不确定,在海关积压货物两个月以上的情况经常发生,甚至有的货物一直未能完成清关,最终只能返运回发货地。

(六)经济制裁问题

根据美国13590号行政令,如果发现有人或者组织提供了13590号行政令中所述的商品、服务、技术或者支援,美国政府有权实施制裁。西方的知名厂家不允许出口设备产品到伊朗,与西方厂商签订的供货合同,在运输、付款等方面也必然受到制裁的影响。即使和西方的公司签订了供货合同,在采用信用证付款时往往找不到银行愿意做通知行。该总承包商在多个国家有EPC项目,美国政府有可能制裁该公司在其他国家项目的外汇交易、银行转账等行为。在后期的EPC项目执行过程中,该承包商的罐板在运往伊朗项目的途中在第三国被扣押。

(七)合同模式风险

此次招标是回购合同模式下的EPC总承包,伊朗国家石油公司参与EPC各个阶段工作的审核和确认,每一个步骤必须得到它的批准和同意,程序不可逾越,伊方业主在作业过程中采用"全面渗透"的监控方式,从这个意义上讲是纯粹的国际性项目。回购合同模式下存在着政治、经济、投资上限、资本回收、开发周期、当地份额、工作许可证配额限制和社会保险等多重风险。

（八）法律诉讼风险

法律风险是指因伊朗当地的政府、法律、社会及腐败等因素而导致的政府关系处理、法律诉讼等方面的风险。伊朗是政教合一的国家，中方人员需要对伊朗的法律和社会习惯有个熟悉的过程，否则会面临诉讼的风险。调研中发现：在伊朗的中国石油公司因腐败和商业贿赂被当地机关传讯1次；被中国驻伊领使馆通报1次；被伊朗当地人、公司、机构起诉5次。

二、该项目的部分风险分析表

该承包商在充分调研的基础上，将对项目将来潜在的各种风险做了比对分析。以下是选取了几项风险项目的2－6分析事例表（见表2－5），以供参考。

三、法制环境调查对投资决策的影响

在进行法律风险评估后，该承包商认为，伊朗常年遭受西方制裁，相对比较封闭，内部的法律、法规很大程度上是着眼于保护其本国利益而制定的，在伊朗从事工程总承包其法制环境是相当苛刻的。然而，在承包市场预期不景气的情况下，优先占领市场份额比暂时的盈利或更具有战略意义。西方国家承包商纷纷撤出伊朗承包市场，这为我国的承包商进入伊朗提供了千载难逢的契机。风险和利润从来都是相互依存的，关键在于承包商是否了解预期的风险，是否有相应的控制能力。该承包商在战略上制定了进入伊朗承包市场后，随即根据法制环境评估结果制定了投标阶段的策略和合同执行阶段的策略。

（一）投标阶段的策略

（1）为了获得投标资格，在KISH岛注册伊朗子公司，在内陆注册子公司分支机构。子公司的法律地位为100%的伊朗当地公司，为项目投标扫清法律障碍。

（2）为确保能适时开出投标保函和履约保函，选定伊朗当地开户银行开立账户。

（3）成立伊朗项目筹备领导小组，与业主项目部建立和保持对口联系，跟踪基础设计和ITB编制进程，协助业主补充更新ITB中的供货商名单。

表 2-6　风险分析控制

	风险源	风险描述	风险分析		风险应对措施			
			概率	对项目的影响	规避风险	转移风险	减轻风险	接受风险
1	政治风险	国际制裁加剧，中东剧变，伊朗国内经济恶化，存在政治动荡的风险。	高	大	密切关注国际及当地政治形势，建立健全响应机制，随时做好伊朗形势急剧恶化的退出应急准备工作。			
2	经济风险	伊朗当地商务环境复杂，特别是通货膨胀加速，汇率变化莫测。	高	大	签订人民币价格的总包合同。		签订带调价公式（由于汇率变化、通货膨胀）的总价合同；增加预付款比例。	在合同总价谈判时，与业主充分就通胀、汇率损失进行沟通，在合同总价中直接增加该部分费用。
3	经济风险	社会保险要求严格，当地税赋较重且税率变动可能性较大。	高	大		合同谈判时要求，合同签订后因当地税法、社会保险法律法规变化造成承包商的成本增加，由业主给予补偿。	做好社会保险及税务筹划。	

续表

	风险源	风险描述	风险分析		风险应对措施			
			概率	对项目的影响	规避风险	转移风险	减轻风险	接受风险
4	法律风险	经初步测算通过联合体模式以及加大当地采购比例可以满足51%份额的要求，但执行过程中当地相关机构可能不认可。	中	中				借助联合体的优势并结合相关咨询机构，详细筹划当地份额实现的措施，做好相关申报工作。
5	法律风险	伊朗当地工作准证配额有限，申请难度大，难以满足项目需要。	高	大			充分利用当地资源，提高雇员当地化比例；协调业主尽可能争取工作许可配额，尤其在合同谈判阶段直接规定业主负责的配额数。	做好无法取得足够工作许可的应急方案。
6	合同风险	回购合同模式下，受伊方影响和制约较大，多层次的审核、批复和管理，导致批复延缓，管理效率降低。	高	大			督促业主加快审批速度；合同谈判时要求审批周期为14天。	

续表

	风险源	风险描述	风险分析		风险应对措施			
			概率	对项目的影响	规避风险	转移风险	减轻风险	接受风险
7	合同风险	联合体模式下能否有效运作并统一到集团公司整体利益最大化的目标上，存在风险。	高	大				加快联合体执行团队建设，争取主合同签订后尽快实现联合办公，细化联合体内部协调手册及决策机制；中方将发挥联合体领导的作用，深入介入施工的管控。

(4)成立投标小组,根据伊朗项目运作的商务法律环境和当地资源的调研情况,为投标报价和执行项目在技术、商务、政策法规、安全风险、当地施工分包等方面提供可靠依据。

(5)研究回购合同,熟悉回购合同模式下的EPC合同的工作程序和方式。

(6)和伊朗当地承包商组建联合体,共同投标和执行项目,解决雇员配额和51%当地份额的限制。项目从分包商选取、员工招聘、设备材料和机具购置到第三方监督单位聘请,尽可能因地制宜,达到本地化要求。

(7)做好项目的保密工作,所有员工尤其是合同管理人员做好合同的保密工作。在主合同和分包合同条款中设定保密条款。项目的合同签约仪式不报道、不传播,非与项目关联人员不得参加。

(二)执行阶段的策略

1. 人力资源策略

在巴基斯坦分公司现有人员基础上充实相关的岗位,组成中方核心项目管理团队,依托伊朗当地的技术管理人员资源,组建由中、巴、伊三方参与的项目管理团队。

2. 税务筹划策略

确立会计主体与纳税主体,并保持一致。以注册的子公司为基础,对德黑兰子公司以及执行的项目进行合并统一纳税。处理好内外账之间的协调,按照中国会计准则和伊朗会计准则分别制定内账和外账的会计核算和财务管理程序。制定纳税筹划细则,以企业所得税为核心,以控制外账利润率为目标,利用材料加价等增加成本的方法为基本手段,制定整体与细节相结合的纳税筹划措施,保证企业所得税、社会保险、增值税、个人所得税等税赋支出最低。

3. 资金支付渠道与安全问题

研究伊朗外汇管制政策,评估国际制裁对资金往来的影响。与业主共同商议确定离岸账户与支付渠道问题,既要保障项目资金需求,又要确保资金合法流入公司总部。

4. 设计策略

设计队伍由国内的设计分包商和英国的一家公司组成联合体进行详细设计。承包商自己组成各专业设计管理团队进行设计审查和专业管理。设计地点分别设在北京和德黑兰。项目设计、采购、施工及试运人员提前介入设计工作,确保设计进度和设计质量。

5. 采购策略

(1)采购办公地点有两个:一是北京采购办公室,二是德黑兰采购办公室。前者主要负责协调国际采购和从中国采购设备材料的询价、协调设计和厂家、组织技术谈判、商务谈判、订单签订以及设备材料的催交催运。后者主要负责当地采购询价、商务谈判和订单签订以及材料的催交催运和项目所有设备材料的清关、运输和现场的材料控制。

(2)深入了解供货商,确保选择合适的供货商,提前与供货商尤其是西方的供货厂商联系,了解其产品出口到伊朗是否受制裁的限制。提前考察当地供应商的加工能力,做到心中有数。

(3)优化采购,实现国际制造、当地制造和中国制造的最佳匹配。关键设备和核心部件,均采用国际制造,确保工程的质量和安全。对一般设备和部件,当地制造在能满足质量、数量、工期要求和价格合理的前提下选用优秀的当地厂家。当地制造不能满足质量、数量和工期要求的,选用获得批准的优秀的中国厂家,以控制成本,缩短交货期。

(4)发挥公司总部集约化、专业化采购的优势,提高效率,加快采购进度。充分利用公司多年来与众多供货商建立起来的合作优势,确保关键设备按期交货,协调厂家及时提供现场服务。使用公司成熟的一体化的材料控制管理系统,最大限度的利用公司已有的采购信息。

(5)加强生产制造、检验、催交、发运过程中的协调,重点设备驻厂监造。

6. 施工策略

按照联合体协议,施工部分(约占合同额的30%)由当地承包商完成。中方作为联合体的领导方,负责与业主的协调,对施工工作进行监督与管理。施工队伍的选择原则:关键工程国内队伍力保;流动作业、土建作业,当地资源优先原则。充分利用公司在国内外油气田地面工程EPC项目中积累的经验,整合中方施工资源和当地的施工资源,选择中石油系统内具有国际项目经验的施工安装队伍承担项目施工,一般任务以当地的施工资源为补充。施工人员的构成上,安装工程队伍从国内动迁一部分技术骨干并从当地雇佣部分技术工人形成安装队伍。条件允许的情况下,土建拟采用自行组织的方式,少量中方人员加上雇佣当地的土建劳务人员。

7. 法律风险应对策略

强化公司内控体系建设,全面提高全员职业道德水平,杜绝腐败及商业贿赂的发生。强化公司雇员的法律意识,依法办事,合法合约经营,做到事前防范,减少被诉讼的概率。聘请当地的法律专业人员作为子公司的法律顾问,对子公司在伊经营提供咨询和法律服务。出现法律纠纷时,及时上报公司总部,取得公司总部法务部的支持。

8. 注意处理好和当地政府关系

在伊朗工作证照的办理、物资的采购、人员的雇佣、房屋的租赁等均离不开当地人的支持,尤其是离不开当地政府各级主管部门的支持,主动和当地主管官员做好事前沟通,经常拜访,不临时抱佛脚。

2011 年 12 月业主正式授标给该承包商。该承包商扎实的法制环境调查、评估以及切实可行的投资策略,为后来项目的顺利执行打下了坚实的基础。从事国际工程总承包,我国的承包商必须摈弃固有的思维模式和习惯做法,审慎地有针对性地开展标前法制环境调查,制定好法律风险应对策略,防范潜在的法律风险。

第三章 国际工程承包商的联合体合作模式

导语：联合体承包是国际总承包市场的主要趋势。组建联合体承包需研究联合体相关的法律和国际惯例。本章第一节对联合体的法律关系和国际惯例进行了初步探讨，主要包括国内法和国际惯例关于联合体内容的规定、联合体的法律特征、联合体的法律关系以及联合体冲突的解决机制。第二节在分析联合体法律关系的基础上，论述在联合体协议起草与评审中需要注意的事项。第三节则对联合体投标与实际履行中容易出现问题的关键环节进行讨论。

第一节 国际总承包中联合体的法律关系[1]

在国际总承包市场上，由两家或者多家承包商组成"联合体"承包是通行的模式。组成联合体承包可以实现市场竞争者之间优势互补、合理优化资源配置、增强投标竞争实力、分散并降低承包商风险等优势。研究联合体承包应首先研究联合体的法律关系。

一、为什么组建联合体承包

国际总承包企业组建联合体进行承包的原因有很多，以下列举了五方面的原因：

〔1〕 张浩：《国际总承包联合体的法律关系》，载《国际经济合作》2013年第5期，第52～55页。

（一）工程所在国政府或业主的要求

国外一些政府要求工程建设本地化，鼓励或者要求国外承包商与本地承包商组成联合体进行承包，外国公司只有与当地承包商联合，才能参与工程投标；也有的业主在招标文件上明文规定，要求外国承包商至少拿出一定百分比的工程份额由当地承包商来实施。

1. 巴基斯坦《2002年公共采购法》规定，外国承包企业必须与当地企业组成联合体参加项目投标，且巴方企业在联合体中所占股份不得少于30%。所有招投标项目的项目计划书和最终招投标结果，需获巴国公共采购管理局的最后审批。

2. 科威特法律规定，外国公司在当地开展经营活动，一般有两种方式：一是以外资公司名义在当地开展活动，经营范围只能投国际标大型项目，中标后与当地代理人共同组成项目联营体，组织和完成项目运营。二是在当地注册合资（伙）公司，但科威特合资方（代理人）的资本金必须超过51%，公司组建可采取股份公司、有限责任公司和两合公司形式。

3. 伊朗的石化工程建设的业主要求国外承包商必须与当地承包商通过联合体的形式投标，承包合同额的51%要花在伊朗。伊朗法律也规定了对外国人工作许可证配额限制和51%的当地份额的要求。承包商涉及采购供应和当地分包都要经过伊朗国家石油公司的审批，通过过程控制实现51%的当地份额指标。

4. 泰国法律要求，如在泰国当地进行EPC项目承接，建筑安装部分必须由泰国境内公司承包签订，也要求51%的当地含量。

5. 哈萨克把“哈萨克含量”概念引入国家法律体系，工程总承包中“哈萨克含量”不得低于30%。

6. 肯尼亚法律则规定，外资在肯尼亚注册公司需要有当地份额，外资工程承包企业必须将30%的工作量分包给当地企业，并将肯尼亚没有的技术转移给当地分包企业。

在当地份额和用工当地化的要求下，外国承包商只能选择与当地公司组建成联合体。有些国家，如果没有当地工程承包商的介入，一般很难中标，甚至通不过资格预审，因此，组建“联合体”已经成为承包商迈向国际总承包市场的必由之路。

（二）实现技术、资源、资金等优势互补

某些工程项目规模宏大，涉及的科学技术及其应用的范围非常广泛，为完成这种项目的建设，往往需要多个各有所长的实力雄厚的承包商或其他组织的密切合作和优势互补才可以实现。术业有专攻，专业优势各不相同的公司联合，可以实现优劣互补，保证项目实施达到较高标准的质量要求。有些重大工程项目往往需要巨额资金垫资，这通常超出了个别承包商的资金承受能力，如果联合体中有资金雄厚的金融机构或者大型企业，就可以承担巨型工程的大量资金投入，中标机会就会显著增强，也在一定程度上保证项目承揽下来后能够顺利实施。

（三）降低风险的需要

建筑行业的特点决定了承包商承包工程的风险性，而对境外承包工程而言，由于缺乏了解当地政治法律制度、风俗习惯、风土民情，会使风险进一步增加。如果由一家公司来承包，风险也必然由该家承包商独自承担，而意外的巨大损失则会对企业的生存和发展造成极大的损害。如果联合体承包，则可以分散风险，使风险降到承包商可以承受的程度。

（四）学习先进的技术与管理

实行联合体承包，参加联合体的各方能够学习到对方先进的技术和管理经验。对于我国承包商而言，“走出去”的时间并不长，而国际总承包市场已经成熟，国际惯例早已形成，如果和西方国家先进的大型承包商组成联合体，可以直接学习其先进的技术和管理经验，少走或避免再走弯路。

（五）开拓国际工程承包市场的需要

承包商到一个陌生的国家承揽工程会面临不熟悉当地经营环境的诸多问题，包括政治、经济、文化、宗教、民族、语言、行业惯例、法规、气候、交通等。尽管他们在出国前可以从某些书本上或互联网上了解一些情况，但毕竟十分有限，有些甚至早已过时。所以，那些初到一个国家承包工程的企业，与当地公司联合承包无疑是一个非常经济、有效、快捷的选择。许多外国承包商都喜欢选择那些备受业主关照的当地公司联合，可利用当地公司在本地的社会关系和办事渠道的优势，而外国承包商可以发挥自己在资金、技术或管理上的专长，并利用自己在世界上的声誉优势。通过联合体经营，有些国家还可以享受一定的优惠待遇。例如，世界银行和亚洲开发银行提供贷款的项目中，规定与当地公司组成联合体的可享受7.5%的标价优惠；《欧洲开发基金条例》规定，对欧共体国家的公司与非洲、加勒比、太平洋地区洛美协定签署国的公司联合，所递交的标书将给予10%的价格优惠。

二、FIDIC银皮书中关于“联合体”的规定

（一）FIDIC银皮书中联合体的内容

FIDIC银皮书在第1.14款[Joint and Several Liability]规定：“If the Contractor constitutes (under applicable laws) a joint venture, consortium or other unincorporated grouping of two or more persons:

(a) these persons shall be deemel to be jointly and severally liable to the Employer for the performance of the Contract;

(b) these persons shall notify the Employer of their leader who shall have authority to bind the Contractor and each of these persons; and

(c) the Contractor shall not alter its composition or legal status without the prior consent of the Employer.”

第1.14款FIDIC银皮书的译文：

[共同的和各自的责任]：“如果承包商是由两个或两个以上当事人（依照适用法律）组成的联营体、联合体，或其他未立案的组合：

(a)这些当事人应该被认为在履行合同上对雇主负有共同的和各自的责任；

(b)这些当事人应将有权约束承包商及每个当事人的负责人通知雇主；

(c)未经雇主事先同意，承包商不得改变其组成或法律地位。”

（二）对银皮书中规定的释义

FIDIC银皮书中出现的“Joint venture”、“Consortium”、“Unincorporated Grouping”三个词，较确切的译文应该为：Joint venture是项目合资公司；Consortium是联合体；Unincorporated Grouping是未注册的组织。

1. 项目合资公司(Joint venture)

项目合资公司是承包各方为实施某个项目按照一定比例的股本金(Equity)出资注册的一个独立于母公司之外的新的公司，具有独立的法人地位。该项目公司是专门为实施某一项目而注册成立的有限公司，联

合体各方按照公司章程贯彻落实各自的责任、义务和权益。该项目完成后，公司随即解散。

2. 联合体（Consortium）

项目联合体是相对于一个具有法人资格的承包商独立承包工程而言的，即由两家或两家以上具有独立法人资格的承包商以协议形式组成的非法人形式的联合体，并以项目联合体主体单位的名义，共同参加某项工程的资格预审、投标、签约并共同完成所承包合同的一种经营形式。项目联合体可以分为紧密型的联合体和松散型的联合体。

3. 未注册的组织或非法人组织（Unincorporated Grouping）

这里的 Unincorporated Grouping 是指除项目合资公司、项目联合体外其他形式的联合。例如，根据我国关于民事法律主体的规定，非法人组织包括非法人私营企业、合伙企业、非法人集体企业、非法人的外商投资企业、企业集团、非法人公益团体和其他特殊组织。我国《招标投标法》对于自然人作为单独投标人的资格作了限制性规定：一般情况下，自然人不得作为投标人参与投标活动；只有科技项目投标，自然人才可以作为投标人。涉外工程中一般也不允许自然人参与投标；但鉴于国际工程的复杂性，在有些特定的情况下，并不能完全排除自然人与企业组建联合体投标。

（三）对 FIDIC 银皮书“责任”译文的不准确

FIDIC 银皮书对“Joint and Several Liability”译文为“共同的和各自的责任”。其实这与我国《合同法》相对应的应该是“连带责任”。按照本款的规定，承包商之间无论组成项目合资公司、联合体还是其他未注册的组织，对业主承担的均为“连带责任”。（b）句的翻译令人费解，“persons”译为当事人不适合，在同一个句子中避免重复是英语的习惯，“persons”就是指代前面的“Contractors”，该句可译为“承包商应选定牵头方并告之雇主，牵头方有权约束承包商各方及其人员。”

三、银皮书与国内法关于“联合体”比较

我国关于联合体的规定散布在不同的法律中，《民法通则》、《合同法》、《招投标法》、《建筑法》以及部门规章等为联合体承包提供了法律依据。

（一）我国法律对联合体的法律规定

1. 民法通则规定

《民法通则》第 51 条规定：“企业之间或者企业、事业单位之间联营，

组成新的经济实体,独立承担民事责任、具备法人条件的,经主管机关核准登记,取得法人资格。"本条规定的是法人型联营,即成立新的法人并以新法人的资质条件经营承担责任。该条规定的"组成新的经济实体"相当于 FIDIC 银皮书第 1. 14 款中的"Joint venture"。《民法通则》第 52 条:"企业之间或者企业、事业单位之间联营,共同经营、不具备法人条件的,由联营各方按照出资比例或者协议的约定,以各自所有的或者经营管理的财产承担民事责任。依照法律的规定或者协议的约定负连带责任的,承担连带责任。"从联合体成立方式、各方的权利和义务、责任的承担方式等的分析可以看出,项目联合体"非法人型联营"应当属于《民法通则》第 52 条规定的"合伙型联营",项目联合体各方就是合伙人,项目联合体各方之间的权利义务应当按照合伙的规定来界定,联营成员之间按照联合体协议约定的各方工程范围、权利和义务实施各自范围的工作,自负盈亏。第 52 条的"合伙型联营"或"合伙型联合体"相当于第 1. 14 款中的"Consortium"。

2. 合同法规定

《合同法》第 287 条规定:"本章没有规定的,适用承揽合同的有关规定。"第 267 条规定:"共同承揽人对定作人承担连带责任,但当事人另有约定的除外。"可见《合同法》也规定了如果承包商组成了联合体,对于业主来说要承担连带责任。

3. 招投标法规定

《招投标法》第 31 条规定:"两个以上法人或者其他组织可以组成一个联合体,以一个投标人的身份共同投标。联合体各方均应当具备承担招标项目的相应能力;国家有关规定或者招标文件对投标人资格条件有规定的,联合体各方均应当具备规定的相应资格条件。由同一专业的单位组成的联合体,按照资质等级较低的单位确定资质等级。联合体各方应当签订共同投标协议,明确约定各方拟承担的工作和责任,并将共同投标协议连同投标文件一并提交招标人。联合体中标的,联合体各方应当共同与招标人签订合同,就中标项目向招标人承担连带责任。"《招投标法》主要从联合体的资质和承担责任方面进行了规定。项目联合体各方应通过签订共同投标协议的形式,明确约定各方在工程项目中拟承担的工作和责任,项目联合体各方向招标人承担连带责任。

4. 建筑法的规定

《建筑法》第 27 条规定:“大型建筑工程或者结构复杂的建筑工程,可以由两个以上的承包单位联合共同承包。共同承包的各方对承包合同的履行承担连带责任。两个以上不同资质等级的单位实行联合共同承包的,应当按照资质等级低的单位的业务许可范围承揽工程。”这一建筑方面的大法从根本上确定了工程投标中进行联合的可行性,并规定了共同承包的各方的连带责任和联合体的资质等级等问题。《建筑法》中关于联合体的规定类似于《招投标法》的规定。

5. 部门规章的规定

关于联合体的规定大多分布在部门规章中。例如,建设部 2003 年颁布的《关于培育发展工程总承包和工程项目管理企业的指导意见》第 4 条:“工程勘察、设计、施工企业也可以组成联合体对工程项目进行联合总承包。”

(二)联合体形式比较

我国《民法通则》中“联合共同承包”主要规定了两种形式:一种是“法人型联营”,即具备法人资格的合资公司或合营公司;另一种是“合伙型联营”,不具备法人资格的联合体。两种形式与 FIDIC 银皮书规定的“Joint venture”和“Consortium”相对应。工程理论界认为联合体存在三种形式:项目合资公司、松散型的联合体和紧密型的联合体。以下对三种形式进行比较:

1. 项目合资公司

项目合资公司的优点是联合体各方只承担项目公司的有限责任,而母公司不受牵连。缺点是需要办理法律注册手续,由于是新成立的公司,没有任何业绩,因此,很难通过招标人的项目资格预审。按照我国《公司法》的理解,承包各方组成的合资公司,只在本项目公司的范围内承担有限责任而母公司不承担连带责任。但按照 FIDIC 银皮书的解释,即使组建的是项目合资公司,项目合资公司与母公司仍承担连带责任。这种情形下,项目合资公司只有通过母公司担保的形式才能满足 FIDIC 合同条件关于连带责任的要求。

对于项目合资公司是否是联合体,法律界争论很大。其中,持肯定说的观点认为:“法人型的联合体也是为了共同投标的目的而组成的,各方作为乙方当事人对外承担责任,其区别于非法人型联合体之处在于本身可以独立承担责任"。而持反对说的理由则认为:"一旦两个法人或其他组织成为一个法人后,在法律上只是一个单纯的法人,不能因为法人有两个或多个股东,就认为是联合体,事实上大部分公司都有两个以上的股东。项目合资公司只能是一个投标人,而不是联合体。由于法人型联合体只是一个单纯的法人对外独立承担责任,与其他法人组织并没有根本区别"。项目合资公司的形式经常用在项目周期长,且有项目特许权(Concession)的 BOT 项目,但较少应用在 EPC 项目。

2. 松散型的联合体

松散型联合体的基本特征是:(1)联合体各方在投标前划分好各自的工作范围;(2)各方分别负责各自工作范围的报价,经联合体综合平衡,汇总后统一向招标人报出;(3)银行保函由联合体各方按各自的报价分别向银行担保,由银行以联合体的名义向招标方出具保函;(4)项目中标后,联合体各方按联合体协议的约定分别负责各自的工作范围。

松散型联合体的优点是各方分别负责各自的工程范围,各自都有独立的组织管理系统,经济责任是分开的,相互利害关系比较少,操作简单,该合作模式是我国承包商最常采用的方式,也是本章重点介绍的内容。缺点是联合体各成员公司所占合同份额比例或者分工的确定比较复杂,尤其是标前各自准备自己的分工内容,各方都会本能地把自己的工作范围报价调高,最后的结果是标价过高,中不了标。即使有的成员报价较低,但其他伙伴分项标价偏高,可能的结果还是中不了标。即使中标,也会出现不公平的情形,为后期合同的履行埋下隐患。因此,各个联合体伙伴能否应有清醒的认识,团结务实、以实事求是态度的报价是采用该种方式的关键。

3. 紧密型的联合体

紧密型的联合体处于项目合资公司和松散型的联合体之间的一种形式。与项目合资公司不同的是不注册法人,与松散型的联合体不同之处在于成立统一的管理机构对项目管理,有相应的约束和监督机制。联合体各方按照协议规定的出资或参股比例承担银行保函,银行以联合体伙伴的名义向招标人出具保函。项目中标后,由各方组织成统一的董事会和项目经理部负责统一协调管理,项目的盈亏按各自的出资或参股比例负担。这种联合的优点是能够提出具有竞争性的报价,增加中标机会;缺点是这种管理模式在实践中运作难度大,尤其在税收、人事关系、薪酬关系上,因为新组成的部门的雇员来源于联合体各方,从各方人员的人事关系和薪酬来看,实际上仍由原单位考核或控制,这就决定了新组成的管理机构很难顺利运行。例如,较为严重的问题是派到联合体里的当地职员和外国职员的薪水和待遇不一样,即出现职员同工不同酬;这个问题应该在联合协议产生之初就应该意识到,应进行讨论并加以解决,因为这个问题可能对联合体运行带来致命的负面影响。

四、联合体的法律特征

松散型的联合体(Consortium)主要有以下特征:

(一)组成联合体成员的自愿性

联合体应根据自主的原则组成,其行为属于各方自愿的、共同的法律行为。我国《招标投标法》第 31 条第 4 款明确规定:"招标人不得强制投标人组成联合体共同投标"。我国法律没有赋予招标人强制要求投标人组成联合体的权利,是否组成联合体由联合体各方自己决定。国外有些政府或者业主虽然要求必须与当地承包商组成联合体承包,但在选择工程所在国的联合体成员上仍有一定的自主权利,可以自主选择当地的联合体伙伴。

(二)联合体成员资格的有条件性

我国的《招投标法》和《建筑法》都对承包商的资质作出了限制,即以资质最低的成员的标准作为联合体的标准。而在国际总承包市场上,大部分国家对联合体承包的资质并没有法律限制,但这并不是说没有限制;因为国际总承包普遍采用招投标的方式选择投标人,业主在招标时就充分考虑了投标人的特定资质、技术、商务、管理经验以及工程业绩等综合因素。

(三)联合体成员之间的契约性

联合体成员之间"契约"是调整合伙关系、规范合伙人相互间的权利义务、处理合伙纠纷的基本法律依据,也是联合体存在的基础。联合体成员之间并没有成立一个法人实体结构,只是通过成员之间的"契约"在各成员之间形成分工与合作,联合体本身不能单独对外承担责任。

（四）联合体组织的临时性

联合体是针对承包某项工程而设立的，具有极强的目的性。工程建设联合体一般适用于大型建设项目和结构复杂的建设项目，如果联合体未中标，则联合体立即解散；如果联合体中标，则按照联合体协议的约定分别履行在总承包合同中的义务；当主合同履行完毕，联合体组织则随即解散。

五、联合体的法律关系

联合体的法律关系可以分为联合体成员之间的法律关系、联合体与业主之间的法律关系、联合体与第三方之间的法律关系。

（一）成员之间的法律关系

1. 由联合体协议联结在一起的合同关系

联合体内部之间需要以联合体各方订立的协议为依据，按照协议的约定分享权利和分担义务。联合体内部事务均以共同签订的联合体协议加以解决。如果联合体一方从业主处取得的利益超过联合体协议约定的应得的利益，则该方有义务向联合体其他方返还；如果联合体一方对业主履行的义务超过联合体协议约定应负的义务，则该方有权向联合体其他方追偿。联合体协议是联合体成员之间的"法律"，各方必须遵守并承担相应的违约义务。联合体协议仅具有对内的效力，只约束联合体成员。

2. 提交合法有效的共同投标协议

如果招标人接受联合体投标并进行资格预审，联合体应当在提交资格预审申请文件前组成。通过资格预审的联合体才有资格投标，联合体未参加资格预审或者资格预审未通过的，均不具有投标资格。而且在通过资格预审后联合体增减、更换成员的，其投标也无效。因此，联合体应在参加资格预审前签署共同投标协议，并随同资格预审申请文件一同提交给招标人审查。

3. 领导方的权利与义务

工程建设联合体应当选择联合体一方为牵头方（或称领导方），领导方的具体权利和义务内容可以通过联合体协议约定，通常情况下领导方可行使以下权利：组织与管理权，领导方就招标的工程项目对合作方直接行使组织与管理权；沟通与协调权，既包括与招标人的沟通与协调，也包括与联合体内部各方的沟通与协调，原则上只有领导方能与业主直接联系,其他方不得和业主直接联系;收益权,是指领导方因其承担的组织、管理、沟通、协调等工作而较其他各方有更多的支出和成本而应得到的相应收益。与其所享有的权利相对应,领导方也应承担相应的义务:承担投标联合体内部的组织管理工作和沟通协调工作的义务;负担管理工作中的开支的主要部分或全部;就招标的工程项目对招标人承担主要责任。

联合体投标时可以由全体成员共同执行全部招标投标事务,也可以指定其中一人或数人代表联合体处理招标投标事务,如参加资格预审、勘探现场、提交投标文件、交纳投标保证金、参加开标、提出异议、签署合同等。招标人为了减少联络、协调等程序上的烦琐手续,提高效率,一般要求联合体指定牵头人代表所有成员办理投标事宜。牵头人必须持有联合体成员各方签署的授权委托书。牵头人在授权委托权限内处理招投标事宜,法律后果为联合体成员共同承担。

4. 合作方的权利和义务

合作方在完成工程建设任务过程中应享有的主要权利有:项目监督权、知情权、有关招标项目的信息共享权、收益权、项目分工中的协调权、损失追偿权、参与项目管理权等。合作方应承担的义务主要有:按期合格地完成所承担的项目任务并交付相应成果;及时向领导方及其他各方通报所承担的项目任务的进展和实施情况;支持和配合投标联合体各方顺利完成所承担的项目任务;服从联合体领导方组织管理机构统一协调和合理调配的义务;负有保密义务等。

(二)联合体与业主的法律关系

1. 无论是我国法律规定还是国际惯例规定,联合体各方对业主都承担连带责任。连带责任是指按照法律规定或者当事人约定,两个或者两个以上当事人对其共同债务全部或者部分承担,并能因此引起其内部债务关系的一种民事责任。连带责任的法律构成要件包括:造成损害事实;当事人有过错或者过失;损害事实与当事人的过失或过错之间存在因果关系;连带人的行为存在违法或者违约。连带责任按产生的原因不同可分为法定连带责任和约定连带责任。国内法规定的联合体成员责任为法定连带责任;国际惯例中规定联合体成员承担的责任往往为约定连带责任。

2. 对业主的连带责任具体表现

联合体中标后,不是联合体本身,而是联合体各方都应该同招标人签订合同，并在合同书上盖章或签字。如果只有联合体一方在合同上签字盖章，合同是否有效？应当根据不同的情况分别处理：(1)若共同投标协议明确授权由联合体一方代为签约，则合同有效；(2)如果共同投标协议没有授权联合体一方代为签约，合同也应有效；(3)如果联合体协议中明确约定联合体各方均无权单独签约，但联合体中一方与招标人签约而他方拒签，则合同无效。若联合体存在过错的，招标人可以废除授标，联合体各方应当对此承担连带的缔约过失责任。因为联合体各方作为一个整体参加投标，超越了联合体各方单独的人格，如果联合体内部没有就签约事宜达成一致，则联合体各方应当对招标人承当连带责任。

联合体对于业主的违约主要是工期违约和质量缺陷。在合同签订后，联合体各方都分别向业主承担履行全部合同。发生违约后，业主可能同时向联合体各方索赔，也可能向任何一方索赔，对于业主的索赔，原则上按照各自的工作范围承担。联合体任何一方都不能以其内部所做的分工对抗招标人。如果是一方的责任，过错方应确保无过错方不承担责任。如果双方都有责任，被索赔的数额将根据过错程度确定，如果是混合责任不能确定分担的比例，可先临时按照合同份额原则支付，等到争议解决后再按照实际情况分别承担。如果一方对业主承担了全部履约后，则获得了对共同缔约的联合体其他方的求偿权。实行连带责任有助于保证业主的权利，增强联合体成员的责任感，使各个成员不仅要完成自己范围内的工作，还有利于监督和服务于对方。可以说连带责任是联合体最本质的法律特征。

(三)联合体与第三方的法律关系

这里的第三方可以是个人、公司、团体、政府，但不包括业主和联合体成员，也不包括联合体的雇员、供应商、分包商、母公司、子公司以及代理商。关于第三方主体的规定，FIDIC 银皮书从某种程度上突破了合同的相对性。由于联合体各方与第三方没有合同关系，因此，与第三方的主要责任是侵权责任，主要包括一方的故意或者过失给第三方造成了人身伤害、财产损失或者侵犯了第三方的知识产权。对于第三方提出的索赔，过失方或过错方应确保无过错方不受因第三方提出的索赔而遭受的损失。对于第三方的索赔，如果不能确认责任主体或者混合责任不能确定承担比例，则适用临时份额比例原则，等争议最终解决后，再按最终的结果支付。

六、联合体冲突解决机制

联合体的冲突机制包括联合体与业主之间的冲突解决机制,联合体成员之间的冲突解决机制。

(一)联合体与业主之间的冲突解决机制

联合体与业主之间的冲突解决机制规定在联合体各方与业主签订的总承包合同中。发生纠纷时首先要通过友好的方式解决,如果不能解决则选择仲裁。国际总承包市场是业主方市场,在招标文件里业主往往要求仲裁的法律是工程所在国的法律,仲裁的地点在工程所在国,仲裁的语言是工程所在国的官方语言。为了公平起见,联合体成员与业主的合同谈判中尽量选择仲裁地在第三国,仲裁语言为英语,在适用准据法上可选用第三国的法律或工程所在国的法律。

(二)联合体成员之间的冲突解决机制

联合体成员之间的冲突解决机制体现在联合体协议中。如果联合体的成员都是国内的承包商,仲裁地最好选择在中国,仲裁语言为中文或者英语,仲裁的法律最好是中国法律,但前提是必须得到业主的认可;如果联合体的成员来自不同国家但没有工程所在国的成员,仲裁地可以选择工程国所在地,仲裁的语言可以是英语或者当地的语言,选用的准据法为第三国的法律或工程所在国的法律;如果联合体的成员有工程所在国的成员,建议仲裁地选在第三国,仲裁的法律为第三国的法律或工程所在国的法律,仲裁的语言为英语。

(三)仲裁效力

无论是与业主之间的仲裁还是成员之间的仲裁,在仲裁协议中必须明确"仲裁裁决是最终裁定,对双方都具有法律约束力,有司法管辖权的法院可以强制执行。"这样纠纷才能得到及时解决;因为有的国家立法并未确立仲裁的终局性,仲裁裁决后,还可以到法院起诉。

(四)慎用诉讼

在冲突解决机制上慎用诉讼:一是诉讼时间长,有的国家实行两审终审,有的则采取三审终审制,走诉讼程序会久拖不决,而仲裁具有快捷性的特点;二是诉讼的法官虽谙熟法律,但往往对技术性问题不熟悉,而仲裁庭的人员在选择上既可以选择法律专家,又可先择工程领域的技术专家,解决问题具有针对性;三是业主在招标时往往要求承包商提交过去5年的诉讼声明,选择诉讼对于承包商来说会在经商履历上增加负面影响。

第二节 联合体协议的主要内容

联合体协议一般由协议条款与附件构成。协议条款主要有:各成员责任约定、工程款支付方式、联合体内部协调机制、沟通方式和渠道、内部争议解决方法、应急预案和保证办法、联合体解体方式和时间等内容。附件主要由工作范围的分工、价格的具体划分、具体的工期进度、合同额分割比例、组织结构图、人力资源配备表等构成。

一、联合体协议的两种形式

在国际工程实践中,根据联合体投标中标概率大小,联合体协议一般分两种形式:一种是简明联合体协议,另一种是详细的联合体协议。联合体对投标如果没有多大把握,一般签订简明联合体协议,标前简明协议只是作为意向性的协议和原则性协议,内容简短,等到中标后再签订详细的联合体协议;另一类是详细的联合体协议。

(一)简明标前协议的主要内容包括:

(1)项目背景及基本情况的介绍;

(2)联合的主体及其法律地位;

(3)联合的目的;

(4)各方在联合体中工作范围的划分;

(5)牵头方与合作方的责任和权力;

(6)各成员在履行标前协议时开支分摊方式;

(7)保密条款;

(8)协议的有效期和终止条款;

(9)排他性条款;

(10)语言与法律;

(11)争议解决条款。

(二)详细联合体协议

如果联合体在所有的投标人中或者竞争对手中占绝对优势,中标的概率很大,这种情况下一般在标前签订较为详细的联合体协议。本节重点介绍详细联合体协议的内容。

二、起草或审核联合体协议时应注意事项

(一)签字主体

联合体协议签字的主体往往是容易忽略的地方,也是隐藏风险很大之处。在投标前,承包商一般不能确定投标是否成功,因此通常采用以国内公司名义进行投标,即签字主体也是国内公司。中标后,为了规避风险,通常在工程所在国注册子公司,投标人以注册的子公司与业主签订合同。但这种做法的困境在于,由于投标时的主体和签订合同的主体不一致,往往会遭到业主的拒绝。因此,在投标前,联合体协议上签字主体与总承包合同的签字主体是使用国内公司的名义还是使用当地注册公司的名义,需要承包商提前统筹考虑。对联合体协议签字主体部分审查时,经常发现有的投标人在草拟的合同版本中,只使用国内公司名称简称的情况,而对签字主体的注册地、注册性质、注册法律等没有具体描述,结果造成签字主体模糊,为以后合同发生纠纷埋下隐患。

(二)定义的含义

(1)"Agreement"和"Contract"在汉语中通常是指协议与合同,并没有什么实质区别。但联合体协议与EPC合同经过"定义"后赋予了新的内涵,"Agreement"一般指代联合体伙伴间签订的联合体协议;而"Contract"通常指代联合体成员与业主之间签订的合同。如果不对两个词进行定义,两个词混用,有可能引起不必要的麻烦。

(2)"Leader"不是指个人,也不是指某个领导,而是专指联合体的领导方或牵头方。应注意联合体协议中领导方,究竟是联合体伙伴的母公司,还是指其子公司。

(3)"Third Party"(第三方)可以指个人、公司、合伙人、联合体以及其他组合体,也可以指政府当局或政府部门,不包括与联合体协议相关的业主、承包商、业主或承包商的供应商、分包商、代理商、母公司、子公司及其雇员。

（三）向业主开立保函

联合体不具有独立的法人资格，无法以联合体名义开立保函，在实际操作中，一般由联合体牵头方或联合体各成员一致认可的一方向业主开立全额的项目保函，其他联合体成员再依据各自的权益比例以同等的条件直接向联合体牵头方开立保函。在此种情况下，一旦联合体中任何成员出现过失，导致业主损失，业主将提扣联合体牵头方开立的项目保函，联合体牵头方再将提扣其他联合体成员相同的数额保函。为了避免联合体成员之间出现纠纷，在与业主的合同谈判时，争取实现联合体各成员分别按自己的权益比例直接向业主开立保函，承担各自独立的保函保证责任。一旦业主提出索赔，对联合体各方来说，业主只能直接提扣与其权益比例相等的保函，不会出现联合体领导方瞬时保函损失远超过其本身权益的情况。若在保函独立开立问题上与业主不能达成一致，再考虑在联合体牵头方向业主开立全额的项目保函前，让其他联合体成员按其权益比例向其账户打入风险准备金或者开立性质相同的保函，这样联合体牵头方代表联合体对外的保函风险，便可以得到保障。

（四）业主付款

中标后，联合体应同业主协商有关进度或者节点测量机制、相应的工作量以及提交发票事宜。在每个月的截止日期前，联合体各方各自按月或节点准备发票，并对各自的发票的准确性和有效性负责。向业主提交发票前，首先内部协商确定自己工作发票的份额，并在上面签字背书。发票由领导方代表各方以联合体的名义提交。对于业主的付款，可以约定统一由牵头方开出发票，要求业主直接向领导方的账户付款，包括合同进度款、变更款和索赔款项等；再由牵头方将所收到的款项按各联合体成员的工作范围和工作内容分别支付给联合体合作方。在这样的安排下，项目的全部款项将先在联合体牵头方的账户做适当的停留，联合体牵头方便自然获得了对联合体其他成员每笔项目收入的暂时处置权。一旦业主提出索赔，联合体牵头方可以代联合体先行赔付，在此之后，若联合体中过失方未能按联合体协议规定缴纳其应承担的赔偿款，则牵头方可以直接从过失方的款项中扣除；也可以由业主分别汇入各方指定的银行账号。合作方收到付款后立即通知领导方，以便让领导方做好记录。业主对联合体提出有异议的发票，将由联合体根据附件的分工共同协商解决。如果业主扣留了发票或者对于发票的数额做出了扣除,联合体双方需要立即根据工作范围确认被扣除或被扣留的部分属于哪方的工作范围,并依此做出相应的调整。对于被扣除或扣留的部分,双方如果不能确定是谁的责任,或者认为是共同的责任但不能确定各自承担的份额;针对这种情况,被扣除或被扣留的数额先临时按照合同价款中规定的比例扣除,等争议解决后,再按解决后方案实际支付。各方应分别按照工程所在国的会计准则保留适当的、充分的会计账目和会计记录,并且经得起审计机构的检查和验收。

(五)责任比例份额原则

联合体成员之间发生争议时经常采用"责任比例份额原则"。"比例份额"是指联合体成员之间在主合同中各自占有的比例份额或股份比例,联合体成员之间有争议(收益或者责任)或者是混合责任不能确定责任比例,先临时按份额承担责任或按份额获得收益或承担责任的一种暂时解决争端的方法。以下是责任比例份额原则的具体应用:

(1)如果联合体成员有过失或者过错,业主要求支付违约金,过错方应保证无过错方不支付违约金。如果暂时不能确定是哪方的责任或者是混合责任不能分清承担责任的比例,此时应先按合同价款中约定的比例份额支付,等到争议最终解决后,再按最终的结果支付。

(2)如果业主对于发票的数额做出了扣除或扣留,联合体各方需要立即根据工作范围确认被扣除或被扣留的部分是属于哪方的工作范围,并依此做出相应的调整。对于被扣除或扣留的部分,如果不能确定是谁的责任,或者认为是混合责任,但不能确定各自承担的份额;针对这种情况,先临时按照合同价款中规定的比例额扣除,等到争议解决后,再按解决后的方案实际支付。

(3)如果业主要求联合体各方提供母公司担保,各自提供了担保;则有过失方应保证无过失方不受任何直接损失或间接损失。如果双方都有过失并且不能划清承担责任的比例,或者不能确定是哪方的责任;针对这种情况,责任的份额先临时按照合同价款中的相应的比例扣除,等到争议解决后,按最后解决的方案实际承担。

(4)联合体各方应分别负责自己承包工作范围所被征收的税费,包括直接税、间接税、国内税、国外税、各自分包商的税费、供应商的税费和雇员的所得税。主合同签订后,如果出现了税收的增加,将按照各自的承包范围自行承担;出现了税务免除的情况或者税费退还的情况,双方须共同确定收益的范围,如果经过协商不能确定受益的范围或者是共同受益但不能确定彼此之间的受益份额,先临时按照合同价款中相应的比例分割,等到争议解决后,在按最终的方案确定。

(5)对于第三方的索赔,过错方应保证无过错方不受索赔。如果双方都有责任,被索赔的额度将根据过错的程度确定被索赔的份额;如果双方不能确定谁对责任负责或者对于混合责任不能确定分担的比例,索赔的份额先临时按照合同价款中相应的比例支付,等到争议解决后,再按最后的解决方案实际支付。

(六)联合体成员之间互不索赔原则

为了更好地开展合作,避免成员之间产生大量的争议和索赔,联合体协议经常约定联合体成员之间适用"互不索赔原则"(No Cross Claim),即成员之间就一般纠纷原则上不得索赔另外一方。当然,互不索赔原则也有例外,如(1)一方有恶意欺诈行为;(2)一方的重大过错或者重大过失造成严重违约;(3)一方出现资不抵债、破产、倒闭、清算、重组等情况。出现以上三情况时,不能使用互不索赔原则。互不索赔原则适用的范围是直接损失,对于间接损失不能适用。

(七)知识产权索赔

联合体成员可能在使用设备、产品、工艺、技术或接受服务时侵犯他人的知识产权。在专利权保护上,联合体各方应确保其他成员免受针对自己工作范围内或自己行为提出的有关知识产权的索赔,包括设备、材料、工艺、机械设备的实际侵权或者被指控的侵权。任何一方不得擅自揭露其他成员在履行主合同期间的发明、改进或者有可能得到专利的具体细节。审查每个成员采购的设备或服务是否侵犯他人的权利是非常困难的,联合体成员在采购物品或接受服务时,应该尽可能充分了解项目所在国是否存在项目所使用的设备和技术的知识产权保护。

(八)业主的变更与索赔

对于业主造成的延误、工作暂停或过失所引起的变更或者索赔,双方须首先共同研究是哪一方的工作范围受到了影响,然后采取统一行动,准备相关变更或索赔材料共同索赔;由此得到的收益将按索赔中约定的工作范围或者比例分配。对于业主的部分接受、拒绝、暂时中止、耽搁该变更或索赔,只影响一方成员时,不受影响的其他方不对受影响方承担责任。如果有关变更的谈判或者索赔的谈判已经显示出不可能有什么实质性的结果,只是在浪费时间,甚至延迟下去会导致更大的恶果,双方应该立即放弃谈判或者暂停该变更索赔的谈判,采取其他可行的行动。如果出现了正变更或增加了额外的工作量,因此产生的费用由受影响方承担;同理,收益也归其所有。

(九)项目经理的权力

如果一方没有按照主合同的约定或者联合体协议的约定履行相应的义务,该方就被认为是存在过错。项目经理有权针对过错方行使联合体协议规定的权力,采取相应的补救措施。如果一方没有配备足够的、合格的人员来开展工作,关键路径又连续20天出现延误,或者按照工期进度出现连续20天的延误,项目经理有权动员内外资源对所造成的延误进行弥补,所产生的费用由过失方承担。过失方在收到项目经理的通知书14天内,向项目经理提交完整的详细弥补报告。报告内容应包括对承包工作的影响和对主合同影响以及所采取的纠正或弥补办法;所产生的费用或者相应的风险由过失方承担。项目经理有权对所采取的弥补措施给予必要的指导。如果过失方超过30日内没有采取补救措施或者没有按照项目经理的指定的完成的日期完成弥补工作,则认定过失方放任过失的继续,无过错方有权行使"无过错方的救济措施"规定的权力。

(十)无过错方的救济措施

无过错方有权接收并完成过错方没有完成的工作。无过错方有权接管过错方因执行主合同应回收的账款,以便完成过失方未完成的工作。过错方必须留下涉及自己工作范围相关的材料、文件、研究成果、现场设备、厂房、临时设施、安装的设备和材料后才能离开现场。无过错方对过错方的设备、厂房、临时工程、设备、材料、图纸、设计文件享有留置权;无过错方有权独自占有和使用过错方的设备、厂房、临时工程、设备、材料、图纸、设计文件以及其他知识产权,用来完成过错方没有完成的工作。为了便于无过错方能够完成过错方未完成的工程,按照无过错方的要求,过错方所有的分包合同、订单合同和第三方签订的合同将无偿转移给无过错方。联合体各方都要在分包合同或采购合同中插入该条款规定。过错方应确保无过错方不因为自己的过错而遭受到任何损害,包括但不限于罚金、罚款以及为完成过错方未完成的工作而产生的任何费用。

(十一)分包合同的约定

根据主合同条款和联合体协议的约定,各方无须得到另一方的认可都有权分包部分工程,但任何一方不得以分包为由推却责任。各分包方必须对自己的分包行为、分包商、分包商的雇员及其代理人负责。联合体各方必须在分包合同中插入主合同要求的责任与义务的条款,以便满足主合同的要求。各方应确保在分包合同中约定:"如果业主或者根据业主的要求直接地无条件地把分包合同转让给业主或第三方,则必须进行转让。"各方的分包合同以自己的名义签订,并对各自的分包范围负责,确保不对另外一方造成损害。一方认为必要,有权审查对方的分包合同。

(十二)合同的终止

1. 联合体协议的有效期自签订之日起生效,出现以下3种情况时终止:

(1)联合体协议和主合同均履行完毕;

(2)联合体双方均得到业主的全部付款;

(3)账户结算完毕。

2. 出现以下8种情况,本协议自动终止:

(1)主合同授予给了其他承包商;

(2)业主取消或者放弃了本项目;

(3)在标书的有效期限内没有被授予合同(除非双方又延展了有效期);

(4)联合体没有在有效期内提交投标书,或者是在投标阶段或谈判阶段被业主判定不合格;

(5)执行本协议的或者主合同的所有事务完全地最终解决了或者停止了;

(6)一方被确定实质性的违反了本协议规定的义务,并相应地采取了补救措施和进行了赔偿;

(7)双方协商一致书面同意解除本协议;

(8)到××××年××月××日主合同没有授予给联合体(除非双方书面同意延长本协议。)

（十三）保密条款

在执行本协议期间，任何一方须要对另一方的“保密信息”（机密信息、专利权、秘密）负责保密。这些保密信息包括商业秘密、设计信息、技术规范、专有技术，还包括对方的供应商和分包商的保密信息。但上述保密信息不适用为了本联合体协议目的之应用。这些保密义务即使合同终止后还继续有效。但保密义务不包括以下方面：

（1）秘密信息被对方揭露之前，对方已经合法占有；

（2）从第三方合法的得到信息，本身没有违反遵守保密的义务；

（3）在有效期限内，已经是公开的秘密；

（4）根据法律的要求、仲裁庭、法庭或有关当局的需要应该公开的秘密信息。

联合体成员应把本条规定的保密信息穿插在与其母公司、子公司、分包商、供应商或者相关第三方合同的保密条款中。如果一方出现过失，违反保密义务，该过失方需要对无过错方采取有效的保密措施，直到履行完主合同规定的所有义务。

（十四）排他性条款

投标前，联合体各方需要互相磋商、商讨，各方要诚实守信地交流技术方案和估价。在决定合作之前，一定要在联合体协议中约定并确认合作伙伴在本次竞标中只同本公司合作，而没有同时与自己的竞争对手进行合作。如果选择了没有职业道德的合作伙伴将会使整个投标过程面临很大的风险。在协商期间，应该防范联合体成员的恶意磋商的风险，如工程所在国的承包商与其他承包商或业主串通、隐瞒事实、借组建联合体之名，提供虚假情况，骗取我国承包商报价和技术方案，而暗中提供给其他承包商或业主或与其他承包商组成联合体。

三、保障联合体运行的规则

保障联合体运行的规则主要是对业主的责任、联合体内部责任划分和第三方提出的索赔责任划分。

（一）对业主的责任

联合体各方就工程项目共同向业主承担连带责任，业主有权要求联合体的任何一方履行全部合同义务；联合体的任何一方均不得以其联合体协议的约定来对抗业主。这样约定是与主合同条款相匹配的，主合同中通常约定投标方对业主承担连带责任。对于业主提出的索赔,各方对于各自承包的工作范围负责任,并承当相应的费用。业主对联合体提出的索赔,如果是一方的责任,有责任的一方应保证无责任方没有责任;如果双方都有责任,被索赔的额度将根据过错的程度确定。如果双方不能确定是谁的责任或者对于混合责任不能确定分担的比例,索赔的份额先临时按照合同价款中相应的比例支付,等到争议解决后,再按最后的解决方案实际承担。

(二)联合体内部责任划分

联合体成员在各自的范围内承担相应的责任,包括但不限于以下内容:在各自的工作范围内,完成业主要求涉及各方工作范围内应完工或应修复的工程;独自承担各自的分包商与供应商所造成的责任;独自承担由于各自不能履行义务的责任,包括但不限于履约责任和保证责任;独自承担根据主合同推定的各方的所有责任和任何责任,包括业主提出的或者是第三方提出的责任;独自承担由于不遵守相应的法律、法规所引起的责任。任何一方需要及时、全面地履行主合同约定的义务。这些义务既包括各自的提供设备材料、服务及工作的义务,还包括没有在主合同中列明但可以通过合理的推定认定是在自己工作范围的义务。各方应一致同意为了像一个承包商一样开展工作,尽量避免双方之间产生争议和索赔,各方应完全负责自己工作范围内由于误差、遗漏、瑕疵等原因产生的任何费用以及相应的责任。各方接受基于另一方提供的图纸、文件以及投入各自工作范围内的费用风险。各方评估自己工作范围内和总报价内的数量、图纸、变更以及相应的价格风险。

(三)第三方提出的索赔责任划分

由于一方的过失(包括过错方的雇员、代理人、代理机构、分包商、供应商)给第三方造成了人身损害或财产损失,对于第三方的提出的索赔,过失方应确保无过错方不受第三方提出的索赔所遭受的损失。对于第三方的索赔,如果双方都有责任,被索赔的额度将根据过错的程度确定;如果不能谁对责任负责或者对于混合责任不能确定分担的比例,索赔的份额先临时按照合同价款中相应的比例支付,等争议解决后,再按最后的解决方案实际支付。

四、领导权、联委会、管理团队

(一)领导方的权利与义务

领导方为了确保联合体的利益须尽到忠诚、勤勉的义务。领导方代表联合体统一行动,其职责范围包括但不限于以下内容:

(1)联络业主;

(2)安排各种会议;

(3)商讨投标和主合同事宜;

(4)传递业主和承包商之间的信息;

(5)为了联合体的最大利益,协调联合体内部的活动;

(6)在商务标、技术标的谈判过程中和业主的沟通中居主导地位,代表联合体处理与业主之间的日常事务;

(7)如果合作方缺席,牵头方应把与业主的谈判情况、讨论情况及时通知给合作方;

(8)召集和主持召开联委会会议以及其他会议。会议后三日内发出会议纪要。合作方七日内没有对会议纪要提出异议则认为是接受;

(9)按照主合同的规定,以联合体的名义提交发票,申请业主按规定付款;

(10)代表联合体并以联合体的名义,接收业主的指令并做出回应;

(11)如果涉及合作方的工作范围、利益和责任,需提前与合作方商量;

(12)协调联合体与业主之间所有的变更申请、文件支持、索赔;

(13)协调与银行之间的担保事宜;

(14)根据忠诚、勤勉义务推定的其他属于领导方的义务。

(二)联委会制度

双方组建联合委员会,其职责是决定和执行项目的重大事项。以两个承包商组成的联委会为例说明:

1. 联委会组成人员为4人,双方各出2名,其中2名成员分别担任项目经理和副经理,分别来自于领导方和合作方;剩余的2名成员来自各自的高层管理人员。任何一方替换以上人员,需提前1个月书面通知对方。

2. 提交给联委会决定的任何重大事项,须提前按照联委会规定的书面形式提交给项目经理,项目经理在上面签字后提交给联委会。联委会接到项目经理提交的文件后,须立即审查并做出决定。双方都认为提交给联委会的文件不构成主合同的一部分,除非是所有的联委会成员共同签字,才对双方产生约束力。如果联委会成员之间达不成一致意见,领导方有权单独做出临时决定,双方必须遵守执行,而合作方有权按照仲裁条款进行仲裁。

3. 联委会会议在双方认可的合适地点每个月举行一次。领导方可以主动召集召开联委会会议,也可以根据双方的请求召开。会议召开需提前7天通知各方。万一出现紧急情况,任何一方可以通过通讯的方式(包括E-MAIL、传真的方式)通知对方,随后通过信件形式确认。双方同意后的效力与联委会做出的效力相当。联委会的组成成员必须有完全的代表权代表自己的一方。

(三)管理团队

1. 主合同生效后30日内组建完项目管理团队,建立组织结构及选调核心人员。

2. 整个管理工作由双方授权的领导方任命的项目经理负责,执行总的承包任务和日常的管理工作,项目管理团队在项目经理的领导下开展工作。万一出现僵局,在项目经理看来该僵局有可能导致影响到主合同的履行,此时项目经理有权以联合体的名义做出决定。在执行项目时为了避免耽误时间,项目经理做出的决定,一经发出,便立刻对整个管理团队产生效力。如果项目副经理不同意经理做出的决定,而这个决定对主合同价格和工期产生了实质的影响,那么副经理应把详细的书面报告在7天之内提交给项目经理,项目经理提交给联委会做出最后决定。为了保证顺利执行主合同,当项目副经理与经理出现不一致的看法时,项目经理在给予联委会相应建议后,有权单独做出决定。

3. 联合体发给业主具有约束力的信函、商业票据,必须由项目经理或项目经理授权的人员签字。该签字均视为双方都同意。如果由项目经理和副经理共同发出的具有约束力的信函、商业票据,则必须由副经理在另外一张复印件上签字。

4. 项目管理团队中任何关键管理人员的替换、解雇以及变更职位,须应得到项目经理和业主的同意。

第三节　联合体运行管理

一、项目联合体运行中常见的问题

项目联合体的性质决定了其运作比独家承包工程要复杂得多。在国际工程实践中，有些项目联合体领导方指挥不灵，有些项目联合体组建半途而废，也有项目结束后联合体各方不欢而散，甚至走上了仲裁或诉讼的道路。导致上述现象产生的原因主要有以下几个方面：

(一)松散型联合体本身弱点

我国承包商在发展中国家或不发达国家承接项目主要采用松散型的联合体方式。由于联合体只是临时性组织，联合体的个体都有独自的利益，容易行为处事只考虑自身的利益，不顾及其他伙伴的利益。例如，在投标阶段，报出的价格中考虑的利润空间比较大，不利于中标；中标后，各方即按协议约定分别实施各自的工程项目，缺乏诚信合作意识，由于认识差异和利益驱动导致互不信任、互不配合，从而影响工作的进展。

(二)联合体成员之间缺乏信任

联合有许多有利之处，但联合体是否成功，最关键一条是各方的诚信，这也是合作的基础。在选择合作伙伴时，要进行综合考虑，除了资信、能力、遵循联合协议外，还应有相互联合的真实愿望，这是联合的必要条件。联合体项目部的组成一般是联合体各方的各级管理人员，在合作期内管理文化很难融合，很容易造成联合体协议流于形式，约束力弱，可操作性不强。有的联合体成员总是抱着对别人不放心的态度，过多过问或干扰联合体工作，甚至本位主义、小集体利益至上，同床异梦的心态弥漫着联合体。

(三)联合体管理体系不完善

1. 项目经理部是联合体各方的具体事务决策机构，但项目经理部的人员来自于联合体各方，彼此不熟悉，缺乏应有的信任，害怕说错话或表错态，缺少沟通，因此，总是习惯性地潜意识地使用自己公司派驻项目的工作人员。联合体各方派驻项目的工作人员为了自己的长远利益则更多地听从自己公司领导的指令,若项目经理部的指令和自己公司的指令发生冲突,则变相对抗,最终造成项目经理部政出多头、政令不通、决策陷入僵局,工作效率低下。项目经理部人员在项目实施的过程中为了维护各自公司的利益,有时意见很难达到统一,经常出现两种情况:一是出于所在单位利益考虑,不同意其他代表提出的议题,结果造成一些有利于项目整体利益的建议或意见无法实施;二是一家代表提出建议后没有遭到反对,但也没有得到直接的赞同,一些好的问题解决方案在漫长的审批过程中优势殆尽。

2. 联合体项目经理虽然得到各方的授权,是联合体的第一责任人;但因结构组织松散,项目经理有名无实,项目经理在工作中不能充分发挥自己的权力,很难发挥真正的领导作用。

3. 由于联合体的组织结构设置不合理,缺乏必要的交流渠道,不少联合体成员从项目开始就各自为政,不遵守团结、合作、诚信、共赢的准则,在项目运行中产生矛盾。这样的组织机构和管理形式将对工程管理中的协调工作量、工作难度、协调效率和项目总体目标的顺利实现产生直接影响。

4. 各方领导对自己职工的偏袒,使犯错的职工无法得到应有的处罚;而优秀的员工得不到奖励,这也使项目部的工作难度无形增大,无法激发项目员工的工作积极性和主动性。

(四)工作界面不清晰

因联合体只是一种临时性组织,其内部责任划分不清时,容易造成互相推诿,产生内部矛盾。部分承包商为了开拓市场,组建联合体时,没有仔细考虑如何发挥各自成员的专业特长优势以及工程的工作界面搭接,仅仅为了平衡各成员间的利益,臆断分割工作包,给工程实施和配合设置不应有的障碍,人为加大难度,严重妨碍并搅乱了工程建设的正常节奏和秩序。

二、选择合适合作伙伴应考虑的主要因素

选择联合体伙伴的因素很多,包括但不限于以下因素。具体到每个项目时,各个因素对是否组建联合体或与谁组建联合体所起的作用有的是不同的。

(一)项目自身因素

招标项目的复杂程度,对承包商的经济要求、技术要求、工程人员的要求,采用国际组织或外国国家贷款的项目,有的国家或组织强制规定承包商组成联合体投标等因素,是影响承包商是否决定选择联合体形式的首要因素。

(二)承包商自身因素

衡量自身实力、条件是否满足建设项目或业主的要求。如果确实不能满足招标条件或不具有竞争优势时,可以考虑邀请其他承包商组成联合体,弥补自身的"短板",增强竞争实力。我国承包商与当地承包商组建联合体时,需要对自身的资源、技术、人员进行客观的分析和评估,以此初步形成选择联合体伙伴的标准。

(三)候选伙伴因素

选择联合体合作伙伴,要考察候选伙伴的经济实力、技术水平、工程人员素质、QA/QC 体系、拥有设备状况、垫资能力、以往项目经验、组织的管理能力,联合体工作范围、项目报价等方面。例如,联合体伙伴的财务状况是重要考虑因素。松散型联合体的各方是独立核算、自负盈亏的,良好的财务状况是联合体成员执行其所负责项目任务的必要保障。如果承包商自有资金不足或者项目资金运作不佳,将在不同程度上影响项目实施。业主支付的工程进度款通常有滞后性,所以在合同执行中承包商需要垫付的资金较多。当项目的现金流出现问题,或其负责的部分盈利出现问题时,良好的财务状况仍可以支撑其继续履约,保障联合体的稳定性。如果联合体成员存在有大量的不良资产和外债,经常面临资金链断裂,随时面临破产等情况,则无疑给联合体其他成员带来了额外的风险,威胁联合体的整体安全性。此外,良好的财务状况也是其承担赔偿责任的保障。当出现业主索赔时,具有良好的财务状况的承包商能确保其有对债务的偿付能力。财务报表能够反映公司最近几年财务管理和经营状况。对合作伙伴财务状况的分析,不仅是日趋规范化的招投标市场的需要,也有助于了解合作伙伴在资金垫付、资金投入、资金周转等方面的情况。因此,对合作伙伴财务状况的分析应视为不容忽视的重点之一,可降低合作带来的风险。此外,合作伙伴过去业绩的好坏,决定了其在市场中的信誉和声望,如果在以往类似工程的中,暴露出解决技术难题的能力不足或出现安全质量事故或诚信缺乏，将给监理和招标人留下不良印象，甚至录入“黑名单”，应力求避免与这样的企业组建联合体。

（四）互补性

考虑选用的合作伙伴，重要的因素还有需考察该公司与自己是否存在一定的战略协同性。选择合作伙伴时，并不一定选择实力最强的承包商，而是选择最能与自己形成优势互补的企业。优势互补可以弥补自己企业在高质量管理、高质量施工、高技术含量要求现代化工程项目管理中的不足之处。互补性是以项目的性质为基础的，项目管理分工方面可以有所侧重，利用好各方在某一方面的特长和资源优势，可以使项目管理的风险降到最低限度。在对工程项目特点、自身情况和联合体伙伴详细分析后，就可以评估合作伙伴是否有互补资源，是否能增加竞争优势。

三、联合体运行的管理措施

要体现联合体管理模式的优势，必须注意以下10条管理建议：

（一）团队意识

由于联合体成员来自不同国家，有着不同的企业文化，构建联合体新文化几乎很难做到。因此，首先，应充分意识到联合体成员之间是一种合作关系，成员之间不存在控制与支配的关系，无论各方在联合体中各自的权益比例如何，各自的地位都应该是独立和平等的。其次，还应认识到任何项目要获得成功就必须有一个团结、协调一致的项目团队，作为联合体的管理者，应该自上而下地让项目全体人员清晰地意识到：“我们现在是一个团队，有着同一个目标，有着共同的使命，只有大家同舟共济，才能实现项目目标，才能同时实现个人的价值”。最后，项目联合体应该树立全局意识，发扬团队精神。联合体的优势和劣势、统一和差异是客观存在的，每个来到联合体项目工作的人员，既要从心态上都要做统一调整，还要从管理方式上统一；只有这样，才可以凝成一个团结的集体，才能向着同一个目标努力。

（二）让业主知悉组成联合体的意义

在组成联合体之前，应确认业主对组成的联合体是否持有异议。业主对于组成联合体的态度在投标须知中一般都有非常清楚的表述。投标联合体的组成和成员的变更都会影响业主的满意度。业主需要了解联合体组成的动机和各方在联合体中的作用。投标人既要说明联合体作为一个有机组织的协作性，即在一个整体的管理结构中分工协作；也要说明联合的专业技术给业主带来的预期价值。

（三）联合体决策机构/项目经理部的作用

1. 联合体中标后，联合体各方应在联合体协议的基础上细化各方的责任，或者签订更为详细的联合体协议。根据联合体协议组建项目联合体决策机构和项目经理部；确定联合体决策机构的人员组成及工作方式；任命项目经理；审核通过项目经理部的各种规章制度和工作程序；审核组成项目经理部的成员组成情况；人员的撤换和更替；工作过程中的协调等权力。

2. 联合体项目经理部是联合体唯一对外的窗口。联合体项目经理可以由项目联合体领导方派出，也可从社会上聘用，但需得到联营体各方的法定代表人授权。该项目经理部代表联合体各方与业主、监理单位及有关机构联系工作、接受指令，向业主负责。项目经理也是项目实施的组织者，负责工程指挥与协调，向项目联合体各方负责。联合体项目经理部其他成员应由联合体各方按责任大小比例和工作的需要协商派出。项目部定期将联合体项目部的整体运行情况通报联合体各成员单位，同时联合体项目部要定期召开会议听取项目各成员单位的工作汇报，及时掌握项目进展情况，解决存在问题，并将会议情况通报各成员母公司。

（四）编制项目管理大纲

项目的管理大纲是联合体为项目管理制定的原则及标准，如确定联签制、责任制、各部门职责、各部门工作范围以及项目、各部门的工作流程。联合体项目管理是应由联合体成员共同管理，同时为了避免多头领导、政令不一的现象，应由联合体共同确定牵头人，共同任命项目的第一责任人，并明确授权范围，制定项目的管理大纲。联合体项目经理部应严格执行项目联合体各种规章制度，按程序办事，不能以企业管理代替联合项目管理。对待决策的不同建议，各方不应推诿、扯皮、拖沓，而应及时加以解决。

（五）沟通和协调

一个组织中的良好沟通和协调是保证组织目标顺利实现的重要关键因素。来源于一个企业的、有着共同企业文化背景、共同管理理念和思路的一群人所组合的项目部，尚难做到各部门之间、部门内部人员之间的良好沟通和协调配合;对于来自不同企业、有着不同文化背景的人员所组成的联合体项目部来说,项目实施中的沟通和协调就更加的困难,因此也就显得更加重要。在项目管理的日常工作中,只有多沟通,相互之间的信任程度才会慢慢建立起来,才会更多地注意对方的优点,工作中的相互协作、默契才会发挥得更好,在工作中才能找出更好地解决问题的方法。在联合体运作中,无论联合体的牵头方还是联合体各方,都要以联合体协议为基础,在联合体的框架内,既要坚持原则,照章办事;又要建立联合体各方高层的协商机制,加强从决策层到项目部内部的沟通,以便更加有效灵活的安排各种资源,从而保证项目的顺利实施。

(六)计划管理

项目计划是项目实施的关键和基础,对于项目成败起到至关重要的作用,它可以指导项目实施,进行质量控制、进度控制、成本控制、激励项目团队。然而,很多国内企业不重视计划管理在项目实施中的重要性,所做的计划不能有效指导实践,流于形式,甚至习惯于依靠主观的经验,而忽视计划管理。当这两种观念截然不同的企业组成联合体的时候,在计划管理方面必然出现碰撞。联合体项目的实施应该以实现项目的预期目标为依据,避免目标不一的现象。联合体制定项目目标后,应该将项目目标通报给所有项目人员,并经项目部分解落实到具体的实施人员。

(七)人力组织管理

项目职责和角色在联合体项目管理中必须事先明确,否则容易造成同一项工作没人负责,互相推诿,影响项目目标的实现。为了使每项工作能够顺利进行,就必须将每项工作分配到具体的部门或个人,明确其在这项工作中的职责,而且每项工作也只能有唯一的负责人。由于在项目工作中的人员来自联合体内部不同的单位,对于人员的需求会存在非连续性或不平衡性,人员配备没有计划或计划不合理就容易造成人力资源的浪费、时间的浪费和成本的提高,因此,在项目实施前期应制定详细的、切实可行的人员配备管理计划,做到合理地分配人力资源,节约项目成本,提高项目运行效率。

(八)过程控制

通过项目过程控制,有效使用联合体各方资源,确保项目能够按期完成,并降低项目成本。通过项目管理中的工作分解结构、网络图和关键路径、资源平衡、资源优化等一系列项目管理方法和技术的使用，可以尽早地制定出项目的任务组成，并合理安排各项任务的先后顺序，有效安排资源的使用，特别是项目中的关键资源和重点资源，从而保证项目的顺利实施。

（九）绩效考核与激励机制

联合体项目实施中，由于管理者的习惯性、潜意识地“厚此薄彼”，在绩效考核和激励方面经常出现不公平、不公正的情况，从而导致员工心理的不平衡，进而影响到工作。因此，在项目筹建阶段，联合体成员应共同协商制定考核目标和考核的办法，要做到横向和纵向全方位考核，做到奖惩有据可依，赏罚分明。应特别注意根据制定的绩效考核标准和激励的原则，在工程实施中针对不同人员的劳动强度、个人能力、工作态度、专业知识工作业绩等进行综合评比，做到公正公开透明，不能有任何的偏袒或轻视。对于不合格或者不适合某岗位的人员要坚决清退。

（十）项目总结

项目总结应该包括技术经验总结、管理经验总结、人员评价、法务管理总结等。联合体项目的技术经验、管理经验等是联合体各方的共同财富，应针对项目人员的能力和特点在工程的各个阶段由专人进行整理和总结。最终的总结成果是联合体项目部取得的，联合体成员有权共享。

第四章　国际 FIDIC EPC 合同条件

导语：英美法系的法律制度至今影响着世界许多国家，尤其是英联邦国家。世界通用的合同文本基本上来自英国和美国，深深地打上了英美法的烙印。因此，从事国际总承包必须了解英美法，诸如“缔约自由”、“约因”等特点以及与成文法的差别。当今国际工程建设领域主要存在三个有重大影响的合同文件体系，国际咨询工程师联合会（FIDIC）合同体系、英国土木工程师学会（ICE）合同文件体系和美国建筑师学会 AIA 合同范本体系。其中，FIDIC 合同条件使用最广泛，影响也最深远。FIDIC 合同条件彩虹系列有不同的适用范围，FIDIC EPC 合同模式成为当今社会工程总承包的主流。本章对 FIDIC EPC 合同条件的特点、适用范围、重点条款以及未来趋势作了深入解读。鉴于税收对合同影响巨大，本章进行了专项论述。

第一节　国际工程法律概说

国际工程项目通常采用 FIDIC 合同条件、ICE 合同条件、NEC 合同条件、AIA 合同条件，这些合同文本来自于英国和美国，深深地打上了英美法的烙印。英美法系的法律制度至今影响着世界许多国家，尤其是英联邦国家。因此，从事国际总承包必须了解英美法关于该方面法律规制和实务的特点。

一、国际工程法律渊源

国际工程法律是指调整不同国家参与的包括工程咨询、项目融资、工程承包、物资采购、项目管理及培训等内容组成的与建设项目相关的各方权利与义务的各种判例、制定法、国际惯例与国际公约等各种法律规范的总称。国际工程法律的渊源主要有判例、国内法、国际惯例以及国际条约。

(一)国际工程项目的判例

目前,英国和美国是最为典型的实行判例法的国家。所谓判例,就是基于法院的判决而形成的具有法律效力的判定,这种判定对以后的判决具有法律规范效力,能够作为法院判案的法律依据。判例是英美法系国家长期以来通过司法判决形成的特有的一种遵循先例的制度,即法院审理案件时,必须将先前法院的判例作为审理和裁决的法律依据。对于本院和上级法院已经生效的判决所处理过类似的问题,如果再遇到与其相同或相似的案件,在没有新的情况下或提不出更充分的理由时,就不得做出与过去的判决相反或不一致的判决,直到将来上级法院在另外一个同类案件中做出不同的判决为止。判例是法官长期司法审判实践的结果,也是法官据以做出判决的基本依据,上级法院对下级法院未来案件的判决,本院已经做出的判决对将来相同或相类似的案件均具有约束力。判例法的来源不是专门的立法机构,而是法官对案件的审理结果,它不是立法者创造的,而是司法者创造的。判例的基本思想基于通常认为法律本身并不完备,立法者只可能注重于一般的法律原则性条款,法官在遇到具体案情时,应根据具体情况和法律条款的本意做出具体的解释和判定。

国际工程项目案件的审理充满着极大的变数,因为法官或仲裁庭的自由裁量权很大,浩瀚如烟的判例,很难说清哪一个在影响着法官的判决或仲裁庭的裁决。在英美法系国家,由于判例的大量存在,这就使律师的作用显得尤为突出,国际工程项目一旦发生纠纷,就需要聘请专业律师提供法律帮助,寻求判例支持。在英美法系以外的国家,例如我国,近年来最高人民法院也不断公布法院的判决,指导全国法院系统案件审理,但这些判决本身不是法律,不能作为判决的依据,只能作为参考。因此,判例在英美法系构成了工程法律的渊源,但在英美法系国家外,一般不能构成工程法律的渊源。

(二)国际工程项目的有关制定法

无论英美法系还是大陆法系,内国的制定法都是工程法律的重要渊源。除了判例法之外,英美法系国家还有一定数量的制定法,主要包括宪法、法律、行政法规，也包括少数法典，有时国际条约也被认为是一种制定法。与大陆法系国家相比，英美法系国家的制定法在数量上还是比较少的，而且制定法对法律制度的影响远没有判例深远。围绕着判例法与制定法的关系，学术界长期以来存在着激烈争论，但判例法与制定法近年来已经出现融合趋势。制定法可以改变判例法，反过来制定法在适用的过程中，通过法官的解释，判例法又可以修正制定法，但如果这种解释偏离了立法者的意图，又会被立法者以制定法的形式予以修正。总体来说，当今社会，英美法系国家倾向于不断地利用立法工具使法律统一化；在大陆法系国家，制定法占优势的同时，也开始注意到判例的作用。

(三)国际工程项目的有关国际惯例

通常情况下，一项国际惯例的构成应当具有两个方面的条件：一是客观条件，在国际交往中有不断重复的行为；二是主观条件，被广泛认同其约束力。由于英美法缺乏成文法的详细规定，国际工程项目中的许多细节或要求是由合同条件规定的。国际工程项目的国际惯例是英美法系国家法律制度在国际工程实践中长期发展形成的结果，为大多数国家和地区通用，不受政策调整和经济波动的影响。目前，国际普遍适用的国际工程合同条件如 FIDIC 合同条件、ICE 合同条件、NEC 合同条件、AIA 合同条件都是国际工程惯例的集中体现。这些国际工程惯例是国际工程承包界多年实践的结果，并经各专业机构常年跟踪调查和精心修订，已为国际社会普遍认可，成为国际工程法律的重要渊源。我国《民法通则》第 142 条第 3 款规定："中华人民共和国法律和中华人民共和国缔结或者参加的国际条约没有规定的，可以适用国际惯例。"我国法律认可在特定条件时对国际惯例的适用，即在没有法律或者条约规定的情况下，可以适用惯例；如果有法律规定或者有条约，则不能使用惯例。

(四)国际条约

国际条约也是国际工程法律的一个重要的渊源。国际条约是各个国家之间签订的协议，体现了国家之间的共同期盼和诉求。有关法律冲突与法律适用方面的国际公约主要有 1985 年《国际货物买卖合同适用法律公约》；有关国际民事诉讼程序与商事仲裁方面的国际立法有 1968 年布鲁塞尔《关于民商事案件管辖权及判决执行公约》、1971 年海牙《民商事案件外国判决的承认与执行公约》、1979 年《美洲国家间关于外国判决与仲裁裁决的域外效力的公约》;有关国际仲裁的公约最重要影响的是 1958 年的《联合国承认及执行外国仲裁裁决公约》。我国的国际工程项目大多在发展中国家或不发达国家,这些国家经济文化落后,法律体系不完善,很可能没有加入某个条约或公约,如未加入《联合国承认及执行外国仲裁裁决公约》。因此,在评审国际工程合同纠纷解决条款前,应进行工程所在国法制环境调查。如果合同当事方所在国没有加入这一条约,或者只有一方加入,一旦发生纠纷,即便通过仲裁裁决获胜,也很难得到执行。

二、国际工程合同的自由约定

(一)自由约定原则的含义

自由约定原则就是当事人通过自由协商,决定其相互权利义务关系,并根据其意志调整他们相互之间的关系。即使合同约定后,当事人仍然享有决定缔约、缔结伙伴、活动内容、合同变更和解除等自由。自由约定原则是各国合同法的基本原则。

(二)自由约定的意义

合同自由约定原则能够鼓励交易,促进经济发展,是发展市场经济的必然需要。合同关系越发达越普遍,则意味着交易越活跃,市场经济越有活力,社会财富越在不断增长。英美法系国家对各行各业很少颁布成文法,即便有也往往是稀疏的原则性的规定。在国际工程建设合同中,一般不规定或不约束业主、勘察、设计、施工企业应该做什么,不该做什么;而是尊崇合同自由约定,业主想将什么工作委托给承包商就交给承包商,承包商可以自由报价,及其接受或不接受。在我国,法律一般规定,租地、征地,由业主负责,而国际上,租地、征地可以由(或委托)承包商完成。又如,地下已经有的管道、线缆等施工障碍物,我国法律规定由业主负责,而国际工程合同可以约定由承包商负责。大陆法系国家的工程承包合同通常简单,即使没有约定,仅凭借法律作为保障调整,也不会影响合同双方权利与义务的实施。在英美法系国家则以"恰当的原因做出的允诺"作为实施合同的交换条件,使合同成为双方当事人之间的几乎唯一的"法律",没有具体的国家法律条款作为调整与救济的手段。

(三)自由约定原则释义

1. 缔约自由

当事人可以自由决定是否与他人缔结合同。契约订立自由是一种天然的人权,每个人都有权利订立合同的自由,缔约自由权受到国家法律的保护,神圣不可侵犯。

2. 相对人自由

当事人可以自由决定与何人缔结合同。合同自由原则不仅首先承认合同当事人签订合同的自由,而且合同签订当事人一方有权选择与其签订合同的另一方的自由。

3. 内容自由

双方当事人可以自由决定合同的内容,并就合同中各项条款自由约定。合同订立后,当事人也可以根据变化了的条件,共同协商对合同的修订和补充。当事人还可以自由地选择他们之间的适用法律,如 FIDIC 合同工条件第 1. 1. 6. 5 款规定:“法律系指所有全国性(或州的)的法律、条例、法令或者其他法律,以及任何建立的公共当局制定的规则和细则等”。第 1. 4 款法律和语言:“本合同应受专用条件所述国家(或其司法领域管辖区)的法律管辖”。此项选择通常是明示的,一方面当事人选择的法律可以适用合同全部,如合同的效力、履行、解释、合同责任、诉讼时效等问题;另一方面,也可以自由约定合同某些部分的适用法律,如合同实质有效性可选择工程所在国的实体法,而形式有效性可选择发达国家的法律或者选择适用国际公约或国际惯例,还可以选择处理合同争议的法院或仲裁机构。

我国《合同法》中合同自由原则在合同内容方面表现得比较突出。《合同法》第 12 条规定:“合同的内容由当事人约定”,这一规定确定了合同内容的准则,即当事人约定优于法定原则。当事人的约定如果是双方真实意思表示,即使存在着有关法律条文的规定,也应当从其约定。假定双方当事人对合同的内容没有约定或者是约定不明确,可以由当事人根据自己的意志进行补充约定。这也是英美法系合同自由约定原则对我国合同法影响的具体体现。

4. 方式自由

方式自由就是当事人选择合同形式的自由。各国合同法基本上都赋予了合同当事人选择合同方式的自由,可以是书面形式,也可以是口头形式,还可以选择其他形式。我国《合同法》充分考虑了市场经济对交易迅速、便利的要求,赋予了当事人对合同形式进行选择的权利。如《合同法》第 10 条规定:“当事人订立合同,有书面形式,口头形式和其他形式”。除非法律或者行政法规有明确的规定而必须采用书面形式订立合同,合同采用何种形式订立完全由当事人自主决定。

5. 解除的自由

当事人可以协商解除合同,或行使解除权解除合同。合同的订立,是双方当事人协商一致的产物,当然可根据当事人的合意而解除。这是现代合同法乃至西方国家合同法都认同的原则。对于合同解除的效力问题,应当尊重当事人的意思表示和契约自由原则。在国际工程合同条件中,当事人变更或解除合同的自由更为宽泛,如业主可以在任何时候解除合同且不需要解释原因,只赔偿承包商蒙受的经济损失即可。按照我国有关法律规定,依法成立的合同,对当事人具有法律约束力,当事人应当按照约定履行自己的义务,不得擅自变更或者解除合同。

(四)自由约定的限制

1. 自由约定不得违反法律的强制性规定

强制性法律规则是当事人必须遵守的规则。这些法律规则与当事人所选择适用的法律及合同准据法没有直接的联系。无论当事人是否选择了合同的适用法律,强制性法律规则必须适用,业主或承包商不可以想当然地免除或限制责任。违反法律、行政法规的强制性规定可能导致合同无效。例如,免责条款不得免除造成对方人身伤害的责任。在国际工程采购合同中,卖方提供的格式合同中有这样条款,“若因本公司出售的设备造成损害,本公司只负责设备本身的责任,对设备以外的损害概不负责”。买方在其提供的合同条款中规定,“供应商在提供的现场设备安装服务过程中,所遭受的伤亡与人身损害责任自负,买方不承担任何责任”,上述卖方和买方都试图通过免责条款免除因机械设备造成的人身伤害的责任,该免责条款属于无效条款。当事人订立的免责条款必须符合法律法规的要求,而不得通过其自行约定的条款排除法律的强制性规范。

2. 免责条款不得违反公序良俗

公序良俗体现的是一种公共利益,对此种利益的保护直接关系社会的安定与秩序的建立。因此,当事人不得设立违反法院地国的公共秩序、公序良俗或者欺诈、损害第三人的免责条款,设立的这类条款一律无效。

三、英美合同法中的"约因"

(一)约因的含义

约因是英美法特有的制度,合同必须有"要约、约因、承诺"三要素才能成立。约因的有无对判断合同的效力尤为关键,它是合同生效不可或缺的要素之一。约因规则支配着契约的形成和履行,并在此基础上发展起来一套系统的约因学说。"无约因即无合同"成为英美合同法的金科玉律。一个有价值的约因是当事人一方所得到的权利、利益、利润或是他方当事人因克制自己所受到的不作为、不利益、损失或责任。也就是说,如果要约人从交易中获得了好处,这种好处就是他做出允诺的充分的约因;如果立约人因立约而遭受了损害,这种损害也是他做出允诺的充分约因。任何一种获益或受损都是正当的约因。例如,业主与承包商签订工程项目合同,业主得到的利益是承包商交付的符合合同要求的工程项目,并利用此工程项目"获利";但同时,业主也"受损",它需支付给承包商工程款。反之,承包商通过工程项目赚取利润"获利",但同时亦"受损",即付出劳动与时间等。对合同双方而言,约因与承诺之间存在着互惠诱因关系,单纯的约定仅此并不足于产生法律的约束力,还需要交换性的交易外观表现形式。在国际工程项目的招标过程中,对承诺的要约,必须在合同中约定实施过程中的标准、规范、要求,并对实施过程中恰当的约因产生的结果做出允诺。我国《合同法》只规定了合同成立的要约、承诺两要素,并不强调约因,尽管所有的合同都存在着约因。我国对工程项目有诸多详细的成文法律、法规、条例、部门规章、办法、细则等规定,这些规定约束着业主、勘察、设计、施工、供货商等企业。

(二)约因的特点

1.约因不能是过去的事实

一个有效约因可能是将来履行的,即一个承诺是为获得另一个承诺而提出的,它是因为报答相同的承诺而去做某事或放弃做某事或忍受损害的承诺所构成的。显而易见,约因是待发生的,不可能是已经发生的。例如业主付款,承包商承建工程,都是待发生的,不可能是已经存在的事实。当然,约因也可能是已履行的,即一个行为或不行为是为获得某一承诺而做出的,在合同还没签订的情况下,合同义务已经履行,对方承认其履行的合同义务,愿意支付对价,合同成立。但过去的事实不构成有效约因,因为这里缺少交易的要件,不是讨价还价的结果。

2. 约因的价值

一个充分有效的约因无须是充足的,但从法律的角度来说必须是有价值的。一般来说,任何一种获益或损失都是正当的约因,但法律对约因是否充足是不关心的。只要存在自愿的买方和卖方,就存在着市场,而正是他们的自愿决定着价格,并不是一方当事人做出的每一个允诺都必须有一个他方当事人做出的等价允诺与之相匹配。如果一个人愿为一个许诺支付过高的代价,或者他自愿接受低于其代价的许诺,那都是他个人的事情。从法律的角度看,约因必须是有价值的。说约因是有价值的,并不等于说它必须与被允诺与之相交换的东西具有同等的市场价值,也不等于说它必须达到一定水准的价值。它应当是当事人所谋求的东西,是当事人通过契约期望得到的东西。国际工程项目招投标反映了约因的这一特点,投标报价,并不一定取决于工程项目的实际成本,高低相差悬殊的案例很多,但我们不能认为,他们违反了法律规定,因为约因是无须充足理由的。

3. 约因不一定是受约人所受的不利益

约因无须是受约人所受的不利益,因为约因可以由第三人提供而不必来自受约人。例如,我国国际工程承包商开始在海外承揽国际工程时,很多项目是注定赔钱的,但仍愿意低价中标。其约因是通过国际工程实践,扩大视野,丰富经验,占领国际市场,这才是真正的约因。从表面上看,业主付款承受了不利益,但实质上,业主承受的不利益不是承包商的真正约因。

(三)研究“约因”的意义

在国际工程实践中,研究“约因”原则表面上看无足轻重,因为国际工程合同理所当然地存在着约因,但我们不能简单地理解约因,因为约因是一个内容非常丰富的概念。一份国际工程合同,对承包商而言,约因不一定仅仅是取得业主支付款项。从微观层面看,每一个条款都存在约因,每一个条款也存在着对价,如果没有约因,就没有对价。研究约因的目的在于提醒国际工程承包商,合同要涵盖所有事项,点点滴滴都要考虑到,因为约定越少,约因越少,利用合同条款维护自身利益的机会就越少,这就决定了国际工程合同必须详细而具体,不能有任何遗漏。这也是英美法系合同复杂而冗长的原因。我国的国际承包商在这方面吃亏的案例很多,在投标阶段,对招标文件研究不够,报价稀里糊涂,结果遗漏了很多报价事项,即遗漏了约因,致使报价很低,而合同义务和责任并没有因此减少。

四、两种法律制度下合同的差异

英美法也称判例法,主要分布在英国、美国以及原英联邦所属的国家和地区。成文法也称制定法,主要分布在欧亚大陆、中南美洲国家和地区。以下对两种法律制度下的合同进行了对比:

(一)崇尚自由原则与有法可依原则

欧美法崇尚合同自由原则,合同被认为是双方当事人自己的事,只要依据合同原则即可,判案依据是“案例”以及“允诺”,而成文的详细法律、法规、细则较少,即便是有也只是稀疏的原则性规定。合同中对承诺的要约,须依据“恰当的原因做出的允诺(约因)”来确定双方执行合同过程中的责任、义务和权利,因此合同条件的特点是冗长与繁杂。而成文法的基本原则是“依据法律”,认为“没有规矩不成方圆”,因此合同中对承诺的要约,是依据成文的法律、法规、条例和细则来确定双方执行合同过程中的权利、责任和义务。相对于判例法来说,成文法的特点是约因及其允诺简短且较少。

(二)合同要素组成的差异

案例法以“要约、约因、承诺”三要素订立合同。没有约因的合同不成立,即便成立,也因为没有“约因及其承诺”无法判决,即使判决了,也无法强制执行,因为没有详细的成文法律作为可强制执行的依据。成文法以“要约、承诺”订立合同,合同中的“约因及其承诺”是依据详细的成文法的法律规定,自由约定的条款较少。成文法的法律、法规、条例和细则规定了双方在事实过程中绝大部分的约因及其承诺。

(三)合同法是否制定分则

欧美法崇尚自由原则,认为自由原则既能促进经济发展又能促进法律进步,合同法只需规定合同的法律原则即可,不需对不同的行业制定分则。而成文法认为“没有规矩不成方圆”,因此,对不同的行业规定了不同分则,详细规定了双方的权利与义务。例如,我国合同法分则中制定了包括承揽合同、建设工程合同等 15 个有名合同。

（四）法律强制执行的标准

英美法中，合同的履行是双方承诺的交换，履行过程中造成的损害赔偿，因无成文法可依，英美法把“恰当的原因做出的承诺（约因）”作为可强制执行的唯一标准。历史越悠久、越具权威性的案例，对当今法律事件的判决，越具有仿效性、权威为和可执行性。成文法强制执行的标准主要是遵循合同法和相关建筑业的法律规定。例如，我国《合同法》有总则和分则，分则有“建筑工程合同”和“承揽合同”的规定。法律主要有建筑法、行政法规、部委规章、地方性法规等对勘察、设计、采购、施工、试车、开车、竣工验收等的规定。依据法律规定，最新颁布的法律，对当今法律事件的判决越具有仿效性、权威为和可执行性。

（五）合同的法律地位

判例法不违反国家利益、公众利益、非虚假、欺诈合同外，合同是法律的唯一依据，未纳入合同的一律没有法律依据。任何与合同相关的事宜都必须有详细的规定，即无合同无法律依据，工程实施中的任何事项包括设计、采购、施工、竣工试验、接收、变更、调整、付款、进度、缺陷修复、索赔等事项必须有合同条款作为依据。而成文法以“要约、承诺”以及“依法订立的合同”为依据，受到法律、法规、条例、细则、规章的制约和调整，凡与本合同有关的内容都具有法律约束力，不符合法律规定的约定可以依法纠正或调整。

五、国际工程合同准据法的适用原则

国际上合同准据法的确定有“统一论”和“分割论”之说。“统一论”是指把一个合同看做一个整体，主张该合同的一切问题都统一由一部法律支配。“分割论”主张对合同的诸多要素，包括当事人的缔约能力、合同的形式、合同的成立及效力、合同的解释等进行分解，分别受不同法律的支配。在当代国际私法立法与司法实践中，分割论得到了广泛的适用。在分割论中，确定合同准据法的原则有：

（一）依据当事人合意确定准据法

按照当事人意思自治的原则，涉外合同的当事人可以选择合同争议的法律。当事人约定的准据法，必须在相关国家的法律允许范围内。

（二）依据法院或仲裁庭做出决定

如果当事人未能在合同中对他们之间的合同准据法做出明确约定，

则由负责处理合同争议的法院或者仲裁庭做出规定。许多国家根据最密切联系原则和客观标志决定该特定合同的适用法律。最密切联系原则是指当事人未选择法律或当事人的选择无效时,哪个国家的法律与合同联系最密切,便以哪个国家法律为该合同准据法。客观标志原则是指当时没有选择甚至默示选择或者受案法院不承认默示选择,或当事人的选择被法院确认无效时,法院依据场所支配行为原则,来确定与合同有某种联系的法为合同准据法。

第二节 国际工程建设常见的合同文本

一、国际工程建设常见的合同文本

国际工程建设合同范本是国际工程界多年工作实践和智慧的总结,体现了一些国家或地区工程建设的惯例。经过长期的工程实践,国际上逐渐形成了三个有重大影响的合同文件体系:国际咨询工程师联合会(FIDIC)合同体系、英国土木工程师学会(ICE)合同文件体系和美国建筑师学会(AIA)合同范本体系。总体而言,FIDIC、ICE、AIA 合同系列范本基本上代表了当前国际工程总承包领域理论与实践研究的最高水平。然而迄今为止,在世界范围内,国际建筑工程领域并没有形成统一的合同文本。各国行业机构在不违反本国的强制法的前提下,纷纷选择其认为适合的条款来充实本国的合同文本。大陆法系国家,合同权利与义务传统上是以立法的形式调整的,但为了弥补民法典的不足,在借鉴英美国家合同文本的基础上,各国基本上依据本国法律和国际惯例制定符合本国国情的建筑工程承包合同文本。我国在借鉴 FIDIC 合同文件的基础上,分别制定了《建设项目工程总承包合同示范文本(试行)》(GF－2011－0216)和《建设工程施工专业分包合同示范文本》(GF－2003－0213)。

(一)FIDIC 合同条件

1913 年,FIDIC 由欧洲的三个国家的咨询工程师协会在比利时的根特成立,它是一家非官方机构。FIDIC 分别于 1957 年、1963 年、1987 年、

1989 年、1999 年分别出版了 5 版合同条件应用指南。FIDIC 成立 100 多年来,其编制的许多合同条件被世行、亚行等国际和区域性发展援助金融机构作为实施项目的合同范本,已经成为国际建筑工程领域适用最广泛的合同文件体系。现行的 1999 年版的 FIDIC 合同条件基本包括:《施工合同条件》(Conditions of Contract for Construction)(红皮书)、《生产设备和设计—建造合同条件》(Conditions of Contract for Plant and Design-Build)(黄皮书)、《设计采购施工(EPC)/交钥匙工程合同条件》(Engineering - Procurement-Construction, EPC)(银皮书)、《简明合同格式》(Short Form of Contract)(绿皮书)。2008 年 FIDIC 出版了《设计—建造—运营合同条件》(Conditions of Contract for Design, Build and Operate Projects)(金皮书)。在 1999 年版以前,FIDIC 还在 1992 年出版了《联合体承包协议》和《咨询服务分包协议》,1994 年出版了《土木工程合同分包合同条件》以及部分合同文件的适用指南。这些合同文件共同构成了 FIDIC 合同文件彩虹系列。

(二) ICE 合同条件

英国土木工程师学会(ICE)成立于 1818 年,是设立在英国的国际性组织。其编制的合同文件具有较高的权威性,其中《ICE 合同条件(土木工程施工)》应用最广。最早的 FIDIC 合同条件就是从 ICE 合同条件演变而来的。ICE 的《新工程合同》(New Engineering Contract, NEC) 1993 年正式出版,1995 年、2005 年分别出版了第 2 版、第 3 版。NEC 不是针对工程总承包模式编写的,但可以应用到总承包模式中。NEC 合同采用了全新的合同编制理念,体现了英国合同体系发展的最新成果,因此,英国政府推崇该合同文本在国内所有的公共项目中使用。该合同文本在英联邦成员国、南非、中国香港等区域被广泛采用。

(三) AIA 合同条件

美国建筑师协会(American Institute of Architects, AIA)成立于 1857 年。AIA 出版了一系列的标准化合同文本,根据文件的不同性质,AIA 文件分为 A、B、C、D、G 五个系列。AIA 在 1985 年编制了第一个合同范本,1996 年进行了修订,2004 年编制了新版合同范本。AIA 合同条件属于“菜单式”的合同文件。AIA 合同文件经过多年的发展已经系列化,形成了包括 90 多个独立文件在内的复杂体系。这些文件适用于不同的工程建设管理模式、项目类型,甚至项目的不同具体方面。AIA 合同条件主要用于房屋建筑工程,适用于总价合同和成本补偿合同。AIA 合同条件已经发展成一个完整的体系,在美国和美洲地区具有较高的权威性,应用非常广泛。AIA 很多条款反映出美国法律与保险等工程制度的影子,但像汇率风险、货币选择等则没有考虑。由于大部分工程所在国不具有美国那样的社会环境,尤其是在社会领域,承包商经常面临罢工、暴动、骚乱、推翻政权等风险,美国的 AIA 合同文本系列不具有处理这些风险的应对能力,因此美国总承包商协会和美国施工行业协会倾向于使用以 ICE 合同第 5 版为蓝本编制的 FIDIC 合同条件。

一个工程项目采取什么样的合同文本受到该国政策、法律、环境、习惯、市场地位等诸多因素的影响,因此,作为法务人员千万不能走入刻意区分合同文本优劣的误区。鉴于 FIDIC EPC 合同条件是当代国际工程界最广泛使用的总承包合同模式,本书以 FIDIC EPC 合同文本为基础开展讨论。

二、FIDIC 合同条件的适用范围

《施工合同条件》(Conditions of Contract for Construction)(红皮书)适用于由业主设计或者业主委托承包商设计的有工程师管理的项目,以单价合同为计价基础的施工合同。《施工合同条件》主要适用于土木、机械、电气和房屋建筑的各类工程的施工。《施工合同条件》在 2010 年以前是国际工程建设的主流模式,也是国内外学者研究的重点。但在 2010 年后,国际工程合同承包模式逐渐被 EPC 合同模式所取代。

《生产设备和设计—建造合同条件》(Conditions of Contract for Plant and Design-Build)(黄皮书)主要适用于电气或机械生产设备供货以及房屋或工程构筑物的设计与施工。这种模式适合从成套设备制造企业转型来的大型承包商。

《设计采购施工(EPC)/交钥匙工程合同条件》(Engineering - Procurement-Construction,EPC)(银皮书)是 FIDIC 编制出版的一种区别于 1999 年版前原有的合同条件,主要适用于以交钥匙方式提供加工或动力设备、工厂或类似设施、基础设施项目或其他类型的开发项目。在这种模式下,项目的最终价格和要求的工期有很大的确定性,承包商承担项目的设计和实施的全部职责,雇主介入很少。通常情况下,由承包

商完全承担设计、采购和施工，提供一套配备完善的设施，“转动钥匙”即可运行。

《简明合同格式》(Short Form of Contract)(绿皮书)用于资本金额小的建筑或工程项目，根据工程的类型或具体情况；也可用于资本金额大，但是简单或重复性的工程或工期短的工程。FIDIC 其他的 3 个合同条件均有 20 个条款，而《简明合同格式》只有 15 个条款，删除了一些内容。《简明合同格式》一般不用任何专用条件即能满足使用要求，如项目要求对通用条款修改，或在合同中增加新的规定，修改或增加内容，应在专用条件标题下另行列出。

FIDIC 在编制合同条件的过程中，不但认真听取了各成员协会的意见，而且还认真听取了各个国家、地区的业主、承包商(如国际承包商联盟、美国承包商总会、欧洲国际承包商组织等)、律师(如国际律师协会)以及世界银行和亚洲开发银行等各方面的意见。FIDIC 合同条件从开始就着眼于国际工程，将国际公认的工程规则和惯例作为其编制的依据，弱化国别和地方性法律法规，充分考虑货币选择、汇率风险以及工程所在国的动乱、罢工、暴动、骚乱、推翻政权等社会问题的处理，因而具有国际性、通用性和权威性的特点。由于 FIDIC 合同条件文本体系科学，条款完备，执行力强，已经在国际工程领域被尊崇为百年建筑经验的“圣经”，成为国际工程领域的通行证。

三、FIDIC 的合同性质

FIDIC 彩虹系列合同条件的性质主要有标准合同文本说和国际惯例说两种。采用标准合同文本说的主要有何伯森的《国际工程合同与合同管理》，胥善林的《NEC 与 FIDIC 合同条件的几点比较》，王要武的《AIA 合同文件介绍及其与 FIDIC 合同的比较研究》。该学说认为 FIDIC 系列属于标准合同文本。

国际惯例说认为 FIDIC 合同条件属于国际惯例。国际惯例有公法惯例和私法惯例。国际私法惯例可以分为两类：一类属于法律范畴的国际惯例，具有法律效力；另一类属于非法律范畴的国际惯例，不具有法律强制力。法律范畴的国际惯例又分为规范性的国际惯例和合同性的国际惯例，前者不需要当事人选择就对当事人产生法律效力；后者只有经过当事人的选择才产生法律效力。FIDIC 的合同条件属于合同性的国际惯例，具有选择性和任意性的特点。承包人、国际金融组织和项目发包人都将视其为规范性的法律文件,一旦合同双方采用了 FIDIC 合同条件,则其相关规定即上升为具有约束力的合同文件。

本书认为,在过去的 50 多年中,FIDIC 组织编写了一系列的合同条件,这些合同条件经过反复修改,已经形成了国际上影响力很大的工程项目管理的具有国际惯例性质的合同文本。

四、FIDIC 合同条件的使用方式

(一) 直接采用

在英美法系国家,业主根据项目的情况,会直接采用 FIDIC 合同条件。在世界各地,凡世行、亚行、非行贷款的工程项目以及一些国家和地区的工程招标文件中,大部分全文采用 FIDIC 合同条件。

(二) 部分选择使用

许多国家在学习和借鉴 FIDIC 合同条件的基础上,编制了一系列适合本国国情的标准合同条件。合同条件的内容与 FIDIC 合同条件大同小异,主要差异体现在处理问题的程序规定上以及风险分担规定上。业主在编制招标文件,总承包商在编制分包合同条件时,通常会选择 FIDIC 的某些条款、某些规定、某些程序,甚至某些思路,使所编制的文件更完善、更严谨。在项目实施过程中,也会借鉴 FIDIC 合同条件的思路和程序来解决和处理有关问题。

(三) 合同谈判使用

由 FIDIC 合同条件的国际性、通用性和权威性,合同双方在谈判中经常以“FIDIC 国际惯例”规定为理由,并以 FIDIC 规定为依据,要求对方将合同条款的不合理、不完善之处做出修改或补充。

(四) 对比分析使用

FIDIC 合同条件处理业主和承包商风险之间权利与义务比较公正,已经被国际社会所普遍认可,国际工程人员自觉与不自觉地把 FIDIC 合同条件作为一把尺子或天平,与工作中遇到的合同文本相对比,进行合同分析和风险比对,从而制定相应的合同管理措施。

第三节 FIDIC EPC 合同的特征及适用范围

一、EPC 合同的定义与特征

FIDIC EPC 是指由承包商按照合同的约定实施设计、采购、施工和试运行，并对整个工程的质量、工期、安全、资金等全面负责的总的承包模式。EPC 模式下，业主或者自行组建管理机构，或者委托咨询公司或项目管理公司，负责原则的、整体的、目标的管理和控制，而把工程设计、采购、施工等全部工作委托给总承包商。该模式已经演变成国际上通用的工程总承包模式，广泛应用于石油、石化、通信、化工、电力、水利设施、交通运输等技术复杂、投资巨大、设备采购量众多、管理难度大的领域。EPC 合同具有以下三大特征：

（一）EPC 承包商承担单一责任（A Single Point of Responsibility）

承包商完全负责设计、采购、施工和试运行，业主较少参与项目管理，项目管理过程中出现的大部分风险除少数由业主负责外，均由承包商负责。承包商对于工程质量负全责，必须全面符合业主要求中的各项规定，包括达到诸如运营能力、能耗、环保等各项性能要求。如果总承包商是由多个承包商组成的联合体，其单一责任特征就变得尤为明显，各承包商之间需对业主承担连带责任。总承包商可以把部分工作委托给分包商完成，但分包商全部工作的责任仍然属于总承包商。

（二）固定完工日期（A Guaranteed Completion Date）

承包商必须以固定的价格在约定的时间内完成项目，否则会按天支付延期违约金（Delay Liquidated Damages）。在工程的成本、工期、质量三大要素中，国际工程与国内工程有着明显的区别：对于国内工程而言，重要性指标通常的排序是成本 > 质量 > 工期，而国际 EPC 项目的指标重要性排序通常是工期 > 质量 > 成本。我国承包商因不能按照约定的工期完成项目，从而被罚款已经成为常态，并成为经营损失的首要因素。

（三）固定的合同总价（A Fixed Contract Price）

对于承包商来说，首先考虑的是合同价款，得到丰厚的利润是承包商经营的目的，但如果报价过高，就会在竞争中出局；如果报价过低，就会面临亏损。对于业主来说，总是希望承包商提供价格廉、服务优的产品，EPC这种合同模式给予了业主锁定合同价格的机会。在EPC合同模式下，承包商通过变更或者索赔增加合同额的能力和机会是有限的。国际工程承包市场是业主与承包商博弈的舞台，从长远来看，EPC合同模式成为主流的合同模式，基本上是国际市场合意的结果。

二、EPC合同模式的优缺点

（一）EPC合同模式的优点

1. 充分发挥设计的主导作用

充分发挥设计的"龙头"作用，实行限额设计，优化设计，充分考虑设备和材料的采购要求，现场施工安装条件，更好的配合设备、材料的采购和施工。传统的模式不具备设计的主导优化效果。

2. 实现设计与采购施工进度的深度交叉

总承包商可以边设计、边采购、边施工，把采购和施工环节遇到的问题提前反映到设计阶段考虑，很大程度上消除了设计过程中采购和施工无法参与的弊端，从而缩短了工期。

3. 有利于控制成本

对于业主而言，有利于提前了解并掌控项目的总成本，业主的投资成本在合同签订时已经确定，并能始终处于受控状态之中。

4. 系统性和完整性

整个项目由一个承包商负责对设计、采购和施工进行管理和控制，可以实现整体优化，改变了其他合同模式下设计、采购、施工隶属不同合同主体，协调困难的困境。该模式能够以优质、安全、高效地充分整合施工和材料设备供应方的优势，能够发挥总承包商的集成管理优势，最大限度地实现各个环节的衔接。

5. 实现多赢与共赢的目标

该模式能够以高速、低消耗、低成本地实现项目建设功能目标，使业主的项目投资效益最大化，使工程建设各参与方的效益最大化，实现项目建设各参与方双赢、共赢的目标。

(二)EPC 合同模式的缺陷

(1)由于业主负责前端基础设计,承包商负责详细设计,工作范围和工作界面最容易产生歧义与争端。

(2)EPC 合同模式对承包商的集成管理能力提出了较高的要求。与传统的成本加酬金合同、单价合同和固定价格加激励合同相比,EPC 固定总价合同模式下承包商所承担的风险是最大的,因此该模式对承包商的能力要求相当高。

(3)在发展中国家和不发达国家,有些行业领域,承担 EPC 大型项目的总承包商数量较少,市场竞争不充分,业主可选择的范围有限,经常出现中标价远高于标底价的现象。

由于每个 EPC 项目所处的国家和地区不同,工程类别、文化、法律、资金环境、合作伙伴等诸多因素不同,这就使得在同一合同模式下,国际工程项目呈现出了多样性、复杂性的特点。

三、银皮书与红皮书合同风险对比

合同的风险分配主要遵循三个原则:一是由最有控制力的一方承担;二是由控制风险成本最低的一方承担;三是承担的风险与回报相适应。1999 年版的银皮书与 1999 年版《施工合同条件》相比,最突出的特征就是承包商承担了过多的风险。例如:

1. 第 4.10 款[现场数据],承包商负责核实和解释雇主提供的现场地下、水文条件及环境方面的资料。雇主对该资料的准确性、充分性和完整性不承担责任。

2. 第 5.1 款[设计义务的一般要求],明确四种条件外,雇主不对自己要求的任何错误、不准确或遗漏负责。而红皮书中规定此类责任由业主负责。

3. 第 4.12 款[不可预见的困难],对相关的风险、意外事件等推定承包商已经有充分的准备,其困难和相关费用完全由承包商承担;除非合同有特别约定,否则业主没有此项义务。红皮书规定,承包商有可能得到工期和费用方面的补偿。

4. 在雇主承担的风险上,银皮书第 17.3 款[雇主的风险]比红皮书少了三项规定,承包商应承担不可预见的或不能合理预期一个有经验的承包商已经采取预防措施的任何自然力的作用。

5. 银皮书规定承包商不仅要承担合理的技能与谨慎的义务，还需承担“满足工程预期目的”这一更高、更严格的责任；而在 1999 年版的《施工合同条件》中，只规定了承包商应在工程竣工时满足部分使用功能。

EPC 承包商具有勘察、设计、采购、施工、性能测试、试运营等全方位控制的能力，承担的风险控制成本低于业主，在承担过多风险的同时，也会在投标报价中考虑相应的风险费，甚至报价的额度大大超过由业主自身来承担的风险费用，而这些风险费构成了 EPC 合同价格的一部分。在 EPC 合同模式下，让承包商过多地承担风险基本上符合风险分配原则。

四、不适合 EPC 模式的情况

（一）不适用 EPC 合同模式的情况

由于 EPC 合同能够锁定价格、锁定工期、锁定责任，与传统的合同模式相比能让承包商承担更多的责任，该合同模式已经出现，便备受业主的喜好与青睐，迅速代替了传统的合同模式。2005 年到 2016 年，东南亚、南亚、中亚、非洲公开招标的大型项目基本上都采取了 EPC 合同招标模式。作为承包商，当我们在推崇这种合同模式的优点时，应切记 FIDIC 编者的告诫，并非任何情况下，都能适用 EPC 合同模式。EPC 模式不适合的条件：

（1）如果投标人没有足够时间或资料掌握充分情况以仔细研究和核对雇主要求，或为进行他们的设计，风险评估研究和估计。

（2）如果施工包括大量地下工程，或投标人未能核查的其他范围的工程。

（3）如果雇主要密切监督或控制承包商的工作，或审查大部分施工图纸。

（4）如果每次期中付款的数额要由职员或其他中介确定。

对于上述情况下，如果由承包商（或以其名义）设计的工程，建议适用《生产设备和设计—建造合同条件》。

（二）业主存在滥用 EPC 合同模式情况

业主经常凭借有利的市场地位，肆意践踏上述规定，经常在以上四种情况下，对 FIDIC EPC 合同条件进行修改，依然采用 EPC 合同模式：

（1）有的国际工程开标日期短促，造成承包商没有充分的时间对业主的要求以及项目的风险进行充分的评估，仓促投标，为项目的亏损埋下隐患。这种情况下，由于在投标书中，业主要求承包商做出承诺，即已经认真地阅读了标书，对招标项目有足够的风险意识，并愿意承担这些风险，因此承包商在合同签订后，以招标时间短，没有充分考虑项目所存在的风险为由进行索赔是很难成功的。

(2)对于采用了 EPC 合同模式，如果出现了作为一个成熟的 EPC 承包商不能预测到的工作范围以外的工作，如出现大量地下工程，可以在投标过程中，以偏离的方式向业主提出，承包商也可以以该项目不适合 EPC 合同模式为由，向业主索赔工期与费用。

(3)对于业主密切监督或控制承包商的工作，包括对图纸的审批，在国际工程实践中，似乎业主都违反了 FIDIC EPC 编者的本意，甚至演变为司空见惯的事情。对于业主过分的监督与控制，可以在合同谈判中应加以禁止。对于业主的审批行为，应规定业主审批次数与时限。

(4)对于如果每次期中付款的数额要由职员或其他中介确定，应要求更改合同条款，或要求业主更改合同模式，甚至弃标。该条款的妥协或让步，往往意味着承包商不能及时得到付款，可能严重导致资金链断裂。

第四节 EPC 合同条件下业主和承包商之间的风险

按照 FIDIC EPC 合同条件的规定，业主对项目的日常管理不能过多干预，承包商对整个工程的管理享有较大的自由度，但同时承包商要承担比其他工程承包模式更大的风险。以下主要说明了 EPC 合同模式下，承包商和业主的风险划分，这些风险构成了工程索赔的基础。

一、通常由业主承担的风险

(一)政治风险

由于政治原因对项目执行造成阻碍的风险通常由业主承担。银皮书第 17.3 款[雇主的风险]和第 17.4 款[雇主风险的后果]作了规定：

①战争、敌对行动(不论宣战与否)、入侵、外敌行动；

②工程所在国内的叛乱、恐怖主义、革命、暴动、军事政变或篡夺政权或内战；

③承包商人员及承包商和分包商的其他雇员以外的人员，在工程所在国内的骚动、喧闹或混乱；

④工程所在国内的战争军火、爆炸物资、电离辐射或放射性引起的污染，但可能由承包商使用此类军火、炸药、辐射或放射性引起的除外；

⑤由音速或超音速飞行的飞机或飞行装置所产生的压力波。

第17.4款规定“如果上述第17.3款列举的任何风险达到对工程、货物、或承包商文件造成损失或损害的程度，承包商应立即通知业主，并按业主的要求修正此类损失或损害。如果因修正此类损失或损害使承包商遭受延误和(或)招致增加费用，承包商应进一步通知业主，提出索赔。”因为业主并没有过错，对上述风险并不能控制，承包商得到补偿的范围仅限于延长工期和修补业主风险造成损失的费用，对于其他损失和利润不予补偿。

对比第17.3款与第19.1款[不可抗力]会发现，其中第(1)项至第(4)项完全相同，但两者之间存在一定的差别，第17.3款所列举的风险有可能构不成不可抗力，构成不可抗力必须同时满足第19.1款规定的四个条件：(1)一方无法控制的；(2)该方在签订合同前，不能对之进行合理防备的；(3)发生后，该方不能进行合理避免或克服的；(4)不主要归因于他方的。对于上述事件，业主能够合理遇见的，可构成业主的风险责任，构不成不可抗力，可以给予经济补偿和工期补偿；如果上述事件，构成不可抗力的，业主只给予工期延长，不给予任何经济补偿。

(二)法律风险

第13.7款规定，基准日期后工程所在国法律法规变化而导致的费用增加或遭受延误风险通常由业主承担。法律法规发生了变化，包括实施了新的法律、废除或修改现有法律等，或对此类法律法规的司法或政府解释有所改变，影响承包商履行合同义务，承包商可以向业主就延误的工期或增加的成本提出索赔。需注意，这里仅仅限定在工程所在国的法律变化，如果是第三国的法律变化或者承包商母国的法律变化而带来费用的增加或工期的延误，承包商不能索赔。

(三)社会风险

第 4. 24 款规定了发现地下文物或化石的风险。按照国际惯例,如果在施工现场发现化石、硬币、有价值的物品或古物、具有地质或考古意义的物品,承包商应迅速通知业主并采取合理的预防措施,防止损坏。业主应就处理上述物品做出指示。如果承包商因执行业主的指示遭受延误或增加了成本,业主应对承包商就延误的工期或增加的成本进行补偿。

二、通常由承包商承担的风险

银皮书的风险分配模式彻底颠覆了红皮书的风险分配模式。除非特别说明,对于一个有经验的承包商,即拥有完成工程项目所需的经验、技术、资质、人力、物力,通过考察已了解现场情况、气候条件,了解项目所在国法律法规,有过完成类似工程经验,主要承担以下风险:

(一)业主提供的文件有误

第 4. 10 款现场数据和第 5. 1 款设计义务的一般要求中规定了业主提供的文件有误的责任主体。EPC 合同通常由业主完成概念设计或基础设计,承包商完成详细设计,承包商的图纸、设计文件等均应符合项目所在国的技术标准、建筑、施工与环境方面的法律法规,适用于工程产品的法律及业主要求中提出的适用于工程,或适用于法律规定的其他标准。业主通常在 EPC 合同中规定,对于业主提供的图纸、数据、技术文件等,承包商应当进行审查,如果在上述文件中发现任何错误、遗漏、不准确或不一致时,承包商应当立即书面通知业主。进一步理解,如果承包商未发现或未及时通知业主,则业主对所提供文件的错误不承担任何责任。有的合同直接规定业主提供的任何文件仅供承包商参考,对可能存在的任何错误、不准确或遗漏不承担任何责任。另外,如果承包商提交的图纸或其他技术资料中发现有任何错误、遗漏、含糊、不一致或其他缺陷,即使业主或业主代表已做出了同意或批准,也不免除承包商自费修正这些缺陷并弥补由此造成的损失的责任。因此,在 EPC 合同中,承包商不但要对自身完成的详细设计负责,还要承担业主提供的技术资料存在错误的风险。对此,建议从以下几个方面进行规避或转移,即限定承包商承担业主提供的文件有误风险的条件,如规定在以下情况下,业主应对其提供的文件负责:

(1)对由业主负责的、不可改变的部分、数据或资料。

(2)对工程或任何部分的预期目的的说明、工程测试和性能标准。

(3)其他承包商无法核实的数据或资料。实践中比较常见的情况是,业主提供的现场勘察数据与承包商详细勘察结果相差较大,导致承包商的实际工作量超出投标报价时根据业主提供的勘察数据估算的工程量,延长了工期同时增加了成本。如果发生这种情况,即使合同条件中规定业主对其提供的数据的准确性不承担责任,承包商仍可能通过合同索赔获得成本补偿并得到工期延长,索赔的理由是投标阶段承包商通过业主组织的现场考察无法获知地下状况,只能依靠业主提供的勘察数据进行报价,业主勘察报告与实际勘察结果不符是有经验的承包商无法核实也无法预见到的,因此承包商应当获得成本及工期补偿。

(4)投标阶段认真分析核实业主提供的数据、资料,力求在投标阶段与业主就此类问题进行澄清。

(5)将业主对其提供的技术资料的规定转移给设计分包合同以及施工分包合同中,将风险向分包商转移。

(二)对工程量计算不准确

EPC 合同是一种采取快速跟进方式的合同管理模式,与过去设计图纸全部完成达到可供施工使用再进行招标的传统 DDB 建设模式有很大不同,承包商要在业主完成的概念设计或基础设计上对项目的详细设计、采购、施工、试运等全部交钥匙工作进行投标报价。由于业主给承包商提供的投标报价期限通常很短而且所提供的技术资料常常不完整,承包商要面临遗漏或低估工程量的风险。由于 EPC 合同的性质,很难在投标阶段对工程量做出很准确的估计,对此建议从如下方面控制由于工程量计算不准确带来的成本方面的风险:

(1)在报价中增加余量。但采取这种方式同时提高了报价,在公开投标项目中价格上会处于不利的竞争地位,需慎重。

(2)要求业主提供完整的投标报价所必需的数据资料,对含义模糊的数据资料要及时请业主予以澄清,如果业主无法准确答复,应在标书中说明此部分工程量未包含在报价中。

(3)请多家设计分包商参与到投标报价中来,对比多家设计分包商对工程量的估算,以使报价尽量准确。

（三）不可遇见的困难风险

除合同另有说明外，所有不可遇见的困难带来的风险由承包商承担：

（1）承包商应被认为已取得了对工程可能产生影响或作用的有关风险、意外事件和其他情况的全部必要资料。

（2）通过签署合同，承包商接受对预见到的为顺利完成工程的所有困难和费用的全部职责。

（3）合同价格对任何未遇见到的困难和费用不应考虑予以调整。

（四）业主付款的能力

在 EPC 合同中，业主的主要合同义务是按照合同约定的时间及条件向承包商支付工程款，业主有无充足的资金来源是承包商面临的最大的经济风险，建议从如下方面进行防范：

（1）在项目投标阶段将业主的付款能力列为项目可行性考察的内容之一。国际工程项目建设周期长，资金投入巨大，因此业主向承包商支付的工程款一般来源于融资，即银行贷款、股东贷款、企业债券等。融资除了技术可行性外，还要在财务上可行，即项目的内部收益率能够保证投资回收和适当的利润。投标阶段承包商应当进行一定的市场调研，对项目完成后的市场前景要有一定的了解，同时可以要求业主提供维持资金安排的合理证明，说明业主能够按照合同规定支付工程款。

（2）业主有义务在收到承包商通知后 28 天内提交资金证明。国际工程实践中，业主总是利用自己的市场优势，在招标文件中删除此项内容，因此法务人员应在审查合同中尽量保留此项规定。

（3）审查合同条款中是否有业主未按时支付进度款则承担延期付款利息的规定，是否有业主付款保函。如果没有上述规定，应当在投标偏离表中要求增加，或在合同谈判阶段要求增加此类条款。

（4）认真审查合同规定的价款分段支付是否合理。通常预付款不应低于合同额的 10%，履约保函不应高于合同额的 10%，质保金保函不应高于合同额的 5%。同时，里程碑付款的划分及支付时间应当能够保证工程进度用款，以免承包商垫资过多，增加风险又增加了利息负担。还要注意合同的生效应当以承包商收到业主全部预付款为条件，以避免业主预付款迟迟不到位造成承包商垫资过多或业主出现支付不能的情况下，承包商无法得到任何补偿。

(五)物价上涨

EPC 工程承包项目通常合同工期较长,在项目执行过程中经常要面临劳动力、设备材料、施工机具等成本要素价格上涨,导致整个项目成本增加的风险。而 EPC 合同通常采用固定总价方式,合同中确定的价格在整个合同履行期内是不可以调整的。对此,建议从如下方面规避由于物价上涨带来的成本上升的风险:

(1)在投标报价阶段与供货商的询价尽量准确,MR 文件确定后尽快与供货商签订采购合同。

(2)争取与业主协商在合同中规定价格调整公式。

(3)在投标报价风险费中考虑物价上涨因素。

(4)对于有经验的承包商无法预见到的价格暴涨,可以向业主提出索赔。

(六)人力资源短缺或物资短缺

国际 EPC 工程承包项目执行过程不可避免地要受到项目所在国经济状况的影响,其中当地劳动力及需要当地采购的物资的供给是受影响比较大的方面。目前大部分国家对外国承包商在本国执行项目必须聘用的当地人员有一定的比例要求,而人力资源当地化也是承包商人力资源管理的必经之路,由此承包商对项目所在国的人力资源有着较高的依赖。有些业主要求能够在项目所在国采购到的物资不可以从境外进口,而诸如沙子、水泥、石子等大宗材料,这些物资用量大、技术含量低、在项目所在国也比较容易获得,因此,项目所在国成为这类物资的唯一来源。在项目执行过程中,这类投标报价时不大引人注意的问题很可能因为项目所在国的经济情况发生变化而对项目执行构成障碍。例如,在某承包商在阿尔及利亚中标的某 EPC 炼化项目,由于当地政府在施工高峰期对水泥供应进行了管制,导致无法完成地基处理工作,延误了施工进度。对上述人力资源短缺或物资短缺对项目执行造成的风险,建议采取如下措施:

(1)在投标报价风险费中予以考虑。

(2)投标期间,对项目所在国情况进行调研的过程中考察当地劳动力,以及在当地采购的物资的供应情况。

(3)在项目执行中,如发生的人力资源或当地物资短缺是有经验的承包商无法预见到的,可以向业主提出索赔。

（七）不利的气候条件

我国承包的工程建设项目所在国大多自然条件恶劣，施工过程中常常面临异常的降雨、沙尘暴等干扰，给承包商造成工程进度延误和成本增加。EPC 合同中业主会让承包商要做出声明，已完全了解工程建设场地的气候条件，因由于不利的气候条件对工程进度造成阻碍或成本增加的风险由承包商承担。对于超出承包商预期的异常气候条件造成的工期延误或成本增加，可以向业主提出索赔。非正常和不可预见是异常气候条件索赔成功的关键，这意味着承包商必须同时证明：他不可能在提交投标书前预见该事件；他是一个有经验的承包商，也就是说，承包商没有预见到该事件的发生不是他主观上缺乏经验造成的；他没有预见到该事件是正常的。以异常降雨索赔为例，无论是正常范围的降雨还是非正常范围的降雨，都会对项目施工造成一定的影响；那么界定某一时段的降雨属于正常范围或者异常范围，从某种意义上来讲就是界定此类降雨的风险是属于承包商承担的风险范围还是属于业主承担的风险范围。在国际工程合同执行中可以从下述几个方面的基础数据来区分正常降雨还是非正常降雨：降雨量（降雨强度）、降雨持续时间、发生在降雨期外的降雨。这三个基础数据决定了一场降雨或者某一时段的降雨是否对项目的施工进度造成了非正常的负面影响，为能否进行非正常降雨索赔奠定了基础。确定这三个基础数据的若干年平均值为正常降雨范围，来反映意向索赔年份的降雨数据超出了范围之外，则是特殊的、反常的。

（八）不利的地下条件

在 EPC 项目执行过程中不利的地下条件，也是承包商不得不面临的外来风险。国际工程建设 EPC 合同通常将不利地下条件的风险划分给承包商，承包商要声明已完全了解工程建设场地的气候条件和对工程进展条件产生影响的其他各种因素，“各种因素”也包括了不利的地下条件。根据国际惯例，承包商只能就无法预见到的不利地下条件向业主提出索赔，而对通常的地下风险或有经验的承包商能够预见到的不利地下条件风险要自行承担。为了避免因对地下条件考虑不充分而导致项目工期延误或成本增加，应当在投标报价阶段认真审查业主提供的地形地勘资料，在业主组织现场考察期间尽可能多得了解情况。如果在施工过程中遭遇与业主提供的资料不符的地下情况，应在合同规定的期限内向业主发出通知,以不可预见为理由向业主提出索赔。

三、风险的不平衡分配与对价交换

FIDIC EPC 合同指南的编写者介绍银皮书的主要特点时在序言中特别阐明:“根据通用条件,把较多的风险不平衡地分配给承包商。”这也是银皮书区别于所谓在建立在公平、公正基础上的风险平均分配的红皮书和黄皮书的主要特点。

(一)银皮书单方面地把风险分配给承包商

1. 第4.12款[不可遇见的困难]

除合同另有说明外,承包商应被认为已取得了对工程可能产生影响和作用的有关风险、意外和其他情况的全部必要资料;通过签署合同,承包商接受对预见到的为顺利完成工程的所有困难和费用的全部职责;合同价格对任何未预见到的困难和费用不应考虑予以调整。

2. 第13.8款[因成本改变的调整]

当合同价格要根据劳动力、货物,以及工程的其他投入的成本升降进行调整时,应按照专用条件的规定进行计算。换言之,EPC 合同的一般条件没有因成本改变调整的具体规定,除非签约双方在专用条件中约定了允许因成本改变调整价格并提出具体方案。否则,按 EPC 合同条件,承包商将完全承担自基准日至履约完毕整个履约期(含缺陷通知期)的物价上涨风险。

3. 第4.1款[承包商的一般义务]

承包商应按照合同设计、实施和完成工程,并修补工程中的任何缺陷。完工后,工程应能满足合同规定的工程预期目的,包括为满足雇主要求或合同隐含要求的任何工作,以及(合同虽未提及但)为工程的稳定、或完成(或)安全和有效运行所需的所有工作。承包商应对所有现场作业和所有施工方法的完备性、稳定性和安全性承担责任。

4. 提供交钥匙工程

采用银皮书,承包商将负责工程实体的全部设计、采购和施工,提供一个配备完善的设施,“转动钥匙”时即可运行。无疑,承包商对于工程质量所负的责任是巨大的,但它必须全面符合雇主要求中的各项规定,包括达到工程的各项性能要求。例如,运营能力、能耗、环保要求等,没有其他选择的余地。

(二)业主对价支付

基于合同条件为承包商设定了如此苛刻的条件,该合同条件的编写者在多处反复强调业主为此必须付出对价。唯有如此,才能形成业主与承包商彼此权利义务间平衡的对价关系。业主应该付出的对价为:

(1)作为对承包商承担额外风险的回报,雇主愿意为项目建设多付款。

(2)只要最终结果符合雇主规定的性能,雇主不能介入日常的工作进展。

(3)银皮书合同采用固定总价的定价方式,价款的结算与承包商完成的实际工程量没有关系,按合同规定的付款计划,以工程的形象进度为主要付款依据。

第五节　EPC 合同条款审核分析[1]

一份完整的 EPC 合同基本包括合同协议书、合同条件、合同附件。EPC 合同分析既要对合同条款的逐条分析,也要注意对整个合同的综合分析。国际总承包合同模式正从单纯的 EPC 合同模式向 EPC + F 模式、BOT、PPP 等合同模式转变。

一、合同协议书

合同协议书也称形式合同,是合同当事人正式签字的文件,以简明扼要的文字构架一个合同的主架,说明合同的当事人、标的物、合同价款、合同工期、开工日期、合同文件构成、优先次序以及其他的特定承诺等,最后列明签字人和证明人。合同协议书是对主要内容的概括,通过阅读合同协议书可以大致了解合同内容。它放在合同文件的最前面,法律效力最高。法务人员应当特别注意合同协议书中对合同文件的构成及其优先次序的规定。

---

〔1〕 张浩、赵水彬:《国际 EPC 合同评审中的承包商风险分析与对策》,载《新余学院学报》2011 年第 4 期,第 15 ~ 18 页。

二、合同条件

合同条件是合同的核心部分，是双方争议和谈判的焦点。虽然在招投标安排下，承包商修改合同条件的机会较小，但是仍然可以在投标阶段针对一些关键问题提出澄清、偏差或者要求删除。通过合同条件风险审核，做到对有关条件或条款心中有数；在编写投标书时尽量防范或弥补这些风险，并在商务澄清、技术澄清和合同文件谈判时予以落实。

（一）合同条件的结构方式

基本有两种结构方式，一是分为通用条件和专用条件两部分。通用条件是针对某一类项目所设计的，明确规定了合同中的技术、经济、法律等各个方面的内容，是对应类型项目的公共合同平台，凡属于采用公开招标的承包项目，均可直接采用。专用条件是根据项目的具体特点和业主的不同要求，对通用条件的补充、修改和具体化，是结合某个国家的具体项目编制的，针对性较强。“专用条款”可以否定“通用条款”中的条款，但反之则不行。将合同条件分为通用和专用两个部分可提高合同文件的标准化程度，有利于项目相关各方对合同的理解。二是针对某一工程项目编制一份合同条件，不区分通用条件和专用条件，直接适用于具体的项目。在国际工程招标中，一般承包商均需随标书提交符合性、一致性声明，确认除在标书中明确提出的偏离事项以外，承包商将全面接受业主招标书的所有条件。因此，如果审核合同条件后发现有需要修改或删除的条款，应当在投标阶段以偏离的形式向业主提交，以便于在后续的合同谈判及签约工作中据理力争，达到规避合同风险的目的。

（二）合同主要条款及简要分析

选取 1999 年版 FIDIC 银皮书中一些主要条款进行分析和说明，还有些重要条款在其他章节进行专项论述。

1. 定义

合同的名词性定义，应清楚地规范事物的内涵与外延，特别是规范其外延。FIDIC 银皮书总共规定了 67 个定义，有很多定义是 FIDIC 特有的，如 DAB、基准日期、履约证书、缺陷责任通知期、永久工程等。这些特定的定义与其他合同文本中的含义不完全相同。

对于合同的定义，应注意以下事项：

（1）同一个词在同一合同文本中有不同的含义。例如，“Employer”

定义为业主，但同一合同条件中的保险条款中出现了 Employer's liability insurance，这里雇主责任险中的"雇主"则特指该合同的总承包商。

（2）"Customer"或"Owner"往往定义为业主，这容易识别。但有的通过定义，已经完全改变了原来的意思，如"Company"的原意为"公司'，有些合同文本则定义为"业主"。

（3）承包商人员，不能仅仅理解为承包商自己的雇员，还包括分包商人员；不仅包括一级分包商，也包括各级分包商；不仅包括自己选择的分包商，也包括业主指定的分包商。

（4）应当注意词的缩写，如将"Particular Conditions"缩写为"PC"，"General Conditions"缩写为"GC"，如果不认真阅读定义条款很难知道 PC、GC 指的是什么。

（5）还应注意在合同中多次出现的 in Owner's opinion、to the satisfaction of the Owner、at the sole discretion of the Owner 等类似的用语，应尽量删除类似的用语，以规避在合同履行中出现业主无限制地提高执行标准的可能性。

FIDIC 合同条件的定义本身是中性的，并不牵涉合同当事人的权利与义务，因此往往被人忽视，只有在发生纠纷后，双方才开始细研其词义，有时已经为时已晚，其重要性也就不言而喻。法务人员不要轻易修改 FIDIC 合同条件中定义的规定，否则可能引起相互矛盾与冲突。

2. 业主的责任

在审核业主责任条款时应注意：

（1）业主最大的责任是向承包商按时、足额付款。合同条款中应争取要求承包商提供资金证明，以及对业主拖延付款规定罚息，并且对业主拖延付款造成的后果规定违约责任。

（2）在合同中明确规定业主有交付现场的义务。应当按照合同约定的时间和条件交付现场，业主如果没有按照约定的时间和条件交付现场，法务人员应注意及时提出索赔。

（3）规定业主按期完成其本身工程范围内的责任。对于业主提供的长线设备，必须规定长线设备的到货时间；造成延误后，必须给予承包商以经济补偿和延长工期。

（4）在分标段招标的情况下，还应争取规定，如果业主聘用的其他承包商施工干扰了本合同承包商的施工，业主应承担责任。

(5)在分包条款中，对于业主指定分包，承包商可以收取一定的管理费，但最好约定分包商单独对业主负直接责任。

(6)业主往往在招标文件中规定，对于招标文件中的信息的准确性业主不负责任，承包商有义务自己解读、分析并核实这些信息。但是，对于招标文件中有关强制性设计要求的技术参数等基础数据，应该属于业主的责任范围。

(7)应规定业主协助承包商办理证照与许可义务。包括设计、竣工、维修、货物清关，承包商设备运离现场等的许可，承包人员出入境所需要的签证，以及其他的执照或批准，规定业主应协助承包商完成工程所在地政府部门证照申办事项。

3. 业主提供的生产设备材料

第4.20款规定业主提供的设备与免费供应的材料，并自行承担风险和费用。要注意对材料与设备的验收义务的描述，业主提供的招标文本中有的约定，“以交接为风险转移点，在设备交接时，承包商负有检验的义务，包括对设备外表以及性能的检验，接收后设备风险由承包商负责”。这种条款很不公平，必须修改，设备的外观容易察觉与目测，而内部是否有损害，很难监测。因此，对于设备外部缺陷或瑕疵，可以约定以交接为风险转移点，交接前的外部缺陷由业主负责，交接时承包商没有异议的，交接后由承包商负责。目视检查后，承包商负有监护和控制的义务，但这并不解除雇主对目视检查难于发现的任何缺少、缺陷所负的责任。对于内在质量缺陷，仍旧是业主的责任，业主对材料与设备的性能负有完全的保障义务。业主承担其提供的设备、材料的时间延误责任，承包商可以索赔因此造成的工期索赔。由于业主延长工期而造成管理费、保险费等增加的，也可以索赔费用。

4. 工作范围

工程实践表明，工作范围是最容易产生争端的地方。由于EPC合同条款订立的不严谨造成了双方对EPC工作范围的理解有偏差，一些工作双方互相推诿，造成了项目实施中不必要的变更的产生，费用的增加，严重时造成项目延误。很多承包商在承揽EPC总承包项目时以拿到项目为目的，饥不择食，缺乏对工作范围的合理评估，特别是承接超出自己能力的工作,造成后期项目实施时很多工作难以开展。

工程范围技术性比较强,必须审核合同文件是否规定了明确的工程范围,注意承包商的责任范围与业主的责任范围之间的明确界限划分。有的业主将一个完整的项目分段招标,此时应该注意与其他承包商的工程范围之间的界限划分和接口。例如,2011 年菲律宾国家电网公司对外招标的 8 个 EPC 项目,所有 EPC 合同均采用标准的商务条款,在工作范围描述中不同变电站或线路工程均采用相同的工作范围概述,缺乏对各个项目的具体工作范围的描述,造成了后期业主与承包商关于工作范围的发生纠纷。我国某大型国际成套设备 EPC 承包商,投标时对现场条件估计不足,现场地处山中,坡度大,作业区域狭窄,施工及运输难度很大,并未考虑特殊条件下带来的管理费以及运输、施工费用的上涨因素。由于对合同范围缺乏清醒认识,报价过低,导致项目严重延期和亏损。承包商主管技术业务的副总经理和设计部经理应非常清晰工作范围的界限,有模糊的地方,必须在标前澄清。法务人员在合同招标阶段和合同谈判阶段,应提醒负责主管项目技术的负责人对承包商的工作范围逐项列出,不能产生任何歧义。在合同交底和合同宣贯过程中,技术经理必须向全体管理人员就合同的工作范围进行合同交底,并做好合同范围宣贯工作。

5. 承包商的设计适用性责任

FIDIC 银皮书第 4. 1 款规定:“承包商应按照合同设计、实施和完成工程,并修补工程中的任何缺陷。完成后,工程应能满足合同规定的工程预期目的。工程应包括为满足业主要求或合同隐含要求的任何工作,以及(合同虽未提及但)为工程的稳定,或完成,或安全和有效运行所需的所有工作。”根据此条款,承包商承担了两项义务:一是全部工程建设任务,包括设计、施工与保修,且应完成合同未提及但工程建设需要的隐含工作;二是工程应达到预期目的。对于承包商承担的隐含工作,需要负责设计的工程技术人员认真推敲工作范围,进行充分的预估。对于没有达到预期功能,则承包商不论是否有过错或设计方是否在设计过程中使用了合理的技术,是否尽到了合理谨慎的义务,仍然对此负责。对于 EPC 工程总承包商来说,如果总承包商的设计分包商仅仅承担使用合理技术并尽到合理谨慎的义务,则承包商本身就要对设计不符合适用性向业主负责。设计缺陷一般造成的危害比较严重,判断较为困难,对此条款或

Fitness for Purpose 的字样一般很难从条款中删除,但承包商可以注意从以下方面限定风险:

(1)承包商应要求业主对工程的预期目的或预期功能限定明确的内容,对预期目的或预期功能的限定必须清晰准确,避免包含隐含的措辞,避免在合同中笼统地将合同目的定义为某某系列规范或技术标准,以使承包商的风险降到最小。

(2)如果承包商需要将设计工作分包给设计分包商,则应当将"设计适用性"条款背靠背地转移给分包商。某些国家的保险公司承保 Professional Indemnity Insurance,应要求设计分包商投保此险种,或者让分包商提供一份以业主为受益人的附加担保 Indemnity Bond,一旦发生因设计适用性引发的索赔,业主可以直接向设计方追究责任。

6. 承包商的误期损害赔偿责任

FIDIC 第 8.7 款规定了误期损害赔偿,应重点审核工期和罚款的计算方法是否合理,罚款的费率是否合理,是否过高,是否多个里程碑重复计算。专用条款第 8.7 款规定对工程和每个单位工程每日赔偿额为合同价格的 0.02%,累计的赔偿额为合同总价款的 10%,这个比例是相对公平的价格,过高会导致承包商放弃工程,过低则起不到对业主的弥补作用,也起不到对承包商的警示作用。为了限制承包商的风险,承包商可以和业主谈判,累计赔偿额不得超过合同价款的 5%。应注意,承包商延期违约金(LD)是延期的唯一赔偿,业主不能再要求其他赔偿。国际工程实践中,业主的招标书中经常把这"唯一赔偿"条款删除,因此,法务人员应争取保留原文的规定,以控制业主延期索赔的风险。为了公平起见,承包商可以要去增加提前竣工的奖励措施,如果提前竣工一天,按照合同额的 0.02% 进行奖励,最多不超过 5%。

7. 承包商的最高责任限额

承包商的责任限度规定在第 17.6 款。最高罚款金额应包括误期损害赔偿限额、性能指标罚款限额在内,通常应该低于各个分项的罚款限额的合计数额。如有可能,应尽量争取规定一个最高罚款金额,如不超过合同价款的 20%,以避免万一出现严重工期延误、性能指标缺陷等情况,承包商承担过度的赔偿风险。

最高责任限额与最高罚款金额不同。最高责任限额通常除了合同约定的误期损害赔偿、性能指标罚款之外，还包括缺陷责任期内的责任以及承包商在合同项下的任何其他违约责任，所以最高责任限额会大于最高罚款金额。如果在专用条件中规定了最高责任限额，则遵从约定；如果没有约定承包商的最高责任限额，则不应超出合同价款的 100%。也有的 EPC 合同并不区分上述两个不同的概念。在约定各个分项的延期罚款限额、性能指标罚款限额之后，不再约定最高罚款金额，而是直接规定一个最高责任限额，如合同价款的 35%。总之，规定一个或数个最高限额以限制承包商的赔偿责任对承包商是有利的，关键是具体限额约定的是否合理可行。如果业主坚持最高罚款金额，在适用法律时，可以选择在民商法中没有罚款的国家，通过法律适用，进而裁决或判决该条款无效。同时也应注意无论是业主还是承包商，如果违约方存在欺骗、有意违约，或轻率的不当行为或者重大过失等行为，则其责任不受最高责任限额的限制。这样的规定在于保护守约方，如果一方有不道德的行为，其责任不受 100% 的限制，藉以惩罚欺诈、恶意违约或轻率的不当行为。

8. 调整条款

第 13. 7 款和第 13. 8 款分别规定了因法律和成本改变的调整。合同价款的调整办法，主要注意以下问题：一是延期开工的费用补偿。有的项目签完合同后并不一定能够马上开工，原因是业主筹措项目资金尚需时间，这时就有必要规定一个延期开工的调价条款。投标书中更应该注意对投标价格规定有效期限，以防业主开标期限拖延或者在与第一中标人的合同谈判失败后依次选择第二中标人、第三中标人使得实际中标日期顺延、物价上涨造成承包商成本超支的风险。二是注意有哪些影响因素可以对合同价格进行调整。影响合同价格调整的主要有合同的变更、工程所在地的法律变化、当地劳动力成本上升、设备和材料价格上涨、通货膨胀、汇率变动等。三是对于工程变更的费用补偿规定是否合理。至少对于费用补偿有明确的程序性规定，以免日后出现纠纷。四是应将调价公式和数据调整表列入合同专用条款。当工程成本发生改变时，合同双方按照专用条件中的调价公式调整合同价格。如果没有列入调价公式和数据调整表，则不能调整合同价格。

9. 合同计价货币

第 14. 15 款［支付的货币］规定，合同价格应按合同协议书规定的货币或几种货币支付。很多总承包合同是由国际货币和当地币同时支付的,如菲律宾政府公开招标的项目总是以美元和比索的方式支付,印度、巴基斯坦、伊朗的大型EPC项目也基本上是由当地币和国际通用货币支付。有些国家外汇自由兑换,完税后款项汇进汇出无限制,如沙特。有些国家则严格管控,如巴基斯坦是外汇短缺的国家,为保证外汇储备,规定所有由巴政府出资以及由国际金融组织或外国提供信贷的项目全部以卢比结算,承包商收取工程款后兑换成美元等硬通货保值,往往承受换汇损失。在亚非拉国家承包项目,合同价款由于是以美元、欧元等计算或者当地货币计价,而生产设备或者材料从中国或第三国采购,如果货源国货币升值或者合同计价货币贬值,承包商就会面临外币损失的风险。例如,我国某承包商2014年1月中标尼日尔国家能源石油部的某EPC输变电项目,合同结算币种为欧元,投标时欧元的汇率为8.3,2014年至2015年合同执行期间欧元汇率走低,按2015年6月30日的汇率6.87计算,汇率损失约为2200万人民币。对于欧元汇率损失,承包商在投标阶段没有预见签订合同后欧元会出现暴跌的情况。再如,我国某承包商与巴基斯坦国家输配电公司于2012年5月签署的某变电站EPC配套工程,合同工期为24个月,合同价格由日元和卢比构成,由于某种原因合同延期,截至2015年6月30日,日元的汇率损失32%,卢比汇率的损失为27%。由于发展中或者欠发达国家的通货膨胀率通常会高于美元或欧元,应考虑在合同中规定当地货币与美元或欧元之间的一个固定汇率,并规定超过这一固定汇率的造成损失的处理措施,也可以以总承包合同计价货币进行计价或结算。我国承包商在开展对外投资合作过程中,可以使用中国政策性保险机构——中国出口信用保险公司提供的包括政治风险、商业风险在内的信用风险保障产品,也可使用中国进出口银行等政策性银行提供的商业担保服务。

10. 业主付款能力

必须重点审核业主的付款能力,业主的付款能力是承包商最大的风险。如果是现汇付款项目(由业主自筹资金加上业主自行解决的银行贷款),应当重点审核业主资金的来源是否可靠,自筹资金和贷款比例是多少,是政府贷款、国际金融机构(如世界银行、亚洲开发银行)贷款还是商业银行贷款。如果是延期付款项目,大部分付款是在项目建成后还本付息,故需要承包商方面解决卖方融资问题,应当重点审核业主对延期付款提供什么样的保证,是否有所在国政府的主权担保、商业银行担保、银行备用信用证或者银行远期信用证,并注意审核这些文件草案的具体条款。上述列举的付款保证可以是并用的,同时采用其中两个,也可以是选用的,只采用其中一个。当然,对承包商最有利的是并用的方法,如既有政府担保又有银行的远期信用证。对于业主付款担保的审核,应注意是否为无条件的、独立的、见索即付的担保。对于业主信用证的审核,应注意开证行是否承担不可撤销的付款义务,并且信用证是否含有不合理的单据要求或者限制付款的条款。此时还应该审核提供担保或者开立远期信用证的银行本身的资信是否可靠。

11. 合同价款的支付

业主最大的责任就是支付价款,为此银皮书第 14.2 款到第 14.13 款就价款支付做了详尽的规定。根据支付工程款的类别不同,可分为 6 个部分:付款安排(第 14.4 款[付款计划表]和第 14.7 款[付款时间的安排])、预付款支付(第 14.2 款[预付款])、工程进度款支付(第 14.3 款[期中付款的申请]和第 14.6 款[期中支付])、设备材料款支付(第 14.5 款[拟用于工程的生产设备和材料])、保留金支付(第 14.9 款[保留金的支付])、尾款的支付(第 14.11 款[最终付款的申请]、第 14.12 款[结清证明]和第 14.13 款[最终付款])。应重点审核合同价款的分段支付是否合理:

(1)对于预付款,承包商应充分评估前期的人员动迁费、拆迁款、设计费、前期工程机械设备购置费、预定永久工程设备材料费以及进场的时间等因素确定业主的预付款。通常,预付款应该不低于 10%。开工令的生效,必须以承包商收到业主的全部预付款为前提,否则承包商承担的风险极大。

(2)里程碑付款(按工程进度支付的工程款)的分期划分及支付时间应当明确清晰易于判断,应该保证工程按进度用款,以免承包商垫资过多,既增加成本风险又增加利息负担。要防止业主将里程碑付款过度押后延付的倾向,在审查里程碑付款时,花大精力巧妙地设计里程碑付款,尽量以提前得到付款为原则。

(3)质保金(或称“尾款”)应该为 5% 或者不高于 10%。如果合同可以分项验收,应在合同专用条件中规定每个分项工程合同价格占合同总价的百分比,从而尾款可以按比例释放。尽量用等额的质保金保函代替质保金,以保证承包商的资金流动性。

12. 承包商的留置权

在英美法律体系的国家和地区,承包商的"优先受偿权"被称为承包商的"留置权"。目前很多国家都有施工留置权制度,如美国的 Mechanic's Lien 法律设立了此制度;加拿大留置权采用的是登记制,规定申请留置权的最后期限为项目全部完工、中途放弃或终结之后的 45 天。法国建筑人员的不动产优先权、德国建筑承揽人的不动产担保抵押权也都类似于施工留置权,也都采用登记制。我国《合同法》第 286 规定的是优先受偿权,即发包人未按照约定支付价款的,承包人可以催告发包人在合理期限内支付价款。发包人逾期不支付的,除按照建设工程的性质不宜折价、拍卖的以外,承包人可以与发包人协议将该工程折价,也可以申请法院将该工程依法拍卖。建设工程的价款就该工程折价或拍卖的价款优先受偿。该条规定了承包商对建设工程的价款就该工程折价或者拍卖的价款享有"优先受偿权",该条款所涉的担保物权实质上就是英美法中规定的"施工留置权"。

承包商不要放弃法律赋予的承包商对项目或已完成工程的"优先受偿权"或"留置权"。法务人员需要事先了解并熟悉工程所在国的相关法律法规,弄清楚有无留置权的规定,如何进行登记以及是否有登记时效等问题。很多项目所在国法的法律对承包商获得工程款的权利也都提供了保护,但有些业主在招标文件中要求承包商放弃对项目或已完成工程的优先受偿权或留置权,承包商对此应该提高警惕,因为这往往意味着业主准备将项目或已经完成的工程(已经交付到工地的机械设备)抵押给贷款银行以取得贷款。如果承包商放弃了这种权利,一旦业主破产,承包商只能作为普通债权人,很可能面临无法拿回应得的工程款的风险。如果业主确实需要将项目或已完工程抵押给银行以取得贷款,承包商可以和业主协商,在发生留置权登记后,业主向不动产登记机构提交一份法律认可的第三方保证,同时解除留置权登记,以免影响到业主不动产的销售或抵押。

13. 缺陷责任/缺陷责任通知期

鉴于建设工程投资大,建设周期长,涉及公共安全,几乎所有的国际工程毫无例外地规定一段质保期，FIDIC 条款称之为缺陷责任通知期。缺陷责任是指在工程临时接收后约定的一段时间内，承包商应自费修复业主发现的由于承包商的原因引起的工程缺陷。法务人员审查合同时，应注意以下几点：

(1)当修复工作是因为承包商应负责的设计，或设备、材料或工艺不符合合同要求，或承包商未能履行其他任何责任时，承包商才承担修复费用。由于承包商以外的原因引起的缺陷或者损害，作为工程变更，由业主承担费用。

(2)如果承包商在收到缺陷通知后未能及时完成修复工作或拒绝修复，则业主可以自行修复，所产生的费用由承包商承担；反之，如果业主在发现缺陷或者损害时，没有通知承包商，而是自行修复，则承包商可以提出抗辩，维修费用不予承担。

(3)应当确定合理的缺陷通知期，银皮书中通用条款第 1.1.3.7 款中规定，如果在专用条件中没有规定，一般为 1 年。但在国际工程实践中，特大 EPC 项目的缺陷通知期为 2 年或者 3 年。

(4)缺陷通知期的延长限制，根据第 11.3 款的规定，如果某一缺陷责任妨碍了工程、单位工程或某项主要生产设备，不能按原定目的使用，则缺陷通知期应予以延长，因此并不是所有的期限都可以延长，只有重大的缺陷业主才能延长。所延长的期限只能是工程或工程的任何部分不能使用的期限，缺陷通知期从缺陷得到修复之日起重新起算，但不应超过 2 年。换句话说，如果合同规定了 2 年的缺陷责任通知期，无论怎么延长，也不会超过 4 年。

(5)缺陷通知期的结束并不意味着承包商的责任终止。在大多数国家，缺陷责任的终止时间与缺陷通知期终止时间是不同的，在缺陷通知期结束后，承包商仍对工程负有损害赔偿责任。缺陷通知期是合同双方当事人约定的，在缺陷通知期后，承包商不再承担修复的责任，而缺陷责任往往是法定的，是由当事国的法律做出强制性要求的。法国质保期通常为 1 年，荷兰的保修期为 3 ~ 12 个月，英国、澳大利亚、新加坡通常为 6 个月，瑞典为 2 年，加拿大的魁北克、葡萄牙则更长，为 5 年，但公用建筑的保修期为 2 年。

(6)对于承包商的损害赔偿责任期内的责任，应在承包商承揽工程项目前，对工程的法律环境进行调查时，了解工程所在国法律或合同适用法律所规定的损害赔偿责任期限和责任范围，以便相应地采取投保民事责任险或其他风险转移的对策。

14. 误期罚款

对误期罚款，应重点审核以下三个方面：

(1)工期和罚款的计算方法是否合理。例如，燃煤电站 EPC 项目应尽量争取从开工日到可靠性试运行的最后一天为工期，逾期可罚款。有的项目规定除了上述工期罚款之外，还另行规定了同期并网的误期罚款。此时应注意如果有一台以上的机组，应将每台机组的罚款工期分别计算，并争取性能测试不计入工期考核；如果是燃气电站，由于是联合循环，往往是将整个电站的所有机组合并考核工期和性能指标。也有的业主比较苛刻，规定从开工令发出之日到商业运行日为工期，并对商业运行设定了许多条件，甚至将承包商付清违约罚款(误期罚款)作为达到商业运行的先决条件之一，应该尽量避免这种苛刻的规定。

(2)罚款的费率是否合理，是否过高，是否重复计算。

(3)罚款是否规定了累计最高限额。为了限制承包商的风险，应争取规定累计最高限额；例如，可规定"本合同项下对承包商每台机组的累计误期罚款的最高限额不得超过合同价款的 5%"等。

15. 性能指标的审核

对性能指标罚款，应重点审核以下四个方面：一是对性能指标的确定和罚款的计算方法是否合理。以电站项目为例，通常应该对每台机组的性能考核缺陷单独计算。二是罚款的费率是否合理，是否过高，是否重复计算。例如，电站项目，应对机组的出力不足、热耗率超标、厂用电超标、排放量、噪音等考核指标的具体罚款数额或幅度予以审核。三是罚款是否规定了累计最高限额。以电站项目为例，为了限制承包商的风险，应尽量争取规定对每台机组性能考核缺陷的累计罚款不超过该台机组价格的 5%。四是要特别注意审核业主对性能指标超标的拒收权。拒收对承包商的打击是致命的，所以必须严格审核性能指标超标达到什么数值可以拒收是否合理。有的业主规定如果机组的出力低于保证数值的 95%，或者热耗率超过保证数值的 105%，业主有权拒收整个工程。

16. 税收条款

FIDIC 银皮书规定，基准日期前税法规定的对承包商征收的税种由承包商承担,基准日期后由于税法变化带来新税种或废除旧税种,以及税率的增减,由此带来的税额的增加或减少由业主负责。EPC 合同中的税收条款,对于合同是否盈利影响巨大,因此本章第六节专节论述国家的税收对 EPC 合同的影响。

17. 保险条款

对保险条款的审核应当注意关于承包商必须投保的险别、保险责任范围、受益人、重置价值、保险赔款的使用等规定是否合理。此外,还应注意避免在保险公司的选择上受制于人。例如,孟加拉国为了保护本国的保险业,规定凡是政府投资的项目,其工程险必须向本国的国营保险公司投保,而该国的国营保险公司只有一家,一旦受此限制,在保险费的谈判上就会处于非常被动的地位。再如,伊朗要求大型投资合同中的一切工程险必须在伊朗国内投保,而伊朗的大型保险公司也寥寥几家,根本满足不了竞争的要求。所以在合同的保险条款中,应争取排除这种限制性条款,尽量争取业主同意由中国保险公司或者世界知名保险公司承保。如果受所在国法律的限制,工程险必须向所在国的保险公司投保,则退一步,还可以争取在合同中规定,作为投保人的承包商有权自行选择第一层保险公司背后的再保险公司。因为大多数亚非国家的保险公司往往对重大项目的承保能力有限,通常是向国际上具有一定实力的再保险公司;例如,慕尼黑再保险公司、瑞士再保险公司等寻求再保险的报价之后才自己报价。如果承包商保留对再保险公司的选择权,那么也可能通过自己选择甚至组织再保险来降低保费。还应注意投标报价中是否已经包含了保险费,很多不成熟的承包商在总结项目亏损时,发现保险费在投标报价中漏报了。对于保险没有覆盖的风险,应结合合同确定该风险与业主之间是如何分配的,采取风险转移等手段处理。

18. 法律适用条款

法律适用条款通常规定适用项目所在国的法律,这一条几乎没法改变。通常,一个 EPC 项目在一个国家实施;但也有个别情况,如某世行贷款的项目,在吉尔吉斯斯坦、塔吉克斯坦、阿富汗、巴基斯坦四国建设一条输变电线,合同形式为 EPC 模式,适用哪个国家的法律就会成为焦点。承包商应向四国成立的联合委员澄清,是否适用四国业主成立的合资公司注册所在地国的法律,还是按照争端的发生地分别适用四个国家的法律,还是选择第三方国家的法律。在基础日期前,如果法规变化导致承包商的工程造价(成本及开支)增加,承包商自行承担;之后如果法规变化导致承包商的工程造价增加,业主应该予以等额补偿。关于法律适用的注意事项,将在本书第十一章《国际工程索赔》做详细论述。

三、合同附件

合同附件是对合同条款的细化与补充,包含了合同条件中没有的权利与义务,与合同条款具有相同的效力。合同附件常见的有工作范围、付款方式、保函、前端设计文件、业主批复的供应商名单、项目进度计划等内容。法务人员审查附件时应注意是否和合同条件存在冲突,是否全面、准确,是否有对承包商不利的内容。

四、项目的可行性综合分析

项目的可行性分析主要是分别系统地审查业主的招标文件,审核业主的付款能力、评估承包商自身的 EPC 整合能力、融资能力以及市场适应能力。

(一)业主招标文件是项目可行性分析的基础

项目的可行性分析要求,不仅应逐条审查招标文件的每个条款,更要系统分析整个招标文件所存在的风险,从整体上评估招标项目的可行性。以伊朗某个天然气处理厂 EPC 公开招标为例来看项目的可行性。

2013 年 7 月,某承包商拿到一份某个天然气处理厂 EPC 招标书。招标书规定从开工日到临时接收日工期为 15 个月,缺陷责任通知期为 12 个月。经技术专家评估,仅从合同的工作范围来看,15 个月的工期是不合理的,至少需要 24 个月的工期。在承包商必然出现逾期违约的情况下,业主有不同的惩罚措施:

(1)在特别条款中规定了误期罚款,每逾期一个月业主扣除合同总额的 0.5%,最大逾期罚款额为合同总额的 10%。

(2)在特别条款中还规定了履约保证金为总合同额的 15%,在 15 个月工期完不成情况下,业主除了执行延期罚款,还会没收履约保证金的双重处罚。

(3)在业主的付款上,10% 的预付款需要等到业主拿到履约保证金后再等 9 个月才能支付,所有进度付款需要业主批准形式发票之后 9 个月才能支付，当然不能理解为第 10 个月必然支付。

（4）合同还规定了承包商被驱逐条款。无论设计、采购或者施工的任何部分，如果达不到时间、质量或数量要求，业主有权力无条件驱逐承包商。

（5）如果业主延迟支付进度款构成实质违约，承包商向业主请求终止 EPC 合同的条件，承包商需要在预定的支付日 90 天后才能提出申请。至于业主是否同意，则是另外一回事。

综合整个招标条款分析，该项目不存在可行性，纯粹是一个骗局，承包商因此果断放弃了投标，规避了不必要的风险。

（二）项目的可行性还取决于业主的付款能力与付款方式

业主的付款能力关键取决于能否取得融资，如银行贷款、卖方信贷、股东贷款、企业债券等。融资的前提除了技术可行性之外，还有财务可行性。财务可行性的关键是项目的内部收益率能否保证投资回收和适当利润；还要考虑所得利润是否能够正常汇出工程所在国，如巴基斯坦是外汇短缺的国家，为保证外汇储备，所有由巴政府出资以及由国际金融组织或外国提供信贷的项目全部以卢比结算，很难把美元或欧元等世界货币汇出巴基斯坦，承包商必须承担汇率风险。

（三）承包商自身的能力是项目可行性的前提

我国“走出去”的 EPC 承包时间并不长，经验也不足，大部分对外工程还主要集中在土建分包、施工总承包、劳务分包等低端的经营方式上；设计能力、采购能力、合同管理能力、总承包集成能力相当薄弱。在观念认识上，一些诸如“低价中标、高价索赔”的错误理念，还在蔓延。在过去 EPC 总承包中，无论国企还是民企，失败的案例多于成功的案例；也有成功的少数企业，随着国际形势的需要，紧跟时代步伐，开始尝试进入到投资融资、带资总承包、BOT、PPT 等高端领域，不再单纯地作为承包商，而是参与到工程的整体运作中去，向“高技术、高附加值、高利润”领域发展。项目的可行性在很大程度上取决于承包商自身的能力，不同的分包商自身抗风险能力不同，承接项目的风险能力也会迥然有异。

五、国际工程总承包市场的发展趋势

这里选取了我国承包商从事工程承包集中的若干代表性的国家，他们基本上代表了现阶段工程承包需求侧一方，通过这些国家对电力能源的需求模式来揭示国际社会需求侧真正需求点和国际总承包趋势。

(一)部分国家总承包市场需求

(1)巴西近年来在基础设施方面缺乏资金、投资不足。2004 年 12 月 30 日政府实施《公私合营模式法(PPP)》,旨在为基础设施建设领域开展融资、保持经济持续增长创造条件。《公私合营 PPP 模式法》联邦管理委员会由计划部、财政部、总统府民办组成,对国内大型基础设施项目招标及建设进行统一管理。

(2)菲律宾的基础设施比较落后,近年来菲政府对基础设施的投入不断加大。目前菲律宾的重要基础设施是根据《建设、经营和转让法》(BOT 法)来建设的。该法律允许私有投资者建设和经营公共基础设施,经营一段时间后按约定的时间再移交菲政府。此外,菲政府还大力提倡通过公私伙伴关系(PPP)项目,吸引私人投资,改善公共基础设施状况。菲政府利用日本、美国、欧盟、世行、亚行及国际货币基金组织的融贷,吸引许多国内外企业参与公共工程投资、兴建及运营。

(3)印度缺电严重,印度政府试图通过私人办电,以及采用 BOT 等方式来改善投资环境和提高电力市场的管理水平。为此,印度政府采取了一些新的措施,制定了一些新的政策,如在加强中央办电的同时,支持地方办电,在火电市场和水电市场推行 BOT 模式,优先开发北方地区巨大的水力资源等。

(4)巴基斯坦基础设施普遍落后,建设资金十分有限。近年来,许多项目要求承包商带资承包,或参与项目投资经营。巴基斯坦政府在大型项目建设和管理上聘请欧美发达国家的公司作为项目咨询公司,使用和借鉴西方国家的技术标准与项目管理机制,运作比较规范。大型项目基本采用国际公开招标方式确定承包商,以 EPC、PMC 和带资承包方式实施的项目比例逐年提高。此外,政府积极鼓励投资者通过 BOT、BOOT 和 PPP 等方式参与项目建设。

(5)俄罗斯目前开展的公私合营主要以特许权协议为基础,现行法律规定只能采用 BOT(建设—运营—移交)和 DBFO(设计—建设—融资—经营)两种模式,且后者仅适用于公路建设项目。

(6)孟加拉国政府允许外国投资者通过 BOT、BOOT、PPP 等方式参与建设孟加拉国的基础设施、公共事业,诸如电站、输变电、输油输气管道、公路、桥梁、水厂以及自然资源的开发，并对外国投资者给予国民待遇。

(7)缅甸目前在工程领域 EPC、BOT 模式共同存在。输电线路多以 EPC 模式执行，水电站项目则多以 BOT 模式运行。

(8)老挝政府规定有关电力业企业可从事的项目承包模式有 EPC、BOT、IPP 和 EDL 模式。此外，还有业主对项目附带的其他要求；例如，融资要求、运营要求、特殊技术标准要求等。

(9)刚果金业主接受包括 EPC、BOT 和 PPP 等各类模式，目前业主正积极鼓励本地和外国企业采取 BOT 或者 PPP 的模式进行项目承包。2015 年 10 月，刚果金国家电力公司发布招标通知，希望以 BOT 的方式在加丹加省建立两个 200MW 的太阳能电站，主要原因在于刚果金属于重债穷国，获取外汇的手段较少。刚果金政府允许外国企业在不涉及国家秘密及安全的领域，如基础设施、酒店及医院等探讨 BOT 合作。BOT 项目如果属于国有资产，国家占比例一般在 10% ~30% 之间。这些项目在特许经营阶段，可享受所有免税政策。如果项目系当地私营企业所有，对于外资占股没有限制，外资企业可 100% 控股，但不享受任何免税待遇。此外，对于特许经营年限，政府没有统一规定，由双方通过谈判确定经营年限。部分中国企业正与当地业主方探讨以 BOT 方式开发其他项目。但由于项目投资大、周期长，以及该国投资环境不佳，存在一定经营风险等原因，项目推进缓慢。

(10)安哥拉能源水利部主要采取 EPC 模式开展项目。但由于经历了多年的战争，安哥拉原有的许多变电站、线路都已经瘫痪；加之该国电力十分缺乏，而水电资源丰富，政府却无力投资建设项目，于是正在探索采取 ROT(改造、运行、移交)和 BOT(建设—运营—转让)方式用于电力项目建设。但这种融资项目的投资规模较大，资金回收期较长，而且政府的电费回收率很低，投资风险比较大。2011 年安哥拉议会批准通过 PPP 法案，支持和鼓励 PPP 项目开展，但目前中资企业在安哥拉尚未实施特许经营项目。

(11)喀麦隆目前公共工程项目以 EPC 方式实施，暂无以 BOT 方式实施的项目。喀麦隆政府倾向于采用“公私合作伙伴(PPP)”、“建设—经营—转让(BOT)”等模式，积极吸引外国投资者前来投资。自 2012 年以来，喀麦隆经济计划部在公共工程建设领域大力推行公共及私营合作伙伴（PPP）方式，相关政策尚在进一步酝酿之中。2013年11月11日，喀麦隆政府与韩国林贝港工业开发公司签署了林贝深水港项目备忘录，协议规定该项目将采用PPP方式或BOT方式实施。

（12）哥伦比亚针对于基建、电力行业的公私合营是近年来力推的一种新型民间投资方式，也称为具有哥伦比亚特色的BOT运作模式。公私合营的法律依据为2012年的第1508号法令。在公私合营模式下，哥伦比亚政府最多可提供项目总投资20%的资金，特许经营期最长可以达到30年。政府倡议、主导、审批或参与的金额超过200万美元的大型项目，大多以公私合营的模式进行。

（13）多哥作为一个产业结构单一、贫穷落后的国家，能源资源比较匮乏。外债水平非常高，对于融资类工程总承包项目基本无法提供自有资金，需要总包方100%融资。多哥电力市场基本上均采用EPC总承包模式，近年来政府也在鼓励BOT、PPP模式。

（14）津巴布韦电力部要求的承包模式主要是EPC、EPC+F模式，目前在电源项目上正在推进BOT、IPP和PPP等模式。

（15）塔吉克斯坦业主要求项目的总承包模式一般是EPC模式，近两年塔方业主也在尝试使用BOT模式。

（16）巴布亚新几内亚的基础设施主要是政府出资或利用国际组织、伙伴国援助资金建设。合同模式主要有EPC、BOT模式。近年来，巴新政府通过PPP法案。根据此法案，成立PPP中心，协助政府计划和实施PPP项目。

（二）结论分析

通过以上国家对工程的合作模式分析可知：

（1）垫资承包已经成为普遍现象，具有融资能力的EPC承包商是国际社会所真正的需求，国际工程承包市场总的趋势需要承包商垫资承包的项目越来越多。垫资承包项目已经占到了国际工程总承包市场60%的份额。可以预言，没有融资能力的EPC承包商，将来必将被淘汰出国际工程总承包市场。

（2）工程总承包正由EPC合同模式迅速向BOT、PPP模式过渡。BOT项目已经成为发展中国家或不发达国家政府青睐的项目融资方式。

许多发展中国家或不发达国家鼓励工程工程承包商通过 BOT、PPP 模式参与到本国的基础设施建设中来。一方面这些政府部门能够借助私人部分的融资让利,解决经济发展过程中基础设施需求旺盛与自由资金不足的矛盾;另一方面能够转移政府在项目建设和运营中的风险。我国的承包商应逐步调整经营思路,在 EPC 总承包的基础上,探索 BOT、PPP 等新的经营模式。

（三）国际工程总承包市场的发展趋势

我国的国际工程公司在海外以技术、服务、标准、"本土化"经营等为目标的"走出去"战略已经成为新常态,对金融支持的需求也将更加迫切。从"走出去"到发展壮大并实现可持续发展,离不开金融更强有力的支撑。企业"走出去",金融也必须"走出去",金融服务能力有多强决定了国际工程公司能够走多高、多远。工程公司"走出去"遇到的最大难题就是融资与风险规避,未来的"走出去"更偏重于资金、技术服务及标准层面。"走出去"不仅拼的是技术、管理、设备实力,更拼的是融资能力,融资能力的强弱已成为国际工程公司在海外能否走得高远的制约因素。在"一带一路"的大背景下,我国的国际工程公司应充分利用我国政府提供的"两优"贷款,即中国援外优惠贷款和优惠出口买方信贷,这些通常是在国外政府作为借款主体或政府提供担保的情况下,才可申请。

第六节　国家的税收对 EPC 合同的影响

当 EPC 合同模式在一个国家适用时,税收对其影响很大。针对海外 EPC 项目,税务管理需要关注 EPC 项目执行的三个阶段和抓住两条主线。三个阶段分别是指合同签订前的税务筹划,合同执行中的管控与落实,合同关闭阶段的总结与评价。贯穿在这三个阶段的两条主线是利用国内的税收优惠政策和规避工程所在国的税务风险的主要做法。

一、合同签约前的税务筹划

海外 EPC 总包项目的税务管理在初期阶段主要是进行税务筹划,这一阶段筹划的重点在于了解并利用好我国对“走出去”企业的税收优惠政策;同时通过专项调研,全面了解工程所在国的税收政策,结合合同模式,制定税务筹划策略。

(一)利用好国家对海外EPC项目的鼓励性税收政策

1. 流转税

我国现阶段实行免征或者退还出口环节增值税和消费税以降低企业税负,增强“走出去”的企业在国际市场上的竞争力。在流转税方面,相关税收政策主要集中在免税以及出口退税上。根据《应税服务适用增值税零税率和免税政策的规定》财税〔2013〕37号文件的规定,向境外提供研发服务和设计服务实行增值税零税率,即EPC项目的设计部分(E部分)不用缴纳增值税。根据财政部、国家税务总局《关于出口货物劳务增值税和消费税政策的通知》财税〔2012〕39号文件的规定,对于采购部分(P部分),对外承包工程所需要出口的机器设备、原材料、施工机械和中间产品,甚至包括生活用品在内,都可以按规定享受退(免)税政策。对于建筑安装部分(C部分),根据2009年1月1日实施的《中华人民共和国营业税暂行条例》规定,境内企业在境外提供建筑劳务可以免征营业税。

2. 税收协定

在税收协定方面,截至2015年8月底,我国已对外正式签署100个避免双重征税协定,其中97个协定已生效,和香港、澳门两个特别行政区签署了税收安排,与台湾签署了税收协议。通过税收协定,企业可以享受到的协定待遇包括:

(1)税收协定优惠待遇。在项目所在国不缴纳所得税或享受减免税。依据税收协定的规定,“走出去”的企业从项目所在国取得的股息、利息、特许权使用费、转让财产所得等可以享受减免部分甚至全部的优惠待遇。“走出去”的企业在项目所在国从事工程承包活动,营业活动时间未超过有关税收协定规定183天的,可以免除在该国征收所得税。

(2)避免双重征税。由于在境外开展EPC总包项目必然存在跨国所得,一定会产生双重征税问题。利用税收协定获得税收抵免,可以有效降低“走出去”企业税收成本。协定一般规定在项目所在国已经纳税的所得,在计算我国境内应纳税款时,对其在境外的已纳税款进行抵免。特别指出的是，如果“走出去”企业在项目所在国享受的减税、免税额等优惠待遇，也可以依据税收饶让的规定，视同已按项目所在国税法纳税，从企业应纳税总额中限额抵免。

(3)避免企业受到歧视待遇和解决跨国涉税纠纷。税收协定当中通常对非歧视待遇和解决纠纷提供沟通途径和方法。如果承包商认为项目所在国违背了税收协定的无差别待遇原则，对其形成歧视待遇时，就可以利用税收协定向工程所在地的国家税务局申请启动相互协商程序，由国家进行双边磋商来维护企业税收权益。

3. 企业所得税

在企业所得税方面，根据相关税法规定，有境外工程承包的企业在我国缴纳企业所得税时可以依法抵免已在境外缴纳的所得税税款。我国对企业境外所得的抵免采用“分国不分项”的办法，即在计算抵免限额时，企业来自不同国家的所得只能单独分别计算，不能合并计算；而在计算所得税抵免限额时，不再区分种类，对同一个国家的全部所得，采取合并计算的方法。

4. 关税和印花税

在关税和印花税方面，我国政府目前对一些出口商品征收较低税率的关税或者免征关税。由于相应的产品种类繁多，有的还处在不断地变化中，因此需要企业要实时关注相关产品关税政策及其变化。在印花税方面，由境外子公司与业主在境外签订的建筑安装合同，并且也不带入国内使用，则该合同也不需要贴花。

(二)项目所在地的税收政策调研及分析

对于第一次在项目所在地开展 EPC 项目，应从 EPC 项目开始之前就要进行税务管理方面的调研考察。调研的内容已经在本书第二章《国际工程投资的前期法制环境调查》中进行了论述。前期调研重点应关注当地财税制度(税种、税率、计征范围、免税条件)、公司注册类型、融资条件与方式、资金回流渠道，是否与中国签署了避免双重征税协定等内容。

投标阶段要考虑投标主体、关联方交易限制，还要重视招标文件和合同中的相关结算。应对招标书中税务条款组织财务人员、法务人员、工程所在国的财税专家、专业律师进行专题研讨。一是分析合同文本中“税款”的表述的含义，有的国外业主利用外国企业对项目所在国的税制不了解,在“税款”的定义中含糊其词,在执行过程中利用税务条款要求承包商承担不必要的税费。如果有疑问,一定在投标阶段澄清或者修改此类条款。二是对合同价格中包含的税款进行分析。一般的情况下,EPC 合同的价款包含税款,因此承包商需认真分析所包含的税种以及税率,为准确评估标底做好基础工作。如果是由业主代扣代缴方式缴纳,需说明多扣缴的部分通过什么方式,何时返还,以及需要提交的证明材料等。三是招标文件中是否涉及相关税务证书的规定。例如,在印度,承包商应取得 TDS 证书(抵预扣税证书),否则业主的付款按照付款总额乘以使用的所得税税率来代扣代缴的数额,虽然最后多扣缴部分可能得到返还,但对项目执行过程中承包商的现金流产生很大的负面影响。此外,还应重点关注资产入关方式与报关价值、采办渠道和人工成本,尤其是东道国之外的费用单据是否可计入外账等。

审查税务条款必须和标前的法制环境调查内容紧密相连,孤立地审查税务条款并不能防范其中的风险。例如,中国某承包商承包了印度的某电厂 EPC 项目,投标时没有结合具体项目的情况到印度进行深入细致的调查,对承包商在承包该项目时要承担缴纳哪些税种、各种税率是多少等,都没有搞清楚;仅是简单地询问了一下税赋情况,就根据以往承包其他国家工程项目的经验,预估了一部分纳税费用就报出了总承包合同价格。虽然中标,但在项目执行中,逐渐发现有好几项应由承包商自己承担的税种都没有包含在报价的概算之中,就是已经考虑到的税种,其实际要缴纳的税款也高于原先预估的税率,致使承包成本大大超出总承包预算,项目出现亏损。鉴于此,投标前须在目标市场国寻求一个熟悉项目所在地情况及经验丰富的税务顾问,通过与业主充分交换意见及仔细研究项目情况,彻底搞清楚要投标的项目能享受哪些税收方面的优惠减免政策,需要提供哪些减免税文件,哪些税种是由业主缴纳,哪些税种将要由承包商缴纳,各个税种的税率目前是多少,以及近年来的变化趋势。这样,虽然在投标前要增加一些费用支出,增大一些工作量;但能较为准确地估算出将来在税赋方面的支出(税款支出的金额较大,一般为承包合同总金额的 3% ~20% 不等),不至于出现不切实际的高估或低估、漏估,使投标报价更加科学合理。这样做,即使没有中标也不遗憾;一旦中标,也能使将来项目执行过程中的运营成本控制在事先核定的总包、分包费用的额度以内，避免超支甚至亏损。

（三）海外 EPC 项目合同税务的筹划

合同价格的确定和工程所在国的有关合同的税务条款密不可分。海外 EPC 项目常见的合同税务条款，根据纳税主体的不同，可分为三种情形：

1. 业主负责项目所在国税务

一种方式是项目所在国针对该项目颁布一个免税文件，总承包方按照该份文件规定执行，不用缴税。这种情况主要针对使用我国政府的贷款项目，如"一带一路"中很多国家使用我国政府贷款的项目，该国一般免除我国承包商的大部分税务；另一种方式是业主负责缴纳各种税务，合同中清楚地写明由业主负责的税种、缴纳方式、以谁的名义缴纳，总承包方仅承担协助义务。例如，承包商承接的国际工程总承包项目是否适用项目所在国的进口关税，取决于总承包合同中的义务。大部分国家对于电厂的投资建设都持鼓励态度，对于电厂设备的进口通常有减免关税的政策，但多数的关税优惠政策仅适用于电厂的业主，而非项目的承包商。因此，要节约建设成本，一般在主合同中约定关税由业主承担。实践中，通常由总承包商提供进口设备清单，由业主根据清单向当地税务机关申请进口免税政策。免税经批准后，在清单内的设备进口时，可享受减免关税政策。

2. 业主与承包商承担各自税务

由于 EPC 项目一般分为 OFFSHORE（含 E、P 部分）和 ONSHORE（含 C 部分）合同两部分，所以相关的税务筹划也分为国内、国外两部分来进行，企业需要按照统一筹划、科学合理、相互衔接、因地制宜的原则来进行筹划。EPC 总承包商需要考虑好税赋对合同价格的影响，做好 ONSHORE 合同和 OFFSHORE 合同的分拆工作。为了合理避税，一份合同有时需要把 E、P、C 份额根据纳税的需要进行拆分，需要拆分成几个独立的合同。例如，印度属低收入国家，但税法很健全，税种多，税率范围大，税赋也较重，又有一些税收的优惠及减免政策。一个项目究竟要向印度中央和地方政府缴纳多少种税、税率是多少，每个项目都不一样，这些与项目的性质、规模、地点、业主及所签的总包、分包合同都有关系。项目业主由于支付合同款项及合理避税等原因，一般不与总承包商签订 EPC

总承包合同,而是要求与总承包商分别签订:境外采购合同(OFFSHORE SUPPLY),从欧美或中国进口供货,含进口设备与材料等;境外服务合同(OFFSHORE SERVICE),进口服务,主要是含国内部分的工程设计等;境内采购合同(ONSHORE SUPPLY),主要是当地供货,含当地采购的设备材料等;(ONSHORE SERVICE)境内服务合同,主要是当地服务,含土建、安装、调试、试营运、现场技术服务等。

总之,税收筹划的原则是由低税负的海外关联公司提供设计服务,将设计部分的利润保留在低税负的公司,并且避免因构成常设机构而导致相应的税务风险;建立有效的材料采购流程,通过海外关联公司转售,可以节约所得税、增值税和关税成本;由在东道国注册成立的公司签署劳务合同并派遣劳务人员进行工程施工。

在拆分 EPC 项目合同金额时通常考虑四个因素:

(1)工程所在国所得税的税率与中国所得税税率比较。按照《中华人民共和国政府和印度共和国政府关于对所得避免双重征税和防止偷漏税的协定》以及我国税法的相关规定,中国企业在国外所按规定在当地缴纳的所得税与按中国所得税规定计算出的所得税金额相比较,如果大于按照中国所得率税率计算出的所得税则不用再补交在中国境内的所得税,超过的部分也不会返还;如果小于按照中国所得税率计算出的所得税则要补交差额。根据上面的规则,可以合理地增大境外供货合同金额,尽量把利润留在中国境内,就能取得所得税纳税筹划收益。

(2)我国的出口退税和项目所在国关税统筹。按照我国的出口退税政策,项目在中国采购的设备能够取得返还增值税,这也是项目的利润增长点;但需要统筹考虑项目所在国的进口设备的关税税率,有可能项目所在国的所征收的关税大于我国设备的出口退税所得。

(3)工程所在国现场合同间接税税负的高低。有的国家执行项目,施工现场的合同间接税税负很低,这样就可以适当增大现场的服务合同金额。比如,沙特税收法律主要包括直接税与间接税,直接税包括公司税、宗教税、外国公司的所得税、扣缴税、资本所得税,间接税包括进口货物征收的海关税。沙特不征收销售税、增值税、财产税和礼品税,个人所得工资收入也不征税。在沙特执行项目,除了公司所得税外,基本上没有其他税费的存在。

(4)混合销售合同税负的高低。有的国家,如果不能合理的拆分采购合同和服务合同,当地的税务部门就会按照税率比较高的税种对整个混合销售合同征税高额税款。例如,某承包商在伊朗执行某 EPC 项目,便对 EPC 合同合理地拆分设计、采购、施工三个合同,从而实现了项目不被过高地征税。

通过税收筹划,合理的拆分合同,合法规避税务风险是承包商取得效益的重要手段,但这种合理的避税必须有个限度;如果把所有利润留在国内,而亏损留在工程所在国,有可能引起当地税务机关的注意,甚至惩罚。税收筹划需要税务专家与当地律师统筹考虑,评估该拆分行为是否违反当地的法律,如果一旦被当地税务部门认定为规避税收而恶意拆分合同,就会受到行政处罚,甚至承担刑事责任的风险。

3. 总承包商承担全部税务

如果完全由承包商承担全部税务,就要熟知当地税法,并把相应的税务预算额加入到工程报价中;还要聘请当地的税务专家协助总承包商进行缴税,同时要争取业主的配合。一般来说,在投标报价阶段,所得税、增值税、市政税、扣缴税等这些税种是“走出去”企业关注的重点。

二、海外 EPC 项目合同执行阶段的税务管理

(一)海外 EPC 合同执行阶段国内的税务管理

1. 开具中国税收居民身份证明

为避免双重征税,总承包商在合同签订后应该及时到企业所在地税务机关申请开具《中国税收居民身份证明》,然后向对方国家或地区提供,并申请享受税收协定规定的相关待遇。

2. 免抵退及减免税优惠备案

对于设计部分的增值税零税率,需要向税务机关办理备案手续。对于建筑安装部分(C 部分),根据营业税条例规定境内企业在境外提供建筑劳务可免征营业税。

3. 出口退税的办理及管理

出口退税对企业的利润及资金流都具有重要的意义,因此必须加强对出口退税的管理。主要关注点是:

(1)单据整理:需要提供给税务审核的报关单退税联、增值税专用发票、出口发票及其他税务局要求的单据,并确保相关单据的电子信息与纸

质信息一致。

(2)时间要求：在报关单退税联上的出口日期的次月起至次年4月各个增值税申报期内申报退税。

(3)换汇成本比：在报关时应保持合理的换汇成本(换汇比)，一般认可的换汇成本一般在2~6个月之间。

(二)EPC合同执行阶段工程所在国的税务管理

我国"走出去"企业的海外市场，目前主要集中在亚非拉等不发达国家和地区，企业面临的特殊内外部环境对工程所在国税务管理带来很多困难。一是项目所在国的税收体制不完善，没有完备的税收法制，企业无法确定所进行的筹划活动是否处于法律所允许的范围，从而无法区分自己的行为是税收筹划还是违法逃税或偷税行为，需要在执行过程中持续不断地与项目所在地税务局和中介机构进行咨询，保证合法性。二是税收政策不稳定。在一些发展中国家或不发达国家，由于政局不稳，往往没有一个持续稳定的税收政策，致使税收筹划和执行面临诸多风险。三是是税务执行不规范。严格意义上的税收筹划是合法的或者是不违反法律的，但这种合法性还需要得到所在国税务机关的确认；在确认的过程中，客观上存在税收执法偏差而产生的筹划失败风险。因此，"走出去"企业还要进行工程所在国的税务管理。需要采取的措施有：

1. 借助外部税务力量

对总承包商来讲，东道国本地的中介机构和财务人员熟悉当地税务体系及法律法规，税务筹划经验也比较丰富。应借助外部力量，聘用信誉高、能力强的当地税务师、专业税务律师协助企业解决税务问题，选取适当的合作方式，用好用活当地税务筹划资源，对于承包商尽快融入当地环境，获取最佳税务利益，往往能起到"事半功倍"的效果。可聘请工作严谨、细致，恪守职业道德的当地会计人员，进行会计凭证报表的处理，并和当地税务师事务所合作，让其协助审核和编制当地税务部门要求报送的各种税务报表。

2. 建立内部培训体系

海外项目部税务管理人员在投标过程中应研习EPC合同中相关税务条款，并聘请当地税务师、税务律师对中方财务人员、税务人员针对性地开展当地税法知识培训。项目现场的财务人员、税务人员在工作中，要进行传帮带活动,全面提升整体素质。

3. 当地化的税务管理措施

海外 EPC 项目境外机构在确定境外 ONSHORE 部分的合格供方时,同等条件下应优先选择当地合格供应商。项目所在地的服务合同(含物资采购和工程分包等)应实行含税价。对于当地的税务管理,可聘用当地税务人员打理。

三、项目结算后的税务管理

项目结算后,对于国内部分和项目相关的税务单据要进行存档整理等管理工作,主要是对中国税收居民身份证明、各种减免税备案表、出口退税单据等进行整理归档。对于国外部分,要根据企业发展战略,项目子公司或合资公司的税务状况以及税务当地化的实际情况,来确定是否要将项目公司注销。如果需要注销,应进行税务清理。如果需要存续,则需要对当地的财务税务档案进行归档整理;要对项目所在地的税收法规翻译文件整理,形成税务文字档案材料归类存档,以便有新合同时能更好地操作。最后,要持续关注项目所在地的税务政策,税务资料要及时更新完善;要及时关注税务法规所在国的信息,必要时可以聘请国外的税务专家,要求其提供所在国政府正在调整的商务法律、惯例以及税收法规变化的趋势,从而及时对已有的税务成果进行更新完善。

四、税收筹划模式实证分析

在国际工程承包项目中,常规签约模式通常有以下四种:中国公司单独与业主直接签约;中国公司在境外注册的子公司与业主签约;中国公司与外国公司组成的合资公司(Joint venture)与业主签约;中国公司或者境外子公司与外国公司组成联盟体(Consortium)签约。承包商的签约模式与税收紧密相连。以下是中国某承包商在北非 A 国通过签约模式进行税收筹划成功的一则案例。

在北非 A 国,跨国大型项目常规合同签约模式通常有两种:第一种是由中国公司与项目所在国业主直接签订合同,第二种是在项目国成立一个子公司签订合同。经测算,中国公司在 A 国注册子公司与业主签约这种模式和中国公司直接与业主签约条件下的税负情况基本一致。但 A 国外汇管制比较严格,兑换成国际通用货币比较困难,只能取得当地货币收入,国际采购和项目需要的外汇资金不能随意兑换汇出,因此大型项目在A国都避免采用注册子公司的签约模式。通过从税收角度分析发现,以上两种常规签约模式都不是税务优化模式,合同签约没有充分利用国家间双边税收协定来降低预扣所得税和减少流转环节的工商行为税。比如设计,在项目国只发生很少的人工成本和办公差旅费用,这部分利润较高,如果将设计成本以服务费名义汇出A国,就要被征收24%的预提所得税;再如施工,如果成本不能构成项目国税前可扣除成本,就可能形成较大税前利润而要缴纳高额的利润税,而且形成的税后利润不能通过兑换其他外国货币汇出该国,会给项目带来更高成本。

某承包商选择在与A国有税收优惠协定的U国注册两家公司,一家是做设计(E)的公司,另外一家是做采购(P)的贸易公司,再由中国某公司做施工(C)部分,这三家公司共同在A国注册一个联合体来操作项目。在与业主签订的合同中明确设计工作全部由设于U国的设计公司完成,项目在A国境外的采购全部由设于U国的贸易公司执行,施工部分和在A国的采购由中国某公司在A国注册的临时税务机构完成。在项目执行过程中,设计和A国境外的采购全部由位于U国的公司操作,设计和采购收入由业主分别直接支付给设于U国的设计公司和贸易公司。由于设计和A国境外采购全部由设于U国的公司执行,减少了设计和采购在A国流转环节下的工商行为税以及完全避免了设计服务收入汇出A国时的预提所得税(两国双边税收协定预提所得税税率为零),而且这部分收入能在设于U国的公司实现,不需要在工程所在国缴纳利润税。而施工、项目管理和A国国内采购通过中国某公司在工程所在国登记的临时纳税主体负责,由业主直接将这部分收入支付给临时纳税主体,和当地公司一样正常缴纳利润税和工商行为税。这种签约模式比直接由中国公司签约模式在税务成本上的节约达到了项目总成本的4.5%,也就是说,项目的利润率增加了4.5%。可见,通过税务筹划该项目获得的经济效益是非常明显的。

五、不同的签约模式下涉及税种以及税率比较

以下是一则针对EPC合同签约模式不同下的主要税负分析,不同的签约模式下涉及税种以及税率比较。国内某承包商A预在南亚M国对某项大型工程进行EPC总承包,在M国注册了子公司W。

(一)设计阶段

A 企业提供 M 国境外设计服务:

(1)企业所得税/预提税。根据 M 国内税法,由于 A 企业向业主提供的工程设计服务应属于 M 国内税法规定的“技术服务”,支付方对外支付设计服务价款时需代扣代缴 20% 的所得税。根据中国和 M 国税收协定,如果 A 企业可以证明其提供工程设计服务的行为没有在 M 国形成常设机构,则不应就该服务在当地产生所得税纳税义务。但在实务操作中,M 国税局很少向外国企业签发免缴预提税批复“NIL Order”。在此情况下,M 国的银行通常会在向外支付环节就 A 企业取得的设计服务收入代扣代缴 20% 预提税;若 A 企业所提供的工程设计服务在 M 构成常设机构,有关设计服务净利润(收入减去支出)需缴纳 35% 的企业所得税,可以抵减已扣缴的 20% 的预提税。

(2)增值税(及进口环节税费,如适用)。税率为 15%(进口环节增值税应按 15% 税率缴纳,应不适用简易征收的低税率),由服务进口商(业主)缴纳。

(3)建议:由于 A 企业向业主提供的工程设计服务应属于 M 国内税法规定的“技术服务”,银行通常会在付汇环节就 A 企业服务设计收入代扣 20% 预提税后对外付汇。因此建议 A 企业尽早就获取 NIL Order 事项与 M 国税务机关进行沟通。如果商业可行,建议 A 企业同业主分别就离岸设计服务和离岸设备/物资采购分别签订合同,并分别出具账单,以规避 M 国税局可能就 EP 合同总造价计征 5% 预提税的潜在税务风险。另外,由于境外设计服务收入的增值税由业主缴纳,建议在协议中就该增值税最终由哪方承担在协议中写明,以避免支付时双方产生争议。

(二)采购阶段

1. 企业所得税/预提税

(1)A 企业完成境外采购。根据国内税法,满足一定条件离岸设备采购收入应无须在 M 国缴纳企业所得税和预提税(免税)。需要准备充分的文档以证明 A 企业的 M 国境外采购可在 M 国免税。若在 M 国构成常设机构,需就境外采购设备利润中归属与 M 国的部分缴纳 35% 企业所得税。另外,在向 A 企业支付时,需先代扣代缴 5% 的预提税。

(2)A 企业在 M 国当地采购零部件。A 企业在 M 国的采购被认为在M国存在商业关联,需就境内采购业务利润缴纳35%的企业所得税。业主首先需要在支付价款时代扣代缴5%的预提税。若EP合同中未就境内、境外采购事项作单独区分,则可能需要就M国境内、境外采购部分的全额代扣代缴5%的预提税。

(3)子公司W在M国当地采购零部件。若由子公司W完成采购,在同样需就境内采购业务利润缴纳35%企业所得税的情况下,业主在向子公司W支付时需要先代扣代缴税率为1% ~5%的预提税(视合同项下支付金额而定)。

2. 增值税(及进口环节税费,如适用)

(1)A企业完成境外采购。在货物进口至M国的环节,需由进口商缴纳的进口税费主要有关税、调节关税、预征所得税、增值税附加、增值税、进口转内销增值税。在满足相关条件下,进口货物可按照SRO100或SRO73条例申请免缴进口关税、进口增值税和增值税附加。若货物所有权在M国境外转移,则进口环节税费由货物进口商(业主)报关并完税;若货物所有权在M国境内转移,A企业负责进口货物清关和完税。

(2)A企业在M国当地采购零部件。M国境内零部件供应商将在零部件价款基础上加收15%或5%(简易征收)的增值税。

(3)子公司W在M国当地采购零部件。M国境内零部件供应商将在零部件价款基础上加收15%或5%(简易征收)的增值税。

3. 建议

境外采购环节中,建议将货物在M国境外完成所有权转移,由业主作为货物的进口商报关并申请进口环节税费减免。境内采购环节中,建议由子公司W与业主直接签订合同,完成境内采购和供应。如果商业可行,建议A企业同业主分别就离岸设计服务和离岸设备/物资采购分别签订合同,并分别出具账单,以规避M国税局可能就EP合同总造价计征5%预提税的潜在税务风险。

(三)施工阶段

1. 企业所得税/预提税:

(1)子公司W为业主提供施工服务。子公司W需就施工服务利润在M国计征35%的企业所得税。业主在向子公司W支付时需代扣代缴1% ~5%预提税(视合同项下支付金额而定)。子公司W将施工劳务进一步分包给 B 公司，同样需代扣 1% ~5% 预提税。

(2) A 企业派员前往 M 国为工程项目开展监督管理活动。根据中国和 M 国税收协定，若派驻人员逗留时间在 6 个月以上，可能在 M 国构成常设机构。由于 A 企业并未从业主或子公司 W 就该服务取得收入，即使 A 企业在 M 国构成常设机构，应该也没有归属于 M 国的应税收入/利润在 M 缴税。存在 M 税局从 EP 合同中划分出部分收入/利润归属于现场施工监督（认为 E&P 活动与该现场施工监督活动相关联）并缴纳 35% 企业所得税的风险。

2. 增值税（及进口环节税费，如适用）

(1) 子公司 W 为业主提供施工服务。子公司 W 需就施工服务收入在 M 国计征增值税。在计算增值税时，子公司 W 可选择适用 15% 税率或 5.5% 征收率（简易征收办法，不可抵扣进项增值税，并需由业主代扣代缴）。为建筑施工目的而发生的进项一般无法进行增值税抵扣。M 国新增值税法拟于 2017 年 7 月 1 日起实施。新税法下建筑服务中的 5.5% 简易征收率可能被取消，且针对建筑服务的增值税进项抵扣限制也可能被取消。

(2) A 企业派员前往 M 为工程项目开展监督管理活动。A 企业派员前往 M 国为工程项目开展监督管理活动应无增值税税务影响。

3. 建议

在实际操作中，由于为建筑施工目的而发生的进项一般无法进行增值税抵扣，子公司 W 可考虑按 5.5% 简易征收率就建筑服务收入缴纳增值税（无法抵扣增值税进项），以降低税负水平。建议 A 企业进行转让定价基准分析，以支持 EPC 合同境内（由子公司 W 确认的 C 部分）和境外部分（由 A 企业确认的 EP 部分）利润划分的合理性，从而避免税务局可能会核定 EP 合同中的部分收入/利润归属于现场施工监督，并缴纳 35% 的企业所得税。

（四）不同签约模式税务比较

1. 第一种方案

A 企业与 M 国业主签订 EP 部分合同，在 M 国的子公司与业主签订 C 部分合同：

(1) 设计部分，业主支付款项时代扣代缴 20% 预提税。

(2)采购部分,满足 M 国当地 SRO100 或 SRO73 条例,免缴进口关税、进口增值税和增值税附加。

(3)施工部分,业主支付款项时代扣代缴 1% ~5% 的预提税(合同金额超过 3000 万塔卡即 38.5 万美元,预提税为 5%),最终依据 M 国子公司形成的利润总额的 35% 缴纳企业所得税,代扣代缴 1% ~5% 预提税金额大于利润总额的 35% 时不予退税,可以抵减以后项目产生的利润,当施工部分的毛利达到 14.29%,按施工收入的 5% 计算的预提税与按利润总额的 35% 计提企业所得税一致。该项目施工部分保留毛利 5%,合同金额超过 38.5 万美元,所以施工部分的企业所得税为收入的 5%。

(4)施工部分,按施工部分金额的 5.5% 缴纳增值税。

2. 第二种方案

A 企业与业主签订 EPC 总包合同,并将 C 部分分包给 M 国子公司:

(1)业主支付款项时按 EPC 总包金额的 5% 代扣代缴预提税。

(2)A 企业向 M 国子公司支付分包工程款时,M 国当地银行会先扣缴 10% 的预提税。

(3)施工部分金额的 5.5% 缴纳增值税。

3. 两种方案比较

由业主与 A 企业签订 EPC 总包合同,A 企业再将 C 合同分包于子公司 W,随后子公司 W 将 C 服务再全部分包给 B 公司。与拟定 EPC 项目合同拆分安排相比,此备选方案存在以下弊端:

(1)从企业所得税/预提税角度,该安排可能会导致按 EPC 整体合同造价征收 5% 的预提税风险。此外,A 企业在向子公司 W 支付分包工程款时需先缴纳 10% 的预提税,一般由 M 当地银行收到工程款并支付给子公司 W 时代扣代缴。

(2)从增值税角度,业主方(作为服务进口方)需要就建筑施工合同收入缴纳 15% 增值税。当 A 企业把建筑施工分包给子公司 W 时,由于施工主要发生在 M 国境内,因而可能无法视为出口服务,因而子公司 W 可能需要就分包收入缴纳 5.5% 增值税,当子公司 W 再次将建筑施工分包于 B 公司,B 公司需要就分包收入再次缴纳 5.5% 的增值税。而在前面分析的合同安排下(子公司 W 同业主直接签订建筑施工合同,并将此业务分包于 B 公司),子公司 W 需要就建筑施工收入缴纳 5.5% 增值税,

B 公司就分包收入缴纳 5.5% 增值税(仅需要缴纳两次 5.5% 增值税)。因而此方案从增值税角度也不够优化。

(3)从商业上考虑,M 国当局可能也不允许就 M 国境内提供的服务(C 服务)在 M 境外收取服务费。因而,建议不考虑采用该备选 EPC 方案开展项目

根据上述的两种方案的各种税率分析,最优的签约模式为 A 企业与业主签订 EP 合同,M 国子公司与业主签订 C 合同。在 EP 合同中需要明确区分设计部分金额及采购部分金额,业主回款时将设计部分的款项和采购部分的款项分开,可以规避 M 国就整个 EP 合同总造价计征 5% 的预提税。

第五章　国际EPC合同及相关合同管理

导语：合同规范管理已经成为现代企业经营管理工作的主要组成部分，也是工程总承包项目成败的关键环节之一。合同管理有形化、制度化、程序化和规范化，有利于管理实践经验的积累，也会促进承包商合同管理水平不断提高。合同的管理按阶段分主要包括四个阶段，即合同立项形成阶段、合同谈判签订阶段、合同履行阶段、合同关闭阶段。本章合同管理涵盖了自合同立项、签订、履行至关闭的整个合同管理过程，合同管理各阶段和过程相互联系、相互作用和相互制约。合同动态管理、全过程管理能够使合同管理始终处于有效的控制状态。

第一节　工程合同管理综述

合同管理是工程项目管理的重要内容之一，主要包括合同归口管理制度、授权委托制度、合同会签和审批制度、合同专用章管理制度、合同报表和分析制度、合同纠纷处理制度、合同归档制度、合同信息化建设制度、合同管理人资质制度、合同法务人员奖惩制度等。由于受篇幅限制，本章对于工程合同管理的内容并不一一展开讨论，只是挑选其中部分内容进行论述。

一、国内外合同管理的差异

（一）国际上合同管理的特点

国际工程通常采用国际上多年以来形成的惯例和成熟的合同管理办

法进行管理,在不同的国家或区域又通常加入工程所在国的管理习惯。合同管理是国际工程项目管理的核心,是项目管理的灵魂,合同管理水平的高低很大程度上决定着项目的盈利水平。

国际EPC项目通常是大型复杂的高风险项目,合同文件众多、全面、系统,合同条款较严谨。欧美的工程公司通常会严格按法律和合同要求办事,以合同文本为准,执行过程中的所有问题都要参考合同规定。发生争端时,通常按照预先设定的争端解决方式解决。

国际承包商通常设置独立的法务部门,挑选素质高、协调能力强、善于把握全局的人专职从事合同管理工作。在合同实施过程中,均成立专门的索赔管理和领导小组,甚至聘请国际知名的索赔公司帮助其索赔工作。

(二)现阶段我国承包商合同管理的缺陷

2000年后,我国的大型承包商开始到境外从事EPC总承包,经过15年的工程实践表明,80%的EPC项目并不理想。目前中国企业在国外承包工程遭遇的许多问题都源于合同管理;与国际大型承包商相比,我国大型EPC承包商在国际高端项目的管理方面差距尤为明显。主要表现在:

(1)合同意识淡薄,不能按照合同的约定行为处事;

(2)没有独立的合同法律机构;

(3)缺乏优秀的法务人员;

(4)缺乏合同管理制度,或者即使有也是形同虚设;

(5)不能全员全过程管理合同;

(6)缺乏索赔意识,没有索赔证据,跟踪不及时,缺乏连续性;

(7)合同文档管理混乱,经常丢失合同文本及相关资料。

以上七种表现中,第一种合同意识淡薄既是表现形式,也是合同管理效能低下的深层原因。

(三)国际工程项目亏损的共同原因

1. 项目经理法律意识的淡薄

通过综合分析多个近年来我国承包的国际EPC项目亏损的情况,发现共同的现象——无论是国企还是民企,EPC项目经理们,长期囿于理工科背景的局限,没有合同意识,缺少法律思维,满脑子都是施工,亏损之后总是能罗列出一大堆堂而皇之的理由来解释亏损的原因,但始终是“隔靴搔痒”，找不到亏损的根本原因。现阶段，EPC 项目合同管理能力不足是亏损的最根本原因，其他直接原因都是衍生出来的。EPC 合同能力管理不足已经成为制约我国大型承包商走出去从事 EPC 项目的“瓶颈”。

2. 国内工程项目运行的特色

国内的工程项目，实施的依据更多的是来自政府部门、业主或承包商高层的指令，至于工程索赔一般要等到工程结束后来处理。经常出现业主给个口头指示就执行，发现业主违约时也不按照合同规定发出书面通知，到索赔时，缺乏强有力的支持性书面文件。在国内工程建设中，项目经理们法律意识往往不够敏感，国内总承包企业基本上靠“搞关系”揽项目，大部分纠纷靠“关系”或“行政命令”来解决。项目合同在整个项目实施过程中无足轻重，经常被束之高阁，除非发生争议，否则合同双方都不会主动按照合同规定办事，有的承包商甚至向业主作出“绝不索赔”的承诺。我国的承包商在国外开拓市场，还普遍沿袭国内“低价中标、高价索赔”的做法，为拿到项目，不惜报出远低于项目成本的价格。

3. 法务机构设置与人员配备

在机构设置与人员配备上，国内项目尤其是国有企业的项目，通常不设立专门的合同管理部门，也没有专职的法务人员，合同法务通常由计划、成本人员代替，这些人员几乎是从其他专业转行而来的，全日制教育几乎以技校、中专、大专为主，在国企“走出去”的同时，法务人员几乎又由这部分人群充任，最终导致了合同人员不懂法律，合同经理是法盲已经成为见怪不怪的现象。工程所在国的业主，联合体方以及我方的外籍雇员对于国有企业合同法务人员没有法律知识颇感惊讶。造成这种混乱局面的原因是很多国内的承包企业和相关人员长时间受计划经济的熏陶，对于国际惯例仍然套用计划经济时代的管理思路、管理方式、管理制度。法律专业化、职业化只是挂在嘴边，并没有人真正执行。民营企业几乎不存在这方面的问题，他们能够根据实际需要及时调整自己的法务队伍，绝大部分著名的民营企业严格要求法务人员，没有获得国家法律职业资格禁止进入从事公司从事法务，原有的公司法务人员没有获得国家法律职业资格的，要求在限定的时间内必须获得该资格，否则会被优化掉。经过遴选的新进的法务人员全部为清一色的法学科班出身，并全部拥有法律职业资格。公司法务人员队伍建设情况是承包商总体管理水平的一面“镜子”。

二、合同管理原则

(一)集中控制原则

依据规范统一的合同审查、批准制度,公司法务部对各类合同管理过程中的立项、签订、履行、变更和关闭等关键管理过程中的审查和决策实行集中控制。

(二)授权管理原则

公司法务部代表公司对各分公司、子公司、项目部、代表处以及总部各职能部门对合同管理行为实行授权管理。

(三)全过程统筹系统管理原则

合同管理过程贯穿于合同的立项至最终关闭的整个过程,法务人员需要对合同管理的各个环节进行统筹规划,系统管理。

(四)事前预防和事中控制为主,事后补救为辅的原则

事先预防是指为保证合同的公平性、合法性,避免己方违约违法,其他方违约违法对己方造成伤害,以及己方与合同相关方发生对己方有负面影响的争议所采取的合同管理行为。事中控制是指在合同执行过程中通过各种手段和方法控制对合同履行行为产生负面影响的各类风险,避免偏离合同和对己方造成不利影响的扩大化和严重化的合同管理行为。

事后补救是指为减轻由于己方或相关其他方违约而对己方产生不利影响而采取的合同管理行为。

(五)管理内容有形化和程序化原则

通过收集、整理和总结公司执行过的项目及相关业务所获得的合同管理方面的实践经验,借鉴相关先进理论知识和成果,逐步建立系统的、覆盖公司合同管理全过程的合同管理文件和程序,从而实现合同管理活动有章可循。

三、合同管理组织机构及职责范围

(一)合同管理组织机构

法务部是海外分子公司合同法律管理工作的主管机构和日常工作机构。法务部既是合同的业务部门,也是对分子公司的合同事务进行动态监督,对有关合同的订立、履行、变更、解除和终止等重要事项实行监督和管理的职能部门。海外分子公司的法务部应设置法律岗、合同岗、保险事

务岗、合规合约岗位。子公司根据实际情况聘用工程所在国的律师事务所或执业律师作为专/兼职法律顾问,协助法务部开展合同管理工作。

(二)职责范围

1. 业务部门职责

业务主办部门是指对合同标的(指合同当事人提供的服务、产品、工程等)直接管理的部门。本着“谁主管、谁负责”的原则,分子公司的业务主办部门应对下述业务管辖范围内的合同管理负主要责任。

设计部:FEED 确认、勘查、设计外委类分包合同。

采购部:设备、材料订单、仓储、海运、空运、陆运合同,清关、商品检验、第三方服务合同。

施工部:施工相关类分包合同,包括场区回填、土建施工、大罐施工、管道安装、设备安装、施工机具租赁等。

开工部:试运分包合同。

计划控制部:设计、施工、试运、NDT 等工程类分包招投标。

QA/QC 部:NDT 分包合同。

财务部:保函、借贷类合同、会计事务咨询类协议、税务咨询类协议。

行管部:营地建设分包合同、房屋租赁合同、车辆租赁合同、后勤物资采购类合同、后勤服务类合同。

人力资源部:外籍人员雇佣、劳务类合同、人事代理合同。

法务部:主合同、联合体合同、分包合同、工程保险类合同。牵头组织制定修改合同管理办法,牵头制定运维合同评审管理流程,核查项目范围订立合同和履约情况,组织合同纠纷的调解、仲裁、诉讼及善后工作。就与合同相关的法律法规进行宣传、培训。

上述业务主办部门负责提出合同标的要求,包括:工作范围、质量、技术要求、合同履行期限、合同履行的地点、履行的方式、价款、报酬及支付方式等。其中,工程类分包合同(施工分包、设计分包、试运分包、NDT 分包)标的应根据计划控制部的招标策略进行编制。除工程类分包合同统一由法务部按合同会签程序完成评审、谈判、最终签订外,其他合同由业务主办部门负责结合相关职能部门完成合同评审、谈判、最终签订。

业务主办部门在合同履行阶段负责合同的管理和监督。具体包括:

(1)负责对当事人提供服务的进度进行监督;

(2)负责对当事人提供的服务、产品、工程的质量和数量进行验收或确认;

(3)对不满足合同约定的情况,应及时书面通知当事人,并及时通报项目主管领导和法务部、计划控制部等部门;

(4)对合同履行中发生的新情况和新问题进行详细记录,并及时向项目主管领导汇报,并通知法务部;

(5)对当事人提交的付款申请、发票进行审核;

(6)参照变更索赔程序对当事人的变更、索赔进行管理。

业务主办部门在管理合同过程中出现困难,可以使用内部备忘录的形式向法务部提出协助,法务部按照轻重缓急的原则进行统筹安排。

2. 职能部门职责

职能部门是指对上述相关业务主办部门提供职能服务或监督的部门,对合同的部分内容及合同管理过程的一些环节发挥职能作用。

设计部:主合同中关于设计和培训部分的工作,分包合同中涉及设计和技术部分的内容;联合体协议中关于设计和培训部分的工作。

采购部:主合同中关于采购部分的工作,联合体协议中关于采购范围、交接界面部分。

施工部:主合同中关于施工部分的工作,联合体协议中关于施工部分的工作。

开工部:主合同中关于试运和开工部分的工作,分包合同中涉及试运的内容,联合体协议中关于试运的内容。

计划控制部:主合同中关于项目控制、发票、付款部分的内容,分包合同中涉及项目控制、价格、付款的内容,联合体协议中涉及项目控制、价格、付款的内容,审核、确定设计、采办和施工类分包合同的进度计划,统一对工程类分包合同的付款进行审核。

QA/QC 部:主合同中关于 QA/QC 部分的工作,分包合同中涉及 QA/QC 的内容,联合体协议中关于 QA/QC 的内容。

HSE 部:主合同中关于 HSE 部分的工作,分包合同中涉及 HSE 的内容,联合体协议中关于 HSE 的内容。

财务部:主合同中关于税、社会保险、保函、付款的内容,分包合同中的税、保函、社会保险、付款内容,联合体协议中关于税、社会保险、保函、付款的内容。

行管部:主合同中关于业主服务部分的工作,分包合同中的涉及行管的内容,联合体协议中关于业主服务和联合体的办公等服务部分。

人力资源部:主合同和联合体协议中关于组织机构和人员配备部分。

文控部:主合同中关于文件控制、竣工资料部分的工作,分包合同中关于文件控制的内容,联合体协议中关于文件控制的内容,负责正式合同文件的分类、编码、归档和合同正本的保存、合同文件的发放等。

法务部:协助各业务主办部门提供合同样本,根据业务主办部门提出的合同标的要求对业务主办部门准备的合同进行审核,合同履行中发生变更、索赔、反索赔或纠纷时,负责合同的解释,检查掌握分包合同执行情况并对分包合同付款申请进行审核,编制分包合同执行报告,协助计划控制部确定进度款申请中的各种证明文件要求。

第二节　合同形成阶段管理

工程总承包合同形成阶段管理自公司经营业务需要时开始,于投标文件正式递交业主结束。与工程项目紧密相关的合同自工程总承包合同授标或签订后开始,于相关合同评审完成,合同谈判前结束。其他相关的合同自工程总承包合同授标或签订后开始,于相关合同评审完成,合同谈判前结束。合同形成阶段包括市场调研、招投标、合同评审等合同管理过程。

一、工程项目市场国法制环境调研与法律风险评估

法制环境调研是公司拟进入新的海外目标市场国时的一项重要工作,也是进行海外工程项目合同法律风险评估的重要依据。法律风险评估是在完成海外市场国法制环境调研后,开始进行项目的投标时对所面临的法律风险经过评估,针对不同的风险所采取的分解手段。工程项目市场国法制环境调研与法律风险评估已经在本书第二章《国际工程投资的前期法制环境调查》中进行了详述,这里不再展开论述。

二、合同审查的原则

合同评审应按合同的合法性、严密性、可行性、安全性四个方面审核，包括以下内容：

（一）合法性

1. 主体合法

签约双方是否具有签约的权利能力和行为能力，法人主体资格是否合法，是否满足特殊资质要求。法定代表人是否经授权委托，是否在授权委托书范围内代表本企业签订合同。

2. 内容合法

签约双方意思表示是否真实、有效，是否违反法律、法规、政策。重点审查是否侵害国家或第三方的利益，是否损害社会公共利益，是否以合法的形式掩盖非法的目的，是否违反法律法规或强制性规定。这里的法律法规既包括工程项目所在国实施的有效的法律法规，也包括我国和相关国家的现行法律法规。

3. 形式合法

必须符合法定的形式，有些国家规定必须经过公证，合同才能生效。例如伊朗的租房合同，必须使用当地政府提供的波斯语的标准合同文本，经过公证后才能生效，否则无效。

4. 签约程序合法

是否经过相关国家政府部门的批准或者登记或者备案。如果合同附有生效条件或者期限，应审查是否适当。审查合同当事人是否在合同上签字或盖章，是否一致，签字人是否是法定代表人或授权代表等。

合法性审查需要中方法务人员和工程所在国的外聘律师共同审查。

（二）严密性

（1）国际合同条件通常逻辑紧密合理，应审查合同条款是否齐备、完整，不存在缺失、矛盾和冲突，尤其是通用条款与特殊条款是否存在不一致，附件与通用条款是否一致。

（2）文字清楚准确，审查合同时，对每一条款、每一用词，甚至标点符号，都需要认真推敲、反复斟酌，避免使用含模棱两可的词语。

（3）设定的权利和义务是否具体、确切。

（4）相应手续是否完备。

(5)相关附件是否完备。

(6)附加条件是否适当、合法。

如果采用FIDIC条款,应对照FIDIC合同条件进行比对,找出有差异的地方,防范业主提供的招标文件存在重大风险。

(三)可行性

可行性意味着合同评审不是静态的,需要将合同文本、承包商自身的能力、业主的资信能力统一考虑。

(1)资信是否可靠,是否有履约能力。

(2)担保方式切实、可靠。

(3)经济效益或社会效益具有真实性。

(4)资产、资金使用效果的财务可行性。

(5)具有可操作性。

(四)合同的安全性

(1)合同签订后存在的风险有哪些,有无相对的防范措施。

(2)无损本公司商誉、商业秘密、经济利益及其他利益。

三、对合同相对方的主体资格审查

在合同签订前,主办部门以及相关合同审核部门应对合同另一方当事人的主体资格和资信进行充分了解和严格审查。

(1)主体资格合法:具有经年检的营业执照,其核载的内容是否与实际相符。

(2)拟签合同标的应符合当事人经营范围,涉及专营许可的,应具备相应的许可、等级、资质证书。

(3)由代理人代签合同的,应出具真实、有效的法定代表人身份证明书、授权委托书、代理人身份证明。

(4)具有相应的履约能力:具有支付能力或生产能力或运输能力等,必要时应要求其出具资产负债表、资金证明、注册会计师签署的审计报告等相关文件。

(5)具有履约信用:过去5年重合同、守信用,无违约事实,现时未涉及重大经济纠纷或重大经济犯罪案件。

(6)合同对方当事人履约能力或资信状况有瑕疵的,不应与其签订合同。必须签订合同时,应要求其提供合法、真实、有效的担保。其中,以保证形式作出的担保，其担保人必须是具有代偿能力的独立经济实体，并应对担保人进行审查。

四、工程项目招标文件评审

工程项目招标文件评审是指在公司获得工程项目的招标文件后，由公司法务部组织对招标文件的内容、要求、程序进行评审及对评审结果的处理等。工程项目招标文件的评审，通常开始于负责招标部门从业主接收到项目的招标文件之后。

（一）评审的内容与要求

1. 评审内容

评审的内容为全部招标文件，包括技术和商务招标文件以及之后的澄清与业主的回复等内容。招标文件的评审通常应发给招投标部门、设计部、施工部、质量部、HSE 部、采购部、人力资源部、财务处等相关部门。由上述部门按照各自的部门职责范围，对招标文件中与之相关的内容进行评审，并按照规定的格式提出意见和建议。

2. 评审要求

招标文件的评审应从以下四个方面进行：

（1）可行：说明招标文件中规定的公司作为承包商应承担的哪些义务、责任和要求，可以做到，没有风险。

（2）风险：说明招标文件中规定的公司作为承包商应承担的哪些义务、责任和要求，虽然可以做到，但存在一定的风险，这些风险通过何种方式可以避免或采用何种方式可以替代。

（3）澄清：说明招标文件中承包商应承担的哪些权利、义务、责任和要求，或业主应承担的哪些权利、义务、责任和要求，矛盾、模糊、无法理解，需要向发出招标文件的业主进一步澄清。

（4）偏离：说明投标时，招标文件中的权利、义务、责任和要求中除上述可行、风险和澄清之外，还有哪些需要向业主提出修改、删除、补充等，并提出相关建议、理由、替代方案，以及说明对工期和价格的影响。

各评审部门的评审意见和建议应按照上述四个方面的要求分别提出，相关建议或替代方案应明确、具体、可操作性强，以及说明是否对工期和价格产生影响。各评审部门应提交英文版本的评审意见和建议。

（二）评审结果处理

对于各评审部门的评审意见和建议，公司法务部汇总后，可视情况提请公司主管领导决定是否召开评审会议。如果主管领导同意，则在评审会议上，就各部门的评审意见和建议进行集体讨论，形成最终评审意见和建议。投标报价部门对于评审的意见和建议，按照以下原则处理：

1. 对于可行和风险方面的意见和建议，作为投标报价时的参考。

2. 对于需要澄清的问题，应立即按照招标文件规定的要求和格式向业主发出澄清函。业主的回复应及时提交相关提出澄清的评审部门，相关评审部门应及时将澄清问题的意见和建议再反馈至招投标部门，同时抄送法务部。对于业主澄清问题的回复，如果相关评审部门或法务部认为不能满足可行或风险的要求，则应作为偏离项向业主提出。

3. 对于偏离项应编入投标文件中，并准备中标后与业主谈判协商解决。

五、评审流程

对工程项目招标文件进行评审的目的是规范公司工程项目招标文件评审的管理，及时和准确地分析、判断、澄清拟投标项目潜在的风险，加强公司主营业务的风险防范与控制，为投标决策提供切实的、充分的依据。法务人员在组织评审时，应通过内部备忘录的形式发出评审要求，说明评审的工程项目名称、评审意见和建议的回复时间、联系人及联系方式等并附上所有相关的招标文件。各评审部门的意见和建议返回后，法务人员应制作评审意见和建议汇总表。对其中的偏离建议，应按照招标文件要求的格式制作偏离表；对其中的澄清建议，应在汇总后立即提交招投标部门，由招投标部门负责向业主提出澄清。相关澄清的回复，应由招投标部门发给各评审部门。

法务人员在完成评审意见和建议汇总表后，应视具体情况提请公司主管领导决定是否召开评审会议。如果主管领导同意，则法务部组织评审会议，集体讨论，形成最终评审意见和建议，经公司主管领导审批后，提交招投标部门。如果主管领导认为不必召开评审会议，则法务人员可直接将汇总表经公司主管领导审批后提交招投标部门；同时，组织招标文件评审的法务人员还应按照招标文件中的合同条件完成 EPC 合同要点填报，该 EPC 合同要点应随时根据有关澄清和合同谈判进行更新和补充。一旦公司签订完该项目 EPC 承包合同，则应立即转交给该工程项目的负责人，作为执行项目合同人员的学习和参考资料。

六、与工程项目相关的合同前期管理

与工程项目相关的前期合同，即为履行“工程总承包合同”而需要签订的各类合同，包括但不限于：设计分包、施工分包合同、设备材料采购合同、代理合同、租赁合同、保险合同等。该部分合同的前期管理工作最主要的是相关分包合同的招投标、立项审查、合同文本起草等。分包合同的招投标，通常采用有限招标和议标两种方式确定分包商。法务人员在分包合同的招投标中主要是协助负责招投标的部门（通常是计划控制部）进行以下工作：

（1）审查投标人的资质，确认投标人是否具备合法和合格的投标身份，审查投标人的营业执照，相应资质证书等。

（2）起草招标文件中的合同条件，按照该分包合同所依托的工程承包总合同来起草相应的合同条件。原则上应使用公司总部制定的合同范本。如果没有相应的合同范本，则应采用最接近该工程项目类型的其他现有分包合同作为参考文本。

（3）组织子分公司或项目部内部各相关部门对招标文件进行评审。

（4）其他子公司或项目部交付相关合同工作。

如果由法务部负责分包合同的招投标，法务人员需要负责招标文件的编制。通常法务人员负责招标文件中的招标说明、形式合同、合同条件的编制。工作范围应由施工部门或设计部门负责编制；价格和工期计划应由计划控制部负责编制；质量控制和 HSE 管理部分应由 QHSE 部门负责编制。所有招标相关文件，相关部门完成后由法务部门负责汇总，形成完整的招标文件包。在正式发出之前，应按照公司规定的相关程序提交分子公司或项目部的招标委员会审批。在发出招标文件后，法务人员应负责相关的澄清，组织开标和评标等工作。

七、其他相关合同的管理

在与工程项目相关的合同中，除了分包合同外，还有一些工程项目上需要的合同，如租房合同、劳务合同、保安合同、培训合同、翻译合同、合作协议、法律服务协议、办公用品的采购合同、物业管理合同、供餐合同等。这些合同可以采用招标方式确定，也可以直接与相关方进行商谈确定。法务人员在合同的立项和形成阶段，主要有以下工作：

（一）合同立项的合规性审查

主要是确认该合同的形成是否经过了分子公司相关审批程序。比如,是否经过分子公司招投标委员会或相关主管领导等的审议和确认,相关的审批程序是否符合公司相关规定。对于审查过程中发现的未经过分子公司审批的合同,法务人员应提醒相关部门及时办理相关审批手续。

(二)合同文本的起草或审查

其他相关合同的合同文本,可以由相关业务部门起草,也可以由分子公司法务部负责起草,还可以由合同相关方提供。对于相关业务部门起草的合同,如果公司有相应的合同范本,应首先采用公司的合同范本。各相关业务部门如果要求法务部协助起草相关合同文件,应向法务部提供合同文件起草所需要的相关背景材料。除工程项目业主提供的工程承包合同,法律规定的强制性格式合同,相关行业习惯性的规范合同等之外,其他合同文件原则上应由分子公司自行起草,不得擅自使用合同相关方的合同文本。合同相关方提供的合同文本可以作为各业务部门起草相关合同文件的参考。如果一定要采用合同另一方提供的合同文本,则相关业务部门人员、法务人员应严格审查,剔除对公司不利的内容。

合同管理工作的重点是工程总承包合同和与之紧密相关的分包合同;但并不是说除此之外其他合同的管理工作不重要,其他合同是为分子公司的主营业务合同保驾护航的,其前期管理工作量虽然没有主营业务合同那么大,但法务人员也不可掉以轻心。

第三节　合同签订阶段管理

工程总承包合同自公司投标文件递交业主开始,结束于合同正式签订完成。与工程项目相关的合同自合同谈判开始,结束于合同正式签订完成;其他合同自合同谈判开始,结束于合同正式签订完成。本阶段包括合同谈判、合同会签、合同签订、合同文件的分发与保管等管理过程。

一、工程承包合同的谈判

1. 公司在将工程项目的投标书递交业主后,接下来的工作是业主开标后的澄清、评标、授标、合同谈判等。法务人员的主要工作是参与并配合谈判小组的澄清和合同谈判。

(1)投标后和业主的澄清与回复。收到业主的澄清通知后,承包商应就业主投标文件中的问题进行澄清。澄清基本包括:澄清文件,包括业主的招标文件、承包商的投标文件;答复,包括业主对承包商的答复以及承包商对业主澄清的回复;偏离,承包商提出的不同于业主招标文件中要求的意见;不确定性分析,承包商对项目不确定出现的风险所做的简要分析。

(2)合同谈判的计划与要点。在接到业主的中标通知后,一般会要求承包商立即开始合同谈判。公司在与业主进行谈判前,应草拟一份详细的谈判计划,包括参加谈判的人员构成、谈判要点、谈判的底线、我方所能做出的让步条件等。公司通常会选派一支经验丰富的谈判队伍组成谈判小组,除设计、采购、施工、财务方面的人员外,还必须选择法律方面的专家,以便在涉及合同专业内容时提出专业意见。不同于国内项目,国际工程总承包项目中,在定标阶段或承包商中标后,通常还会基于招标文件、投标文件对 EPC 总承包合同进行充分的谈判。谈判人员应充分利用此重要时机,将公司的利益最大限度地体现在合同文本中,尽量争取有利的合同安排。

(3)合同谈判的参与方式与注意事项。按照公司相关规定,工程承包合同的谈判由谈判小组负责组织,法务部派出相关法务人员作为谈判小组的成员。工程承包合同的谈判时间一般较长,海外工程项目合同的谈判地点通常选择在工程项目所在国进行。在合同谈判的整个过程中,法务人员需要注意以下事项:

①从谈判小组的统一安排;

②与谈判小组其他成员紧密配合,最大限度地维护公司利益;

③负责合同条件偏离部分的谈判和记录;

④熟悉与业主往来的澄清文件,招标文件,投标文件等,避免我方在谈判过程出现矛盾和不一致的地方;

⑤就合同谈判的相关问题提出合同和法律上的意见和建议。

法务人员必须同业主据理力争,某些关键性合同条款的让步,造成的损失有时甚至大于放弃整个合同。

2. 与工程项目相关的合同谈判

与工程项目相关的合同的谈判通常由分子公司或项目部负责组织，其法务人员应作为谈判小组的成员参与其中，或可以具体负责组织合同谈判。在合同谈判中，法务人员的主要工作有：

(1)仔细对照分包合同所依据的工程总承包合同，确定谈判过程中分包商要求的事项，我方拟同意的事项等与工程承包合同的规定是否一致，相关责任和义务是否明确转移至分包商。

(2)服从子公司或项目部的统一安排，及时提出合同和法律上的意见和建议等。

(3)整理和保存相关的合同谈判记录，作为今后合同执行过程中的依据和参考。

3. 其他合同谈判的参与方式与注意事项

其他合同的谈判，主要是分子公司或项目部的相关部门负责组织。法务人员可以应邀参与，也可以主动参与，或书面提供相关意见和建议。法务人员参与合同谈判时，应注意以下事项：

(1)了解合同背景。合同谈判决定合同最终能否签订，能否尽可能为公司获取最大利益的关键阶段，因此法务人员应充分熟悉相关的合同内容和谈判的问题，做到知己知彼。

(2)就合同条件中的相关条款，合同谈判的问题及时提供合同和法律上的意见和建议。

(3)提醒相关谈判人员做好书面记录，维护公司合法利益。谈判进行过程中的所有会谈情况、谈话内容等均应留有书面的会议纪要，经谈判双方签字确认后存档，作为以后双方合同执行过程中发生争议解决的依据。

二、合同文件的会签

(一)各种合同文本的会签

1. 主合同文本会签

EPC合同谈判完成，在正式签订之前，应办理会签手续。合同会签应由各会签部门依据本部门职责从合同在立项、招标、谈判、评审及相关审批过程中是否履行了相应的管理程序，以及相关意见和建议是否在合同中得到落实的角度进行。会签的工程承包合同文本应包括合同的所有组成部分，包括但不限于形式合同、合同条件、合同附件、合同偏离等。工程承包合同的会签手续分为两个阶段由法务部负责办理会签:(1)在投标文件发出前,由法务人员对投标文件中的合同条件进行会签。同时,法务人员应负责制作相应的审查清单提交招投标部门确认。(2)合同谈判基本完成,合同文本即将签字之时,由法务人员组织对最终的合同文本进行会签。工程承包合同会签完成后,由法务部将各部门的会签意见提交招投标部门。招投标部门应就各会签部门提出的会签意见和建议与其进行沟通,力求取得一致。如果无法取得一致,则应提交公司决策。会签完成后,审查清单、会签单和合同文本应由法务部备案。

2. 与工程项目相关的合同的内容审定与会签

与工程项目相关的合同的内容审定,主要依据是其所依托的工程总承包合同的相关内容。目的是确定此类合同的相关内容与工程承包合同的内容是否保持一致,确保公司对业主应承担的相关责任和义务全部转移至分包合同另一方。与工程项目相关的合同的会签手续通常由承担该工程项目的分子公司或项目部的法务人员负责完成。

3. 其他合同的内容审定与会签

依据公司对合同规定的业务的具体要求,审查相关责、权、利的划分是否清晰明确。其他合同的会签手续由各相关业务部门负责办理。会签的时间、会签意见的处理等可参照工程承包合同和与之相关的合同的会签程序。

4. 联合体协议、标前协议会签

公司投标前拟签订的联合体协议、标前协议等的会签手续参照“工程承包合同”会签单格式办理,会签部门应填写相应的审查清单。

(二)合同会签的具体要求

会签的合同文本应符合公司规定的合同文件格式,文件齐全。合同会签手续办理部门应根据法务部的要求提交所有合同文本之外会签必需的其他文件,具体包括:合同对方签字人如果不是法定代表人,则需提供法定代表人给合同签字人的授权书;如对方从事的是爆破、防腐等需要国家相关行政管理部门特批或特许经营的项目,则需出示相关的许可文件;如对方是代理商,则需厂家出具代理证明等。

通过招标的合同,在会签时应附上相应的审查清单。会签完成后,合同会签手续办理部门就各会签部门的会签意见和建议与相关部门进行沟通，做出解释和说明。需要修改合同相关内容的，应尽量与合同另一方取得一致。如果合同会签手续办理部门无法与会签部门或合同另一方取得一致，则应将争议提交分子公司领导决策。法务人员应对上述会签过程，会签的合同文本内容等进行监督和审查。

所有合同应进行编号，以便于对合同进行识别与控制。具体的合同编号方式按照法务部制定的相关规则确定，各个部门的合同编号必须使用合同流水编号。法务部是合同会签的必不可少的部门，法务人员应严格按照公司相关会签管理规定认真审核，并提出相关意见和建议。

三、合同签订时审查事项

合同管理人员在合同签订前，应对合同文件的完整性、合同文字的严谨性、合同条款的合法性，以及合同签字人员的身份，相关授权书的有效性，合同文本的份数等进行审核，以确保合同签订符合双方合同谈判的结果。在合同签订前，法务人员应对合同进行最终的审查和把关，应进行以下方面的审查：

（一）合同招投标合规性审查

法务人员应对拟签订的合同在合同招投标（含议标）阶段是否符合公司相关管理规定进行审查。例如，是否进行了投标人资格审查，是否进行公开开标，相关招标策略和招标结果是否按照公司规定上报招标委员会审议决议等。

（二）合同签字主体身份审查

在合同会签时，法务人员应对合同双方的签字人身份进行确认。公司一方，除法定代表人可以直接签订合同外，公司副总经理、分公司或项目部总经理、驻外机构代表、采购部经理等人员签订合同，均需要有法定代表人的合法授权。非公司法定代表人签订合同时，法务人员应审查相关授权手续是否具备，是否在有效期内。如无，则需办理授权手续或办理相应的授权延期手续。合同另一方，如果是法定代表人签订合同，应要求其提供相关身份证明；如果是非法定代表人签订合同，则应要求其出示相关合法有效的授权证明文件。

在合同签订阶段，法务人员应对合同另一方签订合同的合法性进行审查。尽管有些审查工作在合同立项和形成阶段就已经进行过，但也要认真复核，防止因遗漏和疏忽而给公司带来不必要的损害。合法性审查主要是审查其是否具备相应的签订合同的资格，如审查对方提供的营业执照是否经过工商部门的年检，与公司签订的合同业务是否在其合法的经营范围内等；采购订单的代理商，则应审查其是否具有生产厂商给其合法有效的代理资格证书；如供货商从事的是需要经过国家相关部门审批才能生产的特殊设备，则应审查其是否具备相应的许可证；如合同另一方是分公司，则应审查其是否具有总公司的授权证明文件等。

（三）合同内容审查

工程总承包合同的内容审定，主要依据招标文件、投标文件、与业主的往来澄清信件、谈判纪要等，以确定最终的合同文件是否完整、准确、无矛盾和一致等。

（四）合同文本格式审查

公司的合同文本格式管理规定对文本页面设置、封面、目录、文字样式和字体大小、页眉和页脚、页码、附录都做出了具体要求。除特殊情况外，所有合同文本均应符合公司规定的合同文本格式要求。

（五）合同签订方式与注意事项

法务人员应关注合同的签订方式，以确保合同经过具备合法身份的人员通过合法的方式签订。工程承包合同，通常由业主和承包商双方在业主所在地面对面签订；有些业主要求在正式签订之前，要由双方相关人员，通常是法律人员，在合同的每一页上小签；与工程项目相关的合同和其他合同等，通常也应采取面对面签订的方式。但有些合同，特别是合同签订双方不在同一国家/地区/城市的合同，也可以采用一方先签；之后通过递交/邮寄等方式传给另一方，由另一方再签字的方式。采用上述方式时，由于双方实际的签字时间不一致，如果合同规定自签字之日起生效，就要注意统一合同的签字时间，避免因签字时间的不一致而在合同生效问题上产生分歧。对于此种情况，可以直接在合同上规定明确的生效日期，或明确一定的生效条件。例如，规定合同签字后，提交履约保函后或预付款到账时合同生效。

四、合同文件的管理

正式的合同文件是指由合同各方签字确认的，规范合同各方权利义务内容的，作为完整合同组成部分的合同协议书、合同条件、附录、附件，以及在合同履行过程中合同各方签订的明确作为合同组成部分的补充协议、会议纪要、合同附件等。

法务人员在合同正式签订完成后的一项重要工作就是按照公司相关管理规定对合同文件进行管理,以确保合同执行的依据不会损坏和灭失。合同文件管理的主要要求如下:

1. 合同文件签订之前,应按照公司《合同会签与备案管理规定》办理相应的评审与会签手续,未办理相关评审与会签手续的合同不得签订。

2. 合同文件签订之前,应按照公司《合同文本格式规定》的要求制作相应的合同签字正式文本。

3. 合同文件签订前和签订完毕,相关业务部门均应核对拟签订和已签订的合同文件的完整性和准确性。合同文件正本(原件)的份数,除业主、相关政府机构、合同其他方等有特殊要求外,原则上一式两份,采购合同要求一式四份。

4. 分子公司应对本单位履行的所有合同文件进行登记,建立相关合同台账,并按照公司相关月报管理程序报送给公司总部。

5. 合同文件的临时保管与分发。属于由法务部管理的合同文件,相关部门应在合同签订后 7 个工作日内将合同文件原件提交法务部,相关部门留存副本/复印件/电子版本等;属于各业务部门管理的合同文件,临时保管相关合同文件的原件和副本、复印件、电子版本等,同时应在合同签订后 7 个工作日内将原件的电子版本发送法务部。合同文件原件不得分发或借出,副本、复印件、电子版本等只能分发至法务部和合同履行部门。其他各部门需要查阅时应持部门负责人批准的书面请求向文控部、法务部、合同履行部门查阅。财务付款、报销时应附合同副本或复印件,如果相关合同文件有两份原件,则可将其中一份原件作为付款之用。

6. 合同履行期间,合同文件的变更或者修订应按照公司相关合同管理规定进行。变更或修订后的合同文件作为原合同文件的组成部分,按照原合同文件的管理方式进行管理。

7. 合同关闭时,各业务部门应整理所有相关合同文件,包括合同文件的原件、副本、复印件、电子版本等,向文控部进行归档,所有合同文件不得留存在个人手中。

8. 合同文件的归档。合同文件原件由法务部提交文控部归档。已关闭的采购合同文件由采购部将采购合同原件按季度提交到文控部归档。

法务人员在合同签订阶段的审查是继合同立项和形成阶段的管理之后对合同进行的再次把关。合同签订阶段,无论是对合同文件的审查,还是对合同签字双方主体的审查,均是为了确保所签订的合同合法有效,利于执行,避免争议。

第四节　合同履行阶段管理

工程总承包合同自合同正式签订完成开始,结束于工程临时验收完成时,工程质保期(缺陷责任通知期)开始前。与工程项目相关的合同自合同正式签订完成开始,结束于合同履行期限到期时,质保期开始前(如有)。其他合同自合同正式签订完成,结束于合同履行期限到期时。本阶段的管理主要包括合同履行阶段的日常管理、合同付款审核、合同变更管理、合同索赔管理、合同争端处理等。鉴于合同索赔管理、合同的争议处理、合同变更管理的重要性与复杂性,将分别在本书第十一章、第十二章进行专项论述,变更管理将在下一节单独论述。

一、合同履行的日常管理

合同签订完成及生效后,即进入合同履行阶段。合同履行过程中,法务人员的日常管理工作,主要包括EPC合同要点的确定与宣贯,解释合同条款,协助项目解决合同履行中出现的变更和争议,提出合同履行的相关意见和建议、审查相关合同履行文件、监督合同履行,合同月报分析与上报等内容。

(一)工程总承包合同履行的日常管理

工程承包合同的日常合同管理工作,主要由分公司或项目部的法务部承担。主要工作如下:

1.工程项目合同管理整体方案的策划与实施

工程项目合同签订前,相关法务人员就应对该工程项目的整体合同管理方案进行策划,并在该工程项目合同生效后付诸实施。合同管理的整体方案包括项目合同管理的组织机构、法务人员的招聘、中外方法务人员配备、各类合同管理程序（如变更管理程序、索赔管理程序）的制定、各类分包合同样本的准备等。

2. 工程项目合同履行前期分子公司与业主应完成的合同工作审查

EPC 合同开始履行后，法务人员应对照合同内容，编制 EPC 合同履行前期承包商应完成的合同工作清单，并对照清单提交相关部门确认完成情况，找出未完成或未按时全部完成的原因，提出相关意见和建议。

3. 为主体工程的工期、费用索赔编制各类文件。协助各部门对费用索赔、工期延迟等做出分析，提交给业主，并参与变更或索赔的商谈。

4. 工程项目临时验收前分子公司与业主应完成的合同工作审查

法务人员应在工程项目即将竣工的临时验收之前，就分子公司与业主应完成的合同工作进行审查，编制相应清单，并对照清单确认相关完成情况，以保证工程项目能够按照合同规定获得顺利验收。对于我方未完成的工作，应提醒相关部门逐项落实；对于业主未完成的工作，应提醒相关部门要求业主及时完成。

（二）与工程项目相关的合同履行的日常管理

法务人员应了解主体工程项目及各项分包合同的进度，密切关注该类合同的履行对主体工程项目的进度所造成的影响。相关工作主要有：

（1）及时完成相关招标文件，开展分包招标工作，按时完成分包合同的签署。

（2）密切注意合同履行过程中的各类问题，对进度工期有影响的事件，及时发出通知信函。

（3）处理分包等合同履行过程中的各类合同法律问题。

（三）其他合同履行的日常管理

其他合同的日常管理由分子公司相关业务部门负责。分子公司的法务人员应密切关注合同的履行情况，对合同履行过程中出现的问题，积极配合相关业务部门进行处理。

二、EPC 合同要点的交底与宣贯

（一）EPC 合同要点的交底

我国的国际工程总承包，通常是投标阶段与合同签订阶段一个团队，

表 5－1　______项目总承包合同条件要点提示

项目名称：　　　　　　　　业主名称：　　　　　　　　合同号：

序号	合同事项	有√/ 无×	引用条款	提示要点	应关注的问题	相关法律法规要求
一、合同文件清单与关键的合同时间/期间						
1	合同签订时间/生效时间					
2	合同工期					
3	合同文件清单/优先顺序					
4	预付款保函提交时间/金额/有效期					
5	履约保函提交时间/金额/有效期					
6	质保期保函提交时间/金额/有效期					
7	母公司保函提交时间/有效期					
8	设计文件业主审批时间					
9	供货商文件业主审批时间					
10	分包商业主审批时间					
11	进度计划/程序文件等提交时间					
12	业主变更审批时间					
13	承包商对业主变更要求的回复时间					

续表

序号	合同事项	有√/ 无×	引用条款	提示要点	应关注的问题	相关法律法规要求
14	索赔通知期限					
15	发票提交时间					
16	保险单提交时间/险种					
17	机械完工时间					
18	临时接收申请时间					
19	最终接收申请时间					
20	缺陷责任期间					
	二、合同中赋予承包商的权利					
21	承包商付款请求权/合同金额					
22	合同付款方式/需满足的条件					
23	承包商中止/终止合同权					
24	承包商索赔权					
	三、承包商的合同义务					
25	承包商的设计义务					

续表

序号	合同事项	有√/ 无×	引用条款	提示要点	应关注的问题	相关法律法规要求
26	承包商的采购义务					
27	承包商的施工义务					
28	承包商的纳税义务					
29	承包商的人员管理					
30	承包商的保险义务					
31	发现合同条款与法律规定不符的通知义务					
32	测试及检验的义务					
33	误期损害赔偿责任					
34	未达到合同规定的质量要求的赔偿责任					
35	未达到合同规定的目的要求的赔偿责任					
36	发现文物与古迹					
37	保持记录的义务					
38	分包、业主审批及对分包合同的要求					
39	应办理的资质、许可					

续表

序号	合同事项	有√/ 无×	引用条款	提示要点	应关注的问题	相关法律法规要求
40	为业主提供的服务					
四、业主的合同义务						
41	向承包商交付施工场地					
42	提供工程材料/服务					
43	业主应办理的许可证					
44	业主应承担的费用					
45	业主的违约责任					
46	业主提供的基础数据、文件及信息					
47	业主的协助义务					
五、合同义务解除与合同关闭						
48	业主终止合同情形（选择性终止、因承包商违约终止、暂停工作后终止、不可抗力终止）					
49	承包商终止合同情形（因业主违约终止、暂停工作后终止、不可抗力终止）					

续表

序号	合同事项	有√/ 无╳	引用条款	提示要点	应关注的问题	相关法律法规要求
50	临时验收条件					
51	最终验收条件					
52	合同最终关闭条件					
六、合同适用法律与争议解决						
53	合同适用法律					
54	合同争议解决方式					
七、其他相关要点						
55	合同语种					
56	财产所有权及转移					
57	责任限额					
58	知识产权					
59	不可抗力					
60	剩余物资的处理					
61	审计					
62	沟通方式					
63	其他					

执行合同阶段又换成另一个团队。由于合同交底不清，后一阶段的执行团队对前阶段完成的工作不清晰，造成前后两拨人工作交接脱节。因此，合同谈判结束后项目进入执行阶段时，谈判人员应组织合同交底，让项目经理、各部门经理、项目组成人员等对合同有个全面的了解和掌握。交底的内容应包括：合同的签订背景、工程概况、工作范围（工程的位置、性质等）、合同关系、各方的权利义务与责任、工期控制、质量控制、工程材料和设备采购验收的规定、项目投资及成本控制目标、合同价款的支付及调整的条件方式和程序、争议问题的处理方式程序和要求、违约责任、索赔的机会和处理策略、合同风险的内容及防范措施等内容。

（二）EPC 合同要点的宣贯

EPC 合同要点在工程项目的投标阶段初步形成，法务人员应及时依据签订的 EPC 合同内容进行修订和完善。EPC 工程项目开始执行的一个月内，法务部应组织项目全体执行人员学习、讨论、宣贯总包合同的规定和相关法律法规的要求以及业务部门的流程。让 EPC 合同的关键内容深入到每个项目管理人员脑海中，提高项目管理人员，尤其是高层管理人员的合同意识。对《总包合同条件要点提示》进行宣贯可以采取多种形式，包括但不限于召开视频会议、宣讲会、书面测评、逐个部门讨论沟通等。表 5－1《项目总承包合同条件要点提示》归纳了 FIDIC EPC 合同宣贯的要点，法务人员可根据此表进行合同要点宣贯。

三、合同月报和月度分析报告

分子公司或项目部的法务人员应按照公司月报管理规定，在每月 5 日前向公司法务部提交本单位的合同月报，报送截止时间为上月末的最后一日。总部法务部收到月报后，应对该月报进行分析，并将相关意见和建议反馈至报送单位，报送单位应及时回复法务部相关意见和建议的落实情况。如果总部法务部在分析相关月报时，发现可能存在重大合同法律风险等问题时，应及时向公司领导汇报，并根据公司领导的指示由法务部或相关单位负责处理。采购订单类合同的月报由采购部负责编制和更新，并报送法务部。相关对月报的分析意见和建议应及时反馈相关业务部门。

合同月报分析见表 5－2《×××项目部合同履行状态一览表》。以下是对所填内容的说明：

表 5－2　×××项目部合同履行状态一览表

Contract Status Report

截止日期（Cut Off　Date）：

序号 Item No.	合同编号 Contract No.	合同名称 Contract Name	合同性质 Contract Classification	签订日期 Signature Date	签约方名称 Signatory Name	合同额 Contract Value	合同履行期 Contract Duration		目前合同履行状态 Current Status	合同关闭情况 Contract Closure Status	责任部门 Responsible Department	签署人 signatory
						签订额 Contract Value	合同规定日期 Contract Duration as originally specified in the contract	批准的修改期 Approved Amendment Date				
1												
2												
3												
4												
5												
6												

1. 序号:按自然顺序填写编号。

2. 合同编号:本单位所有合同的合同号。该合同号由法务人员统一编写。本项目工程总包合同项下的所有合同按“项目英文简称(大写)/合同性质英文名称的前三个字母或各组成单词的首字母(大写)/001(自然序号)”的方式编写。分包合同统一简称为 SBC。合同流水号有利于防止内部人员合同道德风险,防止项目部内部人员隐瞒法务部,擅自伪造或编造合同。

3. 合同名称:是指正式签订的书面合同的标题,如代理协议、房租租赁合同等。为了便于税收,所有的合同必须有封皮,统一格式,在首页标明主合同名称。

4. 合同性质:合同的类型,如工程承包合同、施工分包合同、设计分包合同、采购合同、保险合同、租赁合同等。

5. 签订日期:合同双方的签字日期,原则上双方的签字日期必须一致。如果签字日期不一致,必须在合同中约定生效日期。

6. 签约方名称:与我方签订合同的另一方的法定注册名称。

7. 合同额:签订额(Original Amount)是指合同签订时确定的合同金额。批准的变更额(Approved Change Amount)是指合同履行过程中双方同意的对原始合同金额增加或减少的金额。

8. 合同履行期:合同规定(Original Duration)是指合同中签订时确定的合同履行期限。批准的修改期(Approved Amendment Date)是指合同履行过程中双方同意的对合同原确定的履行期延长或缩短的期限。

9. 目前合同履行状态:该合同本月所处的履行阶段,按照合同性质分别填写不同的合同履行阶段;例如,工程承包合同履行阶段:在建、机械完工、临时验收、质保期、最终验收等。

10. 合同关闭情况:合同履行期限已届满,是否已关闭;如果不能关闭,则填写不能关闭的原因。

11. 责任部门:对该合同发起的部门或主责部门;有利于查找是哪个部门负责的,方便工作。

12. 签署人:合同的签字人,可能是法人代表,也可能是法人代表授权签字的人;有利于划清最终的责任。

四、合同付款审核

合同付款审核是指法务人员在付款审核中应履行的职责和应完成的工作。法务人员的付款审核工作主要是针对工程承包合同及与之相关的合同。

(一)工程总承包合同及与之相关合同的付款审核

付款审核包括承包商向业主要求付款的审核,及分包商、供货商、服务商等向总承包商要求付款的审核。法务人员进行付款审核的依据是相关合同文件的规定和合同履行情况。

1. 合同付款文件的审查

无论是承包商向业主要求的付款,还是分包商等向承包商要求的付款,付款支持文件通常为发票、合同履约证明等。法务人员在审查时,应注意要求付款的时间是否符合合同规定,相关支持文件是否齐全,是否满足了合同的工期、质量等要求;对一些向分包商等进行的需要提供担保的付款,应审查其是否提供了合同要求的担保,如预付款保函、履约保函、质保期保函等。如果没有提供担保,则应通知付款要求方及时提供担保。对不符合合同要求的付款,法务人员应提出不符之处,要求相关部门或由提请付款要求方改正,重新提交相关文件。

2. 合同付款信息台账的建立、更新、跟踪

对于工程承包合同或重大的分包合同,法务人员应建立相应的合同付款信息台账,记载合同付款数额、应付款时间、实际付款时间、有无争议等信息,以便即时了解合同款项的收付情况,及时发现可能因付款引起的合同争议。

3. 合同付款争议的解决

合同付款争议指付款方双方因付款金额、付款时间、付款支持文件等未能达成一致意见而产生的争议。对付款争议,双方应立足于友好协商,按合同规定的相关内容,找出产生争议的原因,及时协商解决的办法。如果双方最终未能达成一致,按照合同规定的争议解决方式,通过相应的司法程序解决。如果相关的付款争议上升到司法程序解决,应按照公司相关管理规定履行汇报和审批手续。同时,法务人员应积极提出意见和建议,供相关领导决策。

(二)其他合同的付款审核

根据公司相关管理规定,法务部不负责对其他类合同的付款进行审

核。但在出现合同付款争议,或因合同付款行为出现合同争议时,法务人员应依据合同内容提出解决的意见和建议。在合同付款的审核过程中,合同管理部门是协助、监督和审查部门,主要是协助付款办理部门,监督、审查和确认合同付款的合法性和合约性。

五、合同印章管理

(一)国际社会对印章使用的情况

英美法系国家,公司的法律地位正呈现出弱化的趋势。例如,美国的印章不具备独立证明公司对外行为及其效力的功能,美国大多数州的公司法都不要求公司刻制印章。公司注册代理人(Registered Agent)或经正式授权的官员签字即具有法律效力,如中国香港《公司条例》第36条规定:"需要公司认证的文件或议事程序记录,可由公司的董事、秘书或其他或授权的高级人员签署,无须盖上公司的法团印章。"

大陆法系国家如德国、奥地利,只有公权力机关才有权使用圆形印章,个人、有限责任公司、股份有限公司只能使用方形和三角形的印章,但大部分公司并不使用印章。日本、韩国以及我国台湾地区等受中华文化影响大的国家使用公司印章的现象比较普遍。

(二)印章的种类

(1)公司行政章:狭义上的公司印章,公司行政章对公司来讲是最重要的印章。

(2)公司专用章:刻有公司法定名称且刻明某些事项专用的印章,例如合同专用章等,其效力只能在特定的范围内代表法人的意思表示,超出此范围就不能代表公司的意思表示。

(3)公司分支机构印章:刻有法定名称且刻明分支机构名称的印章,其效力只能代表公司分支机构的意思表示。

(4)公司的职能部门印章:刻有公司法定名称并刻有职能部门的印章,如人力资源部章,其不具有对外效力,多为公司内部使用。

(5)公司法定代表人印章:私人印章,只有在代表法人签署文件的情况下,才具有代表法人的效力。

(三)公司印章的效力

1. 公司印章具有表征效力

公司印章在文件上的使用即表明文件内容是公司意思表示,文件内容对公司发生效力且受其约束。

2. 公司印章具有证明力

《公司法》第 30 条第 3 款规定："出资证明书由公司盖章"。公司的出资证明书没有加盖公司的印章不具有法律效力，即不受法律的保护。

3. 公司印章具有公信力

公司印章与公司之间具有唯一性与确定性。

4. 公司印章具有约束力

如公司法、票据法中规定一些情况下必须加盖公司印章。

(四) 常见的印章管理出现的问题

(1) 印章刻制的业务流程不清晰，没有审批程序，只要业务需要，领导或部门就可随便刻制印章；刻制后没有下发正式启用文件，没有明确印章使用范围和使用时间。

(2) 印章刻制不在印章行政管理部门指定的单位进行，不在印章管理部门备案，随便找一家单位刻制公章，刻完就用，为以后发生印章使用风险埋下了隐患。

(3) 没有统一的印章使用台账，采用一页纸请示的方式，请示完后，领导审批用印的签批单自行保存，很容易丢失；或虽有统一的用印台账，但没有登记用印事项和用印人，以后涉及该文件的问题无法追溯，形成法律风险。

(4) 承包商没有印章管理方面的规章制度，使用印章未经过严格审批。印章管理人员对使用印章材料不严格审查，更有甚者在空白纸张上或合同上用印。印章保管者让印章离开自己的视线或因自己没时间让他人代为盖章，或在没有监管人的情况下允许他人携带印章外出。

(5) 个别承包商印章保管制度不健全，未设专人保管，印章丢失或被盗后不及时报告，不及时报案，也不主动在报纸上发布公告声明作废，从而留下了潜在的用印风险。

(6) 不重视管理项目部印章，意识不到项目部印章对企业的重要性，项目部印章管理不规范，没有限定项目部印章的使用范围和使用审批程序，没有设立项目部印章使用台账，形成了项目部印章管理的空白，给企业带来较大的法律风险。

(7) 项目部被撤销和关闭后，没有及时收回和销毁项目部及其下属各职能部门的印章，造成印章的流失，形成了潜在的法律风险。

(五)合同专用章

1. 合同专用章的法律效力

合同专用章是指公司对外签订合同时加盖在合同上具有法律效力的公司专门刻制的印章。《合同法》第32条规定："当事人采用合同书形式订立合同的，自双方当事人签字或者盖章时合同成立。"但对加盖何种印章没有作出具体的规定。《最高人民法院关于在审理经济纠纷案件中涉及经济犯罪嫌疑若干问题的规定》第4条规定："个人借用单位的业务介绍信、合同专用章或者盖有公章的空白合同书，以出借单位名义签订合同，骗取财物归个人占有、使用、处分或者进行其他犯罪活动，给对方造成经济损失构成犯罪的，除依法追究借用人的刑事责任外，出借业务介绍信、合同专用章或者盖有公章的空白合同书的单位，依法应当承担赔偿责任"。签订合同时，若合同没有明确约定该何种章，则公司行政章与合同专用章均可。

签订合同时加盖职能部门章，如采购部专用章、项目部专用章是否有效？除非有证据证明相反事实，否则一般认定为有效。合同上加盖的印章虽然并非合同专用章，不符合签订合同的一般原则和规定，但这是该公司自身管理方面存在的漏洞，如该公司不能提交相应的证据，证明合同所涉印章与公司无关或为他人私盖，即应认定公司承认合同的效力；另外，《合同法》第37条规定："采用合同书形式订立合同，在签字或者盖章之前，当事人一方已经履行主要义务，对方接受的，该合同成立"；因此如果对方已按合同履行主要义务而该公司接受的，则合同无须签字或盖章，也已经成立生效。

合同上没有加盖合法有效的合同专用章或公章但有法定代表人签字，合同是否有效？有效，除非约定合同生效需签字并盖章。同理，虽然没有加盖公章，但如果在合同上签字的人得到了公司相应的授权，那么合同一样是有效的。国际工程合同中，通常为法定代表人签字后合同成立，通常情况下并不加盖印章。

2. 加强合同专用章的管理

为规范承包商合同专用章的管理，确保承包商合同签订行为的合法性和有效性，保障公司各项业务的顺利开展，承包商需制定印章管理办法。国外分子公司应按照公司总部合同专用章的要求以及工程国的法律法规规定，负责本单位合同专用章的刻制、启用、更换、停用、报废以及废旧合同专用章的存档与销毁管理，并负责制定相应的管理规章制度。

海外经过当地国家正式注册的分（子）公司只能刻制一枚中文本单位名称的合同专用章，用于以分（子）公司名称与国内单位、个人等签订的相关合同；境外分（子）公司以本单位名称与外方公司、个人等签订的合同，直接签字并加盖本单位的外文印章。公司国外办事处、直属项目部不得刻制任何合同专用章。

各单位的合同专用章原则上应由法务部门负责保管，并应自刻制合同专用章之日起一个月内将合同专用章的保管部门和人员及合同专用章式样上报公司总部备案。

合同专用章保管人员应坚守岗位，尽职尽责，妥善保管印章。保管人员外出时，不得随意委托他人代取代用，应由法务部门负责人指定专人临时代管。保管印章必须牢固加锁，防止丢失被盗，一旦发现印章丢失、缺损或其他异常情况，应及时报告领导，查明情况，妥善处理。合同专用章保管人员因工作需要换岗位时，应列出合同专用章及相关文件资料清册，在部门负责人的监督下办理正式移交手续。

法务部建立健全合同专用章发放和使用台账，台账应妥善保存，以便备查。使用合同专用章，相关部门必须严格履行合同会签手续或相关审批手续。使用合同专用章应在相应的授权范围内进行，不得超出授权范围使用。合同会签或审批手续不全的，合同专用章管理部门有权拒绝用章。合同文件必须经签字和加盖合同专用章。合同正式生效后，方可递交至财务部门进行付款，无合同专用章的合同，财务部门应拒绝付款。

第五节 国际 EPC 合同及相关合同的变更管理[1]

在国际 EPC 合同履行过程中，由于工程的复杂性，各种风险的不确

---

[1] 张浩：《国际 EPC 合同的“变更”探讨》，载《国际石油经济》2013 年第 9 期，第 53～57 页。

定性,发生变更是不可避免的。国内 EPC 承包商需准确把握 FIDIC EPC 中“变更”的含义及其规定,它与我国《合同法》的规定相比有着很大的差别。合同履行过程中发生的变更,包括合同中对变更的规定、对变更性质的界定、变更的处理流程、变更结果的处理等。

一、国际 EPC 合同“变更”的定义

国际 EPC 合同“变更”是指在签订 EPC 合同后,在办理工程临时接收证书前的任何时间,项目执行情况偏离了签订合同时双方均予以认可的合同条件,就原合同规定的合同条款、施工范围、设计标准、设计内容、质量标准、设备材料、施工措施、实施顺序、违约、不可抗力等内容进行的任何更改。这种偏离可能是业主提出的,也可能是承包商单方面认为发生了偏离而向业主提出的变更申请,请求业主予以确认。

广义上的变更还包括合同主体的变更,即变更业主或者承包商。由于国际 EPC 合同普遍采用招投标的方式选择投标人,业主在招标时就充分考虑了投标人的特定资质、技术、商务、管理经验以及工程业绩等因素,如果变更承包人或者转包合同,则不利于 EPC 合同目标的实现;甚至出现违反招投标法的问题,因此,在国际工程实践中承包商的变更是为罕见的。合同签订后,变更业主会涉及权利与义务的概括性转移,在实践中更不多见。这里所探讨的“变更”主要是指狭义的变更。

二、变更与索赔的关系

在国际 EPC 总承包中,“变更”与“索赔”是合同管理的重要内容,两个词甚至经常同时出现,实践中很多承包商在制定变更与索赔的文件中,经常把变更与索赔程序混编在一起。例如,国内很多承包商制定《×××变更与索赔管理办法》,给人的印象好像变更与索赔是一回事。其实“变更”与“索赔”既有区别又有联系。

(一)主要联系

若合同双方就变更的内容出现冲突时,受损方就有可能就受损的权益发起索赔,因此变更是产生索赔的重要原因之一,由变更引起的索赔叫变更索赔,但有的变更不一定产生索赔,出现索赔也并不一定是变更引起的。

(二)主要区别

(1)在时间上,变更是在事前发生的,而索赔是在事后提出的。

(2)在提出的依据上,变更通常是按预定的变更程序进行的,而索赔则是按照合同或者法律程序进行的。

(3)变更程序和索赔程序分别在合同中由不同的条款分别约定,承包商与业主之间的变更程序完全不同于索赔程序。

因此,合同签订后,承包商应分别编制《合同变更管理办法》和《合同索赔管理办法》。

三、提出变更主体的分类

(一)业主方引起的工程变更

业主方引起的工程变更包括:工作范围变更、计划调整指示、加速施工指示、工程暂停、有歧义的或相互冲突的合同条款、合同终止等。工作范围变更是最普遍的工程变更,通常表现为工作范围的增减,是变更控制的主要对象。

(二)承包商引起的工程变更

EPC 总承包商引起的工程变更一般包括:设计变更、材料设备变更、设备供应商变更、未能按计划开工、施工措施变更、分包商履行合同失败、供应商履行合同失败、有缺陷的工序、低劣的工程、工期延误等。设计变更管理是 EPC 项目的重中之重,设计工作的好坏直接关系承包商的项目效益。

(三)其他方引起的工程变更

其他方引起的工程变更一般包括:不可预见的工地地质条件及其他自然条件的改变、管理机构的变更、工程所在国的法律变动、劳动纠纷等。当这些发生时 EPC 承包商应根据合同条款的规定向业主变更申请。

四、国际 EPC 合同的"变更"与我国《合同法》"变更"的差异

(一)FIDIC EPC 合同变更的含义

对于工程合同的变更,司法界、工程界、学术界至今没有统一的标准。国际工程实践中,合同变更主要分为两种形式:一种是对合同条款的变更,另一种是工程范围的变更。对于合同条款的变更,双方达成一致即可变更,这种变更和我国的法律规定没有区别。FIDIC 条件的变更与我国法律规定的变更差异主要体现在变更权上。按照银皮书第 13.1 款[变更和调整]规定:"在颁发工程接收证书前的任何时间,雇主可通过发布指

示或要求承包商提交建议书的方式,提出变更。""承包商应遵守并执行每项变更",即业主享有变更权,可以根据工程的实际需要随时提出变更,业主会以变更指令的形式要求承包商执行额外的工作,承包商在收到变更指令后如认为变更工作可以完成则向业主提交变更建议,说明变更工作对原合同工期及成本的影响,双方协商一致后业主签发正式的变更单,作为承包商执行变更工作的合同依据。业主的变更权对于承包商来说通常要遵守执行,特殊条件下才有"临时抗辩权",也就是在收到变更指令后,迅速通知业主说明难以取得变更所需的货物,并附有详细证明资料后才可以暂时不执行该工作。业主此时可以撤销变更,修改变更,还可以按原指令进行变更。当然如果业主坚持按原指令变更,承包商为维护自己的权益可以据此向业主提出索赔。第 13.2 款[价值工程]规定:"承包商可随时向业主提交书面建议"。对于价值工程,即承包商的建议是个全新的概念,在其他合同体系中没有,在 FIDIC1999 年以前的版本中也没有出现。该款中规定了承包商的建议权,即没有得到业主的同意承包商不得擅自变更。由于承包商是工程的实际执行者,有丰富的工程承包经验,承包商的建议可能给业主带来优化的设计方案、施工方案或其他利益,因此承包商可随时向业主提交书面建议。对于建议书,业主可以批准也可以不批准或提出其他回复,但是,承包商在批复期内不能延误任何工作。从 FIDIC 第 13 条的规定可以看出,在国际 EPC 惯例中变更权是业主特有的,而承包商没有变更权。业主可以通过直接发布变更指令或要求承包商提交变更建议书的两种方式提出工程的变更。该规定的法理基础是业主对工程的所有权是物权,而和承包商之间是债权关系,当两者发生冲突时,物权优于债权。

(二)FIDIC 规定的"变更"与我国合同法比较

我国《合同法》在第五章"合同的变更与转让"中第 77 条、第 78 条规定了变更的内容。第 77 条规定:"当事人协商一致,可以变更合同。法律、行政法规规定变更合同应当办理批准、登记等手续的,依照其规定。"第 78 条规定:"当事人对合同变更的内容约定不明确的,推定为未变更。"从第 77 条规定的变更可知我国合同法采用的是"协议变更"的原则,只是某些合同应办理批准、登记的应取得批准或者登记,否则不产生法律效力。《合同法》第 54 条还规定了"法定变更"的内容:"下列合同,当事人一方有权请求人民法院或者仲裁机构变更或者撤销:(一)因重大误解的;(二)在订立合同时显失公平的。一方以欺诈、胁迫的手段或者乘人之危,使对方在违背真实的情况下订立的合同。当事人有权请求人民法院或者仲裁机构变更或者撤销。当事人请求变更的不得撤销。"对比FIDIC 银皮书中规定的变更与我国《合同法》规定的变更,发现两者之间存在着明显的差异:

(1)FIDIC 条款的规定具有特定性,针对的是国际 EPC 总承包合同;《合同法》规定的变更具有普适性,适用于平等合同主体间的大部分领域。

(2)在变更权上,前者规定的是在 EPC 市场上变更权属于雇主,而承包商仅仅行使的是建议权;《合同法》暗含之意是"变更权"属于双方当事人,都有平等行使变更权的权力。

(3)国际 EPC 合同中的变更属于"约定变更",在合同条款中事先约定好变更的条件,当约定的变更条件达到时,有变更权的一方就可以行使变更权变更合同,不需要征得对方的同意,只需要通知对方即可;《合同法》中没有立法规定"约定变更"的内容,"协议变更"不存在事先约定的条件,只要当事人协商一致即可变更合同。"法定变更"的事由是法定的,不是事先约定的,只有在法定的事由出现后,当事人才能取得变更请求权,并且只有取得人民法院或者仲裁机构支持后才能取得变更的效力。

第 78 条的规定与国际惯例没有区别,对于变更的内容约定不明的推定为没有变更。在国际 EPC 承包合同中,厘清变更权的归属具有重要意义,它是解决承包商和业主变更纠纷的基础,也是双方之间索赔的法理基础。

五、承包商内部变更程序管理

工程承包合同签订后,承包商应制定的变更管理程序,明确各部门在变更管理中的职责及工作程序,规定对变更事项的识别、变更线索的收集整理、变更文件包的制作和提出等内容。

(一)工程承包合同的变更管理

在工程承包合同的变更管理中,主要的负责人员是法务人员、费控人员、计划控制人员和相应的技术人员。

1. 合同变更依据

合同中关于变更的规定是进行变更管理的依据,应予以足够的了解和重视。在工程项目合同生效后,法务人员应以此为依据,按照合同中的约定和公司总部的《合同变更管理规定》,编制适合于本工程项目的变更管理细则。

2. 变更的界定

对于变更的界定,应由法务人员和相关专业人员依据合同做出界定。在工程项目履行过程中,业主明确提出的变更需要甄别,如果确定构成变更,应按照合同规定的变更程序向业主提交变更包。如果经过界定,不属于合同规定的变更,则应按照相应的时间和程序及时向业主说明不构成变更的原因。

3. 变更的处理流程

业主提出的变更,或承包商经过界定确认的变更,应根据工程承包合同规定的时间和程序向业主提出。法务人员编制或协助编制变更包时,应注意以下事项:以合同为依据,合同签订前以授标函和招标文件为依据;变更的估算数额应准确;变更理由应充分、合理;变更合同应有法律依据及相关支持文件。严格按照合同规定的时间和程序提交。变更包应至少包含以下内容:更要求的工期和费用;变更的合同或法律依据;及双方往来证明文件;变更对工程项目合同其他方面的影响等。

承包商提交了变更包后,分子公司或项目部应积极与业主进行变更商谈。当双方就变更问题达成一致意见时,法务人员应对变更进行合同台账的登记,整理和保存,相关变更文件作为合同文件的一部分,之后关注变更款项的回收。如果经过商谈,双方未能就变更的全部或部分达成一致意见,法务人员应向分子公司或项目部的相关领导提出意见和建议,是否将该变更作为合同争议转入索赔程序。

(二)与工程项目相关的合同的变更管理

与工程项目相关的合同变更要求既可能来自于承包商,也可能来自分包商、供货商、服务商等。与工程项目相关的合同变更,法务人员应依据相关的合同界定是否属于真正的变更。对于分子公司向分包商提出的变更,法务人员应协助相关部门人员编制变更文件;对于分包商等向子公司提出的变更,法务人员应协助相关部门人员审查其提出的变更要求是否符合合同规定,支持文件是否充分等。必要时,可协助相关部门人员参与变更谈判。对不认为是变更的请求,或拒绝变更请求,应及时提供相关的合同法律依据。

（三）其他合同的变更管理

其他合同的变更，主要由子公司相关部门负责办理或审核。法务人员在对提交的变更单进行审核时，应注意以下事项：了解变更的背景，特别是变更金额超出原合同金额20%以上的重大变更；审核变更的合规性，确认变更是否具备相应的支持文件，是否办理了相应的审批手续；对于变更的签订按合同的审查办理；做好合同变更台账的登记工作。

合同变更是每项合同在履行过程中均可能发生的合同修订行为。合同变更文件是整个合同文件的组成部分，法务人员应像对待原始合同一样，给以同等的重视。

六、与业主的合同变更管理程序

（一）与业主的合同变更内容

承包商向业主提出变更的事项通常包括业主对设计基础进行了修改，业主要求承包商完成合同工作范围之外的工作，业主对产品性能或规范标准进行了改变，业主批复图纸延误，业主未及时履行合同规定的义务，发生不可抗力或在合同执行过程中承包商遇到了其他投标时不可预见的风险。

（二）建立变更程序

为了确保“变更”工作程序的顺畅，EPC 承包商通常会与业主之间建立一套完整的申请、审查、批准的变更手续，这样可以使双方有据可依，有证可查，减少工作中的纰漏。FIDIC 银皮书第 13.3 款对合同的变更程序也作了规定：“如果雇主在发出变更指示前要求，或承包商提出一份建议书，承包商应尽快做出书面回应，或提出他不能照办的理由，或提交诸如调整价格的建议书等。”按照国际惯例，EPC 合同签订后承包商需要在 28 个工作日内向业主提交自己编制的合同变更程序（Change Order Procedure），并得到业主的批准。变更程序的内容主要包括承包商与业主之间的变更申请、审查和批准程序。为了维护自己的权益，承包商须重视变更程序的撰写，在变更程序中增加有利于自己方的条款，如可以在变更程序文件中约定：承包商向业主提出变更请求（Change Order Proposal）后的 14 个工作日内，承包商须以变更单（Change Order）的形式答复是否同意变更的意见，如果超过 14 个工作日未答复则默认为变更。如果是由业主提出的变更,必须以变更要求(Change Order Request)的形式向承包商提出,之后承包商向业主提出变更请求(Change Order Proposal),业主同意后以变更单(Change Order)的形式批复。

(三)变更的内容

在项目执行过程中要随时注意变更线索的收集,切忌在项目执行后期工期及成本压力已迫在眉睫之际才开始变更工作,此时即使提出变更的理由很充分,但是可能会因为提出变更的时效已过,当事人对整个事件经过的记忆已模糊或难以找到支持文件而导致变更无法达到预期的效果。发生变更事项后,承包商应在合同规定的时间内向业主发出书面变更申请,声明将保留根据合同条款进行变更的合法权利,暂不需要列明变更的具体金额或要求延长的工期。随后承包商应在合同规定的时间内向业主提交正式的变更包,变更文件包通常包括提出变更的理由、背景描述、合同依据、支持文件、变更事项对成本的影响、变更事项对工期的影响等几方面内容。在提出变更的理由部分要对变更事项进行简要描述,说明承包商认为变更成立是有理有据的。背景描述部分主要是叙述就此变更事项与业主进行过的书面沟通(信函、会议纪要、月报等文件),需要对相关事实进行筛选,选择与变更事项紧密相关的,对我方有利的事实。合同依据部分需要提出工程承包合同就此变更事项的相关规定(如合同条件中的变更条款、合同附件中规定的工作范围等)以证明提出此项变更具有合同依据。支持文件部分要列明承包商援引的能够支持此项变更的书面文件。变更事项对成本及工期的影响分析部分需要由成本工程师及计划工程师计算变更事项对合同价格及工期产生的影响。分析过程不能只看到变更事项对项目执行单个阶段的影响,还要有全局观念,变更对项目执行的其他阶段的影响也要考虑在内。变更如果被业主拒绝,而承包商又要坚持,则该项变更将转为索赔,通过合同规定的索赔程序或相关法律规定解决。

七、严格控制设计阶段的"变更"

在国际 EPC 合同中,业主总是试图通过约定固定的合同总价格(All Inclusive,Fixed,Non-escalating Lump Sum Price)锁定合同价格,并为调价设置了种种限制条款,承包商很难突破合同总价。然而随着工程的进展,对工程的认识进一步加深以及其他因素的影响,业主常常需要对工程的范围等进行调整,变更给了承包商突破合同总价增加收益的重要机会。作为有经验的承包商一定要高度重视设计阶段的变更,它是 EPC 总承包增加利润的一把"钥匙"。

国际 EPC 合同详细设计的基础是业主提供的前端设计文件(Front End Engineering Document,FEED),承包商根据 FEED 文件来完成详细设计、采购和施工的全部工作。国际 EPC 合同一般约定在基准日期前承包商有义务审查并发现 FEED 文件中所存在的"歧义、不一致和错误"并及时向业主澄清;合同生效后承包商完全承担 FEED 文件中的瑕疵和错误,承包商不能以 FEED 文件中的瑕疵或者错误为由免责,也不能向业主索赔。在设计阶段,最容易引起纠纷的就是"变更",承包商认为变更可以优化设计,而业主会因变更牵涉合同总价的增加和工期的延长,总是以"构不成变更"为由拒绝。那么变更与不变更的分水岭是什么?对于业主提供的基础性资料,国际惯例和我国的法律有着不同的规定。FIDIC 银皮书第 4. 10 款规定:"雇主应将已经取得的或者以后取得的现场地下、水文条件及环境方面的所有有关资料提供给分包商。分包商负责核实和解释所有此类资料,雇主不对这些资料的准确性、充分性和完整性负责。"我国《合同法》第 285 条对业主提供资料做了规定:"因发包人计划变更、提供的资料不准确,或者未按期限提供必要的勘察、设计工作条件而造成勘察、设计的返工、停工或者修改设计,发包人应当按照勘察人、设计人实际消耗的工作量增付费用"。对于雇主提供的数据或资料的责任主体,我国立法与国际惯例的规定好像截然相反,其实两者的规定并不矛盾,主要是针对的合同模式不同。对于业主来说,勘察人和设计人的资质、能力和优势只集中在勘察和设计专业,并不具有 EPC 承包商来那样较强的综合承包能力,因此,要求勘察人和设计人承担雇主提供资料的准确性会违背合同法的基本原则——公平原则。我国的合同法要求发包方对原始资料负责,仅仅是从勘察和设计单项合同角度出发的;而 EPC 承包商不仅具备勘察、设计能力,还具备采购、施工、性能测试、试运等全方位的能力,此外,还应通过现场踏勘来验证提供资料的准确性,FIDIC EPC 合同条件把雇主提供资料的准确性的责任放在承包商身上。国内法针对的是一般建设工程合同模式,银皮书针对的是 EPC 合同模式,国内的承包商在从事国际 EPC 总承包时不能望文生义、生搬硬套。

在设计阶段承包商提出的变更可区分为属于 FEED 文件范围内的变更和超过 FEED 文件的变更。如果属于 FEED 文件内的变更，由于 EPC 合同条款中约定了承包商对 FEED 文件负责，只要按照正常的承包商的工程技术经验和技术知识，并按照行业惯例可推定承包商应该知道的，则推定该变更属于 FEED 文件的内容，为此引起的变更费用和工期延长原则上由承包商负责；超出 FEED 文件的变更属于承包商的建议性变更，变更权属于业主，业主同意则构成变更；反之不构成。承包商可随时向业主提出书面变更建议，包括对变更的描述、变更的原因、对合同的影响、合同额的增加、工期的延长、给业主带来的提高竣工工程的效率以及给业主带来的其他利益的建议。若业主接受，则双方可以分享由此带来的各类利益，即银皮书中的规定的“价值工程”。

八、对承包商关于“变更”的建议

由于国际工程总承包市场竞争激烈，承包商在投标伊始往往会让出很大利润。如果想要实现盈利或盈利最大化，就必须在项目执行过程中敏锐捕捉合同变更的机会，在保证工程达到业主预期效果前提下，合理提出技术、工艺、材料、工期等变更。变更主旨是增创利润、降低成本、缩短工期。不同行业需要针对行业的特点，适宜地提出变更。例如，目前就输电线路工程来看，主要的变更点集中在基础改型、土建施工方量、铁塔重量优化设计、施工工艺、工程延期以及合同工作范围外新增工程量等的变更。以下是对承包商关于变更的几点建议：

（一）认真研究与业主签订的 EPC 合同变更条款

工程技术人员没有法律意识不看合同是我国总承包商的致命缺陷。他们骨子里根深蒂固地认为是从事国际承包是在“在执行项目”，而没有“执行合同”的意识。因此，由于不懂 EPC 合同下的变更特定意义，在设计中盲目超深度设计，结果造成了虽然优化了设计，也把合同推向亏损的境地。EPC 工程总承包商应严格按工程总承包合同规定的项目范围和业主要求，执行合同，实施工程。应组织合同交底与宣贯，要求所有工程项目参与人员认真学习合同系列文件的条款，熟悉合同中的主要内容、各种规定及特殊要求，了解作为总承包商的合同责任、工程范围及法律责任。

（二）准确定义 EPC 工作范围

变更的一部分形成原因是工作范围变更造成的。工作范围是双方之间最容易产生纠纷的地方,实施过程中总会出现业主或承包商对 EPC 合同的工作范围理解的模糊地方。准确定义 EPC 工作范围在项目的初始阶段尤为重要,EPC 承包商在签订项目承包合同时要对 EPC 内容进行严格审查,把合同中的工作范围描述尽可能做到全面和准确,避免出现错误和遗漏,尽量避免或减少在工程建设过程中发生不必要的合同变更。EPC 承包商也要对 EPC 工作范围外可能做的工作提前以书面方式正式告知业主。

(三)加强对设计变更的管控

EPC 承包的优势在设计控制中,设计的节约将会带来项目运行的节约。能否抓住设计变更是重中之重,设计变更至少不能增加承包商的成本。EPC 承包商应精心准备、周密筹划,全面、细致、扎实地做好前期准备工作,让设计变更成为合同的利润增长点。

(四)加强变更技巧,善于转嫁变更

EPC 承包商要注意分包变更与业主变更的转化关系,从总包的立场出发,应在可能的情况下,尽量将自己所面对的变更转化为业主的变更。及时将分包商提出的由于业主原因产生的变更索赔提交给业主,形成对业主的索赔。另外,在与分包商尤其是设计分包商签订合同时,要将与业主的合同条件背对背地反馈到与分包商的合同中,让分包商也承受业主的前期条件变化。当然,前提是一定要有科学严谨的分析和翔实的支持材料,包括地质资料、工程图纸、现场照片、会议纪要等。

第六节　国际 EPC 合同及相关合同的关闭管理[1]

"合同关闭"作为合同管理的最后阶段往往被我国的承包商所忽视,我国工程理论界对 EPC 合同关闭的关注度也不够,在大量的国际合同管理类论文中鲜有对 EPC 合同关闭的论述。美国《State of Texas Contract

〔1〕 张浩:《国际大型设计—采购—施工合同的"关闭"管理》,载《管理科技研究》2014 年第 23 期,第 195～198 页。

Management Guide》第 7 章《Contract Management Guide》指出："合同关闭虽然简单，但有细致的管理流程"。该关闭流程为合同关闭起到了示范和引导作用。及时合法有效地关闭合同可以使承包商与业主及时清结债权债务关系，避免因合同的未及时关闭带来经济上或信誉上的损失。此外，对加快承包商资金流转，保证经营业务的顺利进行具有重要的意义。

一、国际 EPC 合同的关闭期间

（一）EPC 合同关闭的三个节点

与一般的建设施工合同不同，国际大型 EPC 合同的完工顺序一般分为机械竣工（Mechanical Completion）、临时接收（Provisional Acceptance）和最终接收（Final Acceptance）三个节点，这三个节点都与工程竣工有关，但只有最终接收才是法律意义上的工程竣工。

（1）机械竣工标志着所有的施工活动、设备安装、电气仪表调试、单机预试车完成，所有系统测试文件编制完毕并得到业主审批认可。机械竣工在 EPC 合同中是非常重要的里程碑节点，与之紧密相连的是里程碑付款和延期违约责任。业主签发机械竣工证书后，工程项目进入试车阶段，承包商此时开始向业主移交测试合格的设备装置系统，业主实际开始控制装置物并承担一定的使用和看管责任，但此期间并不解除承包商对工程的质量责任。

（2）业主颁发临时接收证书意味着临时接收活动结束，工程建设完工，但此时的完工不是法律意义上的合同结束，而是缺陷责任通知期间的开始。临时接收或临时竣工（Provisional Acceptance）在英国也被称为"实际竣工"（Practical Completion），在美国称为基本竣工（Substantial Completion）。根据工程项目的性质和业主的要求不同，缺陷通知期间通常为 12 个月，也有 6 个月或 24 个月的。

（3）最终接收是指工程整改活动完成，缺陷通知责任期结束，业主签发最终接收证书。最终接收证书的法律价值在于合同的标的物和风险责任发生了转移，业主取得了标的物的所有权，承包商的义务基本履行完毕。

（4）以图 5－1EPC 合同管理期间节点清楚地展示了 EPC 合同竣工的各个节点。

图 5－1　EPC 合同管理期间节点

（二）区分三个节点的意义

EPC 合同中区分以上三个里程碑节点的意义在于不同的阶段主导的主体不同，与之相对应的权利和责任也不同：

（1）机械竣工日之前，工程建设由 EPC 承包商主导，责任完全由承包商承担。

（2）机械竣工日到临时交接日，“交”（handing-over）和“接”（taking-over）活动由双方共同主导，承包商负有主要责任，业主承担一定的看管和使用责任。

（3）临时接收日后由业主主导，业主原则上承担相应的使用责任，但承包商承担缺陷责任期的修复责任。

（4）最终接收证书后，工程责任与风险基本上由业主承担，但也受到工程所在国法律的限制。

（三）应注意缺陷通知期与质保期的区别

缺陷责任通知期的结束并不一定意味着承包商的责任完全终止了，少数国家规定缺陷责任通知期和质保期期是一致的。例如，葡萄牙民法规定政府作为雇主的情况下缺陷责任通知期后，承包商不再承担损害赔偿责任；但大多数国家缺陷责任的终止时间与缺陷通知期终止时间是不同的，在缺陷通知期结束后，承包商仍对工程负有损害赔偿责任。

（四）我国关于工程竣工的概念与国际工程的差异

在我国工程领域，习惯称“临时接收”为“中间交接”，“最终接收”为“工程交接”，没有“机械竣工”用法。例如，《化学工业大、中型装置试车工作规范》HGJ 231 –91 的第 2. 2. 10 条和第 2. 2. 11 条中只规定了“中间交接”和“工程交接”,没有规定“机械竣工”。2011 年 11 月国家工商局、住建部发布的《工程总承包合同(2011 年版示范文本)》第 9 条也只有“工程接收”。我国的 EPC 承包商应注意国内法规定的“接收”与国际惯例的差异。

对于大型 EPC 承包合同而言,承包商的“交”与业主的“接”是一个从部分到整体、分步的、阶梯式的渐进过程。工程承包合同自工程临时验收完成,缺陷责任通知期起算开始,结束于工程最终验收完成,取得工程项目最终验收证书时止。合同关闭是一系列的活动,包括缺陷责任期内质量问题的整改完成,合同变更和索赔争议事项处理完毕,相关工程项目完成最终结算,业主签发最终接收证书,尾款释放、资料归档等内容。

二、合同关闭的原则

国际 EPC 合同的关闭不仅包括 EPC 合同本身关闭,还包括与工程项目相关的合同关闭以及其他合同的关闭。工程项目相关的合同关闭自合同履行期限到期,合同双方权利义务履行完毕开始,质保期开始(如有),结束于合同关闭完成。其他合同自合同履行期限到期,合同双方权利义务履行完毕开始,结束于合同关闭完成。EPC 主合同关闭之前,一些服务类合同应提前关闭,但少数合同在主合同关闭了也不一定能随之关闭。鉴于 EPC 合同关闭的复杂性,为了避免在合同关闭过程中出现不确定性的风险,承包商应遵循一定的合同关闭原则:

(一)合法性原则

我国的承包商从事国际 EPC 承包既要遵守中国的法律法规,还要遵守工程所在国以及涉及第三国的法律法规。合法性要求不得在未支付完应支付款项的情况下关闭合同,也不得在未缴纳应纳税款等违反法律的情况下关闭合同。

(二)合规性原则

成熟的国际 EPC 承包商在合同管理过程中通常制定有《法律管理办法》、《合同管理办法》、《索赔管理办法》、《保险管理办法》、《授权管理办法》等配套的管理制度,承包商不仅要遵守法律法规,还要严格执行自己制定的相关管理规定,履行相应的审批手续。

(三)合约性原则

只有确认 EPC 合同真正具备了合约的关闭条件,并且与业主取得一致情况下，才能关闭合同。单方强行关闭合同，会给承包商带来重大的经济和信誉损失。崇尚“契约至上”、“诚信守约”是承包商在国际工程承包领域的立足之本。

（四）及时性原则

业主签发机械竣工证书后，承包商应召开合同关闭动员会，动员各职能部门及时进入合同关闭程序，避免各项业务久拖不决，为最终合同关闭提前做好准备。

（五）书面性原则

合同关闭应采用书面形式确认，特别是EPC合同、重大的分包合同和采购合同。《项目关闭报告》通常作为EPC合同关闭的重要附件。采用书面形式在将来发生纠纷时，能够做到有据可查。

三、合同关闭前审查

合同关闭前审查是指如何对各类合同在关闭之前的合同履行情况进行审查，以确定是否具备了合同规定的关闭条件。合同规定的权利义务履行完毕，合同即进入关闭阶段。合同关闭是法务人员的一项重要的合同管理工作。

（一）EPC合同关闭前审查

工程项目在业主颁发临时验收证书后，即进入合同的缺陷责任期，也即质保期阶段。EPC合同在关闭时，内容庞杂，需要审查的事项很多，为了防止重要事项的遗漏，承包商可根据表5－3《EPC合同关闭审查清单》，从合同的义务履行方面、权利行使方面和法律责任的解除逐一排查。

表5－3 EPC合同关闭检查清单

1	**合同义务的履行方面** □是否完成消项清单所列的所有尾项工作，若否， 原因： □是否完成缺陷期内的缺陷修复工作，若否， 原因： □是否向业主签发最终付款证明（如要求），若否， 原因： □是否向业主签发最终责任解除证明（如要求），若否， 原因： □工程项目合同要求的其他合同义务： □是否完成相关保险投保工作（如要求），若否， 原因：

续表

2	**合同权利的行使方面** □是否就所有变更索赔事项向业主提出请求并与业主达成一致,若否, 原因: □是否请求业主签发最终接收证书,若否, 原因: □是否请求业主释放履约保函、保留金保函,若否, 原因: □是否请求业主释放剩余合同款项,若否, 原因: □工程项目合同赋予的其他合同权利:
3	**法律责任的解除方面** □是否与工程项目合同有关的争议(诉讼及非诉)均已处理完毕,若否, 原因: □是否已在该国税务部门获得完税证明,若否, 原因: □是否已在该国海关部门消清工程临时进口施工机械设备记录或办理临时施工机械设备不能按期出口的合法手续,若否, 原因: □是否已在该国劳务部门消清人员劳动许可记录,若否, 原因: □项目所在国法律要求承担的其他责任:

(二)与工程项目相关的合同关闭前审查

与工程项目相关的合同主要是围绕工程主合同的顺利履行而签订一系列配套的协议。法务人员对此类合同的关闭,不但要关注合同本身的关闭,同时还应注意该合同关闭会不会对工程承包主合同的关闭带来不利的影响。如果有影响,应提出相关消除该影响的意见和建议。通常情况下,法务人员在关闭与工程项目相关的合同时,主要应审查以下事项:

(1)合同履行期限是否已经届至。

(2)合同双方所有义务是否已确实履行完毕,相关设计、施工分包工作是否满足工程承包主合同的要求。

(3)合同全部款项是否已支付。

(4)违约金是否已支付或扣除(如有)。

(5)保函是否符合释放或回收条件(如有)。

(6)合同履行过程中发生的合同争议是否已经解决。

(7)是否还有其他影响合同关闭的问题等。

(三)其他合同的关闭前审查

其他合同的关闭需要审查的内容与上述工程项目相关的合同应审查的内容相同。法务人员应根据合同月报的记载,及时向分子公司相关部门提出预警,提醒相关业务部门及时关闭已到期的合同。对于已到期但尚未执行完毕的合同,应按照合同规定办理书面的延期手续,或保留相关延期履行的证明文件。对于合同履行过程中出现的合同争议,应协助相关业务部门及时解决,以免影响合同的及时关闭。

(四)合同关闭前审查意义

合同关闭前审查是合同关闭的前奏。只有确认合同具备真正的合法、合约的关闭条件,法务人员才能同意该合同可以关闭。否则,因审查不严导致不具备关闭条件的合同被关闭,可能给公司带来经济和信誉的损失。

四、关闭 EPC 合同时法务人员应注意的事项

在 EPC 合同关闭期间,承包商的法务人员和其他部门管理人员应做好关闭事项的审查工作,应重点注意以下内容:

(一)是否履行了 EPC 合同规定的所有义务

承包商的合同义务主要体现在两个方面:一是在 EPC 合同要求的时间内按照合同规定的质量标准向业主交付工厂、设备或设施;二是在 EPC 合同规定的时间内按照合同要求的形式向业主提交所有文件。在 EPC 合同关闭阶段,承包商应从上述两个方面审查自己的合同义务履行情况,重点审查业主是否已签发证明履行完合同义务的机械竣工证书、临时接收证书和最终接收证书,上述证书是否在 EPC 合同约定的日期签发,是否存在延误的情况。同时还要审查其他义务的履行情况,如人员遣散,设备的遣返,剩余材料的处理是否符合 EPC 合同要求。

(二)是否行使了承包商的合同权利

索赔和变更工作贯穿于 EPC 合同执行的全过程,承包商应尽可能在签发临时接收证书前将所有的索赔和变更问题解决完毕。对于在临时接收前仍无法与业主达成一致的索赔事项,应在颁发临时接收证书后的一段时间内,尽可能早地协调与业主召开最终索赔会议,协商尚未解决的索赔问题。承包商的负责人、法务部门以及与索赔有关的业务部门均应出席最终索赔会议。如通过友好协商的方式仍无法解决,承包商可选择放

弃或提起仲裁、诉讼等方式解决。对分包商、供应商的违约行为可行使扣除违约金，要求更换或修复或通知终止合同等权利。

(三)承包商所有的法律责任是否已解除

承包商在执行EPC合同的过程中既要遵守项目所在国的相关法律规定，也要遵守EPC合同的约定。在EPC合同关闭阶段，应当完成工程所在国的完税工作，在当地海关部门销清设备临时进口记录或办理转场手续，在当地劳务部门销清外籍人员劳动许可记录，处理完毕未决的争议、仲裁或诉讼事项。

(四)最终接收证书

在EPC合同规定的缺陷责任通知期到期后，所有问题均已获得解决，合同要求的所有文件均已提交给业主的情况下，承包商应及时向业主申请签发最终接收证书。最终接收证书的颁发时间会影响质保保函的释放，并对最终付款产生影响。有些EPC合同要求业主完成最终付款后，承包商应向业主提交《尾款最终释放证明》，表明业主所有的合同义务已履行完毕，承包商放弃对业主追索的权利。在发出该证明之前，承包商应仔细审查业主是否已履行全部合同义务，是否存在尚未解决的争议或潜在的对承包商不利的因素。

(五)质保保函的释放

国际EPC合同实践中，质保保函通常是在业主签发最终接收证书后的28日内释放。法务人员应密切关注业主是否有向保函的开具银行提出申请扣留保函的情况，并保证在保函到期后立即向业主申请退还保函原件。

(六)最终付款

承包商在获得最终接收证书后，并就所有财务方面的争议与业主达成一致意见时，应向业主申请最终付款。释放合同尾款和质保保函的时间一般在业主签发最终接收证书后，签署PEC合同关闭协议前。

(七)保险事项

项目最终接收后，EPC承包商为项目负责投保的工程一切险、施工机具险等保险的保险责任期限如果届满，承包商应当完成保费的最终付款，尚未处理完毕的保险索赔案件尽快结案。对于EPC合同要求在最终接收后由承包商完成的投保工作(如法国、阿尔及利亚、巴基斯坦国家的法律规定要向当地保险公司投保10年民事责任险)，承包商应当在EPC合同要求的投保日期之前就保险费率、保险范围等问题与保险公司达成协议,按时完成投保工作。

(八)完税证明

EPC承包商在某工程所在国可能同时执行不同的EPC项目,在工程项目独立核算的情况下,承包商在合同关闭阶段要向工程所在国税务部门申请完税证明,以此证明本项目已按工程所在国的法律履行完所有缴税方面的义务。有的海外EPC项目,业主执行当地的代扣代缴义务,如伊朗,法律要求由业主代扣代缴承包商的税费,一般在每笔进度付款中扣除5%并扣留最后一张支票,财务人员需注意收集每笔代扣代缴的证明文件,才能有依据要求税务机关返还多缴的税金。在印度,也同样存在类似的情况。应及时关闭为执行项目而设立的项目公司,尽早注销当地银行账户和税号,避免以后当地税务局在进行税务检查时再次把项目部作为检查对象而产生不必要的税务风险。

(九)合同关闭协议书

业主签发最终接收证书后,承包商应着手准备与业主签订《合同关闭协议书》。在协议书中应就合同的付款情况、变更或索赔处理情况、税费处理情况、仲裁诉讼情况、项目关闭申请情况在EPC合同关闭协议书中详细记录下来。《合同关闭协议书》能够使承包商在一定程度上防范将来难以预料的风险。

(十)合同材料的归档

做好合同材料的归档工作既是档案管理的要求,也是EPC合同关闭的重要内容。做好档案管理有利于将来出现工程事故或者纠纷情况下,承包商能够提供有力的证明材料。项目的所有材料文件应至少保存10年。实践证明,忽视对文档系统的控制,最终会削弱承包商的合同地位,损害承包商的利益。

五、制定内部合同关闭管理程序

(一)合同关闭内部流程

科学的内部合同管理关闭程序有利于防止合同关闭的随意性,也是合同精细化管理的要求。精细化管理要求在项目实施工程中贯彻全面、全员、全过程的合同管理理念。全过程要求合同管理不应该局限于合同的签订阶段和实施阶段,更应注意合同的后延工作,防止出现虎头蛇尾的现象。为了避免合同关闭的随意性，承包商需完善合同内部关闭程序。图5－2 EPC合同关闭程序可供参考。

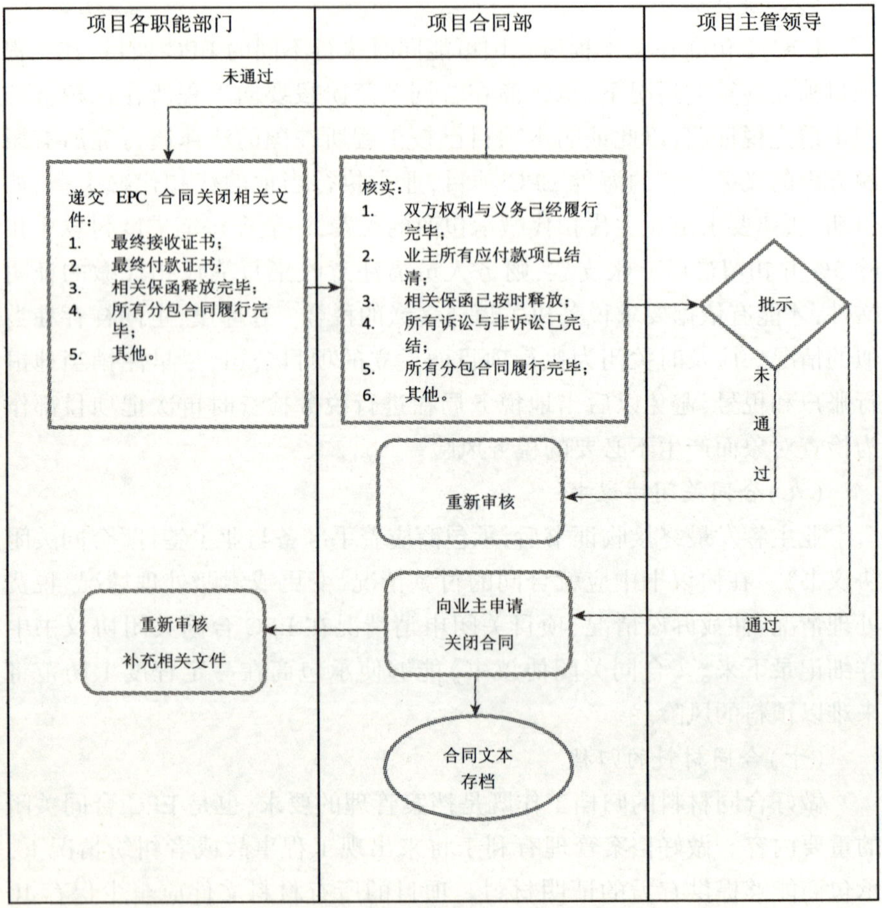

图5－2 EPC合同关闭流程

（二）后合同评价工作

合同关闭后并不意味着合同管理活动结束了，为了持续提高承包商的EPC合同管理水平，及时总结经验教训，为后续项目的合同管理提供借鉴和参考，承包商在EPC合同关闭后应立即开展后合同评价工作。合同后评价的内容主要有投标评价、合同签订情况评价、合同执行情况评价、合同管理工作评价等。

第六章　国际EPC合同模式下的合同分包管理

导语：本章第一节主要介绍分包产生的原因、FIDIC 银皮书关于分包的规定、2011 年版施工分包合同条件。第二节则从法学角度对比分析 FIDIC EPC 合同中关于分包条款、2011 年版施工分包合同条件与我国分包法律规定的差异。银皮书中关于分包规定与我国法律比较主要区别在于对分包的主体要求和分包的法律后果不同。红皮书允许指定分包，而银皮书和我国部门规章对强行指定分包持否定态度。在对分包合同中的“背靠背”条款考量中，重点选择了四个条款进行对比分析。第三节则从管理学角度，论述对分包商的选择与评估，侧重“过程”管理。选择与评估分包商可以分为三阶段，准入阶段、选择与决策阶段、履约过程中的考核与评估阶段。三个阶段的侧重点不同，评价指标和评价方法也不尽相同。

第一节　FIDIC EPC 分包条款与施工分包合同条件

在国际 EPC 项目中，合同分包已经形成常态。本节主要简介银皮书中关于分包的规定以及 FIDIC 施工分包合同条件。

一、分包产生的原因

（一）专业分工的需要

总承包商虽然具有较高的设计、采购、施工以及试运营的综合统筹能力,但并不一定具备总承包范围内所有专业的能力,通过分包的形式可以弥补技术、人力、设备、资金等方面的不足。此外,中小型专业公司在某一方面专业素质高,专业划分细致,专业设备齐全,分包有利于发挥中小公司的专长。

(二)经济上的目的

有些专项工程,如果承包商自己承担不具有经济性,让价格低且又具有专长的分包商承担,不仅可以规避损失风险,而且还可以获取一定的经济效益。

(三)转嫁或降低风险的需要

ECP合同最突出的特征是承包商过多地承担了风险,通过分包可以适度地把主合同中的部分风险转嫁给分包商,达到风险共担,效益双赢的目的。

(四)私人或政府业主的要求

对于某些特殊专业或需要特殊技能的分项工程,私营业主可能仅对某专业承包商信任和放心,通常会要求或建议总承包商将这些工程分包给该专业承包商,即业主指定分包商。政府部门为了扩大本国的就业,也会在主合同中要求总包商把相关工作分包给本国具有资质的企业。

(五)国际EPC承包市场本身需要

纵观国际知名的EPC总承包商,均是以项目管理为主。一些国际总承包商是纯粹管理型企业,在取得总包项目后,基本上将所有的施工任务分包出去,专门从事项目管理工作。此外,由于各个国家对外籍劳工的普遍限制,劳动人力密集的施工分包基本上采用的是国际分包和本土化分包,尤其是在政治、经济局势较为动荡的国家和地区,为了降低成本、防范风险,总包商发挥对外协调与管理优势,尽量减少人员和机械设备投入,分充使用当地专业分包商。

二、常见的分包形式

常见的分包工程有专业工程分包、土建工程分包和劳务分包。

(一)专业工程分包

专业工程分包是指总承包商把一些专业性非常强的工程全部或者大部分分包给分包商。其优点是可以发挥专业分包商的特长,能够保证工程质量和加快工程施工进度,也比较容易获得业主认可和批准。专业工程分包合同的标的是分部分项的工程,记取的是工程款,表现形式为“包工包料”。

(二)土建工程分包

土建工程分包主要是在生产性建设项目中,尤其是 EPC“交钥匙”工程项目,总承包商往往把主要精力放在成套生产设备的设计、设备制造、采购、现场安装和调试等方面,而将技术含量低的土建工程交给分包商来承担。土建分包在境外 EPC 建筑市场是比较常见的,这样做不但可以降低工程成本,还可以避免直接招募和直接组织当地劳务施工,在管理上比较容易。

(三)劳务分包

劳务分包是指总承包商将劳务作业发包给相应资质的劳务承包企业。劳务分包商为总承包商提供劳务人员(Labor)和劳务管理人员(如工长 Forman,工程师 Engineer),在分包商的监督管理下使用总承包商的设备和材料进行施工作业,获取劳务分包费。劳务分包的报价通常包括劳务人员的工资、管理人员的工资、管理费、利润、税和保险等费用。劳务分包计价形式通常有总报价(Lamp Sum)、工程量价目表(BOQ),还可以是计日工(Work day),实践中最常用的是工程量价目表。劳务分包合同的标的是工程的劳务,计取的是人工费,表现形式是“包工不包料”。

三、银皮书对分包条款的规定

国际上通行的分包合同范本主要有 FIDIC 2011 年第 1 版《施工分包合同条件》,英国的 ACE、JCT、NEC 分包合同范本,美国的 AIA、AGC、EJCDC 等分包合同范本。这些分包合同范本是国际咨询机构或者协会编制的,具有中立性,易于各方接受的特点,因此,在国际工程承包业务中被广泛使用。在大陆法系国家,因为法律明文规定了业主、承包商和分包商之间的权利与义务,所以,起初并不用建筑标准合同范本来调整。20 世纪 80 年代以来,在建筑法律领域,两大法系出现了高度的借鉴与融合,世界各国开始相互借鉴各种建筑合同范本来规范建筑市场行为。

FIDIC 银皮书关于分包的内容分别规定在第 4.4 款[分包商]和第 4.5 款[指定的分包商]中。银皮书起源于英国的 ACE 合同文本,具有英美法的特色,在英美法系国家法律适用上基本上没有问题。然而由于大陆法系民法典中关于承揽合同规定的理念与 FIDIC 合同条件下的理念并不完全相同,致使 FIDIC 合同条件中的一些规定与大陆民法典中的一些强制性规定相抵触。

我国在立法方面对工程分包做出规定的主要有《合同法》、《建筑法》、《招标投标管理法》等法律以及配套的行政法规、地方性法规和部门规章。《建设工程施工专业分包合同(示范文本)》(GF-2014-0213)为选择性使用文本,没有强制性法律效力。这里不对该合同文本进行讨论。

四、FIDIC 施工分包合同条件

FIDIC 于 2011 年出版了《施工分包合同条件》(Conditions of Subcontract for Construction),以下是对该版分包合同条件的简介。

(一)2011 年版分包合同体例

2011 年版分包合同在体例上分别由编写指南、流程图、通用条件、专用条件、从 A 到 G 7 个附件以及 4 个样本构成。在形式上、内容上与结构上保持了与 1999 年版 FIDIC 红皮书、黄皮书、银皮书相似的排列结构。

(1)流程图以直观形式表现分包合同特有的关键活动顺序,包括:施工分包合同实施过程中重要事件的典型顺序图、第 14 条付款事件的典型顺序图、分包合同争端通用条款和特殊条款选择不同解决争议的程序图。这些流程图清晰、形象地说明了较为复杂的条款。

(2)通用条件共包含 20 条,94 款,在 1994 年版有 22 条的基础上进行了删减,从而在形式与内容上保持了与 FIDIC 红皮书、黄皮书、银皮书相一致。这 20 条包括:定义和解释,主合同,承包商,分包商,分包合同的转让和分包,合作、职员和劳工,施工机械,临时工程,其他设施,生产设备和材料,开工和竣工,竣工检验,分包工程的竣工和接收,缺陷责任,计量和估价,分包合同的变更和调整,分包合同的价格和支付,主合同的终止和由承包商终止分包合同,分包商提出的暂停和终止,风险和保障,分包合同保险,分包合同的不可抗力,通知、分包商的索赔和争议。

(3)专用条件编写指南包括部分范例条款。如果修改了范例措辞,或者加入了额外内容,应注意确保没有对分包合同通用条件或在专用条件之间产生歧义。专用条件的 7 个附件包括:附件 A 主合同要点;附件 B 分包工程范围和分包合同文件一览表;附件 C 提前竣工奖励,承包商的接收和分包合同工程量表;附件 D 施工机械、临时工程、设施和由承包商供应的免费材料;附件 E 保险;附件 F 分包合同计划;附件 G 其他事项。

(二)内容的变化

与 1994 年版分包合同条件相比,2011 年版分包合同条件删除了一些内容，同时又新增加了部分内容代替原来的内容，例如：

(1)第4.1款[分包商的一般义务](Subcontractor's General Obligations)规定，分包商承担的设计工作，其完工的永久工程应能实现分包合同中“明示或暗示”的功能。这样的规定与FIDIC EPC合同中要求承包商承担的设计责任是严格责任相一致，比1994年版分包合同条件中对分包商的设计要求更加严格。

(2)第4.2款[分包合同的履约保证](Subcontract Performance Security)分包商应在收到承包商中标函的28天内，根据分包商报价书附录中规定的金额、币种，向承包商提交履约保证。履约保证应该在分包商收到中标函28天内提交，而1994年版分包合同条件中第2.2款[履约保证]中并没有对履约保证提交时间做出明确规定。

(3)第7.2款[免费提供的材料](Free-Issue Materials)，当承包商向分包商提供上述免费材料时，分包商应进行外观检查，如有任何短缺、缺陷或违约，分包商应立即通知承包商，承包商应立即进行整改。在外观检查之后，这些免费材料应处于分包商的保管之下，但分包商的上述检查、保管义务不应解除承包商对无法通过外观检查发现的短缺、缺陷或违约的责任。这一规定借鉴了FIDIC EPC合同条件中关于业主与分包商材料或设备的交接的条款。

(4)第8.4款[分包合同竣工时间的延长](Extension of Subcontract Time for Completion)，如果以下原因导致分包工程竣工时间延误，分包商有权依据第20.2款[分包商的索赔]要求延长竣工时间：(a)分包合同变更或者分包合同中任一项工作的工程量发生实质性的改变。关于分包商有权要求延长竣工时间的情形，1994年版分包合同条件中没有该合同条件第8.4款中(a)项这一规定。

(5)第20条增加了DAB争端解决方式。1994年版分包合同条件规定，如果总承包商与分包商之间发生争议，可以在递交仲裁之前的56天通过友好仲裁方式来解决。如果未能通过友好协商的方式解决争议，则任何一方均可通过仲裁来解决争议。2011年版分包合同条件增加了DAB方式来解决总承包商与分包商之间的争端。关于DAB方式处理争端将在本书第十二章第三节介绍。

(三)《施工分包合同条件》的适用条件

2011年版分包合同条件是在1994年第1版的基础上进行了大幅修订,在体例上与FIDIC 1999年版系列保持了一致。该版本是与FIDIC 1999年红皮书或FIDIC 2010年多边银行协调版的《施工合同条件》配合使用的,主要适用于由业主方设计的建筑和工程项目,但并不适用银皮书模式。银皮书模式下设计工作由总承包商完成,并且没有工程师的规定。2011年版分包合同条件到处充满了“工程师”角色的规定,例如第[11.3]款“分包工程的履约证书应该由工程师按主合同的规定签发。只有在工程师向承包商颁发了履约证书后,分包商的义务才视为履行完毕,证书上载明的日期是承包商主合同义务履行完毕之日,也是分包商分包合同义务完成之日。”第[12.1]款“工程师和承包商对分包工程进行计量时,应通知分包商参与协助,如分包商未能参加计量,则视为其接受工程师所作的计量结果。当以记录形式进行计量时,承包商应通知分包商与他一起审查计量记录,并与工程师达成一致;如分包商未能参加,则应被视为接受承包商与工程师达成一致、或视为认可的记录。”第[14.6]款“分包商月报表所包含的款额未得到工程师的认可,且仅针对未签发支付证书部分的金额,且未签发证书不是由于承包商的行为或过失造成的。”如果在EPC合同模式下,使用该分合同文本,则需要对一些条款进行大幅修改。

第二节　FIDIC EPC分包条款与我国分包法律比较[1]

本节就分包的合同性质、法律关系、法律后果、对分包主体的要求、自顾分包、转包以及指定分包进行了系统分析。在分包合同中的“背靠背”条款的考量中,选择了可选择性终止条款、合同变更条款、误期损害赔偿条款、附条件支付条款进行重点分析。

---

〔1〕 张浩:《FIDIC银皮书中分包条款与我国分包法律比较》,载《企业研究》2015年第9期,第69~73页。

一、分包的法律性质及其法律关系

(一)分包的法律性质

关于分包的法律性质,学界有三种主流观点:

1. 有观点认为分包属于"第三人代为履行"

如英国法称之为"受托履约(Vicarious Performance)",美国法称之为"代为履行(Delegation of Duty)",日本称之为"代为清偿",德国民法典第267条、法国民法典第1236条也有类似的规定。我国称之为"第三人代为履行",比如《合同法》第65条规定:"第三人与债务人约定,由其代为履行债务;第三人不履行债务或者履行债务不符合约定的,债务人应当向债权人承担违约责任"。第三人代为履行,指当事人约定由第三人向债权人履行债务,但是第三人并没有加入到合同关系中来,也没有承担债务而成为合同当事人,发生纠纷时,第三人并无直接的法律责任。建设工程分包合同也不属于"免责的债务承担"。在免责的债务承担中,第三人就移转的债务完全取代了债务人的法律地位,原债务人相当于免责了。FIDIC 银皮书规定承包商对业主承担单一合同责任,分包商和总承包商没有连带合同关系。因此,银皮书中分包的法律性质实质上是"第三人代为履行"。

2. 也有观点认为,分包合同属于"并存的债务承担"

所谓并存的债务承担,指原债务人并没有脱离债的关系,而第三人加入债的关系,并与债务人共同向同一债权人承担债务。建筑工程分包合同应当属于"债务人与第三人,或者债权人、债务人与第三人之间共同约定,由第三人加入债的关系"的这种情况。显然,在这里债权人即业主,债务人即总承包人,第三人即分包人。这种情况下,债务人与第三人承担连带责任,亦称债务的加入或共同的债务承担。第三人加入到债的关系中,与原债务人一起承担向债权人履行债务的义务,原债务人不脱离原合同关系,仍与新债务人对债权人负担同一给付责任之债务承担形态,学理上或称重叠的债务承担。并存的债务承担的法律特征是债务人和第三人形成连带债务关系,共同向债权人承担义务。因此,我国法律规定的分包法律性质属于"并存的债务承担",不属于"第三人代为履行"。

3. 还有的观点认为,分包属于从属性的民事法律行为

从属性的民事行为以主债的成立为前提条件,随主债的转移而转移,随主债的消灭而消灭。但需要注意的是,承包商与分包商之间的权利与

义务、风险可以转移,主合同下的承包商与业主的合同责任和义务以及风险并不能发生转移,也不能由分包商承担,这是由合同法律性质和关系所决定的。无论是FIDIC条款还是我国法律规定,分包都属于从属性的民事法律行为。

(二)分包的法律关系

1. FIDIC银皮书和施工合同条件中分包的法律关系

EPC总包合同主要有两类法律关系:一类是总承包商和业主的法律关系,另一类是总承包商与分包商之间的法律关系。这两种法律关系是并存的,彼此之间并没有交叉。按照传统民法的合同相对性原理,合同关系是当事人之间的特别关系,债务人仅对债权人负有对等给付义务及附随义务,第三人不能享有权利和承担义务。银皮书第4.4款规定:"承包商应对任何分包商及其代理人或雇员的行为或违约,如同承包商自己的行为或违约一样的负责"。从本条的规定可推论对于分包商的过错、过失等违约责任,承包商负全责,承包商和分包商对业主不负连带责任。这样规定的法理依据是EPC合同的典型特征之一"单一合同责任"。在银皮书的其他条款中不能找到承包商和分包商对业主承担连带责任的条款。银皮书中明确规定"连带责任"的只有第1.14款[Joint and Several Liability]:如果承包商是由两个或两个以上当事人(按照适用法律)组成的联合体、联营体及其他形式,这些人对雇主负连带责任。2011年版FIDIC《施工合同分包条件》第1.10款也规定分包合同中的任何规定都不应被理解为在分包商与业主之间可能存在任何合同关系(No Privity of Contract with Employer)。根据业主、承包商与分包商三方主体之间合同关系和责任链,分包商的延误、不当行为、疏忽行为引起EPC合同的不履行或不适当履行,只能依靠三者之间形成的合同责任链,业主向承包商索赔,承包商再向分包商索赔,业主无权直接追究分包商的违约责任;或者分包商向总包商索赔,总包商再向业主索赔,分包商无权利直接向业主索赔。该类似的规定同样体现在英国ACE合同、JCT合同、NEC合同、美国AIA、AGC分包合同范本中。

银皮书规定的分包合同法律关系如图6-1所示。

2. 我国法律规定的分包法律关系

分包商的行为引起总包合同的不履行或不适当履行,总承包商需向

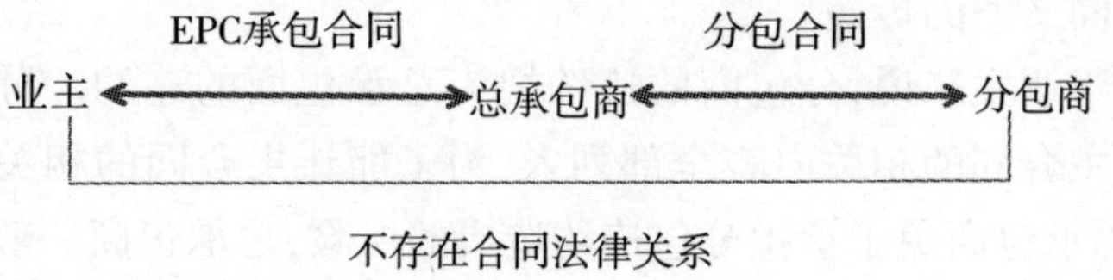

图6－1　银皮书中的分包合同法律关系

业主承担违约等责任。总承包商只有在向业主承担责任后，才有权向分包商追偿，业主无权直接追究分承包人不履行行为的违约责任。但是，我国《合同法》第272条规定："……第三人就其完成的工作成果与总承包人或者勘察、设计、施工承包人向发包人承担连带责任。……"《建筑法》第29条第2款同时规定："……总承包单位和分包单位就分包工程对建设单位承担连带责任。……"住房和城乡建设部和国家工商行政管理总局颁布的《建设项目工程总承包合同示范文本（试行）》（建市〔2011〕139号）第3.8.6款也规定："承包人对分包人的行为向发包人负责，承包人和分包人就分包工作向发包人承担连带责任"。这里所谓连带责任是指对分包工程发生的违约、过失等责任，业主既可以向总承包商人请求赔偿，也可以向分包商请求赔偿。总承包商或分包商进行赔偿后，有权利对不属于自己的责任赔偿向另一方追偿。很显然，这里的规定已突破了合同相对性原则。

连带责任按其产生的原因不同，可以分为法定连带责任和约定连带责任。我国法律规定承包人与分包人对业主承担连带责任属于法定连带责任，具有强制性，当事人之间不能约定排除。国际惯例不能与有关法律或者社会利益相冲突，否则无效。由于我国法律规定了承包商与其分包商对于分包工程承担连带责任，在立法上突破了合同相对性原则，其法律关系不同于银皮书中规定的法律关系，我国法律中分包合同法律关系如图6－2所示。

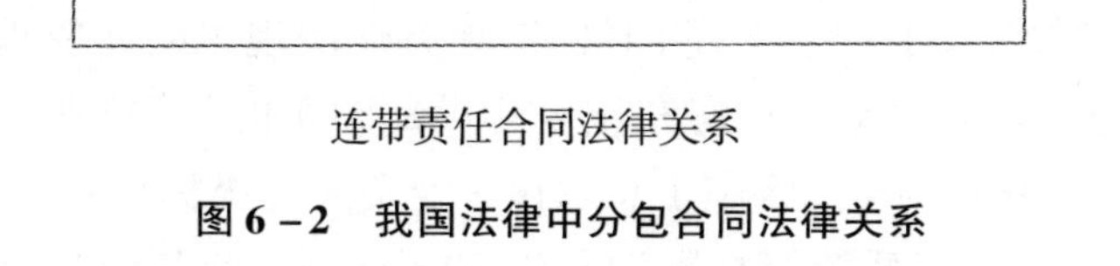

图6－2　我国法律中分包合同法律关系

3. 合同义务的传递

相对于业主来说，分包商的违约视为总承包商的违约。分包合同中不可能将主合同的相关内容全部列入，为了能让主合同的相关条款约束分包商，总承包商免于承担分包违约造成的风险，总承包商一般在分包合同中明确要求“分包商已经阅读了主合同，并熟悉了主合同中规定的一切技术、商务要求。分包商同意接受主合同中约束总承包商的条款并承认此类条款就分包合同涉及的工作来说，对分包商有同样的约束力”。通过合同背靠背条款的传递，总承包商的义务传递给了分包商。

为了平衡总承包商的权利，FIDIC 2011 年版《分包合同条件》第 2.3 款也规定了分包商的知情权，分包商不直接接受工程师（可理解为业主）的指示，但是分包商享有对主合同的知情权，有权了解主合同的相关规定，并应该履行主合同中规定的承包商关于分包工程的义务和责任，同时也应享有承包商在主合同中的关于分包工程的权利、应得权利和补偿。

二、分包主体、自愿分包与转包的规定

（一）对分包主体要求的比较

银皮书中对分包商应具备什么样的条件，没有做出具体要求。在国际工程惯例中，由于业主和分包商没有合同关系，不参与对分包商的直接管理，但作为投资人对合同的分包管理主要体现在对分包商短名单的审批和分包工程的批准上。对分包商的规定，各国法律规定不同，以我国和新加坡为例：

1. 我国法律对分包商的主体要求有着严格的要求

《合同法》第 272 条规定：“禁止承包人将工程分包给不具备相应资质条件的单位”。《建筑法》第 26 条规定：“承包建筑工程的单位应当持有依法取得的资质证书，并在其资质等级许可的业务范围内承揽工程。禁止建筑施工企业超越本企业资质等级许可的业务范围或者以任何形式用其他建筑施工企业的名义承揽工程。禁止建筑施工企业以任何形式允许其他单位或者个人使用本企业的资质证书、营业执照，以本企业的名义承揽工程。”此外，司法解释、部门规章、地方性法规也明文要求分包商必须具备相应的资质等级。住房和城乡建设部颁布的《建筑业企业资质等级标准》（〔2007〕72 号），将施工总承包企业资质等级标准划分为 12 个标准，专业承包企业资质等级标准划分为 60 个标准，劳务分包企业资质标

准划分为 13 个标准。建筑企业的标准被分为特级、一级、二级、三级。我国通过立法的形式规定，工程分包企业必须具有相应的资质证书，必须在相应的等级证书范围内从事承包。

2. 新加坡政府工程建设严格实行国际招标制度

在新加坡，建筑承包商只能按照新加坡建设局审定的资质等级所批准的工程类型及范围进行投标，不得跨级、跨范围投标。私人建设项目允许采用公开招标、有限招标、邀标或议标等多种方式。新加坡建设局是新加坡国家发展部属下的法定机构，也是新加坡对建筑业的管理机构。在新加坡有注册资质等级的建筑施工企业超过 2500 家，建筑业从业人数近 20 万人。这些施工企业绝大部分是私人企业，具有大型企业少、中小型企业多的金字塔形结构特点。这些企业按资产规模、技术资质和企业信誉分为 A1 ~ C3 七个等级，不同等级可承包不同规模、不同类型的项目。其中 A1 最高，多是资金、技术、管理密集型企业，以项目总承包为主，不限制标的金额。其次为 A2 等级，此类企业投标金额上限为一亿新加坡元。其余均为中小型企业及各类专业分包公司，例如打桩、预应力张拉、砼、电器安装、门窗安装等企业，投标限额从 5000 万新加坡元至 75 万新加坡元不等。

（二）自顾分包

1. 银皮书、2011 年版的分包合同条件、我国法律关于自顾分包比较

银皮书第 4.4 款确定了承包商有权自顾分包商，但如果专有条款有规定，承包商有义务提前 28 天向雇主通知拟雇佣的分包商名单，相关经验的详细资料以及分包商承担工作的拟定开工日期。银皮书规定了雇主有权自顾分包商，即使专有条款有约定，承包商也只是负有提前告知的义务，除非有特别约定，否则业主无权对分包行为进行干涉。2011 年版的分包合同条件第 5.2 款规定："未经承包商事先同意，分包商不得对分包工程进行再分包，但是分包商提供劳务、分包合同中指定的材料供应商或指定的再分包商除外。"我国《建筑法》第 29 条规定除总承包合同约定的分包外，必须经建设单位认可。即按照我国法律规定，如果没有业主的同意，承包商不能将工程分包出去，否则分包行为无效。以上对比可以看出银皮书中关于自顾分包的规定与 2011 年版的分包合同条件的规定以及我国法律规定截然相反。主要原因是 EPC 合同模式下总承包商有着更

高的掌控能力，而2011年版的分包合同条件针对的是红皮书模式（以业主为设计者而不是以总承包商为设计者）适用的，我国法律规定是基于施工总承包合同模式下，总承包商的掌控能力较弱而做出此规定的。

2. 能否将整个工程分包出去比较

银皮书第4.4款规定："承包商不得将整个工程分包出去"。国际EPC承包商可以将设计、采购或者施工范围中的一部分工作分包出去，但不能将整个EPC合同分包出去。我国《合同法》第270条和《建筑法》第29条规定："整体结构的施工必须由承包人完成"。两者的共同点均认可总承包商可以分包一部分工作，但不能是整个工作范围，这主要基于对总承包商的综合履约能力和信誉的信任。不同之处在于前者针对的是EPC工程总承包，后者针对的是施工总承包。EPC合同下整体结构分包出去是正常的，我国法律规定的整体结构的施工必须由承包人完成与银皮书的规定存在着冲突。

（三）转包规定比较

无论是银皮书、2011年版的分包合同条件，还是我国法律规定原则上都禁止转包。银皮书第15.2款[由雇主终止]规定，如果未经必要的许可将整个工程分包出去或将整个合同转让他人，业主可终止EPC合同。2011年版的分包合同条件[5.1]分包合同的转让（Assignment of Subcontract）规定：未经另一方事先同意，一方不得转让分包合同，或合同中和合同下的任何权益或利益，但是以下情况除外：以金融机构为受益人做担保时，一方可以转让其在分包合同下应支付或将支付款项；或工程师根据主合同指示分包合同转让，或业主终止主合同的同时要求承包商终止分包合同，则承包商有权将分包合同转让给业主。《合同法》第272条和《建筑法》第28条，对转包均予以禁止。《建筑法》第28条规定："禁止承包单位将其承包的全部建筑工程转包给他人，禁止承包单位将其承包的全部建筑工程肢解以后以分包的名义分别转包给他人。"《房屋建筑和市政基础设施工程施工分包管理办法》第13条规定："……禁止将承包的工程进行转包。不履行合同约定，将其承包的全部工程发包给他人，或者将其承包的全部工程肢解后以分包的名义分别发包给他人的，属于转包行为。违反本办法第十一条规定，分包工程发包人将工程分包后，未在施工现场设立项目管理机构和派驻相应人员，并未对该工程的施工活动进行组织管理的,视同转包行为”。在法律后果上,我国《合同法》第 272 条和《建筑法》第 28 条认定转包合同一律无效,而银皮书,则给予业主选择的权力,既可以认定转包有效,也赋予了业主终止 EPC 合同的权力。

三、银皮书中指定分包与红皮书、我国法律规定相比较

(一)指定分包产生的原因

在大型总承包项目中,对于某些特别专业的工作和特殊的设备和材料的供应,一般的承包商可能不具备相应的履行能力。出于对总承包商能力的不信任,业主经常会把某些工作指定给专业的分包商。如果业主与总承包商和专业分包商分别单独签署两个合同,可能受到现场的施工条件限制,业主可能无法合理地进行协调管理,有可能引起承包商的索赔,因此,通常将这部分工作发包给其指定的分包商实施。总承包商与被指定的分包商签订分包合同,负责对被指定分包商的工作进行监督和协调,并按照分包合同价格一定比例提取管理费用和利润。FIDIC 红皮中规定,业主有权将部分工程项目的施工任务,或涉及提供材料、设备服务等工作内容发包给指定分包商实施。在红皮书中,所谓的“指定分包商”是指由业主或工程师选定,完成某项特定工作内容并与总承包商签订分包合同的特殊分包商。

(二)指定分包中对总承包商的利益保护

在法律关系上,被指定的分包商与一般自雇的分包商应处于同等的合同法律地位,总承包商应对被指定的分包商的工作向业主承担责任。但是,因为被指定的分包商是业主直接指定的,分包合同的合同条件也是业主确定的,总承包商并没有真正的选择权和决定权,如果被指定的分包商并不具备履行分包工作的能力,就会直接导致总承包商不能如期合格地完成主包合同下的全部工作,总承包商不仅要对业主承担违约责任,自己也会蒙受损失。此外,如果分包合同规定的被指定分包商的义务和责任低于主合同中总承包商的义务和责任,当被指定的分包商违约时,总承包商对分包工程就会承担超过分包商的不可传递的法律责任。因此,在合同中应当约定一种对总承包商的保护机制,以避免业主滥用指定分包商的权利给总承包商带来不合理的损害。这种保护机制由两部分内容组成:一是业主有默示的合同义务保证其指定的分包商在履约能力和责任承担方面不会给总承包商带来不公平的损害;二是总承包商对业主指定

的分包商具有“合理反对”的权利。这种“合理反对”的权利是指业主应给予总承包商提出合理反对其指定分包商的机会,如果总承包商的反对理由成立,总承包商就没有义务雇用被业主指定的分包商。如果业主在总承包商有合理反对理由的情况下,仍坚持要总承包商雇用被指定的分包商,总承包商将免除对业主承担该分包工程的责任,并有权在自己因此遭受损失时向业主提起违约损害赔偿。总承包商对指定分包商违约行为承担责任应限制在除非由于总承包商向指定分包商发布了错误的指示,指定分包商的任何违约行为给业主或第三者造成损害而导致索赔或诉讼时,承包商不承担责任。

(三)银皮书中指定分包

银皮书第4.5款[指定的分包商]对业主指定分包商做了规定。指定分包商是指业主根据第13条[变更与调整],业主为承包商指定分包商时,如果承包商提出了反对意见并附有详细的证据资料,则承包商没有义务接受业主的指定。在EPC合同模式下,总承包商要在合同总价固定的情况下为整个工程的质量和工期负责,强迫为承包商指定分包商会与设计EPC合同模式的初衷相背离。因此,对于指定分包商,业主只有建议权,没有绝对的指定权。银皮书中规定的指定分包商的法律关系和责任链与自顾分包相同。根据合同的相对性原理以及EPC合同单一责任这一特征,被指定的分包商违约引起主合同违约时,承包商需向业主直接承担责任,之后才有权向分包商追偿。对比银皮书与红皮书关于指定的分包商,可以发现两者规定截然相反。这完全是由合同的模式不同决定的,EPC承包模式下,总承包商有更强的能力,所以,没有必要强制指定分包商。如果违背银皮书的规定,强行指定分包,其合同关系会发生变异,有可能构成侵权。

(四)我国法律规定的分包

我国《合同法》、《建筑法》等法律对业主指定分包商没有明确的规定,只是在少数部门规章和地方性法规中有禁止业主指定分包商的规定。例如,《房屋建筑和市政基础设施工程施工分包管理办法》(建设部令第124号)第7条规定:“建设单位不得直接指定分包工程承包人。任何单位和个人不得对依法实施的分包活动进行干预”。《工程建设项目施工招标投标办法》(国家七部委〔2003〕30号令)第66条规定:“招标人不得直接指定分包人”。2014 年 1 月 3 日天津市政府颁布的《天津市建设工程施工分包管理办法》第 4 条规定：“不得要求施工总承包单位将承包范围内的建设工程分包给指定单位……”从上述部门规章或地方法规规定可以看出，我国的规章或地方法规禁止指定分包。《最高人民法院关于审理建设工程施工合同纠纷案件适用法律问题的解释》（法释〔2004〕14 号）第 12 条规定：“……发包人具有下列情形之一，造成建设工程质量缺陷，应当承担过错责任……（三）直接指定分包人分包专业工程。承包人有过错的，也应当承担相应的过错责任。”本条的规定旨在说明总承包商的免责事由，即业主承担质量缺陷过错责任，但并不意味着指定分包工程只要存在质量缺陷总承包商就不承担任何责任；事实上，总承包商承担着项目管理责任，否则指定分包工程很容易演变成为总承包人转包工程。总承包商将工程分包后，不在现场设立项目管理机构和派驻相应人员，并未对该工程的施工活动进行组织管理，这种情况视为转包。在建设工程质量缺陷纠纷中，造成质量缺陷往往存在混合过错，被指定的分包商和总承包商都有过错。例如，被指定分包商在施工中擅自降低质量标准，总承包人发现后不予以拒绝或者总承包商没有发现质量缺陷，总承包商对质量缺陷依然不能免责，此时总承包商仍然要和被指定分包商承担质量缺陷责任。需进一步指出的是本条的司法解释本意并不鼓励指定分包。在《合同法》、《建筑法》等基本法律未作出具体的规定前，部门规章、地方法规作出了具体的规定，这在某种程度上造成了下位法突破上位法，导致了立法违法的产生。由于司法解释、部门规章和地方法规效力等级低，因此建议立法部门对《合同法》、《建筑法》等及时修改，明令禁止业主强制性指定分包。

（五）指定分包工程款的支付方式

自顾分包商的工程款是从总承包商相应的工作内容项内支付的，而被指定分包商的工程款通常是业主通过单独的招标程序或与被指定的分包商谈判确定的，因此这部分工程款通常是单独列支的。FIDIC 银皮书和红皮书就将指定分包商的工程款列入“暂列金额”（Provisional Sums）予以支付。FIDIC 合同条件中分包合同价款与总包合同相应部分价款无任何连带关系。我国法律规定指定的分包付款程序和自顾分包付款程序相同，从工程量清单（BOQ – Bill of Quantity）中相应的工作项下支付。

四、分包合同中的“背靠背”条款的考量

分包合同采用什么样的合同模式或者类型,FIDIC 各种版本,均未做任何要求与限制,各国法律基本上也没有限制。在编制分包合同时,一般遵循“背靠背”(Back to Back)原则,分包商承诺承担并履行与分包工程有关的主合同规定的承包商的义务与责任,主合同中相关合同条件、工作范围、规范、图纸、责任与义务等对分包商具有同样的约束力。应清晰地意识到分包商承担主合同下的相同义务不能够以默示的形式推导出来,更不能想当然地认为已经包含在分包合同中,而是通过“传导条款”(Flow-Down Clause)以明示的方式来实现的。使用传导条款是承包商的通常做法,但问题关键是:如果传导条款的规定过于宽泛,对分包商不利,分包商会拒绝;反之,如果缺失传导条款,则可能引起主合同与分包合同之间工作范围、权利与义务的冲突,因此应把传导条款限定在一定范围内。

(一)可选择性终止条款(Optional Termination Clause)

1. 国际合同范本规定了业主选择终止合同的权利

银皮书第 15.5 款[雇主终止的权利]规定:“雇主有权在他方便的任何时候,通过向承包商发出终止通知,终止合同。此项终止应在承包商收到通知或雇主退回的履约保函两者中较晚的日期后第 28 日生效”。2011 年版的分包合同条件第 15 条[终止主合同与终止分包合同]也同样规定,业主有自由选择终止主合同的权利。主合同终止后,分包合同作为从合同,自然也必然终止。此外,在 AIA、JCT、EJCDC 等合同文本中都赋予了业主随时终止合同的选择权。由于 EPC 工程面临的各种巨大风险,业主有可能基于破产危机,继续履行合同将出现更大的损失,工程完工后不具有经济性等原因,使用可选择性终止条款终止 EPC 合同。此类条款的法理依据是业主是建设工程的所有者,所有权属于物权;而合同终止权属于债权,当两者发生冲突时,物权优于债权。

2. 分包合同中加入承包商有终止合同选择性正当性分析

在分包合同中,承包商也经常把该条款背靠背地加入到分包合同中。分包商通常认为有失公平,难以接受。承包商只能告知分包商主合同中也有同样的条款,并承诺原则上不会启动该条款。这种条款对分包商是否公平需要具体分析:(1)如果业主确实基于自身原因取消了 EPC 合同,由于分包合同属于从合同,主合同不存在,从合同也意味着失去了存在的价值,在

此意义上,背对背条款的使用具有正当性。例如,2014 年 5 月,伊朗政府终止了与中石油公司签订的南阿扎德干油田开发项目 25 亿美元的回购合同,继而总承包商启动了分包合同中的可选择性终止条款终止了旗下的四口井管线施工分包合同。此时,总承包商启动分包合同中终止性条款就具有正当性。(2)如果总承包商基于自身的原因,而非业主的原因终止分包合同,在这种情况下,总承包商如果没有正当的且充足的理由,则背对背的选择性终止条款不适用。简言之,使用背靠背可选择性终止条款终止分包合同必须与终止 EPC 主合同基于同一事由。因业主主动行使可选择性终止权时,承包商应向业主索赔相应的费用和损失。同理,分包商也可同时向总包商索赔相应的费用和损失。(3)在 EPC 合同模式下的采购合同,在使用背靠背选择性终止条款时,如果卖方已经履行完义务,买方(总承包商)此时就不能依据此类条款终止合同,因为采购合同中卖方的责任比 EPC 合同下总承包商的严格责任轻得多,该损失应由承包商承担。

(二)合同变更条款(Change Order Clause)

国际 EPC 合同及相关合同的变更已经在第五章第五节进行了详细的论述。银皮书中的变更与我国法律规定的变更差异主要体现在变更权和工作量上。EPC 合同中,工作量的变化不一定引起主合同变更,但相同工作量的变化则会引起分包合同的变更。2011 年版的分包合同条件第 12 条[计量和估价](Measurement and Evaluation)规定:“分包工程应依据主合同第 12.1 款[工程计量]和第 12.2 款[计量方法]进行计量。不论当地的惯例怎样规定,计量应该是分包工程每部分净的实际工程量。”一般来说,在 EPC 合同模式下,总承包商可以通过变更令得到变更工程的补偿;如果承包商擅自变更,则不能从业主处得到补偿。但如果涉及分包合同,分包商则有权从承包商处得到工程变更的补偿。即在工程分包中,承包商按照计量的实际工程量向分包商进行支付,而实际工程量有可能高于或低于估算的工程量。例如,某油田地面设施 EPC 总承包合同,在详细设计阶段,就设计标准版次产生争议,承包商认为适用伊朗国 IPS 2006 标准,业主认为适用 IPS 2010 标准。按照 EPC 合同条款规定,承包商在基准日期前负有审校业主要求的设计标准的义务,承包商不仅要对自己的设计范围负责,还要对业主要求的错误负责。由于承包商对 EPC 合同这个特定模式下的设计义务认识不深,错误地按照传统模式下的设计义务来理解,致使承包商的工作量陡增,投资成本也随之增加 800 万美元,虽然工作量增加了,但不构成 EPC 合同变更,由此带来的成本的增加在 EPC 合同模式不能得到业主的补偿。但相应的工程量体现在分包合同中,由于 EPC 承包商负责提供设计图纸,分包商按图纸施工,分包合同工作量的增加,必然引起分包合同总额的增加,从而引起分包合同的变更。因此,该部分增加的费用,完全由总承包商承担。由于 EPC 合同下总承包商的义务与分包合同下分包商的义务并不对等,因此对于工程量的合同变更不适用背对背条款。

(三)误期损害赔偿条款(Delay Liquidated Damage Clause)

1. 银皮书和 2011 年版的分包合同条件关于误期损害赔偿的规定

银皮书第 8.7 款规定由于承包商的延误向业主支付误期损害赔偿费,并规定不得超过专用条件中误期损害赔偿费的最高限额。因为总承包商对业主负单一责任,因此对分包商的误期,银皮书没有做出规定。2011 年版的分包合同条件第 8.7 款[分包合同误期损害赔偿费](Subcontract Damages for Delay)规定:“如果分包商未能按时竣工,并导致承包商无法遵守主合同第 8.2 款[竣工时间],承包商有权依据第 3.3 款[承包商与分包合同有关的索赔]就此违约从分包合同总价中扣除误期损害赔偿费。分包商由于分包工程延误对承包商的责任应该限定在分包商报价书附录中规定的限额之内;如未规定上述限额,分包商的责任应该限定在分包合同中标金额的 10% 以内。”除了要规定责任限额之外,专用条件指南中也规定了应预先规定每延迟一天的赔偿费额度。

2. 设置误期损害赔偿条款正当性分析

设置误期损害赔偿条款的目的在于防止承包商或者分包商误期违约,如果承包商未能在合同规定的工期内完成工程,业主有权扣除合同中约定的误期赔偿费,承包商也可以从应支付给分包商的款项中扣除相应的损害赔偿费。但应注意的是适用背对背的误期罚则条款,可能有失公平。例如,假设某国际 EPC 合同总额 10 亿美元,按照逾期违约条款,承包商违约 1 天支付总工程款的 0.01%,最高延误责任额为 EPC 合同额的 5%。在施工分包合同中也有相同的工期延误赔偿条款,分包合同额为 2 亿美元。某分包商由于自己管理不善造成工期严重迟滞,从而影响了整个工期进度。根据主合同条款,承包商支付了 5000 万美元的赔偿费,而按照分包合同约定分包商需要支付 1000 万美元的误期赔偿费。对于由于分包商的原因造成承包商 4000 万美元的损失,是由承包商承担还是由分包商承担?可能有两种观点。根据合同相对性原理,让分包商承担整个工程进度延误赔偿是不合理的,因为分包商仅就分包合同的履行向总承包商负责,并不直接向业主承担责任。施工分包商仅从分包合同角度考虑问题,绝对不会接受总包合同中的这种风险转移。然而,我国法律规定与银皮书的规定存在着不一致。《合同法》第 272 条第 2 款规定:“第三人就其完成的工作成果与总承包人或者勘察、设计、施工承包人向发包人承担连带责任。”《建筑法》第 29 条规定:“总承包单位和分包单位就分包工程对建设单位承担连带责任。”根据上述法律规定,对于业主造成的误期损害,业主既可以直接向承包商索赔,也可以直接向分包商索赔,还可以同时向两者索赔。误期损害赔偿适用连带责任违背了合同法的“公平原则”,因此承包商与分包商的连带责任最好只限定在工程质量范围内,而不适用误期损害赔偿。

3. 对误期损害赔偿条款的司法实践

对于预期罚款,英美法系和大陆法系规定相差很大。在英美法系,预期罚款必须是在签约时可预期因违约所可能导致的损失的真实预估,超过该预估,可能被法院认定为惩罚金(penalty),而不被法院执行。例如,根据英国法,惩罚金为法律和法院所禁止。在大陆法系虽然承认惩罚金的概念,但也不是没有上限,许多大陆法系国家法律规定若惩罚金过高,法院可依职权或依当事人申请予以酌减。我国《合同法》第 114 条就有类似的规定。因此分包商在遇到承包商的预期罚款索赔认为承担的罚金过重时,可以启动仲裁或诉讼程序,认定该条款无效或者显失公平,保护自身的权益。

(四)附条件支付条款(Conditional Payment Clause)

1. 附条件支付条款的含义

“背靠背”支付条款(Pay When Paid)是指在合同中约定的,以与本合同履行具有密切联系的第三方履行义务为条件,作为合同双方一方实现权利或履行义务的附条件合同条款。“背靠背”支付条款常见于各类分包合同、买卖合同的相应付款条款中,包括专业分包、劳务分包、材料设备供应分包以及咨询服务等类型的合同条款中。总承包商一般在支付条款中约定附条件支付条款,对分包商的支付以业主向其支付为前提,这已成为国际工程惯例。由于分包付款多为背靠背方式，总承包商得到回款后再支付分包商，因此，需要分包商有较强的垫资能力，否则会由于资金周转不畅导致现场停工待料，影响施工效率。

2. 英美法系国家的态度与做法

对背付款形式主要有：Pay-If-Paid 、Pay-When-Paid、Pay-Upon-Paid。不同国家对此规定是不同的，总的来讲英美法系国家是持否定或者严格限制的。例如，英国1996年《住宅许可、建造和重建法》(Housing Grant, Construction and Regeneration Act 1996)明令禁止附条件支付条款，除非业主破产。在新西兰，则对"背靠背"条款的措辞提出了十分严格的要求，新西兰司法判例认为Pay-If-Paid与Pay-When-Paid是不同的，前者明确表示了只有在收到款后才支付，而后者仅表示了付款的时间，不能理解为付款的前提条件。美国承包商联合会(AGC)分包合同关于业主延长支付给承包商的风险由谁承担，有两种处理方式：NO. 650规定由总承包商承担，NO. 655规定由分包商承担。司法实践中，美国的各州对此类付款有三种不同的判决方式：一是认定这种条款无效，如阿拉斯加州；二是认定这种条款有效，如纽约州；三是认定这种支付条款只能是被视为在承包商"一段合理的时间内"延迟支付有效，超过了合理时间，分包商有权向承包商索要分包款项。

3. FIDIC合同条件的规定

FIDIC银皮书合同条件对于附条件支付条款未做规定，可见FIDIC银皮书对待背靠背条款采取的是规避的态度。

2011年版《施工分包合同条件》第14.6款规定分包合同的期中支付(Interim Subcontract Payments)规定了较为规范的"背靠背"条款。如果存在以下三种情况时，承包商有权在事先通知分包商后，扣留或推迟支付该月报表的任何金额：一是如果报价书附录中规定了最小支付额度，而分包商报表中的款额大，承包商认为分包商有权获得的金额(扣除保留金等)少于该额度。二是分包商月报表所包含的款额未得到工程师的认可，且仅针对未签发支付证书部分的金额，且未签发证书不是由于承包商的行为或过失造成的。三是工程师已经对分包商月报表中的款额签发了证书，但是业主未将该款额全部支付给承包商并且仅涉及此未付款；或承包商根据分包合同认为分包商月报表的任何金额不应支付，或根据第3.3

款[承包商与分包合同有关的索赔]承包商有权扣除任何金额时。此外,还在专用条件指南中规定,该条款规定只有在承包商根据主合同得到了支付,分包商才能得到支付。但对于承包商的背对背条件的支付也设置了一定的限制:一是如果业主是由于承包商主合同项下的行为或失误,或业主破产、无力偿还债务、进入清算程序等没有对承包商进行支付,则承包商无权依据本款(c)段的规定推迟或扣留支付分包商月报表中的任何款额。二是根据第14.8款分包合同的最终支付(Final Subcontract Payment)的规定,不管业主是否向承包商进行了付款,承包商暂扣或延迟向分包商付款只能持续到分包合同缺陷通知期结束56天内。2011年版《施工分包合同条件》规定可以认为是有条件的背对背支付条款。该规定比较公平。

4. 我国的法律法规对“背靠背”的规定

我国现行法律法规没有对“背靠背”支付条款的法律性质和效力进行明确的界定,相关的法律风险也没有得到统一的认识。2003年8月试行的《建设工程施工专业分包合同(示范文本)》第19.5款规定分包合同价款与总包合同相应部分价款无任何连带关系,但《建设工程施工专业分包合同(示范文本)》(GF-2014-0213)在原有2003年版本的基础上,删除了原19.5条“背靠背”的相关表述的内容,同时在《关于2014年版建设工程专业分包合同(示范文本)的起草说明》中以第3部分第3条第1款专项进行了说明:“1. 以业主支付为前提的工程款支付问题是困扰总包与分包企业合同支付的主要难题。为解决该问题,2014年版分包合同没有将业主支付设置为承包人向分包人支付分包合同价款的条件,保持了分包工程款价款结算和支付的独立性。” 由此可见,建设行政主管部门以及合同示范文本并不提倡“背靠背”条款。但由于该示范文本不具有法律强制性,因此并不构成我国法律对背对背支付条款的禁止性规定。

5. 适用背对背条款正当性分析

分包合同是否适用背靠背支付条款,需要针对三种不同情况区别对待:

(1)如果分包内容和EPC合同联系紧密,例如,专业分包、土建分包或劳务分包,EPC承包商为了降低或分散风险,在分包合同中明确约定对分包商的付款是以业主的付款为前提的,则应尊重其约定。法无禁止,就应尊重市场的自我选择。《合同法》第45条规定:“当事人对合同的效力可以约定附条件。附生效条件的合同,自条件成就时生效”。根据本条款,附条件支付条款可视为合同生效的条件。合同签订后如果分包商认为签订合同时显失公平,可以依据《合同法》第 54 条之规定请求人民法院或者仲裁机构变更或者撤销分包合同。当然,承包商也不能肆无忌惮地滥用附条件支付条款,《合同法》第 45 条第 2 款规定当事人为了自己的利益不正当阻止条件成就的,视为条件已经成就。如果承包商与业主恶意串通不支付给分包商应付款项,分包商可以依据第 73 条规定行使代位求偿权,即因债务人怠于行使其到期债权,对债权人造成损害的,债权人可以向人民法院请求以自己的名义代为行使债务人的债权。

(2)分包合同与 EPC 主合同如果是两个相对较为松散的合同,分包合同中没有明示该合同是分包合同,甚至根据行业知识也不能推定分包商知道所分包工作是 EPC 合同范围的一部分,如供水、供电、供气、租赁合同,则不能适用附条件支付条款。即使约定了,总承包商也不能以业主未支付为由拒付给分包商。《合同法》第 121 条规定:“当事人一方因第三人的原因造成违约的,应当向对方承担违约责任。当事人一方和第三人之间的纠纷,按照法律规定或者按照约定解决”。把本应自身承担的风险无原则地转嫁给分包商是违背公平原则的。

(3)对于业主的强行指定分包,无论是银皮书还是我国部门规章地方性法规都明文禁止。在强行指定分包法律关系中,业主与承包商的关系实质是委托代管关系,承包商在委托的工作范围内,对分包商实施的工作进行监督管理,而不是一般意义上的发包承包关系。因此,针对强行指定分包商,使用“背对背”付款条款有利于平衡三方之间的利益关系。

综上所述,“背靠背”付款条款其效力的认定应当结合合同的实际履行、业主及分包项目承包人的实际情况、不同区域的司法实务状况等因素综合考虑。由于各国的立法规定以及各国司法界或仲裁机构对附条件支付条款的不同做法,承包商起草分包合同条款前需进行专项法制环境调查。

五、FIDIC 合同条款适用与工程所在国法律存在冲突

FIDIC 条款的适用不仅在我国法律适用中遇到障碍,在大陆法系其他国家都面临相同的问题。从目前的几部与总承包、分包相关的法律来看,我国的很多规定大多是“原则”性的,而针对性和操作性不强。此外,低层级的法规或规章在一定程度上突破了上位法的规定,存在严重越位

现象。《总承包合同适用范本》和《分包试用合同范本》做了与国际惯例相衔接的有益探索,但并构不成法律的强制性规定。如何协调、吸收合理因素,增强法律法规的及时性、系统性、针对性、有效性是我国立法方面面临的紧迫问题。作为EPC总承包商,在签订分包合同时,需注意研究银皮书的规定与准据法中的规定存在的冲突,以期降低法律适用中的风险。

第三节　分包商的选择及评估"过程"管理[1]

国内外学者对分包商的选择与评估研究多集中在分包商的评价指标和评价方法上,忽视了对分包商的"过程"评估和动态监控。选择与评估分包商可以分为三阶段,准入阶段、选择与决策阶段、履约过程中的考核与评估阶段。三个阶段的侧重点不同,评价指标和评价方法也不尽相同。对分包商的初选必须实行严格的准入制度,不符合要求的分包商杜绝进入分包商资源库。依照招标程序,结合具体标段要求和选定的分包商评价方法及模型选择出最优的分包商。对分包商的履约情况实行过程控制和动态管理,年度考评结果和相应建议及时反馈给分包商,将促进双方良性循环发展。

一、我国总承包商在境外面临的分包风险

长期以来,我国的海外工程承包企业积累了丰富的分包经验,也取得了丰硕成果,但也不乏有许多沉痛的教训。这些风险有来自承包商自身的风险,也有来自于工程所在国分包法律环境风险,还有合同分包管理风险。以下几个案例列举了我国EPC承包商近年来进行工程分包时,由于自身原因导致的分包问题,具有很强的代表性。

(一)来自承包商自身的分包风险

1.几个较为典型的案例

案例A:2015年3月,国内某承包商与尼日尔国家电网签订132KV

〔1〕 张浩:《EPC合同模式下分包商的选择及评估"过程"管理》,载《北京石油管理干部学院学报》2015年第4期,第26~31页。

输变电项目 EPC 总承包合同,合同工期为 12 个月。对于施工分包的合同价格,由国内某设计院做工程量估算,该设计院以中国公司在国内做项目的分包价格做了估算,该承包商以此作为投标报价的一部分。EPC 合同开始执行后,在尼日尔竟然找不到合适的当地分包商,由于时间紧迫,只好选择国内公司作为分包商,结果导致该项目国内分包商的实际报价比施工预算多出约 1000 万元人民币。

案例 B:2011 年 12 月,国内某承包商与巴基斯坦国家输配电公司签署 500KV 输变电站 EPC 合同,合同生效日期为 2012 年 2 月,合同工期为 480 天。土建施工分包预算为 4685 万元人民币,实际支出为 5795 万元。由于管理团队经验不足,在管控分包商上出现失误。项目初期,选择的是当地一家分包商 AL 公司,由于工程进度缓慢,项目部终止了与 AL 公司的分包合同,但超付工程款约 3000 万卢比。虽然随即进入司法诉讼程序,但诉讼结果并不乐观。项目后期又雇佣了另一家分包商 PO 公司,该分包商实力雄厚,顺利地完成了施工分包工作。然而,由于 AL 公司造成项目工期严重延误,各种原材料价格上涨较快,最终导致造成分包成本远超预期。

案例 C:2011 年 1 月,国内某承包商与菲律宾国家电网签署 230KV 输变电站 EPC 合同,合同工期从 2011 年 4 月至 2012 年 8 月。在分包商的选择上,第一家分包商 EEI 公司因为多种原因造成成本增加,主动提出终止分包合同。总承包商随即更换了分包商,完成了施工分包合同。但从整体上看,由于第一家分包商的选择不当造成了工期延误和成本亏损。

案例 D:2010 年 10 月,国内某承包商与菲律宾国家电网公司签订 138KV 输电 EPC 工程,工期从 2010 年 12 月至 2012 年 2 月。该项目合同分包预算为 2631 万元,但实际分包价格 3980 万元。在项目初期,选择的是报价低的小型分包商,由于该分包商没有能力完成土建施工工作,完成 6 个基础(约 300 万比索)后主动提出终止合同。随即更换了第二家土建分包商 EV 公司,该公司在收到预付款 773 万比索后,只完成了一个基础(约 50 万比索)后离场。该承包商在别无选择的情况下,只好又更换第三家分包商 PH 公司,该公司在收到预付款 647 万比索后,完成十个基础(约 500 万比索)后离场。由于连续三家分包商选择不当,导致合同工期严重滞后至 2014 年 10 月。虽然该 EPC 承包商针对上述没有能力完成施工分包的分包商进行了索赔,但由于使用的是当地保险公司出具的保函,不是见索即付保函,保险公司不予承兑,最后只能通过法律诉讼程序进行索赔。该项目由于选择分包商不当,亏损严重。

案例 E:2012 年 2 月,国内某承包商在伊朗与当地总承包商 JE 公司组成联合体共同开发某油田地面 EPC 承包合同,合同工期从 2012 年 2 月到 2016 年 6 月。中方是联合体的领导方,工作范围是设计与采购,伊朗当地总承包商的工作范围是施工部分。由于各种原因,原来预定的 2016 年 6 月 30 日临时竣工工期很难保证,中方承包商在未取得联合体的另一方 JE 公司同意的情况下,擅自从国内调来 120 名左右的施工队伍,自费帮助 JE 公司完成施工分包工作。JE 公司的当地分包商认为中方人员的行为是在抢夺其"饭碗",无论中方总承包商怎样解释,怎样保证,坚决不接受中方承包商免费提供帮助。中方承包商强令中方施工队伍趁着当地分包商夜间休息时抢修施工,结果导致中方承包商与联合体 JE 公司及其分包商关系恶化,工期进一步拖延。中方承包商为此付出了高昂的代价。

2. 对上述典型案例的简要分析

案例 A,国内的总承包商在选择分包商时,并没有对项目所在国进行详尽的标前法制环境调研,在对当地的分包商市场不熟悉的情况下,冒然以国内分包的经验进行报价,但在工程所在国找不到适当的分包商,国内分包商的报价远远高出预算价格,结果导致该分包实际成本远超预算价格。

案例 B,国内的承包商在选择分包商时,按照国内同行的做法,选择了最低报价的当地小分包商。由于忽视对分包商的资质与能力考察,小型分包商不具备相应的分包能力;结果导致再次选择分包商,造成分包成本远超预期,并且耽误了工期。

案例 C,在同一时间,不同的国家,不同的承包商在选择分包商上犯了与案例 B 类似的错误。不同之处在于,案例 B 中,终止分包合同是承包商主动提出的;在案例 C 中,终止分包合同是分包商主动提出的。

案例 D,在不同国家,犯了与案例 B 在选择分包商上相同的错误;在相同的国家,犯了与案例 C 在选择分包商上相同的错误。更为典型的是,该总承包商不能及时吸取教训,还继续选择没有能力的小型分包商,在选择分包商问题上一错再错,致使分包成本远超预算,合同工期不可控制。当出现危机后,在制约分包商的机制上,没有可靠的保障。

案例 E,用国内的思维方式来对待国际工程承包,一厢情愿地、不留余力地帮助当地分包商,自以为聪明,结果事与愿违,和当地分包商关系恶化,导致工期一拖再拖,造成总承包管理费大幅上升,承包商所承担的税赋也出现不可控制的局面。与案例 A 相同点在于用中国工程建设的思维和习惯生搬硬套在国际工程项目上。

从上述几个案例中发现,因为总承包商选择分包商出现错误导致总工期拖延并遭受经济损失的情况在国际工程承包中屡有发生。分包商的自身能力是选择分包商的关键,包括是否有足够的从事工程管理的关键职员以及熟练的技术工人,分包商自有的施工设备情况,以及是否具有从事该类分包工作的经验。要了解分包商的技术力量,不仅靠分包商自己提供的资料,承包商还应亲自派人实地调查核实。还可以通过分包商提供的过去实施的工程项目,向该项目的业主了解分包商的履约信誉。以上分析还可以看出,无论是否同一时期,还是是否在同一国家,我国的 EPC 承包商始终再犯类似的错误。这些错误的共同根本原因,就在于我们的项目经理们缺乏合同意识,没有法律思维,用国内的从事工程总承包的做法来做国际工程项目。EPC 承包商的管理水平直接决定了工程项目的质量与效益,对分包商的管控能力是 EPC 承包商综合能力的体现。在 EPC 合同管理中存在诸多问题,其中最为突出问题就是分包商的选择与管理。

(二)来自工程所在国的分包风险

工程分包危险既有来自于承包商内部认识偏差与管理失当的风险,也有来自工程所在国法律环境制度的风险。以印度为例,印度的劳动力资源丰富,印度政府在审核签证的时候,严格控制一般的劳工人员。如果中国企业进入印度工程市场,就必须面对大量的非主体甚至是主体工程的分包,尤其劳务分包。印度工程建设市场比较成熟,各类工程队伍多,但是印度分包商大都为小型私有企业,他们非常注重工程的风险,不愿意承担任何潜在的风险。我国某石油工程建设公司在管道工程焊接分包时,由于当地劳务分包商谙熟印度的社会法律环境,他们总是把焊接工程的误工风险作为首要考虑的因素,在谈判中提出一旦出现误工,总承包商应该付出比平时数倍的误工工资,没有任何妥协的余地。印度分包商利用中方企业不熟悉印度法律环境,经常在施工分包合同或劳务分包中设置陷阱。由于印度的劳工法非常完善,中国承包商一不小心就会因为一些不可预料的风险而卷入法律纠纷。

（三）合同分包管理风险

1. 分包风险来自分包合同本身的缺陷

分包合同文件缺乏严谨性，合同条款缺乏完整性和有效性。由于总承包商缺乏分包合同管理的专业经验，签订的合同文件不够严谨，合同条款不全面、不完善，合同文字不细致、不严密，合同存在比较严重的漏洞。订立的合同约束性不强，或者合同存在单方面的约束性，存在过于苛责的责权利不平衡条款。分包合同文件中的错误、矛盾或漏洞导致的合同缺陷给合同的正常履行埋下隐患。

2. 分包合同缺乏系统性

总承包商缺乏对 EPC 工程项目全局的把握，分包合同管理系统性、关联性不强。EPC 工程项目分包合同管理中，总承包商不能从 EPC 工程项目全局出发，片面地、孤立地对待各个分包合同。各个分包合同技术质量标准不统一，各分包合同工期与整体进度计划不能有效衔接，相互关联的界面划分不清，接口不匹配，直接影响了 EPC 工程项目目标的实现。如采购合同、施工安装合同是与设计分包紧密关联的，采购合同与施工分包合同必须服从于设计的总体计划和进度。分包合同中商务部分与技术部分脱节，商务部分仅强调价格、工期、付款等因素，对于合同技术部分的技术指标、质量要求、标准配置、服务范围等特殊要求重视不够，没有很好解决两者之间的矛盾。

3. 分包合同管理没有建立动态管理机制

EPC 工程项目分包合同管理中，普遍存在重合同签订轻管理的问题。一方面缺乏对各独立分包合同履行阶段的动态管理，另一方面缺乏对各关联分包合同的综合动态管理。分包合同履行中过多依赖分包方的自觉性，对分包合同履行中的质量、进度、资源配置等放弃有效的跟踪控制和监督。对部分信誉不良的分包商在履约过程中随意降低质量标准、拖延进度、降低资源投入、挪用工程专项款等行为视而不见。对于各分包商执行合同过程协调不足，分包方各自为政，严重影响 EPC 工程总体目标的实现。

4. 分包合同管理缺乏风险管理意识

对于分包合同管理各阶段由于不确定因素产生的风险缺乏清醒认识，不能客观、科学地进行风险识别、风险评估、风险响应、风险控制等管理。对分包合同缺乏保险、担保、索赔等应对风险的条款或管理不当。缺少因第三方影响造成延误或经济损失的风险应对措施。风险发生后无法实现风险规避、风险转移、风险减轻、风险利用等应对策略或措施，造成风险扩大、蔓延，严重地影响了 EPC 项目目标的实现。

二、国内外对工程分包风险的研究现状

对分包商的选择研究起源于 20 世纪 80 年代初。1981 年，Dickman 提出了分包商选择的多属性效用模型，分包商的选择需考虑多种目标，选择分包商的效用系数可以用各种评估期望值来表示。2000 年，Fong H. 和 Choi 提出了用 AHP 层次评价法选择分包商。2005 年，D. Singh 将模糊决策状况模型运用到分包商的选择中，从而为从多个分包商中选择最佳者提供了一种可行方法。之后，Hatush 和 Skitmore 提出了多目标效用理论模型、Sonmez 等提出了聚类分析方法、Minchin 等提出多目标决策模型、Singh 提出模糊集理论。Okoroh 等对分包商选择的方法进行了归纳，主要有多准则决策、多属性分析法、多元回归法、聚类分模糊集等方法。

国内学者多借鉴国外理论模型对分包商的选择进一步研究。2007 年，王军伍等将供应商的评价指标体系分为质量体系、产品采购成本与价格、产品交货、产品开发与生产、企业环境和产品服务六大方面，应用灰色关联度理论建立了供应商选择的决策模型。2009 年，康承业等用 AHP 层次分析法将影响分包商选择的目标因素和评价因素进行层次构建，各个因素的权重综合排序，选择满意的分包商。2010 年，杨耀红等从资源状况、财务状况、管理状况、经验状况、绩效状况和其他状况六方面构建了基于群决策模糊类聚和模糊神经网络的分包商选择评价体系。2011 年，胡立杰等提出基于 TOPSIS 和隶属度函数的混合多属性决策模型对候选方案进行定量排序。

国内外学者对分包商的选择研究大多属于多目标决策的范畴，研究重点集中在分包商的评价指标和评价方法的创新上。在选择内容上，早期研究关注的主要是成本、质量、技术能力、工程进度四维度方面；后期逐渐关注分包商的合作沟通能力、管理人员的经验、类似工程业绩、HSE 的控制与管理能力、合法经营等指标。如何构建符合工程总承包企业特点的分包选择方法已成为学术界和企业界探讨的热点。然而，现阶段国内外尚未就分包商选择方法和选择流程形成统一的认识。相对而言，对分包商的过程评估和动态监控管理重视不够。分包商的选择与评估可以从准入、选择与决策、履约过程中的考核与评估三阶段进行。

三、选择分包商的三阶段控制

(一)分包商选择的三阶段基本框架

过程管理是指一个组织为了达到一定的目标而对实现目标的全过程及不同阶段进行的组织、规划、控制和调整。过程管理不同于目标管理,虽然两者的追求目标是一致的,但目标管理注重的是"结果";对"过程"管理和控制相对缺失,易导致管理过程中存在片面性与不稳定性。对分包商的目标管理有可能导致分包商过度追逐眼前的效果或短期利益,忽视或者放弃长期利益。因此,对分包商的选择与评估要强化"过程"管理。可以从三个不同阶段进行过程控制动态管理:

第一阶段是分包商准入阶段。对分包商进行初选,只有满足基本要求的分包商才能进入分包商资源库。初选的目的是缩小下一阶段招标决策中的选择范围,增加选择的针对性,以提高工作效率。

第二阶段是决策选择阶段。按照既定的招标程序,结合具体标段要求与选定的分包商评价方法、评价指标、评价模型,对分包商进行全面细致的考察与评估,选择出最优的分包商。

第三阶段是分包商履约过程中的考核与评估。对分包标段全过程、各个环节实施动态管理,保证工程质量、工期、投资和 HSE 等指标受控。该阶段也包括分包合同关闭管理。第三阶段往往为我国 EPC 承包商所忽视,他们普遍存在着重前期选择,轻后期过程管理的现象。

由于三阶段的侧重点不同,评价指标和评价方法也不尽相同。图 6－3分包商选择三阶段框架为分包商的选择与评估构建了科学的、立体的和动态的评价体系。

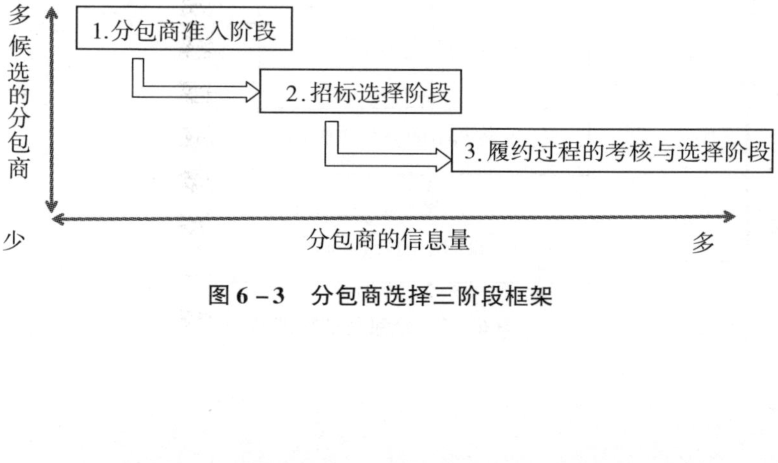

图 6－3　分包商选择三阶段框架

（二）分包商的选择与评估流程

图6－4分包商选择流程清晰地演示了分包商的选择与评估流程。

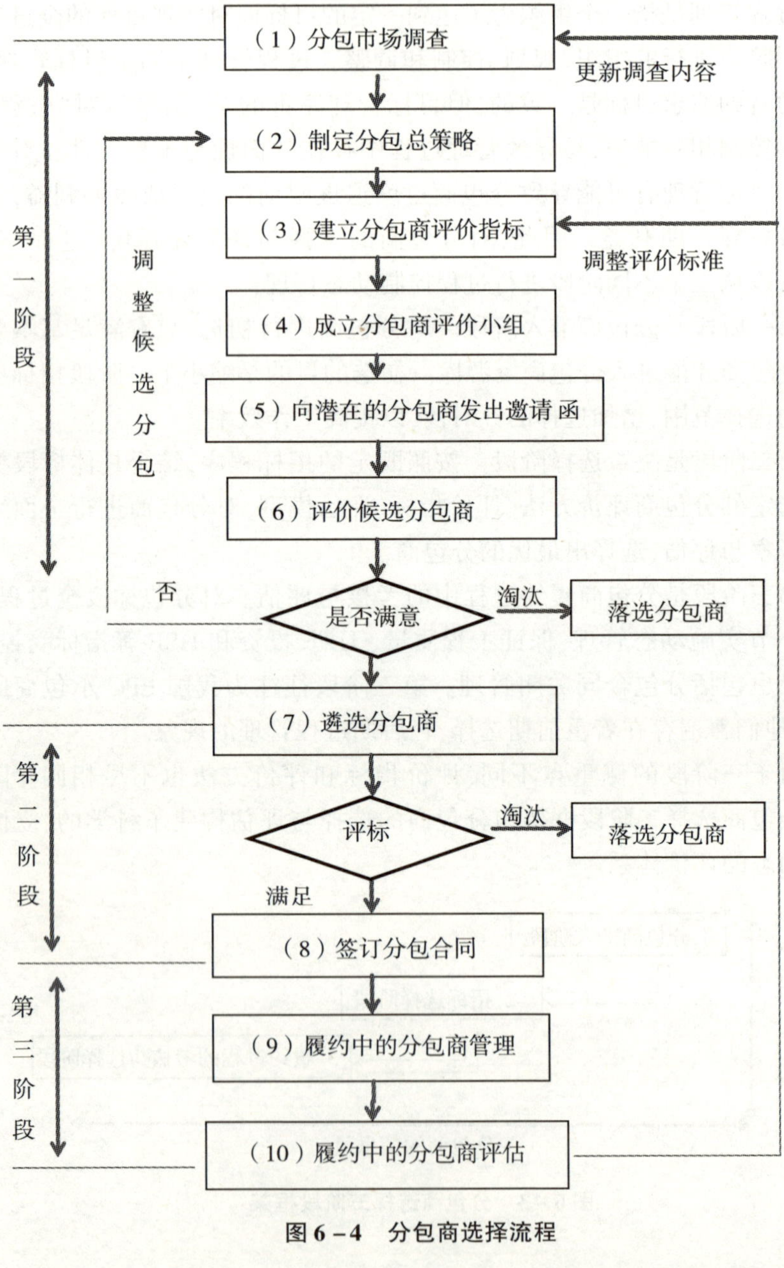

图6－4　分包商选择流程

1. 分包市场调查

分包商进入目标市场前需要对当地的分包商市场进行全面的市场调查,详尽的市场调查是制定分包策略的前提和基础性工作。在前述案例A 中,国内某承包商对工程所在国不进行分包市场调查,按国内分包商的价格报价是造成总承包亏损的一大因素。类似的错误还体现在第二章中介绍的中铁建折戟于沙特的轻轨项目案例。中铁建敢于较低报价的原因是以广州轻轨项目的 EPC 承包成本来测算该项目的,忽视了沙特特殊环境因素的制约。分包市场调查的内容主要包括分包市场发育程度、专业化分工程度、材料和设备的供应状况、分包商的功效、财务实力、机械装备水平、分包的价格水平、与当地分包相关的风俗习惯、节假日、宗教习惯,与分包相关的保险与纳税等状况。

2. 制定分包总策略

从宏观角度看,分包方式的选择取决于国家或地区之间的差异。影响 EPC 承包商进行国际工程分包策略的因素依次是自身人力资源、资金能力、机械设备装备资源、所掌握的技术和实施技术的能力,工程所在国或地区分包商市场的情况、工程所在国或地区对人员的限制性措施。总承包商可根据调研的情况,量身定做项目分包策略。

3. 建立分包商评价指标体系

国内总承包商因为分包造成亏损的直接原因就是没有建立可操作的分包商评价体系,他们通常按照国内做法,选择报价最低的分包商,结果导致在分包过程中因分包商没有能力完成分包工程,造成工期延误和经济损失。总承包商必须按照科学性、系统性和可操作性原则,建立分包商指标评价体系。

4. 成立分包商评价小组

建立以项目领导为组长的,以技术人员、法务人员、计划成本等专业人员组成的分包商评价小组。分包商的评价小组成员可以与分子公司的招标委员会人员组成相重叠。

5. 向潜在的分包商发出邀请

通过新闻媒体或推荐的方式向潜在的分包商发出准入评估邀请函。发出邀请函的前提是建立在总承包商做了深入的目标市场所在国调研基础上的。发出邀请函也意味着分包商的范围基本上选定。

6. 评价候选分包商

参照表6－1《分包商准入评价表》初步评价候选分包商，淘汰不合格的分包商。对分包商进行初步筛选时，首先考虑的是分包商的工程承揽能力、工作业绩、商业信誉等。目的是为在正式招标时，有针对性和有目的性地发出招标邀请。

表6－1　分包商准入评价表

<table>
<tr><td colspan="2">施工供方名称</td><td></td><td>资质等级</td><td></td><td colspan="4">评价等级</td></tr>
<tr><td colspan="2">申请项目名称</td><td></td><td>项目规模</td><td></td><td>优</td><td>良</td><td>合格</td><td>不合格</td></tr>
<tr><td>1</td><td>施工能力</td><td colspan="3">技术装备能力和水平，施工质量，进度控制，施工经验</td><td></td><td></td><td></td><td></td></tr>
<tr><td>2</td><td>业　　绩</td><td colspan="3">近三年承包主要工程（产品）情况和承建类似项目业绩</td><td></td><td></td><td></td><td></td></tr>
<tr><td>3</td><td>质量体系运行情况</td><td colspan="3">质量管理体系建立（正在建立、已实施、通过认证、通过复审）和运行情况</td><td></td><td></td><td></td><td></td></tr>
<tr><td>4</td><td>HSE 体系运行情况</td><td colspan="3">HSE 管理体系建立（正在建立、已实施、通过认证、通过复审）和运行情况</td><td></td><td></td><td></td><td></td></tr>
<tr><td>5</td><td>履约历史</td><td colspan="3">顾客评价情况、荣誉证书、同业评价、仲裁诉讼记录</td><td></td><td></td><td></td><td></td></tr>
<tr><td colspan="9">部门参评人员签字</td></tr>
<tr><td colspan="2">HSE 部</td><td colspan="2">质量管理部</td><td colspan="2">计划控制部</td><td colspan="3">法务部</td></tr>
<tr><td colspan="2">年　月　日</td><td colspan="2">年　月　日</td><td colspan="2">年　月　日</td><td colspan="3">年　月　日</td></tr>
</table>

7. 遴选分包商

通过招标程序，按照已经建立的评价指标体系选择最佳的分包商。国际工程实践中最常用的评估方法主要有直观判断法、ABC 成本法、HAP 层次分析法、综合模糊分析法、灰色关联度综合评价法等。可以针对不同的标段采用不同的评标方法。在分包商的指标选取上尽量覆盖报价水平、专业技术水平、项目管理水平、类似工程经验、原有文件的优化程度、财务能力、合作历史等指标。分包商的报价应能使总承包商获得适当的管理费和利润。在评估分包商的报价时，还应考虑分包商的报价构成是否合理，是否为不平衡报价等。

8. 签订分包合同

根据评标结果，发布中标通知书，按照预定程序与中标的分包商进行分包合同谈判，进而签订分包合同。

9. 履约中的分包商管理

分包合同签订后，EPC 承包商应加强对分包商的过程监督与控制，杜绝以包代管，可将分包商的组织机构、制度体系建设、员工的教育培训、设备与设施的管理等纳入自己的管理体系中进行统一管理。

10. 履约中的分包商评估与选择

按照表 6－2《分包商年度评价表》和表 6－3《承包商业绩评价记录表》的要求，对分包商每年的履约情况进行过程控制、动态管理。将考评结果和建议及时反馈给分包商，淘汰不合格的分包商，促进双方向良性循环发展。

表 6－2　承包商年度评价表

<table>
<tr><td colspan="2">分包商名称</td><td colspan="2"></td></tr>
<tr><td colspan="2">承建子项目名称</td><td>完成合同额(万元)</td><td></td></tr>
<tr><td colspan="2">项目类别</td><td colspan="2">□咨询　□勘察　□设计　□施工　□监理　□检测　□其他</td></tr>
<tr><td colspan="4">基本条件评价</td></tr>
<tr><td>序号</td><td colspan="2">评价项目</td><td>是否满足</td></tr>
<tr><td>1</td><td colspan="2">法人资格和相应的资质证明文件应满足要求且持续有效</td><td></td></tr>
<tr><td>2</td><td colspan="2">国家有关部门、行业颁发的生产经营、安全生产许可证应满足要求且持续有效</td><td></td></tr>
<tr><td>3</td><td colspan="2">质量、职业健康与安全、环境管理体系应通过认证且持续有效</td><td></td></tr>
<tr><td>4</td><td colspan="2">近一年内未发生较大及以上质量、生产安全事故和严重环境污染事件</td><td></td></tr>
<tr><td>5</td><td colspan="2">应继续保持具有与其资质等级相适应的生产经营能力、良好业绩及社会信誉</td><td></td></tr>
<tr><td>6</td><td colspan="2">未发生违规分包和违法转包，允许其他企业挂靠、出借资质证明文件的情况</td><td></td></tr>
<tr><td>7</td><td colspan="2">未发生严重扰乱集团公司工程建设市场秩序、提供虚假材料和信息的行为</td><td></td></tr>
<tr><td>8</td><td colspan="2">分包商能在规定时间内向承包商提交基本条件评价所需相关证明文件</td><td></td></tr>
</table>

续表

业绩评价			
序号	评价项目及标准分值	评价得分	备　注
1	项目组织实施(10 分)		
2	质量管理(20 分)		
3	职业健康安全与环境管理(20 分)		
4	成本管理(5 分)		
5	进度管理(10 分)		
6	分包管理(15 分)		
7	信息资料管理(10 分)		
8	诚信履约(10 分)		
总　　分			
年度评价结论：　□优秀　□合格　□观察使用　□不合格 评价单位(章)： 年　月　日			

表 6－3　承包商业绩评价记录表

序号	评价内容	标准分值	实得分数	扣分原因
1	项目组织实施	10		
1.1	是否建立并实现了项目的总体目标	2		
1.2	项目组织机构是否健全,管理职责是否明确	2		
1.3	是否制定了科学、合理的项目实施方案并能有效实施	2		
1.4	是否建立完善的工程变更管理程序并有效实施	2		
1.5	项目资源配置是否符合合同约定并满足项目实施需要	2		
2	项目质量管理	20		
2.1	是否针对项目实际建立了质量管理体系并有效运行,项目质量计划是否得到有效实施	4		
2.2	主要质量特性指标是否能够满足相关标准规范的要求,项目已完工部分是否存在质量缺陷或隐患	4		

续表

序号	评价内容	标准分值	实得分数	扣分原因
2.3	是否确定质量控制点,制定并实施质量控制措施	3		
2.4	质量相关证明文件、记录、资料是否真实、完整	3		
2.5	是否存在违反有关法律法规及强制性标准等行为	3		
2.6	是否存在被质量监督机构处理或记录在案的不良行为	3		
2.7	是否发生一般质量事故或严重质量问题(酌情扣除 1~10 分)			
3	项目职业健康安全与环境管理	20		
3.1	是否针对项目实际建立了职业健康安全与环境管理体系并有效运行,管理计划是否得到有效实施,职业健康安全与环境管理目标及指标是否完成	4		
3.2	职业健康安全与环境管理投入是否满足有关规定及项目实施需要	3		
3.3	施工现场是否做到各种标志齐全、防护设施完备、物料摆放规范、管理有序、文明施工	3		
3.4	是否及时进行安全风险识别,制定并实施风险削减措施	3		
3.5	是否结合项目实际制定了相应的应急预案并配备了相应的应急物资,组织进行应急培训和演练	3		
3.6	是否存在违反建设工程安全管理条例、安全操作规程及集团公司安全管理禁令等情况	2		
3.7	是否受到过安全、环保监督机构、相关部门的处理及相关方举报或投诉	2		
3.8	是否发生了一般生产安全事故或环境污染事件(酌情扣除 1~10 分)			
4	项目成本管理	5		
4.1	工程报价是否合理	1		
4.2	项目经营风险识别是否切合实际	1		
4.3	是否制定了项目成本控制措施并有效落实	1		
4.4	项目成本核销是否符合财务相关规定	1		
4.5	项目成本控制目标是否实现	1		

续表

序号	评价内容	标准分值	实得分数	扣分原因
5	项目进度管理	10		
5.1	是否编制切合实际的项目进度计划及相应的控制措施	3		
5.2	是否能够认真实施项目进度计划,组织措施、技术措施、合同措施、经济措施和信息管理等控制措施是否有效实施,偏差得以及时纠正	3		
5.3	工期是否满足合同约定	4		
6	项目分包管理	15		
6.1	是否建立了分包管理制度及程序	3		
6.2	分包行为是否符合有关法律法规及集团公司相关规定,分包方案事先经业主同意	2		
6.3	分包招标活动是否符合有关法律法规及相关程序	2		
6.4	所选用的分包商是否取得集团公司工程建设承包商准入资格证书或已经按照有关规定履行了审批备案手续	2		
6.5	是否存在拖欠分包商工程款项行为	2		
6.6	是否对分包商实施了有效的管理,完全履行了分包合同中规定的权利、义务和责任	2		
6.7	分包工程质量是否符合有关验收标准、规范要求	2		
7	信息资料管理	10		
7.1	是否建立了信息资料的管理程序及保密制度并能严格执行	2		
7.2	是否积极采用先进的信息管理技术或管理系统	1		
7.3	是否及时建立、收集、整理并妥善保管项目实施过程中形成的各类记录、证明、资料等	2		
7.4	信息和资料内容是否真实、完整、准确、可追溯	2		
7.5	能否及时提交符合规定要求的项目完/竣工资料	3		
8	诚信履约	10		
8.1	是否遵守了诚实信用原则,对合同约定的责任、权利和义务是否得到全面履行	3		

续表

<table>
<tr><td>序号</td><td colspan="3">评价内容</td><td>标准分值</td><td>实得分数</td><td>扣分原因</td></tr>
<tr><td>8.2</td><td colspan="3">对合同执行中存在的问题、纠纷,能采用正确的方式妥善解决,是否发生过严重违约行为</td><td>3</td><td></td><td></td></tr>
<tr><td>8.3</td><td colspan="3">是否全面实现了合同约定目标</td><td>4</td><td></td><td></td></tr>
<tr><td colspan="2">标准总分</td><td></td><td>实得分数</td><td></td><td>折算分数</td><td></td></tr>
</table>

评价人:　　　　　　　　　　　　　　评价负责人:

四、分包商的预选与准入

(一)初选准入

对分包商的初选要实行严格的准入制度,不符合要求的分包商杜绝进入分包商资源库。准入到资源库的分包商必须满足下列基本条件:

(1)具有独立法人资格和相应的资质证明文件;

(2)具有国家有关部门、行业颁发的生产经营、安全生产许可证;

(3)建立并实施质量、环境、安全、职业健康管理体系;

(4)近三年内未发生一般 A 级以上工业安全事故、严重环境污染事件和较大及以上质量事故;

(5)具有与资质等级相适应的生产经营能力、良好业绩及社会信誉。

(二)初选分包商需要提供的材料

由于中外公司管理制度的差异,中国大陆境内注册的分包商和非中国大陆境内注册的当地和国际分包商需分别提供以下初审资料。

1. 中国大陆境内注册的分包商需提交的资格审查材料:

(1) 施工供方资格审查申请表、分包商准入申请材料、承诺书;

(2)企业法人营业执照、资质证书影印件;

(3)国家有关部门(行业)生产经营、安全许可证书影印件;

(4)质量、环境、安全、职业健康管理体系认证证书影印件;

(5)近三年已审财务报告、资信证明;

(6)近三年主要工程业绩证明材料;

(7)拥有专利、专有技术及工法证明材料;

(8)近三年获得省部级及以上技术成果、管理成果、获奖项目等证明文件;

(9)其他必要的证明材料。

2. 非中国大陆境内注册的当地或国际分包商需提交的资格审查材料：

(1)公司的一般状况，如公司的名称、性质、国别、注册地点、注册时间、注册资金、资质等级；

(2)公司的财务状况，如公司近三年的资产负债表、损益表；

(3)主要业务往来银行、担保银行；

(4)工程经验，如分包商以往完成的类似工程的情况、名称、规模、合同额、项目完工证书等；

(5)分包商组织机构及关键人物，如分包商的组织机构图，各级人员构成，关键人物介绍；

(6)关联企业信息；

(7)分包商主要设备状况；

(8)ISO质量体系认证；

(9)HSE体系认证；

(10)其他相关证明文件。

(三)分包商准入评价表

在初选分包商时应综合考虑分包商近三年的安全表现，是否有足够的资源保证，安全管理、现场作业能力、在工程中的组织管理机构、项目管理人员和现场作业人员素质、对类似工程的安全管理及安全作业程序和计划、与总承包商的技术与经济资源的互补状况、有效的交流与信息共享情况等因素。以初选施工分包商为例，可以按照表6－1《分包商准入评价表》进行初选。

五、对分包商招标决策流程

完善的招投标管理是做好分包合同事前控制的重要手段。完善的招标投标管理至少包括以下事项：招标计划的制订、招标文件的编制、资格预审、标书发售、标书的澄清和答疑、评标议标及授标、签订合同等内容。招标计划阶段需做好标段的划分，标段划分应界面清晰合理，避免各分包合同间的错漏与重叠。

(一)选择分包商的三种方式

1. 公开招标

公开招标是无限竞争性招标，可以给一切合格的投标者以平等的竞争机会。总承包商可能取得低价，但可能与中标的分包商相互不熟悉，增加了项目执行过程中的不确定因素。因此,除特大分包合同选择公开招标外,一般的情况下,分包招标在不违反当地法律的情况下,尽量选择邀请招标。

2. 邀请招标

邀请招标的前提条件是 EPC 总承包商对邀请投标的施工企业已有充分的了解,确保应邀投标的企业在施工能力、技术水平、经济实力、信誉等方面具有优势,避免使一些更具竞争力的投标单位失去机会。总承包商应通过分包商初选,充分收集各分包企业的信息,建立和维护《合格分包商名单》。《合格分包商名单》可以按行业分类:如地质勘察、地基和基础处理、土木建筑、石油化工、电力建设等;也可以按专长分类:如长输管线施工、球罐特殊设备的安装等。在各类别的分包商名单中再依据专业能力、技术水平、经济实力、信誉,特别是以往合作经历,对分包商进行评级。例如,A 级为优先推荐使用的分包商;B 级为潜在分包商,一般推荐使用;C 级为不推荐使用分包商。总承包商应考虑优先邀请 A 级分包商投标,如不能满足项目特殊情况要求,可以考虑邀请在《合格分包商名单》以外的分包商投标。但在发出投标邀请函之前,总承包商应对该企业进行考察和评估,经评估合格,该企业可应邀参加投标。

3. 议标

协商议标针对的是受客观条件限制或不易形成竞争局面的招标项目。例如,专业性很强,只有少数单位有能力承担的项目;时间紧迫,来不及按正规程序招标的项目。可以邀请三个到四个比较熟悉的单位进行报价比较,由招投标双方通过协商确定有关事宜。协商议标实质上是一种非竞争性招标,严格来讲不能称为招标,因为招投标行为的核心是竞争;没有竞争,总承包商也就失去了取得低价的机会,也就失去了招标的价值。

(二)分包的招标应满足的条件

1. 对拟进行工程分包招标的项目,应当具备下列条件:

(1)主合同已经签署并生效;

(2)有相应资金或资金来源已经落实;

(3)有满足招标所需的各种文件资料;

(4)有招标的组织机构;

(5)具备实施招标的其他条件。

2. 分子公司或项目部的工程分包招标方式应采用公开招标或邀请招标方式选择分包商。在邀请招标时，投标人应从初步遴选的分包商资源库名录产生。如果采用议标形式，应按总公司相关的规定做好审批备案工作。邀请书应当向三家以上投标人发出，并载明下列内容：

(1)招标人的名称和地址；

(2)招标项目的内容、规模、资金来源；

(3)招标项目的实施地点和工期；

(4)获取招标文件或者资格预审文件的地点和时间；

(5)对招标文件或者资格预审文件收取的费用；

(6)提交资格预审申请书或者投标文件的地点和截止日期；

(7)对投标人的资质等级的要求；

(8)其他要求。

3. 资格审查主要审查投标人是否符合下列条件：

(1)具有独立订立合同的权利；

(2)具有履行合同的能力，包括专业、技术资格和能力，资金、设备和其他物质设施状况，管理能力，经验、信誉和相应的从业人员；

(3)没有处于被责令停业，投标资格被取消，财产被接管、冻结，破产状态；

(4)在最近三年内的业绩、财务报表和资信情况；

(5)法律、行政法规规定的其他资格条件。

海外子公司或项目部可以根据招标项目本身的特点和需要，要求投标人提供满足其资格要求的文件，对其进行资格审查。法律、行政法规投标人的资格条件有规定的，应遵照执行。资格审查时，不得以不合理的条件限制、排斥潜在投标人或者投标人，不得对潜在投标人或者投标人实行歧视待遇；也不能因为前期阶段已经对分包商进行过初审，而代替招标过程中的对投标人的资格审查。

(三)编制招标文件

招标文件编制应坚持“公平、公正”原则，评议标的标准要科学、合理、具备可操作性。标书的澄清、答疑要求客观准确。招标实施单位应根据工程设计、技术服务、施工分包招标项目的特点和需要编制招标文件。招标文件一般包括下列内容：

1. 设计招标：

(1)投标邀请书；

(2)投标人须知；

(3)工程项目说明；

(4)设计文件审查的时间和方式；

(5)合同主要条款；

(6)投标文件格式；

(7)评标标准和方法；

(8)投标辅助材料。

2. 技术服务招标：

(1)投标邀请书；

(2)投标人须知；

(3)工程项目说明；

(4)技术服务文件审查的时间和方式；

(5)合同主要条款；

(6)投标文件格式；

(7)评标标准和方法；

(8)投标辅助材料。

3. 施工招标：

(1)投标邀请书；

(2)投标人须知；

(3)合同主要条款；

(4)投标文件格式；

(5)采用工程量清单招标的,应当提供工程量清单；

(6)技术条款；

(7)设计图纸；

(8)评标标准和方法；

(9)投标辅助材料。

(四)评标的原则

在评标过程中,要坚持系统性原则、层次性原则、可操作性原则、定性和定量相结合的原则。

1. 系统性原则是指选择的评价指标体系应尽可能地反映分包商的综合水平，同时做到重点突出，保持相对均衡。

2. 层次性原则是指标体系能够反映分包商的内部结构，标的表达和叙述清晰明了，指标类别归属科学，结构清晰。

3. 可操作性原则要求收集的信息与数据易于处理和分析，通过建立模型得到的结果趋于真实、可靠、客观。

4. 定性与定量相结合原则要求对于基本条件因素（也称强制性条件因素）采用定性评价，对于业绩评价（也称可选择性因素）采用定量评价。定性与定量相结合有益于在模糊中求得相对准确。

（五）招标过程的具体要求

（1）招标文件除要求投标人在提交符合招标文件规定要求的投标文件外，可提交备选投标方案，但应当在招标文件中作出说明，并提出相应的评审和比较办法。

（2）招标文件规定的各项技术标准应符合主合同中的相关要求。

（3）工程设计、技术服务、施工分包招标项目需要划分标段、确定工期的，招标人应当合理划分标段、确定工期，并在招标文件中载明。对工程技术上紧密相连、不可分割的单位工程不得分割标段。

（4）不得以不合理的标段或工期要求限制或者排斥潜在投标人或者投标人。投标人少于三个的，应重新招标或上报公司招投标委员会决策。

（5）开标应当在招标文件确定的提交投标文件截止时间的同一时间公开进行。开标地点应当为招标文件中确定的地点。

（6）投标文件不响应招标文件的实质性要求和条件的，应当拒绝；不允许投标人通过修正或撤销其不符合要求的差异或保留，使之成为具有响应性的投标。

（7）评标委员会由5人以上单数组成，其中经济、技术招标评审专家占评标委员会人数的2/3以上，必须有法务专家参加。

（8）评标委员会完成评标后，应出具书面评标报告。评标报告由评标委员会全体成员签字。评标委员会推荐的中标候选人应当限定在一至三名，并指出一名最佳候选人，标明排列顺序。

（9）评标委员会提出书面评标报告后，由分子公司及项目部编制上会报告，提请招投标委员会确定中标人候选人。

(10)招标结果备案或审批通过后,由招标部门向中标人发出中标通知书,并通知未中标人。自中标通知书发出之日起 30 天内,按照招标文件和中标人的投标文件订立书面合同。

六、分包合同编制与签订

分包合同作为总承包商与分包商之间签订的法律性文件,是划分双方权利与义务的依据,也是解决双方分歧与纠纷的法律基础。一份完善的分包合同是确保工程分包成功的前提,因此,总承包商必须高度重视分包合同的编制工作。

(一)国际工程分包合同文件框架

国际工程分包合同的文件框架与主合同大致相同,主要包括以下内容:

1. 分包合同协议书

分包合同协议书作为整个分包合同的总括性文件,主要包含合同双方主体、合同价格、合同文件清单、合同文件优先顺序、合同生效的时间或前提条件以及其他需要说明的关键事项。

2. 总承包商发出的中标函

中标函是指招标人在确定中标人后向中标人发出的通知其中标的书面凭证。中标函对招标人和中标人具有法律效力,中标通知书发出后,招标人改变中标结果,或者中标人放弃中标项目的,应当依法承担法律责任。总承包商发出的中标函是分包合同的组成部分。

3. 分包商的投标书

投标书是分包商在投标时提交给总承包商且构成分包合同一部分的全部文件的总称,包括投标函、各类明细表(如标价的工程量表、计日工表、单价分析表等)、投标保函。

4. 分包合同条款

分包合同条款作为分包合同的核心文件,具有明确双方权利、义务和分担风险的作用。常分为合同通用条款与合同专用条款,有时也根据实际需要将两者合二为一。

5. 构成分包合同的其他文件

除上述文件外,分包合同还可能包含其他文件,如分包合同规范、分包合同图纸、分包合同工程量表等附件或中标函中列举的其他构成合同的文件。

（二）分包合同编制要求

分包合同的文件框架确定后，总承包商便可着手编制分包合同的条款内容。总承包商既可在采用合同范本的合同通用条款基础上依据项目的特点在专用条款中进行删减、修改或补充，也可依据项目的具体情况和自身要求自行编写条款内容。若总承包商自行编制合同条款，可以参考主合同通用条款的内容和架构。同时，需要有经验丰富的商务专家对所有的分包合同进行整体把握，处理各分包合同之间的关系。分包合同应高度重视分包工作范围：工程量清单中的工作内容如果描述不清，或清单项划分不合理，会给合同执行管理工作造成很大障碍。工程量清单应尽可能地体现合同的工作范围，而以往的工程量清单中，对于各清单项的工作范围描述往往不清，在技术规格书中的许多要求不能反映到清单的描述中，许多有经验的分包商往往会利用这一点，在投标前已发现这些问题，在投标中却不进行澄清，而是在合同执行的过程中，将工程量清单中未体现技术要求的部分作为变更提出，要求 EPC 总包商进行补偿。

（三）分包合同签订前的合同评审要求

在分包招标文件编制完成后，应要求各职能部门对招标文件进行评审并提出意见。各职能部门应对合同范围的划分、技术要求、各分包合同工作接口的处理等方面提出意见。分包合同评审的目的是全面和正确理解招标文件和合同条件，为制定合同实施计划、签订提供依据。分包合同评审要求针对分包合同的合法性，基于招标投标文件的准确性，合同条款的完备性，合同各方的责任、权益、范围等的合理性，标的、服务的特殊性，合同的风险性等进行全面评审。严格、专业、科学的评审是分包合同与项目总体质量、费用、进度、安全等目标统一的保证。

（四）分包合同编制需要坚持的原则

1. 分包商知晓原则

应在分包合同中明确约定，分包商已经全面阅读和了解主合同项下对分包工作规定的合同条件、基础文件、技术规范、现场状况等合同条款。承包商应提供除主合同金额及保密信息除外所有文件供分包商查阅。如果分包商要求，承包商应向分包商提供一份主合同的真实副本（主合同金额和保密信息除外），而分包商应被视为已经全面了解了主合同的相关规定。分包商应及时将其审阅分包合同和主合同或实施分包工程时发现的歧义或不一致通知承包商。

2. 与主合同相一致的原则

除非分包合同条款另有要求,分包商应履行并承担主合同规定的承包商关于分包工程的所有义务和责任。如果分包商违反分包合同,分包商应保障承包商不会因此承担主合同项下的任何赔偿,而且承包商可以从本应支付给分包商的金额中得到补偿。由于分包合同与业主没有合同关系,因此,一般约定分包商已经完全了解主合同中承包商的相关分包合同下的义务,并承诺愿意履行这些责任和义务。在分包合同中应规定,"分包商同意接受主合同中约束总承包商的条款,并承认此类条款就分包合同涉及的工作来说对分包商有同样的约束力。"一致性原则是分包合同编制的最基本原则。

3. 完整性原则

要求分包合同与主合同以及其他分包合同整体一致,条款完备,没有漏项、冲突项。完整性原则不但要有正面规定,还应该有反向规定,防止分包商违约时,总承包商采取的行动没有合同依据。例如,对于施工分包合同,在规定分包商必须保证按时完整节点计划;还应规定,如果违反这一合同要求,总承包商可以采取的具体罚则措施。

七、履约过程中的分包商管理

分包合同的执行过程也就是对分包商的管理过程。在分包合同签订后,签订人员对直接执行分包管理的人员应及时进行合同交底和宣贯,明确分包的范围、风险划分以及管理过程中容易发生分歧的条款,以便相关管理人员及时做好预防措施。对分包合同的履约管理应注意如下问题:

(一)质量及HSE管理

对分包商在质量及HSE方面的要求应当以总承包合同为标准,采取"背对背"的方式,保障分包商在质量及HSE方面能够符合主合同的要求。

(二)进度管理

承包商向业主提交的进度计划要落实到各分包商的进度计划当中,分包商的进度计划要根据实际的工程执行情况及时调整。可以对分包商的进度管理采取激励与惩罚机制,譬如在延期完工的情况下承包商有权从应付款项中扣除误期损害赔偿金,在分包合同中规定在合同要求的工期之前完工可以获得赶工费。

（三）工作范围及界面划分

分包合同中一定要明确分包商的详细工作内容、范围及责任。这些内容切不可三言两语一带而过，或者以主合同工作范围代替分包合同工作范围。在分包合同中，必须尽可能以详细的工程量表划分工作范围。对多家分包商构成的项目，合同管理的关键是厘清各分包商之间的责任和工作界面。分包合同应通过各个相应的分包文件划分清楚分包工作的内容和范围。当一个主合同有若干个分包合同并有一定的接合部时，对各个分包合同的工作内容的规定应更加详细和准确，以便划清责任，防止在分包工程执行的过程中就工作范围方面的问题发生争执。

（四）分包工程计价及结算管理

对分包商的控制管理，最行之有效的手段就是对其预付款、进度款的发放控制。在结算时严格按合同约定的工程价款结算方式，对分包商完成的合格工程量按月或季度进行验收计价，总承包商的项目部的工程、质量、技术、安全、合同、财务等相关部门集体会审、逐级把关、逐级签字。若在任何一环出现问题，则限期整改，否则不予签字。财务部门要对分包工程建立台账，按照分包工程合同号、分包工程价款及时准确记录结算情况，根据当月或季度完成额扣除各项费用后严格按合同约定经项目经理和相关主管部门批准后拨付工程款。

（五）分包合同变更的价值确定

设计、施工工作通常由分包商完成，而这两部分工作是主合同发生变更的多发地带，承包商向业主提出变更申请或变更的线索大部分来自于分包商。鉴于此，应当在分包合同中限定分包商提出变更申请或变更的时效。总承包商对分包商提出的变更申请或变更应认真筛选，对符合工程承包合同变更要求的事项及时向业主提出，以及时获得工期和成本补偿。根据FIDIC银皮书规定，业主享有变更的权利，承包商需无条件执行，承包商没有变更权。签订分包合同时，对价值工程的参照标准应作出明确的规定，以免将来发生不必要的争议。对于分包商索赔，只要索赔要求合理，且不与总包商的利益冲突，就可以引用主合同中相关条款要求业主给予补偿。

(六)分包商以总承包商名义开展对外关系管理

某些工程项目,为执行项目的需要,有时要求分包商在项目所在国以总承包商的名义执行合同。但是这些国内分包商在当地可能会有独立的经济行为,如租赁车辆、施工机具,进行当地采购等。如果他们在当地签订、执行合同要使用总承包商的名义,那么总承包商就面临着代替分包商承担违约责任的法律风险。对于这种情况,承包商的法务人员就要在分包商签订当地合同之前,仔细审核他们的合同条款,监督分包商的执行情况并密切关注整个合同的进展。

(七)业主对总承包商拒绝支付分包商工程款的介入

向分包商付款是总包商的根本义务,如果总承包商无缘无故地拒绝向分包商付款,业主可进行适当干预。因为分包合同的正常履行直接关系到主合同的正常履行,业主并不愿意看到总包商对分包商发生违约的情形。在实践中,总包商往往有这样或那样的理由拒绝向分包商付款,这种情况下,业主一般不会直接向分包商付款,而是充当调解人介入总包商和分包商的合同纠纷,查明情况,平息纠纷。FIDIC 合同条件或者其他类的国际工程合同条件,都没有业主充当调解人的规定,但在实践中业主毕竟可以以他的特殊身份,通过正式或非正式的渠道协调总包商与分包商之间的争端。

(八)分包商之间的纠纷解决

一个国际工程项目往往有多个的分包商,这些分包商可能同时在同一现场为一个工程项目服务,因此,难免产生纠纷,分包商之间出现的矛盾可能造成工程陷入困境。如果不能及时有效地解决纠纷,就会影响整个项目的正常进行,直接危害到总包商的利益。由于分包商之间并没有合同关系,分包商之间的协调工作此时就显得比较重要。协调分包商之间的争端要求总承包商具有高超的协调解决能力。在有多个分包商的工程项目中,分包合同中应规定,当分包商之间出现矛盾时,由总承包商负责协调、沟通,未经过总包商的允许,不允许对其他分包商采取单独的行动。一旦出现分包商绕过总包商对其他分包商采取单独行动的情形,应对采取单独行动的分包商给予重罚,严重时可考虑驱逐出场或取消合同等措施。

(九)注意对分包商的制约

在分包合同中,除对分包商付款外,预付款保函、履约保函、质保保函、质保金等是制约分包商的重要手段。分包合同实际上就是总包商把既得利益转让出一部分给分包商,因此分包商必须向总包商提供满意的服务,若提供的服务让总包商不满意,总包商有权采取相应的惩罚措施。前述案例D中,由于没有使用国际工程普遍使用的见索即付保函,导致总承包商在分包商违约时,没有有效制约分包商的措施。在分包过程中,必须保证分包商受制于总包商,确保分包商服从总包商的指挥和安排,服从工程的总体计划,更好地完成工程项目。

(十)对分包商的索赔与反索赔管理

分包合同管理贯穿工程实施的全过程和各个层面,而索赔是合同管理的重要内容。总承包商一方面要根据合同条件的变化,向业主提出索赔的要求,减少工程损失;另一方面利用分包合同中的有关条款,对分包商提出的索赔进行合理的分析,尽可能减少分包商提出的索赔。对于因分包商自身原因造成拖延工期或不可弥补的质量缺陷、安全责任事故,要按分包合同规定及时进行索赔。

(十一)加强分包合同的系统性管理

EPC工程项目是复杂的系统工程,投资大、周期长、涉及专业多,同时分包合同种类多、个性差异大、数量多,这些特点要求必须对分包合同进行系统性管理。实现EPC项目合同管理目标,必须对不同专业之间、不同分包合同之间、不同分包方之间的关系进行系统的协调和管理。每个分包合同有其主体部分,同时又有配合的内容,应通过不断调整、修正、补充使分包合同靠拢主合同目标。对于不同分包合同间的工作界面,内容的平行、交叉、关联部分,要保证工作内容不重复、不缺漏。

(十二)加强分包合同的动态管理

对于EPC工程项目全过程、各个环节、所有分包合同实施动态管理,保证工程质量、工期、投资、HES等指标受控。合同交底是动态管理的主要环节,有利于落实和明确合同责任。分包合同动态监督,对于特殊要求的设备、材料和服务,可以委托有资质和能力的第三方进行监督、监造和检验。分包合同跟踪诊断,对于分包合同执行差异进行原因分析、责任分析。及时通报分包合同实施情况及问题,提出分包合同实施方面的意见、建议或警告。制定动态管理措施,防止合同问题的扩大和重复。

八、分包商的年度考核与退出机制

(一)对分包商的履约评价

建立分包商履约过程评价机制,培育战略型合作伙伴,让不合格的分包商及时退出是过程管理的重要内容。EPC承包商应在每年的1月,对其上年度使用的分包商按照表6-2《分包商年度评价表》和表6-3《分包商业绩评价记录表》对分包商进行综合评价。评价的方法采用定性和定量综合评价法。评价的指标分为基本条件指标和业绩评价指标。基本条件评价的因素是国家法律法规或行业的强制性要求,属于定性分析,它是维系总包商与分包商之间关系的基础,如果不能满足则意味着分包商存在着违法行为,必须及时纠正或者退出。业绩评价的因素为选择性因素,属于定量分析。根据日常考核结果,以分包商所承担的独立合同为评价单元,采取百分制打分法进行定量评价。通过对分包商八项基本因素的打分评估,可以实现对分包商的相对客观评价。业绩评价结论分为优秀、合格、观察使用及不合格四个等级:

(1)基本条件评价为满足且业绩评价得分在90分~100分范围,分包商年度评价结论为优秀。

(2)70分~90分范围,为合格。

(3)60分~70分范围,为观察使用。

(4)出现下列情形之一时,年度评价结论为不合格:

①基本条件评价为不满足;

②业绩评价总分低于60分;

③连续两年年度评价结论为观察使用;

④连续三年没有年度评价记录;

⑤允许其他企业挂靠、出借资质证明文件及有关资格证书的;

⑥提供虚假材料和信息,骗取准入资格的;

⑦转包或违规分包工程的;

⑧发生较大以上质量事故的;

⑨发生一般A级及以上工业安全事故、严重环境污染事件、严重员工职业健康事故;

⑩违反国家相关法律、法规、工程建设强制性标准及公司有关规章制度并造成负面影响的。

对于年度评价结论为不合格的分包商,取消其准入资格。对于情节特别严重的,列入黑名单。对于连续三年被评价为优秀的分包商,可以作为战略伙伴关系的选择目标。

九、分包合同关闭管理

按照分包合同中规定的节点、条件和程序及时关闭分包合同是规避潜在合同风险的重要环节。分包合同内容完成后,应在最后一笔进度款结清前对分包商工作范围、工程质量和 HSE 执行状态、资金支付或财务往来状态、变更索赔情况、仲裁诉讼等进行全面验收,要求分包商按照整改检查单的内容进行整改。整改验收合格后,形成合同预关闭报告,释放尾款。对分包商设备的退场,应分别签署移交文件,避免因设备损害发生纠纷。质保期满并在合同预关闭报告上的所有遗留问题全部解决后,出具合同关闭报告,关闭合同,释放质保金。分包合同履行完毕应及时签署合同关闭协议,这是确定双方权利义务已经履行完毕的书面证据。

分包合同的后评估是对合同管理工作的总结,及时做好分包合同后评估工作有着极其重要的意义。切实总结分包合同签订、执行、管理等方面的利弊得失、经验教训,对关系 EPC 工程项目运行有重大影响的合同条款进行分析研究,对可预见及不可预见的重要因素重新标识,制定预防措施,为以后类似工程分包合同管理提供借鉴。

十、与分包商建立战略合作伙伴关系

从某一项目或短期的目光来看,总包商与分包商多表现在相互隐瞒信息的利益博弈关系;但从长期来看,更趋向于利益一体化的战略关系。因此对分包商的选择不仅要考虑当前利益,还应考虑分包商将来的合作愿景、适应能力和持续增长能力。国际知名的 EPC 承包商都有自己稳固的,能力强、信誉好的分包商,并将其视为战略合作伙伴,这是与对分包商日积月累的“过程”管理分不开的。EPC 承包商应将分包商看作企业运营一个不断优化的部分,以长期绩效为目标,努力与分包商建立良好的战略合作伙伴关系,这种基于合作关系的分包商选择与评估才具有深远意义。

第七章　国际 EPC 合同模式下的设计管理

导语：国际 EPC 合同模式下的设计管理有着特定的内涵和逻辑关系。本章第一节主要介绍 FIDIC 银皮书对设计责任的规定，剖析了 EPC 合同模式下设计的特点。第二节对比 DBB 合同模式与 EPC 合同模式下，设计责任与义务的不同，与设计相密切的各种因素，例如与成本、质量、进度的关系，与采购、施工和试运营的关系，还指出近年来 EPC 设计理念向模块化发展的趋势。第三节遴选了最近 5 年来，在 EPC 合同模式下发生的三则关于设计的有代表性案例，这些案例的教训对我国承包商提出了足够的警示，必须对 EPC 合同模式下承包商的设计责任有清晰的认识，必须选择合格的设计分包商。第四节针对我国承包商在国际工程设计方面经常出现的问题进行归纳，并给出了关于设计管理的一些建议。

第一节　FIDIC 银皮书对设计责任的规定

设计在很大程度上代表了总承包商先进的科技和具有吸引力的形象，足以体现企业的知识能力、价值成长和创新能力，是承包商核心竞争力的体现。FIDIC 银皮书对业主与承包商之间设计的权利与义务做出了与其他合同条件很大不同的规定。

一、EPC 合同模式下设计的内涵

传统合同模式中的“Design”与 EPC 合同中的“ Engineering ”虽然都笼统地翻译成“设计”，但其内涵区别很大，前者特指具体的设计技术工作，承包商基本上不负责投资控制，后者侧重于承包商对设计的策划、技术方案优化和资源整合等管理活动，确切地说是指“设计管理”。同理，“Procurement”也不是一般意义上的设备材料购买，而是指 EPC 模式下的专业采购管理；“Construction”不仅包括普通意义上的建设，还包括施工、安装、试车、技术培训等内容。EPC 合同模式下的设计、采购和施工，更侧重三个方面的一体化的管理活动。

设计的概念有狭义与广义之分。狭义上的设计分为方案设计阶段、初步设计阶段和施工图设计阶段。在不同的行业还有不同的分段，如在石油化工领域通常划分为前端设计阶段和详细设计阶段。广义概念上的设计，贯穿于项目全过程，不仅包括可行性研究、概念设计、基础设计、施工图设计，还包括与采购、施工、合同关闭和后合同评估相关的设计工作。我国的工程总承包传统上是施工总承包，设计与采购、施工分别隶属于不同的合同主体，因此，设计管理多指狭义上的管理。EPC 合同模式下，承包商按照业主提供的概念设计，以设计为先导，对设计、采购、施工和试运行进行整体管理和系统控制，设计管理通常指广义上的管理。EPC 合同模式下承包商的设计责任与义务有着特定的内涵，它要求 EPC 承包商在投标阶段就要认真研究标书中的合同义务、设计责任、技术要求、技术规范与标准、设计范围、界面划分，熟悉技术澄清、设计批准与变更程序，摸清关键设备询价的技术要求和制造厂商提供的技术资料。

二、FIDIC 银皮书规定的承包商的设计责任与义务

（一）银皮书清晰地划分了承包商与业主的设计责任与义务

该部分见表 7 – 1《FIDIC 银皮书对设计责任的划分》。

表 7-1 FIDIC 银皮书对设计责任的划分

	设计责任	FIDIC EPC 合同条款
业主	(1)合同中规定由业主负责的,或不可更改的部分、数据和资料; (2)对工程或其任何部分的预期目的的说明; (3)竣工检验和性能指标; (4)除合同另有说明外,承包商无法核实的部分、数据和资料。	第 5.1 款[设计义务一般要求]中规定:业主对其提供数据和资料正确性负责的部分。
	(5)合同执行过程中规定的规范和标准如果发生改变,法律或业主规定按新标准执行,按变更处理。	第 5.3 款[承包商的承诺]以及第 5.4 款[技术标准和法规]中的规定。
承包商	(1)对业主所做的相关设计成果承担审核责任并对其正确性负责。	第 4.10 款[现场数据]中规定,业主对其提供现场地下、水文条件及环境方面的所有资料不承担责任; 第 5.1 款[设计义务一般要求]中对业主提供的设计成果责任的规定; 第 17.3 款[业主的风险]没有涉及业主对其提供设计成果部分负责的规定。
	(2)业主对承包商设计文件的审核,不解除承包商的责任。	第 5.2 款[承包商文件]中有关承包商的设计文件审核的规定。
	(3)由于承包商设计文件中出现的错误必须改正,所发生的一切费用和损失自行承担。	第 2.1 款[现场进入权]和第 17.1 款[保障]中提到的"承包商设计文件错误"责任; 第 5.8 款[设计错误]中有关承包商文件错误的规定。

(二)FIDIC 银皮书第 5 条规定解读

1. 第 5.1 款[设计义务的一般要求]承包商应被视为,在基准日期前已仔细审查了雇主的要求(包括设计标准和计算,如果有)。承包商应负责工程的设计,并在除下列雇主应负责的部分外,对雇主要求(包括设计标准和计算)的正确性负责。

除下列情况外,雇主不应对原包括在合同内的雇主要求中的任何错误、不准确或遗漏负责,并不应该被认为,对任何数据或资料给出了任何准确性或完整性的表示。承包商从雇主或其他方面收到任何数据或资料,不应理解除承包商对设计和工程施工承担的职责。但是,雇主应对雇主要求的下列部分,以及由(或代表)雇主提供下列数据和资料的正确性负责:

(a)在合同规定的由雇主负责的,或不可变的部分、数据和资料;

(b)对工程或任何部分的预期目的的说明;

(c)竣工工程的实验和性能的标准;

(d)除合同另有说明外,承包商不能核实的部分、数据和资料。

从第5.1款承包商[设计义务的一般要求]可以看出,银皮书规定了承包商是设计责任的主要承担者,承包商在基准日期(递交投标书截至日期前28天的日期)前负有审校雇主要求的设计标准和计算的义务,承包商不仅要对自己的设计范围负责,还要对业主要求的错误负责,只有在4项例外情况下才能免责。承包商对于收到业主提供的材料和要求,应在基准日期前审核完毕。这就客观要求,承包商在投标阶段,对于业主提供的前端设计和现场资料,应进行全面核实与检查。还应通过现场踏勘调查,对现场周边地区的地质情况进行资料收集,纠正业主的要求和提供资料中的错误和遗漏。

2. 第5.8款[设计错误]如果在承包商文件中发现有错误、遗漏、含糊、不一致、不适当或其他缺陷,尽管根据本条做出了任何同意或批准,承包商仍应自费对这些缺陷和其他带来的工程问题进行改正。

第5.8款对承包商的义务作了更严格的规定,对于业主提供的前期勘察设计文件中的错误、歧义、遗漏、模糊、不一致、不适当等问题,即使业主做出了同意或者批准,承包商也不能因此免责。

第5.1款和第5.8款两款的规定反映出EPC合同模式下,承包商的设计责任是严格责任,承包商负有高度谨慎和注意的义务,这反映了PEC合同的"交钥匙"性质。作为EPC承包商,必须对设计的风险有清晰的认识和足够的认识,包括业主的设计要求不准确,设计标准规范模糊以及设计术语上理解不一致,千万不能想当然地认定是业主的责任。模糊或者有歧义的地方必须在标前要求业主书面澄清,否则合同签订后要承担相应的后果。第三节第一则案例,由于承包商对EPC合同这个特定模式下的设计义务认识不深,错误地按照传统DBB合同模式下的设计义务来理解,致使承包商的投资成本陡升,损失惨重。我国《合同法》关于设计的责任相关规定与银皮书规定截然相反。《合同法》第 285 条规定，因发包人变更计划，提供的资料不准确，或者未按照期限提供必需的勘察、设计工作条件而造成勘察、设计的返工、停工或者修改设计，发包人应当按照勘察人、设计人实际消耗的工作量增付费用。之所以做出截然不同的规定，其原因在于合同模式的不同。

3. 第 5.4 款[技术标准和法规]设计、承包商文件、施工和竣工工程，均应符合工程所在国的技术标准、建筑、施工与环境方面的法律，适用于工程将生产的产品的法律以及雇主要求中提出的适用于工程，或适用法律规定的其他标准。所有这些关于工程和其单位工程的法规，应是在雇主根据第 10 条[雇主的接收] 的规定接收工程或单位工程时通行的。除非另有说明，合同中提到的各项已经公布的标准，应视为在基准日期适用的版本。如果在基准日期后，上述版本有修改或有新的标准生效，承包商应通知雇主，并(如适)提交遵守新标准的建议书。如果(a)雇主确定要遵守；(b)遵守新标准的建议书构成以下变更时，雇主应按照第 13 条[变更和调整]的规定着手做出变更。

从宏观层面上讲，设计管理活动要遵守工程所在国的法律法规、技术标准、社会习俗、当地环境；从微观上说，要遵守 EPC 合同约定的设计标准，这是承包商合法经营的要求，否则会承担违约或违法的不利后果。第 5.4 款要求设计方必须按照工程建设强制性标准进行设计。强制性标准是工程建设技术和经验的积累，是设计工作的技术依据，只有满足工程建设强制性标准才能保证质量，才能满足工程对安全、卫生、环保等多方面的质量要求。强制性标准也是保证建设工程结构安全可靠的基础性要求，违反了这类标准，会给建设工程带来重大质量隐患，因而设计方必须严格执行工程建设强制性标准。一个 EPC 项目，所涉及的标准往往是双重的，甚至是多重的；例如，2007 年 3 月，国内某承包商在巴基斯坦执行的某天然气压缩机站 EPC 项目，设计标准主要是美国标准，设备工艺执行 API、ASME 标准，电气仪表专业执行 IEC 标准，土建专业执行 BS 标准。设备性能的标准要满足双重标准，如发电机的设计既要符合 API 标准，保证发电功率等使用性能，同时也要满足 EPC 合同中关于尾气排放要遵守巴基斯坦国 NEQS 环境标准。

每个国家新的标准颁布后，在新标准生效的同时，旧的标准作废，这是通行的做法。银皮书规定承包商遵守的设计标准必须要达到基准日期的最新标准，这是因为承包商可以依据相对固定的设计标准做出报价。在基准日期前，承包商按照基准日期内最新标准设计，构不成合同的变更，承包商也不能提出索赔；基准日期后，遇到标准升级，则属于承包商不可控制的范围，如果业主要求适用新的标准，则构成一项新的变更，承包商可以要求增加费用或者延长工期。

三、设计范围

（一）银皮书对设计范围的规定

设计范围是设计工作和设计管理开展的前提，是设计管理中最为重要的内容之一。工程设计范围主要包括设计范围界定，与业主设计接口的界面划分、与设计分包商界面划分，以及各专业之间的界面划分。在设计范围划分上，业主一般完成前端设计或概念性设计，然后将设计成果作为 EPC 合同的主要内容进行招标，承包商根据业主的前端设计成果以及工程的目的、功能、技术标准等进行投标报价。

EPC 合同界面是最容易出现纠纷、矛盾和冲突的地方，也是最容易出现推诿责任的地方，合同双方谁都不愿意把工作包界面附近的工作当成自己的任务。例如，2012 年 6 月，某国际 EPC 项目合同签订前作业厂区有一条可供施工运输的柏油路，合同签订后连续下暴雨，路基完全被冲毁，是由业主负责修复还是由承包商负责修复，合同未做约定。业主认为由于采用的是 EPC 合同模式，承包商负有修复的责任；而承包商认为该路段是在合同签订前的现场勘察阶段业主提供的，业主负有维护的责任。因此承包商的设计经理在合同签订时，必须对自己的设计范围及与业主之间的界面划分，进行反复研究，做到了然于胸。设计范围管理是项目管理的主要内容之一，设计范围包括两个基本点：一是按照招标文件和合同，做好工作结构（WBS）的划分；二是做好工作结构的描述工作，最终形成范围说明书。

（二）设计数据参数的规定

承包商应负责核实和解释所有此类资料，除第 5.1 款［设计义务一般要求］提出的情况以外，雇主对这些资料的准确性、充分性和完整性不承担责任。第 4.10 款［现场数据］雇主应在基准日期前，将其取得的现场地下和水文条件及环境方面的所有有关资料，提交给承包商。招标文件中，业主会提供设计数据参数表,但这些数据是基础性和概念性的,可能不准确,往往有遗漏或相互不一致的现象,或者与规范标准不一致,甚至是错误的。根据 FIDIC 银皮书条款规定,业主一般规定自己对合同中提供的数据错误、遗漏等免责;设计标准和计算数据的复核是承包商的合同义务,即使合同没有明确也属于承包商的默示合同义务。承包商在投标报价前,一般不会做过多的详细计算和设计,其报价的依据主要是招标文件中提供的设计数据参数、概念图和类似工程经验,这就构成了承包商潜在的设计风险。一是数据参数低于合同规范标准的要求。如果承包商在投标和设计时简单地利用数据表参数,设计文件将得不到业主批准,延误设计周期,还将承担设计变更后增加的投标时少算的工程成本。二是数据参数高于合同规范标准的要求。有些业主考虑到生产、使用情况,对某项指标数据有高于规范标准的特殊要求。对于此类情况,承包商除非向业主事先澄清,否则应严格按要求进行设计,避免设计文件得不到业主的批准,造成设计工期的延误。三是数据表中参数错误、遗漏和不一致。因此,承包商在投标前,应依靠专业技术人员对造价和工期影响较大的数据进行复核,重视技术性商谈,不能简单利用数据表的参数。

四、设计审批程序

(一)承包商文件

承包商应审批的文件包括雇主要求中规定的技术文件、为满足所有规章要求报批的文件以及第 5.6 款[竣工文件]和第 5.7 款[操作和维修手册]中所述的文件。承包商应编制所有的承包商文件,还应编制指导承包商人员所需要的任何其他文件。第 1.1.6.1 款[承包商文件]规定:"承包商文件"系指第 5.2 条款[承包商文件]中所述的,承包商根据合同应提交的所有计算书、计算机程序和其他软件、图纸、手册、模型,以及其他技术性文件。并不是承包商所有的文件都是需要审批的文件,不包括不需要提交审核的其他文件。

(二)承包商文件的审核

1. 银皮书对承包商文件的审核

第 5.2 款规定如果雇主要求中描述了要提交雇主审核的承包商文件,这些文件应依照要求连同下文叙述的通知一并上报。在本款下列规定中,(ⅰ)"审核期"系指雇主审核需要的期限,以及(ⅱ)"承包商文件"

不包括未规定要提交审核的任何文件。

除非雇主要求中另有说明,每项审核期不应超过 21 天,从雇主收到一份承包商文件和承包商通知的日期算起。该通知应说明,本承包商文件是已可供按照本款进行审核和使用。通知还应说明本承包商文件符合合同规定的情况,或在哪些范围不符合。

雇主在审核期可向承包商发出通知,指出承包商文件(在说明的范围)不符合合同的规定。如果承包商文件确实如此不符合,该文件应由承包商承担费用,按照本款修正,重新上报,并审核。

除双方另有协议的范围外,对工程每一部分都应:

(1)在有关该部分的设计和施工的承包商文件的审核期尚未期满前,不得开工。

(2)该部分的实施,应按上报审核的承包商文件进行。

(3)如果承包商希望对已送审的设计或文件进行修改,应立即通知雇主。然后,承包商应按照前述程序将修改后的文件提交雇主。

(根据前一段的)任何协议,或(根据本款或其他条款的)任何审核,都不应解除承包商的任何义务或职责。

2. 对承包商文件审核的解读

第 5.2 款规定,业主对承包商的文件进行审核而不是批准。业主审核承包商文件的目的是审查承包商文件是否满足合同的要求,是否满足合同规定的预期目的,而不是批准同意承包商文件。但在国际总承包实践中,对文件的审批或批准是业主对总承包商设计工作质量的主要控制方式。在 EPC 合同中一般约定设计进度、制图标准、提供份数、批准期限、批准次数、审批的合同效力以及违反上述规定的法律后果。对于承包商来说,其设计应遵循合同的各项规定,若不消化合同关于设计的各项要求,而只是依靠以前的设计经验,则常常得不到业主审批,甚至导致整个设计推倒重来。业主应在规定的时间内完成审批,有问题提出供承包商修改。承包商在批准前,不能将该图纸和文件用于施工。若承包商对业主已经批准的文件进行修改,仍需业主的批准。如果业主对设计文件不批准,而承包商认为设计方案符合 EPC 合同的要求,业主需要书面澄清不批准的原因和依据,不能单靠主观臆断,更不得无故扣押或拖延。如果强行要求承包商采用某种方案,承包商可视为指令性变更,从而向业主索赔,并且业主应为此方案的恰当性和正确性负责。若形成争议,按合同争议程序解决。需要注意的是,业主的批准并不意味着免除了承包商的责任与义务。

五、设计文件的知识产权

知识产权问题在国际工程承包中日益受到关注,国际工程中的知识产权通常会涉及各类原创的设计方案与各类技术文件。相关设计成果的产权归属问题是合同谈判中的一项重要内容,对于工业项目尤其如此。一般来说,在合同执行过程中业主签发给承包商的文件的版权归属业主,这些文件包括业主前期的项目方案、基础资料、各类图纸等;除非合同另外有明确约定,承包商在项目执行过程所编制和制作的文件的版权一般应归属承包商,但业主方可以为工程之目的使用。

FIDIC EPC 第 1. 10 款[雇主使用承包商文件]规定:由承包商(或以其名义)编制的承包商文件及其他设计文件,就当事双方而言,其版权和其他知识产权应归承包商所有。未经承包商同意,雇主(或以其名义)不得在本款允许以外,为其他目的使用、复制由承包商(或以其名义)编制的承包商文件和其他设计文件,或将其传送给第三方。其具体释义为以下内容:

(一)承包商一方的设计成果文件

(1) 承包商的文件的版权归承包商所有。

(2) 承包商给予业主使用、复制、对外交流以及修改此类文件的免费许可证。

(3) 该许可证具有不可终止性、转让性以及非排他性。

(4) 许可证使用的时间范围为相应工程部分的使用或预计寿命,以较长者为准。

(5) 许可证可使合法拥有该工程相关部分的人有权为完成、运行、维护、修复、拆除该部分而复制、使用或披露给他人。

(6)如果承包商的文件是计算机程序或软件,该许可证允许在现场或合同中涉及的其他地点的计算机上使用。

(7)如果用于本款规定以外的目的,则业主方在使用、复制、披露承包商的文件之前,需经得承包商的书面许可。

(二)业主一方的设计成果文件

1. 业主对其披露给承包商的各类设计成果文件保有版权和其他类型的知识产权。

2. 承包商为了实施合同可以自费索取、复制、使用这些文件。

3. 承包商如果如用于合同目的之外,则必须经业主的许可。

第二节 EPC 合同模式下与设计相密切的因素[1]

本节剖析 EPC 合同模式下与设计紧密相关的各种因素,首先对比 DBB 合同模式与 EPC 合同模式中设计责任与义务的差异,其次分析与设计相密切的各种因素,如与成本、质量、进度的关系,与采购、施工和试运营的关系,最后指出近年来 EPC 设计理念向模块化发展的趋势。

一、EPC 合同模式与 DBB 合同模式下设计的特点

(一)EPC 合同模式与 DBB 合同模式的对比

一个工程项目采取什么样的合同承包模式受到政策、法律、环境以及市场地位等诸多因素的影响。设计—招标—建造模式(Design-Bid-Build,DBB)是传统的建造模式,系指工程项目的实施由业主先单独委托设计承包商进行前端设计,然后自行采购主要设备和材料,再通过公开招标的形式把拟建的工程承包给施工总承包商。DBB 模式主要适用于规模小、技术水平要求相对较低的房屋建筑工程,不适用于复杂设备的采购和安装领域。随着工程向超大型化、高度复杂化发展,业主越来越不具有相应的项目管理能力和驾驭能力,到 20 世纪 80 年代,一种新型合同模式——设计—采购—施工(Engineering-Procurement-Construction, EPC)模式在美国产生了。该模式是由承包商按照合同的约定实施设计、采购、施工和试运行并对整个工程的质量、工期、安全、资金等全面负责的总的

〔1〕 张浩:《国际 EPC 合同模式下的设计管理》,载《国际经济合作》2015 年第 7 期,第 78~84页。

承包模式。

(二)两种合同模式下“设计”的比较

(1)传统 DBB 合同模式中的“Design”与 EPC 合同中的“Engineering”虽然都笼统地翻译成“设计”,但其内涵区别很大:前者特指具体的设计工作,承包商基本上不负责投资控制;后者侧重于承包商对设计的策划、技术方案优化和资源整合等管理活动,确切地说是指“设计管理”。

(2)在传统 DBB 合同模式下,设计、采购和施工不能有机地结合,互动性差,效率低,已经越来越不适应现代工程开发管理的需要。我国建筑行业长期受计划经济思维的影响,人为地把设计和施工分裂成两个孤立的阶段,认为“边设计、边采购、边施工”有违工程逻辑,对 EPC 合同模式内在的规律与逻辑缺乏正确的认识。这种固化的思维理念不利于工程建设中成本、质量和工期管理的有机结合。EPC 合同模式能够把采购和施工环节遇到的问题提前反映到设计阶段考虑,很大程度上消除了设计过程中采购和施工无法参与的弊端,充分整合了施工和材料设备供应方的优势,能够发挥总承包商的集成管理优势,最大限度地实现 E、P、C 各个环节的衔接,以优质、安全、高速、低消耗、低成本地实现项目建设功能目标,使业主的项目投资效益最大化,使工程建设各参与方的效益最大化,实现项目建设各参与方多赢的目的。

(3)DBB 合同模式下,设计不能发挥主导作用,可施工性差,变更频繁。EPC 合同的优势在于能充分发挥设计的主导作用,设计不仅仅是影响工程造价的决定性因素,其中的设计文件和设计图纸更是项目采购和施工的依据,可以说设计的质量决定了采购质量和施工质量的优劣。国际 EPC 项目,通过项目的整体优化,实现了设计、采购和施工各阶段的合理交叉与充分协调。

(4)DBB 模式下,业主需要分别签订设计承包合同、施工总承包合同和多个采购合同。而 EPC 合同模式下,工程由一个合同主体承担,既避免了项目各项投资的分割管理,也避免了众多索赔的产生。

(5)传统 DBB 模式下的设计投资控制管理,项目管理者通过跟踪设计阶段全过程的各个环节,及时对设计图纸中的工程内容进行估价,如发现超过投资,立即向业主提出建议,在业主的指示下通知设计承包商修改设计,设计承包商采用技术手段和方法进行优化设计以降低造价,从而使得该项目的总投资小于项目批准的计划投资。在此模式下，设计管理只是被简单地理解为设计，并没有“设计管理”这一理念。而EPC模式下的设计投资控制管理，是由总承包商承担这一职责，直接向业主负责。总承包商下的设计经理从组织、技术、经济、合同与信息管理等多方面综合集成管理。在组织上，明确项目组织结构及其投资控制的任务目标，以使投资控制有专人负责；在技术上，重视设计多方案选择，严格审查监督初步设计、技术设计、施工图设计、深入技术领域研究价值工程等节约投资的方法；在经济上，动态地比较投资的计划值和实际值，严格审查各项费用支出，采取对节约投资的有力奖励措施等，设计管理始终处于控制状态，它对项目的成本控制力影响最大。采用合理的设计管理流程，制定科学的管理制度，采用可行的管理模式和技术手段，如限额设优化设计、价值工程、合理化建议，可以实现对整个工程实施过程进行有效的控制。

通过以上对比可以看出，EPC合同模式下，承包商追求的是工程的最大性价比，设计环节与工程其他环节的互动性增强，不再是独立单一的工作，它是EPC合同的龙头，决定着工程的安全性、可靠性、经济性。可以说，设计是带动项目发展的原动力，成为控制项目工期、成本和质量的原点。

二、设计与采购、施工、试运的关系

（一）设计与采购关系

将采购纳入设计程序是EPC工程总承包项目设计的重要特点之一，设计与采购在一体化的管理模式下，密切协调不可分割。详细设计时考虑的采购工作主要内容包括编制设备请购单（Equipment List）、技术规格说明书（ER）和大宗材料的材料表（BOQ），还包括对制造商报价中技术部分进行评审，审查确认制造商的先期确认图和最终确认图，分期提交设备和材料请购文件。设计进度的控制不仅仅包括设计文件的提交，还包括对采购询价文件的编制、提交采购版请购文件、对厂商资料的最终审查、对厂商标书的技术评标等。设计完成的请购单是设备、材料进行采购招标的依据，制造商返回的技术资料又是后续设计的基础。设计工程师深入地参与采购工作，有利于减少采购过程中出现技术错误，保证设备和材料的质量。设计管理人员需改变以往“为了设计而设计”的纯技术做法，需强化设计向采购延伸。以成套包为例，说明设计与采购的关系：成套包询价文件的编制要以相近专业为主导专业,其他相关专业协助配合,找出其特点、难点,准确定义技术要求、供货范围和服务范围;收到厂商的技术标书后,设计经理应组织相关专业人员共同对标书进行技术(图纸和制造规范标准)评审,并及时把评标结果反馈给采购部门;在审查成套包厂商资料时,各相关专业也必须参与,除了对其外部接口条件要求落实外,还要审查其内部的细节;主导专业人员,应根据技术评审过程中的澄清内容,将询价版文件升版为采购版,同时批准制造商的制造图。

将采购纳入设计程序,具有诸多优点:设计专业按照专门制定的表格和要求编制请购单和技术规格说明书,能准确表达设计要求,减少采购过程的技术错误;设计专业负责制造商报价中技术部分的评审,确保采购的设备和材料符合设计要求;设计专业负责确认制造商的制造图,保证了设备和材料的设计质量;设计专业分期分批提交设备、材料请购文件,能保证关键和长线设备提前交货,缩短来了采购周期和合同总工期;设计人员全程参与设备采购的技术谈判,由于本身对设备性能和参数比较了解,便于控制整个设备的采购过程。

(二)设计与施工关系

在 EPC 总承包管理模式下,设计几乎贯穿工程施工过程的始终。工程分阶段设计完成后,设计分包商应向总承包商提供工程项目设计图纸、文件,并及时向 EPC 总承包项目的施工分包商及工程监理进行施工图纸会审和技术交底,说明设计意图,解释设计文件,明确设计要求。设计文件技术交底由设计分包商组织,设计、施工人员、安装人员和加工制造厂家人员参加。设计分包商应根据工程施工需要,按计划及时组织设计人员进行现场施工服务,解决施工中出现的设计问题,并对设计变更进行管理和有效控制。施工安装分包商及时组织专业技术人员对设计图纸进行审核,并对照现场逐一核实,在熟知设计文件内容和现场实际情况的前提下,与设计分包商沟通设计技术交底的有关需求。对技术交底中有异议的问题,通过研讨协商解决;对不清楚或交底不明确的问题,可要求设计分包商再次答疑。技术交底内容和对有关问题的处理意见应写入会议纪要,由相关方负责人员签字后,作为处理相关问题的依据。对重大、复杂或采用新技术、新材料、新工艺、新结构的工程,开工前和施工安装过程中,提前商请设计专业负责人到现场作专题设计技术交底。

(三)设计与试运行关系

在EPC工程总承包项目试车调试阶段,设计分包商应提出必要的试运行操作原则和技术要求,配合项目业主对工程的试车调试给予必要的技术指导与服务。针对工程试运行过程中出现的问题,提出处理方案并应及时解决。设计分包商的设计各专业负责人按有关规定,及时收集整理设计图纸、资料和有关记录,在完成全部设计文件后,编制项目设计文件总目录并存档。项目竣工资料和竣工验收完成后,设计分包商应编写项目设计完工报告,进行设计工作总结,将项目的经验与教训书面报送总承包商。

三、设计与成本、质量、进度的关系

(一)设计对成本的影响

在传统DBB合同模式下,由于设计与施工分离,设计承包商主要承担着设计工期和质量风险,关注点是设计的合理性与安全性,对设计投资不承担风险,设计承包商基于自身的利益考虑,因此,导致设计理念保守,盲目追求安全,过度扩大安全系数,从而导致设计方案不经济,施工费管理处于被动地位。在施工总承包商内部,由于费用控制人员和设计人员相互独立,技术人员把成本控制看成是费控部门的责任,片面追求可靠、先进、完美;而成本控制人员由于不懂工程技术知识,只能是按照图纸套定额,这种经济与技术相分离的体制导致了工程的预算成本与实际费用偏差很大。

EPC合同模式下,设计与施工归同一责任主体,控制成本由原来的被动变为主动。国际EPC合同的设计费一般不超过总投资额的5%,鉴于设计费比例偏小,在选择设计分包商的时候,一般不以设计费的报价作为主要定标的主要因素,重点考量的是设计分包商的设计实力与经验。设计在整个EPC合同管理中设计居龙头地位,项目的规模、标准、组成、结构等特征是通过设计来实现的。设计对成本的影响呈现典型的"二八法则"特征,70% ~80% 左右的工程费是通过设计所确定的工程量消耗的:方案设计阶段影响成本的可能性是75% ~95%,初步设计阶段是35% ~75%,施工图设计阶段是10% ~35%,施工阶段占到10% 以下,这说明了设计是工程造价的源头,设计管理是降低工程投资的根本途径。

（二）设计对质量的影响

传统 DBB 模式下的设计质量管理，设计承包商要充分了解业主对质量方面的意图和要求，之后将这些意图和要求转化成有关的设计语言，详细描述到有关的文件中去。同时，设计承包商要对设计质量实行多层次的控制管理，如设计承包商自检、自查的质量控制；设计质量的跟踪控制，施工图设计文件审查是对设计成果的最后质量把关。在设计质量管理过程中，正确处理和协调业主所需功能、资金、资源、技术、环境与技术标准、法规之间的关系。

而在 EPC 模式下的设计质量管理，则由总承包商下的设计经理来负责。设计经理通过对设计输入和设计输出要素的控制，对设计质量进行全方位管理。在工程质量设计管理中，设计输入通过设计任务书、开工报告、设计作业指导书、设计输入表等形式出现；设计输出形成文件，用以验证和确认设计输出文件是否满足设计输入的要求，一般包括设计图纸、设备表、说明书、概预算书、计算书等。在此过程中，建立和实施设计质量管理体系，使得设计质量管理得到有效控制。在 EPC 模式下，设计质量管理主要是对设计的合理性、准确性、可采购性和可施工性的综合评估。设计质量主要包括设计成果质量，各专业之间提供资料的质量，请购文件的编制质量以及生产厂家提供技术资料的质量。高质量的设计文件是项目建设过程中设备和材料采购、施工和试运行的基本条件，项目的安全性和可靠性很大程度上取决于设计的质量，说“质量是设计的灵魂”一点也不为过。国际工程实践统计表明，在质量事故中设计责任、施工责任、材料原因、使用责任、其他原因造成的比例分别为：40.1%、29.3%、14.5%、9.0%、7.1%，约有 80% 的质量问题可以在设计阶段予以消除。设计质量控制的主要手段有组织技术方案、HAZOP 分析，组织设计专家和施工技术人员对设计图纸进行会审，向施工技术人员交底，设计质量体系符合主合同要求等。

（三）设计与进度关系

EPC 总承包商应根据影响进度的因素和目标，进行统筹分析，精密衔接、合理交叉，科学合理地缩短项目的建设周期。设计进度是总承包工程顺利实施的基础和保证，设计各阶段的进度必须满足总承包工程的整体进度要求。在 EPC 合同模式下，受业主提供长线设备的时间、设备制造商返回技术资料时间以及施工进度等因素影响，设计进度需要根据实际情况进行调整。设计人员在设计阶段应全过程参与到采购和施工中来，通过考虑新工艺、新技术、设备的选型，提高采购和施工的效率，减少采购和施工中的难度与复杂度，有效地减少设计环节与采购、施工环节因脱节造成的设计质量瑕疵，进而导致的工程变更或返工。在编制总承包工程的进度时，应平行交叉安排设计、采购、施工等工作，使设备、材料采购、现场施工及试运行等进度相互协调，才能确保设计进度满足 EPC 工程总承包项目设备、材料采购进度的要求，满足工程现场施工进度的要求。

四、EPC 合同设计阶段的变更

(一) 设计变更的内容

设计阶段的变更可区分为属于前端设计文件范围内的变更和超出前端设计文件范围的变更。前者是承包商对自身的设计、采购、施工和试运行进行的变更，属于缺陷自行修复，承包商没有索赔权；后者属于业主指令性变更，对于业主提出的变更招致投资的增加和工期的延长，承包商有索赔权。设计人员在项目设计过程中，应该严格地以双方约定的合同为设计依据，在合同规定的建设规模、设计标准和设计规范的要求范围内开展设计工作。切不可不经业主的授权或发布变更指令擅自进行变更或者超过设计范围进行设计。

(二) 控制设计阶段的变更

EPC 合同设计阶段的变更是不可避免的，有数据表明约有 80% 左右的变更集中在设计阶段。变更发生在不同阶段，对工程项目的影响不同：发生在设计阶段，只需对设计图纸进行修改，对费用、工期造成的损失有限；发生在采购阶段，就有可能需要将已经订购的材料或设备退回并重新采购，对工程造价和工期将产生一定的影响；发生在施工阶段，除了上述损失外，还需要对已完工部分拆除并重新返工，对工程的造价、工期以及 HSE 管理产生最严重的负面影响。可以说变更发生的时间越早，损失越小；变更发生的时间越晚，损失越大。在设计风险防范上，设计阶段的变更属于事前控制，采购阶段的变更属于事中控制，施工阶段的控制属于事后控制。EPC 承包商获得最佳经济效益的控制阶段是项目的设计阶段，加强设计阶段的变更控制是整个项目费用、工期和 HSE 管理工作的重中之重。

(三)索赔从设计阶段发起

鉴于 EPC 合同设计阶段变更的特点,在设计阶段,对业主及其代表批准设计时间延误、发布的变更令错误等应尽早提起索赔。对于个别的不宜提起索赔的事项,应妥善保管业主要求设计的变更、修改、对设计进度的指令,为后续的索赔打好基础。为了避免发生争端,产生不必要的索赔,应处理好与业主代表或业主监理人员的关系,有些个别的业主代表或监理人员为了得到业主的赏识,有时会过分夸张地表现,故意歪曲事实,这种情况下设计人员采取有理、有利、有节的态度往往是最有力和最有效地解决问题的方法。如果业主代表或监理人员不能实事求是地处理所发生的争端,可以在项目法务人员的帮助下向业主发起索赔。设计变更往往具有牵一发而动全身的效应,对项目的进度和成本会产生很大的影响。有经验的国际工程承包商一般都会密切注意合同中有关设计变更的要求以及因设计变更赋予承包商的索赔权利,严格按照合同中的规定准备好索赔资料,适时提出索赔。

五、EPC 设计理念向模块化发展

(一)模块化设计的概念

欧美发达国家的 EPC 承包商,在设计理念上发生了根本性变革,已经从开放式组装发展到撬装式(模块标准化)组装。模块化的设计研发战略可分为企业内部模块化和企业之间的模块化。前者是指通过一体化设计,把原来在现场组装的设备、材料、管道和阀门等组装件交给生产厂家研发和生产,主要设备集中安装在撬装的底座上,形成相对独立的设备系统;后者是指企业之间的模块化,或者说是模块化的网络集群。EPC 合同模式下的模块化发展主要指前者,即橇装设计与生产。

(二)模块化设计的优点

(1)在设计方面,原来在现场组装与测试的工作提前到设计阶段完成,简化了设计、采购、施工和试运行阶段的工作量,极大地缩短了工期。

(2)在采购方面,由于供应商数目减少,总承包商与供应商更容易建立起战略合作伙伴关系,双方沟通、谈判和决策的交易成本随之降低。

(3)在施工方面,模块化的设计极大地较少了现场的设备和配件安装的工作量,撬装设备模块在现场安装组对极为简便,从而节约了现场的人工时,改变了传统的人山人海的会战场面。

(4)在试运行和维护方面,能够充分利用生产厂家先进的检测设备,在生产厂家完成单撬测试,减少了在试运行阶段的工作量。

(5)在成本控制方面,撬装化设计模式有利于生产厂家的专业化,生产厂家充分发挥自己的专业优势,广泛地应用各种先进方法,独自开发各自的模块,既提高了模块创新速度,也降低了成本。

(6)在索赔方面,原来发生在施工阶段的大量索赔提前到设计阶段解决,索赔数量大大降低,索赔阶段也发生位移,索赔方式发生了变革与颠覆。

(7)在招投标方面,业主首先要求 EPC 承包商按照撬装化的设计理念进行概念性设计招标,然后在前端设计的基础上再进行 EPC 招标。这改变了原来业主作招标书时从不同专业领域邀请相关专家凭空估价的做法,概念性设计的预算成本已经很接近承包商的实际建设成本。

(8)在 HSE 方面,针对我国 EPC 承包商而言,我国的大部分国际 EPC 项目主要分布在亚非拉地区,自然环境和社会环境均不乐观。特别是中东、非洲地区战乱频繁,国内局势动荡、安全形势紧张,现场安全成本支出越来越高,给工程建设带来巨大的 HSE 风险和高额的成本。采用橇装设计与生产可以实现在异地工厂内制造,大大降低了现场安全风险,成为海外工程项目应对安全的选择。

(三)橇装设计与生产出现的原因

设计理念变革的推动力是在机械制造领域,智能制造模式代替了传统的机械制造模式,上升为新的主导技术,与知识技术共同构成企业组织的技术基础。设计理念变革的拉动力则是 EPC 承包商迎合了生产企业向定型化产品转化趋势,催生了 EPC 承包商与生产厂家对产品系统模块化的设计与生产。在当前的形势下,总承包企业再寄希望于通过降低劳动力成本与材料成本的优势来提高核心竞争力的时代已经不复存在,通过理念创新与技术创新来提高企业的附加值是每个承包商必须面对的紧迫的战略选择。橇装化模式是海外工程的必然选择,随着模橇化技术的发展,工程建设项目的"主战场"必将由项目现场转移至模橇块制造厂,工程建设项目将向集约化、一体化、专业化发展。橇装化技术作为一种新的建设模式,将从根本上改变现行的项目组织模式。

（四）橇装化模式的着力点

橇装化有两个重点环节，即设计与建造环节。在现场拼装模块好比"拼积木"，积木拼接的质量很大程度上取决于设计的模块切分得是否科学。模橇块单元的规划与设计主要包括兼顾功能和工艺的模块单元划分和深化设计，需要统筹考虑工艺单元的独立性和连续性，还要兼顾考量制造和现场安装工艺的可行性，又要兼顾运输方式、运输资源和运输成本诸多因素。因此，在设计、采购、制造、运输、施工等环节中，EPC 项目管理的着力点还应落在设计上。

第三节　国际工程设计的三则案例[1]

本节遴选了最近五年来，在 EPC 合同模式下发生的三则关于设计的代表性案例，这些案例的教训对我国承包商提出了足够的警示，必须对 EPC 合同模式下承包商的设计责任有清晰的认识，必须重视设计分包商的选择和管理。

一、承包商对 EPC 合同模式下设计标准义务认识不清引起的争议

（一）背景介绍

在国际工程实践中，由于承包商对 EPC 合同模式下设计责任存在认识上的偏差，往往引发与业主之间激烈的争议，造成双方关系紧张，不利于合同的执行。2011 年 2 月，伊朗某业主发布正式招标文件，宣布某油田地面设施 EPC 工程总承包对外招标，截标时间为 2011 年 5 月 23 日。招标内容主要包括新建油区 53 口油井地面集输管网及 7 座集油站（OGM）、一座中心处理站（CPF）、一条 16 英寸 80 公里输油管线、一条 12 英寸 135 公里输气管道、57 公里回注气管线、13 公里回注水管线、50

[1] 张浩：《国际 EPC 合同"设计标准版次适用"引起的争议》，载《国际经济合作》2014 年第 8 期，第 65 ~68 页。

MW 双燃料发电站一座及输配电系统。涉及的区域长约 25 公里,宽约 18 公里,面积约 461 平方公里。在招标期内,共有 12 家承包商投标。2012 年 1 月 12 日,业主正式授标给国内某承包商与当地承包商组成的联合体。2012 年 2 月,双方正式签订 EPC 总承包合同,合同额为 7.6 亿美元,合同工期为 52 个月。

(二)争端产生

在国际 EPC 项目执行过程中,对承包商文件的审批是业主对承包商设计工作质量的主要控制方式。合同签订后,承包商开始提交详细的设计文件,业主在审查承包商提交的文件时,要求根据伊朗国家石油工业标准(Iranian Petroleum Standards,IPS)2010 年版修改文件内标准名称,执行 IPS 2010 标准,但承包商认为根据 EPC 合同规定应该按照 IPS 2006 年第 3 版/IPS 2007 年第 4 版提交设计文件。

争议的焦点:EPC 合同中设计标准版次适用 IPS 2006/IPS 2007 还是 IPS 2010?

1. 承包商的观点

(1)IPS 2006/IPS 2007 及引用的同期国际标准是形成前端设计文件(Front End Engineering Document,FEED)的基础,FEED 文件内提到的标准名称,用的都是 IPS 2006/IPS 2007 的名称,并通过离心泵的标准、电机启动器的标准、火炬的标准以及 FEED 数据表/规格书进行了举例说明。

(2)采用 IPS 2006/IPS 2007 设计标准是项目工期和投资受控的保证。IPS 2007 升版到 IPS 2010 的过程中,引用了很多国际标准,其版次要求都是更新到 2010 年同期最新的版本。IPS 2007 年第 4 版与 IPS 2010 年第 5 版相比,在总数 377 个标准内,有 127 个标准升版。标准升版后,技术要求更高、更细、更严。承包商在投标报价过程中采用的是 IPS 2006/IPS 2007 设计标准,若采用 IPS 2010 标准,将引起投资费用和工期不可控。

(3)如果业主坚持按照 IPS 2010 进行详细设计,所有与 IPS 2010 不同的地方都应视为对 EPC 合同的变更,增加的费用和延长的工期业主应作出相应补偿。

2. 业主的观点

(1)根据招标文件,FEED 文件是详细设计的基础,承包商负有对

FEED 文件“正确性”审查的义务。承包商在投标阶段已对 FEED 文件进行了确认(Endorsement),业主对承包商提出的所有问题均进行了答复,这意味着 FEED 能够满足设计要求。承包商忽视或错误理解了 IPS 设计要求。

(2)根据 EPC 合同第 4.2 款,EPC 合同签订后,承包商发现业主所提供的材料、数据、信息存在错误、丢失、不一致或者冲突时须立刻书面通知业主,业主所作的解释、更正是最终决定,承包商须无条件执行,所产生的费用以及工期延长等不利后果由承包商自行承担,业主不负任何责任。

(3)承包商迟延提交设计文件是自身原因造成,一些与 IPS 标准无关的文件,如 HSE 手册,执行计划、质量计划、项目计划控制文件,承包商也延迟交付,应负全部责任。

承包商和业主站在各自的立场上,进行了针锋相对的辩论。由于此问题的复杂性,双方很长时间不能达成一致意见,对工期造成了严重影响。为了厘清究竟是采用 IPS 2006/IPS 2007 还是 IPS 2010,需要熟悉国际工程承包合同模式的变化以及不同合同模式下承包商的责任与风险。本章第一节已经阐述了 FIDIC EPC 合同中规定的承包商设计的责任与义务,第二节又对比了传统 DBB 合同模式下的设计义务与 EPC 合同模式下的义务的区别。

(三)设计标准版次适用法律评析

1. 该 EPC 合同中对承包商设计义务的规定

从案例来看,有关承包商的设计义务分别规定在该 EPC 合同第二部分合同条款第 4.1 款至第 4.3 款,第 4 部分工作范围第 9.0 条和第十部分 FEED 文件中。第 4.1 款规定承包商在合同签订前已经审校了业主提供的所有数据、文件和信息,并对其正确性进行了确认。对于业主提供信息的错误、丢失、歧义和冲突,承包商在招标期间已经提出了澄清要求和建议,业主分别进行了澄清和答复。第 4.2 款规定在合同签订后,承包商如再发现业主提供的信息存在错误、丢失、歧义和冲突,需书面通知业主,业主享有最终解释权,承包商必须遵守,所产生的费用和工期的延长等不利因素由承包商承担,承包商不能索赔。第 4.3 款规定了业主提供信息的错误和遗漏等情况不能作为承包商免责的理由。

2. 对案件评析

从 EPC 合同中对承包商设计义务的规定可以看出,该 EPC 合同规定的承包商的设计义务与银皮书规定的相同，即标前审查业主提供的勘察设计信息是承包商的义务，业主对所提供的信息不负责任。第 9.1 款再次重申承包商必须对业主提供的 FEED 文件进行审查和背书（Review and Endorsement），必要的情况下进行更新。第 9.2 款规定了承包商的设计必须达到预定的目的，并规定了业主对设计文件的审批程序。为了响应上述要求，承包商在投标阶段和巴基斯坦的 CEIS 设计工程公司签订了 FEED 文件确认协议，对业主提供的 FEED 文件进行了确认和背书，但并没有发现设计标准版次适用问题。FEED 文件内规定的设计标准优先顺序依次是 IPS 标准、国际标准和规范、FEED 文件。承包商认为 FEED 文件内提到的标准名称采用的是 IPS 2006/IPS 2007，IPS 2006/IPS 2007 及引用的同期国际标准是形成 FEED 文件的基础，所以应按照 IPS 2006/IPS 2007 设计。其实，承包商对此存在误解，虽然业主提供的文件以 PS 2006/IPS 2007 为基础，但不能据此机械地认为业主的意图就是按照 IPS 2006/IPS 2007 设计，应从合同的整体性解释。业主的截标日期为 2011 年 5 月 23 日，承包商的设计标准应该满足基准日期内的标准，即必须满足 2011 年 4 月 25 日前的标准，而 IPS 2010 年第 5 版出版于 2010 年 7 月，因此设计标准必须按照 IPS 2010 设计。承包商也应注意到 EPC 合同的设计要求不仅有 FEED 文件，还包括合同条款和工作范围的要求，并且其效力都优于 FEED 文件。此外，还应注意业主的标前设计澄清也是 EPC 合同的一部分，业主澄清函中明确了适用最新标准，这个最新标准就是截至基准日期的标准，即 IPS 2010 年第 5 版。承包商产生认识偏差的原因，在于对 EPC 合同这个特定模式下的设计义务认识不深，错误地按照 DBB 传统模式下的设计义务来理解。

（四）争议事件对 EPC 承包商的负面影响和启示

由于承包商对适用版本问题存在认识上的偏差，导致了承包商的预算投资成本陡增。例如，火炬无烟，按照 IPS 2007 设计，只需保证 CPF 正常运行时无烟即可，但若按照 IPS 2010 设计，火炬在任何情况下都需要无烟，因而需增加一系列的火炬无烟辅助系统。一级分离器，FEED 文件是基于 2007 年版的 IPS-E-PR－850，计算出的尺寸是 ID3400 × 16,000，若根据 2010 年版的 IPS-E-PR－850，尺寸增大为 ID4200 × 20,000，设备成本也随之提高。设备支撑的防火高度，FEED 设计是 4.5 米，但 IPS

2010 要求 12 米,增加了采购成本。根据初步估算,版本的变化将引起增加投资额 800 万美元。此外,争议对工期也产生了严重的负面影响。本次争议对国内承包商有很大的启示,作为 EPC 承包商,应准确理解 EPC 合同模式下承包商的义务,认真审查 EPC 合同法律文件。如果该承包商谙熟 EPC 合同下设计的责任,就会对设计标准版次适用问题保持相当高的敏感度,避免出现不必要的损失。

二、承包商选择设计分包商不当造成的损失

2011 年 6 月,国内某承包商与巴基斯坦国家电力公司签订 220kV 变电站 EPC 项目,合同工期 24 个月。但由于选择设计分包商不当,造成了项目严重拖期。

(一)造成工期严重拖延的主要原因

(1)工程图纸设计及设备资料报批方面。该项目通过公开竞标选择了国内某电力设计院为设计分包商,工程设计及设备提资均委托该分包商负责。但由于该设计分包商不熟悉合同要求的巴基斯坦国的设计规范和设计标准,大部分图纸设计基于国内框架下进行。同时,设计分包商对自己的设计方案准备不完整,和业主的技术沟通能力较差,又缺少积极性,致使所设计的图纸被多次退回修改,导致设计工期一拖再拖,相应的现场施工迟迟不能开工。作为 EPC 项目,设计环节至关重要,由于设计分包商的图纸迟迟不能通过审批,严重影响了现场施工进展。

(2)在厂家设备资料提交方面,该总承包商没有严格按照合同技术规范进行校核,直接报业主审批,导致了设备报批方面多次提交,多次被退回,严重影响了工期。

(3)为了解决设计分包商能力不足问题,2012 年 3 月,经与该设计分包商协商,该设计分包商同意委托当地的设计分包商完成剩余的施工图的设计。一直到 2012 年年底,现场土建施工图才基本完成,后期针对控制保护系统、站内交直流系统及通信系统等的设计,该设计分包商直接选择放弃。为了推进项目进展,总承包商不得不依托当地的设计分包商进行设计,迫不得已,采取了分块设计,但由于设计标准的问题及巴基斯坦当地设计分包商对中国厂家设备不了解,在技术方面沟通也出现很多问题,图纸多次修改,最终才勉强得以通过审批。

(二)对该项目选择设计分包商失误进行分析

在EPC工程中,设计工作至关重要,所有的工作基本是围绕它来展开的,可以说设计是EPC承包的灵魂。设计工作如果做不好,不仅导致成本的增加,工程的拖期,更会失去在这个市场的主动性,因此选用一个熟悉当地标准、有能力、有责任心的设计分包商是项目执行成功的关键。由于设计分包商缺少国外工程设计经验,不熟悉工程所在国的设计标准与规范,甚至大部分图纸基于国内框架下设计,严重违反了合同项下的设计义务,致使设计出来的图纸一改再改,增加了设计周期,延误了施工进度。在前期设计上,由于缺乏按照巴基斯坦技术标准的设计能力,该分包商在成本问题上不加以考虑,设备基础设计过大,钢筋等材料铺设过于密集,设计费用控制形同虚设,再加之缺乏和业主有效的专业沟通能力,导致设计造价高,增加了施工难度,造成了极大的成本浪费。项目后期,该分包商设计能力的欠缺暴露的一览无余,在部分设计上根本无力完成,很多图纸设计只能委托当地设计分包商,严重影响了整体设计规划及设计进度。该案例也揭示出总承包商缺乏设计管控的能力。

三、设计分包商不尽职导致项目延期

(一)项目概况

2013年10月,国内某EPC承包商与菲律宾国家电网公司(NGCP)签订三个变电站升级改造项目,工期到2015年1月。工作范围主要是三个变电站的升级改造,包含站内现存相关设备的拆除和倒运工作;现存变电站内部分间隔的扩建;及其相应的控制、保护、通信的设备的安装或更换、调试工作。此项目现存设备运行多年,业主由前身的TRANSCO改制为NGCP过程中,图纸资料保存不完整,大部分资料流失,导致项目设计收集资料不全,设计工作较为复杂。

总承包商通过公开招标选择了国内某设计院。该设计分包商在承接项目设计工作之后,将勘察工作委托给菲律宾当地分包商。自2013年10月签订勘测设计合同以来,设计分包商工作进展迟缓,出图严重滞后。直至2014年2月13日,总共才递交图纸24份。项目初期设计的延误,到后期并没有得到改善,总承包商与设计分包商经过多次会议沟通,双方相继达成了多版会议纪要,但设计分包商置若罔闻,仍不能按照双方达成一致的会议纪要出图,设计进展无法满足现场施工,项目设计工作一再拖期。设计分包商不仅动作迟缓,还不断出现设计错误,比如,设计分包商给出的材料清单中遗漏相关材料量,出具的施工图纸与现场不相吻合,遗漏了某些的设计事项,导致项目在施工的同时,还不得不解决设计不严谨遗留下的诸多问题。根据粗略统计,由于设计分包商的失误、设计不严谨等原因,导致项目拖期 179 天,并直接增加了项目施工费用和管理费。设计分包商行动迟缓和不断出错的原因在于不熟悉菲律宾国家技术标准要求,总承包商不得不在当地另外寻找设计分包商完成设计。

(二)案例评析

在设计分包商的选择上,国内总承包商基于便于沟通和报价低的原因,总是喜欢选择国内的设计院。铁的事实和教训告诫我们,在选择设计分包商时,应重视设计院的资质、能力和国际项目业绩审查。很多国内知名的设计院由于不熟悉工程所在国的标准和规范,抛开合同项下的义务进行设计,最终导致项目严重超期,成本严重支出。

从案例一可以看出,我国设计技术人员受计划经济思维影响很深,重视具体的技术管理工作,喜欢从经验出发,忽视对合同中有关设计责任与义务的研究,甚至从不看合同本文,盲目设计。从案例二和案例三可以看出,选择合格的设计分包商对于 EPC 承包商来说至关重要,在选择设计分包商时,分包费不是主要考虑的因素,关键是承包商的能力、敬业精神和团队合作意识。

第四节　承包商的设计管理

设计管理是一项有目的、有计划、有组织的管理行为。本节主要讲述我国 EPC 承包商在设计管理过程中所存在的问题,并提出了一系列相关建议。

一、我国 EPC 承包商存在的问题

(一)国内设计流程与国际通行的设计习惯有较大差异

(1)中国工程设计的专业分工与国际通行的分类存在较大差异,国

内专业分工偏细，如工艺和热控专业是独立的专业门类，经常出现热控图纸提工艺的问题，工艺图纸提热控仪表的问题；而国际上习惯于两者在图纸上有机结合，避免了专业交叉作业，审图意见答复和图纸审批周期延长等问题。

(2)中国工程师设计时，基本上套用中国政府编制的标准图集或手册，招标时普遍采用的定额法；而国际工程并不采用标准图集或手册代替设计图纸，招投标时通常采用工程量清单。

(3)中国设计图纸详细的计算书被规程规范所代替，造成设计工作量剧增，设计交底、审查困难；国际工程项目业主设计咨询单位，在设计图纸审查时，普遍要求随图提供详细的计算书。

(4)我国设计行业普遍采用的是一版成图的出图模式，这种模式不利于图纸的审批和现场施工准备工作；而多次出图是国际上较为通行的设计出图模式，该模式有利于得到业主的及时认可，把对工程的修改提前到设计阶段。

由于国际EPC设计与国内设计理念的不同，我国的设计人员应改变传统的单纯设计的理念，将理念转变到为总承包商服务的思路上来。优秀的设计工程师不仅要严格控制好设计方案和设计施工图的质量，更重要的是能够进行设计的进度控制和投资控制。

(二)我国承包商设计管理方面存在的问题

现阶段，我国总承包商在设计管理方面存在很多问题，主要表现在以下几个方面：

(1)承包商核心竞争力的根源在于企业管理，现行体制下，国有企业的用人管理体制僵化，使设计人员的创新能力不能被有效激发。

(2)设计技术人员缺乏国际项目“以合同管理为中心”的意识，不重视EPC合同中规定的设计的责任与义务，缺乏对EPC合同模式下设计内在规律的认识，还停留在设计、采购和施工简单叠加理念上，与国际EPC项目先进的设计理念存在巨大差异，不能适应现代化项目的全生命周期设计和可持续发展的要求。

(3)忽视对国际同行业发展趋势的研究，忽视对新技术、市场需求特点等工作的调研，设计方案缺乏针对性和创新性，设计工序、工艺流程、主要设备材料选型及技术指标确定的深度不够，难以适应国际工程对设计工作的要求。由于缺乏国际项目的设计经验,导致总承包商在投标时对工程数量、价格、设备选型、工艺设计等方面判断不准,给 EPC 项目的实施埋下了亏损的隐患。

(4)在设计国际工程 EPC 项目时,大多国内设计院还是习惯使用或套用中国的标准和规范,使设计产品不符合或不能完全满足合同的规定和要求。设计单位常以固定的思维模式,凭借国内经验和有关标准进行设计,对国外技术标准不熟悉。如某国大型水电站项目,业主招标文件通常要求以 AASHTO、ASTM、USSA、ACI 等标准或同等水平的国际标准进行设计和检测,而国内设计院所很多不熟悉欧美标准或工程所在国的标准。如果按照国内设计标准设计,则不符合合同文件要求,很难获得业主的批准。

(5)未形成一个专业的设计管理团队来管理、审查、协调设计工作。国内的很多总承包商设计管理水平欠缺,大多数总承包企业在实施 EPC 项目过程中,受设计能力、技术、人才的制约,根本没有能力或疏于对设计分包商的管理,放任自流,导致项目设计周期过长、成本失控等现象的发生。有些承包商即使有类似管理机构,但设计审查的力量相对薄弱,不能对设计分包商提交的图纸进行全面和有深度的审核。

(6)在国际工程 EPC 总承包中,设计单位"重设计,轻经济;重成果,轻投入"的思想突出,不能充分发挥设计在 EPC 项目中的龙头作用。设计分包商一味追求设计能够通过审批,设计过于保守,导致项目成本远远超过总承包商的报价水平,造成项目巨额亏损。

二、设计团队管理建设

(一)设计工作对团队的要求

设计是工程项目最具有创造性的活动,是智力与技术的双重结合。EPC 合同模式对设计人员的素质和能力提出了很高的要求,它要求设计人员具有扎实的专业功底,良好的外语沟通能力,积极主动的职业态度和面对压力的良好心态。工程项目的设计成果取决于设计团队的素质,设计管理的核心实质上就是调动设计管理人员的主观能动性和创新积极性。

设计人员应达到以下基本素质:

(1)思想素质上,爱岗敬业、工作态度端正、服务意识强烈、协作配合顺畅。

(2)在技术水平上,设计人员不仅要精通自己专业,还要对工程的其他相关专业有所了解,并积极配合与协调。

(3)在工作能力上,设计者应有优良的业务能力和处理问题的能力。

(二)根据合同规定的设计标准规范进行人员配备

(1)如果合同规定项目采用的标准为欧洲标准,应尽量配备具有欧洲标准设计能力的设计人员。对我国承包商来说,熟悉欧洲标准的设计人员为数不多,这种情况下就要考虑利用外部资源,聘请熟悉欧洲标准的咨询公司或工程师来协助设计。

(2)配备与业主设计审核人员具有较多共同语言的设计人员。如果业主的设计工程师来自欧美,承包商也应当考虑配备具有类似背景的设计人员,以增强沟通的有效性。

(3) 如果合同采用中国标准规范,但业主的设计工程师来自不熟悉中国标准的国家或地区,则应当考虑配备既熟悉中国标准又与业主设计工程师具有相同或类似背景的设计人员。总之,上述考虑旨在尽量增强双方设计人员之间的共同语言,从而减少沟通障碍,确保设计能够尽快获得业主的认可。

(三)设计团队面临的困境

虽然设计是典型的智力劳动,但在国有企业,设计考核方式、分配制度等均参照国内项目,基本上无特殊的激励政策,创新型的智能劳动与普通工勤劳动没有多大差别,加之设计人员“替代性低”,与其他管理人员相比,设计人员“跳槽”最为频繁。激励制度的缺陷导致国际 EPC 项目设计管理人员缺乏设计创新的动力和激情,设计大师很难脱颖而出,EPC 承包商很难拥有自己的知识产权与核心竞争优势。

(四)创建设计团队的途径

(1)我国大型 EPC 承包商核心竞争力的发展“瓶颈”在于企业管理体制问题,国有企业改革必须去行政化,建立真正的符合现代建筑业发展规律的以股东会、董事会、监事会为中心的现代化企业。

(2)为了充分调动广大设计人员的积极性和创造性,吸引人才、留住人才、用好人才,应革除现有的“大锅饭”做法,落实好专业经济责任制,建立科学的、合理的和完善的奖励激励制度。工程公司应合理优先配置人力资源，灵活运用激励和奖罚制度，必须建立工作岗位规章制度和完善的奖罚激励制度。工作岗位规章制度是对设计人员日常工作质量和工作进度等的要求；而奖罚激励制度，能够充分挖掘人员的积极性和创造性，提高设计工作效率，保证方案优化和限额设计等方法得到运用。EPC 承包商可以设立专项设计奖金，在设计分包合同中约定，对于做出突出贡献的总承包商或分包商的设计人员给予直接奖励。

(3)我国的承包商所承包的国外 EPC 项目的设计工作，大部分采用分包形式来完成的，但不能“以包代管”，可以通过不拘一格的外聘专家，包括设计院退休的人员、设计院经验丰富的人员、安装运输单位有实力的人员以及执行过项目管理且经验丰富的人员组成强大的设计管理智囊团队，对投标阶段、实施阶段的设计进行评审，提出优化方案。

(4)要创建学习型组织，为设计人员提供学习交流平台，打造勤于学习和勇于创新的团队，保证设计理念、方法和技术等方面的创新。

三、对项目设计进行充分的前期调研

国际 EPC 承包中的设计风险需要承包商对项目进行全面、谨慎的前期调研，在充分了解项目各方面信息的前提下再进行投标。正如 FIDIC 银皮书在其序言中的建议：“如果投标人没有足够时间或资料，以仔细研究和核查业主要求，或进行他们的设计、风险评估和估算(特别是考虑第 4.12 款和第 5.1 款)，FIDIC 银皮书中的合同条件不适合适用”。西方国家的国际 EPC 承包商在决定参与某一大型项目之前，基本上都对该项目的可行性进行长期的调研，已经形成惯例。

相比之下，我国的承包商则显得急功近利，很多情况下是在缺乏前期充分调研的基础上就盲目参与投标，这与企业内部考核制度存在很大关系。国有企业的管理人员把国际工程中标作为个人提升的资本，在业绩考核中，项目未来的亏损与中标并没有多少联系，造成的后果是前阶段的投标人中标了，奖励兑现了，后阶段由于投标报价不合理亏损了，执行人在对外宣传时，只宣扬项目按时完工或提前完工，不提及项目利润，甚至发生亏损后，则宣称是政治任务。对于民营企业而言，也存在类似的情况，拿到项目与执行项目是两拨人，有些项目，由于存在国内信息与国外信息的严重不对称，从中标之日起就注定要亏损，但签订项目合同的人员已经拿到奖励，等到亏损时，这些得到奖励的人，最坏的结果就是辞职，到另外一家企业继续行骗。遭受损失的民企,对这些职业道德欠缺的经理人束手无策,缺乏有效的规范与制约制度。

从设计的角度看,作为承包商,至少应做到对项目的前期勘察设计资料具有较充分的理性认识,绝不能仅凭业主招标文件中的资料就决定投标。前期调研应当对项目所在国与设计有关的法律法规和行业规定进行比较深入的调查,也包括必须对工程现场进行踏勘。

四、价值工程

(一)价值工程的内容

积极推动“价值工程”在设计中的应用以提高产品价值,其基本思想是以最少的费用换取所需的功能。开展价值功能优化设计可以采用的模式主要有以下几种:

(1)功能提高、成本降低、价值提高

进行系统功能集成设计,例如模块化设计或橇装化设计,通过分析系统的功能,将相关功能合理组合,综合利用,向上或向下充分发展,可以起到事半功倍的效果。

(2)功能不变、成本降低、价值提高

在设备或材料选型时,只要满足项目的功能需求,就不得使用档次高、价格昂贵的设备与材料。在满足功能的前提下,不得擅自提高设备的功能与价值。

(3)功能不变、成本降低、价值不变

设计过程中,在保证设备主要功能的前提下,可以剔除不必要的、多余的辅助功能,从而促使降低成本。

对于EPC工程,价值工程的重点是在规划和设计阶段,因为一旦设计完成并施工,建设工程的价值就基本上确定了,所以,必须在工程设计阶段积极推动“价值工程”的应用,要求设计分包商在设计过程中进行多方案比较,通过价值工程、优化设计,不断提高建设工程项目的性价比。

(二)价值工程开展缓慢的原因

对于设计分包商和设计人员而言,设计积极性不高,开展以“价值工程”为主的设计优化意识不强,其原因主要有:

(1)设计人员习惯性思维的影响,思想保守;

(2)设计人员知识更新不够,对新技术不了解;

(3)企业自身用工制度、薪酬制度僵化,缺乏适宜的激励措施;

(4)设计分包商与总承包商、业主及项目的各参与方沟通欠缺;

(5)总承包商对设计管理的驾驭能力欠缺,缺乏对设计分包商的有效操控力度。

(三)承包商的应对措施

(1)组织设计分包商认真分析和理解合同协议、合同技术文件及招标设计方案对项目工程整体功能的定义和功能要求。

(2)要求设计分包商建立限额设计控制程序,明确各阶段及整个项目的限额设计目标,实现对项目费用的有效控制。

(3)重点选择工程量大、成本高或成本比重大以及结构复杂的一些工程作为价值工程研究对象。

(4)在规划设计和实施设计阶段,开展以"价值工程"为重点的优化设计,开展多方案比较,通过价值工程优化设计,不断提高建设项目的性价比。将因"价值工程"优化带来的效益与设计分包商分享,或进行其他奖励。总承包商需采取督促和激励等措施克服影响提高建设项目价值的因素,激发设计分包商对提高工程价值的工作热情。

五、限额设计

在设计过程中应采取"限额设计"方法,使成本控制在一定范围内,以达到节约成本、抑制成本上升的目的。所谓限额设计就是按照可行性研究报告及投资估算控制基础设计,按照基础设计总概算控制详细设计施工图预算,同时各专业要在保证达到预期功能前提下,按所分配的投资限额进行设计,严格控制基础设计和详细设计的不合理变更,保证总投资限额不被突破。由于有投资限额的控制,设计分包商能从传统的"先设计后计算"转变为"先计算后设计"的工作方式上来,克服长期养成的"重技术轻经济"的思想。

设计工作在成本控制方面应注意以下几个方面:

(1)组织设计人员认真学习招投标文件、投标时业主方的各项解释或澄清、总承包商对业主的承诺、EPC 主合同、设计分包合同对设计的要求。

(2)对设计工作分解结构,确定各专业需要的设计内容,然后将各个专业的工程量表与投资限额发给相关设计人员,要求参与项目的各专业工程师在保证使用功能的前提下,按照分配给自己的投资限额进行设计控制。

(3)在满足使用功能和规范等的规定下,推行方案优化是节约成本的重要途径之一。设计人员对各个环节的设计方案,通过技术比较、效果评价和经济分析,正确处理技术与经济的对立统一关系,选择性价比的最大化与最优化。

(4)承包商应就“方案优化”形成规章制度,包含激励和奖罚制度。方案优化应该以项目部牵头,各专业部室为核心进行,充分发挥各专业部室设计专家的经验。

六、业主审批

由于承包商对业主意图和项目本身的理解与业主有一定的差距,从承包商第一次提交设计文件到业主最后批准,往往有一个修改、完善的过程,经常发生同一版本设计文件反复审批,业主与承包商意见不一致等情况,导致设计工作量和时间大为增加,不但严重影响总工期,也容易导致分包商对总承包商的索赔。有些合同只规定承包商要在一定的时间内提交审批文件,并没有规定业主的审批时效,有些合同甚至完全不涉及审批时效的内容。由于合同中缺乏约束业主审批时效的相应条款,承包商无法控制审批时间,业主会抓住合同漏洞一拖再拖,迫使承包商在工期压力下同意其不合理的要求。因此,如何做好设计审批的管理工作是目前工程界应着力解决的一个问题。为了避免此类风险,承包商在合同谈判、签订和设计阶段应做好预控工作。

(一)专业技术人员的前期参与

在投标与合同谈判时,应组织相关的有经验的设计技术人员参与,这样做既能及早发现技术条款中的一些不合理因素和错误,也能使专业设计人员提前了解项目概况、水文地理、技术性能要求、涉及标准等内容,从而能够缩短设计前期时间,提高设计文件报批成功率。

(二)业主审批期限及次数限制

国际实践中,一般将业主批复一次作为一个版次,版次不断升级。设计文件批复的时限,FIDIC 合同条件规定的是 21 天,实际上不同文件复杂程度不一样,业主审核需要的时间也不相同,根据不同文件类型规定具体的审核期更为合理。在工程实践中,业主往往委托工程管理公司对承包商的设计文件进行审查，由于工程管理公司人为因素、技术水平、工作态度及对合同条款的理解偏差，对同一版本的设计文件经常分批提出修改意见，导致设计文件多次修改报批，因此，应对业主审批的次数作出限制，避免其随意性。

（三）设计审批争议问题

业主和承包商对设计方案是否符合合同要求往往存在不同意见而导致争执，因此应在合同相关条款中明确：业主不批准应该能够提出具体问题和原因，对出现问题的地方可提出修改意见，但不得强制要求承包商采用某种方案，否则构成"变更指令"；对于业主无法提出合同依据与无法合理解释的设计要求，承包商有权提出补偿，若形成争议，按争议程序解决。

七、EPC 合同模式下设计标准的再认识

（一）积极推行中国标准和规范

在当前国际工程市场竞争激烈的背景下，技术标准的选择问题已成为业主与承包商争议的焦点。采用哪个国家的技术标准，不仅是该国行业技术先进性的体现，也是该国企业在国际工程承包项目中获取话语权和利润点的重要途径。我国的对外承包商会已经着手建立统一的中国工程技术标准外文版体系，对外打造中国工程技术标准的统一品牌。所有 EPC 承包商均有义务向外推广已出版的工程技术标准，提升中国标准在国际工程市场上的认可度及影响力，扩大在项目上的适用范围，以扩大在国际领域的影响力、权威性和使用面。

如果我国的承包商对该项目进行融资承包，或者使用我国政府或银行贷款的项目，则应利用该有利的条件推广合适的中国标准。中国标准和规范目前虽没有得到有效的推广，但其安全性和适用性等方面并不逊于欧美标准，况且有些国家并不排斥中国规范。例如，在一些东南亚、非洲国家，已经开始成功地引入了中国规范的项目。以下是 2016 年上半年，国内某承包商在对外总承包中，在 EPC 合同中采用的中国标准的合同文本：

2016 年 2 月，国内某承包商与喀麦隆签订的姆巴姆—恩冈代雷—恩岗代尔地区 225kV 输电线路及相关变电站项目，其 EPC 合同中关于采用中国设计标准的条款如下：

Replace the first paragraph with the following：The design，construction documents, execution and the completed works shall comply with the technical standards applied in the Republic of Cameroon for substations and power transmission lines, the standards of the P. R. China, the international standards like ISO and IEC.

2016年4月,国内某承包商与巴布亚新几内亚电力公司(PNG POWER LTD,PPL)签署的一份EPC合同中,其中关于设计标准的规定:

Article 3 Standards and Codes: For the design, construction, manufacture, installation, Performance test of the FACILITY, International Standards(IEC) or equivalent Chinese Standards and codes shall be applied. If different requirement applying to the same Works appear due to differences between the standard of IEC and Chinese Standards and codes, the Contractor shall be entitled to choose the applying standards.

(二)主动学习欧美标准

我国总承包商参与的国际项目中,通常可以选择欧美标准、中国标准或其他标准,如澳大利亚标准、新加坡标准和南非标准等。采用非中国标准是国际工程中较为常见的情况,设计人员应积极了解和学习国际上较为通用的标准,以便适应国际工程的需要。参与项目的设计人员应学习和研究合同要求所使用的规范标准,必要时与为业主设计FEED文件的国际设计公司进行沟通,理解其设计理念、设计意图。

(三)重视EPC合同中设计的责任与义务

总承包商要加强对合同约定的设计标准和设计规范的研究和学习,集体研究EPC合同模式下承包商的设计责任和义务。合同规范标准之间往往不尽一致,甚至相互矛盾。如果EPC合同中采用的标准规范与项目所在国的标准规范不同,承包商不仅要熟悉合同规定的设计标准规范,而且要熟悉项目所在国的相关设计标准规范,尤其是项目所在国有关该类项目的强制性标准规范。一般合同中都会规定承包商有义务遵守项目所在国的法律,而强制性标准规范应当属于法律。承包商如果违反强制性标准,不仅有违约之嫌,而且还面临项目所在国当地政府的行政处罚,严重时可能导致无法完成竣工验收。业主有时利用有利的市场地位,在EPC合同中,规定霸王条款,如"承包商应遵守标准更高、要求更严格的规范标准或按业主的规定执行",为了避免此类风险，承包商应在投标报价时，对影响工程成本和工期的相关规范标准应仔细审查，如果有差异、矛盾，应向业主澄清后再报价，或者作为偏离在投标时提出，在谈判中要求删除此类不公平的条款。在合同谈判时采用哪些设计规范和标准一定要慎重，如不能很好地掌握、转化，或找不到熟悉此类规范标准的设计分包商，会构成设计中重大的风险因素。

(四)使用国外的设计分包商

对于合同要求的但承包商不熟悉的规范和标准，承包商有必要选择相对国际化的设计公司，充分利用项目当地或跨国设计公司，或聘用当地设计公司的技术人员以规避因设计标准、语言、理念、图纸规范等实际问题带来的审核不通过或设计返工等问题，还可以考虑雇用外籍设计专家，或者在时机成熟时，收购海外设计公司。

八、设计分包商管理

第六章已经重点论述了对分包商的管理，其中对分包商的管理措施、分包商的选择与评估方法、分包商的过程管理等措施完全适用于设计分包商。对分包商的管理不能仅仅局限于对施工分包商的管理，还应注重对设计分包商的管理。

(一)设计分包商的选择

与选择施工分包商不同，在设计分包商的选择上，应将设计分包商的技术设计能力放在首位，其次才是设计分包费的考量。由于设计分包费所占的份额相对较低，因此在遴选设计分包商时，综合设计能力即成本控制能力、工期控制能力、质量控制能力、设计优化能力、风险控制能力是首要考虑的因素。第三节的第二个案例由于国内设计分包商对国外设计标准不熟悉，导致了设计工作工期延误，成本剧增，虽然在招标过程中节省了少量的设计费，但换来的却是严重的恶果。其次是良好的团队精神和合作沟通能力，EPC 设计专业的特点是专业跨度大，不是个别人或个别专业所能够完成的，需要设计各专业之间分工合作，密切配合。良好的团队精神，还体现在与总承包商、业主、分包商妥善处理各方之间的关系上。第三节的第三个案例中，最典型的是设计分包商缺少合作沟通能力，对于生效的会议纪要采取回避的态度，拒不履行，由于没有良好的合作意识，导致项目的执行处于相当被动的局面。最后，还要考察设计分包商的相类似经验和知名度。

（二）总承包商对设计分包的管理措施

（1）项目前期，设计分包商应协助总承包商与业主沟通，理解业主的意图、投资计划目标，了解建设工程所在地的现场工程地质、水文和气象情况，确定建设项目的初步方案。在项目前期阶段，准确理解业主要求是关键，包括业主的资金计划、工艺要求、主要设备参数等，要带项目设计人员现场实地考察，充分了解业主的真实想法。承包商在投标阶段应任命设计经理组织各专业人员对招标文件进行研读，加强与业主沟通，同业主充分交换意见，理解业主的预期目标。

（2）作为EPC项目的分包商，选好设计分包商提前介入，尤其是项目的设计条件不全，涉及专业多、管理复杂而且时间要求短的项目，设计提前介入更为重要。

（3）中标后，在设计分包合同中应采用“背靠背”的方法，将EPC合同中承包商的设计风险全部转移给设计分包商。设计分包合同最大的风险是主合同所要求设计采用的规范、标准、设计基础数据、设计目的要求，可以在分包合同中约定对于主合同中设计风险，完全由设计分包商自行承担，还可以约定设计分包商的索赔必须通过总承包商向业主提交，索赔失败的结果完全由设计分包商承担。

（4）制定不同的分费用核算办法。通常制定两种费用核算方法，分别用于外部与内部费用核算。外部费用核算是指报给业主的费用分解，内部费用核算则是用于承包商自己内部的核算的费用分级。承包商在费用分解过程中，对于每一工作项目按材料费、设备费、人工费进行分解，由成本工程师进行费用估算，对比估算结果，确定该工作项目是否超支及其超支的原因。如果发生了超支，应进行合理性分析，在满足合同要求下，尽可能降低成本，避免不合理的超支。

（5）引入相应罚则条和价值工程条款。对于分包商设计能力不足或者其他设计方面的原因，盲目或有意增加设计安全造成工程成本增加，应制定相应的罚则。同时引入价值工程条款，对于成本支出较少的优化设计，给予一定的奖励，激发设计分包商的积极性。

（三）与设计分包商建立战略合作关系

总承包应要注重与设计分包商建立长期战略合作关系，只有建立长期战略合作关系才能增强双方创造价值的能力。基于伙伴关系的共赢理念,从双方共同利益出发,执行出图计划、协商设计问题及优化设计的积极性将会增强。同设计分包商建立伙伴关系,还有助于将采购、施工的信息集成到设计过程中,有利于加快关键设备的采购进度以及提高设计的可施工性。总之,在 EPC 项目工程总承包实施过程中,对设计分包商不能只讲管理或控制,必须注重合作互利、合作共赢的关系。

第八章　国际EPC合同模式下的采购管理

导语：国际EPC合同模式下的采购管理既有传统合同模式下的共性，又有自身的特点。第一节首先介绍了银皮书关于采购的规定及其法律对采购活动的制约。在此基础上，第二节就国际EPC合同中对采购影响的重要因素进行了分步论述。采购合同是采购方与供货商执行采购活动的主要依据，也是双方必须共同遵守的行为准则。采购合同中对技术条款、技术标准、供货范围规定不明确或者有歧义，是引起采购合同争议的主要原因，因此，第三节对采购合同的条款进行了逐条分析。在国际运输环节中，除少量由EPC承包商自行运输外，大量的货物一般交由国际货物代理公司代理运输，第四节从法律关系角度讨论国际货物代理。

第一节　银皮书关于采购的规定及其相关法律

FIDIC银皮书中关于采购的内容主要规定在第4.16款、第4.17款、第4.20款、第7.7款等条款中。作为EPC承包商不仅要熟悉银皮书的规定，还应对采购产生重大影响的相关国家的买卖法、海关法、关税法有一定的了解。以发生在伊朗国的一则因忽视法制环境调查而遭受损失的案例来说明对相关采购法律、法规调查的重要性。

一、FIDIC银皮书关于采购的规定

(一)承包商的采购义务

EPC合同中,涉及采购责任的内容通常规定:除业主采购的长线设备外,承包商负责采购工程所需的一切物资,主要包括材料、设备、备件和其他消耗品。其中备件可分为两类:一类是试运行期间所需的备件,其价格一般包括在EPC合同总价中;另一类是工程移交后的一定时间段内,工程运行所需的各类备件,这类备件要求承包商提供,单独报价。采购人员应首先熟悉采购的工作范围,否则将来的采购过程中,有可能出现多采、漏采或错采的情况。比如,2013年国内某承包商在印度执行某EPC电力项目,在没有完全理解工作范围的前提下就对工作范围自行拆解,导致了采购和施工漏项发生。根据EPC合同,现存微波塔加固等事宜包含在微波系统整套的报价当中,但由于承包商将微波系统的安装调试工作转包给了微波系统供应商,而分包商只负责新的微波塔组立工作,遗漏了现存微波塔部分设备采购和加固的施工工作,造成了工期延误。承包商还应为采购工作提供完善的组织保障,在项目组织机构中设置采购部,负责工程物资采购的具体事宜以及与业主相关部门的协调工作。

(二)业主供材

1. FIDIC银皮书第4.20款的规定

某些EPC项目,业主可能提供某些设备或材料,即“甲方供材”。第4.20款[雇主设备和免费提供的材料]规定如下:

雇主应准备雇主设备(如果有),供承包商按照雇主要求中提出的细节、安排和价格,在工程实施中使用。除非在雇主要求中另有说明:

(a)除下列(b)项所列情况外,雇主应对雇主设备负责;

(b)当任何承包商人员操作、驾驶、指挥或占用或控制某项雇主设备时,承包商应对该项设备负责。

使用雇主设备的适当数量和应付费用金额(按规定价格),应按第2.5款[雇主的索赔]和第3.5款[确定]的要求商定或确定。承包商应按此金额付给雇主。

雇主应按照雇主要求中规定的细节,免费提供“免费供应的材料”(如果有)。雇主应自行承担风险和费用,按照合同规定的时间和地点供应这些材料。随后,承包商应对其进行目视检查,并将这些材料的短少、

缺陷或缺项迅速通知雇主。除非双方另有协议,雇主应立即改正通知指出的短少、缺陷或缺项。

目视检查后,这些免费供应的材料应由承包商照管、监护和控制。承包商的检查、照管、监护和控制的义务,不应解除雇主对目视检查难发现的任何短少、缺陷或缺项所负的责任。

对上述条款的释义如下:

(1)若 EPC 合同规定业主向承包商提供免费材料,则业主应自付费用,自担风险,在合同规定的时间将此类材料提供到指定地点。

(2)承包商在接收此类材料前应进行目测,发现数量不足或质量缺陷等问题,应立即通知业主,在收到通知后,业主应立即将数量补足并更换有缺陷的材料。

(3)承包商目测材料之后,此类材料就移交给了承包商,承包商应开始履行看管责任。

(4)即使材料移交给承包商看管之后,但如果材料数量不足或质量缺陷不明显,目测不能发现,那么业主仍要为之负责。

有关业主采购的长线设备或材料,更详细的探讨见第十一章第三节《EPC + LLIs 合同模式下业主采购延误引起的索赔》。

(三)业主与承包商的设备与材料所有权

1. FIDIC 银皮书第 7.7 款[生产设备和材料的所有权]所有权界定

从下列两者中较早的时间起,在符合工程所在国法律规定范围内,每项生产设备和材料都应无扣押和其他阻碍的成为雇主的财产。

(1)当上述生产设备、材料运至现场时;

(2)当根据第 8.10 款[暂停时对生产设备和材料的支付]的规定,承包商有权得到按生产设备和材料价值的付款时。

2. 对第 7.7 款解释

第 7.7 款界定了业主与承包商财产的所有权及其转移问题。如果设备或材料已经运到现场,则视为所有权已经转移给了业主,或者虽然没有运到现场,但承包商已经有权得到相应付款的永久工程的生产设备、材料和在建工程,也视为所有权已经转移给了业主。这样规定的原因在于 EPC 合同的总承包价款已经对全部用于永久工程的生产设备和材料支付了对价。承包商的财产包括承包商自有的机械、设备、文件、办公用品,包括工程机械设备、运输车辆以及办公用的电脑、打印机、复印机等。如果发生暂停施工或终止合同时,对于属于业主的财产,承包商不能运走,对于承包商的财产可以带有。

3. 供应商的保留权与业主所有权的冲突

如果在采购合同中,供应商对机械设备约定了所有权保留条款,即在承包商未支付大部分价款或者未履行完其他义务时,货物的所有权不转移给买方(承包商)。这样规定的目的是为了保护卖方的权利。但机械设备运到现场后,如果已经进行了安装,就会出现FIDIC合同的规定所有权已经转移给业主,这与供应商的保留权规定产生冲突问题。根据工程所在国法律,设备供应商享有标的物强制执行的权利,但供应商行使这一权利时,正好是承包商对业主违约之时。遇到这种情况,国际司法实践中,一般应按"特定物"处理,因为供应商事实上已经无法取回货物或者取回已经没有价值了,到现场的货物的所有权实质上已经转移给了业主,供应商只能采取要求承包商付款这一救济措施。

(四)对剩余材料的处理

导致剩余材料产生的主要原因有采购文件中采购余量过多、设计错误、所采购物资的质量不能满足设计要求、采购数量错误,现场材料管理混乱等。尽管每个承包商都把零余量作为采购的追求目标,但对于复杂的国际工程项目是不可能做到零余量的。关于剩余材料的归属FIDIC银皮书第7.7款作出了明确的界定,原则上剩余材料归业主所有,当然还可以通过EPC合同约定,约定归承包商所有。如果合同约定了承包商可以自行处理剩余物资,承包商必须办理补税手续后才能在当地出售。实际上,哪些是剩余物资,其归属权很容易引发纠纷。例如,以下是某个国际EPC合同中关于对剩余材料的约定:

ARTICLE 18 – Title and Property of Design

18.1 The title to all WORK and SYSTEM completed or in the course of construction at the SITE, and of all materials furnished by COTRACTOR irrespective of the location thereof, as between COMPANY and CONTRACTOR or SUBCONTRACTORs, shall be vested in COMPANY.

18.2 All process and engineering designs, drawings and specifications which CONTRACTOR prepares or causes to be prepared under this CONTRACT shall immediately become the property of COMPANY.

仅从标题上看,很容易认为该条规定的是设计的权益,但仔细阅读第18.1款后发现,该款约定的是所有在建的或完工的工程或系统,以及为工程提供的所有材料,不管位于什么地方,也不论是业主、承包商或分包商谁提供的,所有权都归于业主。第18.2款约定的是承包商准备的或完成的所有的设计、图纸和技术规范的所有权归业主。该EPC承包商原来认为剩余物资是自己施工所剩余的,理所当然地归自己所有,但在该条款中,剩余物资的所有权巧妙地隐秘在知识产权条款中,如果不仔细看很难识别出来。这就要求法务人员在评审EPC合同时,注意剩余材料所有权的约定。

二、关于国际货物运输的规定

(一)国际货物运输

FIDIC银皮书第4.16款[货物运输]规定了承包商的货物运输义务,包括提前通知到货时间、货物的运输与保管、保障雇主免于承担货物责任的义务。除非专用条件中另有规定:

(1)承包商应在不少于21天前,将任何工程设备或每项其他主要货物将运到现场的日期,通知雇主;

(2)承包商应称负责工程需要的所有货物和其他物品的包装、装货、运输、接收、卸货、存储和保护;

(3)承包商应保障并保持雇主免受因货物运输引起的所有损害赔偿费、损失和开支(包括法律费用和开支)的伤害,并应协商和支付由于货物运输引起的所有索赔。

国际采购、运输和通关手续尤为复杂,这也是国际工程区别于国内工程的重要方面之一。承包商的设备与材料,可能相当一部分来自中国或从第三国采购。承包商应提前了解货源地到工程所在国的货物运输条件以及进出口政策与手续,并且不得少于21天,将货物的到场日期提前通知业主。

(二)承包商运输到现场的设备

第4.17款[承包商设备]规定:承包商应负责所有承包商设备。承包商设备运到现场后,应视为准备为工程施工专用。

对于运输到现场后的承包商的设备,被认为是为了施工而专用的,不能用作其他目的。因此,没有业主的同意,不得离开现场,否则有可能被视为挪作其他目的使用。当然,这里的设备不包括运送货物的车辆,运送货物的车辆离开现场无须业主同意。

三、与 EPC 项目采购相关的法律

在 EPC 项目采购过程中，签署的合同主要有与国内、工程所在国或第三方国家签订的采购合同，与承运人签订的国际、国内货物运输合同，与保险公司签订的运输保险合同，与检验机构签订的第三方检验合同等。其中，采购合同是最主要、最基本的合同。签订合同与履行合同，会牵涉不同国家或地区之间的法律以及国际商业惯例，由于承包商与合同另一方当事人地处不同的国家或地区，又由于各国的法律制度不同，对相同的问题会有不同的规定和解释，这就使得承包商可能面临更多的法律冲突。因此，承包商的法务人员、采购人员在签订采购合同、运输合同、保险合同时，需要了解不同国家关于冲突解决的规定。

（一）大陆法系国家的买卖法

大陆法系国家通常把关于货物买卖的规定编入在民法典内，作为民法典的一个组成部分，对买卖双方的权利与义务、合同成立的各项要求、签约人的行为能力、要约与承诺的归责等通过总则和分则作出规定。

（二）英美法系国家的买卖法

英美法系国家没有大陆国家那样的民法典，它们的买卖法基本上是单行法。其中最具有代表性的是 1893 年英国制定的《货物买卖法》，其内容主要是规定合同双方之间的权利与义务的基本原则，至于买卖合同的成立以及有效性问题，仍然依传统的普通法处理。

（三）伊斯兰国家的买卖法

大多数伊斯兰国家是以伊斯兰宗教教义为主，辅之以传统法和习惯法，并在民法、商法、海商法等方面不同程度地吸收了西方法律制度的一种混合型法律框架。在货物买卖方面，大多数伊斯兰国家承认国际贸易惯例，并融入伊斯兰商法，以规范贸易的合法性、交易条件和商业道德。

（四）我国有关的货物买卖的法律

我国并没有专门的国际货物买卖法，也没有统一的民商法典来调整货物买卖合同关系。关于货物买卖的法律主要规定在《中华人民共和国民法通则》《中华人民共和国合同法》《中华人民共和国票据法》《中华人民共和国物权法》《中华人民共和国仲裁法》《中华人民共和国海商法》《最高人民法院关于审理信用证纠纷案件若干问题的规定》（法释〔2005〕13 号）、《最

高人民法院关于严禁随意止付信用证项下款项的通知》(法〔2003〕103 号)、《最高人民法院关于适用〈中华人民共和国仲裁法〉若干问题的解释》(法释〔2006〕7 号)和我国政府签订的一些国际条约中。其中,《中华人民共和国合同法》对买卖关系作出专门规定,该法是我国关于货物买卖关系的主要立法,它同时适用于国内的货物买卖关系和涉外的货物买卖关系。

(五)国际条约与禁令

对于我国承包商而言,对采购产生影响的条约主要有:《2010 年国际贸易术语解释通则》、《跟单信用证统一惯例》(ICC Uniform Customs and Practice for Documentary Credits, UCP600)、《跟单托收统一规则》(Uniform Rules for Collections No. 522, URC522)、《见索即付保函统一规则》(The Uniform Rules for Demand Guarantees, ICC Publication No. 758. 2010 Edition, URDG758)、《国际备用证惯例》(International Standby Practice1998, ISP98)、《关于审核跟单信用证项下单据的国际标准银行实务》、《国际货物买卖合同法律适用公约》(Convention on the Law App1icable to Contracts for the International Sale of Goods)。不仅国际条约,国际制裁法案也会对国际货物采购产生重要影响。例如,2012 年 10 月欧盟外长会议在卢森堡召开,宣布对伊朗实施更加严厉的制裁。美国 2013 年的对伊朗制裁的法案,进一步扩大了对伊能源、航运和造船行业的制裁,增加了与伊朗进行特定材料交易的制裁。2013 年 6 月,我国某承包商运往伊朗某项目的罐板被欧洲船东查出,认为运送的物资违法了欧盟 EU Sanctions 1263/2012 及美国 USA EX order 13590 对伊朗制裁法案规定,该批物资被强行在迪拜卸船等候处置,我国的承包商为此付出了高昂的代价。

四、忽视采购法制环境调查的一则案例

(一)案例事实部分

国内某大型承包商在伊朗注册子公司从事国际 EPC 合同承包,2014 年 3 月,与国内某制造商在伊朗注册的子公司签订了伊朗某油田地面设施控制系统采购合同。订单总额为 642 万美元,交货方式为 DDP 项目现场交货。2014 年 8 月 20 日,承包商收到制造商《关于变更自控系统交货条件的申请函》,该函件指出,控制系统设备的生产制造及检验已经完成,如果按照普通货物清关,伊朗海关需要第三方检验机构进行发货前强制检验的 VOC,并出具 COI 证书。经与伊朗方核实,获取 VOC 与 COI 认证

的周期需要两个月，该系统预计将于 2015 年 1 月才能运抵现场。为了确保项目实现 2015 年 2 月 8 日的投电目标，考虑到如果改由总承包商负责清关，控制系统可以在 11 月 30 日前运抵项目现场，从而为项目投电目标的实现提供物资保障。承包商经过内部协商，同意变更合同，并于 2014 年 9 月 4 日与该制造商签订了变更订单。交货方式从 DDP 现场交货变更为 CFR 伊朗阿巴斯港交货。承包商按照 4% 关税税率对相关费用进行了测算，订单价格从 642 万美元变更为 606 万美元。该批货物于 2014 年 10 月 16 日运抵阿巴斯港。但在随后的清关过程中，伊朗海关核定的该批货物的关税适用 26% 的税率。伊朗为鼓励本国厂商对此类高附加值产品的集成，规定该类元器件及散件的进口税率为 4%，成套系统的进口税率为 26%。鉴于实际情况与预测的巨大差异，该承包商随即向伊朗海关派出技术人员和代理商共同作海关工作，最终同意按 22% 的税率征税。承包商同时向供应商提起索赔，要求供应商承担 18% 关税税率差额。为了赶工期，将货物及时运抵现场，承包商按照海关认定的 22% 的关税进行缴付。该货物于 2014 年 12 月 10 日顺利运抵现场。承包商实际支付控制系统的关税为 22%，金额约 135 万美元，与签订变更订单时预计关税为 24 万美元相差了 111 万美元。

（二）争端部分

争端部分有以下三方面：

（1）争议的焦点：对于 111 万美元的关税到底应该由谁支付呢？

（2）承包商的观点：

控制系统由制造商在中国出口，变更前的协议中约定由制造商对控制系统在伊朗进口报关，此外，供应商主动提出了变更协议，因此，对于多征收的关税应由制造商承担。

（3）制造商的观点：

对于自动化控制系统投标报价时对设备进口关税税率的确定是根据《中华人民共和国海关进出口税则》和油田自动化控制系统的特点，将该系统设备确定为“分散型工业过程控制设备”（Processing machines for the distributed control system），对应的税则号列（HS 编码）为 8471.4991，经核查，相对应的伊朗方面颁布的文件《THE EXECUTIVE ORDINANCE OF LAW ON EXPORT-IMPORT REGULATIONS—CUSTOMS TARIFF

TABLES BASED ON THE HARMONIZED COMMODITY DESCRIPTION AND CODING SYSTEM》,对应的 HS 编码为 8471.4990,适用的进口关税税率为 4%。制造商根据该系统中所用设备的采购成本、系统集成费和包装费等各类费用,按 4% 的进口关税税率进行应缴关税和相关费用计算,形成了 DDP 价格条件下的最终报价 642 万美元。在项目执行过程中,制造商与 COI 检验机构紧密联系,关于控制系统 COI 认证,需对每一个组件独立做认证,认证时间长达数月之久。为确保项目实施进度,通过业主保函办理清关可以避免 COI 认证耽误过多时间,经向承包商申请并经双方协商后,清关方式变更为 RTI 模式,由承包商按 RTI 程序负责组织进口清关等相关事宜,交货条件由 DDP 变更为 CFR,将合同额变更为 606 万美元。虽然合同交货条件已经由 DDP 变更为 CFR,但在清关过程中,为了说服海关接受对该批设备适用于 8471.××××税则,需要制造商提供支持时,制造商始终积极支持和配合承包商工作,先后提供了各种支持性的技术资料及说明。

综上所述,制造商认为双方签订的变更订单合法有效,关税应由承包商承担。

(三)争议的评析

诚实守信是合同的基本原则,合同双方都有义务全面忠实地履行合同。合同双方在履约过程中,根据实际情况对合同进行了变更,也是双方真实的意思表示,不存在显失公平和恶意欺诈行为。该承包商的采购人员对于货物的进口规定,在签订变更协议前没有进行翔实的法制环境调查,在变更合同时,也不知道伊方有为鼓励当地厂商在本国对此类高附加值产品的集成规定该类元器件及散件的进口税率为 4%,而成套系统的进口税率为 22% 的规定。制造商或许知道或许不知道散件与成套系统进口税率的重大区别,如果进行仲裁,承包商很难举证证明供应商存在欺诈的行为。因此,承包商应对自己的过失承担责任。至于变更合同条款是由哪方提出,对合同变更效力不产生影响。因此,对于 111 万美元的损失应由承包商自行承担。

(四)该案例的启示

1. 应进行谨慎细致的标前采购法律尽职调查

从项目招标阶段到在 EPC 合同签订阶段,由于时间紧,任务重,承包商的采购人员往往无暇顾及项目所在国的相关货物采购的法律、法规。在采购合同履行过程中，才发现对工程采购的一些法律限制，这时再修改已经制定的采购计划往往要付出巨大的成本。不仅上述案例，同样的错误在其他国家也重演。例如，2014 年，国内某承包商在东南亚某国从事 EPC 项目投标时，对变电站所有设备按照 17% 的退税率考虑予以投标，但在项目执行中，变电站设备中大部分设备退税率根本达不到 17%，投标时对税收不了解，结果导致后续退税额不足。因此，承包商在进入目标市场国之前，必须细致地谨慎地进行标前法制环境调研，对采购法的规定、海关的规定做到了然于心。

2. 法务人员必须专业化

通常情况下，分析案例一般归结到承包商的责任就结束了，而对承包商内部责任不加以分析，然而真正的病因在于承包商内部的管理制度，必须深入挖掘承包商内部的管理制度。该承包商为什么执意向制造商索赔呢？原因在于法务人员非专业化。其实该项目的专职法务人员都认为，该争议无论是仲裁还是诉讼，承包商胜诉的概率几乎为零。如果坚持索赔，只会损害承包商的声誉，但该承包商主管法务的分公司领导，因没有法律知识，对法务人员出具的法律意见书漠然置之，非理性地、武断地决定向制造商索赔。从表面上看，该领导的做法是为了公司的利益，然而由于不懂法律、乱作为，造成的后果比不作为更可怕。在之后的索赔过程中，该制造商的反索赔显示出其背后的法务团队的力量。这次争端给我们的启迪是，无论对于承包商还是供应商，法务人员必须做到专业化与职业化。

第二节　国际 EPC 合同中对采购影响的重要因素[1]

国际 EPC 总承包市场是成熟的市场，有其客观发展规律和成熟的游

---

〔1〕 张浩：《国际 EPC 合同模式下的采购管理》，载《国际经济合作》2015 年第 3 期，第 89～95页。

戏规则,我国的 EPC 承包商应以开放的心态来面对,不要抱着“摸着石头过河”的想法,用国内所谓的成功经验生搬硬套到国际总承包市场上碰运气,需深入研究 EPC 合同的内在的逻辑关系和特定的内涵,把采购管理从常规的管理纳入到企业的核心竞争力的体系中,提高到战略高度。以下是对 EPC 合同采购活动有重要影响的各种因素进行的分析。

一、EPC 合同模式下采购的特点

EPC 合同模式下的采购既有传统合同模式采购的共性,又有自身的特点。

(一)采购成本所占比重高

由于 EPC 工程项目本身的特点,所需采购的物资往往品种多样、技术复杂、质量标准和进度要求严格,用于设备和材料等物资的采购金额约占到合同总价款的 50% ~70%。尤其是太阳能、风能 EPC 等高科技项目,采购成本更高。因此,从某种程度上讲,EPC 合同盈利与否取决于采购管理。

(二)采购程序复杂

EPC 项目物资、设备招标不仅局限于国内市场,通常要通过跨国招标来完成,经常会涉及不同国家间的物资进出口,手续多,程序复杂。例如,伊朗海关清关手续繁杂、费时长、税率不确定、进口归类不确定,在海关积压货物两个月以上的情况经常发生,甚至有的货物一直未能完成清关,最终只能返运回发货地。在 FIDIC EPC 合同模式下,采购不仅要受到自身采购程序的制约,还受到业主的全程监督,如业主雇用的第三方检验、报业主审批等。对于设备临时出口,还要办理临时进口保函,工程结束后,办理机械设备的运回和保函的回收。

(三)撬装模式使管理重心转移

欧美发达国家的 EPC 承包商,在管理模式上发生了变革,基本上实现了撬装顶层设计和模块设计标准化,原来在施工阶段的组装和试运提前到采购阶段完成,撬装模式把工作重心从施工转移到设计与采购上来,这减少了施工阶段的工作量,缩短了施工周期,对现场 HSE 的负面影响也降低到最小,但也加大了对设计和采购管理的难度。

(四)技术规范要求严格

在 EPC 合同中,业主对设备和材料的技术要求、质量标准、原产地在合同中明确作出规定,承包商不得任意变更。核心设备的采购依据都是经过流程计算和单元设计后形成的技术规范,建筑产品具有单件性和不可复制性的特征,即便是一些相对通用的仪表和电气,其自身的技术标准也都非常严格,因此,合格的供应商数量有限,主要集中在少数技术先进的国家。我国的承包商为了降低成本,往往对合同规定的技术规范要求不遵守,总是偏爱寻找价格低廉的供应商,但技术又达不到要求。例如,2013年国内某承包商在菲律宾履行的EPC合同中,提交给业主的供应商名单并不在业主批准的短名单之内,未能获得业主审批。项目初期,承包商确定选用国内某厂家的"隔离开关",但由于该厂所提供的技术数据及资质文件,均不能满足技术规范,多次返回修改,仍不能满足要求,报批时间达一年之久,最终不得不更换厂家。"金具"也存在同样的问题,在技术资料递交之初,业主已经明确指出,只有某国某厂的金具满足要求,但该金具厂商报价较高,为了节省成本,该EPC承包商分别报批其他两家供货商的技术资料,均未通过业主审批,最后不得不再次启用业主指定的厂家,前后报批时间达两年之久。

(五)设计对采购的影响

采购在EPC项目中起着承上启下的关键作用。工程设计的方案和结果最终要通过采购来实现,同时采购过程中发生的成本、采购的材料、设备的质量最终影响设计的实现程度。如果设计不充分、设计错误则会引起设计变更、图纸变动,继而引起设备、材料采购计划的重新安排,或不得不紧急采购、重复采购或另行采购。

(六)项目所在国的市场环境

物资采购与项目所在国的市场环境密切相关。当地资源的供应与获得方式、市场价格、外汇制度、汇率变动趋势、通货膨胀程度、法律制度、商业惯例、海关制度、货物进出口检验制度、税收机制、供应商乃至政府机构等都会对采购产生重大影响。例如,市场价格的影响,由于设备采购周期长、时间跨度大,其价格不可避免地受到当地政治、经济、市场供求关系的影响,导致招标时的材料和设备报价与实际采购价格相差较大,从而面临着重大风险。再如,税收制度对采购活动产生的影响,某国际EPC承包商仅就2013年到2015年间,在伊朗从事的油田地面工程的134批项目物资的关税和增值税进行统计,获得该项目物资的关税和增值税约为货值的 19.98%，如此高的成本占比，给该项目的预算、投标、签订总包合同的采购和进口成本测算带来了非常大的不确定性的风险。

二、设计对采购的影响

设计是带动项目发展的原动力，是控制项目工期、成本和质量的原点。我国的大部分承包商缺乏对 EPC 合同内在规律的认识，未认识到设计、采购与施工之间相互影响的内在规律。

（一）投标报价阶段设计与采购的相互影响

1. 在投标阶段，采购询价是实现报价的基础工作，而采购询价则是建立在设计分包商设计能力基础上的，设计分包商的设计能力和报价水平直接影响 EPC 承包商的报价，供应商的水平又直接对设计起着制约性作用，成为影响总承包商是否中标的重要因素。

2. 承包商设计人员对合同文件的理解与业主的设计理念可能存在差异，这种差异会延长设计文件编制、业主审核和最终批准的时间，特别是如果某项设计或采购正好处于整个项目的关键路径上，会严重地影响后续的采购乃至施工活动，对项目工期和成本造成大范围的变动。EPC 项目招标文件因国别、项目性质及前端设计公司的设计理念不同，规定的设备及材料标准也会存在差异。受限于招标时间、设计者的经验，设计人员若没有深入地理解招标文件或理解出现偏差，而直接凭经验采用常用设计标准或者国内设计标准进行设计，设计成果往往得不到业主的批准。多年的国际工程实践表明，由于我国的设计人员对招标书中的工作范围、技术规范、设计标准和要求估计不足，通常在设备或材料的询价过程中加保险系数，其结果是实际成本会远高于国际承包商的同行水平；或者对工程的风险认识不足，对大型设备选型错误，对大宗材料数量估算错误，导致其报价水平远低于业主可接受的价位，在项目实施阶段造成工期与成本不可控。

（二）合同履行阶段设计对采购的影响

（1）在采购设计中，承包商应认真推研合同要求，正确理解业主意图，避免由于文件不合格造成反复修改，还要积极与业主进行沟通，争取缩短业主审批设计文件的时间。对于重大设计变更，应事先向业主提出澄清或者向业主声明，得到业主批复后再进行详细设计工作，并及时保留与索赔相关的依据。

(2)EPC 合同的目的在于交出合格的“钥匙”,在一体化的管理模式下,必须把采购纳入设计程序,即设计人员负责编制设备技术招标文件,负责技术标评审,参加合同文件技术部分以及资料图纸方面的谈判,确保采购的设计和材料符合设计要求。

(3)总承包商对于设计管理的主要任务要从两方面着手:一是控制设计龙头,实行限额设计。如果设计余量过大或者采购的设备标准过高,就会导致实际的采购价格远远高于预算价格,造成成本失控。可采用两步评标法,先评技术标,再对技术标合格的厂家进行商务标的评标。在技术合格和重要商务条件满足要求的前提下,根据最终评议核算价格高低确定中标人,代替以前的综合评审法,克服综合评审法中由于选择高标准厂家而造成采购价格过高的弊端。二是优化设计方案,减少设备或材料用量,降低采购成本。业主要求的变化或者前期设计错误而造成重大的设计变更,同样会引起整个采购计划变更,采购成本发生大幅度增加。无数事实已经证明,通过优化方案达到降低采购成本的效果是十分显著的。

(4)EPC 合同模式下,设计分包商需要改变以往“为了设计而设计”的观念,必须强化设计是采购的输入条件,设计向采购延伸,树立成本控制观念,坚决杜绝为创“金奖”而随意提高设计标准和质量要求。

三、EPC 项目采购对人力资源的要求

(一)传统合同模式下采购人力资源配置的特点

1. 采购人员不懂技术制约采购业务

传统的建筑业采购组织通常是在项目中标后,临时抽调采购人员组成采购部。这种临时拼凑的采购队伍,大多数人不具有专业技术知识背景,工作目标短期性较强,协调与磨合难度大。在大型 EPC 合同中,采购人员如果不熟悉技术资料,就只能起到“二传手”的作用。如某国际 EPC 项目,在设备报批的环节中,往往要经历厂家提资、项目部与国内总部之间资料转递、递交业主审核,涉及环节较多,由于采购人员不懂技术,对供应商提交的资料均没有审查,直接报业主进行报批,而设计分包商也没有对其起到审核的作用,致使一个设备至少要反复修改三次到五次。在另外一个 EPC 项目采购过程中,由于采购人员看不懂图纸和技术规范,与厂家沟通不畅,导致实际供货与项目所需设备产生巨大出入。由于该承包商在下单过程中,未能认真履行图纸和技术规范签字的规定,在不了解

图纸和技术规范的前提下,盲目下单,所采购的"69KV 断路器"到达现场后与项目所需不相吻合,导致安装进展受阻,项目损失巨大。

2. 传统采购意识的制约

目前在国企从事国际采购管理的人员大多是从传统的供应人员转变过来的,一些人的思维还停留在传统的计划经济阶段,认为采购产品出现问题都应该是技术质量人员的事,这种思维观念显然不能适应当今国际采购管理的要求。我国的总承包商缺乏对分散在海外的项目的统一管理,不注重采购人才的积累和培养,导致以往项目的成功经验和教训不能运用到下一个项目中,造成了采购人力资源的浪费。

(二)EPC 合同模式对采购人力资源提出较高要求

1. 采购人员的资质与资历要求

EPC 合同模式下,采购管理涉及工程技术、工程材料、机械设备、国际贸易、国际货运、国际保险、国际金融、涉外法律等学科,这些对采购的队伍建设提出了极高的要求。从事国际总承包工程的采购人员,应具有一定专业技术背景,从事过几年技术、质量管理工作并具有一定国际采购、运输、海关和商务知识。EPC 合同采购技术专业性强,这就决定了采购人员队伍中具有一定的技术专业知识人员必须占有 60% ~70% 的比例,可以从具有八年以上技术或质量管理背景的技术人员中遴选采购人员,然后再进行国际采购、运输、海关、商务知识和外语方面的培训。国际工程实践证明,具有技术背景的人员容易在工程采购实践中熟练地掌握采买、运输、通关、国际商务、外语等知识,但具有其他学科背景的人很难再掌握专业技术知识。

2. 建立战略采购队伍

采购人力资源队伍建设是承包商取得决定性胜利的主体性条件之一,建立一支高素质结构合理的战略采购队伍是 EPC 承包商综合能力的必然要求。战略采购人员拥有专业技术、商务、物流、财会、谈判和信息技术等知识,能降低采购成本和提高采购质量,提高 EPC 承包商的核心竞争力。他们作为知识型的管理人员具有替代性低和职业独立性的特点,因此需建立配套的采购人员激励机制与约束机制。

3. 吸收设计人员参与商务评标

在 EPC 项目实践中,设计专业人员负责对供应商的技术标进行评审,但一般禁止项目专业工程师参与商务标的评审,其目的主要是为了防止设计人员与设备供应商相互勾结,产生舞弊行为。而事实上,采购人员如不具有技术专业背景,在采购招标中很难形成最佳的性价比。解决的办法有两种途径:一是让设计人员直接参加商务评标,程序公开,实行阳光采购;二是从具有技术背景人员中选拔采购人员。

4. 吸收法务人员加入采购的队伍

采购人员队伍构成上还需要注意吸纳合同法务人员和信息管理人员。采购管理的一个主要环节就是合约管理,缺少法务人员的参与,采购管理就像一台没有装杀毒软件的计算机在“裸奔”。

四、供应商的选择与准入管理

供货商的选择与准入是采购过程中一个不可忽视的重要环节。供货商管理水平的高低直接影响到工程材料的质量,对减少采购成本,提高采购速度,保障工程的顺利进行起着关键的作用。

(一)供应商的选择要求

优秀的供应商是项目运行稳定性和连续性的可靠保证,也是承包商获得项目的有效推动力。供应商评价与选择的目的在于确保供应商能够以较低廉的价格提供最优质的产品和服务,淘汰不合格的供应商,开发具有潜质的供应商,建立与其稳定的战略关系。如何识别和管理符合总承包商战略且具有综合竞争力的供应商是实施项目采购的重要内容。目前国内外学者对采购管理的研究主要从“供应链”的角度对采购模式或系统模型进行研究,对供应商的研究主要集中在供应商的评价指标体系与评价方法选择方面。EPC 合同模式下,选择供应商应根据不同的采购需求确定供应商评价标准体系。供应商评价体系应具有系统性、科学性和针对性。供应商评价的内容主要包括产品质量、货物价格、相关采购费用,供货及时性、售后服务水平。常见的评价选择方法主要有层次分析法(AHP)、数据包络分析法(DEA)、模糊计策法、灰色关联度法、理想解逼近法(TOPSIS)等。

(二)对供应商实行严格的准入制度

供应商的准入应严格按照申请/推荐、资格预审、准入评审、信息录入的程序办理。供应商准入评审工作由采购部组织,成立由相关部门人员组成的评审小组,制定评审计划,分专业对资格预审合格的供应商进行评审。供应商出现下列情形之一的,不予准入评审:提供虚假的业绩证明或其他资信资料;有违犯经营诚信、不良职业道德行为;有严重产品质量问题;有违法行为。准入评审合格的供应商为项目合格供应商,相关信息及时录入项目供应商信息系统。供应商信息变更需通过相关程序评审后及时在系统中更新。对重要或者战略物资,应选择和培育战略合作供应商。在互惠互利、共同发展的基础上,订立战略合作协议,保持长期稳定的战略合作关系。提供经国家有关部门认可的新产品、节能环保型产品、具有自主知识产权产品的供应商应当优先准入。

(三)对供应商的监督与考核

1. 对供货商监督

对供货商的监督在不同阶段应有所侧重:前期的重点是催促供货商提交图纸,供货商提交图纸后,设计部门应及时将审批状态通知采办部门;中期的重点是对关键设备驻厂监造、赴厂检验或委托第三方检验;后期的重点是对供货商运输安排的监督,对供货商运输安排的监督主要依据运输时间是否符合项目进度需求,如有必要,应协助供货商安排相关发运事宜,避免互相推诿和扯皮。

2. 对供货商的考核

采购部对供应商每年至少进行一次考评,考评内容包括设备质量、产品价格、合同履约能力、售后服务能力、诚信经营等指标。考评结果作为确定供应商准入证是否继续有效和供应商等级管理的主要依据。应逐步建立完整、有效、合理的各项评价指标对供应商进行认证与考核,使供应商的管理从经验判断性的定性化管理提升到以各类数据和信息为基础的定量与定性相结合的管理。考核可以从以下五个方面进行:

(1)供货商是否按订单要求进行产品生产,产品数据、数量、质量是否符合订单技术要求等;

(2)产品规格是否符合订单要求,是否通过产品质量检验等;

(3)产品是否按订单规定按期交货,备件是否按订单要求提供,产品包装是否符合要求等;

(4)订单的确认、产品销售发票、索赔条款等,供货商是否按合同规定进行等;

(5)售后现场服务是否满足要求。

（四）在业主的供应商名单中加入战略供应商

许多国际EPC项目主合同供货商清单在投标阶段确定，有时业主提前提供供应商清单供投标人研究并提出意见，因此总承包商一定利用这个机会在标前或投标过程中，说服业主把自己的战略供应商添加到业主供应商名单中，为将来执行项目奠定基础。

五、建立集中采购与采购战略伙伴关系

（一）传统采购的弊端

传统的采购过程是典型的非信息对称博弈过程，需求与供应之间是一种临时性或短期性的合作关系，竞争多于合作。采购方与供应方出于自身的目的、知识产权的保护、争取贸易关系中的有利因素等原因，通常有意隐瞒相关信息。由于信息不对称或缺乏有效沟通导致采购成本高，供货质量不稳定，采购管理风险大。供应商与承包商之间不完全信息的博弈增加了采购管理的风险。

（二）实行集中采购与分散采购相结合的模式

集中采购是指国际工程公司为了分散并降低采购的风险，选择经济成本高和时间周期长的大型机电设备和关键材料由公司总部负责集中采购。分散采购指公司总部将部分物资采购权下放到国外分子公司，由各海外分子公司根据自身需要独立制定采购计划，决定各项采购事宜，并自行管理采购。从海外分子公司具体操作层面上来说，凡属于通用性的物料、采购金额较大的物料以及关键性的物资等，多集中于总部的采购部门；小额、临时、非关键性的物资等，公司总部授权各项目部的采购部门自行采购。集中和分散相结合的混合采购模式将采购权限在公司总部和海外子公司之间进行了战略性重新分配，实现了集权与分权的统一，发挥了总承包商的整体规模优势，降低了采购成本，提高了整体采购效率，避免了系统内部的无序竞争。该模式是当代国际知名EPC承包商采取的通行做法。有统计数据表明，EPC承包商采购资源的集中化程度与其管理水平是相适应的，集中采购程度越高，相应的供应商管理水平、供应商数据库建设、网络信息平台建设，管理协同能力就越高。

（三）采购战略伙伴关系

采购供应已逐步从传统的购买职能演变为一种战略型的管理流程，而这种以供应链为导向的战略采购不仅要求企业内部的流程整合和系统

管理，而且对企业之间的关系提出了新的要求，即要求买卖双方建立一种长期互信的战略伙伴关系。采购战略伙伴关系是在集中采购基础上的进一步深化，一般通过协议的形式确定相对固定的战略供应商群，通过供应商群来提高附加值，从战略角度提高采购效率。供应链战略伙伴关系建立以后，供应商以优惠的价格为 EPC 项目提供优质的产品和服务，从总体目标和长期利益的角度以提供高质量为己任。战略合作关系能够激发供应商进行长期的资源分配与战略安排，反过来又能促进总承包商获得优质资源和低价成本，达到供应商与总承包商整体利润最大化，增强共同抵御外界风险能力。总承包商与供应商建立战略伙伴关系有利于长期的变革，能够以较小的成本，为双方带来巨大的商业利益。与优秀的供应商建立战略合作关系是总承包商获得项目成功与事业成功的重要因素。当今的建筑市场是买方市场，EPC 承包商完全可以凭借自身的优势同供应商建立起以自己为主导的战略伙伴关系，既提升了自身的价值，又能以自身的竞争优势来吸引潜在的业主或供应商，在工程总承包领域取得更多的话语权。总承包商应充分发挥集约化、专业化采购的优势，充分利用多年来与众多供货商建立起来的合作优势，与供应商建立长期合作、相互信任的战略伙伴关系。

六、严格供应链采购“过程”管理

当前我国的承包商过分注重项目结果，对“过程管理”认识不足，急于求成，浮躁的心态充斥着整个项目管理，结果是缘木求鱼，欲速则不达。

（一）建立严格的科学的采购管理程序

对于采购而言，必须优化内部工作流程，建立严格的、科学的管理程序。可以借鉴国际标准化组织的 ISO1006《项目管理指南》和美国 PMI 的《项目管理知识体系指南》建立完善的采购管理体系。没有建立科学的采购管理程序，采购管理任意性、随意性是国内采购的特点，也不可避免地反映到国际工程采购上来。例如，2014 年，东南亚某小型国际 EPC 项目中，多采购的物资有 A 站供充电屏一面、B 站供蓄电池一组、C 站多供蓄电池一组和充电屏一面。按照 EPC 合同，A 站仅供一面充电屏，但实际到站却为两面，究其原因在于报审相关图纸时，该承包商的供应商考虑到新旧设备兼容和其他设计原因，报审了两面充电屏，而总承包商却没有对设计供货数量予以澄清，导致多供货。承包商就此事和业主沟通，希望业主给予补偿,业主认为承包商报审图纸时未予以澄清,承包商已经默认供货安装事宜,责任在于承包商,不予补偿。由于承包商没有建立严格的、科学的采购管理程序,缺乏对项目图纸报审的认知和管控,才导致部分材料多采、漏采或错采情况的发生。

(二)采购决策科学化和民主化

为了加强采购业务决策管理,促进决策的科学化、民主化和透明化,EPC 承包商可以依据国家有关法律、法规并结合项目的实际情况,制定相关的采购管理办法,做到合规合约采购,如制定《×××项目招标采购办法》、《×××项目招投标委员会工作细则》或《×××项目采购评审程序》。组建项目招标委员会,将本项目的设备和物资招标活动纳入到招投标委员会管理之下,实行决策权、执行权、管理权相对独立、相互监督,促进决策的科学化和民主化,真正实现阳光采购。物资采购原则上采用招标采购,招标过程公开化,增加招投标工作的透明度。不符合招标采购条件的可采用竞争性谈判采购、询价采购或单一来源采购。

(三)物资采购实行计划管理

所有物资采购必须编制采购计划,履行审核审批手续。物资采购计划分为工程物资采购计划和经营类物资采购计划。工程物资指与项目工程有关的物资,构成工程不可分割的组成部分,为实现工程基本功能所必需的设备、材料等。工程物资采购计划必须按照招标程序执行,相关部门必须会签。经营类物资包括固定资产、低值易耗品、办公用品、生活物资等。经营类物资采购计划由主管部门依据购置计划负责编制,报相关部门审批。编制物资采购计划须明确物资的名称、规格、数量、需求时间、标准、预算、交货地点等内容。

(四)采购费用控制

项目管理必须始终贯彻采购成本控制理念,建立严格的责任制度,落实问责制。所有采购活动以概算价格为基准,凡超出概算价格的物资与设备在满足施工和订货进度前提下,重新进行市场分析和技术准备,确保按市场规则运行。无法控制的超概算采购部分要建立逐级申请、批准制度,并附详细说明。费用控制实行月例会制度,每月采购部门对各项费用分项进行专题分析,未完成的要采取纠正措施,优秀的进行奖励。采购部加强与设计部的密切沟通,根据物资市场需求形势、价格状况提供较为准确的材料设备价格，确保详细设计中有关物资采购概算的科学性和准确性。

（五）采购质量管理

采购质量管理在过程管理中面临的风险首当其冲，因为采购质量的优劣直接决定项目是否满足设计标准和设计目的的要求，决定业主预期的经济效益，关系到承包商能否向业主交付符合合同要求的建筑产品，更关系到承包商的信誉与生存。产品质量缺陷主要表现为设备或材料质量不能满足合同或规范的要求，无法用于项目的实施，从而影响项目的实施计划和进度。因此，应实行“谁采购、谁负责”的质量管理负责体制。采购物资出现质量问题，应按照权责对应的原则，追究设计选型、供应商选择、采购实施、驻厂监造等单位和人员的责任。采购物资严格执行有关技术标准，实行标准化设计、标准化采购，任何部门或个人不得以设计指定、技术指定、使用指定等方式指定采购特定物资。除总承包合同有特殊要求外，项目部应必须从公司总部的合格供应商名单中选择供应商。订立物资采购合同，必须明确物资质量标准或要求，约定质量验收方法和质量责任的承担方式，必要时可约定质量保证金。列入公司总部产品驻厂监造目录的物资，须委托具有监造资质的单位驻厂监造。各项目对重要物资或国家规定需要进行质量检验的物资，需委托质量检测机构进行检验。检验不合格的，不得入库，由采购部与法务部共同向供应商索赔。

（六）采购进度管理

由于EPC项目的实施通常是时间紧、设计研究不够深入，各项资源供应不连续等原因都很容易引起工程进度的延期。总承包商通常按合同总的工期进行倒排工期，由于工期进度计划弹性不足，有可能引发连锁反应，项目成本增加，进度延期。

采购计划是以技术文件获得业主批准的时间为基础的，如果设计部门提供的设计方案未能满足业主的要求，业主可能会多次提出修改设计方案的意见，技术文件批准时间滞后，必然造成采办计划实施滞后。对于长周期关键设备，在设计文件未获得业主批准前，可根据未批准的技术文件进行预询价工作，提前进行技术和商务澄清工作，待技术文件批准后，立即对外招标，缩短供货商的投标时间和评标时间。

如果供应商因各种原因未能按照规定的时间完成产品的生产制造，

无法交货,就会导致工程处于暂时停工状态,其后果是施工项目的实际进度会滞后于项目的进度计划,造成整个工程项目的延期。设备或材料在运往现场过程中,因意外事件而导致的货物延期或造成设备或物资的损坏或损毁,时有发生,很难避免。例如,2014 年 8 月,某承包商从伊朗阿巴斯港运输到某油田地面设施的测试分离器在运输途中发生侧翻,设备损毁严重。总承包商委托第三方检验机构某多相流仪器设备有限公司进行了检验。检验方提出了三个解决方案:一是返回中国制造厂维修;二是重新制造;三是找伊朗制造商检修。经过再三评估和考虑,承包商选择了第三种方案。该设备为核心设备,承包商虽然对保险公司与运输公司进行了索赔,但还是造成了重大经济损失和工期延误,因此总承包商应采取一切措施保证设备或者物资,尤其是关键设备如期运抵到施工现场。

项目的整个工期计划由于某种原因发生了变更,而采购计划和采购活动未能及时跟进,进行相应的调整,会导致采购的设备与材料的交货时间与项目的实际需要发生冲突。所以,采购的进度计划应以项目的总体进度计划的变化做相应的调整,把采购活动与工程需要发生冲突后造成的损失降至最小。采购进度计划的编制与项目总进度计划、工程设计进度计划和施工进度计划有着密切的关系,采购部门应根据项目物资供应清单按照采买、检验、督办和运输等各环节与项目控制部门共同编制详细的采办进度计划,经项目经理审查后报业主批准实施。

(七)采购的验收与仓储

按照物资仓储管理制度和标准,组织开展库房建设和物资仓储管理。仓储管理人员应经过专业培训。依据物资采购合同和验收标准,对到货物资在规定时间内完成验收工作,并将有关信息及时、准确、完整地录入信息系统。验收不合格的物资,不得入库。应对仓储物资数量和质量定期盘点,防止积压和毁损。应根据物资质量特性,制定装运、存储、保管和保养措施,防止入库物资质量下降或报废。根据物资采购计划组织供应,需要进行安装指导或售后服务的,安排服务人员到达现场。

七、量身定做采购策略与因地制宜的调整采购对策

(一)量身定做采购策略

EPC 工程所需要的设备与材料在其价值、重要性、复杂性方面存在不

均衡，因此，不可能寄希望于采用某种固定的采购模式完成整个项目的采购，总承包商在收到业主的招标文件后，需针对标书的中各项要求、自身所掌握的供货商资源情况、项目所在国以前执行项目的类似经验对采购进行SWOT分析，制定差异化的采购策略。例如，国内某承包商在投伊朗某油田地面工程设施前，根据市场调研和初步询价情况，综合考虑材料设备运输成本、进口关税、清关费用及当地的免税政策等多方面因素制定了设备和材料采购策略：

(1)采购办公地点：一是设立北京采购办公室；二是设立德黑兰采购办公室。北京采购办公室和公司总部采购部联合办公，主要负责协调国际采购和从中国采购设备材料的询价、协调设计、协调厂家、组织技术和商务谈判、订单签订以及设备材料的催交催运；德黑兰采购办公室主要负责当地采购询价、商务谈判、订单签订、催交催运、清关、运输和现场的材料控制。

(2)在业主确定供应商短名单时提前介入，协助业主确定供货商短名单。

(3)提前与供货商尤其是西方的供货厂商联系，了解其产品出口到伊朗是否受制裁的限制。对于西方政府的限制，是否有其他渠道可以将货物运输到伊朗。

(4)优化采购，实现国际制造、当地制造和中国制造的最佳匹配。关键设备和核心部件，均采用国际制造，确保工程的质量和安全；对一般设备和部件，当地制造在能满足质量、数量、工期要求，在价格合理的前提下选用优秀的当地厂家；当地制造不能满足要求的，选用获得批准的优秀的中国厂家。

(5)关键设备的询价是保证采购费用准确的基础，在询价过程中，该项目EPC承包商多次与能生产该项目的关键设备的供货厂家进行技术交流与澄清，签订了合作备忘录，锁定了关键设备的采购价格和供货技术标准，为准确测算设计采购部分报价奠定了基础。

(二)因地制宜的调整采购对策

采购策略是根据投标时的条件确定的，具有前瞻性，但随着采购环境变化，承包商必须相机地调整采购策略。比如，2008年突发的世界性经济危机对国内某承包商在巴基斯坦执行的某天然气压缩机站EPC项目采购活动产生了极大的影响。为了加快采购进度，降低采购成本，该 EPC 承包商根据实际情况对采购策略进行了部分调整：

(1)针对中国境内和国际市场上物资价格陡然出现的巨大差异，主动与业主沟通，变通合同中规定的供货商名单，在质量和供货期有保证的条件下，同等物资尽量在中国境内采购。通过认真筛选，部分设备选择了中国产的质量有保证的产品来替代欧美产品。

(2)具体措施上：一是收集整理在类似的工程中使用中国产品的实例，增强业主对使用中国产品质量的信心；二是邀请业主核心技术人员到中国生产厂家实地考察，通过和欧美产品对比，让业主相信部分设备选择中国产品质量是有保证的，对于保证项目工期也是最有效的。例如，选择国内某中美合资企业生产的空冷器，质量完全满足工程要求，供货周期缩短了 80 天，该产品还能享受中国政府出口退税政策，极大地降低了项目的采购成本。

八、加强数据库建设和信息系统平台建设

(一)加强数据库建设

采购数据管理库主要包括供应商信息、设备材料信息、市场信息、招标文件、合同执行的相关资料等内容。由于 EPC 项目供应商众多，建立数据库管理系统是管理供应商的有效途径，通过系统可以快捷方便地查询到供应商的基本状况和详细资料，让采购人员从烦琐的文件处理过程中解脱出来，提高采购的质量和效率，并为后期供应商数量的增多提供简便易行的参考。数据库的使用对于标准化设备具有直接的参考价值，对于非标设备有利于采购人员评估合理的定价范围。承包商需加强采购数据库建设，以便取得在成本、质量、供货周期和服务方面的优势。EPC 承包商面临的竞争市场是瞬息多变的，所存在的风险也往往是难以预测的，需及时更新数据库中的过时信息。数据库的及时更新有利于承包商及时获得最新的技术发展状况、市场状况和竞争对手方面的信息。只有经过不断完善和长期积累，才能真正发挥数据库的作用。

(二)信息系统平台建设

建筑业正经历着一场信息革命，推动这场革命的引擎是信息和信息技术。信息化建设是 EPC 承包商不可忽视的问题，具有战略意义。现代

信息技术的广泛应用能够让信息流以更加快捷更加低成本的方式传递。大型 EPC 承包商一般在国外有众多的子公司或分公司,通过信息系统平台建设可以实现资源共享,实施目录式采购,避免重复招标,提高采购效率,降低采购成本。信息平台建设也有利于采购流程实现"标准化",做到程序规范,操作规范和管理规范,减少人为的出错概率。网络信息平台建设能为建立战略性伙伴关系提供技术支持。集中采购与战略采购是以信息集中共享为基础,以资源的集中调配,业务状态的集中监控为中心的,使整个集团企业的采购活动在协调中心的集中控制下统一运行。EPC 承包商必须运用信息技术和现代化管理手段实现全球资源的优质配置,增强国际竞争力。国际工程采购中信息平台的兴起是历史发展的必然,而采购模式的变革也是历史发展的必然。

第三节　国际采购合同条文评析

采购合同是采购方与供货商执行采购活动的主要依据,也是双方必须共同遵守的行为准则。采购合同中对技术条款、技术标准、供货范围、责任与义务规定不明确或者有歧义是引起采购合同争议的主要原因。因此,法务人员审查采购合同时,应对合同条文进行细致的推敲。

一、国际采购合同中的风险

采购合同本身的风险是国际工程项目货物采购的主要风险源之一。常见的采购合同风险主要表现在以下几个方面:

(1)采购合同条款不全面、不完整,未将合同双方的责任、义务、权利关系全面表达清楚。例如,违约责任约束简单模糊,不具有可操作性。

(2)采购合同条件较主合同条款宽松,尤其是涉及交货日期或罚则的条款;或采购时间紧迫的情况下,为使交易尽快达成,在缺乏对供货商足够的调查和分析的情况下,盲目接受卖方提出的单方面约束条件或苛刻的合同条款;或在签约时,对约束性条件、苛刻合同条款认识不足,给日后执行合同留下隐患。

(3)付款风险,采购合同通常约定,总承包商应预先向供应商支付一定数量的货币,一般为合同额的20%～40%作为项目的预付款,让供应商启动制造计划。如果供应商自知没有能力履行合同义务,有可能拒绝返还,或者遇到经济危机,无力返还,而总承包商没有相应的保障措施,经常处于被动的地位。

(4)在国际工程货物采购合同中一般都规定供货商所供设备和材料的质量保证期,承包工程也有质量保证期限,但往往由于工程延期等原因,货物的质保期早于工程保证期,从而给承包商带来一定的风险。

二、采购合同架构

国际工程采购合同构架是指组成合同的排列、组合和搭配形式。大型的采购合同通常由合同正文与附件构成。正文部分由封面、首部、内容和结尾部分组成。附件部分根据不同的需求,呈现多样性,没有固定的格式。附件是采购合同不可分割的组成部分并与订单具有同样的法律效力。法务人员应审查合同所附的附件是否完整,是否符合合同的要求。以下是一份采购合同的结构:

1. 合同正文

2. 合同附件

附件1　通用条款

通用条款是EPC承包商为了减少合同的工作量预先拟定的,原则上不得修改。法务人员通常在集中审核通用条款后,在以后的审核中,原则上不再重点审查通用条件。

附件2　出口包装和保管要求

附件3　运输和标识说明

附件4　发票的要求说明

附件5　供应商运输相关文件要求

附件6　MR文件清单

附件7　竣工文件要求

附件8　供货范围和价格概要

附件9　技术标及往来澄清目录

附件10　增值税发票的要求说明

附件11　反贪污、反贿赂、反洗钱合同条款

3. 采购文件的优先法律效力

由于国际 EPC 采购合同金额大、内容复杂，应设定好采购合同文件优先顺序。可以按以下的优先次序设定：

(1) 采购订单；

(2) 买方和卖方之间的技术澄清和信函；

(3) 特殊条款；

(4) 通用条款；

(5) MR 文件清单；

(6) 买方规范；

(7) 国际规范和标准。

三、采购合同形式审查要点

采购合同的形式审查及审批流程主要看是否符合法律规定，是否符合公司的规定。常见的问题主要有：

(1) 各大型总承包商都有招标采购管理办法，要求在对外招标时，都必须采用公司统一制定的采购合同模板，这样既有利于保护公司的利益又能提节约交易成本，但海外分子公司或项目部未按公司的要求使用公司制定的范本对外招标。

(2) 合同会签制度是公司内部规范管理合同事务重要制度之一，各个部门对合同草稿评审结束后，应提出意见和建议，并签字确认。常见的问题主要是在《合同会签表》上填写的基本信息不完整、不规范、不清楚、与合同内容不一致、填写的日期有时不是真实的日期等。

(3) 各大承包商基本上都制定了招标采购管理办法，并根据合同额、采购性质细化不同管理层的审批权限。常见的问题有采购缺乏立项审批，越权审批，应当招投标的项目没有进行招投标，流程选择不符合权限分工的要求，分拆合同额规避招标，或规避审批限制等。

(4) 缺乏合法有效的授权委托书。授权委托书本身存在瑕疵，存在无权代理、越权代理、无权处分的主体签订合同现象。

(5) 报审资料缺乏完整性与一致性。所提交的报审资料不完整，缺少合同附件、审批文件、招投标评审结果文件、对方资质证明等。

(6) 合同的标的种类、数量与审批文件有偏差。中标单位与卖方主体不一致，未按要求提供资料原件。

(7)合同文本形式用词不准确;表述不严谨;前后逻辑结构不一致;合同结构不完整,开头、正文、结尾不完整或者缺失;合同名称与内容不符;法律用语不准确。

(8)合同各方当事人信息不正确,当事人名称与营业执照上的名称不一致,当事人银行账号、联系地址、联系电话、注册地、注册法律等信息缺漏等。

四、实质条款审核评析

(一)封面与序言

1. 封面

封面部分主要有采购订单编号、采购订单名称、买卖双方名称、合同签订的时间。在国际 EPC 项目中,采购合同数量最多,为了便于管理,每个采购合同必须按流水号编号,合同编号也必须在封面上显现,这样便于将来在众多的采购合同中能够迅速查询,也便于在其他合同、文书中引用,同时有利于归档处理。

2. 序言

合同序言部分主要介绍合同签订的背景等情况,应明确采购合同的缔约双方,买方和卖方的注册名称、简称、地址、公司注册地,通信方式、注册法律。不同于国内合同,国际采购合同必须注明公司的注册法律以及注册地。

(二)合同双方主体

在合同条款中有关合同主体的内容,只是粗略地描述,因此对合同主体的审查并不体现在对合同文本的实质审查中,而是合同文本之外的审查。作为法务人员应重视对采购部已经审核过的供应商的材料重新审查。

1. 前期审核

核实采购部是否对卖方资信情况及履约能力审查,包括:注册资金、资产负债、股权构成、技术设备、产品质量、商业信誉、行业口碑、重大诉讼情况,了解卖方与承包商有无合作历史,在合作过程中是否出现违约或其他不良记录等事项。应当确定客户具有主体资格和履约能力,并综合考虑卖方的资信。审查合同卖方所在国是否是《联合国国际货物销售合同公约》(“Contract Law of the International Sale of Goods”)的签约国,双方的交易是否适用该条约。

2. 基本信息

应审查卖方的企业全称、经营范围、注册地址、实际经营地址、法定代表人、电话、邮编、传真、增值税登记号、开户银行、账号等信息填写是否完整、清晰、准确、有效,是否与公司公章、营业执照、组织机构代码证等相印证。同时,对其他依法应当办理的行政登记及许可证件,以及当地政府部门审批文件进行审查。如果对方不具备法人资格的分支机构时,还应审查其上级法人及合同授权代理人的资格情况,包括审查授权代理人的身份证明、授权委托证明(书)等。应当注意法人内部的职能部门和不具备独立核算能力的公司不具备签约的主体资格,如企业所属的项目管理部或市场部不具备合同签订的主体资格。

3. 卖方资信

对国外公司就具体项目成立的分/子公司与买方签订的采购合同,应会同财务、审计等部门进行详细的风险评估,根据情况要求其母公司提供履约保证、违约赔偿保证和子公司破产后继续履行合同的保证。

(三)定义条款

1. 定义条款通常规定在通用条款中,如果对定义条款进行增减,建议在特殊条款中进行修改或增减。

2. 定义部分用语明确清晰、杜绝歧义,审核是否与合同实际约定条款相一致,是否和主合同的定义发生冲突。

3. 审查合同中出现专有名词是否进行解释,解释是否清晰。

(四)贸易术语

在审查合同中使用贸易术语时,需了解该术语的具体含义,审查该贸易术语是否适用 INCOTERMS 2010;对有行业惯例或交易规则的术语作出例外规定的或出现与通则不一致的地方,需特别予以说明。除关注贸易术语中对运费、保险及相关费用的约定外,还需关注贸易术语对贸易清关、许可证件办理、风险转移及交货凭证的具体约定,依此判断该约定是否合理,是否符合公司的利益。

(五)合同标的

"合同货物"指采购合同涵盖的由卖方提供给买方的货物,包括卖方根据合同提供的设备、材料、专用工具、随机件、备品备件及其他货品。该部分条款需要有以下几部分内容:

(1)审查有关货物的描述是否清楚完整,包括产品名称、规格型号、原产地、生产国别、厂方名称、计量单位、货物单价以及总金额、出厂时间等。

(2)应约定具体明确的质量标准和技术要求。凡是采用国际标准、行业标准或企业标准的应明确做出说明,并标明标号。

(3)对于特殊的货物,有时需要指定货物的生产商,并要求不得采用外包方式生产。

(4)供货范围、随机件、备品备件的情况应明确。若货物的技术要求、供货范围等较为复杂,可通过合同附件或专门的技术协议予以具体规定。可在"合同标的"条款中列明"技术要求/供货范围详见合同附件/技术协议",并在合同中注明该合同附件和专门的技术协议是合同内容的一部分。

(5)审查合同中约定所供货物的技术规范、技术指标和性能是否符合技术协议规定的内容。货物是否按特定的标准设计,其性能是否符合性能保证值的要求。

(六)合同价格

1. 价格构成

产品价格一般分为总报价清单和分项报价清单。总报价清单中应根据合同订立的具体情况,说明合同价格的构成明细,如价格中包括货物本体价格(包括随机件和备品备件)、技术资料费、技术许可费用、技术服务费、技术培训费、运输费、保险费等。分项报价清单中尽可能对设备各组成部件、外购件等列出详细的分项价格。分项价格在采购合同中非常重要,一方面通过分项报价可以看出合同总价是否合理,另一方面分项报价可作为后期执行合同过程中增加或减少部分设备或部件等补充采购合同的依据。如果没有分项价格或者分项价格不是很详细,签订补充合同时供应商会报高价,尤其是只有个别供应商才能提供的专用部件。单价、分项价、总价要明确具体,不能只规定单价或只规定总价,总价必须与各项单价与数量的乘积的总和相一致。审查合同总额是否大写,及大小写是否一致。审查合同中价格条款是否清楚地规定货币的种类和数量。表8-1《采购项目价格描述表》可供参考。

表 8－1 采购项目价格描述表

序号 Item	货物描述 Description / Scope of Supply	单位 Unit	数量 Quantity	单价 Unit Price（USD）	总价 Total Prices（USD）
1	× × ×	套/set	1		
2	试验、测试费 Testing Charges				
3	出口包装费 Export packing Charges				
4	内陆运费 Inland Transportation Charges				
5	商检费 Commodities Inspection Charges				
6	资料费 Documents Charges				
7	开车备件 Commissioning and Start-up Spare Parts				
说明（Remark）：材料清单详见附件 8（For Detail List，see Attachment 8）					
总价 Total Price（FCA 天津新港 FCA Tianjin Xingang）：					
总金额大写：共计人民币（FCA 天津新港 INCOTERMS 2010）					

2. 价格浮动

应在合同中明确价格是固定的还是浮动的：如果是固定的，还需考虑经济形势和汇率变化可能出现的风险；如果是浮动的，应写明浮动的前提、方式、限度等；是否含税应当说明。如果交货品质、交货数量有浮动，应一并标明浮动部分的作价具体办法。

3. 市场风险与汇率风险

国际采购风险因素较多，EPC 项目时间跨度大，尤其是对于远期交货合同及分批交货合同，必须考虑合同签订后的履行期间内，因原材料、市场、汇率等因素造成的价格波动带来的风险。建议在合同中约定价格变动条款：为防止汇率变化造成的损失，约定外汇保值条款，明确规定在计价货币币值相对人民币的币值或其他货币币值发生变动时，造成人民币或其他货币币值计算的合同价格超过原约定的正负百分之几的情况下，双方应协商调整原定价格；一般在价格波动幅度超过合同价格正负百分之几(一般是5%)的情况下,双方应协商新的履行价格,协商不成,买方有权解除合同。

(七)支付条款

支付条款应该包含以下几部分内容:

(1)审查合同中是否约定了支付方式和付款时间,支付的货币种类应在合同中注明,注意计价币种与支付币种的关系和区别。支付方式可由买方选择,使用银行电汇或者支票支付,或者通过开立信用证支付结算。根据实际情况和客户的资信调查情况,确定尽可能有利于买方的付款方式和付款比例。如通过信用证方式支付,买方应通过合同中约定的银行开具不可撤销的信用证支付。信用证格式应在合同附件中规定,信用证有效期应延续到最后交货日期以后。分批交货的货物,卖方应按照合同条款以及信用证关于其他单据的要求及时提供。应注明信用证的开出日期以及信用证的有效期。

(2)必须明确合同价款支付的具体时间或期限。对于分批次价款结算都必须有明确具体的期限,禁止出现模糊不确定的规定,如"货到验收合格后付货款总额的×××%"、"货到投运后付货款总额的×××%"等。谈判难以修改明确的情况下,则一定要规定各时间段付款的最高限额。对于分批交货、分批付款的连续性买卖合同,建议约定:若卖方未全部交付第一批合同货物,买方可拒绝付款。超过一定的期限,将被视为对合同的违约,买方有权解除合同。

(3)应在合同中约定卖方要求支付时需提交相关文件,一般包括:货物运输提单,商业发票(包括货物的交付,数量,单价和总价款等信息),质检报告以及其他重要文件。

(4)一般情况下买方应争取货到验收合格后再付款。若约定有预付款,则必须要求卖方提供相应金额的预付款保函。如果卖方没有提供合同规定的货物,买方有权拒绝支付未供应货物的相应价款,直到卖方完全履行其在合同项下的义务。

(5)卖方需认真填写收款人名称、收款人详细地址、收款人开户行名称、收款人开户行详细地址、收款人银行账号。卖方承担提供上述信息错误、不真实以及因为账号违法而被冻结的风险。

(八)监造

监造条款应该包含以下内容:

(1)审查合同中是否约定了买方有权对货物进行监造,包括在卖方工厂生产期间的检验,检验内容可由买方自由选择。

(2)合同中应当规定在对货物进行检验的环节,卖方应当尽量协助买方对货物进行检验并免费提供所有必需的工具、仪器、图纸以及生产设备或者其他便利条件等。

(3)买方有权要求驻厂监造,可通过技术协议的形式明确具体监造的范围以及买方监造人员驻厂监造期间的费用承担。

(4)监造可以由买方委派监造代表进行,也可以由买方委托有监造资格的第三方进行。

(5)买方对货物的监造不减轻或免除卖方对于交付货物质量的责任。

(九)检验与验收

1. 检验类别

检验分为出厂检验、到货检验、初步验收和最终验收。应在合同中明确约定各阶段检验和验收的条件和标准。

2. 交货前检验

合同中应明确在交货前,卖方应通过有资格的检验机构,对货物的质量、技术规格,性能,数量、重量等进行全面、细致的检验,并出具质检报告。不管买方在货物发运之前是否对货物进行检验,卖方在制造过程中和发货之前都应对货物的质量、规格、性能、数量、重量等做到准确和全面的检验,证明该商品与订单条款相符。这些检验证明将形成付款支持文件不可分割的一部分,但不被认为是最终结果。

3. 到货检验验收标准

检验条款中应当明确约定验收的标准;双方约定按国家或行业标准验收的(注意要与前面质量条款约定的质量标准一致;如有特别规定的,从其规定),需要说明标准名称编号等;如果是按样品成交的,则需要双方共同封存样品,按样品验收。约定验收标准的条款应具有操作性,尽量避免出现不确定、不可控的软性条款,防止卖方提出不合理要求造成无法及时验收完毕的后果,影响价款的结算。

当货物到达目的地或安装地点后，买方有权申请权威商检机构对货物进行检验，由商检机构出具质检报告。如果货到买方现场因验收发现货物与订单规定不符或在质保期内因为任何原因被证实有缺陷，包括潜在缺陷或使用了不合格的材料，买方将安排第三方进行检验，并有权向卖方索赔。

针对大型设备采购，审查是否约定到货验收、初步验收和最终验收。应特别注意性能验收试验是在安装、调试、试运行成功后进行；初步验收是当性能验收试验的结果表明已达到了合同规定的保证值后对该合同设备的验收；最终验收是在该合同设备保证期满后的验收。

4. 验收不合格索赔

任何规定都不应免除卖方在订单规定下的其他保证或其他义务。接收报告将在买方工程师检查完产品的质量和数量与订单一致后签发。检验与验收不免除卖方的质保责任。验收后如发现不合格，买方有权向卖方索赔。

（十）交货条款

交货条款的规定应注意以下几个方面的内容：

（1）审查合同中是否明确约定交货日期和数量，在卖方出现延期交货或者少于订货数量交货等违约情形时，是否约定了卖方的违约责任和买方的救济权利。

（2）根据合同的要求，卖方应采取必要和适当的措施，以保证买方收到货物，并及时以书面的形式通知买方任何可能导致延期交货的情形，提醒买方避免不必要的损失。

（3）交货地点应当在合同中明确规定，一般应约定为买方所在地或买方指定地点。尽量避免诸如“交货地点以卖方书面通知为准”或“卖方指定地点”等不明确的约定。注意合同约定的实际交货地点和时间与合同所使用的贸易术语是否一致。例如，可清晰的约定：“订单描述的所有货物必须在 2013 年 11 月 3 日前依国际贸易术语 FCA 天津新港（INCOTERMS 2010）。”

（4）对于分批交货、分批付款的连续性买卖合同，建议在合同中约定：若卖方未全部履行第一批货物的交货义务，买方可拒绝付款，超过交货期限后，买方有权解除合同。

(十一)包装及标记

1. 包装

包装条款中应当规定卖方为货物提供适当的设计和包装以满足货物在运输、搬运、装卸及贮藏过程中能防止损害及腐败。采用国际标准或行业标准的,应该写明标准名称、代号或编号,应避免使用如"适合海运包装"、"习惯包装"等因不同理解而引起争议的包装术语。如双方对包装有特殊要求或约定,应当在合同中注明。卖方将对交货后由于货物包装不充分或不适当而造成的任何货物损坏、缺失、腐蚀负责。

2. 标记

由于EPC工程设备材料种类繁多,而且每个合同项下设备通常分批发运,所以设备的唛头和装箱单对现场设备交接以及开箱工作及其重要,如果标记混乱,到场的设备难以查找,难以交接,工作量会猛增。因此,卖方外包装运输标识的刷制应保证整洁、清晰、牢固和显著,必须将唛头、箱号、货物毛重、货物净重、货物尺寸、目的港、收货人刷制在每个立方体外包装四个面上或盘柱体两个面上。

(十二)装运条款

装运条款的主要内容是装运时间、运输方式、装运港与目的港、货物起运时间及到货时间、装运方式(分批、转船)及装运通知等。相应费用(运费、卸车费、保险费等)的承担方式也应明确。装运条款中应该注意以下几个方面:

(1)审查合同中是否约定了卖方应严格遵守采用的贸易术语中规定的通知义务。任何因卖方不履行该通知义务而导致买方出现的损失,应由卖方补偿。

(2)在采用CIF和CFR术语的合同中,卖方需订立运输合同,将货物装上船并取得提单,提单签发之日即为交货日期;卖方需按照约定将货物运至买方指定的目的港,并在装船完毕后×××小时/天内,以电报/电传方式向买方通知货物名称、数量、毛重、发票金额、船名和启运日期,以便买方能够对受领货物采取必要的措施。

(3)采用FOB条款的,卖方在装运期×××天内,用电报/电传通知买方合同号、货物品名、数量、发票金额、件数、毛重、尺码及其备货日期以便买方安排租船订舱。

（4）对于特殊物品（易燃、易爆、有毒物品及其他危险品和运输过程中对温度等环境因素和震动有特殊要求的设备或物品），卖方必须特别标明其品名、性质、特殊保护措施、保存方法以及处理意外情况的方法说明。

（十三）技术和服务

技术和服务方面的规定应当注意以下几个方面：

（1）合同中应当规定买方可以对卖方提供的技术服务作出全面具体的约定。包括各类服务的项目名称、时间、服务人员的数量及资格和具体的服务内容等。如卖方凭现场代表签发的工时确认单确认卖方现场服务费用，应具体规定为工程师 × × ×USD/人/工作日，现场服务时间为每天 8 小时。供货商派出技术人员的签证、往返机票（仅限于经济舱）、在工程所在国的膳食、住宿及交通费用由哪方承担必须详细约定。在买方承担上述费用前提下，如果卖方所派工程技术人员不胜任上述工作，则买方有权拒绝支付其现场服务费用并有权向卖方索偿差旅费、当地交通费、餐费、食宿费，及由此引起的任何损失和损害费。

（2）审查合同中是否约定了卖方应当提供与货物相关的技术资料和使用说明书。

（3）卖方应当提供现场安装或者协助安装货物的服务，进行或协助进行对货物的试验；提供安装及维护货物所需的特殊工具、详细操作资料和维护手册。

（4）合同中应约定卖方将免费提供有关货物的技术资料、检验标准、图纸及说明书；如果整个安装、调试过程是在卖方现场技术服务人员指导下进行，需经卖方现场技术服务人员签字确认，以避免因技术指导不当造成设备出现故障而追究买方的责任。

（十四）保险条款

保险条款的规定主要有以下几个方面：

（1）根据所选用的贸易术语确定保险责任的承担。

（2）如无特殊规定，F 组与 C 组术语下，装船前的货物都属于未交货状态，所以合同中应明确货损风险由卖方承担。选用 CIF 和 CFR 的合同，卖方需承担运输的费用；其中 CIF 合同中，卖方还需承担货物保险的费用。

（3）按照一般国际贸易惯例，如果买卖双方没有约定具体险别，则卖方只需取得最低限度的保险险别。买方如有需要,需要另行作出约定。

(十五)货物所有权与风险转移

1. 所有权转移

货物所有权的转移时间可约定在交货时转移,或卖方向买方交单时转移。如果是在工厂交货或目的地交货,则可以推定所有权是在货物交给买方或置于买方控制下的时间发生转移。注意货物的所有权转移与项目业主的货物所有权的冲突。

2. 风险转移

除非本合同另有规定,有关于货物的灭失,变质及损毁的风险,应当严格按照合同中使用的贸易术语的规定来确定风险转移的时间。

(十六)质量保证

1. 货物品质

除非合同另有规定,卖方所提供的货物是全新的,技术水平是先进的、成熟的、质量优良的,设备的型号均符合安全可靠、经济运行和易于维护。卖方需保证提供的货物在设计,原材料或工艺上没有任何缺陷。如果买方另有要求,应当严格按照买方要求的技术规格进行的设计、选材或工艺制造。

2. 质保期

质保期应约定在验收合格后开始起算。当货物被卖方,买方或者第三方更换或维修后,货物的保质期应从该更换或维修日后重新开始计算。如果卖方根据合同内容或根据其他合同供应的某种货物持续有瑕疵,买方有权终止供应同样或相似货物的本合同,并有权终止双方之间其他供应相同或相似货物的合同。应注意由于工程延期等原因,货物的质保期早于工程保证期的情况,应约定产品质保期至在现场成功进行性能测试,业主签发临时接收证书后 12 个月或交货后 24 个月之日止,以先到日期为准。

3. 质量保函

在合同中约定了质量保函的情况下,如果当卖方不履行合同中约定的质量担保责任时,买方有权从质量保函中要求卖方支付相应的索赔金额。合同中应当明确质量保函的比例和金额及质量保函的有效期限,一般为质保期届满之后 × × 月/日。

（十七）履约保证

1. 履约保函

应在合同中约定如果买方有足够理由相信卖方不能根据合同要求履约，买方可以通知卖方要求其提供符合要求的保证或担保，以保证卖方能够履行合同约定的各项责任。对于买方要求卖方提供银行保函，包括预付款保函、履约保函或质量保函，应在合同中确定提供保函的银行，写明银行名称、保证金额等，并将上述银行保函作为合同附件。卖方应同时在提供履约保证的同时，根据买方的合理要求，提供相关信息、报告或其他材料。应当在合同明确约定当卖方部分或者全部延期交货，或者在买方给与卖方的交货延长期内仍未能交货时，买方可以视为卖方无法履行交货义务，买方有权通知卖方全部或者部分终止合同。如果卖方没有提供足够的履约保证或担保，买方有权认定卖方违约或卖方拒绝履行合同。

2. 质保保函

合同应约定预留一定比例的质保金，质保期满经买方确认无质量问题后方可支付。质保金的比例需在合同中明确约定。如果因为产品质量出现问题，造成质保期延长，质保保函也应当相应延长到担保时间结束。

（十八）违约及救济方式

1. 违约情形

违约责任的内容和承担方式应根据买方在不同合同中的地位灵活约定，并充分考虑卖方可能的违约情形，如不履行、迟延履行、瑕疵履行等，应根据具体情形尽量增大买方的索赔权利。

2. 延迟交货

合同中应当规定如卖方未能在本合同约定的期限内部分或全部交货，或者没有提交合同规定的技术文件、图纸，或者没有履行合同规定的其他义务，买方可在不影响其他救济方式的情况下，扣减合同价款作为违约金，直至实际交付为止。例如，如果卖方未按订单要求及时交货，除非是不可抗力引起的，每延迟交货一周或不足一周，买方有权从未支付货款中直接扣除迟交货货款的1%作为违约金，违约金总数不超过迟交货全部金额的10%。如果超过订单交货期10天后卖方仍不能交货，买方有权取消订单，不管订单是否被取消，卖方仍要不推迟地交纳前述违约金。如果合同中规定的违约金数额不足以弥补买方因延迟交货遭受的损失，应当约定买方有权向卖方要求赔偿其所遭受的所有损失,包括但不限于因人力、运输、产品变更和存放而增加的支出和因延迟交货而导致的第三方向买方提起的索赔。

3. 货物不符

如果卖方提供的货物不符合合同规定的内容,买方可以拒绝收货,或者根据货物次品的等级减少货物价款,同时卖方应承担买方因此遭受的费用和损失,一般包括货款利息、银行费用、运输费、保险费,货物检验费、仓储费及其他由于保管和保护拒收货物产生的必要费用。

4. 救济方式

在货物到达买方指定地点后,如果发现有质量、规格或数量与订单条款有不符之处,买方有权更换货物或索赔损失,所有的费用包括直接费用和间接费用(如检验费、运回和运回替换货物费用、保险费、仓储和装卸费用等)由卖方承担。由于包装等原因造成的货运损失责任由卖方承担。卖方对于买方的索赔,有责任迅速排除缺陷,全部或部分更换商品或根据损坏的程度降价。如果有必要,将由卖方承担费用买方自行排除缺陷,如果卖方在收到前述索赔一个月内未能答复买方,将被认为索赔已被卖方接受。在质保期内,卖方如果在产品出现问题的60天内未作出回复,买方有权自己替换或者交由第三方更换,但由此产生的费用由卖方承担。违约责任的救济方式可以采用修理、更换、减少价款、支付违约金等方式进行。合同中应当明确约定卖方违约金数额、比例、支付方式等。对于约定买方责任限制的条款,应当要求删除或修改。

(十九)不可抗力

“不可抗力”一般是指超出买方或卖方控制和预料的,买方或卖方没有过错和过失的,并且合同一方采取任何措施都不能避免或克服的情况。对于在生产过程或装船或转船过程中发生的不可抗力(如战争、严重火灾、水灾、台风和地震或其他由双方认可的事件)引起的延误船期或不能交货,卖方可不负责任,但卖方将迅速通知买方上述发生的一切,事故发生之后的14日之内快递一份由主管政府部门出具的事故证明书。在这种情况下,卖方仍然有责任采取必要的措施尽快运输货物。合同一方有权在出现不可抗力时,暂停履行合同,产生不可抗力情形的,买方有权暂停或者终止履行合同义务,并不承担责任。

(二十)变更条款

变更条款主要包含以下内容:

(1)应约定任何一方未经对方允许,不得单方对合同条款进行任何变更或者修改。如需对合同内容进行变更或修改,特别是关于合同价格和交货条款,必须取得合同各方的书面一致意见或签订补充协议。

(2)合同执行过程中,双方对于合同条款确认的传真、电子邮件原则上不具有法律效力,仅可作为双方商定修改或变更的参考。

(3)卖方发给买方的关于合同相关内容变更或修改要求买方确认的函件,必须经法务部审核其是否存在与合同冲突或不利于买方的情形后,方能向卖方确认。

(二十一)终止条款

如果卖方出现以下情况时,为了及时保护买方的权利,可以终止合同:

(1)不能履行本订单项下的义务,在买方书面通知的情况下仍不能履行;

(2)破产、与债权人达成和解协议或进行清算(自愿重组而进行清算的除外);

(3)由于发生超过其合理控制的事件致使其不能履行义务超过 10 周;

(4)无任何合理原因拒绝交付货物;

(5)如果买方就货物出现的问题正式通知到卖方 3 周内而未得到答复。

根据以上情况,在不损害订单项下其他救济措施的条件下,买方通过提前三周书面通知卖方,可全部或部分终止本订单。同时买方有权要求卖方返还已支付的货款,买方由此所发生任何直接费用,在本订单终止后 30 天,买方有权要求卖方予以支付。

(二十二)知识产权保护

知识产权保护条款需要注意以下几方面内容:

(1)明确双方的保密义务,特别是对商务、技术、专利和商业秘密等重要信息。

(2)卖方有责任确保买方有使用订单中产品的权利。卖方应当在合同中承诺对其提供的与货物有关的设计、工艺、结构图、技术资料、品牌或专利权等拥有知识产权。一旦买方因为使用卖方提供的货物而出现侵权,卖方应承担由此产生的所有的责任和索赔。

(3)买方在工程所在国范围内使用或者部分使用卖方提供的合同货物,卖方承诺供应的合同货物在买方所在国不会招致第三方的侵权请求。

(二十三)适用法律

尽量采用对买方有利的准据法,有如下方案可参考:

(1)适用中国法,并根据中国法律解释。

(2)适用《联合国国际货物销售合同公约》(CISG),公约无约定的,适用中国法规定。

(3)卖方非联合国国际货物销售合同公约成员国的,可约定适用《国际商事合同通则》(PICC)。

(4)如果适用他国法律,可以要求对方提供相关的法律法规,以合同附件形式附后,便于买方了解和出现争端时作为依据使用。

无论选用何种法律,如果一方对其做出保留,必须以合同附件的形式列明其保留的条款。

(二十四)争端解决

建议选用仲裁方式解决合同争议,注意采用仲裁的标准表述。关于仲裁地的选择,有如下方案:

(1)中国国际经济贸易仲裁委员会,适用其规则选任仲裁员,仲裁地在北京。注意在合同中采用标准的仲裁条款:"凡因本合同引起的或与本合同有关的任何争议,均应提交中国国际经济贸易仲裁委员会,按照申请仲裁时该仲裁委员会现行有效的仲裁规则进行仲裁。"

(2)香港国际仲裁中心仲裁,注意在合同中采用标准的仲裁条款:"凡因本合同所引起的或与之相关的任何争议、纠纷或索赔,包括违约、合同的效力或终止,均应根据提交仲裁通知时有效的《香港国际仲裁中心机构仲裁规则》,在香港仲裁解决。"

(3)国际商会(ICC)仲裁,仲裁地在考虑成本、兼顾公平的情况下尽量选择第三国。注意在合同中采用标准的 ICC 仲裁条款:"凡产生于或与本合同有关的一切争议均应按照国际商会仲裁规则,并依据该规则指定的一名或数名仲裁员终局解决。"

(4)新加坡国际仲裁中心仲裁,仲裁地在新加坡。

应明确仲裁裁决是终局的,对双方均有约束力。

(二十五)反贿赂、反洗钱承诺

国际工程是腐败重灾区,而国际工程采购,又是滋生腐败土壤的重中之重。关于国际工程采购腐败将在第十三章第二节进行讨论。反腐败条款通常作为通用条款插入在采购合同中或者作为合同附件附后:

(1)卖方承诺在任何时候不得向买方及其员工提供任何形式的商业贿赂;

(2)卖方承诺在任何时候不得利用与买方的合作机会进行任何形式的洗钱活动;

(3)买方承诺遵守中国(及其他相关国家)反不正当竞争、反贪污、反商业贿赂、反洗钱方面的法律法规法令。

(二十六)非弃权

合同中应当规定买方未行使或延迟行使其权利或救济,不构成其对该权利或救济的放弃。除非书面明确放弃,否则合同的任何条款权利不得被视为对合同权利的放弃。

(二十七)合同语言

若采用几种语言签订合同,应确保至少有一种为中文,不同语言文本具有同等效力,但若存在差异,应以总承包商能够准确把握的语言为准。

(二十八)合同的签订和生效

合同的签订和生效条款主要有以下几个方面:

(1)如合同约定合同签署完毕即生效,若签章时间不一致,应在签署时注明日期以确定生效日期。

(2)对于合同文本及相关合同附件,建议授权代表在每一页文本上小签,合同正文签字页需有法定代表人或授权人签字,买方签字为中文。

(3)明确合同签订地点,尽量将签订地点约定在买方所在地。

(4)注意落款处合同双方名称的准确性和前后一致性。注意签字人的身份以及是否具有代理权。

五、关于采购合同的免责

上述采购合同条文分析是站在买方(承包商)一方的立场上采用了不均衡的权利与义务分配原则进行评析的。然而,不均衡分配原则是有限度的，底线是不能违反法律的强制性规定，尤其是在免责条款上，违反法律的约定本身无效。例如，机械完工后，在单机试运或联机试运中，发生触电、爆炸、火灾、毒气等危险性事故频率很高，鉴于此，在大型设备或成套设备的现场服务协议中，某主管法务的分公司副经理，要求法务人员在公司制定的采购合同模板中强行加入“在试车阶段，因供货商设备的原因，引起的伤亡，无论是对供应商人员，还是对承包商、业主或第三方人员，供货商完全负责，与总承包商无关”。如果发生纠纷后，该责任规定通常会被法院判为无效条款。

(一)免责条款的特征

合同中的免责条款是指合同中双方当事人在合同中约定的为免除或者限制一方或者双方当事人未来责任的条款。免责条款一般有以下特征：

1. 约定性

免责条款是双方当事人协商同意的合同的组成部分，因此，许多国家的法律规定，任何企图援引免责条款免责的当事人必须首先证明该条款已经构成合同的一部分，否则他无权援引该免责条款。这与法律规定的不可抗力致使不能履行或者履行不完全时免除责任是不同的。当事人可以依据意思自治的原则在合同中约定免责的内容或者范围，比如当事人可以约定“限制赔偿数额”、“免除某种事故发生的责任”等。

2. 明示性

合同的本质即是一种合意，合同的成立意味着双方当事人的意思表示达成一致。这个意思表示必须要明确且真实。合同中所约定的全部条款都必须是双方当事人经过深思熟虑后形成的真实的意思表示，否则无效。免责条款的提出必须是以明示的方式作出，任何以默示的方式作出的免责都是无效的。

3. 免责性

免责条款的目的就是排除或者限制当事人未来的民事责任，当然这种免责可以部分免责或限制，也可以是全部免责或排除。

(二)免责条款的限定

对于免责条款的效力，法律视不同情况采取了不同的态度：一般来说，当事人经过充分协商确定的免责条款，只要是完全建立在当事人自愿的基础上，免责条款又不违反社会公共利益，法律是承认免责条款的效力；但是对于严重违反诚实信用原则和社会公共利益的免责条款，法律是禁止的，否则不但将造成免责条款的滥用，而且还会严重损害一方当事人的利益，也不利于保护正常的合同交易。我国《中华人民共和国合同法》第 53 条规定了合同中的下列免责条款无效：一是造成对方人身伤害的；二是因故意或者重大过失造成对方财产损失的。

1. 造成对方人身伤害的免责条款无效

对于人身的健康和生命安全，法律是给予特殊保护的，并且从整体社会利益的角度来考虑，如果允许免除一方当事人对另一方当事人人身伤害的责任，那么就无异于纵容当事人利用合同形式对另一方当事人的生命进行摧残，这与保护公民的人身权利的宪法原则是相违背的。在实践当中，这种免责条款一般都是与另一方当事人的真实意思相违背的，所以对于这类免责条款加以禁止。

2. 因故意或者重大过失给对方造成财产损失的免责条款无效

我国《中华人民共和国合同法》确立免除故意或者重大过失造成合同一方当事人财产的条款无效，是因为这种条款严重违反了诚实信用原则。如果允许这类条款的存在，就意味着允许一方当事人可能利用这种条款欺骗对方当事人，损害对方当事人的合同权益，这是与合同法的立法目的是完全相违背的。

第四节　国际 EPC 项目的货运代理风险防控

在国际运输环节中，除少量货物由 EPC 承包商自行运输外，大量的货物一般交由国际货物代理公司代理运输。物流运输是国际 EPC 工程项目采购过程受外部环境影响最大的一个环节，也是极易产生风险的阶段。本节将从法律关系角度重点讨论国际货物代理。

一、国际 EPC 项目货运存在的困难与风险

国际 EPC 项目需要采购的合同很多，一个大型 EPC 合同经常有上百

份采购合同,有些合同还会分批次运输,因此运输工作本身就是一份非常繁杂和艰巨的工作。国际工程物流运输距离都较长,途经路段的政治、经济、天气、习俗、语言、科技、设施条件等因素都会对物流造成影响,不同国家的物流环境差异悬殊,这些都增加了物流的难度和复杂性。国际总承包商如果对工程所在国当地的法律法规、进出口流程、港口选择等调研不深入,或者选择的代理公司经验及实力不够,就会遇到通关时间过长,设备材料滞港无法及时运抵施工现场的风险。在采用第三方物流时,还存在合作风险、信息不对称风险和失控风险。承包商需要加强前期调研,派遣有经验的业务人员考察并熟悉项目所在国的法律、法规,充分了解当地相关法律、法规及进出口操作流程,熟悉各种物流模式的特点、优势和劣势。

二、国际货物代理人的概念

国际货运代理(Forwarder)是指处于货主与承运人之间,接受货主委托,代办订舱、仓储、报关、报验、保险、集装箱、拆箱、签发提单、结算运杂费等事务的公司。1995 年 6 月 29 日由外经贸部发布实施的《中华人民共和国国际货运代理业管理规定》,对"国际货运代理"定义为:"接受进出口货物收货人、发货人的委托以托运人的名义或以自己的名义,为托运人办理国际货物运输及相关业务并收取报酬的行业。"国际货运代理协会联合会(FIATA)对货运代理人的定义是:"指根据客户的指示,并为客户的利益而揽取货物运输的人,其本身并不是承运人。国际货运代理人也可以依这些条件,从事与运送合同有关的活动,如储货(也含寄存)、报关、验收、收款。"从以上对国际货运代理的定义可知其职责范围主要是:订舱、仓储、报关、报验、保险、集装箱、拆箱、签发提单、结算运杂费。

三、我国国际货运代理的法律地位

1998 年出台的《中华人民共和国国际货物运输代理业实施细则(试行)》第 2 条规定:国际货运代理企业既可以作为进出口货物收货人、发货人的代理人,也可以作为独立经营人从事国际货运代理业务。我国法律规定的国际货运代理人的法律地位可以分为两类:第一类是指作为代理人的法律地位;第二类是指作为当事人的法律地位。所处的法律地位不同,其所承担的法律责任也存在很大的差异:

1. 货代以委托人的名义为委托人办理国际货物运输及相关业务。当国际货运代理人以委托人(客户)的名义开展业务时,处于代理人的法律地位,只能在委托人的授权范围内实施法律行为,其后果直接归属于委托人。

2. 国际货运代理人以自己的名义为法律行为,有可能处于两种不同的法律地位,即货运代理可能是代理人,也可能是契约当事人,要依具体情况来判定:

(1)货主与货代订立的是委托合同

根据货代在与第三人交易时是否披露自己作为受托人的身份,又可以分为:货代以自己的名义办理货运,但表明其代理人身份。这时无论货代是否披露委托人是谁,均可以构成代理关系,其法律地位仍是作为委托人的代理人;货代以自己的名义办理货运,但不表明自己代理人的身份。此时委托人有介入权,而第三人有选择权。委托人的介入权的行使应以第三人的承认为条件。例如,在货运代理实践中,当实际承运人不能按时派船装货,货主可以取代货运代理直接要求实际承运人履行原由货运代理与实际承运人之间签订的合同,但应当取得实际承运人的承认。对于第三人的选择权,实际上对于委托人和受托人二者只能选其一。例如,当货主不能如约支付运费,则实际承运人可以选择货主或者货运代理要求支付运费。当第三人选择货主时,则货运代理处于代理人的法律地位。

(2)托运人与货代订立的是运输合同

此时货代是两个"背对背"合同中的当事人,如果发生纠纷,首先要确定争议存在于哪一个合同中,之后再确定货代的角色与责任。

四、国际货物代理的责任

(一)国际范围内国际货运代理责任的承担情况

目前,各国要求国际货运代理所承担的责任有所不同,但按其责任范围的大小,原则上可分为三种情况:

(1)作为国际货运代理,仅对其自己的错误和疏忽负责;

(2)作为国际货运代理,不仅对其自己的错误和疏忽负责,还应使货物完好地抵达目的地,这就意味着他应承担承运人的责任和造成第三人损失的责任;

(3)国际货运代理的责任取决于合同条款的规定和所选择的运输工

具等。

FIATA 规定:国际货运代理仅对属于其本身或其雇员所造成的过失负责。如其在选择第三人时已恪尽职责,则对于该第三人的行为或疏忽不负责任。如能证明他未做到恪尽职责,其责任则应不超过与其订立合同的任何第三人的责任。

(二)我国国际货运代理的责任

1. 国际货运代理人作为代理人的责任包括以下几类:

(1)因不履行职责给委托人造成损害的责任;

(2)因自身过错给委托人造成损失的责任;

(3)与第三人串通损害委托人利益的,与第三人承担连带赔偿责任;

(4)明知委托事项违法仍予代理的,与委托人承担连带责任;

(5)擅自将委托事项转委托他人代理的责任,应对转委托的行为向委托人承担责任;

(6)从事无权代理行为,如果事后委托人不予追认,对委托人不发生效力,应由货代自行承担责任。

2. 国际货运代理作为当事人的责任

国际货运代理作为当事人,在为客户提供服务时,是以其本人的名义承担责任的独立合同人,要承担合同项下的所有责任。他不仅对其本身和雇员的过失负责,还应对其履行国际货运代理合同而雇佣的承运人、分货运代理的行为或不作为负责。

3. 国际货运代理的除外责任

国际货运代理对于以下列举项不承担责任:

(1)客户的疏忽或过失所致;

(2)客户或其代理人在搬运、装卸、仓储和其他处理中所致;

(3)货物的自然特性或潜在缺陷所致;

(4)货物的包装不牢固、缺乏或不当包装所致;

(5)货物的标志或地址的错误或不清楚、不完整所致;

(6)货物的内容申报不清楚或不完整所致;

(7)不可抗力所致。

此外,国际货运代理征询有关业务或处理意见时,委托人必须予以答复,并且对要求国际货运代理所做的工作及时给予各种明确的指示,如因指示不及时或不当而造成的损失，国际货运代理不承担任何责任。

五、国际货物代理责任险

（一）国际货运代理责任险产生的原因

国际货运代理责任险产生的原因主要有以下三点：

(1)国际货运代理本身存在过失；

(2)分包人存在过失；

(3)国际货运代理合同责任与风险分配不合理。

（二）国际货运代理责任险的主要内容

1. 错误与遗漏

错误与遗漏主要有以下几个方面：

(1)虽有指示但未能投保或投保类别有误；

(2)迟延报关或报关单内容缮制有误；

(3)发运到错误的目的地；

(4)选择运输工具有误，选择承运人有误；

(5)再次出口未办理退还关税和其他税务的必要手续；

(6)保留向船方、港方、国内储运部门、承运单位及有关部门追偿权的遗漏；

(7)不顾保单有关说明而产生的遗漏；

(8)所交货物违反保单说明。

2. 仓库保管中的疏忽

仓库保管中的疏忽是指在港口或外地中转库（包括货运代理自己拥有的仓库或租用、委托暂存其他单位的仓库、场地）监卸、监装和储存保管工作中的疏忽与过失。

3. 货损货差责任不清

货损货差责任不清是指在与港口储运部门或内地收货单位各方交接货物时，发生了货损货差但很难分清责任主体。

4. 迟延或未授权发货

迟延或未授权发货主要包括以下几种：

(1)部分货物未发运；

(2)港口提货不及时；

(3)未及时通知收货人提货；

(4)违反指示交货或未经授权发货；

(5)交货但未收取货款(以交货付款条件成交时)；

5.货物的损坏及灭失 ；

6.资讯和文件的错误和疏忽责任；

7.罚款与关税 ；

8.律师与检验费 ；

9.物流合同的一般责任。

(三)国际货物代理险的除外责任

国际货物代理险的除外责任主要包括以下几类：

(1)对在承保期间以外发生的危险或事故不予承保；

(2)索赔时间超过承保条例或法律规定的时效；

(3)保险合同或保险公司条例中所规定的除外条款及不在承保范围内的国际货运代理的损失；

(4)违法行为造成的后果；

(5)蓄意或故意行为引起的损失；

(6)战争、外敌入侵、敌对行为(不论是否宣战)、内战、反叛、革命、起义、军事或武装侵占、罢工、停业、暴动、骚乱、戒严和没收、充公、征购等的任何后果,以及为执行任何政府、公众或地方权威的指令而造成的任何损失或损害；

(7)任何由核燃料或核燃料爆炸所致核废料产生的离子辐射或放射性污染所导致、引起或可归咎于此的任何财产灭失、摧毁、毁坏或损失及费用,不论直接或间接,还是作为其后果损失；

(8)超出保险合同关于赔偿限额规定的部分；

(9)事先未征求保险公司的意见,擅自赔付对方,亦可能从保险公司得不到赔偿或得不到全部赔偿。

六、国际货运代理险管理措施

(一)预防性措施

预防性措施主要包括：

(1)提高采购人员和负责运输人员素质；

(2)规范单证使用；

(3)采用标准交易条件；

(4)慎选国际货运代理人;

(5)明确分包责任;

(6)做好事故防范工作。

(二)补救性措施

1. 对客户

对客户的补救性措施主要有:

(1)拒绝索赔并通知客户向货物保险人索赔;

(2)在征得承保责任险的保险公司同意后,只要可能,与货主谈判,友好地进行和解。

2. 对承保责任险的保险公司

对承保责任险的保险公司补救性措施主要有:

(1)及时向保险公司通知对货代的索赔或可能产生索赔的任何事故,并提供相关资料;

(2)向保险公司提供索赔方与己方的联系记录;

(3)与保险公司及其法律代表,在索赔或诉讼协商、调查或诉讼中充分合作;

(4)没有保险人的允许,既不承认责任也不处理索赔;

(5)不得在没有得到保险公司特别书面同意的情况下,予以诉讼时效的延期。

3. 对第三人

对第三人的补救性措施主要有:

(1)及时通知与事故有关的各方当事人;

(2)在协定期限内通知分包人或对他们采取行动。

(三)补偿性性措施

1. 投保责任险

投保责任险,将风险事先进行转移,是防止或减少国际货运代理的责任风险的最好办法之一。

2. 索赔理赔

在投保责任险的情况下,国际货运代理应该从如何向保险人进行索赔,其中哪些损失会得到赔偿,哪些损失则无法从保险人处获得赔偿等几方面掌握保险理赔。

第九章　国际工程保险

导语：本章第一节国际工程保险概论主要介绍了工程保险的意义、常见的工程保险、中国承包商所面临的问题以及对特殊风险或保险的处理。第二章介绍 FIDIC 银皮书中第十八条对工程保险的要求。国际工程保险中最重要的保险是一切工程险，其保费最高，承保范围最广，因此，本章第三节重点介绍该险种。雇主责任险保费低廉，但由于关系到雇员的切身利益，又由于与工伤保险发生竞合，不同国家法律对两者发生竞合的规定不同，对承包商来说较为复杂，第四节对其进行重点介绍。第五节从管理学角度论述承包商如何对工程保险进行管理。

第一节　国际工程保险概论

一、国际工程保险的意义

工程保险是指以工程项目作为保障对象，对其建设过程中遭受自然灾害或意外事故所造成的损失提供经济补偿的一种保险形式。笔者在第二章第二节《工程项目的法律风险识别与评估》中，介绍过工程风险的控制措施主要包括规避、转移、减轻和接受。采用购买保险转移风险是国际工程最常用的风险转移方式，对承包商来说意义重大。

1. 工程保险作为保险的一种，其基本职能是经济补偿

对于承包商而言，只需支付一定的保险费，便可在遭受重大损失时，得到一定程度的经济补偿，从而减轻风险发生后的经济损失，增强抵御风险的能力，大大降低工程风险的不确定性影响。

2. 工程保险一般都是由于某种强制的原因投保

例如,美、日、德、法等国家的法律普遍要求所有国际电站工程必须进行工程险的投保。欧美国家对工程险最为重视,大多实施“三重强制”,即政府、银行、市场共同作用,不投保工程险的项目,银行不允许贷款,市场不允许竞标,政府不允许承包。

3. 工程项目风险巨大,大部分工程项目合同中要求承包商必须投保

在各项规范日趋完善的国际工程市场中,如果承包商没有购买合同要求的保险,几乎无法取得国际工程的开工令。从一定程度上说,工程项目投保已经演变为国际惯例。

4. 通过投保工程保险使建设主体成为被保险人,只要是保险责任范围内的损失,均可由保险人负责赔偿,从而减少了项目有关各方之间的纠纷和争端。

二、国际工程中常见的险种

在国际工程保险市场上的险种,主要包括以下几种:

(一) 工程一切险

工程一切险可分为建筑工程一切险和安装工程一切险。在 EPC 合同中,该险所承保的范围最广,但保费也最高,是所有工程险别中最重要的险种。本章第三节作重点介绍。

(二) 施工机具和设备险

施工机具和设备险对承包商施工用的工程机械和设备进行承保。该险种可以作为一切险的附加险。

(三) 雇主责任险

雇主责任险对雇员在受雇期间因工作遭受意外而致受伤、死亡或患有与业务有关的职业性疾病情况下获取医疗费、工伤休假期间的工资及必要的诉讼费用等承保。雇主责任险虽然保费低廉,但由于关系到雇员的切身利益,又由于与工伤保险发生竞合,不同国家法律对两者发生竞合的规定不同,对承包商来说较为复杂,因此,第四节对其进行重点介绍。

(四) 第三方责任险

第三方责任险对所承保工程直接相关的意外事故引起工地内及邻近区域的第三方人身伤亡、疾病或财产损失进行承保。该险种也可以是一切险的附加险。

(五)机动车辆险

机动车辆险为具有牌照的机动车辆,如办公用车、运输车辆、拖车等进行投保,保险标的包括机动车辆本身和第三方责任。就国际工程而言,承包商的车辆可分两类:一类是正式办理牌照的车辆,如通勤车,必须按照当地法律的规定去办理强制保险;另一类是仅在工地使用的车辆,如吊车、挖掘机、自卸车等,这类车辆法律一般不强制办理保险,但根据合同规定,通常要求承包商将其包括在施工机具险中。

(六)设备运输保险

设备运输保险主要包括海运险、陆运险和空运险。该类险主要赔偿与工程项目有关的施工设备,从起运仓库或者储运处所至收货人目的地,一般为承包商的工地或者在运输途中,由于外来原因造成的全部或部分损失。

(1)海运保险,包括基本险和附加险。所谓基本险,是指投保人可以选择单独独立的险别。依据保险的承保责任范围的大小,海运货物的基本险分为平安险、水渍险和一切险。附加险分为一般附加险和特殊附加险。

(2)陆上运输货物保险和空运运输保险。陆上运输货物保险的基本险别分为陆运险和陆运一切险。航空分为航空运输险和航空运输一切险。陆运险、航空运输险只承担运输途中因自然灾害或者意外事故所造成的货物损失,而一切险是在前一类险别的基础上加保了由于偷窃、短少等一般外来原因所致的损失。除上述两种基本险别外,投保人也可根据自身需要加保各种保险。

国际工程合同中,设备与材料的运输量很大,因此对运输保险办理的做法不尽相同,有的承包商对工程货物采购采用离岸价格(FOB Price)或成本加运费价格(CFR Price)。这种方式险,需要与一家保险公司签订保险协议,货物的运输保险由该保险公司负责承保。由于项目的采购量不能完全确定,一般采用“开口”运输保险,即由保险公司按保险协议提供给承包商预先签署的具有顺序号的保险单,承包商再按保险单载明的内容针对每一批运输的货物缮制保险单,并在承运货物启运之前将缮制完毕的保险单传真给保险公司,保险公司在收到之后在规定的时间内确认后保险单生效,承包商按约定交纳保险费。有的承包商采用成本加保险加运输价格(CIF Price)采购货物,供货商负责办理保险。此时应注意货物运达的目的是现场仓库还是港口,如果是港口,则从港口到现场仓库的这一段运输,承包商还应考虑另外保险。在工程实践中,承包商可根据实际情况,兼顾采用各种办法。

(七)十年责任险和两年责任险

该险种在法语国家较为普遍,是承包商或分包商的一项强制性义务。一些国家对其作出强制性的法律规定,法国的《建筑职责与保险》就是典型代表。该法规要求,承包商必须对于工程本身和建筑设备,分别在十年和两年之内承担相应的质量缺陷责任,必须进行保险,否则不得承包相应的工程项目。承包商应对其承建的建筑物的主体部分自最后验收之日起的十年之内出现的因建筑缺陷和隐患而造成的损失负赔偿责任。十年责任险针对的是房屋建筑的主体工程承保,两年责任险针对的是微小工程或建筑设备的承保。十年责任险是基于建筑工程的寿命期长而承包商的流动性强,为了避免工程发生隐患而承包商已离境所给业主造成损失,使业主的权利在较长的时间得到保障。在这种保险业务中,承包商是投保人,而业主或工程所有人为被保险人,这种赔偿责任只能由受理该险种的保险公司来承担。

三、中国承包商对工程保险面临的问题

(一)对工程保险缺乏正确的认识

我国对外工程承包企业缺乏对风险管理知识系统性的认识,对保险知识的了解甚少,在国际工程投保中经验不足。有些承包商的管理者、决策者对国际工程项目保险缺乏基本的认识,甚至认为国际工程项目保险可有可无,对风险存在浓重的侥幸心理。相当多的决策者认为风险不一定降到自己头上,投保只会增加工程的成本,得不偿失,因此能少投则少投,能不投则不投。

(二)缺乏对工程所在国法律和保险市场的了解

中国的承包商由于对保险缺乏基本的认识,因此对工程所在国保险方面法律更缺少认识和了解。有关统计资料表明,有将近 60 个国家,尤其是很多不发达国家,不同程度的在本国的法律中对保险有着限定性的规定。由于对工程所在国保险法律的认识不足,给执行项目带来很大的困难。

(三)缺乏国际工程保险的专门人才

国际工程管理中的复合型、外向型和开拓型人才是构筑中国承包商海外事业竞争力的核心要素。对于中国的国际工程承包商而言,国际工程保险专家更是不可或缺的人才。他们能为承包商从项目建设的初始就系统地识别、分析和处理风险,以及处理保险的理赔等事务,甚至能利用风险赢利。然而,在国际工程人才队伍中,工程保险专业人才最为匮乏,这很大程度上与承包商决策人员对保险的认识程度不够有关。

四、对特殊风险或保险的处理

(一)制定海外投资法

随着市场经济体制和现代企业制度的建立和完善,海外投资企业将真正成为市场主体。按照国际惯例,其域外资产具有私人投资的性质,从而面临着与其他外国投资者完全相同的国际投资风险。从企业分布来看,我国有相当一部分海外投资集中于亚非拉一带,这些地方政局不稳,政策多变,法律体制不健全,给我国海外投资者带来更多的政治风险。然而,目前我国尚未建立保护本国海外投资者利益的海外投资保险制度,没有海外投资单行法。这已成为我国向发展中国家、不发达国家投资的严重障碍,对于我国企业制定全球发展战略极为不利。因此,迫切需要单独制定海外投资法。

(二)建立国家工程承包风险基金

最近几年来,越来越多的承包商受到不可预见的不利事件影响,尤其是政治方面的风险,如利比亚与叙利亚的战争、暴乱等而遭受损失。工程保险市场中,商业保险公司一般不承保战争保险,这是国际保险市场的通常做法。当然也有少数国家的政府为了吸引投资,鼓励当地的保险公司提供战争险。一些国家则设立了政治风险担保基金,一旦发生政治风险,企业将得到最高超过20%的赔偿。我国的工程承包市场大多集中在发展中国家或不发达国家,那里政治经济不稳定,各种不可预见的风险更为突出,因此,亟需尽快建立相应的工程承包政治风险保障制度,应及时成立国家工程承包风险基金。

(三)使用好国内专业信用保险机构

政策性金融机构广泛存在于新兴国家和发展中国家,也存在于金融体制完善的发达国家,成为市场机制有益和必要的补充。针对企业“走出

去”的金融支持,尽管各国具体实践存在区别,但都有一套适合本国国情的做法:

(1)美国的主要机构有美国进出口银行、美国海外私人投资公司、美国中小企业管理局,主要职能是提供信贷和担保支持、建立保证制度(出口信用保险、海外投资保证制度)、信息咨询服务、法律保护支持、重视中小企业“走出去”、签订双边或多边协议、税收优惠等。

(2)德国的主要机构有德国复兴信贷银行、进出口银行、赫尔姆斯出口信贷保险公司,主要职能是提供信贷和担保支持、保险制度、立法支持、保证资本和盈利的自由汇出、重视中小企业“走出去”、签订投资促进与保护双边协议、最惠国待遇等。

(3)日本的主要机构有日本进出口银行、日本海外经济协力基金(日本国际合作银行),主要职能是提供多种信贷和担保支持、海外投资保险、保证制度、海外投资损失准备金制度、立法支持、重视中小企业“走出去”、信息咨询服务等。

(4)英国的主要机构是英国出口信贷担保局,主要职能是提供信贷、担保以及保险支持、信息咨询服务等。

(5)法国的主要机构是法国外贸大众银行、科法斯出口信用保险公司,主要职能是提供信贷和担保支持、多种保险手段、重视中小企业“走出去”等。

(6)韩国的主要机构有韩国进出口银行、韩国出口保险公司、韩国中小企业银行,主要职能是提供信贷和担保支持、信息咨询服务、海外投资促进与保险制度、海外投资损失准备金制度、重视中小企业“走出去”、签订对外投资保护协定和防止双重征税协定、税收优惠。

(7)印度的主要机构有印度进出口银行、印度出口信贷保险公司、印度储备银行等,主要职能是提供信贷和担保支持、资本和外汇流动的自由化、外汇支持、税收优惠、信息咨询及相关经济、法律配套服务等。

(8)中国的主要机构有中国进出口银行、中国出口信用保险公司。中国进出口银行是世界第一大进出口政策性金融机构,大力开展信贷业务、贸易金融业务、金融市场业务以及其他创新业务。中国出口信用保险公司是由国家出资设立,支持中国对外经济贸易发展与合作,具有独立法人地位的国有政策性保险公司,是我国唯一承办政策性办理出口信用保险业务的金融机构。中国出口信用保险公司支持企业对外投资合作的保险产品包括短期出口信用保险、中长期出口信用保险、海外投资保险和融资担保等,对因投资所在国(地区)发生的国有化征收、汇兑限制、战争及政治暴乱、违约等政治风险造成的经济损失提供风险保障。

发达国家的政策性金融发展充分、体制完善,支持手段形式多样,具有很强的适应性和稳定性,国际化和信息化程度较高,业务以信用保险或担保为主,在注重大企业集团的同时兼顾中小企业,注重加强对外投资监管等。新兴国家及发展中国家政策性金融的业务对象主要以国内出口商为主,业务主要以融资为主。我国的政策性金融的业务对象主要以国内出口商为主,业务主要以融资和担保为主。建议承包商在开展对外投资合作过程中,充分使用中国政策性保险机构中国进出口银行和中国出口信用保险公司。

第二节 FIDIC 银皮书中规定的工程保险

FIDIC 银皮书在第 17 条"风险与职责"划分承包商与业主的风险责任的基础上,在第 18 条[保险]明确了双方的风险和保险责任。承包商应为工程、材料及设备、承包商的雇员风险、第三方责任等风险向保险公司承保。

一、有关保险的一般要求(General Requirements for Insurances)

第 18.1 款提出了对工程保险的一般要求,主要规定了投保人、被保险人、保险权益与义务等内容。

(一)投保人

投保人是指对于每种类型的保险,办理保险并保持相关条款中规定的负有责任的一方。投保人既可以是承包商,也可以是业主,还可以联合作为投保方。但为了避免同时对一工程分别进行投保,应当以双方名义对各种风险联合投保。仅当某项保险不含另一方的可保利益的情况下,另一方可以以自己的名义单独保险。根据第 18.2 款(a)之规定,除非合同专有条件规定，本款规定的各项保险应由承包商作为投保方办理和维持。第18.2款与第18.3款补充规定，若在专用合同条件中没有明确业主或承包商哪一方为投保方，则承包商就是整个工程（包括第三方责任险）的投保方。

（二）被保险人

被保险人，也称受益人，保险受益人的范围可以通过合同约定。第18.2款（b）的规定，除非合同专有条件规定，应由共同有权人处得到赔偿的各方联名投保，即工程一切险的受益人可以包括业主和承包商，也可以包括其他人员。承包商的机具和设备险则以承包商为受益人。

对于向联合被保险人提供保障的保险单，引入了交叉责任原则，保险赔偿对多个被保险人分别适用。如果保险单对附加被保人提供保障，例如，在保险单中加入分包商、项目公司、承包商所聘请的外部专业工程师、监理师以及技术顾问等，则保险单也同样适用。

如果是联合保单，原则上由承包商与其代表的附加联合被保人与保险人联系，业主则代表业主人员与保险人联系。投保人应确保所有附加的联合被保险人遵守保险单的规定。

（三）保险理赔款的货币与用途

每份承保损失或损害的保险单赔偿的货币，应使用于修复工程的损失或者损害，不得挪用于其他用途。

（四）投保人提交保险证据的义务

投保人应在各自期限内，一切工程险一般从开工日期起算，向合同的另外一方提交保险已经生效的证据。例如，第18.2款［工程和承包商设备的保险］和第18.3款［人员伤害和财产损害险］所述保险的保险单副本，并提交每笔保险费的支付证据。提交证据是目的防范投保方不履行投保义务。

（五）保险的实质性变更

承包商与业主任何一方在没有得到另外一方事先批准前，都不得对保险的条件作出实质性变更，都必须遵守保险单的规定。如果保险人做出了或者将要做出任何变动，先收到保险通知的一方，应立即通知另外一方。

（六）投保方违反合同义务另一方的救济方式

（1）如果应投保方未能按合同要求办理保险并使之保持有效，或未能按本款要求提供令另一方满意的证明和保险单的副本，则另一方可以（按他自己的决定，且不影响合同任何其他权利或补救的情况下）为此类违约相关的险别办理保险，并支付应交的保险费。应投保方应向另一方支付此类保险费，同时合同价格应做相应的调整。

（2）本条规定不限制合同的其他条款或其他文件所规定的承包商或业主的义务、职责或责任。

（3）如果未保险或未能从承保人处收回的款额，应由承包商或者业主根据上述义务、职责或责任相应负担。但是，如果保险是可以办理的，投保方未能按合同要求办理保险并使之保持有效，而另一方没有批准将其作为一项工作的删减，也没有为此类违约相关的险别办理保险，则此项本可收回的款额应由投保方支付给另一方。

（4）一方向另外一方的支付，必须遵循第 2.5 款［雇主的索赔］或第 20.1 款［承包商的索赔］的规定。

二、工程和承包商设备的保险（Insurance for Works and Contractor's Equipment）

第 18.2 款主要是对工程本身和承包商的设备在内的财产投保的范围和投保期限所作的规定。

（一）工程和承包商设备的保险投保范围

应投保方投保的范围为工程、生产设备、材料和承包商文件。本款规定的主要险种是一切工程险、施工机具和设备险。这里规定的对工程、生产设备和材料承保，与大部分国家规定基本一致，主要存在问题的是对于承包商文件，很多保险公司的一切工程险中并不包括承包商文件承保，如我国人保 2009 年版的一切工程险就不包括承保承包商文件。对于承包商文件会产生的风险，需要另外加保。因此，在投保范围上应注意投保的险种是否包含承包商文件。

还应列入投保范围的是未列入第 17.3 款［雇主的风险］列举的任何原因造成的所有损失和损害。第 17.3 款（a）/（b）/（d）项的风险主要是战争引起的，各国商业保险公司一般不承保战争险，战乱是业主的风险与责任，应由业主自行解决。对于（e）项，由音速或超音速飞机或飞行装置产生的压力波，并不常见，因此，第 17.3 款（a）/（b）/（d）/（e）四项没有列入承包商的投保范围。如果强制要求，承包商的投保成本会加大，从而会提高投标价格,对承包商和业主均为不利。但(c)项承包商人员和分包商的其他雇员以外的人员,在工程所在国内的骚动、骚乱或混乱所产生的风险则应由承包商投保,因为工程所在国内的骚动、骚乱或混乱,在很多国家会反复发生,概率极高,应列入投保的范围。

第18.2款(e)项列举了不应列入保险的范围,可以不包括下列部分的损失、损害及复原:

(1)由于其本身的设计、材料或工艺缺陷造成的处于有缺陷状况的工程部分[但保险应包括不属于下述第(2)项情况的,由上述有缺陷状况直接造成损失或损害的任何其他部分]。

(2)为复原因设计、材料,或工艺缺陷造成的其他处于有缺陷状况的工程部分,而遭受损失或损害的某一工程部分。以上第(1)和第(2),承包商设计,提供的材料和工艺。EPC工作范围,是承包商应承担的主要责任,承保该部分容易产生承包商道德风险。也不包括EPC合同中的设计责任等职业责任风险。

(3)雇主已经接收的工程部分,但承包商对其损失或损害应负责任的除外。接收意味着所有权发生了转移,风险也随之转移,转移后的风险由业主承担,因此,承包商不用投保。但转移后,设备、材料或工艺潜在的瑕疵还会存在,这些本应该由承包商对损失或损害负责风险可以由投保。

(4)根据第14.5款[拟用于工程的生产设备和材料]的规定,不在工程所在国的货物,不在投保范围。不适用一切工程险是因为承包商还没有把设备与材料运抵到工程所在国,根本无法适用一切工程险来承保。承包商的这些设备与材料的风险由设备运输保险承保更合适。

(二)投保金额

保险额不低于全部复原费用或重置价值,也包括拆运走废弃物的费用及专业费用和利润。对于承包商文件的赔付指的是重新制作这些文件,主要是图纸的费用,不是图纸知识产权的价值。

(三)不能对雇主人员继续承保的解决方式

如果在基准日期后一年以上,承包商人员、承包商和分包商的其他雇员以外的人员在工程所在国内的骚动、喧闹或混乱导致不能在合理的商务条件下继续投保,承包商(作为应投保方)应通知雇主,并附详细说明。这时,业主有权根据第2.5款[雇主的索赔]的规定,获得保费退还,业主自行承担风险。

(四)工程保险的期限

该保险应从第 18.1 款[有关保险的一般要求](a)项规定的提交证据的日期起,到颁发工程接收证书的日期止保持有效。也就是一切工程险的保险时间开始后,承包商向业主提交承保的证据,业主同意后,作为满足开工令的条件。一切工程险有效期应到业主颁发最终接收证书后才能终止。

三、人身伤害和财产损害险(Insurance against Injury to Persons and Damage to Property)

FIDIC 第 18.3 主要是对第三方责任险的规定。

(一)投保的范围

根据第 18.3 款的规定,如果在专用条件中没有特别约定,投保人为承包商。这里的第三方是指受益人,既包括除承包商与业主外的第三方,还包括业主及其业主人员。保险范围既包括人身损害,也包括财产损害。承包商应当为施工机械设备和车辆投保第三方责任险,因为承包商施工设备和车辆使用频率高,发生伤亡与财产损失的概率很大。

(二)不在投保的范围

可以不包括由以下事项引起的责任:

(1)雇主在任何土地上面、上方、下面、范围内,或穿过它实施永久工程,以及为了永久工程占用该土地的权利;

(2)由承包商实施工程和修补任何缺陷的义务造成的不可避免的损害;

(3)第 17.3 款[雇主的风险]列举的某项原因,但可以按合理的商务条件得到保险的范围除外。

四、承包商人员的保险(Insurance for Contractor's Personnel)

FIDIC 第 18.4 款[承包商人员的保险]主要是对雇主责任险的规定:

(1)承包商应对自己雇用的任何人员或任何其他承包商人员的伤害、患病、疾病或死亡引起的,索赔、损害赔偿费、损失或开支(包括法律费用和开支)的责任办理并维持保险。根据本款,承包商应为自己的雇员,无论是雇佣工还是劳务工,无论是中方雇员,还是外方雇员,购买雇主责任险,并保持其持续有效到工程结束。

(2)承包商的保险单应保障雇主的利益,但该保险可不包括由雇主或其人员的行为或疏忽引起的损失和赔偿。雇主应为雇主人员购买雇主责任险。

(3)对于分包商的人员保险,可以由分包商来办理,但承包商应保证分包商办理的保险符合合同的规定。

第三节 国际 EPC 合同中的一切工程险[1]

国际 EPC 承包是风险极高的行业,受自然灾害、意外事故等不可预见因素很大,承包商必须通过购买合适的保险才能有效地转移项目实施过程中的各种风险。一切工程险是最重要的险种,购买一切工程险是 EPC 承包商的合同义务。FIDIC 银皮书第 18.2 款规定了保险的具体要求,为工程和设备承保是其重要内容。2012 年 2 月,国内某承包商和伊朗业主签署了某油田地面设施 EPC 合同,该合同额为 7.6 亿美元,工期到 2015 年 6 月 30 日。本节结合该项目承保的一切工程险进行论述。

一、一切工程险概述

一切工程险是针对自然灾害、意外事故等造成标的物损失的综合性财产损失险。在众多的险种中,它的保险金额最大,保费最高。一切工程险包括建筑工程一切险和安装工程一切险。建筑工程一切险赔偿的是土木工程、钢筋混凝土、施工机具、设备材料所遭受的意外损失;安装工程一切险赔偿的是各类钢结构、机械设备在安装过程中的意外损失。由于 EPC 合同要求承包商对工程的设计、采购、施工和试运全方位负责,因此针对 EPC 合同模式而言,区分建筑工程一切险和工程安装一切险已不具有意义。按照国际惯例,在 EPC 合同中施工机具和设备险以及第三方责任险往往作为一切工程险的附加险。施工机具和设备险承保的是各类机

---

[1] 张浩:《EPC 合同中"一切工程险"研究》,载《国际经济合作》2013 年第 7 期,第 52 ~ 55 页。

械设备，包括动力机械、生产机械、施工机械、控制设备和起重设备的损坏。第三方责任险承保的是与工程直接相关的工地内或邻近区域第三方的人身事故、疾病或者财产损失。当施工机具和设备险与第三方责任险作为附加险加入到一切工程险后，一切工程险就便成了综合性保险。一切工程险、施工机具和设备险以及第三方责任险均属于财产保险，它们有财产保险的一般特征，均适用保险利益原则、损失补偿原则、最大诚信原则、近因原则、代为求偿与委付原则。

二、一切工程险的参与主体

一切工程险的参与主体主要包括投保人、保险人、被保险人、再保险公司、分保公司和保险经纪人。

（一）投保人

投保人是指向保险公司申请保险的一方。在国际 EPC 合同中，可以由承包商投保也可以由业主投保。FIDIC 银皮书第 18.2 款规定："除非在专用条件中另有规定，本款规定的各项保险：(a)应由承包商作为应投保方办理和维持"。EPC 合同模式下，承包商相对业主来说具有较强的风险管理能力，承包商的工程报价中一般包含了保险成本，承包商投保可以使承包商的遭遇到的各类风险与风险转移紧密结合起来，有利于将来的索赔工作，也有助于免除业主为安排项目保险做大量的事务性工作。

（二）保险人

保险人，又称承保人，是指经营保险业务收取保费，在保险事故发生后按保险单约定进行赔付的保险公司。

（三）被保险人

被保险人，也称保险受益人，是指工程事故发生后，享有损害赔偿权的工程参与方。与其他保险不同，一切工程险的被保险人可由多个利益相关方构成，不仅包括总承包商，还包括工程项目所聘请的专业工程师、监理师以及技术顾问，甚至分包商，业主也可以列入被保险人范围。FIDIC 银皮书第 18.2 款(b)规定了被保险人应实行"联保"(Joint insured)。在伊朗实施的某油田地面设施 EPC 合同中，被保险人包括由承包商组成的联合体伙伴、项目公司、伊朗方业主、分包商。

（四）再保险公司/分保公司

国际 EPC 合同保险金额巨大，单个保险公司往往难以有能力赔偿，因此通常采用再保险或分保的形式。EPC 承包商可以要求保险人到国际知名的保险公司办理再保险业务。分保就是保险公司把自身承担的风险责任部分分摊给其他保险公司,以达到分散风险稳定经营的目的。伊朗由于遭受国际制裁,在其境内找不到西方知名的保险公司分支机构为当地保险公司再保险,因此,只能使用分保的形式。伊朗现行的保险法要求涉及外资的保险必须到伊朗中央保险公司进行 30% 份额的强制分保。我国 2009 年 10 月 1 日修订后的《中华人民共和国保险法》取消了原来的强制分保和境内优先分保的做法。

(五)保险经纪人

保险经纪人是为订立保险合同提供中介服务并依法收取佣金的机构。在国际 EPC 承包惯例中,由于存在着道德风险,自然人一般不能充当保险经纪人,必须为法人。我国的《中华人民共和国保险法》第一百三十条规定了保险佣金只限于向具有合法资格的保险代理人、保险经纪人支付,不得向其他人支付。由于 EPC 承包的复杂性,保险经纪人有特殊的技术优势以及与保险公司之间的互惠关系,所以对于保险业务能力欠缺的 EPC 承包商来说使用保险经纪人是不错的选择。本 EPC 项目的承包商是中方与伊朗方组成的联合体,伊方有多年的工程保险管理经验和足够的能力,因此没有采用保险经纪人。

三、一切工程险合同文件的组成

(一)一切工程险保险单的内容

一切工程险协议是指投保人与保险公司达成协议的保险单、保险协调手册等文件:

(1)保险单内容有序言、明细表、保险条款、批单。序言是对 EPC 承包工程的简单介绍,简明扼要地介绍承包商愿意为该工程进行投保,保险公司承诺就该保险单承担责任。明细表是保险单的核心内容,分别列明保险单号、险种、被保险人、行业类别、营业地址、保险期间、保险金额、免赔额、保费、司法管辖等内容。保险条款是构成赔偿的可操作性细则,主要由普通条款、特殊条款和附加条款构成。批单是指被保险人取得保险单后,由于情况出现变化或其他原因,投保人希望变动保险范围,保险公司同意后,给保险人签发批单作为附加条款。

(2)协调手册是保险公司与承包商就投保与承保、索赔与理赔规定的程序性文件。

(二)承保范围

一切工程险的承保范围是EPC合同中的工程主体、机械设备、装置、工具、各类钢结构、工地上的原所有人的财产、场地清理费、各类工程文件和图纸等,在施工过程中出现的意外损失。

(三)承保责任

承保责任主要是指保险单分项列明的在领域范围内的被保险财产,保险责任内的任何自然灾害或意外事故造成的损失,保险公司有义务按保险单的规定进行赔付。

(四)保险期间

FIDIC银皮书第18.2款规定了一切工程险从专用条款中规定的期限内到颁发工程接收证书的日期为止。我国国内总承包的通常做法是从签发开工令或者人员、设备、材料进场之日起,先发生者为起始日期。EPC合同签订时,业主和承包商通常约定在开工日前,承包商需提交给业主一切工程险的保险单作为某个里程碑付款条件。EPC合同的完工节点工期一般分为机械完工日、临时接收日和最终接收日。临时接收日到最终接收日的期间为缺陷责任通知期间,该期间承包商的合同义务并没有履约完毕,只有业主颁发了最终履约证书才意味着承包商的合同责任履行完毕,因此,EPC合同的保险期间需覆盖到颁发履约证书之日。

(五)保险金额、免赔额和赔偿限额

保险明细表中一般分项列出一切工程险的保险总金额(一般低于EPC合同总额),土建保险金额、安装保险金额、机械设备保险金额、周围设施保险金额,以及附加的第三方责任险的保险金额、施工机械和设备保险金额。

为了防范承包商的道德风险,采用绝对免赔额的情况较为普遍。绝对免赔额意味着保险事故发生后,被保险人必须承担保险单规定的免赔部分,超出额则由保险公司赔付。免赔额往往采用具体数额和百分比相结合的方式,例如,地震引起的损失在50万美元以下和总损失额的10%以下免赔。

赔偿限额,包括一次事故中的赔偿限额和总的赔偿限额。例如,一次特大事故发生后的最大赔偿限额为2.5亿美元,保险单总赔偿限额为6.3

亿美元。

(六)保费

国际 EPC 总承包中一切工程险没有统一的固定保费,这主要是由于各个国家的经济发展水平不同,保险市场发展水平也不一样,具体到项目则更是千差万别。承保一切工程险的保险公司主要根据工程的性质、责任范围、危险程度、周围的环境、地理条件、工地有无现存建筑物及财产,巨灾出现的概率、工期的长短、试车的方式及时间、承包商的资信和技术水平、同类工程以往的记录、第三者责任的大小、免赔额以及市场的竞争程度等综合因素确定总的保费。从某种程度上说,保费是承包商和保险公司商谈博弈的结果。

(七)普通条款、特别条款和附加条款

普通条款是保险人在报价中的原保险条件,主要内容是投保人与保险人的权利与义务、赔偿处理、争议解决与法律适用等内容,通常采用固定格式。

特殊条款是双方之间就某些具体事项达成的特殊规定,当特别条款与一般条款发生冲突时,以特别条款为准。例如,(1)延长缺陷期条款。一般在业主签发最终接收证书后意味着承包商履行完合同义务,但这并不意味着完全解除法律责任,因为很多国家法律规定如果承包商的设计、采购和施工等原因造成了重大伤害和事故,仍然承担法律责任。因此可特别约定签发最终接收证书后,保险期再延长一年。(2)地震造成的损失一般为赔偿范围,但保险公司特别约定 EPC 承包商的设计标准、质量、材料和工艺不得违反工程所在国的强制规定,否则即使是地震造成的损失也不予赔偿。(3)普通条款中约定承保现场的仓储物品,然而由于 PEC 承包中,"采购"占比重较大,可特别约定保险条款扩展到总承包商储存于分包商、供应商或生产厂家的货物。(4) 由于风暴、暴雨、洪水、地震以及山体滑坡引起的损害往往是连续的,保险公司通常会特别约定在 72 小时内发生的损害只能按一次损害赔偿,不能多次索赔。(5)火灾、水淹、洪水造成的营地或仓库损害,通常赔偿。但如果是水灾,该营地和库房到达的水位必须高于最近两年以来的最高水位,否则不予赔偿;如果是火灾,建筑物必须有 20 米的间隔距离或者有防火墙分割,否则不予赔偿。(6)隐蔽的损害赔偿条款。如果运输到现场的货物有明显损害,则需经过保险人指定的检验人员检验。如果存在隐藏的缺陷，不能区分是远洋运输险的责任还是工程一切险的责任，则各自承担50%的赔偿责任。(7)间接损失普通条款一般不予赔偿，可在专用条款中特别约定间接损失赔偿，但设计、工艺、材料瑕疵引发的间接损失除外。

附加条款是普通合同条款中没有列入，鉴于投保人支付了额外的保险费，保险人承诺扩展的事项和范围。例如，扩展普通条款中没有的空运险和内陆运输险。

四、一切工程险保险公司的选择

(一)保险招标的内容

由于保费数额巨大，EPC合同签订后承包商应根据市场调研的情况选择三家到五家保险公司进行公开招标或邀请招标。在招标书中，应提供给投标人(保险公司)EPC合同文本、工程金额明细表、工程进度表、工程地质报告、工地水文气象资料、环评报告、工程简图以及危险单位划分图等资料。保险招标文件包括技术标和商务标，可根据实际情况设置各自的分值权重。技术标主要包括保险公司的资质、服务质量、信誉、近五年来承保业务状况，保险责任范围，出险后理赔程序的合理性与便捷性，保险公司的再保险或分保情况。商务标一般要考虑保险费率、免赔额、保险费的支付计划等内容。

(二)招标时考虑保险人的各种因素

保险人的承保能力和信誉是风险发生后被保险人是否能够得到及时、充分的经济补偿的保证，鉴于国际工程的保险合同往往金额巨大、工期长，承包商应选择资金雄厚、服务周全、信誉良好的知名保险公司或保险集团进行投保。保险费率也是选择保险人的重要指标，它将直接影响投保人的保险成本，因此，投保人员应事先做好投保的询价工作。保险投保可使用保险经纪或代理公司，在投保复杂或重大的国外工程项目保险时，可使用通过公司总部市场准入资格的国内或国际保险经纪人。为保证项目利益，减少保险成本开支，应尽可能将同一项目的不同保险捆绑后统一进行招(议)标。

(三)应避免在保险公司的选择上受制于人

应避免在保险公司的选择上受制于人，有些国家，比如尼日利亚、伊朗、孟加拉国等国家规定本国境内项目的工程险必须向本国保险公司投保，而这些国家的保险公司寥寥无几，一旦受此限制，在保险费的谈判上就会处于非常被动的地位，所以在合同的保险条款内应尽量争取排除这种限制性条款。如果受所在国法律的限制，一切工程险必须向所在国的保险公司投保，可以争取在合同中规定，作为投保人的承包商有权自行选择再保险公司。因为大多数亚非国家的保险公司往往对重大项目的承保能力有限，通常是向国际上具有一定实力的再保险公司寻求再保险的报价之后才自己报价。如果承包商保留对再保险公司的选择权，也能通过自己选择甚至组织再保险来降低保费。还可以与业主商议，通过中国国内保险公司投保，由国内保险公司经过保险经纪人找到工程所在国当地的直保公司出单，较小赔案由当地保险公司赔付，超过一定数额的赔案则由国内保险公司承付。

五、管理一切工程险的注意事项

发达国家的 EPC 承包商已建立了完善的风险和保险管理体系，从工程的前期风险调研、风险分析和评估，到制定保险策略、设计保险方案、保险合同的招投标、保险合同的签署、索赔程序的跟踪、谈判等都有完整的体系。相比之下，我国的 EPC 承包起步晚，承包商普遍存在风险意识淡薄，风险识别能力差，对工程保险知之甚少，侥幸心理强烈，认为工程保险是花“冤枉钱”的特点。由于不熟悉保险业务，即使投保了也不能及时发现索赔点，或者跟踪不及时或者盲目听信保险公司的一面之词，从而丧失了索赔机会或者导致索赔失败。承包商管理一切工程险应注意以下事项：

(一)充分的标前保险市场调研

国际 EPC 承包行业存在巨大的风险，在承包商进入一个陌生的国家从事工程总承包之前，必须对该国的自然、政治、社会、法律、商务环境作充分的调研，其中就包括保险市场的专项调研。标前充分的调研和评估能够降低或避免在将来投资过程中不必要的风险或损失。

(二)保险方案的确定

在每个工程开工前，承包商要进行项目的风险评估，设计保费费率，同时要考虑确定合理的免赔额。因为最经常发生的还是小事故，免赔额过高会让被保险人权益受损，免赔额过低，会大幅增加保险公司的赔偿金及处理索赔的相关费用，从而不得不要求更高的保险费。因此，承包商和保险公司均应该权衡保险费率和免赔额之间的关系。为了便于比较各保险公司的报价,投保人可以基于同一标准,比如确定的保险金额、第三方责任险、保证期等让保险公司进行初步报价。保险公司一般会根据投保人提供的资料包括项目的风险评测报告、现场初步考察报告、现场报告、工程项目概况和项目进度计划进行初步报价。

(三)保险合同谈判阶段

在保险合同谈判阶段,承包商必须对项目结构、风险特点、风险转移等情况进行深入了解,确定合同条件中对风险和保险的要求,明确承包商的风险和保险责任,将合同工程、雇主材料及设备、承包商自身设备为标的的自然风险及其行为风险向保险公司转移。

(四)注意合同成立和生效的区别

不同国家保险法可能会对保险合同成立与生效作出不同的规定。例如,我国《中华人民共和国保险法》规定:"投保人提出保险要求,经保险人承诺,保险合同成立。依法成立的合同,自成立时生效。投保人和保险人可以对合同的生效条件约定附条件或者附期限。"因此,口头承诺、电子邮件承诺、交付保费、签发保险单或者其他保险行为均可以成为保险合同生效的要件。保险人承诺承保工程后,但在书面合同签订手续未完备前就出现了保险事故,该期间非常易发纠纷甚至诉讼。因此,必须注意工程所在国关于合同成立与生效的区别。

(五)及时通知保险公司

保险合同执行过程中,事故发生后,承包商应在24小时内通知保险公司、保险经纪人、业主和政府相关部门。在未征得保险公司的同意下,必须注意保护现场。为了防止事故的继续扩大,承包商可以自行组织抢救,但在抢救之前和抢救的同时,应做好现场拍照、摄像和记录等理赔证据工作。

(六)收集和整理报损材料

承包商需及时收集和整理各种必备的报损和索赔资料,依照保险合同条款和规定的程序在索赔期内办理保险索赔。

(七)保险知识的宣贯

EPC承包商应设专人负责保险业务管理,研究保险条款,熟悉并制定规避或转移风险的方案或措施。此外,必须对所有雇员进行保险合同、保险知识宣贯,强化保险索赔意识,还可以邀请保险经纪人或者保险公司就保险管理程序和专业保险知识进行宣讲,让所有雇员了解保险的处理方法和重要性。

(八)加强自身HSE建设

国际EPC承包商必须加强自身的HSE建设,保险只是风险转移的一种手段。只有事故率低,承包商才能在未来的EPC承包中降低保费,保险公司也乐于承保,从而形成良性循环。完善和加强建筑工程的风险控制,避免或降低风险造成的损失是至关重要的,它将减少建筑工程项目的社会成本,对促进工程保险业和建筑事业持续稳定地发展有着重要意义。

(九)培养内部保险人才

国际工程保险是集保险、法律、工程和英语的综合学科,对保险人员知识面要求不仅专而且宽,因此具有多学科交叉的国际保险专业人才相当匮乏。国际工程项目的管理团队必须有专人直接负责或主管项目保险管理工作,能够处理国际工程项目保险管理日常工作,熟悉工程保险投保、报案、理赔的基本流程,并负责与保险公司、保险经纪人的日常咨询及联系。国际工程项目的管理团队应该有专业的后方支援团队,也就是保险经纪公司的项目团队,为国际工程项目保险管理的日常工作提供咨询、指导及培训。

(十)努力防范事故发生

工程保险只是一种保障措施,就业主与承包商之间而言,办理保险并不解除承包商以应有的努力去实施工程的合同义务。如果发生工程事故,即使属于保险赔偿范围,承包商也很少得到全部赔偿。因此,承包商应努力防范事故的发生,绝不能因办理了保险而放松对风险的防范。

第四节　工伤保险与雇主责任险[1][2]

国际EPC合同中一般有要求承包商为其雇员缴纳社会保险(Social

〔1〕 张浩:《伊朗工伤保险与雇主责任险探讨》,载《国际工程与劳务》2014年第6期,第48～51页。

〔2〕 张浩:《工伤保险与雇主责任险的融合研究》,载《中国保险》2014年第3期,第18～21页。

Security)和承保雇主责任险(Employer's Liability Insurance)的条款。FIDIC 银皮书第 18.4 款对承包商人员的雇主责任险做出了规定。国际 EPC 承包商的雇员来自不同的国家,有中方雇员、工程所在国的雇员,还可能有来自第三国的国际雇员,如何缴纳社会保险和承保雇主责任险是国际 EPC 承包商所要面对的课题,其中比较复杂的是保险竞合问题。本节结合伊朗与我国的立法,剖析了两国工伤保险与雇主责任险的竞合。

一、雇员损害民事救济制度的演变

雇主的责任主要有两个方面:一是雇主对其雇佣的人员在受雇佣期间执行任务时因发生意外或因职业病造成人身伤残或死亡时所负的经济补偿责任。这种责任包括其自身的故意行为、过失行为以及无过失行为所导致的雇员人身伤害赔偿责任。二是雇员在执行工作任务中对第三方造成的伤残或者死亡的替代责任(第三方责任)。本节仅探讨前者,雇员自身遭受的工伤损害责任。

纵观世界各国雇员损害的救济历史进程,现代雇员损害民事赔偿制度经历了由单一的传统侵权法调整发展到以社会保险法调整为主以民事侵权法调整为补充的综合调整进程。在雇主侵权责任上主要经历了从"自己责任"到"雇主责任",从"过错责任原则"过渡到"无过错责任原则"的历程。在 19 世纪初期,雇员损害的填补在侵权行为法和实践中都坚持雇员"自己责任"原则,也就是雇员在劳动过程中所遭受的损害完全由自己承担,为该种归责原理提供理论支撑的是"危险自认说",代表人物是英国经济学家亚当·斯密。时至 19 世纪中叶,随着工业化进程的不断深入,近代工业国家的工伤事故和职业病不断增加,雇员在工会组织下不断抗争,雇员损害补偿原则慢慢从"危险自认说"过渡到"过错责任原则"。1850 年的英国《雇主责任法》和 1871 年《德国赔偿法》都采取了雇主过错责任赔偿原则。然而采用"过错责任原则"无法满足因执行职务而遭受意外伤害或者罹患职业病的雇员给予补偿,到 19 世纪末,德国、法国和英国等政府普遍接受了"职业危险"的概念,从而确立了"无过错原则"。德国 1884 年颁布的《雇员赔偿法》,英国 1897 年颁布的《大不列颠劳工赔偿法》和法国 1898 年颁布的《劳工事故赔偿法》均采用了"无过错赔偿原则"。"无过错责任原则"虽然是雇员损害救济制度的历史进步,但不可能彻底地解决频发的雇员损害补偿问题,因此,当传统的侵权法面临危机时，于是在“私法”领域，就有责任保险及其他损失保险的发展，以及相应法律规范的完善；在“公法”领域，则有劳工强制保险和其他社会保险的出现，以及相应法规的制定。雇主责任险和工伤保险正是适应时代的需求而产生的，都是借助保险技术解决雇员损害赔偿问题的法律制度。

当今世界各国通常采用三种途径对雇员的职业伤害进行补偿：一是建立社会化的强制工伤保险制度；二是实行商业化的雇主责任险；三是强制工伤保险和商业化雇主责任险共存。目前，伊朗和我国均采用的是以工伤保险为主以雇主责任险为辅的社会保障制度。

二、工伤保险和雇主责任险的发展

(一)工伤保险制度的发展

我国的工伤保险制度起源于新中国成立初期，1951 年 2 月实施的《劳动保险条例》是我国实施社会保险制度的起点。1957 年 2 月，卫生部制定的《职业病范围和职业病患者处理办法的规定》首次将职业病列入工伤保险的保障范畴。改革开放后，我国工伤保险制度改革进入了快速发展阶段，1995 年 1 月实施了《劳动法》；1996 年 8 月劳动部发布了《企业职工工伤保险试行办法》；2001 年 10 月颁布《职业病防治法》；2004 年 1 月实施了《工伤保险条例》；2004 年 5 月 1 日实施了《最高人民法院关于审理人身损害赔偿案件适用法律若干问题的解释》；2008 年 1 月 1 日施行了《劳动合同法》；2011 年 7 月 1 日实施了《社会保险法》。上述法律和条例的实施为我国工伤保险制度确立了法律框架，“无过失补偿原则”贯穿于各个时期的工伤保险法律和条例之中。

为符合劳动关系的雇员缴纳工伤保险是雇主的法定义务。《社会保险法》第 41 条对强制缴纳保险做出了规定：“职工所在用人单位未依法缴纳工伤保险费，发生工伤事故的，由用人单位支付保险待遇，用人单位不支付的，从工伤保险基金中先行支付。从工伤保险先行支付的工伤保险待遇应当由用人单位偿还。用人单位不偿还的，社会保险机构可以依照本法第六十三条规定追偿。”第 63 条则赋予了社保征收机构的准司法权，如果用人单位拒绝缴纳社会保险，社会保险费征收机构可以向银行或其他金融机构查询其存款账户、强行划拨保险费、要求用人单位提供担保以及申请人民法院扣押、查封、拍卖相当于应缴纳社会保险费的财产等措施。第 86 条则进一步规定了对用人单位未按时缴纳社会保险费征收滞纳金和罚款的规定。从上述规定可知，我国的《社会保险法》对用人单位缴纳社会保险作出了严厉的强制性规定。修订后的《职业病防治法》第60条规定："劳动者被诊断患有职业病，但用人单位没有依法参加医疗保险的，其医疗和生活保障由用人单位承担。"

（二）雇主责任险的发展

雇主责任险是指被保险人所雇用的员工，在受雇用的过程中从事保险单所载明与被保险人的业务有关的工作时，因遭受意外事故而受伤、残疾或因患有与业务相关的职业性疾病所致伤残或死亡，被保险人根据法律或雇佣合同，需负担医疗费用及经济赔偿责任，由保险人在规定的赔偿范围内负责赔偿的一种保险。雇主责任险兴起于19世纪50年代，是责任险中较早兴起的险种。1850年，英国颁布了《雇主责任法》，并于当年成立了专业雇主责任保险公司，首次承保雇主责任险。在一些发达国家，民法、劳工法、雇主责任法同时并存。民法是法律基础，劳工法带有社会保障性质，而雇主责任法则是商业意义的雇主责任保险的直接法律依据，此外雇主责任险的法律依据还包括雇主与雇员订立的雇佣合同。但并不是每个国家都有单独的雇主责任险法，例如，日本没有专门的雇主责任法，其《劳工标准法》和《劳工法》对雇主责任进行了规定。香港也没有专门的雇主责任法，但《劳工赔偿条例》、《雇佣条例》以及《劳资关系条例》等条例中也有雇主责任险制度的规定。

我国的雇主责任险是随着市场经济的发展建立起来的。1980年中国人民保险公司开办了涉外雇主责任保险，20世纪80年代初主要针对的是三资企业。迄今为止，我国并没有制定专门的《雇主责任险法》。保险公司经营雇主责任险时，一般是在《中华人民共和国保险法》的规范下，以雇佣合同为承保基础，按照保险双方约定的保险合同承担责任。我国的雇主责任险在实践中暴露出了很多问题，例如，雇主责任险和工伤保险的覆盖主体过度重合；雇主责任险和工伤保险的责任范围高度重合；道德风险和逆选择现象严重；市场竞争不充分；现有条款不能满足客户的要求，雇主认同度低。影响雇主责任险发展的主要因素有投保人数、保险金额、保险期间、地域范围、保险费、免赔额以及雇主的经营理念，其中最重要的是保费和保险金额以及雇主的经营理念。

三、雇主责任险与工伤保险的区别

我国在职业伤害保障方面采取的是以工伤保险为主以雇主责任险为补充的职业伤害补偿制度。两险承保的风险都是雇员在受雇佣期间,从事职业活动过程中遭受意外事故或者罹患职业病所导致的经济损失。但两险存在明显的区别:

(一)隶属不同的社会保障体系

工伤保险是社会保险的重要组成部分,雇主必须为雇员强制投保,否则会承担相应的行政责任或刑事责任;雇主责任险属于商业保险的范畴,雇主自由选择保险公司投保,保费、赔偿范围和保险条款等尊重"意思自治"原则。

(二)隶属不同的法律部门

工伤保险隶属社会保障法部门,遵循的是无过错原则;雇主责任险属于民商法部门,遵循的是过失损害赔偿原则。

(三)保险标的不同

工伤保险的保险标的是受害雇员的生命或健康;雇主责任险的保险标的是保障雇主的赔偿责任,雇主责任险依附于雇主责任,在雇主责任未得到证明以前,任何赔付金不得支付。

(四)受害雇员得到补偿金方式不同

工伤保险是政府强制雇主缴纳保险费,损害赔偿金直接支付给受损害的雇员;雇主责任险是依照有关法律或雇佣合同对雇员的人身损害承担赔偿责任,它的赔偿必须以雇主对雇员的人身伤害承担赔偿责任为前提的,雇主投保并缴纳保险费,损害赔偿金交给雇主,不直接交给雇员。

(五)投保方式不同

工伤保险必须采用记名方式投保,受社会保障法制约;雇主责任险一般采用不记名投保,尤其在大型国际总承包项目中,承包商的人员多,流动性大,很难采用记名方式投保。

(六)保障水平差异大

工伤保险主要是为受害雇员提供最基本水平的社会保障,互济性强,不能解决各类公司(雇主)所面临的责任风险;雇主责任险的互济性较弱,但可以提供较高水平的保障,雇主的保险费和所享受的赔付待遇是相辅相成的。

四、雇主责任险与工伤保险竞合

(一)两险融合的基础

从以上对比可以看出,工伤保险具有强制性、社会性、保障性、互济性强的特点,而雇主责任险具有商业性、等价性、意思自治性、互济性弱的特点。在发展中国家,由于政府的保障要兼顾社会各方面的保障需求,因此工伤保险属于一种低层次的普及性保障,提供的是最基本的生活保障,而雇主责任险的保障程度和范围高于工伤保险,提供的是商业化的更高层次的保障,也是社会保障体系的重要补充。工伤保险只能解决雇员本身的伤害,并不能完全转嫁雇主的责任风险,而雇主责任险能在很大程度上转嫁雇主风险,这为两者相互融合提供了条件。在发展中国家,无论是工伤保险还是雇主责任险都不能单独补偿职业伤害的全部损失,两险需要相互补充、相互融合和相互加强。

(二)劳动关系与雇佣关系区别

在我国,雇佣关系有广义和狭义概念之分,广义的雇佣关系包括劳动关系以及狭义的雇佣关系。区分劳动关系和雇佣关系是构建雇主责任险和工伤保险融合的基础:

(1)我国通说认为劳动关系的主体是劳动者和用人单位,劳动者是按照《劳动合同法》以及签订的劳动合同从事体力或脑力活动并获得报酬的自然人;雇佣关系是指雇主与雇员约定由雇员提供劳务,雇主支付报酬的民事法律关系。

(2)劳动关系建立后,劳动者必须加入到用人单位去,成为用人单位的一员,并受用人单位的约束与管理,用人单位与劳动者之间具有隶属关系;雇佣关系双方之间具有平等性,劳动者没有加入到用人单位中,用人单位与劳动者之间不存在隶属性。

(3)劳动者与用人单位之间的劳动关系具有排他性,原则一个人不能同时存在两个劳动合同关系;而雇佣关系则可同时存在两个劳动关系,不存在排他性。

(4)劳动关系适用劳动保障法,属于公法调整,劳动仲裁是提起诉讼的前置程序;狭义的雇佣关系受传统民法调整,属于私法调整。

(5)雇员在工作中受到人身损害后,雇主或用人单位承担的责任不同。从《工伤保险条例》第 11 条的规定可知,劳动关系中雇员受到的损害，社保机构按照工伤保险条例进行赔偿；而雇佣关系中雇员受到损害，则适用民事侵权责任的规定赔偿。

（三）关于职业伤害的立法存在的冲突

所谓责任竞合是指同一投保人投保不同种类的险种，同一保险事故发生后，不同的保险人对此均承担保险责任的情形，其产生是基于同一投保人对同一标的享有不同的利益而导致的，不同于重复保险。我国法律在规定工伤待遇与雇主损害赔偿竞合上（受害人能否同时享有工伤待遇和获得民事赔偿）存在着冲突与空白。2004 年 5 月 1 日起实施的《最高人民法院关于审理人身损害赔偿案件适用法律若干问题的解释》第 11 条对雇主责任进行了规定："雇员在从事雇佣活动中遭受人身损害，雇主应承担赔偿责任。……属于《工伤保险条例》调整的劳动关系和工伤保险范围调整的，不适用本条的规定。"第 12 条规定："依法应当参加工伤保险统筹的用人单位的劳动者，因工伤事故遭受人身损害，劳动者或者其近亲属向人民法院起诉请求用人单位承担民事赔偿责任的，告知其按《工伤保险条例》的规定处理。"根据上述条文解释可知，我国雇员受到工伤损害或者罹患职业病后，根据雇佣关系和劳动关系适用不同的法律，进行不同的赔偿或者补偿。属于工伤保险范畴覆盖范围的，没有民事赔偿请求权，而工伤保险没有覆盖的雇员，只能获得民事请求权。同一次工伤事故由于雇员的身份不同，在人身损害赔偿与获得工伤待遇的法律适用、归债原则、赔偿标准方面存在很大的差别。第 11 条、第 12 条规定可以认为，对于两者竞合我国立法采取的是"全面代替原则"。在司法实践中我国也采用的是全面代替原则，无论是保险公司还是社保经办机构在受害雇员或雇主申请损害赔偿时，通常要求受害人提供医疗费和其他费用的原始发票，仅凭复印件不予赔偿，这就客观上造成了雇员或雇主只能选择工伤保险或者是雇主责任险。

我国的《安全生产法》和《职业病防治法》采取的却是"部分代替原则"。2009 年修订的《安全生产法》第 48 条规定："因生产安全事故受到损害的从业人员，除依法享有工伤社会保险外，依照有关民事法律尚有获得赔偿权利的，有权向用人单位提出赔偿请求。"2011 年修订的《职业病防治法》第 59 条规定："职业病病人除依法享有工伤保险外，按照有关民事法律，尚有获得赔偿权利的，有权向用人单位提出赔偿请求。"根据上述两法的规定，安全事故的受害雇员和职业病病人在享有工伤待遇的同时，还享有向用人单位主张民事赔偿的权利，这为雇主责任险的存在提供了发展空间。然而立法的冲突造成了司法实践中的莫衷一是，各省的规定与法院的判决更是千差万别。

（四）应允许存在“双重赔偿原则”和“部分代替原则”

综观世界各国的工伤待遇与获得民事赔偿问题，主要有“全面代替原则”、“部分代替原则”和“双重补偿原则”。实行全面代替原则的国家主要是经济发达国家，原因是这些国家的工伤保险待遇给付的标准较高，社会保障制度很发达，基本上能够维持雇员的原有生活水平，而发展中国家的工伤待遇和侵权给付待遇都相对较低，采取全面代替原则不足填补受害人的损失。

我国现行体制下，工伤保险机构不能因为雇主享有雇主责任险的保障而拒绝或减少给付，也不能在支付工伤保险金后向雇主责任险的保险人追偿。否则，雇主虽然支付了工伤保险费，却未能经由工伤保险分散风险，反而要由雇主责任险的保险人承担终局给付责任，这必将导致雇主责任险的保费上升，从而抑制了雇主投保工伤保险和雇主责任险的积极性。试想，在这种情况下一个理性的经济人会同时参加雇主责任险和工伤保险吗？我国是发展中国家，可以立法明确规定我国应采用“部分代替原则”。有观点认为，雇主责任保险中理赔工作中存在着雇主不当得利。其实，投保人和受益人并不存在“不当得利”的情况。不当得利是指没有法律上或合同上的依据致使他人遭受损失而自己获得利益。在构成要件上，保险人和被保险人有合同上的依据——保险合同，保险人即保险公司也并没有遭到损失，我们不能因为社会保险机构已经支付了赔偿金，保险公司再支付就认为保险公司利益受损了。经济学认为市场通常是组织经济活动的一种好方法。企业在市场上相互交易，它仿佛被一只“看不见的手”所指引，并导致了合意的市场结果，这只看不见的手就是“价格”。允许双重赔付和部分替代可以让雇主责任险在竞争中实现“价格发现功能”，从而合理确定保费价格，最大限度地减少雇主所支付的保费成本，实现资源最优配置。我国法律并没有明文规定禁止工伤保险与雇主责任险的双重赔付。《中华人民共和国保险法》第 55 条针对的是同一投保人投保财产保险时保险金额不得超过保险价值，超过保险价值的，超过部分无效,保险人应当返还相应的保险费。第 56 条规定的是"重复投保"的情况下受益人不能获得额外收益。《中华人民共和国保险法》并没有规定责任竞合的情况下如何处理。当"不能获得额外收益原则"与"市场规则"发生冲突时,应尊重市场的选择,通过价格发现,市场能做到资源的最优配置——保费提高,适用双重赔偿原则;降低保费,适用部分代替原则。双重赔付的结果和部分代替的结果最终是相同的。

五、伊朗的社会保险法规定

由于我国的 EPC 国际承包业务主要集中在中东、非洲和拉美等发展中国家,因此这里选择了发展中国家伊朗为例,探讨该国工伤保险和雇主责任险制度,为国内承包商到国外从事 EPC 承包提供投保思路和策略。

1. 伊朗的社会保险比较完善,现在执行的是 1960 年颁布的《伊朗社会保险法》,该法在 1997 年和 2011 年进行了两次修订。该法第 60 条和第 61 条规定了工伤和职业病的认定标准。

2. 承包商在伊朗的社会保险通过两种途径进行缴纳:一种是雇员社会保险,另一种是项目社会保险。

(1)第 28 条规定了雇员的社会保险。当地雇员需把个人工资总额的 7% 缴纳社会保险,承包商为雇员另外缴纳相当于其工资总额 23% 的社会保险费。属于当地雇员个人缴纳的 7% 部分也由承包商代扣代缴,上述 30% 社会保险费每月要交到当地社会保险机构。外籍雇员与当地雇员适用的费率不同。

(2)第 38 条规定了承包商的项目社会保险。承包商按照法律规定向社保机构缴纳整个工程承包总额 5% 的保险份额,业主从每张进度发票中预扣 5%,并扣押最终的一张发票。项目结束后,由社保机构以项目合同总额为基数并按适用的费率核定项目要缴纳的总的社会保险费,但进口设备材料的价值,支付给分包商的款项,在伊朗境外执行的合同付款可以从合同总额中扣除,支付给雇员的社会保险费也可以从项目社会保险费中扣除。通常,人工部分按 16.7% 的费率缴纳社会保险费,机械部分按 7.78% 的费率缴纳。承包商只有从当地的社会保险机构拿到签发的结清证明(Clearance Certificate)后,业主才可以将每笔预扣的 5% 工程款和尾款发票释放给承包商。承包商必须在工程结束后的一年内从当地社会保险机构拿到社会保险清洁证明,否则业主在一年到期,会将预扣款的

5%和尾款发票全部上缴到当地的社会保险机构。

3. 第42条至第44条赋予了承包商两次申辩的机会：如果承包商对社保组织扣除的保险金额有异议，可以在收到通知后的30日内向基层评估委员会提出书面申诉，基层评估委员会在收到申诉后一个月内审理完毕。如果对基层评估委员会的判决不服，可以请求再审委员会重新审理，该审理的结果是最终结果。第108条规定了承包商不缴纳社会保险将判决缴纳双倍罚款并处61天至6个月的监禁刑罚。从以上分析可知，伊朗政府对于承包商不履行社会保险责任有着严密的制度管控。

4. 国内的承包商到伊朗进行工程承包，通行的做法是为中国籍雇员在国内缴纳社会保险，当地雇员在伊朗境内缴纳社会保险。关于是否为中国雇员向当地社保机构缴纳社会保险问题，《伊朗社会保险法》第5条为此作出了规定：外国公民持有本国政府有关部门出具的在伊朗工作的证明，如果他在本国或就本法第3条办理了部分或全部保险的，就不需要再按本法办理保险。据此，我国的承包商一般不用为中国雇员在伊朗缴纳社会保险。

六、伊朗雇主责任险及其竞合

(一)伊朗雇主责任险立法与实践

伊朗至今没有专门的《雇主责任险法》，现执行的是1937年4月伊朗国家议会通过的《伊朗保险法》，以及1971年6月议会批准的《成立伊朗中央保险公司和保险经营规则法》等一系列保险法案。伊朗的雇主责任险保险责任赔偿范围主要包括因工伤残的医药费以及死亡赔偿金，对于工伤治疗期间的工资一般不予赔偿。由于雇主责任险是商业保险，因此国际承包商可以和保险公司就雇主责任险谈判，达成灵活性的条款：

(1)承包商因车辆事故造成雇员工伤或死亡的，超过车辆险的差额由保险人承担；

(2)不超过两人的第三方责任由保险人承担；

(3)承诺社保组织对保险公司享有索赔权；

(4)承包商的分包商、监理人员、顾问等人员列入被保险人的范围；

(5)与工作相关的餐厅、浴室、宿舍内发生的工伤事故承保；

(6)发生工伤后，由保险人出面协调解决，不走诉讼程序；

(7)工伤受害人可以自由选择医院就医，自由选择医药费和治疗费；

（8）受害人在一次工伤中如有两个部位同时受伤，如同一次事故眼睛致盲、腿折断，可以算作两次伤害赔付，但赔偿额为一次最高限额的200%；

（9）外籍雇员如果持有有效的工作签证，保险人承保；

（10）如果因工伤死亡的时间发生在离伊历年年末15日内，保险公司可以按下年度的赔偿额支付。伊朗政府每年公布固定的工伤死亡赔偿限额，并且工伤死亡的时间不同赔偿限额也不同。如2013年的赔偿限额约4500美元，但如果因工死亡发生在6月、10月、11月、12月，最高赔偿限额可达到6000美元。最高赔偿限额是由政府制定的，死亡雇员的家属即使起诉至法院，法院也不支持超额部分。

（二）伊朗的雇主责任险与工伤保险竞合法律规定

伊朗在职业伤害保障方面，采取的是以工伤保险为主以雇主责任险为补充的职业伤害补偿制度。伊朗在工伤保险和雇主责任险的责任竞合方面有明确的法律规定。《伊朗社会保险法》第66条规定："如果证实事故的发生是由于违反技术安全操作要求或由于雇主或其代表的过失引起的，社保机构将承担所有相关的治疗费、补偿费、补贴等费用，然后根据第五十条之规定向雇主索赔。责任人需按事故的损失向社保机构缴纳相当于10年的补偿费才得以免除其责任。如果投保人选择了投保保险，在发生事故后，社保机构将根据法律规定向受害雇员支付所需费用，但保险公司应补偿社保机构所遭受的相应损失。"根据本条的规定，伊朗的社保机构在雇主责任险存在的情况下享有向保险人（保险公司）的追索权。受害雇员可以选择向社保机构索赔，向保险公司索赔，还可以直接向雇主索赔。如果雇主拒绝支付赔偿金，受害雇员可以到劳工局下设的争议委员会解决。如果该问题在该委员会得不到解决或者损害数额巨大，该委员会有可能把伤害纠纷案件移交刑事法庭审判，这种情形下雇主的法人代表有可能被判处罚金或者监禁。EPC承包商和保险公司一般约定雇主责任险覆盖到社保组织和医疗服务机构的索赔。

七、国际承包商在伊朗的保险策略

（一）承包商在伊朗的社会保险应对措施

通常情况下，一个EPC承包商最终的社会保险额约占合同总额的8%～10%，并且在未满足社会保险的要求将面临巨额的罚款。如果制定

了适宜的项目社会保险策略,可以降低到合同总额的 7.7% 以下。因此,承包商必须制定社会保险的策略:

(1)聘请当地律师或者社会保险方面的专家,为将执行的项目量身定做一份详细的社会保险预案。

(2)所有的管理人员尤其是项目决策人员应高度重视社会保险的问题,从组织机构和人员配备方面突出社会保险的重要性。

(3)下列事项在满足法律规定的文件提交要求后,可以在申辩过程中进行扣减:

①进口设备材料的价值可以从合同总额中扣除;

②支付给分包商的款项可以从合同总额中扣除;

③在伊朗境外执行的合同内容付款可以从合同总额中扣除。比较常用的策略是将 EPC 项目的设计分包对外宣称自己的队伍设计,在中国境内完成;

④支付的雇员社会保险可以从项目社会保险总额中扣除。

(4)社会保险在伊朗是最重要的税费项目之一,从制定计划、准备文件到最后的申辩以及获取结清证明,是一项异常复杂的工作,应该聘请当地有经验的社保机构方面的专业人士进行专门打理。

(二)国际承包商的雇主责任险投保策略

我国的承包商对于雇主责任险通行的做法主要有两种情况:一是为所有的雇员在工程所在国投保;二是为中方雇员在国内投保,为国际雇员和当地雇员在工程所在国投保。如果为中方雇员在国内投保,建议考虑以下因素:

(1)在费率厘定和保险赔偿时考虑承包商参加工伤保险的情况,实行差异化投保;

(2)设计新的条款,专门赔付工伤保险未涵盖的责任;

(3)附加临时海外劳务责任扩展条款,如"双方同意,鉴于被保险人已缴付附加保险费,本保险扩展承保被保险人所聘任的雇员在本保险单有效期内,因从事本保险单所载明的被保险人的业务工作时,因劳务出国所到达或经过的任何国家和地区发生意外或者患职业病而致伤残、死亡,被保险人按照法律及雇佣合同应承担的医疗费及经济赔偿责任";

(4)附加扩展 24 小时条款,如"保险人同意,保险单扩展被保险人所雇佣的人员在非工作期间遭受意外而受伤或死亡所造成的经济赔偿责任”。扩展24小时条款的原因是因为中方雇员在国外工作，很难区分是在工作时间还是在业余时间造成的伤亡；

(5)附加罢工、骚动、民众骚乱赔偿条款。如“鉴于被保险人已缴付附加保险费，由于罢工、骚动、民众骚乱造成保险单载明的雇员人身伤亡，依法由被保险人承担的经济赔偿责任，保险人按照本保险合同的约定负责赔偿”。

第五节　商业保险管理

为了加强对商业保险投保和索赔行为的有效监督，维护项目的保险利益，承包商需要制定保险管理办法。

一、保险日常管理

保险的主责部门

保险管理应遵循统一决策、专职管理、利益保障、实时监督、分工协作的原则：

(1)法务部为分子公司保险主管部门及业务归口管理部门，负责项目投保、索赔等保险业务的统一管理。法务部设置保险管理岗位或兼职保险管理人员，办理相关日常保险管理业务。

①直接管理的保险有工程一切险、雇主责任险、第三方责任险等；

②监督并落实包括主合同、联合体协议以及分包合同中相关保险的内容；

③依据主合同以及联合体协议的中保险责任要求，草拟投保策略和方案；

④负责将保险协议和保险单执行过程中出现的问题提交给项目部主管领导，收集工程一切险的索赔文件，编制索赔报告；

⑤负责按月填写所有险种的投保状态表和索赔状态表，格式见表9－3《保险投保状态一览表》和表9－4《保险索赔状态一览表》。

(2)采购部直接负责的保险有施工机具险、运输险、交通车辆险。

①负责运输险、施工机具险和在工程所在国投保的交通车辆险的事故通知、准备文件,运输货损通知;

②编制运输险、施工机具险、车辆交通险的索赔报告;

③负责按月填写所有保险险种的投保状态表和索赔状态表,格式见表9-3《保险投保状态一览表》和表9-4《保险索赔状态一览表》,之后提交法务部。

(3)人力资源部负责雇主责任险或第三方责任险中,人员的医院诊断证明、医疗费单据的收集、工资证明、人员保险名单文件及勘察费单据等文件。这些材料及时提交法务部作为理赔的依据。

(4)HSE部负责获取事故证明及照片,按要求取得第三方(警察局、业主等)的证明,事故勘察报告,并将相关索赔资料移交相关责任部门。

(5)施工部负责提供拟投保的施工机具及设备有关资料,负责施工机具险的事故通知、施工机具险的勘察,向采办部提供理赔所需要的基础资料。

二、保险合同的签订

由具体责任部门提出方案和申请,按照有关招投标管理规定组织招投标或者议标,选定保险公司。保险公司确定后,由责任部门与保险公司进行合同谈判,合同文本报法务部审核,保险合同签订或者延期,在签署前必须履行合同会签手续。保险到期时,如无须延期,则由主管部门在保险到期前15日通知项目部主管领导终止该保险协议和保险单。如需延期,则由主管部门在保险到期前30日向项目部保险延期主管领导提出申请,格式见表9-1《保险延期申请》。如续约,则双方签订相应的补充协议。否则,应重新进行招(议)标。

三、保险理赔

国际工程保险的目的是在风险发生后,按照保险合同约定,由保险人给予被保险人一定的经济补偿,以减少其损失,这就是所谓的理赔。事故通知后,责任部门应收集整理以下保险索赔所需要的文件并及时递交法务部。

(一)保险索赔需要提供的资料

1. 一切工程险

(1)事故证明及照片,应有第三方(如警察局、业主等)的证明;

(2)损失勘察报告原件;

(3)索赔清单及索赔费用单据证明(含勘察费及单据证明)。

2. 雇主责任险

(1)事故证明及照片:交通事故应有警察局的证明,其他重大事故应有第三方(如业主等)的证明;

(2)医院诊断证明;

(3)索赔清单(医疗费清单原件);

(4)如果残废,提供残废等级证明;

(5)休假证明及休假期间工资证明。

3. 综合责任险(第三方责任险)

(1)事故证明及照片,如警察局、业主等的证明;

(2)损失勘察报告原件;

(3)财产损失:提供受损财产的原值证明及残值证明;

(4)人员损伤:提供医院诊断证明、医疗费证明、受伤人员的身份证明、赔偿金证明等;

(5)索赔清单及索赔费用单据证明(含勘察费及单据证明);

(6)如有诉讼,则提供相关诉讼证明及诉讼费用证明。

4. 施工机具和设备险

(1)事故证明及照片:交通事故应有警察局的证明,其他重大事故应有第三方(如业主等)的证明;

(2)损失勘察报告原件;

(3)受损机具之原价值证明及残值证明或估计残值;

(4)索赔清单及索赔费用单据证明(含勘察费及单据证明)。

5. 运输险

(1)事故证明及照片:第三方出具的证明、警察局的证明等;

(2)货损勘察报告原件;

(3)受货损物之提单,装箱单和发票;

(4)运单(注明货损)和运输公司出具的事故证明原件;

(5)索赔清单及索赔费用单证明(含勘察费及其单据证明,如有重新采购的,提供采购合同及发票)。

以上为主要索赔材料,如保险公司另有要求,则根据其具体的要求提供相应的材料。

（二）保险索赔的程序

（1）任何事故导致人身伤亡或财产损失，相关部门应在24小时内以表9－2《保险事故报告》书面通知法务部。紧急情况下，可先口头通知，并在口头通知后2日内，以书面形式通知。

（2）法务部收到事故通知后填写出险通知单，在规定的时间内向相应的保险公司报案。在保险公司确认是否需要进行保险事故现场勘察之前，相关部门除可采取必要的防止事故造成的损失扩大的措施外，应保护好事故现场，并拍摄多方位和多角度的事故照片作为索赔证据。

（3）相关部门随后向法务部提交详细的事故报告或者法务部人员亲临现场调查，之后撰写详细事故报告。法务部门根据事故报告或者调查情况进行分析，属于保险责任事故的，通知相关部门收集整理保险索赔所需文件；属于非保险责任事故的，由相关部门根据分子公司相关规定处理，法务部通知保险公司撤案。如果无法明确定性是否属于保险责任事故，法务部将事故报告提交保险公司进行确认。

（4）相关部门应根据按照法务部的要求以及保险协议和保险单的规定收集整理相关的保险索赔文件，如事故报告、事故照片、官方事故证明、向事故责任方索的赔函及其回复、损失清单（含索赔金额）等，以及不同险种需要提交的其他所有相关文件。法务部收到相关部门提交的索赔文件后，编制保险索赔包，向保险公司提出索赔及处理相关事宜。如需另行补充文件，则相关部门应按保险公司的要求提交。

（5）法务部应保险索赔结果及时告知相关部门。保险赔款的领取手续由法务部处办理，项目财务部负责入账。

（6）重大事故（估计损失在50万元人民币或等值外币以上）的索赔，其保险索赔方案、保险公司拒赔决定或者赔款数额的最终确定，必须由分子公司领导集体讨论决定。

四、奖惩

1. 分子公司依据以下情况对在保险投保时或保险索赔时做出突出贡献的相关部门和个人给予相应的奖励：

（1）积极主动弥补保险投保漏洞，使项目部应保险项目覆盖率始终保持在100%，通过保险转移风险效果显著；

(2)通过各种方式节约了保险成本，效果显著；

(3)对于索赔支持文件不足，无法判定是否属于保险责任范围的损失，通过努力获得赔付的比例超过实际损失金额的50%；

(4)对于因各种原因导致保险公司不受理，拒绝赔付的损失，经过努力，获得赔付的比例超过实际损失金额的20%。

2.项目部相关部门和个人在保险投保时出现下列情况，未有正当理由说明原因时，依照分子公司相关规定给予相应的处罚：

(1)未按照相关法律或合同要求在规定时间内提交投保申请，或未按照公司规定办理保险投保手续；

(2)未在相关法律或合同要求的时间内完成保险投保，获得正式保险单；

(3)未按照相关保险管理规定、保险协议、保险单等的要求及时提交相关的人员名单、清单等，造成损失；

(4)在相关保险必须延期的情况下未及时提交保险延期申请；

(5)未及时完成相关保险延期手续；

(6)其他违反分子公司或项目部相关保险管理规定给公司造成损失的情况。

3.项目部相关部门和个人在保险索赔时出现下列情况，未有正当理由说明原因时，依照公司相关规定给予相应的处罚：

(1)未报案，或未按照相关保险管理规定、保险协议、保险单等的要求在规定时间内报案，导致项目损失无法通过保险索赔得到补偿；

(2)未按照相关保险管理规定、保险协议、保险单等的要求及时提交保险索赔支持文件，或所交文件不符合相应的要求，导致项目部损失无法通过保险索赔得到补偿；

(3)未及时提交保险公司要求补充的保险索赔文件，或提交的补充文件不符合相应的要求，导致项目部损失无法通过保险索赔得到补偿；

(4)未及时处理相关的保险索赔案件，导致项目部损失无法通过保险索赔得到补偿；

(5)其他违反分子公司相关保险管理规定给项目部造成损失的情况。

表 9－1　保险延期申请表

×××项目部保险延期申请表

编号：

延期申请部门：				
	拟延期的保险险种			
	1	2	3	4
保险险种名称				
原保险金额/保险人数				
保险单到期日				
保险单号				
原保险公司				
拟延期的时间、增加或减少的保险金额、人数等				
其他要求				
支持文件（延期理由）：				
联系方式（姓名、电话、传真、E-MAIL）：				
延期申请部门/单位签字：			日期：	
主管领导意见：				
项目部经理意见：				

注：编号由法务部填写。

表 9 – 2　保险事故报告

×××项目部保险事故报告

编号：

事故类型：	报告部门/单位：
事故适用保险单号：	保险承保公司：
事故发生时间：	
事故发生地点：	
事故原因、经过及处理：	
估计损失：	
事故报告部门初步定性：	
报告部门签字：	日期：
主管领导意见：	

注：编号由法务部填写。

表 9－3　保险投保状态一览表

×××项目部______（险种名称）保险投保状态一览表

（2016.01.01－－.　）

编制单位：

序号	保险险种	保险公司	费率	保险期限	保险费	保险金额	保险单号	延期与否	结束与否
1									
2									
3									
4									
5									
6									
7									
8									
9									
10									
11									
12									
13									

审核：　　　　编制人：　　　　编制日期：

表 9－4　保险索赔状态一览表

×××项目部______（险种名称）保险索赔状态一览表

（2016. 01. 01 － －.　）

编制单位：

序号	案名	案 由	事故时间	事故地点	保险单号	保险公司	索赔状态	索赔金额	索赔结果	备注
1										
2										
3										
4										
5										
6										
7										
8										
9										
10										
11										
12										
13										

审核：　　　　编制人：　　　　编制日期：

第十章　国际工程银行保函

导语：在国际工程中见索即付银行保函是最常用的保函，投标保函、预付款保函、履约保函、质保保函等基本上都采用见索即付的形式。鉴于见索即付银行保函的复杂性，本章第一节重点论述见索即付银行保函的法理关系。在厘清法理关系的基础上，第二节以总承包商的视角探讨如何防控工程保函所带来的风险，从内部与外部控制来防控见索即付保函可能所带来的风险。最近五年来，利比亚内战与叙利亚战乱给我国的国际承包商在两国的承包带来了重大损失，见索即付保函的欺诈索赔时有发生，第三节以叙利亚的某业主对我国某企业的保函索赔为例，分析和探讨了国内的某企业的成功应对措施。

第一节　见索即付银行保函的法理关系[1]

保函又称保证书，是指银行、保险公司、担保公司或个人应申请人的请求，向第三方开立的一种书面信用担保凭证，保证在申请人未能按双方协议履行责任或义务时，由担保人代其履行一定金额、一定期限范围内的某种支付责任或经济赔偿责任。银行保函是指银行应委托人的申请而开立的有担保性质的书面承诺文件，一旦委托人未按其与受益人签订的合同的约定偿还债务或履行约定义务时，由银行履行担保责任。在各种担

〔1〕 张浩：《国际 EPC 合同中的银行保函研究》，载《建筑经济》2014 年第 4 期，第 74 ~ 77 页。

保形式中,银行保函由于信用最高,收费合理,已成为最普遍的经济担保形式。鉴于国际工程项目较多采用见索即付银行保函,本章重点论述见索即付银行保函的法理关系。

一、银行保函适用的国际惯例和分类

(一)国际商会制定的保函的国际惯例

国际商会(ICC)先后制定了多个与银行保函有关的国际规则。目前,有较大影响的相关银行保函国际惯例主要包括:

(1)国际商会1978年第325号出版物:《国际商会合同担保统一规则》(ICC Uniform Rules for Contract Guarantees,以下简称URCG 325或合同担保规则);

(2)国际商会1992年第458号出版物:《国际商会见索即付保函统一规则》(ICC Uniform Rules for Demand Guarantees,以下简称URDG 458或见索即付保函规则458);

(3)国际商会1993年第524号出版物:《国际商会合同保函统一规则》(ICC Uniform Rules for Contract Bonds,以下简称URCB 524或合同保函规则);

(4)国际商会1998年第590号出版物:《国际商会国际备用信用证惯例》(ICC International Standby Practices,以下简称ISP98或备用信用证惯例);

(5)国际商会2010年第758号出版物:《国际商会见索即付保函统一规则》(ICC Uniform Rules for Demand Guarantees,以下简称URDG 758或见索即付保函规则758)。URDG 758是对URDG 458的修订。

国际商会制定的这些担保统一规则,构建了比较完整的规范银行保函的规则体系。

(二)有条件支付保函与见索即付保函

根据保函与基础合同效力的关系,在保函中有无独立性约定,可分为一般保函和见索即付保函:

1. 一般银行保函

一般银行保函,也称从属性银行保函或有条件支付保函,保函项下保证人(银行)的担保责任是从属性的,保证人付款的依据是基于保函申请人在合同项下违约的事实,且保证人可以援引保函开立申请人基于基础合同对受益人享有的所有抗辩。有条件保函受益人在索赔兑现时有一些限制条件,比如,受益人需向银行出示被担保人未能履行义务产生法律效力的判决书、调解书、仲裁裁决书等书面文件,才能要求作为保证人的银行承担担保责任。显然,有条件银行保函最明显之处是能够对受益人的欺诈性索赔进行一定程度的控制,从而确保国际商事交易的安全。由于从属性银行保函的上述特点,规范其适用规则的国际惯例显然不同于规范见索即付保函的国际惯例。目前,适用于从属性银行保函的国际惯例主要是合同担保规则(URCG 325)和合同保函规则(URCB 524)。

2. 见索即付性质的银行保函

见索即付性质的银行保函,也称为银行独立保函,是一种与基础合同相脱离,一旦出具后,其效力不依附于基础合同的担保,其付款责任仅以独立保证自身条款为准的保函。此类银行保函独立于主合同,受益人担保利益的执行并不是依据保函开立申请人是否在基础合同项下存在违约,而是凭受益人按照保函规定提交的索赔单据。这类银行保函适用有关规范独立担保的见索即付保函规则(URDG 458)、见索即付保函规则(URDG 758)或备用信用证惯例(ISP 98)等规范。

二、见索即付保函的特征

(一)见索即付银行保函的法律关系

如图 10-1 所示,揭示了见索即付银行保函的法律关系。

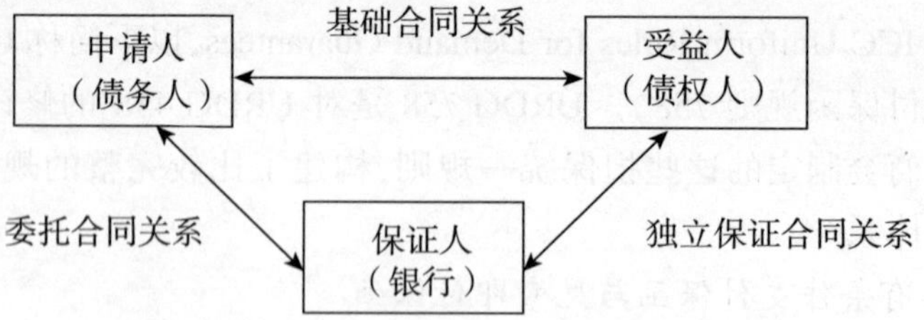

图 10-1 见索即付银行保函三方法律关系

一是申请人与受益人之间的基础合同关系。主要包括货物买卖合同,工程承包合同、工程投标等产生的法律关系。申请人按照受益人的要求,拟订保函条款,担保行根据基础合同中的保函条款和申请人提出的开具保函申请提供担保。虽然这种基础合同关系是银行保函能够产生的前提,但是基础合同关系的无效并不必然导致保证银行和受益人间独立保证合同关系的无效。两种合同关系是相互独立的,也正是这一点区别于传统的从属性保证,为受益人通过“欺诈”或“滥用权力”创造了条件。

二是申请人与担保行之间基于委托产生的委托合同关系。银行保函是保证银行根据申请人的要求为申请人的利益而开立的。双方签订《保函委托书》以明确各自的权利与义务。《保函委托书》是银行向申请人收取手续费以及履行保证责任后向其追偿的凭证。虽然银行是接受的申请人的委托签发保函,但由于银行保函已经开立就完全独立于基础合同的性质,最终银行在受益人索赔时是以自己的名义向其进行偿付的,所以在事实上形成了一种代理关系。在这种情况下,一旦受益人向银行提出了付款要求,即便是“欺诈性”的要求,银行也不能以申请人违反委托合同为由拒绝对其付款。这为受益人的恶意索赔提供了可能性。

三是受益人与银行之间是独立保证合同关系。一旦银行开出保函并且经受益人接受,银行与受益人之间便形成了与基础交易合同相对独立的保证合同关系。如果受益人提供了符合保函规定的单据或文件向银行提出索赔要求,银行就必须无条件付款,不享有从属保证中保证人的先诉抗辩权和主债务人的一般抗辩权,因其承担的是第一性的付款责任。

(二)见索即付银行保函的特征

1. 独立性

虽然担保人是依据基础合同向业主作出的承诺,但它独立于基础合同,担保人和受益人的权利和义务完全以保函所记载的内容为准,并不受基础合同的影响。与传统担保合同相比,“独立性”是其本质特征,保函一经开出就独立于基础交易合同,担保人无权调查基础合同的实际履行情况,也不能基于保函条款以外的其他理由作为抗辩而拖延或拒绝付款。即使保函内容包括有对基础合同条款的援引,担保人也与这类合约无关,受益人只要提交了与保函条款相符的索赔书或保函规定的其他单据并在保函限额内索赔,担保人就必须付款,至于申请人是否确实违约及受益人实际遭受的损失有多少在所不问。担保银行不享有从属性保函下的先行抗辩权,也不能援引委托合同中的抗辩事由对抗受益人,它突破了传统担保的从属性和第二性特征,隔离了担保人的先诉抗辩权和基于基础合同的抗辩。

2. 无条件性

无条件性是指在保函的有效期内，只要受益人提交了与约定相符的索赔文件，担保行须无条件地将款项支付给受益人。担保银行不能审查基础合同的实际履行情况，不能审查申请人是否存在违约，担保人的责任仅限于遵循表面一致原则合理审慎地审核受益人提交的所有单据。只要单据符合保函规定，并且所有单据表面互相一致，担保人就必须无条件地支付索赔款项。

3. 不可撤销性

根据 URDG758 第 5 条（b）规定，所有的保函或反担保函均为不可撤销的文件。这意味着在保函有效期内，未经受益人允许，担保人或申请人不得以基础合同在执行中变更、修改等任何理由单方修改或撤销保函。

从以上分析可以看出，见索即付保函具有独立性、无条件性和不可撤销性等特征。它虽是为担保基础合同债权而成立的，但其成立后独立于基础合同，即使在保函中提及基础合同的条件或约定，基础合同的效力也不能影响保证的效力。见索即付保证人承担的保证责任是无条件的，只要受益人提出的索赔请求和相关的证明文件形式上符合要求，保证人即应依其承诺付款。

三、见索即付银行保函转开与转递

出于安全考虑，受益人一般只接受项目所在国的银行直接开出的保函或者经业主认可的银行开出的保函。如果必须通过当地一家中间银行向受益人呈交各类保函，则应该特别注意“转开”与“转递”之间的区别。

（一）转递（Authenticate）保函

转递保函是指受益人所在国的商业银行只起联络作用，当发生索赔的情况时，转递银行只是负责传递信息给原开证行，并以其意见为准。转递行只负责保函表面的真实性，即形式要件审查，如代替受益人对担保人的印鉴是否真实负责，但对保函内容的正确性与真实性不负责任。转递行只有收到原开证行的赔付款项后才能支付给业主，转递行承担的是间接责任。转递保函对于承包商来说，手续费较低。

（二）转开（Endorsement）保函

在国际经济贸易融资中，当受益人要求保函必须由其本国银行出具，而申请人与这家银行并无往来时，申请人只能申请与他的往来银行（又称指示行)向受益人所在地商业银行(转开行,或称第二签发行)出具保函。转开保函的四方法律关系如图 10－2 所示。

1. 转开保函的法律关系

转开保函的法律关系如下：

(1)委托人和受益人订立基础合同。

(2)委托人向指示行提出申请,要求其向保函开立行发出开立保函的指示。

(3)指示行向保函开立行发出指示,并提供反担保函作为担保。

(4)根据指示行的指示和提供的反担保,保函开立行直接向受益人开立保函。

2. 保函和反担保函的法律关系

保函基于反担保函产生,但签发后保函就独立于反担保函。反担保函约束的是指示行和保函的开立行;保函约束的是开立保函的银行和受益人。保函和反担保函主要在以下几个方面存在衔接关系：

(1)保证金额:保函和反担保函的保证金额相同。

(2)有效期:反担保函有效期通常略长于保函有效期。保函基于反担保函产生,两者不规定同一天失效是因为按照保函规定,受益人在保函有效期最后一天都有权提出索款要求,其后保函开立行向指示行提出偿付要求也需要一定时间,因此反担保函的有效期长于保函。

(3)银行费用的承担:开立反担保函和保函分别需要向指示行和保函开立行分别支付一定的银行费用,因此对承包商来说等于支付了双重的手续费。

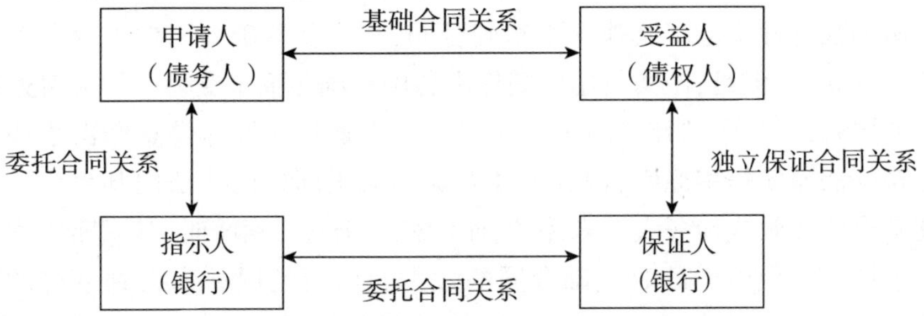

图 10－2　转开银行保函四方法律关系

四、见索即付保函的阻却事由

见索即付保函的独立性、无条件性、不可撤销性等特征,既是其便于国际贸易的重要优势,但同时也为受益人实施欺诈和不当索赔提供了制度上的操作空间。不当索赔是指在委托人未违反基础合同的情况下受益人仍向担保人提出索赔要求,较为典型的是受益人的“欺诈”及“滥用权利”。

(一)欺诈和滥用权力例外的法理依据

诚实信用原则作为处理民事纠纷的“帝王准则”,其基本功能就是平衡当事人之间的利益冲突,已经被大多数国家确立为民商事法律的一项基本准则。例如,《德国民法典》第 242 条、《日本民法典》第 1 条第 2 款、《法国民法典》第 1133 条、第 1135 条,《中华人民共和国民法通则》第 14 条等都确立了诚实信用原则作为法典的基本准则。诚实信用原则要求合同当事人在行使各自的权利以及履行各自的义务时应当是善意的、诚实的,在尊重他人权利和利益的同时获取自己正当的利益。该原则已经被各国引用为欺诈例外的理论基础。在银行保函实践中,受益人提交了带有欺骗性的单据,或者根本违约而索赔,明显是不诚实信用的,同时也违背了保函制度设立的目的。如果这时仍然固守担保的独立性,要求根据受益人的要求付款,显然违背了公平原则,违背了立法的初衷,破坏了受益人、申请人和银行之间的平衡。因此,世界各国基本上都将诚实信用这一原则引入到独立担保的法律制度中,将欺诈作为拒绝付款的唯一理由。

(二)受益人的“欺诈”和滥用权力

1. 受益人的“欺诈”

所谓“欺诈”,是指受益人明知申请人没有违约仍然提出恶意索赔。保函的独立性决定了其独立于基础合同,并不受基础合同项下双方存在争议的影响,但是,诚实信用原则作为各国在国际商事交易中均应普遍遵守的原则,在保函欺诈纠纷案件中也应予以适用。欺诈性索赔由于违反了合同法诚实信用原则,构成了独立保函见索即付的违法阻却事由。当基础合同无效或债务人并未违约,而债权人仍进行索赔时,其索赔主张便构成欺诈。但由于此时基础合同的效力及履行情况并未得到最终的确认,因此,只有当债权人的欺诈索赔系明显的情况下,法院方才允许担保人或债务人行使抗辩权。

欺诈已经为各国司法实践中阻却见索即付保函恶意承兑的唯一例外。例如，英国法院在“ Bolivinter Oil SA. v. Chase Manhatton Bank (1984)”案及“ Edward Owen Engine ring Ltd. v. Barclays Bank International Ltd. (1965)”案中认为，欺诈的证据“必须清楚证明有欺诈行为及银行知情”。美国判例法中对欺诈问题划分为单据中的欺诈和交易中的欺诈两种。美国法院认为：欺诈的构成除在客观上必须具备上述特征外，债权人在主观上还必须是恶意的，即债权人明知债务人已经严格地遵守了基础合同而仍进行索赔时，则为恶意。德国认定欺诈所采取的证据标准较为严格，但是也并未要求申请人提供十分充足的证据，在欺诈的实质方面，对一些欺诈的事实进行总结，一旦证实这些事实的存在，法院就很可能做出对受益人欺诈的判决。最高人民法院《关于贯彻执行〈中华人民共和国民法通则〉若干问题的意见（试行）》对欺诈行为进行了明确规定：“一方当事人故意告知对方虚假情况，或者故意隐瞒真实情况，诱使对方当事人作出错误意思表示的，可以认定为欺诈行为。”从以上的立法或司法实践可以看出，尽管各个国家的立法或者判例中对欺诈的范围、程度都有或多或少的规定，但对于“欺诈”并没有一个明确的细化的规定，没有一个清晰的认定标准，法官拥有很大的裁量权。

由于备用信用证与见索即付保函有极大的相似之处，因此，联合国 2000 年 1 月 1 日生效的《独立保函和备用信用证公约》（以下简称《公约》）（United Nations Convention on Independent Guarantees and Stand-by letter of Credit, UNCITRAL）中关于“欺诈性”的规定可供立法与司法实践参考。该《公约》第 19 条第 2 款将“欺诈性”不当索赔归结为“无任何可能依据”的索款请求，并举例说明：

（1）为了保护权利人而开具承保书的意外事件或风险毫无疑问地没有发生；

（2）法院或仲裁庭已宣布委托人/申请人的基础义务无效，除非承包书表明这类以外属于承包的风险范围之内；

（3）承包所规定的基础义务已毫无疑问令索款人满意地得到了履行；

（4）索款人的故意不当行为，明显妨碍了基础义务的履行；

（5）若是根据一项反担保而提出索款，反担保的权利人作为与反担保相关的承保的担保人，不守诚信地做了付款。

《公约》第 19 条还在总结世界主要国家立法经验的基础上，用列举的方法规定了担保人可援引欺诈例外的情形，这实质上是间接地规定了认定欺诈的标准。这种规定一方面可保护见索即付保函的独立性不被破坏，另一方面又可防止该领域的欺诈行为，从而确保独立担保机制充分发挥作用。此外，《公约》第 45 ~ 51 条还就受益人恶意进行欺诈及滥用索款权利时担保人可以拒付抗辩的条件作了统一规定，以平衡受益人与担保人之间的权益，避免担保人实际遭受损失。

2. 受益人滥用法律

如果明显的诈欺不能成立，法院将审查债权人（受益人）是否实施了滥用法律的索赔行为。滥用权利指在没有确知委托人违约，或因自己的原因导致委托人违约的情况下，仍向担保人提出索赔。当债权人的索赔旨在引起担保人或债务人的损失，或者旨在迫使债务人修改基础合同条款，或者纯粹是为了从担保人处取得外汇，该索赔即为滥用法律。虽然受益人向银行提交了表面相符的单据，但是有证据明确表明受益人存在欺诈的情况，申请人可以行使欺诈例外抗辩权向法院申请支付令或者财产保全。在这种情形下，银行不是欺诈例外抗辩权的主体，因为受益人只要提交了表面相符的单据，银行就应无条件付款，如果银行根据基础交易合同做出“实质性欺诈”的判断而拒绝付款，因其涉及了对基础合同的审查，将有可能被卷入到申请人与受益人的基础合同纠纷中，从而违法了银行保函的独立性原则。而且一旦银行对受益人的欺诈行为判断失误，其在国际金融界的信誉将受到损害。因此，当受益人存在滥用权利进行欺诈的情况，保证人往往不愿意行使欺诈例外抗辩权拒绝付款，而是留下适当的时间，由申请人行使欺诈例外抗辩权，在法院颁布了禁令或支付令以后拒绝向受益人付款，以免承担错误拒付的风险。在第三节中，我国湖南省 H 公司诉叙利亚 P 公司，以对方欺诈为由请求法院禁止指示行向担保行承兑就是最好的例证。

司法实践中，“权利滥用”与“欺诈”有时很难分清，并且对两者进行区分有多大意义学术界争议很大。事实上，不论是欺诈还是滥用权利，只要证据充分，债务人就可以向法院寻求司法救济，阻止受益人承兑。在各国司法实践中，权利滥用实质上欺诈的一种形式，债务人得到法院的司法救济，主要来自法院的自由裁量权。

(三)不可抗力是否构成阻止见索即付的事由

不可抗力是各国法律都认可的一种合同免责事由，URDG758 第 13 条也规定不可抗力可以作为免责的事由，即"担保人和指示方对因天灾、暴乱、战争或其他无法控制的原因，或罢工、关闭，或任何性质的工业行动导致其营业中断而产生的后果不承担任何义务或责任"，从而解除了担保人对于不可抗力造成的后果的责任。但以上只能表明不可抗力是合同免责的理由，但构不成阻止见索即付保函承兑的理由。担保行只能严格审查单证是否达到表面一致，并无权认审核申请人是否遭受到了不可抗力，不能对合同内容提出任何异议。不可抗力只能在仲裁中或诉讼中作为免债事由提出。因此，债务人以不可抗力为由是无法阻止受益人到担保行承兑的。

五、阻止见索即付保函的止付手段

由于在见索即付保函中担保行只负责文件的形式审查，承担依合格文件进行赔付的绝对义务，当文件表面上不合格时，有权自行止付，但担保人没有义务对基础合同的效力及履约情况进行调查，因此当债务人行使内容上的抗辩权或有效性抗辩，而担保人不予同意时，只能向法院申请止付令以实现止付的目的，而不能自行实施止付行为。但法院是否颁布止付令，既要考虑到债务人的止付请求是否应该得到保护，又要顾及见索即付保函的独立性是否因止付令的颁布而被否认。大多数国家的法院实践做法是如果不颁布止付令将招致债务人不可弥补的损失时，法院根据债务人提供的有限证据，而不必由债权人和债务人双方到庭陈述便能颁发止付令。

(一)美国法院做法

美国纽约法院通常在同时满足下述条件下才考虑颁布止付令：

(1)在交易纠纷中，申请人有很大的机会胜诉；

(2)若不颁布止付令，则申请人明显地蒙受不可弥补的损失；

(3)法院推定，欺诈案对申请人的损失大于因颁发止付令而给被申请人带来的损失；

(4)止付令的颁布不至于损害公众的利益。

(二)英国法院做法

英国法院禁令的种类很多,银行保函欺诈中涉及的多为中间性禁令,其作用在于以最便利的方式维护权利被确认后的状态。根据限制对象的不同,中间性禁令可以分为三种:

(1)对受益人禁令,即禁止受益人向银行提出索款请求;

(2)对银行的禁令,即禁止银行对受益人进行付款;

(3)马瑞瓦禁令,即限制受益人对其财产进行处分。

(三)德国立法

德国立法实践中对银行保函欺诈的救济措施分为“假处分”和“假扣押”两种。“假处分”是指为了保全债权人非金钱请求的强制性,而禁止债务人变更争执物的状态或规定争执法律关系的暂时状态的特别程序。“假扣押”是指为了保全债权人的金钱请求而进行保全强制措施,先将债务人的财产予以查封,以避免债务人隐匿或处分。以上两者都是保全措施,只是针对的实施对象不同:“假处分”是以非金钱请求的债权为保全对象,而“假扣押”是以金钱给付的债权为保全对象。在处理银行保函欺诈的司法实践中,为了禁止受益人的欺诈行为,德国法院在司法实践中运用更多的是“假处分”这一司法救济措施。

(四)国际公约中规定的救济措施

对保函欺诈可以借鉴的是2000年1月1日起生效的《联合国独立保函和备用信用证公约》第20条规定法院对独立担保受益人可以采取的救济措施有两种:一是相当于英美法系国家禁令的让受益人得不到支付的临时命令;二是相当于大陆法系国家的保全措施命令,冻结支付给受益人保证范围内的款项。

六、见索即付银行保函在我国的法律适用

(一)我国对见索即付银行保函的立法规定

我国有关担保的法律主要有1995年10月实施的《中华人民共和国担保法》(以下简称《担保法》),2000年12月实施的最高人民法院《关于适用〈中华人民共和国担保法〉若干问题的解释》(以下简称《担保法司法解释》)以及2007年10月起实施的《中华人民共和国物权法》(以下简称《物权法》)。部门规章主要有中国人民银行1996年10月施行的《境内机构对外担保管理办法》,1998年1月实施的《境内机构对外担保管理办

法实施细则》以及各专业银行总行制定的对其分支机构对外担保的授权方式和管理办法。

国内保函业务目前主要由《担保法》调整。由于国内一般保函业务通常被认定一般保证或连带保证,我国的《担保法》中并没有关于见索即付保函的规定。有观点认为,《担保法》第5条“担保合同是主合同的从合同,主合同无效,担保合同无效。担保合同另有规定的,按照约定”为见索即付的保函提供了解释的空间,然而该条受到了最高人民法院的司法解释限制,最高法院以判例的形式禁止见索即付保函在国内使用。《担保法司法解释》第6条第5款规定,在对外担保中,主合同变更未经担保人同意的,担保人不再承担担保责任,表明《担保法司法解释》认为不能割裂主合同和担保合同的关系,排斥独立性保证,实际上也是排斥国内保函独立性约定的效力。《物权法》第172条规定:“担保合同是主债权债务合同的从合同。主债权债务合同无效,担保合同无效,但法律另有规定的除外。”《物权法》删除了《担保法》中“担保合同另有约定的,按照约定”的规定。通过对比两法可以看出,物权法实施后,除非法律对独立担保另有规定的,法规、规章、规范性文件以及当事人的约定中有关担保合同的效力独立于主合同的内容或条款均属无效。《物权法》取消了《担保法》关于当事人改变担保合同从属性的机会,规定当事人只能依据法律规定设定独立担保,而不得自行约定设立独立担保。最高人民法院对银行独立保函适用范围观点比较统一,认为银行独立保函只能适用于国际经济活动,不适用于国内经济活动中,并且屡次以判决形式否定国内保函独立性约定的有效性。我国的《担保法司法解释》第6条作出了五个方面的限定:有下列情形之一的,对外担保合同无效:

(1)未经国家有关主管部门批准或者登记对外担保的;

(2)未经国家有关主管部门批准或者登记,为境外机构向境内债权人提供担保的;

(3)为外商投资企业注册资本、外商投资企业中的外方投资部分的对外债务提供担保的;

(4)无权经营外汇担保业务的金融机构、无外汇收入的非金融性质的企业法人提供外汇担保的;

(5)主合同变更或者债权人将对外担保合同项下的权利转让,未经担保人同意和国家有关主管部门批准的，担保人不再承担担保责任。但法律、法规另有规定的除外。

（二）见索即付保函的法律适用

当涉及涉外保函时，可以依据《民法通则》第142条第3款之规定："涉外民事关系的法律适用，依照本章的规定确定。中华人民共和国缔结或者参加的国际条约同中华人民共和国的民事法律有不同规定的，适用国际条约的规定，但中华人民共和国声明保留的条款除外。中华人民共和国法律和中华人民共和国缔结或者参加的国际条约没有规定的，可以适用国际惯例。"这一规定为法院在司法裁判中参照或援引相关国际惯例留下了空间。《见索即付保函统一规则》作为国际惯例属任意性规则，本身没有约束力，只有当保函纠纷的当事人明确将其载入担保合同时，才可能会对当事人产生约束力。当然需要明确的是，法院在援引国际惯例时必须尊重当事人明示或默示的意思，在当事人显然没有援用国际惯例订约的意思时，法院不得强行将国际惯例引入合同。对于见索即付保函能否约定适用备用信用证的有关惯例，例如能否约定适用《跟单信用证统一惯例》（Uniform Customs and Practice for Documentary Credits，UCP600）？根据意思自治原则，"法无禁止即为许可"，当事人适用该相关国际惯例的约定应当被允许，也即见索即付保函可以经由当事人的约定而适用备用信用证相关的国际规则与惯例。

（三）对见索即付保函的阻却手段

我国的债务人遭到受益人的"欺诈"时，可采取以下救济措施：

（1）如果遇到"欺诈"，受益人凭见索即付保函向银行提取保证金时，可以按照《中华人民共和国民事诉讼法》之规定即向我国法院提出诉前财产保全措施，以侵权为由请求法院暂时冻结保函，以防止损失发生。

（2）由于英美法系国家和大陆法系的国家规定千差万别，没有统一的标准，因此需要根据约定的准据法采取不同的应对措施。在英美法系国家申请法院发出临时禁令，在大陆法系国家可提出保全措施。

（3）如果发现业主的欺诈行为触犯刑法时，可向我国公安机关举报，由公安机关冻结中方担保银行出具的保函，或者由当事国的律师代为向业主所在国的司法机关报案。

（4）在保函业务中担保银行在收到受益人的索赔书后，通常享有一段合理时间来审核单据以决定是否付款或拒付。因此,担保人在出具保函时应规定一个合理的时间来审核索赔书及支持单据。索赔发生后应立即通知委托人或指示人,以证实受益人的付款请求是否为恶意或滥用权利,从而为申请司法止付赢得时间。

(5)由于不同国家法律对恶意及滥用权利等概念的规定不一致,保函纠纷由不同国家法院审理会导致适用不同国家的法律来解决纠纷,因此我国担保人在出具担保时应尽量争取使保函适用我国法律并由我国法院审理。

七、见索即付银行保函与备用信用证比较

(一)两者产生的背景

见索即付保函最早出现在20世纪60年代的中东地区,当时由于石油输出国财富的迅速增加使中东国家有能力签署大额基础建设合同,为了弥补传统担保合同的不足,出现了见索即付的保函。1960年的《伊朗政府交易规则》中就出现了见索即付的银行保函。

备用信用证(Standby Letter of Credit)作为信用证的一个分支,也称之为商业票据信用证,担保信用证或保证信用证,产生于19世纪60年代的美国。由于世界各国银行一般均可开立保函,而当时美国法律却禁止其国内商业银行开立保函,为与外国银行竞争,达到为客户担保之目的,美国银行于二次战后开始广泛开立实际上属于保函性质的支付承诺——备用信用证。作为一个独立的凭单付款的承诺,备用信用证通常仅要求受益人提交汇票和简单的文件,以证明申请人违约。时至今日,虽然美国限制商业银行开立保函的法律早已取消,但由于备用信用证具有独立性、单据化和见索即付的特点,在处理具体业务时又可根据UCP600办理,因此较保函而言,备用信用证较易为银行和进出口商所接受,不仅在美国沿用至今,而且在世界范围也得到了广泛应用。

(二)备用信用证与银行保函相同点

备用信用证与银行保函都是银行为申请人的违约向受益人承担赔付的责任,都是一种银行信用,都充当着一种担保功能:

(1)法律当事人相同,都是委托人、担保人和受益人三方;

(2)使用的目的相同,都是用银行信用对合同违约的担保凭证;

(3)都具有排他性和独立性的特点,一旦开立,都独立于基础合同,

都不能够撤销；

(4)都是纯粹的单据交易，即凭单付款；

(5)担保人的担保或者付款责任都是第一性的，当申请人不履行义务时，受益人可凭证直接从银行取得补偿。

(三)备用信用证与银行保函之间的区别

由于备用信用证已经发展到适用于各种用途的融资工具，包含了比银行保函更广的使用范围，而且备用信用证在运作程序方面比银行保函更像商业信用证，有许多备用信用证中的程序在银行保函中是不具备的，如保兑程序、以开证人自己的名义开出备用信用证、向开证人之外的其他人提示单据的情形等，所以两者还是有较大的不同：

(1)适用的法律规范和国际惯例不同。目前，可适用于备用信用证的国际规则主要有三个：其一是《国际备用信用证惯例(ISP 98)》；其二是《跟单商业信用证统一惯例》(UCP 600)；其三是联合国国际贸易法委员会制订的《联合国独立保证和备用信用证公约》。银行独立保函可适用的国际规则主要有：国际商会制订的《见索即付保函统一规则》。原则上银行保函只能适用有关银行保函的国际惯例，而不能适用规范信用证的《跟单信用证统一惯例》、《备用信用证惯例》(ISP 98)或《联合国独立保证和备用信用证公约》。当然，根据备用信用证惯例(ISP 98)的规定，"任何备用信用证或类似独立担保书，不论其如何称谓或者描述，只要明确注明根据备用信用证惯例(ISP 98)开立，则适用备用信用证惯例(ISP 98)"。但需要指出，备用信用证惯例(ISP 98)只能适用于非从属性担保(如银行独立保函)，而不能适用于从属性担保(如银行非独立保函等)。

(2)付款依据不同。备用信用证与单据相联系，只要受益人能够提供符合信用证规定的文件或单据，开证行即验单付款，而不去理会基础交易是否履行。银行保函与履约相联系，其付款依据是有关合同或某项承诺是否履行，因此保函赔付的审查较为复杂，往往易使担保人被牵扯到申请人与受益人的基础交易纠纷中去。

(3)开立方式不同。备用信用证的开立，开证行通过受益人当地的代理行转告受益人，通知行需审核信用证表面真实性，如不能确定其内容真实性，有责任不延误地告之开证行或受益人。银行保函的开立可以采取直接保证和间接保证两种方式。如果采取直接保证方式，担保行和受益人之间的关系与备用信用证开证行和受益人的关系相同。如果采取间接保证的方式开立银行独立保函,委托人所委托的担保行作为指示方开出的是反担保函,而作为反担保函受益人的银行再向受益人开出保函,并向其承担义务,开立反担保函的指示方并不直接对受益人承担义务。

(4)生效的条件不同。按照英美法的传统理论,开立备用信用证则不需要有对价即可生效,但提供银行保函必须要有对价才能生效。

八、见索即付保函的管辖权和法律适用

(一)见索即付保函的管辖权

司法管辖权是国家主权的重要体现,是一切判决的先决条件。一般来说,管辖权由法院地法来确定的,除非案件受国际公约的支配。国际上关于管辖权的多边公约为数不多,已有的公约并没有得到普遍的接受。管辖权的确定对准据法的选择具有一定的决定意义,其重要性表现为:管辖权问题的产生优于法律适用问题,在管辖权确定之前,法律适用不具有实质性的意义。同时管辖权问题直接关系到判决的承认与执行,一方面,各国都希望无限度地扩大自己的管辖权,所以经常发生管辖权冲突;另一方面,外国法院做出的判决往往由于管辖权问题而在有关国家得不到承认与执行。

在涉外担保中经常遇到这种情况,本国企业的保函都要求必须经其本国银行的转开,或经本国银行的背书(Endorse)、确认(Confirm)或会签(Counter-sign)之后,才能接受。受益人所在国银行对保函进行的第二次担保,其目的是方便一旦保函项下发生索赔,受益人无须远渡重洋与国外银行打交道,而直接与本国银行交涉,既保证了时效性,又确保了执行性。根据《国际商会见索即付保函统一规则》URDG 758 第 35 条[司法管辖]规定:除非保函另有约定,担保人与受益人之间有关保函的任何争议应由担保人开立保函的分支机构或营业场所所在地有管辖权的法院专属管辖;除非反担保函另有约定,反担保人与担保人之间有关反担保函的任何争议应由反担保人开立反担保函的分支机构或营业场所所在地有管辖权的法院专属管辖。

(二)见索即付保函法律适用

对于反担保函的法律适用问题,《国际商会见索即付保函统一规则》URDG 758 第 34 条[适用法律]规定:除非保函另有约定,保函的适用法律应为担保人开立保函的分支机构或营业场所所在地的法律;除非反担保函另有约定,反担保函的适用法律应为反担保人开立反担保函的分支机构或

营业场所所在地的法律,由于受益人和开立保函的银行位于同一国家,适用该国内法的规定不会产生问题。指示行向保函开立行发出的反担保函往往是争议焦点。由于反担保函是约束指示行和保函开立行的法律文件,因此,两家银行都希望采用各自所在国法律和法院的管辖。但实务中银行间对该条款的磋商耗时较多,解决方法主要是选择第三方国家的法院或仲裁庭管辖,并适用该国法律。在没有准据法选择条款时,以第一银行(反担保人)所在地国的法律为反担保函的准据法,若第一银行有数处营业场所时,反担保函的准据法为开出反担保函的分支机构所在地国的法律。

第二节 国际工程项目保函管理

附条件保函能更好地保护承包商的利益,但在国际 EPC 实践中,业主往往利用绝对的市场优势,在招标文件中规定好保函的形式,几乎都是"见索即付"的银行保函,承包商根本没有讨价还价的余地。从某种意义上说,见索即付银行保函也是市场选择的结果,承包商必须适应市场做出的这种选择,采取足够的应对措施。

一、FIDIC EPC 合同中关于担保的规定

国际 EPC 总承包中,业主通常要求承包商在不同的阶段提供投标保函、预付款保函、履约保函、质保金保函等。保函既是一份独立的法律文件,又是 EPC 合同的重要组成部分。FIDIC 银皮书在不同的条款中,对担保做出了一般性的规定,并在附件 A 到附件 G 中给出了保函通用范例格式。

(一)投标保函(Bid Bond)

承包商在向业主提交标书时,一同递交的还有担保行开具的经济担保书,它表明投标人有诚意履行投标义务。银皮书第 157 页[编写招标文件注意事项]中规定:"如果要求每位投标人取得母公司保函和(或)投标保函,这些要求(将在合同生效前应用)应包括在投标人需知内。本文件附件 A 和附件 B 给出了范例格式。"附件 A 为母公司保函范例格式,为见索即付保函。附件 B 为投标保函范例格式,也是见索即付的保函格式,适用 URDG

458(读者需要注意:由于FIDIC银皮书1999年出版,URDG 758是在2010年出版的,是对URDG 458的修订,实际上URDG 458已经被URDG 758所取代)。附件B投标保函没收的条件为:(a)未经发标人同意,在提交报价的最终时间和有效期期限届满前,撤回报价。(b)投保人已经拒绝接受按照邀请条件所做的报价中的错误的改正。(c)已经签订合同,但委托人未能遵守FIDIC合同条件第4.2款提交履约保函。

投标保函担保责任主要有:

(1)承包商提交的标书在承诺期内不得撤回。投标保函承诺期与投标有效期一致,一般为90天,最长为120~180天。若评标时间延长,承包商的保函到期,业主会通知承包商延长保函的有效期。此时,承包商根据实际情况有三种选择:

①到担保行办理延期手续;

②或者拒绝延长,放弃投标,收回保函;

③还可以同意延期保函,但要求调整投标标价。

(2)投标人中标后,在中标通知书的规定期限内和业主签订合同。合同签订后,履约保函生效的前释放投标保函。

(3)如果承包商违反投标义务,业主有权通过银行承兑承包商不履行义务所造成的经济损失。EPC合同额巨大,投标保函的金额一般控制在业主估价的1%~2%。有些业主在招标文件中对于投标保函并不是采用百分比制,而是规定一个具体金额,以防止承包商反算推测业主的项目标底。

(二)预付款担保(Advance Payment Bond)

银皮书第14.2款规定了预付款的性质、支付条件、担保、偿还以及在专用条件中规定不明时如何处理等措施。

1. 预付款保函的性质

预付款是业主为了承包商人员动迁和启动前期设计工作而支付的。预付款保函是业主支付预付款的前提条件。为了避免承包商得到动迁费后不履行合同,业主通常要求承包商开具与预付款等额的银行保函。如果承包商违约,担保行在收到业主提出的索赔后,向业主支付与预付款等额的或者相当于其未履行义务比例的索赔款。

2. 预付款保函的有效期

在还清预付款前,承包商应确保该保函一直有效并可执行。如果在保函条款中规定了期满日期，而在期满日期前 28 日预付款尚未还清前，承包商应将有效期延至预付款还清为止。预付款保函已经开出立即生效，应尽量争取履约保函生效前预付款保函失效，避免预付款保函与履约保函并行至总承包合同的临时完工之日。

3. 分期付款的期数和时间安排

分期付款的期数和时间安排，原则上只应有一次。预付款的适用货币及比例，则应按合同价格支付的货币比例支付。如果合同专用条款中没有规定预付款分期摊还比例，则应按预付款总额除以减去暂列金额的合同协议书中规定的合同价格得出的比例进行计算。因此，预付款的保函也应按照上述的比例进行扣减。在施工期间，承包商按月或季将业主批准预付款保函减值的通知送银行确认，也可凭业主付款账单写出预付款保函减值通知书，取得业主和银行的共同确认。

4. 预付款保函的格式

预付款保函为见索即付保函，适用 URDG 758。

（三）履约保函（Performance Bond）

履约担保是最重要的担保形式，履约保函是保证承包商按照 EPC 合同的约定履行义务。如果承包商违约，不能按质、按量、如期完成合同约定的义务，或者出现破产倒闭情形，业主有权向担保行直接索赔。银皮书第 4.2 款［履约担保］对承包商履约担保的形式、金额、有效期、返回条件、索赔条件等作了详尽的规定：

（1）提供履约担保是承包商的义务。承包商必须自费取得履约担保，保证担保的金额与币种符合专用条件规定。如果在专用条件中没有保障金额，则本条款不适用。履约保函按惯例一般不超过合同额的 10%。

（2）承包商提交的履约保函的时间是合同协议书签署后的 28 日内将履约保函提交给业主。这一点与 FIDIC 红皮书、黄皮书合同条件不同，其他合同条件提交的时间是承包商收到中标通知书后的 28 日内。

（3）履约保函的形式采用专用条件中所列的格式，或者采用业主批准的其他格式。附件 C 为见索即付保函的范例格式，强调履约担保函应遵守国际商会以 458 号文公布的见索即付保函统一规则的规定。附件 D 为第三方保证的范例格式，接受 524 号文公布的合同保证统一规则的规定。

（4）如果在保函期满前 28 日内，业主还没有颁发履约证书，业主可以要求延长履约保函。

(5)承包商应确保履约担保直到其完成工程的施工、竣工和修补完任何缺陷前,持续有效和可执行。履约担保的期限是业主颁发临时接收证书为止。退还的日期为承包商有权获得的履约证书(临时接收证书)后21天内,退还给承包商。履约保函的有效期间应避免和质保保函期间发生重叠,否则会增加承包商的成本与风险。

(6)业主可以索赔履约保函的条件:

①承包商未按前一段所述延长履约担保的有效期,业主可以索赔履约担保的全部金额;

②承包商未能在商定或确定后付款金额42日内,将承包商同意的,或按照第2.5款[业主的索赔]或第20条[索赔、争端和仲裁]的规定确定的承包商应付金额给业主;

③承包商未能在收到业主要求纠正违约的通知后42日内纠正;

④根据第15.2款[由业主的终止]的规定有权终止的情况,不管是否已发出终止通知。

从以上规定可知,业主可以索赔履约保函的条件相当广泛。但同时也受到一定条件的限制,业主应保障并保持承包商免受因业主根据履约担保提出的超出其本无权索赔范围的索赔引起的所有损害赔偿费、损失和开支。

(四)质保金保函(Maintenance Bond)

质保金保函的作用是对临时交接后的工程缺陷维修的违约担保,如果业主发现工程质量缺陷,承包商应立刻维修。如果承包商拒绝维修或无力维修,业主会提取质保金保函中的保额自行组织维修。保留金的支付分别规定在第1.1.4.7款保留金的定义和第14.9款[保留金的支付]中。银皮书第207页,附件F给出了保留金保函范例格式。

(1)保留金是指雇主根据第14.3款[期中付款的申请]的规定扣留保留金累计金额,根据第14.9款[保留金的支付]的规定进行支付。第14.3款规定业主可以在支付进度款时,根据专用条件的规定,在合同执行过程中,业主通常扣除每笔进度款的相应比例(一般10%)的保留金。但在国际工程实践中,质保金保函的金额与尾款相当,通常为总合同额的5%。

(2)第14.9款[保留金的支付]规定了保留金的前一半支付、后一半支付和尾款的扣除。当已经颁发工程接收证书,且工程已经通过所有规定的实验(竣工后试验,如果有)时,应将保留金的一半付给承包商。在各缺陷通知后的最末一个期满日期后,应将保留金未付的金额支付给承包商。这里的工程接收是指临时接收,也就是工程临时接收合格,支付给承包商一半;当工程最终接收后,支付剩余的一半。如果在缺陷责任期,根据第 11 条[缺陷责任]或第 12 条[竣工后试验]还有剩余的工作要做,业主有权在该项工作完成前,扣发完成该工作的估算费用。

(3)保留金保函范例格式规定保函为见索即付保函,适用 URDG 758。保留金保函的索赔主要基于两个方面:

①承包商未能履行根据合同规定的应负责的改正某些缺陷的义务;

②根据此类缺陷的性质。

(4)质保金保函的期间通常始于履约保函失效之日,终于业主签发最终接收证书后。保留金保函担保的有效期限届满前 28 天,承包商还没有得到业主颁发的合同规定的最终接收证书,业主可以要求承包商延长该保函。

(5)银皮书既规定了保留金,也规定了保留金保函。承包商为了尽快回笼资金,增强自身的资金流动性,应尽量争取用等额的质保金保函来代替保留金。

(6)工程实践中,业主经常以各种借口(如清关、清税)拖延甚至拒绝发放保留金,即使承包商百般交涉和周旋,有时也很难拿回保留金。因此,建议在报价阶段就将保留金计算到工程成本中。

(五)业主支付保函(Payment Guarantee by Employer)

在国际总承包商市场上,有些项目,业主需要从援助机构、开发银行、出口信贷机构或者其他国际金融机构组织获取资金。为了确保承包商能够执行进度计划,平衡双方之间的权力与义务,银皮书规定承包商在提供保函的同时,也规定了业主应提供相应的保函。业主支付保函是指业主申请银行或金融机构开具的以承包商为受益人的书面担保。如果业主没有在约定的期限内支付给承包商相应的工程款时,承包商可以没收保函,承兑保函项下的款项。由于业主经常利用自己在市场中的优势,国际工程实践中,纯粹的 EPC 项目很少有雇主提供付款担保的案例。

银皮书第 185 页规定了[承包商融资范例条款],并在附件 G 给出了雇主支付保函范例格式。

(1)业主支付保函担保的有效期,合同签订后的 28 日内,业主将支付保函提交给承包商。

(2)业主支付保函为见索即付保函，适用 URDG 758。

(3)退还给业主的条件是当以下三个条件出现时，以最早的日期退还：

①已向承包商支付合同协议书中规定的合同价格时；

②根据保函的义务已期满或解除合同时间；

③雇主已根据合同履行额其全部义务时。

二、承包商保函管理的原则

(一)集中管理原则

海外分子公司财务部是保函的总主管部门，负责整个项目保函制度的制定和宣贯。保函正本由海外子公司的财务部统一管理，任何单位和个人不得保留正本保函。

(二)使用公司制定的标准保函格式

保函格式必须使用公司制定的标准格式，任何部门不得擅自接受非公司标准格式或有条件的保函。以海外分子公司为受益人的保函必须是无条件的、不可撤销的见索即付保函。特殊情况下，经子公司批准后，方可接受非标准保函。

(三)审核原则

分子公司收到的所有受益人保函均需办理受益人保函接受审批表，经办业务部门根据相应授权审批规定完成分子公司内部的审核。

三、分子公司保函部门职责划分

(一)财务部职责

财务部职责主要有：

(1)负责项目所在国银行开出的保函管理，包括采购供货商和当地分包商通过当地银行开出的以分子公司为受益人的保函。

(2)负责所管理项目范围内的保函接收、审核、延期、索赔、撤销等所有手续及内外部协调等业务管理。

(3)负责保函从申请人名称、受益人名称、保函金额、保函效期、格式、合同号等全面复审核，并将审核意见反馈业务经办部门。

(4)保函信息登记。

(5)保函档案管理。

(二)法务部职责

法务部职责主要有:

(1)负责从法律、风险等方面对保函条款、母公司担保条款进行审核,并将审核意见反馈业务经办部门。

(2)负责该部门主管的分包合同、租赁合同等项下的保函办理。负责对分包商的履约情况进行跟踪,并制定分包商信用等级评价体系。

(三)业务经办部门职责

业务经办部门职责主要有:

(1)各业务经办部门必须指定专人负责本部门的保函信息管理及汇总上报工作。

(2)负责从申请人名称、受益人名称、保函金额、保函效期、格式、合同号等方面全面审核,负责填写表10-1《受益人保函审核意见表》,并将各部门审签的《受益人保函审核意见表》交财务处,根据审核意见办理后续手续。

(3)负责本部门保函的跟踪管理工作,在保函到期前将各部门审签的表10-2《保函到期处理意见审批表》(以本公司为保函申请人)或表10-3《保函到期处理意见审批表》(以本公司为保函受益人)交财务部,根据审核意见办理后续手续。

(4)负责办理保函延期、撤销、索赔内部审批手续。采购部负责购销合同项下保函办理,负责对供货商的履约情况进行跟踪,并制定供货商信用等级评价体系。

(5)保函信息登记。

(6)保函工作移交。

表10-1 受益人保函审核意见表

项目名称: 申请日期: 部门名称:

保函类型	(投标、履约、预付款、保留金、质量、其他)		
保函号		保函金额	
标号/合同号		担保行名称	
合同名称		保函到期日期	
供货商/分包商名称及地址			

续表

审核意见：（说明：保函内容是否符合合同要求，如不符合合同要求，说明不符之处。） 初步结论： （1）可以接受该保函　　　　（2）不可以接受该保函			
备注：			
项目审批意见：			
经办人		经办部门	
QA/AC 部		法务部	
财务部		分子公司经理	

表 10－2　保函到期处理意见审批表（以本公司为保函申请人）

项目名称：　　　　申请日期：　　　　部门名称：

保函类型	（投标、履约、预付款、保留金、质量、其他）		
保函号		保函金额	
标号/合同号		担保行名称	
合同名称		保函到期日期	
业主名称及地址			
保函终止条款/担保期限			
目前执行情况说明及初步意见：	执行情况： 本项目完工日期：________（日期），根据合同条款，本保函应于________（日期）终止。 初步意见：（1）通知银行办理保函撤销手续。 （2）暂时保留，等过了合同担保期办理保函撤销手续。 （3）根据受益人要求及合同规定，同意延长保函效期到______。 附业主要求延长保函的信函及延长保函效期的合同依据。		
备注：			

续表

项目审批意见：			
经办人		经办部门	
QA\QC 部		法务部	
财务部		分公司经理	

表 10－3　保函到期处理意见审批表（以本公司为保函受益人）

项目名称：　　　　申请日期：　　　　申办部门：

保函类型	（投标、履约、预付款、保留金、质量、其他）		
保函号		保 函 金 额	
标号/合同号		担保行名称	
合同名称		保函到期日期	
供货商/分包商名称及地址			
保函终止条款/担保期限			
目前执行情况说明及初步意见：	项目完工日期/最后装船日期/验收日期/其他：______（日期），根据合同规定担保期应于________（日期）到期。 执行情况：（说明一下质量情况，有无发生维修费用、设备替换等） 初步意见：（1）保函到期终止。 （2）通知供货商延期保函效期到______为止。 （3）没收保函，索赔。		
备注：（说明在担保期间是否发生维修、设备替换等费用，是否从申请人处收回等）			
项目审批意见：			
经办人		经办部门	
QA/QC 部门		法务部	
财务部		子公司经理	

四、对担保行的管理

银行受理保函业务有两种形式：一种是授信项下保函，企业在银行有一个授信额度，在该额度内可以贷款、开银行承兑汇票或者保函等，如果承包商在银行有授信，则一般不需提供营业执照等企业一般性资料，只需提供与该保函业务有关的资料，如授权书、业务合同等。另一种形式是单笔保函业务，需要银行开保函，这种情况下银行一般要求承包商提供100%担保，承包商需要交存100%的保证金或提供实物资产作抵押，存单质押、或提供担保银行认可的金融机构或其他单位作反担保人，以承担保函被受益人没收后的最终付款责任。银行经过审核后，认为可为承包商提供担保，便可与受益人协商拟订保函条款，开立保函。银行在收到承包商的申请书后，会审查承包商的资格及履约能力、项目的合法性、可行性、申请书的内容是否完整准确等内容。承包商应把工作重心放在获得受信额度上，国内的承包商可利用其在国内银行的授信额度得到优惠担保。中国银行在国际上信誉良好，大多数国家认可该行开具的保函，因此承包商可以建议业主接受该行直接开出的保函。所有以本公司为受益人的保函原则上要求中国银行出具。国际供应商必须提供由中国银行出具的以公司为受益人的保函。为了确保保函真实有效，由供货商直接提交给公司的保函，财务部门必须到银行进行真实性核实，银行确认无误后方可接受，否则视为无效保函。

五、分子公司的保函业务流程

分子公司的保函业务流程主要分为如下几部分：

1. 财务部根据《受益人保函审核意见表》中的审核意见对保函进行相应处理。对于存在问题不能接受的保函，由业务部门联系保函申请人进行修改或重开。符合合同要求的保函，财务部将正式存档保管。

2. 财务部在保函到期1～2个月前通知业务经办部门即将到期保函情况。对于由几大商业银行出具的保函，业务经办部门在保函到期日前10个工作日将保函处理意见书面告知财务部。需要办理保函延期的，首先由业务经办部门通知申请人办理保函延期，并要求在保函到期前10天将保函延期件通过银行交给公司。为了确保公司利益，如果申请人没有在保函到期前10天将保函延期件交给公司，业务经办部门立即通知财务部办理索赔手续。

3. 财务部收到业务部门保函到期处理意见后，根据不同的处理意见办理相关手续：

(1) 对已到期要撤销的保函，财务部负责到银行办理保函撤销手续。

(2) 需要办理保函延期的，财务部根据业务部门提交的《保函到期处理意见审批表》和相关资料到银行办理保函延期手续。

(3) 对需要索赔的保函，办业务部门根据保函索赔条款准备相关材料，交财务部办理相关索赔手续。

4. 财务部在收到银行的保函延期或修改件后，通知给业务经办部门。业务经办部门对保函延期件或修改件进行审核，并将审核意见书面通知财务部。如不符合要求，则通知申请人进行修改。

5. 承包商应对开立的保函明确专人全程负责制，负责跟踪催要、收回及注销保函：

(1) 公司对于失效保函，即文本中明确约定了到期时间，并指出保函失效并不取决于期满时保函正本必须退还担保人的条件，应及时与担保银行确认注销，并更新台账。

(2) 对于没有具体有效日期的敞口保函，需随时与项目人员沟通，及时了解合同执行情况，在保函有效条件成熟后，如预付款扣完或业主已经签发接收证书时，向受益人申请索回保函正本，退还担保银行，办理保函注销手续，将风险敞口封闭，规避公司授信额度或经营资金被长期占用，产生不必要纠纷。

(3) 对于到期却无法收回正本的保函，应及时与业主积极沟通，在取得业主认可保函注销和放弃索赔的书面说明或其他证明资料情况下，主动与担保银行协商办理注销手续，解除保函风险。

(4) 对于为国外业务出具的保函，承包商应及时将正本送交国外行申请注销。如遭遇保函正本遗失或毁损情况而无法收回时，由国内银行直开的保函，承包方需向业主索要其许诺，许诺放弃对承包方进行索赔的申明或有效文本，办理注销。如是由国外银行转开，需让实际参投的分子公司与国外业主进行沟通，获得有效注销资料，并让转开行电告国内反担保行，通知解除担保状态，释放占用额度，减少保函费用，避免产生索赔风险。

六、对承包商银行保函管理的十大建议

银行保函虽然存在一定的风险,但只要管理严谨、审查到位、手续齐全、管控措施落实,其中的风险是可以得到控制的。以下十条建议,相信会对承包商防范保函风险起到一定的帮助。

(一)提高对银行保函风险的认识

国际工程管理人员对保函没有多少认识,甚至错误地认为银行保函不是现金没有多少风险。通过第一节分析见索即付银行的特点可知,见索即付银行保函与在手的现金相比,其实仅一步之遥。因此,应从提高认识入手,加强保函知识的学习和业务能力的培养,在工作中趋利避害,减少银行保函带来的各种风险。

(二)做好标前项目所在国保函法律制度调研

在项目法制环境调研阶段,承包商应调研项目所在国的担保法、国际惯例,以及了解业主的资信状况、财务状况、行业经验、经营业绩、管理水平等方面的信息,了解业主有没有银行保函索赔的历史。在投标阶段,承包商应认真研究标书中对各类保函的要求以及保函文本格式的具体内容,特别应对付款条件重点研究。

(三)合理选择担保银行

银行保函实际上是银行作为中间人,对承包方与业主之间债权债务关系的担保。开具保函不仅需要企业提供自有资金作为担保,还要动用企业授信额度,按保函金额比例交纳费用。所以应选择具有国内外声誉、资金实力雄厚、业务能力强大、金融服务定价合理的优质银行,并与其确立长期战略合作伙伴关系。对于国际承包商而言,要经常进行保函的转开,因此应选择具有全球性的金融服务分支机构,能提供全面而有深度及高效的服务。

(四)承包商向银行提交开立保函的申请书及相应文件

保函申请书是一份法律文件,内容中主要有请求银行按合同规定出具保函,以及承包商所作的声明和保证,所以必须经承包商的法人代表签字盖章。承包商还应向银行介绍工程情况,并按要求提供有关的文件,以供银行审核衡量风险情况。如果保函的条款已经由业主规定,应及早提供给银行审核。若条款对承包商不利,承包商在投标和合同谈判时采取相应的措施,或在报价中提出偏离,或将其作为风险因素在总价中考虑。

(五)加强银行保函的审查工作

加强银行保函的审查工作主要包括以下方面:

(1)如果是业主为受益人的银行保函,需要承包商对业主进行全面的了解,尤其是业主的品行和付款能力进行了解,防止合同欺诈。政府的工程项目一般不提供付款保函,却要求承包方提交见索即付的履约保函。对于这类项目,应当了解工程资金来源的可靠性以及该国政治稳定性。对于延期付款或带资承包项目,必须坚持得到银行开出的付款保函或延期支付信用证。

(2)对联合体共同开出的保函,应对联合体伙伴进行了解和调查,防止因为保函引起的连带责任造成不必要的损失。

(3)如果有其他申请人要求承包商担当担保人,应当对申请人的资信、能力、信誉有充分的了解。因为在银行要求申请人提交第三方反担保的情况下,银行对外赔付后,若申请人无力偿还,担保人就成为代为赔偿的对象。因此,对于第三方反担保的角色,应尽量避免担当。

(六)保函开立后的管理

保函一经开出即为生效,承包商应严格按照合同履行项目,避免遭受受益人的索赔。

(1)在工程项目执行过程中,应注意保持和业主之间的联络畅通,一旦发生分歧,应及时解决矛盾和争端,将保函索赔风险扼杀在萌芽期。

(2)如保函需要延期,应与业主协商,并通知银行将保函的期限延长,以防止业主因有效期到期而借故提款。

(3)合同中应规定保证金额随工程量减少和预付款的扣还而递减。承包方应随时将递减值让业主签署承认后正式通知银行,这样既可使保证金额与实际应付款额相符合,还可逐步降低保函手续费。

(4)保函到期如不办理撤销,仍承担被索偿的风险,且银行将继续收取担保费用。因此,承包商必须高度重视到期保函,必须及时撤销。

(5)如遭遇到业主无理索赔保函的情况,应立即向仲裁庭或者法院申请临时司法措施,阻止银行见索支付。

(6)要求分包商和供应商提供见索即付银行保函,以分散或转移部分风险。

(七)保留合理的时间间隔

在保函文本赔偿条款上注意给付款留有一定的时间间隔,给自己合理解决索赔赢得时间。如当受益人凭本保函索赔时,在收到银行书面通知后,将自行解决纠纷;如未解决,承包商将书面通知银行,承诺赔付;在担保有效期内,因承包人违反合同约定的义务给银行造成经济损失时,承包商在收到银行以书面形式提出的在担保金额内的赔偿要求后,在 7 天内无条件支付。

(八)拒绝“可转让”的保函

URDG 758 第 33 条规定了“保函转让与款项让渡”条款,应遵守以下规定,杜绝保函的转让:

(1)保函只有特别声明“可转让”方可转让,在此情况下,保函可以就转让时可用的全部金额多次转让。反担保函不可转让。

(2)即使保函特别声明是可转让的,保函开立之后担保人没有义务必须执行转让保函的要求,除非是按担保人明确同意的范围和方式进行的转让。

(3)可转让的保函是指可以根据现受益人(转让人)的请求而使担保人向新受益人(受让人)承担义务的保函。

(九)保函档案管理

承包商凭留档审批资料和保函协议建立明细台账是行之有效的管理手段,财务部应编制电子台账表明晰列示保函开立时间、业主名称、开立项目名称、保函类型、金额、限期、开具保函编号、授理银行等要素,以方便后期的查询及统计企业保函使用额度等信息反馈工作。各业务经办部门必须做好保函的台账登记工作,实时进行更新,并定期与财务进行核实,对不一致处,及时查找原因,进行更正。由专人定期进行保函清理,到期保函及时撤销和收回,防止不良业主的罚没和索赔。工程所在国银行出具的正本保函,由分子公司财务部安排专人负责保存。工作变动,必须进行工作交接和资料交接,由财务经理负责监交。任何其他部门不得保留正本保函。所有保函资料必须存档备查,年度终了对已撤销的保函资料装订成册,并定期上交文控部存档。

(十)练好内功是保函的最有效抵御措施

见索即付保函制度既保证了承包商履行合同的严肃性,又把信誉不佳的承包商淘汰出总承包商市场，起到了优胜劣汰，净化市场的作用。国际 EPC 合同中的保函所担保的是承包商的信誉承诺。信誉高，承保人愿意担保，容易获得大型项目；信誉不好，银行不愿意担保，承包商无法获得信用服务，就不可能在激烈的国际 EPC 市场中获胜。对承包商来说，承包工程是一项是资本、设备、技术、劳务等的综合性输出，也是承包商信誉的输出，承包商应慎重签约，严格守约。当我们在关注我们认为的风险时，总是忽略自身存在的风险，其实，见索即付保函最大的风险来源于承包商自身，每个 EPC 承包商须视“信誉”为生命，按照合同约定的质量、标准和工期履行好合同，练好内功才是保函的最有效的抵御措施。

第三节　一则见索即付银行保函“欺诈”案例

2011 年 2 月爆发的利比亚战争和 2012 年 2 月爆发的叙利亚战乱，造成了我国在这两个国家大部分总承包项目停工，这两个国家的很多业主趁机进行了见索即付银行保函的索赔，我国的承包商深受其害，这为我国总承包商“走出去”敲响了警钟，须高度重视见索即付银行保函的特点，防范潜在的巨大风险。以下是发生在叙利亚的一起针对我国某企业使用见索即付保函的索赔，我国的企业及时制定了止付应对措施，具有一定的借鉴意义。

一、见索即付银行保函索赔事件经过

成套设备项目与一般的货物进出口业务不同，项目覆盖内容繁多，包括工艺设计、设备供应、技术转让、零配件供应、安装调试 、售后维修、技术培训等内容，且涉及金额巨大、周期长、不确定因素多。成套设备项目具有 EPC 项目的特征，见索即付银行保函就是其中之一，业主经常会采用一些一般贸易中不常采用的履约保函和质保金保函。独立、严格的担保责任在为见索即付保函赢得独立的法律地位的同时，也为受益人进行欺诈提供了便利，使申请人面临巨大的风险。如何在成套设备贸易中合理地使用银行保函，如何申请止付令都是需要关注的问题。

(一)事件起因与经过

2011 年 2 月 28 日,特变电工衡阳变压器有限公司(以下简称 H 公司)中标叙利亚国家输电总局(以下简称 P 公司)4 台 300MVA/400kV 电力变压器和 5 台 400 KVA/20kV 接地变压器的产品供货项目。2011 年 3 月 24 日,H 公司向 P 公司开出一份编号为 LGC9701100361 见索即付银行履约保函,金额为 63 万欧元,有效期至 2013 年 8 月 16 日。该保函为转开保函,H 公司为保函开立申请人,叙利亚输电总局为保函受益人,叙利亚商业银行为担保银行,中国银行湖南省分行为反担保银行。

2011 年 4 月 11 日,H 公司与 P 公司签署了《产品买卖合同》,合同总价为 620 万欧元 + 731 万叙利亚镑,H 公司负责设备的设计、生产、供货、运输、保险、试验和培训,并以 CIF 方式运输至 P 公司指定的位于大马士革和霍姆斯的仓库。该合同结算方式采用信用证,结算货币为欧元,P 公司开立欧元信用证。合同约定延期损害赔偿金为每天合同额的 0.1%,总的罚款不超过合同额的 20%。双方在争端解决上选择适用叙利亚法律,并以叙利亚当地法院的诉讼形式解决纠纷。

在合同双方签字后,H 公司迟迟未得到 P 公司的合同生效通知,该项目基本上处于暂停阶段。直到 2012 年 3 月 19 日,P 公司才函告 A 公司,合同经过政府批准,正式于通知日期 3 月 19 日生效。H 公司随后按照对方的指示通知,在 1 个月内提交了报审图纸。

2012 年 2 月叙利亚颁布新宪法,其后叙利亚国内的安全局势极度恶化,受其国内战乱的影响,中国承包商纷纷撤离叙利亚,H 公司向叙利亚当地的产品运输、安装、调试等合同义务已不具备履行条件。鉴于双方签订的该合同结算方式是采用信用证,结算货币为欧元,H 公司担心 P 公司根本无法完成付款义务,多次致电或致函 P 公司,要求明确开立欧元信用证的银行、保兑银行、信用证开立的具体日期,但 P 公司均予以回避,不给予肯定性的答复。根据当时的条件,叙利亚政府受到制裁,欧元账户被冻结,业主 P 公司根本无法开出欧元信用证,无法履行付款义务。基于诚实信用原则,H 公司多次致函叙 P 公司,合同履行遇到不可抗力,希望协商解除合同,并释放银行履约保函,但对方始终未予同意。

2013 年 6 月 24 日,P 公司通过叙利亚商业银行向中国银行湖南省分行提出“不延期及索赔”的索赔请求,要求 H 公司将保函延期至 2014 年 2

月1日,否则将索赔保函项下全部款项。同日,中国银行湖南省分行通知H公司,希望H公司在4个工作日内同意叙方的保函延期要求,否则将按照保函规则向P公司赔付保函项下所有款项63万欧元。当时,叙利亚内战已经爆发。

(二)H公司向国内法院起诉

2013年6月26日,H公司启动诉讼预案,以“保函索赔欺诈纠纷”为由,向衡阳市中级人民法院提起诉讼,将叙利亚输电总局和叙利亚商业银行列为共同被告,中国银行湖南省分行为第三人,提出诉讼请求:

(1)请求确认被告在原告申请开立的编号为LGC9701100361的银行保函项下索款过程中存在恶意欺诈;

(2)请求判决第三人终止向被告支付LGC9701100361号保函项下款项;

(3)请求解除被告的履约保函担保关系,释放LGC9701100361号银行保函;

(4)请求判决诉讼费用由被告承担。

H公司在事实与理由部分认为:

(1)被告未开立信用证存在严重违约。被告与原告签署的合同中,约定的付款方式为合同金额采用100%的不可撤销且保兑的信用证进行结算。自2011年4月,双方签订合同至今,被告未按照合同要求开立信用证,原告无法安排设备生产制造,被告的违约行为造成了原告巨大的经济损失。原告在与被告签订合同后,令原告难以预料的是,叙利亚国内局势随即出现反复动荡,并不断恶化,反政府组织逐步联合美国、欧盟、阿盟及土耳其等国家不断对叙利亚进行制裁,包括冻结叙利亚海外资产,对叙利亚国有企业和银行进行制裁,以迫使现任政府下台。特别是在2012年5月以来,叙利亚国内的战乱局势愈演愈烈,事实上,合同已经不可能履行。

(2)原告已适当履行合同义务,不存在任何违约行为,被告索赔存在严重欺诈。2012年3月19日,被告通知原告合同生效,原告即按合同要求向被告提交了报审图,并通过了被告的审核要求。根据合同规定,被告应及时开立信用证以便原告组织生产,但被告一直未履行合同义务,原告已全面适当履行了合同规定期限内的合同义务。此后,该合同一直处于

"中止"状态至今。因原告在合同履行中不存在任何违约行为,被告在分明知道国内战乱状态下,已经不可能履行合同,依然提出保函索赔要求,存在严重"欺诈"行为,被告不应得到任何赔偿。

(三)内国法院的裁定

2013年6月26日,衡阳中院根据《中华人民共和国民事诉讼法》第100条、第102条、第103条之规定,裁定"冻结中国银行股份有限公司湖南省分行开立的编号为LGC970110036银行保函下的款项62万欧元"。6月27日,湖南中院完成对保函的保全工作,要求中国银行湖南省分行止付保函款项。

(四)指示行的做法

2013年6月28日,中国银行湖南省分行根据内国法院的判决,以及H公司要求,拒付P公司保函索赔请求,并发电文回复叙利亚商业银行:

(1)中国银行湖南省分行收到了中国法院的止付令;

(2)不同意延期;

(3)因叙利亚商业银行的索赔与反担保条款要求不符,拒付。

(五)P公司的反应

P公司其后又分别于2013年7月8日,7月31日,12月18日,12月31日,2014年5月21日,2015年7月1日、2015年12月31日,2016年5月20日,先后共计9次提出"不延期及索赔"要求,但均被H公司数次及时申请法院裁定,予以冻结支付保函。

(六)事件的结局

2016年7月21日,P公司向叙利亚商业银行申请撤销对H公司的索赔。叙利亚商业银行和中国银行湖南分行要求H公司承担所有的相关延期费用、发电文手续费等1.5万美元。2016年8月,H公司在协商的基础上,同意支付1.5万美元。至此,保函索赔事件基本结束。

二、该案例评析

(一)中方法院以侵权为由提起的争端的管辖权问题

在司法管辖权上,国际私法的合同之责尊重当事人意思自治原则,当事人可以选择合同争端解决的机构和适用特定国家的法律。该买卖合同虽然约定的是叙利亚国法院管辖,并适用叙利亚法律解决,但由于叙利亚国内激烈的内战,中方已经不可能去叙利亚通过诉讼方式解决争端。P

公司也没有通过到本国法院提起诉讼。保函欺诈纠纷案件,属因侵权行为提起的诉讼。以侵权行为地法作为侵权行为损害赔偿的准据法,始终在各国的立法和实践中占据主导地位,无论是大陆法系国家还是英美法系国家,这一原则得到了广泛的适用。本案中,原告、反担保银行及保函项下款项支付地为H公司的住所所在地,该住所地应认为是侵权结果发生地。根据《中华人民共和国涉外民事关系法律适用法》第44条规定,侵权责任应适用侵权行为地法律。本案原告主张的案由是侵权纠纷,因此准据法上应适用中华人民共和国法律。

(二)本案的焦点是被告P公司是否构成保函欺诈

"诚实信用原则"是商业活动应普遍遵守的"帝王"原则,保函独立性原则不能对抗诚实信用原则。URDG 758在序言中声明,"见索即付保函只有当被担保人违约时,支付见索即付保函才是适当的","依照平等和公平交易原则,规定索偿要求应当采用书面形式且应当至少随附由受益人出具的关于被担保人违约及其违约事由的声明是合理的"。据此,当受益人针对保函提出索偿时,保函申请人违约的情形应该是确实发生的,在这种前提下业主得到保函赔偿金才是合理的。在此次叙利亚内战内乱的背景下,P公司以承包商不继续履行合同为由提出保函的索偿是不合理的,因为在不可抗力发生时,承包商暂停工作或终止合同是合同赋予的权利。

针对见索即付保函项下受益人可能存在的道德风险与不当索赔,各国司法实践逐渐发展出一种抗辩机制,即当事人向法院申请保函止付。一般认为,受益人的不当索赔主要包括如下两种情况:第一,受益人向担保人提交的索赔文件不合格;第二,提交的索赔文件虽然合格,但有充分的证据显示受益人索赔系显性欺诈或滥用法律。在出现上述情形下,当事人可向法院申请止付保函。审理保函欺诈案件中,根据认定侵权责任需要,应当对基础合同的履行情况进行有限度的审查,以正确判定被告有无行使索赔权的正当理由以及索赔声明是否进行了故意虚假陈述,在此限度内的审查与基础合同的仲裁条款并无冲突。就本案而言,P公司在明知国内战乱形势下,合同已经不具备履行的条件,依然提出保函延期。此外,P公司对自己的义务不履行,而要求合同另一方单方履行合同,从上述两点分析,P公司明显存在欺诈。因为叙利亚战乱,P公司没有派代表到中方法院应诉。中方法院在三权衡后，只是裁定临时冻结银行保函下的款项，足以见中方法院保持了谨慎的态度。中方法院所做的裁定既符合法律规定，又切实可行。

法院做出止付保函的裁定可能会直接导致开证银行起诉保函的担保银行，甚至可能会扣押担保行在国外的资产。而担保行没有实际履行付款义务会违反相应的国际惯例的规定，叙利亚当地法院很可能会判决担保行败诉，进而就担保行的海外资产进行强制执行。所以，我国法院若贸然颁发止付令，很可能会导致我国从事见索即付保函业务的商业银行蒙受损失，在很大程度上影响其国际信誉，甚至还会连带损害中国法院在国际上的声誉。因此，法院是否颁发止付令受多重因素的影响和制约：除考虑债务人的止付请求应得到保护以外，还必须考虑对中国商业银行国际信誉的影响，以及见索即付保函的独立性及无条件性，我国银行必须承担第一位的付款责任。我国担保银行根据国内法院的裁定禁止向担保行支付，这种支付也只是临时冻结支付，需要等到最终的判决结果。本案的最终结果是叙方 P 公司向叙利亚商业银行申请撤销对 H 公司的索赔，究竟是什么原因促使 P 公司撤回索赔要求，不得而知，也许是作为政府部门的 P 公司多种因素权衡的结果吧。

（三）国内成套设备供应商的提前预案

根据 URDG758 保函规则，银行在收到受益人索赔通知后 5 个工作日内完成审单及赔付工作，一旦遭遇保函索赔，在如此短暂的时间内说服法院，完成立案及保函止付工作是非常困难的。因此，承包商应清醒认识各种保函所具有的风险，并在投标决策、办理保函和保函管理中采取相应的防范措施，以应对可能出现的风险。早在 2011 年 3 月，与叙利亚国家输电总局合同签订并开立保函时，H 公司法务部就已持续关注合同履约风险及保函将来可能遭遇的恶意索赔风险，并就相关索赔风险防范制定了具体的处理预案。与当地法院提前进行了沟通和交流，以便在遭遇恶意索赔时可以开辟绿色通道，及时有效进行应对，从而为后来在收到索赔书后 4 天内对保函进行了止付奠定了基础。

三、对国内承包商的启示

在国际工程承包实践中，受益人凭保函向银行索偿的情况时有发生，其中除因承包商违约而导致业主要求索偿外，也有大量业主无理提款，采取欺诈手段骗取款项的案例。见索即付保函欺诈由来已久,早在 1979 ~ 1980 年的伊朗革命时期,作为外国银行保函受益人的伊朗国有企业在保函项下提起了大量的索赔,导致许多西方公司(保函申请人)和担保银行在本国向法院提出止付申请。美国等国家的法院做出裁决,有些核准了止付的申请,也有一些考虑到保函的独立性特点而拒绝发出止付令。该事件引起了国际社会对见索即付银行保函的广泛关注。最近五年来,不仅仅是在叙利亚,在同期发生战乱的利比亚,也发生了大量恶性欺诈事件。据有关资料显示,在利比亚战争爆发后,利比亚撒哈拉银行曾向中国水利水电建设集团公司、葛洲坝集团、中石油集团、宏福建工等公司进行预付款保函的恶意索赔,金额高达数亿美元。利比亚商业银行共向我国 7 家担保银行提出 11 笔总计 4. 97 亿美元的延期和不延期即付款要求,其中涉及中国进出口银行 2. 25 亿美元,中国银行 2. 3 亿美元,中国建设银行 3185 万美元,与 7 家企业的 8 个项目有关。

见索即付保函欺诈案中,不仅要防范受益人的恶意索赔,也应防范来自担保行的风险。例如,2012 年 9 月 24 日,伊朗央行发布汇率改革政策,将美元兑换伊朗里亚尔的官方汇率价格从 1 : 12, 500 提高到 1 : 25, 000。伊朗央行同意伊朗商业银行对此前按照 1 : 12, 500 汇率开出的信用证仍按照旧汇率执行。但实际操作过程中,伊朗商业银行在开出信用证时没有及时购汇,在 9 月 24 日以后承兑即将到期或已到期信用证时无法按照原来的 1 : 12, 500 汇率价格获取外汇,继而伊朗商业银行要求伊朗开证客户按照新汇率补齐里亚尔后才能购汇。但是,依据之前签订的开证协议,伊朗开证客户通常拒绝补偿汇率损失。最后,有些伊朗商业银行开始出现信用证到期不付款的情况,或是通过严格寻找单证不符点的方法规避付款义务。中国的一些企业反映,个别伊朗商业银行有发出空头付款指令的情况。我国企业投诉发生信用证违约的伊朗商业银行主要集中在 BANK MELLAT、BANK TEJARAT、BANK PASAGARD、BANK MASKAN、KISH INERNATIONAL BANK 五家商业银行。

第十一章 国际工程索赔

导语：工程索赔在国际工程领域被公认为是最为复杂、最为棘手、最具有挑战性的法律问题。第一节主要从法理角度论述了国际工程索赔的法理基础，主要包括合同文本的选择、条款的法律适用、归责原则三个方面。第二节则从管理学的角度论述如何对索赔进行有效的管理，包括承包商内部管理制度与外部管理制度。第三节在分析国际流行的索赔三大原则的基础上，提出了在 EPC + LLIs 合同模式下，共同延误工期索赔不利于业主的原则、费用索赔不利于承包商的原则。第四节是索赔的一则案例，揭示出国际工程索赔要求法务队伍必须专业化和职业化。

第一节 国际工程索赔的法理基础[1]

国际工程索赔涉及法律法规、技术经济和工程管理等多学科知识，被公认为是国际工程领域最为复杂、最为棘手，也最具有挑战性的法律问题。国内外学者对索赔的研究主要集中在引起索赔的因素、索赔原则、索赔依据、索赔程序、索赔方法、索赔技巧、争议解决方式、组织机构构建、人员素质构成，数据记录、费用计算、工期计算、索赔模型的构建等问题上，对索赔的法理基础研究不足。工程索赔需要先定性分析，再进行定量分析，两分法可使复杂的索赔问题迎刃而解。定性分析主要是指法律分析，

---

〔1〕 张浩：《国际工程索赔的法理基础》，载《辽宁工业大学学报》（社会科学版）2016 年第 3 期，第 11～15 页。

判断能否构成索赔；定量分析属于技术性分析，量化索赔费用或者时间。国际工程索赔的法理基础主要研究三个方面：一是合同文本的选择，工程项目选择的合同文本中的风险分配规则是构成索赔的前提条件和基本因素；二是合同文本具体条款的法律适用，解决合同条款与工程所在国的法律或者准据法存在冲突的问题；三是索赔事件在适用具体法律中或合同中的归责问题。

一、工程索赔的定义与特征

（一）索赔的定义

“索赔”（claim）在《牛津法律词典》中定义为：“要求承认某人之所有权或对某物享有某种权利，或根据保险合约所要求的赔偿，如因损失、损坏等。”《朗曼词典》对索赔的定义为：“作为合法的所有者，根据自己的权利提出的有关某一资格、财产、金钱方面的要求。”从以上两词典定义可知，索赔就是要求取得应当属于自己的东西，实质上是一种权利和资格的要求，只要具有权利和义务关系的行为人，在某一产生法律关系的行为过程中，对非自己的过错而是对方应承担的责任事造成的损失，就可以根据合同、法律以及惯例的规定进行索赔，向对方提出给予赔偿的要求。FIDIC 合同文件中未对索赔作出清晰地定义，只是在第 20.1 款［承包商的索赔］中对索赔的内容作出规定：“如果承包商认为，根据本条件任何条款或与合同有关的其他条件，他有权得到竣工时间的任何长期和（或）任何追加付款。”美国 AIA 合同文件 A201《土木工程施工合同通用条件》第 4.3 款对索赔的定义为：“索赔是由某一方为维护其权利而提出的要求或主张以期对合同条款进行调整或解释，进行支付，延长支付或其他对合同条款的放宽。”从 FIDIC 合同条件与 AIA 合同条件对工程索赔的描述可知，工程索赔通常是指在履约过程中，合同一方当事人非因自身的原因受到损失后或者权利受到损害后，根据合同、法律或者惯例通过一定的合法程序向对方提出经济或时间补偿要求的一种行为。

（二）按索赔对象分类

按照索赔对象可以分为以下几种：

（1）承包商与业主之间的索赔。承包商向业主索赔是国际工程总承包常见的形式，也是本章重点讨论的内容，业主也可以针对承包商的索赔提出反索赔。业主可以向承包商提出索赔,而承包商针对业主的索赔也可以提出反索赔。

(2)总承包商与分包商之间的索赔。由于国际 EPC 合同责任的单一性,分包商可以向总包商索赔,总包商也可向分包商索赔,由于分包商与业主之间没有合同关系,双方之间不能索赔。

(3)总包商与供应商之间的索赔。如果供应商在设备的规格、质量、数量、供货日期、现场服务等方面违反供货合同,承包商有权向供货商提出索赔要求。同理,如果承包商不按合同规定支付货款,供应商也有权向承包商提出索赔。

(4)对保险公司的索赔。承包商基于发生在保险范围内的风险事件造成的损失,可以按照保险合同约定向保险公司索赔。承包商与保险公司之间的索赔是单向的,索赔的标的也只能是费用。

(三)索赔的法律特征

索赔有三大法律特征,即补偿性、客观性和合法性:

(1)补偿性,是指承包商与业主按照合同约定的风险进行合理调整或再分配,以弥补受损方的损失。国际通用的合同文本对于索赔的范围基本限定为"额外"的工期或者费用,索赔属于履行合同的正当权利要求,索赔本身不具有经济惩罚性质。

(2)客观性,是指索赔必须是在发生实际损失后或权利受到损害后才能向对方提起,无损失无索赔,而且这种损失必须是能够被证明的法律事实。索赔方所遭受的损失,与被索赔方的行为不一定存在法律上的因果关系。

(3)合法性,是指提起索赔必须有充分的法律依据,既包括双方之间签订的合同文件,也包括准据法或者工程所在国的法律以及国际惯例。

索赔的三大特征有其内在逻辑规律:补偿性是索赔的第一属性,是索赔的最本质特征;客观性受合法性制约,但客观性的评价标准在不同法域认定差异很大;合法性是指索赔是建立在有充分合同或法律基础上的,没有合同或法律规定,索赔就失去了存在的法理基础。

(四)反索赔定义

关于"反索赔"的定义,国内基本上有两种观点:一种观点认为"承包商向雇主提出的经济补偿或工期延期要求为索赔,而雇主向承包商提出的索赔,对承包商索赔进行的评价或者批评以及否定称为反索赔”。全国建筑施工项目经理培训教材、全国监理工程师执业资格考试统一教材、全国造价工程师执业资格统一考试教材等均采用该观点。这种提法在我国工程界占主流。另一种观点认为“反索赔是当事人另一方向索赔方提出的索赔要求进行反驳、反击或阻止对方索赔成功叫反索赔”。《牛津法律词典》中对“反索赔”的定义是:“由被索赔一方发出的对该项索赔进行检查和处理的行为。它不仅是对该项索赔的防卫与反驳,而且是对索赔者提出实质性索赔的一个独立的行动。”该释义中,反索赔不仅仅“拒绝”或者“反驳”,而是必须针对同一标的提出的相对独立的反索赔请求,退一步说即使没有对方的索赔诉求,该项反索赔诉求也能独立存在。这与我国《中华人民共和国民事诉讼法》中的关于“反诉”规定极为类似。从按索赔对象分类可知,索赔具有双向性特征,是法律或者合约赋予双方平等主体间的对等的救济权利。

上述第一种观点违背了语言逻辑习惯,在国外并没有该种提法。FIDIC 银皮书合同条件第 2.5 款对雇主索赔作出规定:“如果雇主认为,根据本合同任何条款,或合同有关的另外事项,他有权得到任何付款,和(或)缺陷通知期的任何延长,他应向承包商发出通知,说明细节”。在国际工程实践中,雇主的索赔往往没有时效性约束,不需要提交索赔报告和资料,在不需要征得承包商的同意情况下,雇主可以从应支付给承包商的工程款中扣抵,或者从滞留金中扣款补偿损失,还可以没收履约保函或质保金保函,甚至还可以留置承包商的材料设备作为抵押。业主的索赔难度与承包商的索赔相比,容易得多,又因雇主的索赔频率较少,我们通常见到的是来自承包商的索赔。第一种提法盛行的原因主要是一些主流教材起了以讹传讹、推波助澜的作用;第二种说法虽然揭示了索赔与反索赔的主体双向性特征,但混淆了索赔与索赔抵制、抗拒等行为的区别,是抛开法律语境下的提法。

二、合同文本的风险分配是索赔的前提和基础

合同范本的实质就是规范双方权利与义务关系,确定风险责任的分配方式与转移规则。不同的合同范本,承包商与雇主风险分配的原则和方式差异很大,这就使同一索赔事件适用不同的合同文本,由于风险分配

机制不同,索赔结果也会迥然有异。解决索赔问题的前提是厘清合同文本中风险责任的划分与认定。

(一)国际工程领域风险分配学说

在国际工程领域,风险分配说主要有三种:

(1)可预见风险分配说

可预见风险分配说认为如果风险可被一个有经验的承包商合理的遇见,该风险分配至该承包商是可以接受的,否则不能。该学说的核心是合理的可遇见性。合理性和经验两因素是区分风险分配的重要依据。

(2)可管理性风险分配说

著名工程法律学者 Smith 将可管理性风险分配定义为:"根据广泛接受的风险分配原理可将识别的风险进行分析分配。"该学说主要强调两点:一是风险应分配给能够最佳管理和减少此项风险的一方;二是风险分配应当公平。英国的新 NEC 合同条件是可管理性风险分配说的典型应用。

(3)法经济学风险分配说

法经济学风险分配说的提倡者是芝加哥大学法学院的 Posner 和 Rosenfield 教授,他们主要从损失程度、可能性发生的认识、自我保险或市场保险的成本三个相关要素判断谁是风险的承担者。

(二)传统合同文本中风险分配原则

工程承包合同从某种意义上说是业主与承包商之间权利与义务的确立,责任与风险的分配。在制定总承包合同策略时,在风险分配上,一般遵循着"谁能控制风险谁就承担风险"的原则。在传统合同模式下,业主的风险大致包括:政治风险(如战争、军事政变等)、社会风险(如罢工、内乱等)、经济风险(如物价上涨、汇率波动等)、法律风险(如立法变更)、外界(自然)风险等。出现不可抗力风险时,业主一般负担承包商的直接损失。其余风险由承包商承担。FIDIC 合同条件所坚持的原则是哪一方所能够控制的风险就由哪一方承担,若双方均不能控制的风险则由业主承担。可见,FIDIC 合同条件主张的是以可预见性风险分配学说为主,兼采取了可管理性风险分配说。

(三)FIDIC EPC 合同文本中的风险分配规则

本书第四章第四节已经详尽地讨论了 EPC 合同条件下业主和承包

商之间风险的划分,与 FIDIC 其他合同格式相比,银皮书合同条件打破了合同双方风险分担的平衡,风险分担严重向承包商倾斜。承包商在原有风险基础上,不仅要承担经济风险、外界(自然)风险,还要承担某些业主的过失风险。

1. FIDIC 银皮书与红皮书对风险分配的对比

(1)银皮书第 4. 10 款规定,承包商负责核实和解释雇主提供的现场地下、水文条件及环境方面的资料,雇主对自己提供的资料准确性、充分性和完整性不承担责任;红皮书规定承包商应能解释此类数据,在可行的范围内,承包商被推定为已取得了对投标文件或工程产生风险必要的资料。

(2)银皮书第 5. 1 款规定,明确除四种条件外雇主不对自己要求的任何错误、不准确或遗漏负责;红皮书中规定此类责任完全由雇主负责。

(3)银皮书关于产品质量的设计责任规定由承包商承担,对雇主造成损害后,责任在于承包商;而红皮书中的产品质量责任规定由雇主承担,对于产品质量造成的责任,雇主承担违约或侵权责任。

(4)不可预见困难的责任。包括红皮书在内的其他合同条件,总承包商在项目实施过程中发现无法预见的不利外部条件,大多数情况下可以向业主提出工期和费用的索赔。而银皮书第 4. 12 款[不可预见的困难]中则明确约定:“承包商签订合同后,(a)承包商应被认为已取得了对工程可能产生影响或作用的有关风险、意外事件和其他情况的全部必要资料;(b)通过签署合同,承包商接受对预见到的为顺利完成工程产生的所有困难和费用的全部责任;(c)合同价格对任何未预见到的困难或费用不应考虑予以调整。”银皮书第 4. 12 款中条款(a)、(b)的规定可以与合同的第 17. 3 款“业主的风险”的规定放在一起来理解,“一个有经验的总承包商无法预见或无法充分合理防范的自然力的作用”不属于业主的风险,而是承包商已经了解到有可能影响到工程的一切风险因素,包括自然力风险因素。与此相对应的,银皮书第 8. 4 款“竣工时间延长”中删除了“异常不利的气候条件”和“由流行性疾病或政府行为造成的无法预见的人员或物资的短缺”的情形,这些事件所导致的风险分配给了承包商。事实上,有工程经验的人都知道不可预见的困难是项目实施过程中发生可能性最大的风险之一,而异常不利的气候条件则是项目实施过程中对工期影响最大的因素。银皮书第4.12款中条款(c)的规定可以与合同的第13.8款"因费用波动而调整"的规定放在一起来理解,该规定如下:"当合同价格因劳务、货物以及工程其他投入成本的升降进行调整时,应按照专有条件的规定进行计算"。在国际EPC工程实践中一般不予调整,因此物价上涨、汇率波动的风险常常是由承包商承担。

以上对比可以看出,合同文本风险分配不同对索赔会产生根本性的颠覆。在国际EPC合同中,承包商在获得相对高额的垄断价格时也相应地承担了大部分风险。

2. 承包商的应对措施

在国际工程合同中,尤其是EPC总包合同中,业主的免责条款非常多,业主出于本能利益的需要,几乎把所有的责任都推给了承包商,他们在招标文件中规定许许多多的免责条款,利用市场地位优势,逼迫承包商接受,承包商只能在报价上预防这种风险的发生。有些风险实在是不可预测、如汇率风险,国际金融危机的风险,如果报价太高,就可能落标;如果报价不含某些风险,一旦中标后在合同履行过程中,发生了报价没有涵盖的风险,承包商就很可能面临盈利大幅减少甚至亏损的风险。这就要求承包商应当具有敏锐的洞察力,对于业主不合理的开脱性条款、免责条款、不符合国际工程惯例的做法保持足够的警惕,否则,低质量的合同文件将会对承包商的利益带来损害。承包商应努力把握签订合同前的投标、澄清、谈判、签约阶段的机会,尽量使合同条款能够公平、合理,为今后的索赔工作打下良好的基础。在与业主商讨解决不合理条款过程中,承包商应本着"以诚相待"的精神换取业主的最大让步和理解,以达到"双赢"的局面,从而对不合理条款进行删改,避免今后合同执行时因合同条款不合理对承包商利益造成危害。

三、国际工程合同默示条款对索赔的影响

(一)默示条款的含义

英美法下,合同条款可分为明示条款(express terms)和默示条款(implied terms)。明示条款指合同双方以书面、口头形式和其他形式约定的条款。默示条款又称为隐含条款或暗含条款,是指根据当事人的行为、其他明示条款,或根据法律规定或者习惯,不言自明,理应存在于合同而当事人在合同中又未写明的条款。

合同自由或意思自治原则是英美法系国家合同的基本原则，但是自由原则不是无限制的，某些情况下，合同中所规定的明示条款可能无法适用特定的纠纷或适用特定纠纷会严重地违背公平与正义，此时，英美法灵活的机制就发挥了作用，从判例中发展出了默示条款制度。一旦发生合同纠纷，当合同中所规定的明示条款无法适用于该纠纷时，法院就充分利用普通法系的灵活机制，将默示条款纳入合同内容之中。默示条款的广泛适用已经成为修正合同的工具，实际上是对意思自治原则所作的某种程度的限制或否定。但从另外一个角度看，依据合同目的、交易习惯等推定的事实上的默示条款也是对当事人真实意思的探寻与遵守，体现了意思自治原则的精神。显而易见，默示条款作为一种司法实践的技术工具，实际是一种合同解释方法。

(二)默示条款的来源

根据默示条款的来源，可以分为法定的、依惯例成立的和法官推定的默示条款。所有这些成文法规定的、惯例性的以及在司法过程中确定的默示条款构成了合同的组成部分。

1. 法定的默示条款

用于解决合同争议的成文法规范可分为强制性法律规范和补缺性法律规范。前者调整的是合同当事人不能通过自行协商解决的争议；后者调整的是双方当事人可以通过自行协商加以解决的争议。补缺性法律规范实质上就是当事人可以选择的默示条款。《英国1893年货物买卖法》是以成文法固定默示条款的代表，该法将法律适用中积累的默示规则固定成了制度，即在当事人签订的合同中没有相反的意思表示情况下，法定的默示条款就会自动地纳入合同，成为合同内容，来规范双方当事人的权利与义务。20世纪初，《美国统一商法典》以成文法的形式固定了诸如买卖、租赁等类型化的默示条款。

2. 惯例性的默示条款

在一些商事合同签订过程中，有许多商业惯例、行业惯例或一些地方习惯虽然没有明示出现在合同中，但也始终约束着双方当事人的权利与义务，从而构成了默示条款。

3. 法官认定的默示条款

法官在审理案件过程中，会根据他(她)的经验、知识和技能来理解双方签订合同所要达到的目的,将其认为当事人忽略的但解决纠纷所必需的条款嵌入到合同中去。

(三)默示条款的适用条件

使用默示条款处理国际工程合同纠纷必须遵循两个前提条件:第一,只有在合同有效成立后才能适用。如果合同的订立过程尚未完成,仲裁庭或法院就不能适用默示条款解决纷争。第二,如果当事人双方在合同中订立了明确无误、毫不含糊的明示条款,则仲裁庭或法院不得推定适用与此相反的默示条款。

(四)默示条款的效力

默示合同条款的效力随着合同的有效成立而开始,随着合同效力的终止而终止。效力的终止一般分为两种情况:一是当合同双方当事人自愿履行完各自的义务时,默示条款自然失去应有的效力。这种情况是默示条款效力的自然终止。二是合同默示条款的非正常终止。如果合同双方当事人发生纠纷要求法官裁决并强制执行的话,则默示条款的效力会一直持续到合同被强制执行完毕为止。

(五)默示条款与明示条款的区别与联系

明示合同条款是指使用词句、言语、习惯将意思表达出来。例如,在国际工程合同中明示条款一般是指合同文件的协议书、通用条款、专用条款、技术规范和投标书等;而默示合同条款是指需要根据日常交易行为或合同总的情况来判断当事人是否表达了某种意思。默示条款的潜在性主要体现在非明示性上,这也是默示条款与明示条款的最主要的区别。

自从有效合同订立后,默示条款就始终以一种非明示的方式存在于合同存续期间。当合同明示条款足以能解决双方合同纠纷时,默示条款就没必要被法官"激活"。但如果合同明示条款无法确定双方具体权利义务时,法官就需要起用潜在的默示条款来确定双方的权利义务处理合同纠纷。明示条款是构成合同内容的基础,因此作为凭借外在因素而纳入到合同之中的默示条款,在法律效力上不应超越明示条款,如果默示条款与明示条款发生矛盾,在不违反法律强制规定的情况下,应以明示条款为准。

(六)研究默示条款对工程索赔的意义

通说认为,默示条款是英美法所特有的,我国《合同法》中找不到默示条款的概念,司法实践中也不承认默示条款。但实质上,在我国《合同法》能找到默示条款的影子,例如,《合同法》第 61 条、第 62 条、第 150 条、第 171 条、第 371 条等就是默示条款的具体体现。以第 61 条为例,"合同生效后,当事人就质量、价款或者报酬、履行地点等内容没有约定或者约定不明确的,可以协议补充;不能达成补充协议的,按照合同有关条款或者交易习惯确定。"由此可见,合同中的默示条款并非为英美法所专有,在大陆法系国家民法典中以及我国合同法都可觅其踪迹。由于我国法学教育和司法实践中较少提起默示条款,这就使法律专业人士对其也比较陌生。然而,当我们面对来自英美法系的国际工程合同条款时,不得不重视默示条款。国际工程合同中存在大量的默示条款,如以下几个方面:

(1)业主的招标文件中规定,"承包商负责工程设备、材料的采购,运抵现场、保管和使用。"该语句简短明确,但根据默示条款可推知:承包商应将设备或材料出厂价、运费(陆路运输费、船舶运输费、保险费、超限运输措施费)、仓储费、中转装卸费、保管费、报关费、滞港费,现场装卸费、现场库房与堆场建设费等纳入投标报价范围。

(2)国际工程承包合同即使没有明确规定业主有足够的资金来保证项目的资金来源,根据默示规则,业主仍然有义务要保证其有足够的支付能力。如果合同没有规定承包商的履约能力问题,承包商仍有义务保证其有足够的诸如能力、人力资源和经验等方面的全方位的履约能力。

(3)如果国际工程合同中如果没有约定不可抗力条款,一旦发生不可抗力,是不是就不能适用不可抗力规则呢?显而易见,应该参照国际惯例,根据默示的国际惯例,无须作出是否适用的判断。

(4)国际工程合同的一些条款,如工程质量、价款或工程验收等内容通常不是很详细和完备,当事人没有约定,或者约定不明确。这些内容没有约定或约定不明确通常会影响合同的履行。对于约定不明或者没有约定的,当然允许当事人通过协议补充解决。如果当事人不能达成协议,即应按默示条款依据合同的目的或者交易习惯确定当事人的意思。例如,我国《合同法》第 62 条的规定就是以交易习惯为基础的合同默示条款。国际工程合同中也有类似的规定,如双方就技术规范标准约定不明确的情况下,会根据国际惯例来认定要适用的技术标准,通常为基准日期前工程所在国的技术标准。

(5)在国际工程采购合同中,默示条款也称为默示担保条款,即交付货物一方应对其货物的权利与品质进行担保,除非当事人有特别约定排除对标的物品质和权利的担保。现代交易契约中,无论交易契约中是否有明示条款,当事人对其交付的标的都应保证其无权利瑕疵、不受追索、标的品质适合商业效用、适合于买受者的合理期待,否则将承担违约责任。

很多的情况下,我国的工程技术人员索赔时找不到合同依据,也找不到法律依据,因此在索赔依据归类上出现了"合同内索赔"、"合同外索赔"、"道义索赔"分类。合同内索赔通常是根据合同明确的条款索赔,也称明示条款索赔;合同外索赔是指以法律法规为依据的索赔;"道义索赔"从法学视角看,就是依默示条款发起的索赔。认为道义索赔是业主"可怜"分包商,而进行的"施舍",是仅仅从字面意思所做的理解。在合同中找不到索赔的依据主要原因之一就是我们的工程技术索赔人员对来自英美合同中的默示条款与国际工程惯例不甚了解,缺乏应有的基础法学素养。

四、合同文本条款在法律适用上的冲突

合同的法律适用是指在涉外民事法律关系中双方当事人在合同发生争议时,仲裁机构或者法院以何国的实体法作为处理争议的依据。这种冲突规范的援引,用以确定合同当事人权益义务关系的实体法就是合同的准据法。确定准据法的原则是以当事人的意思自治为主,并辅以客观标志或最密切关系原则。当代国际社会,基于主权考量,每个国家都以法律形式规定在本国领土范围内进行的一切活动均受本国司法管辖,因此无论是业主还是承包商都必须遵守工程所在地国家的法律。承包商与业主通常约定司法管辖区并接受司法管辖区的法律约束。银皮书为此也作出规定,第1.4款:"合同应受专用条件中所属国家(或其他司法管辖区)的法律管辖"。第5.3款规定:"承包商承诺其设计、承包商文件、施工和竣工的工程符合工程所在国的法律"。我国民法通则和合同法也做了类似的规定。国际合同条件是合同性的国际惯例,并不是真正意义上的国际条约,因此,只有在我国法律或我国参加的国际条约均出现空白时才可以适用国际工程合同条件。若国际合同条件与我国现行法律发生冲突,则适用我国法律。

(一)工程师制度与我国工程监理制度存在的冲突

FIDIC 合同条件是以传统的 ICE 合同文本为蓝本制定的,具有英美法的特色,在普通法系国家法律适用时没有根本性的冲突。然而在大陆法系国家适用时,由于大陆法系民法典中承揽合同规定的理念与 FIDIC 合同条件下的理念并不完全相同,致使 FIDIC 合同条件中的一些规定与大陆民法典中的一些强制性规定相抵触。比如,红皮书和黄皮书中的"工程师"制度,形成了以工程师为中心的专家管理体制,规定工程师拥有广泛的权力,能够决定工程是否竣工,能够决定承包商的索赔是否成立,能够签发付款证书。关于工程师的法律地位,究竟是中间人、设计者、裁决人还是发包人的代理人,历来是大陆法系国家学者争论的焦点。即使红皮书本身,对于"工程师"的地位也不断改变,新红皮书将原来工程师"中间人"的中立地位变更到"发包人人员"中,重新界定为雇主的工作人员或代理人,并将其争议裁决的职权交给了争议裁决委员会。英美法系中赋予了"工程师"很大的权利,但又不承担任何作为与不作为的义务,权利与义务仍由雇主和承包商承担,以大陆法系的法律视角来看,工程师的法律地位很尴尬,工程师在大陆法系中始终不能成为一个适格的法律主体。如德国,其承揽合同根本不存在类似于 FIDIC 合同条件的"工程师"角色,虽然雇主的索赔经常通过"建筑师"的协助来完成的,但"建筑师"的法律地位是被作为雇主的代理人而发生作用,并不具有英美法中"工程师"的独立性与公正性。我国工程监理实施的是严格的资质准入和资质等级制度,如果适用红皮书条件,则工程师制度与我国监理工程师制度必然存在冲突,因为业主和承包商无权通过自由约定排除监理工程师制度。

(二)工程索赔时效与诉讼时效冲突

银皮书第 20 条规定,承包商索赔应在察觉或者应已经察觉索赔事件后 28 天内发出通知,否则承包商不能延长工期或者无权获得补偿,雇主可以凭此免除有关索赔的全部责任。对于承包商索赔逾期 28 天丧失的是实体权利还是程序权利,丧失权利的规定是否和我国法律规定的诉讼时效制度相冲突,始终是争论的热点。主要有三种观点:第一种观点认为,索赔逾期即丧失实体权利的规定无疑是诉讼时效的规定,索赔逾期失权制度违反了中国法律有关诉讼时效的强制性规定,因此,该条款属于无效条款;第二种观点认为,索赔时效与诉讼时效问题不相冲突的情况下产生的“过期作废”问题应具有法律效力,索赔时效与诉讼时效相冲突(尤其是索赔时效短于诉讼时效)的情况下产生的“过期作废”问题,应不具有法律效力;第三种观点认为,工程索赔期限与诉讼时效不冲突,合同约定的28天索赔时效不是诉讼时效,如果超出这一时限提出要求,承包商当然仍有索赔的权利,但这个权利不再得到法律的保护。对于国际惯例中的索赔期限制度是否和我国的诉讼时效发生冲突,迫切需要我国立法机关或司法机关做出立法或司法解释。

(三)融资垫资上的冲突

承包商垫资或融资从事总承包是国际建筑业的惯例。FIDIC银皮书和新黄皮书在《专用条件编写指南》第14条规定了涉及承包商的融资安排,并给出了承包商融资范例。此外,近年来,随着私营资本介入公用项目的建设,工程模式已经由单纯的建设模式进入到了更多考虑资金的融通和使用问题,项目将更趋向于深度的资源开发和基础建设,包括政府之间的合作关系不断得到加强,公共资本、私人资本与社会资本不断紧密结合。EPC + F(Finance)项目形式、BOT形式和PPP模式层出不穷,这些承包形式之关键,就在于融资前提的确立和创新。EPC + F工程总承包模式除了包含EPC内容外,还担负着另外一个核心的内容,受业主委托,承包商筹集项目开发所需的资金,通常为商业或政策性优惠银行贷款。另外,引人注目的还有BOT形式。严格地讲,BOT不是一种工程建设模式,而是一种项目融资方式,一种风险投资。近年来,中亚、东南亚、南亚地区、非洲等国家的财政收入偏于紧张,项目建设的资金筹集成了业主们最难以解决的问题,有些EPC项目因资金筹集问题,签约许久都得不到启动。是否垫资和垫资多少,是国际总承包企业综合实力的体现。近年来,带有融资性质的EPC项目管理模式受到了各国业主们的广泛欢迎。

我国法律对于承包商是否可以垫资承包并没有明确的规定。然而,在我国建筑市场发育不成熟的条件下,行政主管部门明文规定严禁带资承包,如2006年1月4日,建设部、发改委、财政部、人民银行四部委联合颁发《关于严禁政府投资项目使用带资承包方式进行建设的通知》。2006年6月4日,建设部、国家计委、财政部颁发了《关于严格禁止在工程建设中带资承包的通知》。《最高人民法院关于审理建设工程施工合同纠纷案件适用法律问题的解释》(法释〔2004〕14号)第6条规定:“当事人对垫资和垫资利息有约定,承包人请求按照约定返还垫资及其利息的,应予支持,但是约定的利息计算标准高于中国人民银行发布的同期同类贷款利率的部分除外。"该司法解释从司法层面解决了承包商垫资的合法性和有效性。然而,如果外商在我国从事工程总承包出现垫资问题或者融资问题,是遵守部委的垫资规定还是依据国际惯例,必然会出现法律适用上的盲点或冲突。对于国际工程垫资而言,不能简单地认为是行业不正当的竞争手段,能够垫资与融资承包是承包商实力的体现,有利于总承包市场竞争。从法学角度分析,垫资合同实际上是当事人意思自治原则的体现,它充分体现了当事人的真实意思表示,如果不违反法律、行政法规的强制性规定,没有损害公共利益,应当给予充分的尊重。

(四)DAB 的决定与诉讼法存在的冲突

FIDIC 条款规定争端委员会(DAB)的决定对合同当事人有约束力,如一方不执行,另一方可以向选定的仲裁机构提出申请,而仲裁机构只能进行程序性审查,不能对 DAB 的决定进行实质性审查。如果未发现 DAB 在程序上违法,则会裁定维持 DAB 决定。AIA 合同文本争端解决机制是首先让建筑师对双方之间的索赔做出决定,如果双方对建筑师的决定无异议,则应执行。如果建筑师的决定未能解决纠纷,则需要按照美国仲裁协会的建筑行业条例调停,调停失败后才能提交仲裁。无论是 FIDIC 还是 AIA,在纠纷解决机制上都采用提交工程师或建筑师解决。假如,中国的两个公司(一个是总承包商,另一个是分包商)在合同中约定使用 DAB 解决机制,仲裁机构是中国某仲裁机构,一方当事人对 DAB 的决定拒不执行,我国的仲裁机构是否有权对 DAB 的决定进行实体审查?当事人按照 FIDIC 条款仲裁制度约定是否与我国的仲裁法存在冲突?对于涉外合同,国际惯例中通行规则是允许当事人自由约定,然而约定是否为我国现行法律所承认?这些如何适用法律是亟待解决的问题,需要有相应的立法规定或司法解释。

合同范本与一定的政治经济制度相适应,其产生和存在都依赖于特定的市场经济和社会法治环境。即使在市场经济发达的美国,同一索赔事件在不同州法律适用中也会出现不同的结果。因此在选择合同文本时,需注意合同文本中的个别条款是否和准据法或工程所在国法存在冲突。如果工程所在国有强制性或禁止性规定,则必须遵守当地法律,对合同条款加以改造。

五、索赔事件的归责原则

归责就是依据一定的法律事实状态确定民事责任的归属。归责原则是指确定责任归属所必须依据的法律准则。无论一个国家属于哪种法系,总会通过某种特定的制度设计反映其基本的价值理念——无论其是否以法律规范的形式公开宣布其一般的归责原则。归责原则是工程索赔最直接和最根本的法理基础。民事归责制度涉及责任归属和免除两个方面,责任归属方面包括违约与侵权,免除方面主要是指不可抗力。

(一)违约归责原则

1. 违约归责原则的含义

违约责任是指合同当事人一方没有按照合同完全履行义务或没有适当履行义务而应向对方当事人承担的赔偿责任。在一般的情况下,违约责任的承担不影响风险的负担,风险的负担也不影响违约责任的承担。因此,违约归责原则就成为违约责任与风险负担的分界点,违约归责原则不仅决定了违约责任的范围,而且同时也决定了风险分配的范围,即两种制度以违约归责原则为轴心,在调整范围上存在此消彼长的关系。归责原则对违约责任制度的内容具有决定性的作用,主要体现在归责原则体现免责事由和决定损害赔偿范围上。在过错责任原则下,违约方是否承担责任,取决于一定免责事由的存在。免责事由是确定违约方是否承担违约责任的条件,它主要是指不可抗力。但在特殊的情况下,轻微的过失和轻微事故也导致债务人的实际履行责任的免除。然而,在严格责任下,轻微的过失和意外事故一般不能成为免责理由。不同的归责原则会对损害赔偿范围产生一定的影响。例如,根据过错责任原则,在合同双方当事人均有过错的情况下,可根据双方的过错程度来决定损害赔偿的范围。同时,损害赔偿范围有时要受到违约方在签订合同时是否遇见或应当遇见到的损失的限制。而根据严格责任原则,在确定责任范围时原则上不考虑违约人的过错或双方的过错程度等。违约责任本质上是一种财产责任,其性质是以经济补偿为主,兼有一定程度的惩罚性。

2. 违约归责原则的立法实践

大陆法系国家传统上采用过错归责原则。所谓过错责任原则,是指一方违反合同义务时,应以违约方主观上有过错作为确定违约责任的要件。例如,《法国民法典》第 276 条规定,“债务人除另有规定外,对其故意或过失的行为负其责任。”《俄罗斯联邦民法典》第 1134 条规定,“没有履行债务或者没有按照规定的方式履行债务的人在过错(故意或过失)的情况下承担责任,但法律或者合同规定其他责任基础的除外。”英美普通法系违约的归责原则基本上采取严格责任原则。严格归责原则是指违约发生后,确定违约当事人的责任只要考虑是否存在违约行为,而不是违约方的主观心理状态,确定民事赔偿责任主要不考虑过错问题。例如,《美国合同重述》第 260 条规定,“如果合同的履行义务已经到期,任何不履行将构成违约。”国际私法协会起草的《国际商事合同通则》第 7.4.1 条规定:“任何一方不履行均使受损害方当事人取得单独的损害赔偿请求权,或是与其他救济手段一并行使的损害赔偿请求权,除非不履行可根据本通则的规定予以免责。”该条的注释又重申“本条重申像其他救济手段一样,损害赔偿的权利产生于不履行这个唯一事实。”由于近代两大法系出现融合趋势,大陆法系把过错原则作为基本原则的同时,一定程度上吸收了严格责任,而普通法系在采纳严格责任原则时,也没有否定过错因素在确定合同责任方面的意义。在我国,违约的归责原则通常认为在 1999 年《合同法》颁布之前采取过错责任原则,《合同法》颁布之后采取以严格责任为主、过错责任为补充的原则,合同法总则采用严格过错责任原则,分则中部分实行过错责任原则,而可撤销合同、无效合同以及缔约过失责任则采用过错责任原则。

3. 国际工程合同文件采用的归责原则

国际工程索赔中,诸如自然因素造成的损失等诸多事件,并非当事人的过错引起,因此被常误以为是不可归责原因造成的,其实是对归责责任的误解。由于标准合同文本大部分源于英美法系,严格责任下的违约就不要求行为人有过错或过失。FIDIC 合同条件根源于英国的 ICE 合同条件,无论是有关索赔的明示条款还是默示条款,都没有将业主或承包商的主观原因考虑在内,因此违约的归责原则采取的是严格责任原则。

4. 归责原则的数额限制

在赔偿范围上,英美法系损害赔偿主要包括期待利益、信赖利益和返还利益。违约引起的索赔具有限定性,纵观各国合同立法和判例,主要采取两种形式进行限制:一是约定限制,在合同中约定损害赔偿最高限额;

二是法定限制,即由国家以法律形式限制赔偿数额。这些常见的限制规则有合理遇见规则、过错相抵规则和损益同销规则。违约是引起索赔的重要和常见因素,但有违约不一定引起索赔,即使没有违约也会产生索赔。违约责任不一定以发生损失为前提,即使没有发生实际损失,也要承担违约责任;而索赔必须以实际损失或实际延误为前提,没有损失就没有赔偿是索赔的基本原则。

(二)侵权归责

索赔还有可能由侵权行为引起的。大陆法系侵权行为法以法国和德国法律为代表。《法国民法典》所采用的是单一过错责任归责原则,具有高度概括性和抽象性。《德国民法典》归责原则采取了以过错责任原则为主以特殊侵权危险责任为辅的原则。英美法系国家没有将侵权行为高度抽象化为成文法,仅仅从具体侵权行为的样态进行分类。英美普通法中采取了"事实本身证明"的原则,以避免原告举证困难,减轻受害人的举证责任。在我国,关于侵权的归责原则学界争议很大,通常归责是以过错责任原则为主以无过错责任原则、过错推定责任与公平责任等特殊侵权原则为补充的形式。侵权责任的构成方式来源于当事国的法律规定,当事人不能约定,否则无效。

(三)违约与侵权竞合

违约与侵权是两大法系的共同归责理由。在同一索赔事件中,可能既存在违约,也同时存在侵权,即出现违约与侵权的竞合。在工程实践中,主要集中在承包商设计产品瑕疵等造成的损害责任上。发生侵权与违约竞合,各国处理方式差别很大。例如,根据英国判例,如果一方以侵权为由提起诉讼,其高于违约的救济金额往往得不到法院的支持。按照我国法律,对于责任竞合,守约方可以在违约与侵权中任意选择一个向法院起诉,侵权的赔偿额有时会高于违约的赔偿额。

(四)归责与免责理由中的不可抗力

1. 不可抗力的各国法律规定

不可抗力是违约或侵权的共同法定责任解除理由,可以全部或者部分解除违约方或侵权方的责任。不可抗力(Force Majeure)源于1804年的《法国民法典》。该法典第1148条规定:如债务人由于不可抗力或事变而未履行其给付或作为的债务,或违反约定从事禁止的行为时,不发生损害赔偿责任。除非有特别约定,发生不可抗力后,实行“谁损失、谁承担”的原则。不可抗力在英美法系类似的含义是“履行不能”(act of God)或“合同受阻”(frustration),它构成了英美法系的免债理由。在英国,不可抗力仅为“约定”概念,与其类似的制度是合同受阻(frustration)原则,“困难”(hardship)、“不便”(inconvenience)以及“金钱损失”(money loss)都构不成合同受阻的理由。美国法认为构成不可抗力的条件必须同时满足客观上履行已经变得“极难实施”,主观上在签订合同时无法预料这两个条件,主要从主观角度对与不可抗力相类似的“履约不能”加以界定。我国《合同法》和《侵权法》规定的不可抗力必须同时满足行为人不能遇见、不能避免和不能克服三要件,在理论上采取了主观与客观相结合的折中抗辩。各国法律对不可抗力的制度设计不尽相同,但均以在合同当事人所能控制的且以正当注意仍无法避免的原因而不能履行合同时,对该当事人提供保护。在不可抗力的范围认定上,自然原因如地震、洪水、泥石流、台风等因素,国际社会一般都以法律明文规定为不可抗力,但对于社会原因引起的战争、动乱、罢工、流行病、禁运、市场行情突变、政府干预是否构成不可抗力,各国立法并不一致。各国司法实践中,对于不可抗力的使用有严格限定,并不能排除所有情况下承担责任的可能性。

2. FIDIC 合同条件规定的不可抗力

1999 年版的银皮书、红皮书和黄皮书第 19 条规定了不可抗力制度。FIDIC 合同条件在不可抗力的认定上采用的是折衷说,即在不可抗力的质的要件上必须是当事人以外的原因发生的事故,而在不可抗力的量的要件上采用的是无过错标准。在风险分配上,不可抗力造成的损失上打破了“谁损失、谁承担”规则,将大部分风险分配给了雇主。发生不可抗力后,承包商不但可以免责,还可以就其遭受的损失向雇主提出工期延长索赔或经济补偿索赔。因此,在签约时,业主与承包商往往在界定不可抗力的范围时发生较大的分歧。对于业主来说,总力图缩小不可抗力的范围,从而减少为此可能发生的经济补偿,而总承包商则总尽量扩大不可抗力的范围,以便在遇到不可抗力事件时,能够减少经济损失,增强自身抵御风险的能力。在 FIDIC 银皮书中,对于合同条件第 4. 24 款在施工过程中如果发现化石、硬币、有价值的物品或文物,可以依据不可抗力向业主索赔。但对于“不可预见的外界条件”,FIDIC 合同条件不同,是否认定为不可抗力也不同,红皮书和黄皮书规定能够构成不可抗力,承包商能够索赔,而 FIDIC 银皮书,认为构不成不可抗力,承包商不能索赔。

综上所述,工程索赔首先要看合同文本的风险分配原则,风险分配给谁,对于合同当事人来说尤为关键。FIDIC 银皮书打破了传统的平衡分配风险原则,把更多的风险转移给承包商。如果忽视合同文本的风险分配而盲目索赔,其索赔必然没有法理基础作为支撑。其次,合同条款是否与准据法或工程所在国法律相冲突,无效的合同条款不能作为合同索赔依据。最后,即使相同的合同条款,在不同国家适用时,由于归责原则不同,法律后果也可能大相径庭。

第二节　承包商的索赔管理

工程索赔是挽回经济损失和取得项目经营成果的重要手段。它贯穿项目合同履行的全过程,有着严格的程序规定和时效要求,需要详细完整的证明资料作为支撑。为了提高承包商索赔的预见性、计划性,加强索赔管理的系统性、规范性、及时性,追求项目效益的最大化,承包商必须制定索赔管理办法。工程索赔是承包商项目部每个职能部门的职责和义务,项目各级管理人员应认真研读合同文件,高度重视项目实施过程中的索赔与反索赔管理。

一、工程索赔管理机构设置及职责范围

(一)工程索赔的人力资源要求

向业主索取固定承包合同总价以外的经济补偿及固定工期以外的延长,直接涉及业主的经济利益及工程计划,本身是一项极为困难的任务,这对索赔提出了很高要求,必须组建一支高水平的索赔团队。索赔团队中应该有法律方面的专家,进行法律定性分析,也应该有专业技术方面的专家,熟悉工程技术能够进行工期论证,还应该有经济管理方面的专家,进行成本经济计算。这些索赔人员能够全面地掌握整个合同文件,熟练运用合同条款,熟悉索赔的操作知识,同时能够熟练运用外语工作,直接

处理合同信函及索赔谈判。索赔工作要求积累大量的证据资料，要求写出完整的索赔文件，为此需要严密的组织保证制度。

索赔在很大程度上取决于索赔管理人员的专业知识和谈判技能。目前国际工程项目索赔人员在索赔的专业技能方面的欠缺主要反映在角色易位，即大量原来从事成本人员、计划人员、技术人员直接从事索赔，由于缺乏必要的法学素养，不能识别和论证索赔事件。我们经常谈论的索赔专家其实在国际工程实践中凤毛麟角，因为索赔专家首先应该是法务专家，能够从法律角度分析和论证一个事件能不能构成索赔；其次，还应该是工程技术专家，能够利用计算机软件等专长于工期管理；最后，还应是经济管理专家，擅长于成本管理。同时具有合同法律、工程技术、经济管理的专家太少了，所以最可行的办法是组建索赔管理团队。在索赔团队的建设上，必须有法务专家、工程技术专家、经济管理专家的参与。专家管理能够在一定程度上弥补索赔的不足，但从长远的角度看，索赔管理水平的提高还在于全体员工的对索赔的充分认识和技能的提升。

(二)项目索赔管理机构设置

国际总承包项目需设立索赔工作领导小组。可由项目经理任组长，主管法务部的项目副经理任副组长，各部门经理和法务部经理任组员。小组成员中至少应包含一名法律专家。索赔工作领导小组下设索赔工作的日常管理机构。法务部为索赔工作的日常管理机构。项目部根据实际情况，聘请国际工程合同索赔专家、法务专家参与索赔工作。

(三)项目各部门索赔职责范围

1. 法务部职责

(1)负责制定适合本项目的索赔管理办法和细则；

(2)负责将本项目的索赔管理办法和细则向本项目的各级管理人员解释与宣讲；

(3)认真研究合同，发现、收集、整理、分析、评估各种索赔线索，分析、评估各部门报送的原始索赔资料；

(4)按索赔的程序和时间向业主、联合体伙伴、分包商、供应商提出索赔意向书；

(5)撰写索赔申请报告；

(6)对索赔项目进行跟踪、催办，配合各部门对索赔资料进行审核，及时提供进一步的资料，直到索赔事件结束；

(7)做好对业主、联合体伙伴、分包商和供应商的反索赔工作；

(8)协调项目各部门的索赔与反索赔工作；

(9)做好索赔资料的档案管理工作；

(10)针对每次索赔与反索赔情况，初步提出奖惩意见，报索赔领导工作小组批准。

2. 计划控制部职责

(1)根据法务部的要求，计算索赔的工期、费用；

(2)协助法务部分析、评估和审核索赔与反索赔中与成本、工期等相关的内容，提供必要的意见和建议。

3. 设计部职责

(1)及时向法务部提出对业主、联合体伙伴、分包商、供应商关于设计方面的索赔线索与初步计划；

(2)分析、评估和审核索赔与反索赔中涉及的与设计相关的内容，提供必要的意见和建议。

4. 采购部职责

(1)记录由业主直接供应或业主指定的供应厂家供应各种材料设备的情况，包括但不限于到货时间、质量证明资料、质量缺陷等情况；

(2)记录本项目自行采购的设备、材料价格、材质等业主审批是否符合合同规定；

(3)有关工程设备、材料质量、供货情况方面的索赔及时通知法务部，准备资料并协助法务部做好索赔的工作；

(4)协助法务部分析、评估和审核索赔与反索赔中与采购相关的内容，提供必要的意见和建议。

5. 施工部职责

(1)依据合同文件中技术条款、招标图纸、技术规范和工程清单，对照实际情况，为索赔与反索赔提供依据；

(2)记录与业主、联合体伙伴、分包商的工作面交接时间，初步审查业主、联合体伙伴和分包商有无违约情况；

(3)分析变更对项目造成的实质性影响，重点是施工难度、施工工期以及施工成本；

(4)对于现场记录性资料及时记录,需要业主、联合体伙伴和分包商签认的要及时签认;

(5)对于工程技术、工程进度、自然灾害等方面的对业主、联合体伙伴和分包商的索赔及时向法务部提出,准备资料并协助法务部做好索赔工作;

(6)负责分析、评估和审核索赔与反索赔中涉及的与工程施工相关的内容,提供必要的意见和建议。

6. 质安部职责

(1)依据合同文件中的技术规范,对照实际情况检查业主是否有提高验收标准的情况;

(2)监督联合体伙伴做好现场验收记录,如验收时间、验收标准等。对于非承包商原因导致的未按时验收、非承包商原因导致的产品质量的情况提供相关证据;

(3)记录和审查业主是否按合同规定组织完工验收。当出现验收受阻时,记录全过程并存档,为索赔提供证据;

(4)做好安全事故记录,如因业主、联合体伙伴或分包商原因导致的安全事故,负责向保险公司索赔,或者向业主、联合体伙伴、分包商、供应商索赔;

(5)有关工程质量标准、质量验收方面的索赔及时向法务部提出,准备资料并协助法务部做好索赔的上报工作;

(6)负责分析、评估和审核索赔与反索赔中涉及的与质量、HSE 相关的内容,提供必要的意见和建议。

7. 财务部职责

负责分析、评估和审核索赔与反索赔中涉及的与支付、税收、保险等相关的内容,提供必要的意见和建议。

8. 其他部门职责

积极配合法务部对涉及索赔事宜的资料进行收集处理工作,如照片、录像、文件复印等。负责分析、评估和审核索赔与反索赔中涉及的与本部门相关的内容,提供必要的意见和建议。

二、索赔的原则

在工程承包中,对承包商来说,只要不是自身的责任,而是由于外界原因干扰造成工期延长和成本增加,就可以向业主、联合体伙伴、分包商、

供应商提出索赔,以最大限度地维护承包商的合理的经济利益。索赔的一般原则如下:

1. 以合同和法律为依据

遇到索赔线索或索赔事件时,各级管理人员必须对合同条件、协议条款进行详细认真的研究,从合同中或者法律规定中找到相应的依据,也可以向法务专家咨询,商议是否构成索赔。

2. 以工程资料为支撑

针对一切可能作为索赔证据的资料,如合同文件、各种会议纪要、来往信函、设计修改、变更通知、现场验收签证单等,均应建立往来文函登记签收制度,并按要求进行归档管理。对于非正式文函,如现场设计变更、现场工程量确认、现场临时协调会以及现场监理工程师的各种指令等,均应作好现场记录。同时要求与会人员或业主现场代表签字认可,作为正式文件存档。

3. 及时合理地处理索赔

索赔事件发生后,必须依据合同要求的索赔期限及时进行处理。索赔不宜长时间积累,避免简单问题复杂化。等到项目结束后,进行"一揽子"索赔的做法是不可取的。

4. 禁止滥用索赔的原则

在工程管理中,应当强化风险的预见性,尽量把工作做在前面,采取措施减少索赔事件的发生。项目执行过程中,不能擅自主动提高设计标准、增加工作范围,必须经详细论证后而无法回避的情况下才可主动提起变更申请。索赔必须有充分的理由和充足的证据,滥用索赔权利会导致业主、联合体伙伴、分包商、供应商对承包商的不信任。不当的索赔会导致双方之间关系恶化,本来能够成功的索赔也会因为滥用索赔权利导致索赔失败。

5. 全员参与与全过程参与

索赔管理涉及多方面的知识和经验,索赔管理人员在处理索赔事件时必须与项目其他管理部门紧密配合。成功的索赔不仅在于索赔管理人员的努力,而且依赖于项目管理各职能部门人员的配合和自身卓有成效的工作,因此索赔需要全员参与。在每一个国际工程项目中,会有很多索赔事件不定时地发生,而每个具体的索赔事件都有一个发现、申报、论证和讨论解决的过程,需要一个相当长的时间,因此,索赔工作应贯穿工程项目的全过程,并且随着整个工程进展做整体安排。

三、常见的引起索赔的因素

引起索赔的因素很多,以下只是列举了常见的可能引起索赔的因素,但不能因此认为引起索赔的因素就只有这些。

1. 合同变更引起的索赔

(1)由于合同规定的工作范围或责任范围发生增减而产生的变更;

(2)由于合同适用的技术标准规范要求发生改变而产生的变更;

(3)由于业主要求加快工程进度或减缓工程进度,改变合同工期而产生的变更;

(4)由于上述之外的原因而产生的变更。

2. 由于业主违反合同或法律规定引起的索赔

(1)业主迟延移交现场用地;

(2)业主审批设计图纸超过合同规定的期限;

(3)业主供货未按合同规定时间运抵现场;

(4)业主供货不全或存在质量问题;

(5)业主供货厂家的现场技术服务不能满足要求;

(6)业主未能按合同规定时间对现场完成分项、分步工程进行验收;

(7)合同规定的业主提供的消防水、软化水、生活水未能按时输送到交接点;

(8)业主提供的消防水、软化水、生活水的流量、性能不能满足合同要求;

(9)业主的道路施工未能及时完成;

(10)业主拒绝批准付款申请和支付凭证导致付款延误,业主未按照合同规定支付进度款;

(11) 由于法律、财务等原因导致业主已无法继续履行或实质上已停止履行合同的义务;

(12)业主发出的指令、通知有误;

(13)设计修改及验收组织不及时;

(14)对施工单位的施工组织进行不合理的干预;

(15)对其他承包商协调不力,影响了承包商的工作;

(16)业主提前占用部分永久工程项目而未验收；

(17)其他。

3. 不可抗力引起的索赔

(1)不可抗力事件包括：自然灾害(如风、雨、地震等)超过了合同规定的标准、战争、社会动乱、暴乱等；

(2)施工中发现文物、古墓、古建筑基础和结构、化石、钱币等有考古、地质研究价值的物品，或者其他影响施工的地下障碍物；

(3)不可预测的不利的现场地质条件；

(4)不可抗力事件应根据合同约定，如已向保险公司投保的，一部分向保险公司索赔，剩余的部分向业主、联合体伙伴或者分包商索赔。

4. 合同文件缺陷引起的索赔

(1)业主招标时提供的地质、水文、气象条件不详或与实际情况发生重大偏离；

(2)业主基础设计文件存在重大遗漏、缺陷、错误；

(3)合同条款漏洞引起索赔。

5. 工程所在国政策及法律、法规变化引起的索赔

(1)工程所在国政策调整导致物价大幅度上涨，造成人工、材料、设备上涨；

(2)工程所在国税法、社保等法律规定发生变更引起的索赔；

(3)工程所在国的其他法律、法规或地方规章发生变更引起的索赔。

6. 外部环境发生不可预见的巨大变化引起的索赔

(1)汇率异常波动引起索赔；

(2)国际市场材料价格出现剧烈波动引起索赔。

7. 其他事项引起的索赔。

四、索赔的资料或证据收集

(一)书面证据的重要性

书面证据是指用文字、符号、图纸等表达一定思想或者行为，其内容能够证明案件真实情况的物品。英美法系国家对书证的法律规定与大陆国家不完全相同。在大陆法系国家，通常认为书证是以其记载的内容或表达思想能证明案件事实的文书或物件。其特点是书证形式为证据方法，书证内容为证明之用。而根据英国1968年《民事证据法》第10条，文

书除书面形式外，还包括地图、图标、图纸、照片、唱片、录音带以及其他收录音和其他资料的装置，可见英国法中的书证范围比我国的书证范围要广，我国诉讼法中的视听资料在英国法中属于书证的内容。书证在民事诉讼法中具有十分重要的作用，有的国家在民事诉讼中实行书证优先原则，即书证的证据优于其他证据的证明力。有些国家虽未实行书证优先原则，但由于规定某些法律行为只能以书证方式证明，所以也使书证具有比其他形式更为重要的作用。例如，我国《合同法》第 270 条规定，“建设工程合同应当采用书面形式”。

FIDIC EPC 合同条件第 1. 3 款[通信交流]规定：“本条件不论在何种场合规定给予或颁发批准、证明、同意、确定、通知和请求时，这些通信信息都应采用书面形式”。第 20. 1 款[承包商的索赔]规定：“承包商还应提交所有有关该事件或情况的、合同要求的任何其他通知，以及支持索赔的详细资料。承包商应在现场或雇主认可的其他地点，保持用以证明任何线索可能需要的此类同期记录。雇主收到根据本条款发出的任何通知后，未承认责任前，可检查记录保持情况，并可指示承包商保持进一步的同期记录。”由上述两个条款可知，FIDIC 合同条件对于业主与承包商之间的往来信息，要求严格采用书面形式。在索赔条款中，突出了书证的重要性。

（二）索赔资料管理

国际总承包工程所涉及的项目有投资额度大、时间跨度长，管理人员更换频繁等特点，涉及大量原材料成本的变迁、汇率的变动以及地质条件、气候条件的变化，记录这些变化的是承包商与业主之间往来的信件与资料，这些信件与资料也是承包商将来索赔的主要依据和证据。文档管理是国际工程索赔成功的基础，承包商必须建立完善的索赔资料系统。然而国内许多承包商在国际 EPC 总承包履约过程中合同意识淡薄，索赔程序混乱，不喜欢文档保存工作，他们的固有观念是“只是在做项目，不是在做合同”。然而，几乎每一个国际工程都会涉及索赔的问题，很多中国承包商虽然抱着“低价中标、高价索赔”的心态投标，但是真正发生索赔时，却由于证据保存、索赔程序方面的瑕疵等原因，导致在索赔上处于不利的地位。在证据管理过程中，应对任何一致意见的会议、协调与承诺均应以文字形式作书面记录并有有效签字作为依据，切记坚决杜绝仅靠建立在“哥们义气”形式上的口头承诺。实践证明任何工程都会产生这样或那样的风险，甚至产生重大的冲突，忽视对文档系统的控制，最终会削弱承包商的利益。文档的控制必须以文控部门为中心，相关部门配合。文档的程序化必须做到“凡事有人负责、凡事有章可循、凡事有据可查、凡事有人监督”。

收集索赔事实资料应注意以下事项：

(1)对工程的设计或施工变更应及时请业主或者业主指定的监理签字确认。

(2)施工过程中的记录资料，如施工日志、施工进度记录、质量检查记录及监理工程师填写的各种签证等要及时记录，同时要求监理工程师及时签字确认。在内容上要求准确反映真实情况，特别是对可能影响工期及造价的因素应详细记录在案。

(3)来往信件、各种会谈纪要、各种指令和通知等文档资料，要有接收记录，注意分类、分析，在保管中要注意函件的时效和经济关系。

(4)各种凭证和报表在填写时要注意真实、准确。

(5)报告类资料一定要及时跟踪。

(6)施工组织设计、施工进度计划一定要经业主的批准，在应对措施中要提前考虑到索赔费用的计算。

(三)索赔证据的收集

索赔证据是索赔中最重要的影响因素。工程索赔资料证据的收集是一个连续的、系统的工作，需要项目部各部门的密切配合。项目部各部门应根据表 11 - 1《工程索赔主要资料收集责任部门一览表》积极收集各种工程索赔资料。

表 11 - 1　工程索赔主要资料收集责任部门一览表

序号	索赔证据	主要收集部门
1	工程所在国法律、法令、政策文件的更新及变化。	法务部
2	招标文件、合同文本及附件资料、合同条款缺陷的整理。	法务部
3	设计规范的变更、与基础设计文件的偏离； 业主批复延误的记录资料； 与业主存在的争议，导致后续设计进度滞后的资料。	设计部

续表

序号	索赔证据	主要收集部门
4	关税的变化； 国际制裁加剧导致货源短缺、运输困难，进而影响采购成本、采购周期的材料； 材料价格上涨的记录证据； 不可抗力对采购活动的影响。	采购部
5	现场条件与原合同条件的偏离及变化； 业主到货延误、供货不全的记录； 交接点、碰头点未能及时达到交接条件的记录； 业主供货厂家施工期间现场服务不及时、不能满足要求的证据资料； 业主现场不当指挥、不当指令引起的不利影响； 不可抗力对施工活动的影响。	施工部
6	业主供货厂家试运期间现场服务不及时，不能满足要求的证据资料。	开工部
7	业主供货存在质量问题的记录及证据； 业主验收不及时的证据； 业主提前占用的证据。	QA、QC 部
8	不可抗力事件包括：自然灾害（如风、雨、地震等）超过了合同规定的标准；战争、社会动乱、暴乱等的记录及证据收集。	HSE 部
9	业主原因导致进度滞后的记录和证据； 业主付款不及时的证据收集。	成本控制部
10	施工进度款月报表及收款记录； 索赔款月报表及收款记录； 记工单及工资单； 材料、设备及配件采购单； 付款收据； 收款单据； 工程款及索赔款拖期支付记录； 现金流量表； 会计日报表； 会计总账； 批准的财务报告； 会计往来信函及文件； 货币汇率变化。	财务部

续表

序号	索赔证据	主要收集部门
11	**主要工程资料的保存、整理**	
11.1	来往信件、澄清、各种会谈纪要、各种指令和通知,口头承诺内容必须转成书面记录。	文控部、相关各部门
11.2	施工组织设计、施工进度计划、实际进度记录。	施工部
11.3	施工现场的各种记录,如承包商施工记录、监理填写的施工记录、各种签证、资料的交接记录等。	施工部
11.4	工程照片,如表示工程进度的照片、工程损坏的照片。	现场各部门
11.5	现场气象资料、记录报告。	施工部
11.6	工程中的各种检查验收报告和各种技术鉴定报告。	质量部
11.7	采购各环节的有关记录、凭证和报表。	采购部
11.8	结算报表、支付清单、计划及进度报告。	控制部

五、工程索赔报告

在国际工程索赔中,索赔报告是关系到索赔成功与否的重要文件。一份优良的索赔报告要求描述全面、层次分明、文字简练、论证充分、论理透彻、逻辑严谨、计算准确、逐项论述,让业内人士一目了然,经得起仲裁和诉讼的考验。

(一)索赔文件包的编写要求

项目部在编写索赔文件包时,应满足以下要求:

(1)索赔的背景描述应清晰、准确;

(2)索赔的合同或法律依据应充分;

(3)有明确的工期或费用等索赔要求;

(4)有充分的书面索赔支持文件;

(5)索赔支持文件和索赔要求之间具备内在的逻辑联系。

(二)索赔报告通常包括以下六个部分

索赔报告的具体内容因索赔事件的性质、特点和复杂性差异而不同。但索赔报告一般应该包括概述部分、事实和证据部分、引用合同或法律论证部分、费用的计算、工期延长部分计算、相关的附件。索赔报告见表 11-2《合同索赔文件单参考样式》。

表 11－2　合同索赔文件单参考样式合同索赔文件单

Claim Sheet

1. 项目名称和合同号 Name of project and contract No.：
2. 承包商名称 Contractor：
3. 索赔编号 Number：
4. 索赔日期 Date：
5. 索赔主题 Title：
6. 原合同金额 Original contract price：
7. 原合同工期：Original contract term：
8. 索赔的背景描述 Background description：
9. 合同/法律依据 Contractual/Legal reasoning：
10. 支持文件 Supporting documents：
11. 本索赔对工期的影响 Influence on Schedules：
12. 本索赔对成本的影响 Influence on Costs：
13. 本索赔对其他方面的影响 Influence on other parts of the contract：
填写说明：
1. "索赔的背景描述"是指对索赔提出的缘由、索赔的事实以及相互之间的内在关联等进行的详细描述。
2. "合同/法律依据"是指索赔所依据的合同上或法律上的具体内容，以及该内容能够作为索赔依据的原因分析。法律依据包括合同适用国家的所有法律、法规、法令、条例、行政命令等。
3. "支持文件"是指能够从事实上证明该项索赔成立的双方往来信函、图纸、图片、视频资料、证人证言等。
4. "索赔对工期的影响"是指以基准计划为依据，通过关键路径等分析方法计算出的索赔事项对整个工期产生的积极（工期缩短）或消极（工期延长）影响。在本索赔中只需列明总体影响，详细的计算过程可以附后。
5. "索赔对成本的影响"是指以合同价为依据，估算索赔事项对设计、采购、施工、试运等环节产生的积极（降低成本）或消极（增加成本）影响。在本索赔中只需列明总体影响，详细的计算过程可以附后。
6. "索赔对其他方面的影响"是指索赔事项对付款、保函等其他合同组成要素产生的影响。

1. 概括部分

概括部分就是对整个索赔情况作一个大致的说明，简要地介绍索赔的事项、理由和要求，以及承包商为了减轻损失所做的努力，让业主看了之后对索赔有个初步的印象。概括的目的是给业主提供一个初步的了解，该部分不用写得太具体。

2. 事实和证据部分

所谓的事实是指有关索赔事项发生的整个真实情况的记录，是对整个事件的客观描述。比如，当地雇员的罢工情况，罢工时间有多长，罢工的规模有多大，对项目进展造成了多大的影响等，要有翔实的、真实的描述和说明。我国的承包商在编写索赔报告事实部分时，喜欢夸大其辞，然而要这点小聪明只会起到反面作用，给业主造成不诚实守信的印象。承包商应该以客观的态度，实事求是地说明索赔的事实，既不夸大索赔事项的严重性，也不隐瞒索赔事件的真实性，让业主看了索赔报告后尽量不产生合理的怀疑。千万不要抱着侥幸的心理，蒙骗业主，否则只能会增加索赔的难度，致使业主给自己在业界作反面宣传。

证据和事实是两个不同的概念。有了事实，不一定有证据。是否拥有证据，关键在于索赔方是否及时有效地收集证据。索赔人员应通晓合同文件，善于在合同条件、技术规范、工程量表及合同函件中寻找索赔的依据，让自己的索赔建立在合同、法律的基础上。在国际工程项目索赔实践中，承包商在发出索赔意向书以后，应在 42 天内报送索赔报告，或者在索赔事项结束以后的 28 天以内报送总结性的索赔报告。在这个报告中，应付有索赔款的详细计算书，以及必需的索赔证据资料。客观事实的表现形式就是证据，工程所依据的证据一般都以书面形式或影像资料形式出现。证据是索赔成功的基础，是索赔报告中的基础部分，没有翔实可靠的证据，索赔报告就变成了空中楼阁。在索赔报告中不仅要附带上证据，还需要提交证据与事实的关联性解释与说明。一个索赔报告中，为了证明事实的真实性和准确性，往往需要附带大量的证据及证据资料，如气象资料、现场照片、录影带、事件记录、价格分析、往来费用支出收据等。对于如此多的证据，法务人员需要对其进行分类，并分别编号。索赔报告内容涉及某一证据时，业主能够根据证据的分类和编号迅速找到相关证据。证据的形式多种多样，我国《民事诉讼法》中就规定了书证、物证、视听资料、证人证言、电子数据、当事人的陈述、鉴定意见、勘验笔录八种证据种类。一个国际工程项目收集的证据很多，但并不是每一个索赔证据都用得上。在诸多的证据材料中，必须由法务人员进行筛选，归类整理，对具体索赔需要哪些证据，各个证据的效力大小、有无、可信程度方面进行比较甄别。

3. 论证部分

事实和证据只是引起索赔的一个必要条件,然而仅有事实和证据并不能说明享有索赔权。引用合同或法律依据是索赔报告的关键部分之一,是索赔权的法律基础,是整个索赔报告的基石。索赔是否能够成功,还取决于论证是否科学、严谨、逻辑性强。常见的论证方法有例证法、引证法、对比论证、事实论证、道理论证等。在国际工程实践中,以引用最广的例证法为例说明,FIDIC 合同条件所属的普通法系采用的是判案原则,为了进一步证明索赔要求的合理性和逻辑性,索赔报告书中可以引用同类索赔事项的索赔先例,即引用已成功的索赔案例来佐证同一类型的索赔理应成功。无论是发生在工程所在国的或其他国际工程项目上的案例都可以作为例证提出,以进一步论述自己索赔要求的合理性。先期的案例对后来的判决具有重要的或决定性的影响,所以作为一个有经验的国际承包商,应该加强国际工程案例的收集和编纂,建立案例库,为索赔工作打下坚实的案例基础。

4. 索赔款的计算部分

合同论证部分的目的是确立索赔权,讨论的是能不能索赔问题。款额计算部分的任务是解决索赔数额问题,是以具体的计价方法和计算过程说明承包商应得到的经济补偿款额。在实践中,计算方法多种多样,并没有一个权威的规定,各个承包商根据自己项目的具体实施情况采取不同的方法。因此,这也是索赔报告书中最容易引起争议的地方,索赔的具体数额需要精确地、详细地计算。

索赔款计价的组成部分主要有额外开支的人工费、材料费、设备费、现场管理费、总部管理费、投资利息、税收、利润等。国际工程索赔文件索赔款计算部分通用的编写格式是先给出索赔总款额汇总表,再逐项论证计算过程,并指出所依据的证据资料的名称和编号。逐项计算索赔款是一个非常详细的过程,其在索赔报告中所占的篇幅较大。不仅要论述各项计算的合理性,详细写出计算方法,而且还要引证相应的证据资料,并在此基础上累计出索赔款总额。由于索赔费用存在主观性和客观性,计算索赔费用很难做到准确无误,有时主观性费用多一些,有时候客观性费用多一些。

索赔款的计算与投标报价密切相连。只有投标报价清晰明确,索赔时款项的计算才能有比较。我国国际工程承包商在投标时,为了省事,经常报价不明或没有分类,笼统地报价,在遇到计算索赔款时也必然会陷入困窘的局面。一个有经验的国际工程承包商,在编写报价文件时,就应该充分考虑到今后可能会发生的索赔,让投标报价准确、全面、可信,以便计算索赔款时,有一个真实的比较。在编写投标报价时,应列入工作效率数据,说明在正常情况下履行各种合同任务时的工作效率,即单位资源在单位时间内所完成的工作量。我国的国际工程承包商缺乏国际索赔经验,投标时仅写明生产率,而不写明投入的资源数量。如果工作效率低下,又找不到投入资源的数据,就无法计算额外支出。比如,对于设备采购,有些承包商喜欢采用"一揽子"报价,只列明整个设备采购的费用,而不列明单个设备的报价。如果因汇率或物价异常波动导致设备价格变动时,就无法计算索赔额。所以说,投标报价对索赔的影响非常大,一定要给予足够的重视。

我国承包商在索赔时总喜欢罗列出一些不切实际的或不合理的开支款项,漫天要价,无限度地扩大索赔款额。这种"无赖式"的索赔方法,造成业主极度反感,恰恰增加了索赔难度。另外一个极端是有些承包商在履行合同过程中,始终不知道索赔,只有等到项目结束了,自己亏本了,才想到索赔,然而却拿不出强有力的索赔证据,也计算不出具体的索赔数额。在海外从事国际工程索赔,必须实事求是,老老实实,尊重事实、尊重法律、尊重合同、尊重惯例。

5. 工期的索赔部分

如果有权获得工期延长,就要在索赔报告中单独列出延长的工期和工期的计算方法。目前,在国际工程索赔实践中,工期索赔的主要方法有:横道图标法、关键路线法、进度评估法及顺序作业法等。这里简要论述一下计划工期、实际工期、理论工期。

计划工期是承包商在投标文件中明确的履约期限,也就是合同规定的协议期限,对于 EPC 合同而言,指从正式开工日期起至临时接收的工期。业主在招标文件中一般对工期做出严格的规定,承包商在投标文件中一般都要满足这个要求,合同签订后承包商按照承诺的总工期倒排计划工期,提交业主批准。

实际工期是国际工程项目实际的履行天数。一般而言,实际工期与计划工期往往不一致。这是因为承包商尽管在投标时做过精确的预测,但仍难避免在履约过程中出现这样的或那样的预料之外的多种因素。如果实际工期较计划工期长的原因是业主或其他任何第三方造成的,承包商有权获得工期延长。

理论工期是指较原计划拖延了的工期。如果在履约过程中受到工效降低和工程量增加等诸多因素的影响,仍按照原定的工作效率施工,而且未采取加速措施时,该项目的工期可能拖延很久,这个被拖延了的工期,被称为“理论工期”。也就是在工程量变化,施工受干扰的条件下,仍按原定效率施工而不采取加速施工措施时,在理论上所需要的总的施工时间。如果采取了加速施工措施,则实际施工期的天数较理论工期的天数将显著地缩短。这个理论工期同实际工期之差,即缩短理论工期的天数,就是加速施工所挽回的工期天数,有时亦称为“理论上的工期延长”。

6. 附件

对于报告中所列举事实、理由、影响的证明文件,各种计算基础、计算依据的证明文件。

六、项目索赔的实施程序

(一)索赔内部工作程序

索赔内部工作程序包括以下几点:

(1)项目部所属各部门应按其部门职责和合同管理职能及时识别需向业主、联合体伙伴、分包商、供应商的索赔事项,并负责编写各自范围内的索赔事由,提供证明资料、合同索赔文件单,将索赔线索和材料提交法务部。

(2)法务部在接到各部门详细索赔资料或者索赔的基本信息后,立即组织发起部门、计划控制部等职能部门对收集和整理的索赔线索或疑似索赔线索进行核实,分析和评估,以确认是否属于合同规定的索赔,是否对合同工期和金额有影响,并形成索赔策略报索赔领导工作小组批准。索赔策略应该包括:是否索赔、何时发起索赔、如何索赔、索赔与项目具体执行的关系。

(3)索赔策略审批后,如果确认不能索赔或者不适合索赔的将以书面形式将索赔的理由告知相关部门;如需要索赔,法务部组织有关部门对相关资料进行补充完善,确定索赔事项对工作范围产生的时间、成本影响等,编写索赔意向书或索赔报告。

（二）索赔外部工作程序

索赔一般按照五个步骤进行：提出索赔要求；报送索赔资料；会议协商解决；邀请中间人调解；提交 DAB/仲裁/诉讼：

（1）发出索赔意向书。承包商觉察或应已察觉索赔情况后，应按合同的要求在 28 日内向业主提交索赔的书面意向通知。未在约定的时限内提交索赔书面通知，均视为放弃索赔主张。因此，索赔发起部门应该在第一时间通知法务部，以便法务部在预见不能在 28 日内提交完整索赔报告的情况下，可先向业主发出索赔意向通知书。

（2）提交索赔报告。承包商觉察或应已察觉索赔情况后 42 日内，或者承包商建议并经业主认可的其他期限内，向业主提交详细的索赔申请报告，详细说明索赔理由和索赔费用的计算依据，并附必要的记录和证明资料。如果索赔事件继续发展或继续产生影响，承包商应按业主要求的合理时间间隔列出索赔累计金额和提出中期索赔申请报告，并在索赔事件结束后的 28 日内，向业主提交包括最终索赔金额、延续记录、证明资料在内的最终索赔申请报告。

（3）法务部对变更、索赔项目进行跟踪，并且积极与联合体伙伴进行协调，适时调整索赔策略，直到该项索赔结束。

（4）索赔材料报送业主后，任何部门或者个人不得擅自与业主进行有关索赔事宜方面的通信来往，必须通过项目文控部进行控制。

（三）索赔谈判

谈判是索赔各环节中最重要的环节，也是索赔中最艰苦的环节。为了达到谈判的成功，应注意以下几个原则：

（1）注重证据原则。作为索赔人员应充分意识到工程索赔本质上就是法律纠纷，应以证据作为后盾，对证据的合法性、客观性和关联性上予以高度重视。

（2）坚持“和解、调解、仲裁”三顺序原则。双方能和解的一定和解，不能和解的找第三方调解，只有调解不成的基础上才能使用 DAB/仲裁形式，需谨慎使用诉讼手段。

（3）坚持共赢的原则。互利互让，实现共赢才是承包商追求的最高境界。只有能实现共赢，才能长久合作，个别索赔案例成功，并不意味着整体利益成功。承包商应着眼于整体，放眼于未来。

七、反索赔管理

FIDIC EPC 合同条件第 2.5 款规定了雇主索赔的权利。在国际工程实践中，雇主的索赔往往没有时效性约束，不需要提交索赔报告和资料，可以直接从进度款中扣除索赔额或者没收保函。业主的索赔集中在费用方面，不存在向承包商进行工期索赔，只有缺陷责任通知期的延长。

（一）业主索赔的常见情形

在发生下列情形下，业主的权益受损，可以提出索赔费用：

（1）承包商不能按照节点工期达到预期目标，不能满足机械完工日期、临时完工日期或最终完工日期，可以索赔误期损害赔偿费。

（2）未按业主代表的要求拆除不合格的工程或者材料，不进行返工；不按业主的要求在缺陷责任期修复缺陷工程；不合格的工程被拒绝接受。出现以上情况时业主可自行维修或者委托另外一家承包商完成此类工作，之后可向承包商索赔成本以及相关的费用。

（3）出现工作范围减少或者设计标准降低时，业主可以以合同变更为由，向承包商索赔费用。

（4）承包商未按合同的要求办理保险，例如，一切工程险、雇主责任险、机械险、车辆险，可以要求承包商继续办理保险，并支付因为未办理保险而遭受的损害或损失。

（5）承包商对业主的原有设施、设备，如地下管道、运输桥梁、道路等造成损坏，可以要求承包商修补，或者提出费用索赔。

（6）工程质量缺陷通常是承包商的设计标准、机械设备性能标准、施工质量标准等达不到业主的预期目标或合同约定的使用性能标准要求，业主据此对承包商提出索赔要求。

（7）在缺陷责任通知期内，承包商修补完毕的部分设备、设施，业主可要求延长缺陷责任通知期，但最长不能超过两年。

（8）承包商不能处理好与分包商、供应商的关系，造成这些单位直接向业主索赔，或者通过诉讼向业主索赔，此时业主可以向承包商索赔相关的费用。

（9）由于承包商设计行为、采购的设备和材料、施工工艺等造成了对第三方侵权，第三方起诉业主，此时业主可以索赔承包商，要求承包商赔偿费用和履行一定行为。

(10)承包商的其他原因对业主造成了损害。

(二)预防业主提出索赔

打铁还要自身硬,预防业主提出索赔,承包商首先要以合同为中心,加强合同管理,忠实地履行合同项下所有的义务,承包商只有严格加强自身的履约过程管理,才能够不被业主索赔。其次,很多损害事件,往往是多种因素干扰造成的,因此承包商在事件发生之初就应着手收集证据,做好反索赔的准备。

(三)反驳业主提出的索赔

反驳业主提出的索赔需要注意以下几点:

(1)对业主索赔报告的整体分析。以合同、法律作为反驳的理由和根据。承包商应深入分析合同中的有利条款,具有优先效力的合同条件,强制性的法律法规,类似的判例、案例,以及从逻辑推理等角度提出反索赔。

(2)损害事件调查。承包商的反索赔是基于已经发生的事实基础上的,必须以事实为依据,收集反索赔的相关工程资料。通过事实调查可以确定干扰事件的起因、事件经过、持续时间、影响范围等真实的、详细的情况。以各种实际工程资料为依据,和业主的索赔报告所描述的事实经过和所附证据相对比。

(3)提出反索赔报告。反索赔报告重点是反索赔论证,按照具体的干扰事件,逐条论证并反驳业主的索赔要求。首先,论证索赔损失与承包商的行为之间不存在因果关系,损害结果并非由业主提出的理由所导致,业主的索赔论证存在逻辑错误。其次,如果业主的索赔理由充分,则应论证反驳索赔的计算方法和索赔金额,例如,索赔的费用是否符合合同的约定,是否公平合理,是否有重复计算,计算时所依据的费率是否符合实际情况,工程量是否经过审核等。造成工程损失的干扰事件的责任往往是双方的,因此,承包商可以针对业主的索赔提出反索赔,进而平衡业主的索赔。

七、对承包商索赔的建议

(一)树立索赔意识

缺乏国际工程总承包经验的企业,往往对索赔缺乏足够的认识,开始时并不重视,等到项目发生亏损时,才匆忙研究索赔问题,不是因为索赔时限已过，就是因平时不注意积累索赔资料，收集的证据不具有说服力，导致索赔最终失败。因此，项目在投标阶段，承包商必需成立索赔领导小组，项目组全体成员都要树立合同意识、索赔意识，每个成员都要保持敏锐的识别索赔线索的能力，积极开展索赔工作。

（二）制定有针对性的索赔策略

在确定索赔目标时，承包商应充分分析目标实现的风险，包括履行合同时的失误，业主的反索赔，对自己的不利证据等，制定针对性的索赔策略。切不可盲目索赔，随意提出大额索赔要求，这将自毁形象。在合同执行过程中，索赔和反索赔往往相伴而行，所以，承包商应当对业主提出反索赔的可能性进行分析，慎重提出索赔请求。

（三）树立正确的索赔观

超过合同规定的时效，意味着承包商自动放弃索赔的权利。有的承包商可能会担心影响与业主的关系，有意将索赔拖到工程结束时才提出，最终因违反程序性规定而丧失良机。必须树立正确的索赔观，索赔不是伤面子、碍感情的事，而是承包商维护自己权益的正当手段，该索赔时，千万不能犹豫。该索赔的时候没有索赔反而被业主认为是管理水平低下，从而无法获得业主的信任和尊敬。对于如工程暂停，意外风险损失、索赔报告、索赔证据，应及时按照合同中规定的索赔程序和时限提出。对于合同中虽未提到索赔时限，但明确规定应尽快通知业主，特别是需要在现场调查和估计价格的索赔，必须及时通知业主。

（四）一事一索赔

尽量一事一索赔，单项索赔事件简单，容易解决，能够及时得到支付，而“一揽子”索赔，问题复杂，金额大，不容易解决，即使等到工程结束后也可能得不到付款。在国际工程中，若出现多个索赔情况，必须按照索赔程序，争取一事一议一解决。平时不索赔，项目结束时，通过诉讼的形式进行“一揽子”索赔的做法是迫不得已的情况下才采取的方法。

（五）制定索赔奖惩办法

对于每一个承包商来说，如果雇员的工作业绩不能纳入考评范围，与薪酬没有关系，那么对索赔工作就没有动力，这点在国有企业表现得尤为突出。为了充分发挥项目各级管理人员参与索赔与反索赔的主观能动性，提高索赔与反索赔的成功率，应制定奖惩细则。工程索赔应作为总部对项目考核的一项主要内容,使工程索赔成为项目管理中的一项重要工作,贯彻到经营管理的各个环节及每个项目成员中。每季度末,法务部对成功获得业主、联合体伙伴或者分包商的索赔款进行汇总,可以按季度索赔所得款的总额中提取20%作为对参与索赔部门、人员的奖励。对不能及时提供索赔资料影响索赔工作正常进行的部门或个人应给予经济处罚或者作为各单位绩效考核的一项指标。

第三节 EPC + LLIs 合同模式下业主采购延误引起的索赔[1]

从业主的角度来看,早期投产会减少自然条件、政治条件、经济条件、法律条件等变化带来的各种损失,工期延长则意味着工程项目费用增加或预期利润不能实现。对承包商来说,工期延误,会引起管理费增加,收益延迟,还要面临向业主支付高额的误期损害赔偿费的风险。承包商进行工期索赔,既可以免去自己对造成工期延误的责任,不支付或少支付误期损害赔偿金,还可以得到其他费用。

一、EPC + LLIs 合同模式特点

在 EPC 合同模式下,设备和材料通常由富有经验的总承包商采购。由于某些设备和材料在工程总投资中占很大比重,采购周期长,为控制成本,保证工期,业主有时也会选取一些造价高、制造周期长的关键设备自行采购和管理,即采用 EPC + 业主采购长线设备合同模式(Engineering-Procurement-Construction with Long Lead Items,EPC + LLIs),见图 11 - 1 EPC + LLIs 合同结构图。与单纯的 EPC 合同模式相比,EPC + LLIs 合同模式下,业主需要承担以下风险:不能按预定时间提交自购设备,给 EPC 承包商造成工期延误的风险;甲供设备的技术资料提交延误而造成承包商设计延误的风险;提供的设备不合格造成工期延误的风险。承包商遇

[1] 张浩:《EPC + LLIs 合同模式下业主采购延误引起的索赔》,载《中国经贸》2014 年第 18 期,第 122 ~ 124 页。

到业主提供的长线设备对合同工期造成延误时,必然会提出工期索赔和费用索赔。

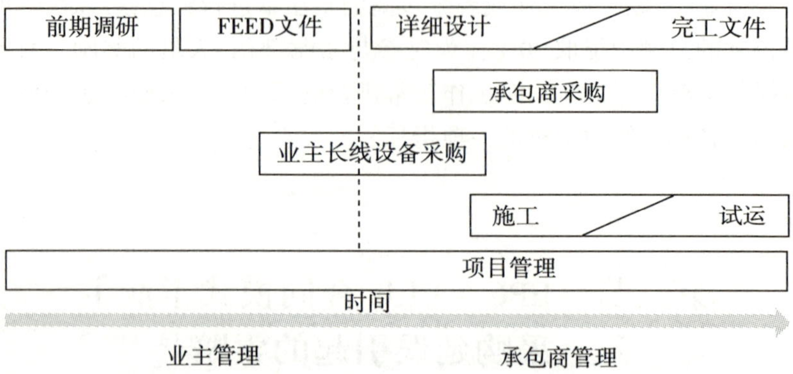

图 11-1 EPC + LLIs 合同结构

二、工期延误的分类

工期延误的分类主要分为以下几种:

1. 按照造成工期延误的主体,可分为承包商的延误、业主的延误和客观事件造成的延误。

2. 按照延误责任和索赔结果,可将工期延误分为可原谅可补偿性延误(Excusable and Compensable Delay)、可原谅不可补偿性延误(Excusable but not Compensable Delay)、不可原谅延误(Non-Excusable Delay)。可原谅可补偿性延误是指业主及其代表的错误或者失误造成的工期延误并导致了经济损失,承包商不仅能得到工期延长,还能得到业主的经济补偿。可原谅不可补偿性延误是指承包商和业主以外的不可控制的客观原因造成的延误,承包商能够得到工期补偿,但不能得到经济补偿。不可原谅延误是指由于承包商自身原因引起的延误,承包商既不能得到工期补偿也不能得到经济补偿,工期延误和损失费自行承担。在 EPC + LLIs 合同中,业主购买长线设备造成工期的延误,属于可原谅可补偿性延误。

3. 关键路径延误和非关键路径延误

只有在关键路径的延误可以索赔,非关键路径因为没有对总工期产生实质性延误,不能索赔。非关键路径有浮动时间的控制,超过浮动时间控制会变成关键路径,可以索赔。反之,则不能索赔。

4. 按延误事件之间的关联性,可划分为单一性延误和共同延误

单一性延误是指在同一时间段范围内有多个干扰事件独立发生,其处理方法比较简单,对于业主原因引起的工期延误,承包商不仅可以得到工期补偿,还可以得到经济补偿;对于由于客观原因所引起的工程延期,承包商只能得到工期补偿或者适当的经济补偿;对于承包商自身原因引起的工程延期,承包商既不能得到工期补偿,也得不到经济补偿。例如,如果 EPC 合同工期是 40 个月,由于甲供长线设备的技术资料不能按预定的日期提交给承包商,严重影响了设计进度,进而影响了采购进度,加之业主不能把长线设备按承诺的时间运抵现场,造成了关键路径工期延误 5 个月,承包商可以索赔 5 个月的工期和相应的经济补偿。

共同延误(Concurrent Delay)是指从开始到结束的时间段内,有两个或两个以上的延误事件发生,由承包商与业主分别承担责任和风险。共同延误又可分为同时性延误和交错性延误。EPC + LLIs 合同模式下,多事件交叉干扰下造成的共同延误工期索赔相对复杂,对于如何解决该问题,在国际 EPC 合同实践中,合同文本中鲜有提及,共同延误后承包商和业主往往推卸责任、相互指责。

三、EPC + LLIs 合同模式下工期不利于业主原则

多事件交叉干扰下的共同延误索赔(Claim for Multi-Event Delay)是指多个索赔事件在同一区间交叉发生,而这些事件的责任是由承包商、业主或客观原因等共同交叉引起的,由此而造成的延误索赔。早期工期交叉延误索赔事件主要依据传统承包模式下单项索赔惯例处理,即工期与费用分别索赔。

(一)交叉事件中的常见的三大处理原则

对于交叉延误事件索赔,国外工程界通常流行的是三大处理原则。在同一交叉事件中,三种原则非此即彼、相互排斥:

(1)不利于承包商原则。以 Andrew D. Ness 、Thelen Redi 为代表提出的不利于承包商原则(Principle of Adverse Responsibility on Contractor)。他们认为在交叉延误事件中,只要发生了承包商原因导致的延误,可不考虑此干扰事件的性质及其出现次序的早晚,该时段内的所有责任均由承包商承担。在处理交叉延误索赔时,这种原则可以迅速解

决纠纷,但它对业主违约的规定十分薄弱,只形成了对承包商的单边约束,排斥了承包商的合理索赔要求,既不符合逻辑、又违背公平、公正的原则,不利于工程保质保量地完成。在 EPC 合同中,承包商已经承担了过多的风险与义务,无原则地过度地使用不利于承包商原则,会违背公平原则,承包商也很难接受。该原则不具有可行性。

(2)初始责任人原则。以 Andrew D. Ness、Thelen Redi 为代表提出的初始责任人原则(Principle of Responsibility on Initial Event)。在交叉事件中,判别最先造成工期拖延的原因,由最先导致事件的责任人承担工程延误造成的损失。若初始延误是承包商原因造成的,承包商要对延误负责,且不能得到任何补偿;若初始延误是业主造成的,承包商可以允许工期延长,并获得一定的经济补偿;如果是不可抗力原因造成的,承包商可以获得工期延长,根据实际情况和承包商的受损程度,业主会给一定的经济补偿。初始责任人原则体现的是"逻辑责任",即初始延误最先发生,后续延误和初始延误发生时间存在重合或搭接,即使后续延误事件不发生,也不能免去初始延误对整个工期的影响。该原则虽然有一定的合理性,但没有考虑交叉延误事件之间的重要性排序,也忽视了交叉时段内各方主体的影响程度,对于初始延误者来说有失公平。Andrew D. Ness、Thelen Redi 还认为,在平行分包模式下,业主和平行分包商之间发生的交叉延误经常采用此原则。然而,在 EPC 合同模式下,由于经常只有一个总的 EPC 承包商,因此,很难出现平行分包的情况,这种原则适用具有很大的局限性。不利于承包商原则和初始责任人原则优点是操作简单,缺点是不能体现公平原则,与 FIDIC 合同条件理念相抵触。

(3)责任分摊原则。以 Rodica Branzei 为代表提出的责任分摊原则(Principle of Responsibility Sharing)。交叉事件干扰的时段内出现业主与承包商的责任时,按照责任的大小和影响的程度进行责任比例分担。这种原则是一种折中的原则,基本上解决了公平问题,但如何划分业主与承包商责任的比例,具体划分各责任方的延误影响的标准是什么?存在操作难度大的特点。该原则在一定程度上忽略了初始延误事件的重要性,共同延误各责任方的工期索赔责任认识很难统一。

(二)EPC + LLIs 合同模式下工期索赔不利于业主的原则

EPC + LLIs 合同模式下,业主提供设备造成工期延误,应适用工期索赔不利于业主的原则(Principle of Adverse Responsibility on Owner)。EPC合同中,承包商承诺锁定工期,其隐含的前提是设计、采购和施工等工作完全由承包商承担,承包商以锁定的合同工期为基点进行了人、财、物、机的最佳结合。如果部分采购工作由业主承担,业主采购延迟造成EPC工程延期应负全部责任,即不利于业主的原则。EPC合同的理论工期应该是计划的合同工期加上长线设备延误的工期。如果交叉事件延误既有业主的原因,也有承包商的原因,承包商可以相对地免除义务。例如,如果某EPC合同工期40个月,由于业主迟延提交大宗设备,造成工期延误5个月,同时由于承包商的原因也延误了5个月,并且这两段时间重合,承包商这种情况下可以免除自己造成延期5个月的责任。如果承包商自身原因延误了7个月,则另外2个月的责任不能免除,承包商必须自己承担。

(三)在共同延误下,计算共同延误的索赔工期的方法

在共同延误下,计算共同延误的索赔工期有以下方法:

(1)动态分析法。该方法通过对某一延误事件前后发生的网络差异来评估延误对总工期的影响,在计算延误前,将延误前的实际进度代入,其后的进度按照初始进度代入,由此产生该延误的检验进度。

(2)网络计划法。网络能够反映各项工作之间的关系,利用网络进行交叉作业和水平作业,分清浮动时间控制在谁手里,如果业主有控制权,则承包商不能索赔。在网络分析法中,单个因素与各个因素的综合考虑会产生不同的结果,这是由于各个因素对工期拖延产生的“叠加效应”和“发散效应”引起的。

(3)计划与实际进度对比法。实际进度工期减去计划进度的工期,所得结果为承包商应索赔的工期。该方法是较常用的方法。

(4)But for法。也是国际工程索赔中常用的一种方法,通过计算实际工期与扣除(But for)了承包商引起的延误工期之差来判定索赔工期的一种方法。该方法主要包括计划进度But for法和实际进度But for法。

(四)业主采购长线设备延误导致索赔的工期计算

EPC+LLIs合同模式下,业主购买长线设备延迟的责任采用不利于业主的原则的计算方法。例如,一个EPC+LLIs的合同,签订日期是2011年8月6日,业主承诺8项大宗设备提交的时间见表11-3《EPC+

LLIs 合同下业主采购长线设备期限一览表》,以此为基础,承包商在合同中承诺的机械完工日期为 2013 年 8 月 6 日、临时完工日期为 2013 年 11 月 6 日。在执行合同中,业主提供的 8 项大宗设备发生了严重延误,其中,压缩机包、电脱盐撬和大于 8 寸阀门三项与业主承诺的时间相比,最长时间延迟了 15 个月。在不利于业主的原则下,承包商索赔 15 个月的工期,即机械完工日和临时接收日相应地延长 15 个月,见表 10 -4《EPC + LLIs 合同中承包商的索赔工期》。如果承包商自身的延误没有超过"索赔的节点日期",就构不成违约。在此之前,即使由于承包商的原因造成了延误,承包商可以以业主的延误工期覆盖了承包商的延误工期为由,获得工期免责。

表 11 -3 EPC + LLIs 合同下业主采购长线设备期限一览表

No.	业主采购的长线设备	承诺的提交期限	实际的提交期限	延误的时间(月)
1	电站系统	2013. 4. 1	2014. 5. 1	13
2	压缩机包	2013. 3. 1	2014. 6. 1	15
3	外输油泵	2013. 2. 1	2014. 2. 1	12
4	电脱盐撬	2012. 10. 1	2014. 1. 1	15
5	三甘醇脱水装置	2012. 10. 1	2013. 11. 1	11
6	大于 8 寸阀门	2012. 12. 1	2014. 3. 1	15
7	DCS	2012. 12. 1	2013. 12. 1	12
8	高低压开关柜	2012. 12. 1	2013. 9. 1	9

表 11 -4 EPC + LLIs 合同中承包商的索赔工期

里程碑	完工节点描述	完工日期节点	索赔的节点日期
1	机械完工	2013 -8 -6	2014 -11 -6
2	临时接收	2013 -11 -6	2015 -2 -6
3	最终验收	2014 -11 -6	2016 -2 -6

四、EPC + LLIs 合同模式下的费用索赔

承包商的成本基本上由直接费和间接费构成:直接费主要由人工费、

材料费和施工机具设备费组成；间接费主要由现场管理费和总部管理费构成。

（一）EPC 合同成本和工期关系图

EPC 合同成本和工期密切相关，如图 11－2 所示。

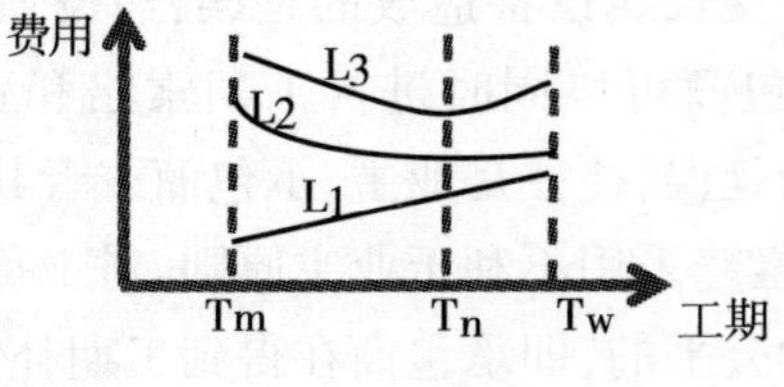

图 11－2 EPC 合同工期与费用的关系

（1）T_m点为最短工期。

（2）T_n点为最佳工期。

（3）T_w点为延误的工期。

（4）L_1为间接费，呈直线变化，T_m点直接费用最低，T_W点费用最高。

（5）L_2为直接费，呈凹型，其中 T_m为最高极限点，靠近 T_m点时直接费陡增。

（6）L_3为直接费和间接费叠加而成的总费用，呈凹形。

T_n点处总费用最低，该点是劳动力、建筑材料和时间等各种生产要素的最佳结合点，即最佳工期点。虽然承包商的实际工期总是偏离 T_n点，但在 EPC 合同锁定工期的前提下，可以把 T_n点的最佳工期看成是合同最佳工期。从上图可知，无论是提前工期还是延迟工期都会增加承包商的成本。因此，业主要求提前完工，承包商可以索赔赶工费用；业主造成延误，承包商同样可以索赔延期费用。当然，业主提前交付长线设备，一般不会造成赶工，但是迟延交付，就意味着工期延误，生产效率降低，工程成本增加。

（二）EPC＋LLIs 合同下的共同延误费用不利于承包商原则

承包商进行工期索赔，一方面可以免除自己对工期延长的责任，从而少支付或免除延期违约金；另一方面还可以索赔因工期延长而支出的管理费、人工费等费用。业主提交长线设备造成了工期延误，可以索赔费用。比如，对于人工费中人工单价成本上涨引起人工工时增加费，承包商的材料价格上涨,承包商自有设备使用费都可以索赔;现场管理费和总部管理费,固定部分可以索赔,可变部分视情况而定。对于承包商的利润损失,根据FIDIC条款解释,可以索赔,但不同的国家有不同的法律规定,需区别对待。根据我国合同法,预期利润一般认定为间接损失,法院一般不予支持。对于业主提交长线设备造成的延误,假设该期间没有承包商的原因和客观原因,承包商可以同时进行工期索赔和费用索赔。现实中,EPC + LLIs合同下的延误,往往是业主、承包商或者其他客观原因共同引起的,因此对于工期索赔采用不利于业主原则,对于费用索赔采用不利于承包商的原则是较为公平的,即承包商在得到工期补偿的同时,不能得到费用的补偿。

第四节　国际EPC合同中增值税的索赔[1]

"低价中标,高价索赔"是众多国内承包商所谓成功经验的总结,然而该游戏规则是建立在谙熟工程所在国法律基础上的,否则会弄巧成拙。我国某承包商在伊朗某油田地面工程EPC总承包投标时,没有响应业主的要求,采用"隐蔽"的方式在其所报的商务标中标注EPC价格不包含增值税(VAT),业主发现后,致函所有投标人要求所报价格必须为EPC一揽子价格,需明确承诺包含VAT价格,否则将视为废标。该承包商采取了"低价中标,高价索赔"的策略,按照业主的要求作出了书面承诺,承诺合同价格包含VAT,并签订了EPC合同,合同金额为7.6亿美元。合同签订后,该承包商随即以"增值税为价外税,报价并没有包含VAT"为由,向业主发起了索赔。那么承包商的索赔能成功吗?

一、VAT争议的发生

(一)VAT争议的由来

2011年2月23日,伊朗国一石油公司发布招标文件,对某油田地面

〔1〕 张浩:《国际EPC合同中增值税的索赔》,载《法制与社会》2014年10月(下)期,第92~96页。

设施EPC工程总承包招标，截标时间为2011年5月23日。在招标期间，共有12家EPC承包商组成的联合体进行了投标。在标书澄清过程中，有承包商质询业主，根据伊朗法律，EPC合同价格不应包含增值税，增值税应按价外税处理。3月14日，业主通过046号信书面对12家投标人做出澄清，EPC合同价格是一揽子价格(Lump Sum Price)，包含VAT。国内某承包商采取了“低价中标，高价索赔”的策略，在标书中暗含了所报商务价格不包含VAT的陈述，VAT作为价外税由业主承担。业主发现后，于7月27日致函各投标人：技术标不变，必须取消商务报价中不包含VAT的偏离，所有承包商必须书面承诺商务报价中包含VAT，否则视为废标，商务标调整价格后重新递交。随即该承包商致信该业主，以书面形式承诺所报的商务价格中包含VAT。经过评标和定标，2012年1月12日，业主正式发出授标函，授标给国内某承包商与伊朗当地承包商组成的联合体。随即双方展开合同谈判，在合同谈判期间，该承包商提出根据《伊朗增值税法案》(Iranian National Tax Administration VAT Deputy)和税务实务操作惯例，增值税作为价外税，应由业主承担。但业主认为承包商已经书面取消了商务报价不包含VAT的内容，如果承包商再坚持所报价格不包含VAT，则宣布为废标，由排名第二的候选人进入合同谈判程序。在业主的要求下，承包商的承诺函作为合同的一部分写进了合同内容。2012年2月28日，双方正式签订了EPC总承包合同，合同随之生效。该合同临时交接日为2015年6月30日，2016年6月30日为最终接收日。

(二)争议的焦点

合同签订后，在业主支付预付款时，承包商随即展开了VAT索赔。其诉求是VAT由业主承担，理由主要有：

(1)该项目的EPC商务报价真实情况是不含伊朗境内增值税；

(2)业主应遵守《伊朗增值税法案》和操作惯例，承担该项目的增值税，并按法定程序支付给承包商；

(3)作为EPC承包商，无法承担数额巨大的增值税，面临巨大的成本和税收风险。

业主据理力争，其理由是：

一揽子价格已经包含了VAT，承包商已经做出书面承诺，不存在任何争议。

为了避免税收审计风险、巨额罚款和刑事法律责任，该承包商在业主拒付 VAT 的情况下，在每笔进度款中支付了 VAT，希望通过索赔的方法得到业主补偿。巨额增值税对双方影响都很大，双方面临着通过仲裁的方式解决该争议。

二、伊朗政府增值税的法律属性及其在 EPC 合同中的适用

（一）伊朗增值税的产生

伊朗政府原来实行的是销售税，2008 年 5 月 22 日，伊朗政府批准了《伊朗增值税法案》，9 月 22 日后增值税取代销售税。自 2010 年 3 月 21 日（伊历新年）起，税率由 3% 每年递增 1%，直至 9%。2014 年 3 月 21 日，增值税率由 6% 陡升到 8%。2015 年 3 月 21 日，增值税率由 8% 陡升到 9%。

（二）伊朗增值税税种分析

伊朗的增值税与世界各国的增值税法律属性基本一致，其实质是以商品或服务在流转过程中产生的增值额作为计税征收的一种流转税。增值税本质上属于价外税，由最终的消费者或者用户承担，有增值才征税，没有增值不征税。《伊朗增值税法案》第 8 条规定了纳税主体："Any person engaged in supply and provision or importation and exportation of goods and services shall be considered as taxpayer and be subject to the provisions of this Act"。从计税原理上说，增值税是对商品生产、流通、劳务服务中多个环节的新增价值或商品的附加值征收的一种流转税。计缴方法采用的是国际上通行的税款扣抵的方法，即根据销售商品或服务的销售额，按伊朗政府每年规定的税率计算出销售税额，然后扣除取得该商品或服务时所支付的增值税款（进项税额），其差额部分就是增值部分应交的税额，这种方法体现了按增值因素计税的原则。

（三）增值税在 EPC 合同中应用

将伊朗增值税放入到 EPC 合同关系中，承包商为销售者，业主为购买者，标的物为承包商向业主提供的 EPC 合同服务。承包商应按伊朗政府颁布的税率，从业主取得以 EPC 合同额为基数计算的增值税销项税额，承包商与其分包商签订分包合同并支付给分包商按分包合同额为基数计算的增值税进项税额，最终由承包商按季将销项税额扣减进项税额

的差额到税务局申报清缴。每增加一层合同关系,买方应向卖方按政府规定的税率支付。由于增值税本质上属于价外税,如果没有特别说明,承包商的报价不应包含增值税,增值税应在合同总价的基础上单独按适用税率计算。按照《伊朗增值税法案》第 19 条之规定,"Taxpayers are required to issue an invoice in the Guild Union's Law, against supply of this Act. This invoice should contain detailed information of transacting parties and the transacted object in the manner to be determined and announced by INTA. The payable tax should be entered in the related column in the invoice and collected",在 EPC 合同中,增值税的纳税主体应为业主,而不是承包商。根据伊朗增值税管理法和国际 EPC 合同惯例,承包商在每次向业主提交里程碑付款发票时,应以发票金额为基础单独计算出增值税额,由业主将发票金额和增值税的合数一并支付给承包商,承包商收到业主支付的增值税后,通过两种渠道将收到的增值税如数支付,一部分按照同样的方式支付给下一级分包商或供应商,另一部分则按季到税务局清缴。在正常的实务操作过程中,承包商从业主收到的增值税与支付和清缴的税额是一致的。如果业主不支付给承包商增值税,承包商不能从合同总价中换算出增值税的金额,也就是只要 EPC 承包商未提交完所有的发票,该 EPC 合同的总价实际上是不确定的,承包商根本没有办法准确计算出 EPC 合同不含增值税的价格。通常情况下,增值税不会对承包商的成本或利润造成影响。如果把增值税按价内税处理,在实务上不具有可操作性。

三、国际惯例中的法律风险承担和本 EPC 合同对增值税的规定

(一)银皮书中对法律变更引起费用变化的规定

FIDIC 银皮书第 13.7 款对"因法律改变的调整"做出了规定:"对于基准日期工程所在国的法律有改变(包含施用新的法律,废除或修改现有法律),或对此类法律的司法或政府解释有改变,影响承包商履行合同规定的义务的,合同价格应考虑由上述改变导致的任何费用增减进行调整。""如果由于这些基准日期后做出的法律或此类解释的改变,使承包商已(或将)遭受延误和(或)已(或将)招致增加费用,承包商应向雇主发出通知,并应有权根据第 20.1 款(承包商的索赔)进行工期或费用索赔。"从上述规定可以看出,国际惯例处理法律变更的基本原则是:基准日

期(递交投标书截至日期前28天的日期)前法律法规的变化风险由承包商承担;基准日期后法律法规变更,引起的费用增加或工期的延长,风险责任由业主承担。承包商编制标书的依据之一就是工程所在国的法律法规,由于EPC工程建设周期长,一般为3年到10年,对于合同签订后的工程国法律法规变化带来的风险,作为有经验的国际EPC承包商是无法遇见的,因此后继法律法规的变更所带来的风险让业主承担是较公平合理的。

(二)本EPC合同中对法律变更所做的约定

该EPC合同第二部分第38.1款作出了特别规定,"... Should there be any changed in laws and regulations in Islamic Republic of Iran after the effective date to Contract which increase Contractor's costs regarding governmental charges and levies, such increase will not be compensated by the Company...,"根据该条款,EPC合同生效后,伊朗税法变更引起的费用增加,业主不予补偿。该条所作的规定与FIDIC银皮书规定截然相反。合同第五部分"付款和补偿"条款中特别加入了承包商取消了EPC合同价格不包含VAT的书面承诺。按照合同的整体解释,该EPC合同中清晰地规定了VAT应由承包商支付。

四、索赔争议评析

(一)EPC合同中约定发生争端所适用的法律

根据该EPC合同第二部分第9条之规定,承包商应遵守伊朗的法律法规,并承担相应的违法后果。第43条仲裁条款规定:发生纠纷后,仲裁的地点选择在伊朗德黑兰,仲裁委员会选择德黑兰仲裁委员会,仲裁语言为英语,准据法为伊朗国法律,仲裁规则选择《联合国国际贸易法委员会仲裁规则》。根据上述两条的规定,该EPC合同的招标依据法律和准据法为伊朗法律。

(二)业主是否可以在招标文件中约定要求VAT包含在报价中

从VAT的法律属性和国际惯例可以得出,VAT作为合同的价外税,不应包含在EPC合同价格中,业主把本来应自己支付的VAT放在EPC合同总价中,确实存在一定瑕疵。VAT是伊朗政府新增的税种,试验期短,公众认知度低,业主存在一定的认识上的误区。但从另一个角度讲,在EPC合同模式下,把本来应由业主承担VAT的义务转嫁给承包商支付,承包商完全可以在预算的成本上考虑加入 VAT 额度进行整体报价。承包商和业主完全可以依据“意思自由”的原则进行交易,业主的行为并不构成违法。

(三)投标书必须满足招标人的要求

满足业主制定的招标技术标准是国际工程领域的普遍做法,例如,我国的《招投标法实施条例》第 51 条规定:“投标文件没有对招标文件的实质性要求和文件作出响应的,评标委员会应否决其投标。”伊朗的招投标法也做出了相同的规定,根据伊朗《招投标管理法》(Tendering Administration Law)第 12 条规定,标书是否合格取决于是否满足招标人制定的招标质量标准。第 17 条规定如果投标人认为招标书存在歧义、模糊或者错误,可向招标人提出澄清。投标人的正式答复需同时抄送所有投标人。该法第 25 条规定,如果投标人对招标存在不满,投标人可到招标委员会投诉,并赋予了投标人相应的救济权利和救济途径。

在招投标期间,对于承包商质疑 EPC 合同价格不包含 VAT,业主通过 046 号信分别致函了 12 家投标人,明确商务标书中的 EPC 价格包含 VAT,该行为符合伊朗招投标法第 17 条之规定。EPC 承包商擅自在其标书中“暗含”所报价格不包含 VAT,明显的违反了招投标管理法第 12 条之规定,招标人应判定其为废标。对于业主的要求,投标人如果不满意可以选择拒绝投标或者按照第 25 条规定寻求司法救济,但承包商为保持价格上的优势,采取了“低价中标,高价索赔”的策略,按照招标人的要求进行了书面承诺,并正式签订了 EPC 总承包合同。业主在整个招标过程中,招标程序基本上符合伊朗招投标管理法和国际惯例,唯一存在的瑕疵就是把本来应该由自己承担的增值税包含在 EPC 合同价格中,加大了 EPC 承包商的风险。承包商虽然对 VAT 有一定的认识,但贸然地错误地采取了“低价中标,高价索赔”的策略,其行为明显违反了伊朗招投标管理法和国际惯例,明显存在“恶意”行为,最终受到损害的是自己。至此,可以得出结论:承包商的 VAT 索赔没有法律依据,最终不能得到补偿。

(四)该案例的代表性

该则案例并不是孤立的,具有一定的代表性。在其他的国际 EPC 招标文件中,发现也有对 VAT 税费支付约定给承包商的。

(1)在 2016 年 2 月,缅甸政府进行的一次电力工程建设 EPC 国际招标书中，就出现了这样内容："Except as otherwise specifically provided in the Contract, the Contractor shall bear and promptly pay all taxes, duties, levies and charges, customs and import duties as well as other local taxes *like*, *e. g.*, *a value added tax* (*VAT*), imposed by the law of the country where the site is located"。业主明确要求承包商的报价中包含 VAT 报价。

(2)2016 年 5 月，埃塞俄比亚工业园输变电电站 EPC 工程的招标书的专用条款中同样要求承包商承担 VAT 条款，VAT in Ethiopia：Value Added Tax (*VAT*) (15%) levied and paid in accordance to proclamation No. 285/2002 in force in Ethiopia 28 days before the last day for bid submittal. *The Contractor shall pay VAT.* The value added tax (VAT), which is 15% VAT, is applicable on the service portion of the contract and locally purchased or supplied goods. Bidders are required to show on a separate sheet the amount of VAT included in the contract price。

为此，承包商应高度重视税务条款，重点审查是否在报价中包含 VAT 的报价。应审时度势，一时的疏忽，可能造成将来重大损失。

五、该纠纷引起的反思

该案例告诫我国的承包商，从事国际工程总承包应高度重视法务建设。其实，在投标阶段该承包商的法务人员曾经提醒承包商的主管法务的分公司副总经理："这种做法是违法的，风险很大，幻想未来通过仲裁索赔，肯定得不到仲裁庭的支持"。然而，在当时的境况下，由于个别领导急于出业绩，又因为分公司主管法务的副经理没有法律基本知识，无知者无畏，最终酿成了恶果。然而，这种恶果在国有企业中，经常被"经营风险"、"不可避免"、"政治项目"等堂而皇之的理由蒙混过关。从另一个角度看，当时提出重大风险的法务人员，即使在未来的项目执行过程中，什么都不做，其功绩也是其他参加项目建设的人员无可比拟的，因为该 VAT 的损失完全吞噬了整个项目的利润。然而，正确的建议最终湮没在嘈杂的吵闹声中。通过这个案例可以得出的结论是：国际法务人员必须专业化、职业化。

第十二章　国际工程项目的法律事务管理

导语：企业走出去，法律工作要先走出去；企业国际化，法律业务必须先国际化。国际工程项目的法律事务管理主要包括法律咨询和法律服务，承包商应熟悉工程企业常见的法律问题，并制定承包商法律事务管理办法。在国际工程法务方面，当地雇员化已经形成国际趋势，因此寻求本土法律支持，选择合适的律师事务所提供专业法律咨询服务显得至关重要。在法律事务管理中，其中较为重点的是法务人员如何处理争端，本章重点介绍了解决争端的DAB方式、仲裁与诉讼。

第一节　国际工程项目法律事务管理的内容

企业要在市场竞争中取得优势，就要加强对法律风险的防范与控制，就要认识到法律风险的存在会给企业带来危害后果，就要学会运用法律手段保护企业自身利益。合同法律风险对竞争的双方而言是公平的，一旦任何一方无视它的存在，没有作出有效的防范与控制，就会给企业带来损失或负面影响。

一、国际承包商最常见的法律问题

业主在合同中一般要求EPC总承包商必须遵守项目所在国的法律，出现合同纠纷时以项目所在国法律作为适用的法律。因此，在项目执行过程中，承包商不但要熟悉工程承包合同对合同权利义务的约定，还要熟悉当地法律的相关规定。任何违反当地法律的行为都会给项目执行带来阻碍,给公司带来经济上或名誉上的损失。本书第二章《国际项目投资的前期法制环境调查》已经对承包商经常遇到的法律进行过描述,以下就与项目执行比较密切的相关法律问题进行集中归纳。

(一)公司法律性质选择与注册

公司法律性质选择与注册主要注意以下几点:

(1)子公司与分公司是公司企业经营组织的重要形式。我国的企业到海外经营,如何选择公司分支机构的属性,将直接影响着企业的成本和利润。子公司具有独立的法律地位,需要独立承担责任。同时,子公司在境外设立国被视为居民纳税人,承担与该国公司同等的纳税义务,也可以享受工程所在国提供的各种税收优惠待遇,但子公司的亏损不能计入母公司。因此,境外投资初期成本大、收入少的情况下,选择子公司的形式,并不能从整体上减少母公司的税收负担;分公司是母公司下属的直接从事业务经营活动的分支机构,不具有独立的法人资格,不独立承担法律责任。同时,分公司在工程所在国被视为非居民纳税人,承担有限的纳税义务,但也享受不到当地的各种税收优惠。由于分公司与总公司是同一法人,境外投资初期分公司的经营亏损可以合并到母公司账上,这样就减轻了母公司的税收成本。可见不同的公司经营结构形式,对企业的成本与利润影响相当巨大。因此,中国公司在境外投资的过程中,需要充分考虑到投资国的税收政策和投资风险,结合自身的实际情况,采取不同的公司组织结构形式,以便达到减轻税负的目的。

(2)对公司注册资本、股东的要求。出于对本国公司的保护或担心外国公司不履行或逃避义务,各国对外资公司注册条件规定不同。如巴西规定只有具有民事能力的巴西公民和持有投资签证的外国人才能作为企业的公司法定代表人或负责人,代表公司签字或行使委托或接受委托。外国企业到巴西投资,其法人代表应申请投资签证。外国人办理投资签证的最低投资额为 20 万美元。各国对股东身份的规定也是千差万别。多数国家接受外国公司作为股东;有的国家,如南非,只接受自然人作为股东,不承认公司法人股东;有的国家,如科威特,则为了保护本国的利益限制外资企业的控股比例,规定外国公司作为股东只能拥有 49% 的股权比例。中国工程公司应根据当地的公司法、商业法来确定公司的注册资本以及公司的股东身份，避免因注册条件或者股东身份不符合法律规定而招致经济利益损失。

(二)资质证照和行政许可要求

中国工程公司在外国面临的“瓶颈”之一是当地法律要求提供各种各样的资质。如沙特、科威特等国法律规定，不同的公司需要不同的技术资质，并在行业协会注册。外国公司在科威特从事钻井、勘探、物探、工程作业，除了要求具备国际承认的资质外，同时需要有科威特工程师协会的注册工程师作为项目的技术负责人，该技术负责人负责签署有关技术文件。由于语言和教育背景等原因，外国人在当地申请和注册很困难。为此，中国工程公司在招聘有资质的石油、机械、土建、工程等注册工程师时，应当与工程监理所签订协议，明确其为项目技术负责人。

(三)劳动法律

EPC合同执行过程中首先涉及的就是人员安排。国际EPC项目中既有中方雇员又有当地雇员，有些项目还会聘用第三国雇员。无论是中方雇员，还是第三国雇员，从项目所在国的角度来看，他们作为“外国人”均要遵守当地劳动法和劳动许可方面的法律规定，在聘用当地雇员时承包商也要遵守当地劳动法律的规定。我国的部分企业在国内就肆意践踏劳动合同法，最常见的是无偿加班加点、克扣假期天数、没有带薪休假制度等，这些做法也无形之中带到了国际工程项目中，与工程所在国的法律制度发生碰撞，经常见到当地雇员以侵犯权益为由将中方企业告上法庭，诉由主要包括公司少支付工资、未计算加班费、没有带薪休假、假期不足、企业未做同工同酬、没有劳保、没有发放遣散费、存在歧视等原因。因此，我国的承包商应高度注意以下劳务法律问题：

(1)劳务许可方面的法律。根据当地法律要求，需明确在项目所在国工作的外籍人员应办理的劳务许可种类(如长期有效的工作签证及短期商务签证等)、期限、申请程序、延期办理等问题，尤其要避免因办理的劳务许可类别错误或失效而造成人员非法滞留。

(2)雇用当地雇员的法律。要特别注意当地劳务法律关于集体协议、劳动合同期限、工会组织、最低工资要求、雇主为雇员提供最低保障、劳动时间等方面的法律规定，保证与当地雇员签订的劳动合同不违反当地劳务法律规定。尤其需要注意当地劳务法律对终止劳动合同的规定，避免与当地雇员产生法律纠纷。

（四）工程设备、工程物资进出口法律

目前很多国家对作为永久性工程一部分的工程设备物资给予免除关税的优惠政策，有些项目规定由业主办理免税清关手续，大部分项目规定由业主出具免税凭证，而由承包商办理清关手续。需要注意的是项目完工后对剩余物资的处理，业主一般享有作为永久性工程的工程设备剩余物资的所有权，因此，剩余物资不得运出项目所在国，而应运至业主指定地点，由业主进行处理。对项目使用的施工机具等设施通常采用临时进口的方式，通常项目所在国要求承包商在海关抵押与临时进口的施工机具等值的保函，待承包商在临时进口期限内将施工机具返运后再予以释放。由于临时进口有期限要求，需要注意在项目延期的情况下要及时办理临时进口延期手续，以免造成施工机具在项目所在国非法滞留。项目完工后临时进口的施工机具应当运出项目所在国，不得在项目所在国进行转卖，或转移至其他项目使用。如果必须在当地转卖，或转移至其他项目使用，应向海关部门补缴关税或重新办理相关手续。

（五）保险法律问题

EPC 合同中，承包商负责投保的险种一般包括工程一切险、第三方责任险、雇主责任险、施工机具险及货物运输险等。在寻找合作的保险公司之前，首先要明确当地法律是否对外国公司在本国执行项目要求在当地保险公司投保或当地保险公司的自留保险份额比例等有强制性要求，以便在遵守当地法律规定的前提下引入中国保险公司提供保险保障，以寻求最优惠的费率及最佳的索赔服务。另外，有些国家的法律对工程项目必须投保的险种有比较特殊的规定，如《阿尔及利亚保险法》第 178 条要求："建筑人、承包商及技术监督应办理十年民事责任险，该保险从工程最终验收之日开始生效。"作为承包商，应遵守合同中相应的规定。

（六）税收法律问题

各国税法均对外国公司在本国执行项目需要缴纳的税种及计算方法做出详细的规定。投标阶段就应通过当地会计师事务所等咨询机构明确承包商需要缴纳的各种税及金额，并将之包含在报价当中（如 ITB 要求报含税价）。通常情况下，有些行业项目所在国会有某些税收减免的优惠政策，例如，石油工程建设项目，可免交增值税、工程物资进口关税等。如果合同或法律规定了上述优惠政策,还需要明确获得此项优惠的程序要求。再如,以投资孟加拉国电力行业为例,孟加拉国既有吸引外商投资的普通优惠政策,又有专项的私人发电激励政策。

1. 吸引外资的普通优惠政策

孟加拉国政府对外国投资提供一系列税收减免政策,对部分行业投资企业的产品出口给予一定的现金补助。

(1)免除外国贷款利息税;

(2)专利使用费、专门技术费、技术援助费一律免税,并汇款提供便利;

(3)免除按股分红的所得税;

(4)免除外国雇员3年收入所得税;

(5)外国投资者所持有的股份可以向当地的股东或者投资者转让;

(6)股息分红再投资视为新的外资;

(7)在孟加拉国注册的外资企业在使用公共设施方面享受国民待遇。

2. 私人发电激励政策

私人发电激励政策主要有以下几种:

(1)免除15年企业所得税;

(2)商业运行后12年内,进口电力及发电设备(电站价值10%零配件)享受免除关税、增值税及其他费用;

(3)投资者可以自由撤回股本及股息;

(4)外国贷款者同样免除所得税;

(5)外国投资者可以自由开办合资企业;

(6)公司不一定要在国有保险公司投保;

(7)私人发电公司要根据贷款出借方及公共事务单位的要求购买保险;

(8)根据当地法规注册所需要的相关文件资料免除印花税;

(9)发电项目可以享受以前工业项目的各种优惠;

(10)私人公司根据BOI规定的法律部法规实行本国或外国的融资;

(11)鼓励本地的工程公司和制造业公司为私有发电站提供符合国际标准的设备;

(12)两国之间有双边协议,避免外国投资者双重征税;

(13)在孟加拉工作的外国人可以将工资50%汇出,外企员工工资免缴当地税费;

(14)投资电力行业的企业享受所有其他行业工业政策规定的特许权;

(15)15年后企业所得税:上市公司:27.5%;非上市公司:35%。

以上的政策,对于国际承包商投资电力行业影响巨大,需要进行广泛细致的调研。关于税收法律对投资的影响,已经在第四章第六节《国家的税收对EPC合同的影响》进行过专项论述。这里只是再次强调,税收对承包商影响很大,必须引起足够的重视。

(七)合同法律

在EPC合同执行过程中与项目所在国法人或自然人签订的合同一般包括房屋租赁合同、材料或设备采购合同、当地雇员劳务合同、车辆或施工机具租赁合同等,要注意项目所在国民法(商法)或合同法对签约主体资格、合同内容、合同的效力、合同文件的组成、双方的权利义务、合同终止等方面的法律规定。如果我国企业在境外设立企业进行垫资或融资进行工程项目运作,就要对多重法域的法律风险进行分析。例如,我国某家A企业在香港设立一级子公司,又在印度设立二级子公司,通过国内母公司向香港的一级公司增资的形式汇出资金,然后通过香港子公司借款给印度的二级子公司,在印度进行项目运作,这种情况下就要涉及中国、中国香港、印度三个法域的法律风险分析。对中国法律风险分析而言,涉及的合规审查主要有香港子公司增资,包括发改委审批/备案、商务部备案、银行直接投资外汇管理登记。香港法律风险分析主要包括A企业拟向香港一级子公司增资,或以融资保函授信担保的方式安排境外银行向香港一级子公司提供贷款;香港一级子公司拟注资设立印度子公司;香港一级子公司未来有可能向境内A企业分红;印度子公司未来有可能向香港一级子公司还款。印度的法律风险主要有香港一级子公司拟注资印度子公司;中国香港一级子公司拟向印度子公司提供公司间贷款。在以上的合同交易结构中主要包括三个方面:涉及交易机构是否符合三个法域的法律规定;本项目的涉及的交易机构是否涉及审批、登记、备案要求;本项目涉及的交易文件是否存在法律适用、争议解决方式等强制性要求。

（八）诉讼方面的法律

各国在程序法方面的规定差别迥异，在诉讼管辖原则、审级、证据效力、诉讼程序等方面都不尽相同。例如，孟加拉国现行的《民事诉讼法》（Civil Procedure Code，1908）第 44 章规定，只有英国或其他互惠区的法院作出的外国判决在孟加拉才能够被执行。目前，互惠区为：英格兰、新加坡、澳大利亚首都直辖区、印度和巴基斯坦。在 1908 年《民事诉讼法》项下，外国金钱判决自判决作出的 6 年内（经法院许可该等年限可以延长）可在在孟加拉执行。无论我方主动提起诉讼还是被动地卷入诉讼，都不可避免地需要了解项目所在国的程序法，以争取实体上的权益。

二、制定法律事务管理办法

（一）法务事务管理总体原则

为加强海外分子公司法律纠纷案件管理工作，维护其合法权益，应依据工程所在国的法律和中国有关法律、法规制定《法律事务管理办法》，以解决分子公司与其他公司、政府机构、个人等之间发生在海外的民事、经济（合同）、行政、劳动等纠纷案件的管理。法律纠纷案件，是指分子公司为一方当事人与其他方当事人之间发生的纠纷案件，包括尚未进入司法程序的一般纠纷案件和已进入司法程序的仲裁或诉讼案件。分子公司的法律纠纷案件实行的主要原则有：

（1）预防为主、统一管理、即时上报、协作配合的管理原则。

（2）法律机构职能防控与业务部门管理防控相结合，分工协作、责任明晰、共同防控原则。

（3）事前防范法律风险和事中法律控制为主、事后补救为辅的原则。

（4）友好协商为主、仲裁诉讼为辅的原则。

（二）分子公司法务内部职责划分

分子公司法务内部职责划分主要分为以下几点：

（1）法务部为分子公司法律纠纷案件归口管理部门，履行以下职责：

①为分子公司重大经营决策提供法律咨询意见或法律论证报告，负责重要规章制度及其他重要文件的法律审查。

②参加重大合同谈判、合同文本起草工作，并对合同的合法性、风险性进行审查。

③根据子公司业务需要，负责聘请（委托）专业律师处理有关法律事项。

④负责合同管理工作，对合同的签订、履行、变更和终止进行全过程监督。

⑤解答相关法律纠纷案件涉及的法律问题，提供相应的咨询服务。

⑥负责与分子公司诉讼和非诉讼纠纷的处理、行政法律事务处理。

⑦负责子公司登记、注册、变更、公证、鉴证等有关法律事务。

⑧办理合资、合作、投资、企业合并、分立、招投标、租赁、资产转让、破产清算、关联交易等重大经济活动中的法律事务。

⑨负责向公司法务部上报重大法律事项和问题，并参与处理工作。

⑩组织或配合有关部门开展内部法制宣传教育、法律培训、提供法律服务。

(2)其他各部门应按照各自的职责，履行以下职责：

①及时向分子公司法务部通报潜在的或已发生的法律纠纷案件。

②及时按照分子公司相关决策自行处理相关法律纠纷案件或提供相应的协助。

③其他应履行的相关职责。

(三)子公司法务人员在纠纷处理过程中承担的主要任务

子公司法务人员在纠纷处理过程中承担的主要任务有：

(1)收集法律纠纷的资料和信息，确保对法律纠纷进行全面、客观、准确的了解。

(2)编制处理法律纠纷的备选方案，重点阐明各个方案的成本、优势和不足之处。

(3)参加方案讨论会议，对参会者提出的有关方案的所有问题进行解答。

(4)解决方案确定后，负责方案的实施，并及时向主管领导汇报实施情况。

(5)编写法律纠纷处理报告，对法律纠纷的处理过程和结果进行分析，提出意见和建议。

(6)对法律纠纷处理过程中形成的资料进行整理、汇总，根据分子公司文件管理办法送文档管理人员归档。

(四)一般法律纠纷案件处理程序

一般法律纠纷案件，是指尚未进入司法程序的纠纷案件，其表现形式包括但不限于：

（1）合同另一方当事人在合同履行过程中已经提出我方违约、不可抗力、政府行为、物价上涨、法律变化、合同变更等原因，要求我方因此补偿并提出索偿请求的；

（2）我方因合同另一方当事人在合同履行过程中的违约行为、不可抗力、政府行为、法律变化、合同变更等原因，要求对方予以补偿并提出索偿请求的；

（3）因我方的行为导致相关政府机构、公司企业或个人等向我方提出侵权、违法指控，要求我方停止相关侵权或违法行为或提出赔偿请求的；

（4）因相关政府机构、企业或个人等对我方的侵权行为导致我方信誉或经济损失，我方提出停止相关侵权或违法行为或提出赔偿请求的；

（5）其他除上述之外所有可能或已经引起我方和相关方纠纷的情形。

一般法律纠纷案件，分子公司各部门应在发生或获知后的24小时内通报分子公司法务部，并将已经获得的所有支持文件、建议和要求（如纠纷缘由、协商情况、处理建议、代理律师之法律意见书、对方当事人请求、律师函等）在通报时或随后提交法务部。法务部应对所有通报的纠纷案件进行备案登记。分子公司任何部门或个人不得隐瞒或擅自处理相关纠纷案件。法务部收到纠纷通报后，分别按照以下情况处理：尚未或正在初步友好协商中的纠纷，法务部可提出相关意见或建议，作为相关部门依据，与纠纷另一方当事人进行友好协商的参考；已经过初步协商，但分歧较大，可能无法达成一致的纠纷，法务部应提出相关处理意见和建议，通知相关部门依据相关法律、合同等与纠纷另一方当事人继续协商。一般法律纠纷案件，法务部在接到相关部门通报后应呈报分子公司主管领导，包括：所有侵权和违法纠纷案件；合同履行过程中因违约、不可抗力、政府行为、法律变化、合同变更等原因致使合同变更量达5%以上，或合同中止、合同实际无法履行而提前终止等导致的纠纷案件。

子公司业务经营所涉及的所有法律纠纷案件，原则上应首先尽力通过友好协商的方式解决，或通过调解、DAB方式解决，避免通过仲裁或诉讼等法律对抗方式解决。在协商、调解或DAB方式解决过程中，应由法律事务管理人员和代理律师参与。相关承诺、放弃等涉及合同履行和纠纷解决,影响分子公司实体权利、义务或责任,可能成为法庭证据的文件,必须经过法务部审核后才能由分子公司相关被授权人员签发。处理完结的法律纠纷案件,应形成总结报告。

(五)仲裁和诉讼法律纠纷案件处理程序

仲裁和诉讼法律纠纷案件是指已经进入司法程序的纠纷案件,其表现形式包括但不限于:未经协商,相关政府机构、公司或个人直接向仲裁或诉讼机构起诉我方的情形;虽已经过协商,但协商不成,另一方当事人已经诉诸司法程序,或分子公司相关部门建议诉诸司法程序的情形。分子公司作为被告方的仲裁或诉讼纠纷案件,或分子公司同意作为原告方提起仲裁和诉讼的法律纠纷案件,由法务部负责组织处理,纠纷责任部门指定专人予以配合,并按照法务部的要求提供应诉材料。同意将相关法律纠纷案件诉诸司法程序的原则是相关纠纷已与纠纷另一方当事人进行了协商、调解、DAB 方式解决,但未能达成一致,如果不解决该纠纷将可能会对分子公司的信誉和经济造成损害。此时,分子公司的职能部门或法务部建议诉诸司法程序的法律纠纷案件,应将相关意见提交分子公司总经理决定。相关部门应在分子公司总经理决定后,立即将所有相关材料和建议提交法务部。法务部应当会同相关部门认真研究案情,全面收集、系统分析和筛选相关证据材料,提出案件分析意见,起诉或应诉的建议方案。在分子公司总经理对起诉或应诉的建议方案做出决策之前,任何部门或任何人不得自行决定起诉或擅自提交应诉材料。应诉或起诉方案获子公司总经理批准后,由法务部具体组织实施,纠纷部门给予配合,提供所有支持文件和资料。

原则上所有仲裁或诉讼法律纠纷案件均应聘请律师代理。外聘律师应引入竞争机制,择优选用,签订委托代理协议。对于外聘的律师,相关部门应及时向律师提供开展工作所需要的资料,配合律师做好尽职调查,对纠纷处理进程进行及时、有效的跟踪。法务部考核律师的服务质量和工作量,督促律师履行委托代理协议约定的代理义务。

法律纠纷案件进入审理阶段,法务部门应当根据案件进展情况,调集内外部资源,积极做好以下工作:

(1)依法举证、质证,及时调整、补充、完善证据材料;

(2)及时、准确地主张权利,有针对性地提出抗辩;

(3)正确行使财产保全、管辖权异议等法律办法的实体和程序权利,不得擅自放弃或怠于行使法定权利;

(4)及时分析案件阶段性审理结果,确定进一步处理案件的方案和意见。

诉讼案件,一审结束,法务部应征求相关部门意见,相关部门应书面向法务部提出是否上诉的建议意见或方案。如果诉讼另一方当事人提出上诉,相关部门应提出相应的应对建议报送法务部,由法务部正式作出应对方案。对于仲裁或诉讼过程中,仲裁庭、法庭或另一方当事人提出和解的,或子公司意欲提出和解的,相关部门与法务部协商处理,由法务部作出对应方案。法律纠纷案件最终审理结束,相关部门应将整个案件材料和相关执行的建议意见或方案报送法务部备案。

(六)紧急法律纠纷案件处理特别办法

紧急法律纠纷案件是指事先没有任何征兆,法务部或相关部门突然收到的当地司法机构签发的案件受理通知、开庭通知、查封或冻结裁定书等法律文书,或案件司法审理时间不足10日的法律纠纷案件。相应部门应在收到相关法律文书后立即向分子公司主管领导汇报,并视具体情况由法务部或相关部门临时采取紧急应对措施,包括但不限于立即申请延期开庭、提出管辖权、查封、冻结、执行异议等,以保证有足够的时间分析研究案情,避免因未及时采取相应的措施而处于不利的境地。法务部对突发的紧急法律纠纷案件提出初步意见或建议,上报分子公司领导和公司总部。

(七)法律纠纷案件管理要求

1.法律文书的签收

所有递交给分子公司的司法机关、行政机关、仲裁机构等送达的法律文书,以及对方当事人直接递送的法律意见书、律师函等法律文书,均由法务部负责签收。送达人通过邮寄送达法律文书的,公文收发部门应当立即转送法务部。分子公司各部门收到的法律文书,应在48小时内将原件提交法务部,其他个人不得擅自签收、置留或保存上述法律文书。

2.诉讼证据管理

以分子公司为一方当事人的法律纠纷案件证据材料由法务部统一管理。处理法律纠纷案件,应当按照分子公司相关授权管理办法取得授权。

对于每一项仲裁或讼法律纠纷案件，法务部和相关部门均应指定专人负责。未经法务部同意，任何部门或个人不得向纠纷另一方当事人或其代理人提供有关书面或口头证据，不得确认纠纷另一方当事人提出的问题或作为纠纷另一方当事人证人出庭作证。

3. 文件存档要求

法务部和相关部门应在法律纠纷案件结案后的15个工作日内将案件基本情况、办案经过、处理结果等整理成书面材料，连同结案法律文书等，按照分子公司相关管理办法归档保存。归档保存的档案材料应当是原件。没有原件的，保存复印件，并附书面说明。法律纠纷案件档案的保管、借阅和销毁，按国家、公司总部关档案管理的办法执行。

（八）过错分析制度

分子公司建立法律纠纷案件过错分析制度。法律纠纷案件结案后，法务部和相关责任部门应对案件产生的原因、分子公司过错等情况进行系统分析，总结经验教训，提出改进管理的意见和建议，报法务部备案。

（九）信息保密制度

分子公司法律案件须坚持保密原则，案件知情人除法定情形或行政部门要求外，不得向第三方泄露案件的信息内容。纠纷处理完结后的重要信息也不宜对外披露的，知情人具有同样的保密义务。

（十）奖励与处罚制度

分子公司对出色履行法律风险防控机制，严格遵守法律纠纷案件管理制度规范，工作尽职尽责，挽回重大经济损失，或做出其他重大贡献的个人给予表彰和奖励。分子公司法律纠纷案件实行部门经理负责制。对于以下违反本办法，但尚未造成分子公司经济和信誉损失的，由分子公司给予相关部门和直接责任人通报批评：

（1）未严格按照本办法上报法律纠纷案件的；

（2）相关证据材料没有保存、毁损或丢失，文件档案不健全的；

（3）未认真分析总结已发生的法律纠纷案件经验教训，导致1年内又发生同类法律纠纷案件的；

（4）其他违反本办法应给予通报批评的行为。

凡违反法律事务管理办法，给国家、子公司造成经济损失的，对直接负责的主管人员和其他直接责任人员视情节轻重分别给予行政处分或经济处罚;对所造成的损失,依法追究其经济赔偿责任;有犯罪嫌疑的,移交司法机关处理。

三、法律咨询和法律服务

法律咨询论证是指法务人员根据现行法律法规,对分子公司、项目部各项业务中的法律问题进行咨询论证,并提出意见的行为。法律咨询论证分为一般法律问题咨询服务和重大法律问题论证两种类型。一般法律问题咨询服务,由法务人员根据我国或工程所在国的现行法律法规,对咨询部门提出的问题,以口头或出具《法律建议书》(表 12-1)的形式在职责范围内的答询。一般法律问题咨询服务由各部门填写《法律服务申请表》向法务部提出。重大法律问题论证,由法务部根据我国或工程所在国的现行法律法规,对咨询部门提交的法律论证项目出具法律论证报告,即《法律意见书》(表 12-2)。分子公司在经营管理中作出重大经营决策之前,必须进行法律咨询论证,未经法律咨询论证的,不得决策。有法律风险的重大经营决策会议必须有法务人员参加。在法律咨询论证工作中,法务人员应立足于现行国内外法律、法规,以提高企业经济效益为目的,保证法律咨询论证意见的全面、准确、合法。分子公司法务负责人对分子公司潜在的法律风险,可以直接向分子公司主管副总经理、总经理出具法律论证报告。分子公司法务部负责对各部门在业务执行过程中、与业务相关活动中或与员工相关的法律问题提供法律咨询服务。

(一)法律建议书格式及其要求

法律建议书供法务人员在处理分子公司内部一般性法律事务、向公司各单位、总部各部门及有关领导提供建议时使用,主要业务范围包括以下几个方面:

(1)海外分子公司的法律主体性质存在重大瑕疵,如营业执照发生重大变更的、合并重组的,以及企业名称改变、年检未通过、公司法人变更、股权变更、注册地发生变更等事宜;

(2)行业许可证(如安全生产许可、特种设备制造许可等)代理商代理资质证书和授权书等,有缺少、过期、明显错误或有涂改现象的;

(3)合同规定的必备条款缺失的、存在重大错漏的,合同主要条款有明显不合理、存在严重不公平现象的,以及有可能会给公司带来各种利益损失的情况，但 EPC 合同评审不适用于法律建议书格式；

(4) 协助公司各单位、总部各部门处理合同纠纷，提出相关意见和建议。

表 12-1 法律建议书

一、背景描述

××。

二、存在的问题

××。

三、分析和建议

××。

注：存在的问题应依据背景材料所描述的事实，进行归纳整理，并列出所存在的问题。分析和建议应针对所存在的问题，进行明确具体的分析，并提出处理问题的建议方案，包括建议、措施、步骤、对策、操作方式与流程等项内容。分析和建议力求事实准确，论据确凿，理由充分，逻辑性强。

(二) 法律意见书及其要求

法律意见书格式，适用于处理各分子公司的诉讼、仲裁案件及重大项目论证。分子公司的法务部应对下列事项的决策提出《法律意见书》：

(1) 投资、合资、合作、联营等；

(2) 资产重组、设立分支机构及变更、注销；

(3) 重大装备、大型设备的购置及技术引进；

(4) 重大项目招标、投标；

(5) 需经法律论证的其他项目。

《法律意见书》基本要求主要有：

(1) 所依据的法律法规、合同条款要求充分。应查询与本案有关的法律法规、司法解释等相关法律依据，以及合同条款依据，并简要列出所依据的法律法规名称和合同条款名称。

(2)法律论证和分析依据上述所列出的法条之间的关系和合同条款依据,对事实分析和法律依据分析,力求事实准确,论据确凿,理由充分,逻辑性强。

(3)建议方案:根据背景材料以及法律论证和分析,以简明扼要的语言概述法律分析的主要内容,提出处理问题的建议方案,包括建议、措施、步骤、对策、操作方式与流程等项内容。建议方案可以是两个或以上,并提出部门倾向性的建议方案,供领导决策时参考。

表12-2 法律意见书

一、背景描述和基本事实

××。

二、所依据的法律法规、合同条款(列出法律法规和条款名称即可)

1. ×××××××××××××××

2. ×××××××××××××××

3. ×××××××××××××××

三、法律论证和分析

×××。

四、建议方案

×××。

五、附件(证据材料)

1. 证据材料清单

2. 证据材料1

3. 证据材料2

4. ××××××××××

第二节 律师事务所的外聘与管理

外聘律师是指承包商根据经营管理需要,聘请中国境内、工程所在国或第三国的执业律师,为承包商提供诉讼、非诉讼法律事务,包括诉讼、仲裁案件代理、法律咨询、法律文件起草、法律文书或合同文本翻译等有偿法律服务。用好和管理好外聘律师需要承包商有高素质的法务管理人才。法务管理离不开当地律师事务所的法律资源,这里只论述对工程所在国的律师事务所的聘任与管理。

一、聘用当地律师的必要性

当我国由资本输入国转变为资本输出国时,面临的最大困境不是技术问题,也不是资金问题,而是与工程所在国的组织或个人的沟通问题,在沟通过程中,双方往往站在各自的立场上考虑问题,因此,沟通的核心就是如何达成一致性意见问题,而达成一致性意见的载体恰恰是合同。达成一致意见后,也经常出现歧义或纠纷,而法律则是维护合同顺利履行的重要手段。因此,要妥善解决我国承包商面临的困境,必须寻求当地法律资源的协助,雇用律师事务所是现阶段所有法律资源中不可或缺的一种方式。

我国的承包商到海外进行承包面对的完全是陌生的法律体系和司法环境,涉及劳动法律、工程设备和物资进出口法律、保险法律、税收法律、合同法律等,经常遇到仲裁事务、诉讼事务,很容易因为不了解当地法律而出现违法违规情况,从而面临警告、罚款、公司被撤销,甚至刑事处罚等一系列风险。不仅如此,一般国家的诉讼法都规定诉讼必须使用本国语言,例如苏丹、阿联酋、沙特等阿拉伯国家要求必须使用阿拉伯语诉讼,伊朗法律要求使用波斯语进行诉讼,但既精通当地语言又谙熟当地法律的中方雇员几乎是凤毛麟角,国际著名的承包商无一例外地全部雇用当地的律师来完成仲裁与诉讼业务。在国际工程法务方面当地雇员化已经形成趋势,因此寻求本土法律支持,选择合适的律师事务所提供专业法律咨询服务就显得尤为重要。

职业律师由于跟社会各行各业打交道,有着自然积累形成的各专业关系网,便于必要时量需而取,向外行业专业人士借脑参谋,进而有利于专业知识的获取。在国际工程总承包惯例中,为了保证决策的合法合规性,总承包商通常委托工程所在国的律师事务所就项目的合法性进行专门论证,并提供具有结论性的法律意见,以保障承包商在投资决策时具有法律可行性。我国企业到境外进行工程总承包,在前期法制环境调查过程中,离不开当地律师事务所的参与。招投标和签订合同过程中,同样离不开当地律师参与进来审查合同以防范潜在的法律风险。在后期合同履行过程中,更是离不开律师解决诉讼与仲裁事务。聘用当地律师是加强承包商法律事务管理能力的必要补充,也有利于提高承包商内部法务人员的法律国际化水平。

在国际民事诉讼中,由于语言、法律、环境等因素的限制,外国人在他国进行诉讼与国内人有许多诸多不便,由当地律师代理诉讼是各国普遍采取的代理制度。法国、奥地利和我国实行强制性的律师代理制度,当事人必须委托律师为诉讼代理人,当事人不必亲自出庭。而英国、美国法律规定,无论当事人是否委托诉讼代理人,都必须亲自出庭。法院地国不允许外国律师以律师身份出庭的原因主要基于两方面的考量:一是允许外国律师出庭参见诉讼,无异于让外国律师干涉本国的司法活动,从而破坏本国的司法主权,因此,外国律师不能以律师身份但可以以外国人的身份出庭;二是外国律师对法院地国的法律不熟悉,不能达到委托诉讼之目的。

二、当地律师事务所的选聘

国际承包商在选择律师事务所时,应根据工程承包金额的大小、时间跨度、法律管理难易程度、工作量多少等特点,选择律师团队处理法律事务。律师团队应由律师事务所的多名律师组成,如有的擅长劳动法律业务、有的擅长工程设备物资进出口业务、有专职于保险法律业务、有的专长于税收法律业务、也有的擅长合同法律事务,这个团队应具有各种专业聚合、结构合理,集思广益的特点。为确保法律服务的质量和效率,选择律师团队时,应注重选好律师团队的牵头人,不仅仅是专业知识丰富,更重要的是个人的品德和团队管理的能力。此外,律师团队还应指定一名固定的联系律师,承包商的内部也相应指定一名法务人员,双方之间的法律问题必须通过指定人员联系,任何一方的其他人员都不得和另一方人员擅自联系。

国际上选聘律师事务所的途径一般是通过新闻媒体公开招标的方式,选择擅长工程法律类业务的律师事务所。我国的承包商更多的是到工程所在国的中资企业、外籍雇员中了解当地律师事务所的情况。对于前期所了解到的律所信息,再到拟聘任的律师事务所进行考察核实。考察的内容主要有:律师们的专业结构与特长;办理国际工程业务方面的业绩;律师事务所的品牌与诚信情况;对客户委托的项目有无被投诉的记录;律所收费情况等。对执业律师考察的主要内容有:基本背景,如执业律师的教育背景、执业年限、工作业绩、职业道德;律师的执业能力,主要是律师的个人素质、知识水平和专业技能是否满足国际工程法务需要;以往处理同类业务的工作业绩;拟进入律师团队的律师的人际交往融合力;以往合作记录和诚信记录。

承包商聘用当地律师实质上是购买法律服务的一种形式。外聘律师与承包商的关系是委托合同关系,委托合同是承包商与外聘律师的合作基础。因此,承包商应高度重视双方之间签订的合同,对法律服务范围、服务方式、目标责任、服务成果验收、报酬、费用支付方式、违约、争议解决方式、保密承诺等内容有清晰的划分和界定。对于律师聘用的时间,如果承包商预在这个国家长期从事工程总承包,可以和拟聘用的律所签订长期合同,如3年到5年合同。如果是短期的工程,最好以一年为一个周期,这样便于根据上年度的法律服务考核结果决定是否续签合同。在费用支付方式上,一般选择固定收费模式比较科学,这样可以让为项目服务的律师事务所更深程度地参与到项目的法律事务、合同管理中去,更好地提供专业化本土化的法律支持。表12-3是伊朗国某律师事务所服务的一份法律工作范围,可供参考。

表12-3 律师事务法律服务工作范围

In consideration for the payment by the Client of the fees referred to hereunder, the Attorney promise to provide to the Client the Following Services.

a-Contract negotiation and contract drafting including tailor-made contracts and redrafting standard government forms.

b-Registration of companies, agencies, branch and representative offices of foreign companies; patent registration and obtaining work visa, work permit and residence permit, for the Client's employees.

c-Issuing advisory opinions and preparing legal and prospect reports concerning claims, pending lawsuits and investment projects.

d-Cooperating with foreign and local attorneys, accountants and technical experts.

e-Advising on tax issues.

f-Drafting work contract for the company's employees and defending the company in the labor tribunals.

g-Representing the Client before government agencies and authorities subject to formal authorization from Client.

h-The Client may from time to time ask for one or more of the Attorney's assistants of its choice to be stationed in the Client's office and perform services referred to them by the Client. The Attorney shall bear responsibility for such services.

The legal services does not include the litigation before the courts of law or arbitral bodies.

If and When such services is referred to the Attorney by the Client the parties will act on a case by case basis. The Attorney agree to give a 10% discount to the client from thetariff is Iranian Bar Association is case of ligation assigned to him.

律师事务所必须及时通报工作进展情况。及时通报所委托的事务进展情况是外聘律师的基本义务,如果因迟报造成承包商损失的,律师事务所应承担相应的法律责任。如果律师在提供的法律服务产品质量不合格,律师事务所应承担相应的赔偿责任。发达国家的律师事务所通常通过购买责任保险来对冲所承担的赔偿责任。外聘律师应协调好个人所承担的所有法律事务,忠于当事人之托、分清轻重缓解、恪尽职守、按时高质量地完成承包商所委托的业务。对于企业的商业秘密,外聘律师负有高度保密义务,承担保密责任。未经承包商书面同意不得向第三方(包括新闻界)公开和披露任何保密资料。

三、外聘律师管理中应把握的要点

(一)管好外聘律师需要承包商有高素质的法务团队

从外聘律师事务所的遴选到签订服务合同以及后期的实际使用与管理,这对中方承包商的法律团队建设也提出了很高的要求,法务团队必须专业化,不能以"法盲"的身份去管理外籍律师。在律师行业中,很多问题看似复杂,其实就是一张纸,一捅就破,但律师行业长期保守相同的行业秘密,内行糊弄外行是律师行业的潜规则,因此,承包商的法务人员最起码的条件是应获得国家法律职业资格,最好雇用国内具有律师执业资格的律师来管理外聘律师,同一行业因为有相同或相似的法律教育背景、相似的逻辑思维,相同的法言法语,共同的法律信仰,很容易交流沟通。十八届四中全会提出了构建社会律师、公职律师、公司律师等优势互补、结构合理的律师队伍,这为构建公司律师制度提供了最有力的顶层设计和政策保障,也迎来了构建公司律师制度的第三次历史性机遇。抓住历史机遇,形成多层次律师执业体系,提高企业依法经营管理水平,不仅是对十八届四中全会关于推动企业法律服务队伍专业化、职业化要求,也是国际工程法务发展的必然选择。

(二)防止外聘律师利益最大化

外聘律师是以委托合同为依据开展工作的,在具体事务处理中,外聘律师是独立的第三方,存在个体的利益,有时难免会与企业利益相冲突。部分执业律师受经济利益的驱动,总是把简单问题复杂化,非诉讼问题诉讼化,考虑问题不是站在客户一方,而一味地以自己的盈利为目标,以此来收取高额的费用,因此外聘律师个人利益最大化是企业防范的重点。如果管理外聘律师的中方法务人员素质低劣,水平低下,内行糊弄外行的把戏会不断重复上演。其次是防范外聘律师设置法律漏洞或法律陷阱,少数缺少职业道德的律师在委托的法律事项中常常设置陷阱和预留法律漏洞,鉴于此,承包商应规定法务以外的工作不能由外聘律师插手,尤其是项目的采购、财务工作,因为这些信息一旦被外聘律师掌握,往往会成为要挟企业的筹码,使承包商处于万劫不复之地。外聘律师只是受委托合同的条款约束,违背职业道德行为只受到违约条款的制裁和个人声誉的损失,承包商对于外聘律师并无十分有效的制约手段,凭的只是受聘律师个人的良好职业道德。

(三)处理好承包商内部法务人员与外聘律师关系

应处理好外聘律师与企业法务人员的有效结合关系。做好外聘律师的管理,还要充分发挥调动承包商自身法务人员的积极性,将外聘律师的服务与承包商内部法务人员的工作有效融合起来。相比外聘律师,承包商自身的法务人员,包括中方雇员和工程所在国雇员(合同工程师),由于本身就是承包商一员,因此,他们对企业有更高的依附感和责任感,他们了解企业的战略选择、管理状况、企业文化等,更追求企业的持续稳定健康发展,更能够保证法律意见的独立,出具的法律意见对企业来讲也更具有针对性。承包商内部法务人员与外聘律师两者是一种专业互补、优势组合的协作关系,他们共同构成承包商法务管理推进之两翼。通过企业内部法务人员的引导与督促,加强对外聘律师服务工作进程的总体把握,做好对重点环节的宏观监控,及时对外聘律师工作中存在的偏差和不当提出纠正,可以使外聘律师更快地从法律层面了解企业情况,使其法律服务的内容与形式更贴合企业的实际需求。只有充分激发出各自专业领域应有的优势，实现强强联合，才能在发展道路上克难攻坚，更好地处理好国际工程法律事务。

四、中方雇员会见当地律师的规定

为了充分有效地利用当地的法律服务资源，规范分子公司各部门与当地律师事务所交往行为，防范潜在的法律风险，分子公司所属各部门与当地律师事务所的联系须通过法务部联系。法务部为律师事务所的主管部门和监督部门，负责律师的协调与指派。根据业务需要，各部门需要会见律师，应至少提前1天按表12－4《会见律师申请表》的格式向法务部提交律师服务申请。如需要律师到分子公司办公驻地提供服务，需提前3天按表12－5填写《Time Sheet of Consultant Service at × × × office》。因律师上门服务会收取额外费用，各部门应尽量避免要求律师上门服务。各部门如需律师协助审查当地语言合同文本，需提前3天把合同文本通过电子邮件的形式向法务部提出书面申请，由法务部指定专人和律师事务所联系。

表12－4　会见律师申请表

序号	申请律师服务内容	申请咨询方式			
		文件传送	电话咨询	律师事务所面谈	其他要求
1	起草合同或提供合同样本				
2	合同、协议、公函审核				
3	法律咨询				
4	税务咨询				
5	公司注册、分支机构注册				
6	其他				

注：请在上述咨询方式中用“√”选择，其他及其他要求的选项需文字说明。

表 12－5 《Time Sheet of Consultant Service at ××× Office》Time Sheet of Consultant Service at Contractor's Office

Date:

Name of Lawyer/Consultant:

Description of Services:			
Start time		Finish time	
Signature By		Contractor	Consultant

第三节 国际工程合同法律纠纷解决方式之一——DAB

国际工程争端解决的方式主要有直接谈判、争端解决替代方式(Alternative Disputes Resolution, ADR)、仲裁、诉讼等形式。ADR 的形式多样，主要有调解(Conciliation)、调停(Mediation)、裁决(Adjudication)、小型庭审(Mini-trials)、争端裁决委员会(Dispute Adjudication Board, DAB)等形式。本节主要阐述的是进入仲裁/诉讼程序之前，合同争议的识别、预防与控制，以及 FIDIC 解决争端的 DAB 形式。

一、合同争议的原因、识别、预防、控制

(一)合同争议产生的原因

合同争议产生的原因主要有以下几方面：

(1)因一方的付款、质量、进度等合同履行行为而产生的争议；

(2)合同一方在合同履行过程中向另一方提出的因其违约、不可抗

力、政府行为、物价上涨、法律变化、合同变更等原因,要求该方给予补偿而产生的争议;

(3)合同双方因合同条款的解释和理解不一致而产生的争议;

(4)其他所有在合同履行过程中产生的争议。

对于上述尚未进入仲裁或诉讼法律程序的合同争议,法务人员主要工作是协助争议解决部门与争议另一方进行友好协商。友好协商是解决争议的第一步,也是最常见最有效的方法,具有方式简单、时间短,双方不需要额外的花费,气氛融合等优点。

(二)合同争议的识别

合同争议的识别主要包括:

(1)承包商与业主互相提出的变更或索赔;

(2)承包商与分包商/供货商等互相提出的变更与索赔;

(3)与合同规定不一致的履行行为;

(4)不规范、不完整的合同文件;

(5) 合同履行过程中发生不可抗力等意外事件;

(6)合同履行的条件发生重大变化等。

对于上述潜在的合同争议,法务人员应给与密切关注,积极采取相应的预防措施,争取不发生争议,或将争议的范围、程度和影响降至最低。

(三)合同争议的预防

合同争议是可以预防的。预防合同争议是法务人员在合同关闭前所有阶段的一项重要工作。在合同立项和形成阶段,法务人员应做好合同的招投标工作,尽可能地规范和完善合同条款,修补合同漏洞。在合同签订阶段,法务人员应把好合同的签订关,仔细审核合同条款的合法性、一致性、规范性、完整性。在合同履行阶段,注意监督己方和合同另一方的合同履行行为,一旦发现不符合合同规定的履行行为,应及时向己方或合同另一方提出,提出相关改正的意见和建议;一旦发生不可抗力等意外事件,应依据合同及时提出采取相应措施,减轻该事件对合同履行造成的影响的意见和建议等。合同争议重在预防。如果法务人员在合同的立项阶段、形成阶段、签订阶段能够很好地把关,完善相关合同内容,如果合同签约双方在合同生效后均能够按照合同规定行使各自的权利,承担各自的义务,则将有效减少合同争议发生的可能。在合同争议发生后,如果合同双方能够通过友好协商解决,则可以避免将合同争议带入法律程序,避免时间和费用更大的消耗。

(四)合同争议的控制

一旦合同争议发生,相关业务部门应在发生或获知后的及时通报法务部,并将已经获得的所有支持文件、建议和要求,如争议缘由、协商情况、处理建议、对方当事人请求、律师函等,在通报时或随后提交法务部处进行分析和处理。法务人员应依据相关合同和事实对合同争议进行分析和判断,并提出合同和法律上的意见和建议,供相关业务部门与合同另一方协商时参考。重大的合同争议,相关业务部门在形成最终的意见之前,应按照公司相关管理规定办理审批手续。相关解决方案只有获得公司批准后才能与纠纷另一方当事人确认。

当经过友好协商,合同双方仍未能就合同争议的问题达成一致时,法务人员可依据合同约定寻求通过 ADR 方式解决。ADR 方式能够使争端较快地得到解决,节约合同双方争端解决费用,使双方的矛盾不进一步激化,有利于工程项目完成。如果合同中没有规定调解方式,或一方或双方不愿意通过 ADR 方式解决,或经过 ADR 方式仍未能达成一致,则法务人员应提前做好仲裁、起诉或应诉的准备,以免因此对公司的及时起诉或应诉产生不利的影响。合同争议的解决可在合同履行的任何阶段进行,但是无论何时解决,也无论最终通过何种方式解决,法务人员均应整理和保管好相应的证明文件或证据。无论法务人员是主导还是参与,合同争议均应本着协商友好的原则解决。

二、合同争议解决原则

(一)及早沟通

FIDIC 合同条件对于承包商的索赔在程序上有非着常明确的规定,要求承包商应在觉察或应已察觉索赔事件或情况后的 28 天内提出索赔事项意向书,并在觉察或应已察觉 42 天后,正式提交详细索赔报告书。承包商只有按照合同约定,及早地对索赔诉求和索赔事项进行沟通,才能便于业主公正地进行索赔评价,及时地做出决定。索赔事件拖延的时间越长,相关资料或证据越容易丢失,索赔评价将变得越艰难。

(二)保持友好友善的关系

合同双方的关系对索赔处理解决起着至关紧要的作用。如果双方关系紧张,甚至采取敌对的态度,则必将造成争议进一步恶化。合同双方保持友好友善关系,有益于协商的顺利进行。保持友好友善关系是使用争端解决替代方式的前提。

(三)互相信任互相尊重

合规守信是国际知名企业发展成功的核心理念和行为规则。承包商应首先自我做起,不能在签订合同后,认为可以完全掌控业主,以自我为中心,不向业主通报工程的进展情况,或者利用自己专业优势,将索赔事件扩大化,甚至任意索赔,这样做的结果只能失去业主的信任,导致业主为承包商做负面宣传。同时,业主也应按约定的索赔程序,及时给予承包商答复与评判,千万不能对承包商的正当索赔不予理睬或蛮横无理,让承包商对其失去信任。业主与承包商双方应始终牢记合同是建立在互信互任和相互尊重基础上的。

(四)互谅互让的团队合作精神

在索赔争端的谈判中,由于各自占的立场不同,考虑问题的出发点不同,所期待的利益也会不一致,然而双方的相互让步不失为一种有效解决争端的手段。实践证明,小的让步会实现双赢,对承包商来说"小舍"才会迎来"大得",与业主建立战略伙伴关系,才能保障项目的整体效益,才能赢得更广阔的市场。对于业主来说,承包商的正当索赔与合理补偿,有利于保障工程质量和工期,这也是业主获得效益的根本。因此,在友好的协商解决争端过程中,合同双方应从工程整体考虑,长期考虑,发扬互谅互让团队合作精神,以友好合作的姿态使争端及时解决。互谅互让的团队合作精神是实现友好协商达到双赢的精髓。

三、工程争端的 DAB 解决方式

长期以来仲裁以其经济性、高效性、保密性和有可执行力而成为工程争端解决的主要方式,但随着仲裁向诉讼化的发展,这些优势已经弱化,当争议双方越来越认识到争端并非总是黑白分明,并且希望保持彼此信任和合作关系时,能通过友好方式更有效地解决纠纷就得到广泛重视。FIDIC 一直倡导建立在相互信任的基础上,实现友好解决的纠纷解决机制,力图在仲裁程序开始之前解决纠纷。1957 年版的 FIDIC"土木工程施工合同条件"带有浓厚的英国工程合同的色彩,采用"监理工程师"裁决方式解决国际工程争端。但是,由于监理工程师的报酬是由业主支付,且争议常常与工程师设计、管理行为有关，因此其地位的独立性和裁决的公正性受到质疑。尤其是在大陆法系国家，监理工程师的法律地位得不到法律承认，监理工程师裁决制度难以开展。DAB 方式是 FIDIC 在总结四十多年来建设工程领域争端解决方式经验的基础上提出的纠纷解决机制。FIDIC 在 1996 年首次提出了“争端裁决委员会会（DAB）”来代替监理工程师裁决方式。在 1999 年版的 FIDIC 彩虹系列中正式采用争端裁决委员会（DAB），并制定了“争议裁决协议书通用条件”和“程序规则”等文件，对 DAB 争议解决方式的程序、内容与要求进行了规定。

（一）银皮书的争端解决程序

以 FIDIC 银皮书的争端解决程序为例，见图 12－1 其争议解决条款的程序如下：

（1）如果在合同执行过程中双方产生争议，则随时可以将争议提交 DAB 决定。

（2）双方在争议发生后 28 天内临时任命 DAB 成员。若对任命的成员达不成一致意见，使用协议专用条件中的直接指定。聘请费由双方共同分担。

（3）DAB 收到合同一方的委托争议事项申请后，或者争端裁决协议书一般条件提到的预付款额后的 84 天内，应当做出决定，并给出决定的理由。

（4）如果合同的一方对 DAB 的决定不满意，可以在收到决定通知后 28 天内，将其不满意见发给另外一方，并在之后有权提出仲裁。如果在 28 天内没有发出不满通知，则该决定是最终的，对双方均产生约束力。

（5）在提交仲裁前，双方有 56 天的冷静处理期，以便权衡利弊，友好解决。当然也为了防止争端久拖不决，如果 56 天内仍未能友好解决争端，则可以提交仲裁。

（6）在工程竣工前或者竣工后，都可以开始仲裁。若在工程进行中仲裁，合同双方应继续履行合同的义务，不应受到正在仲裁的影响。

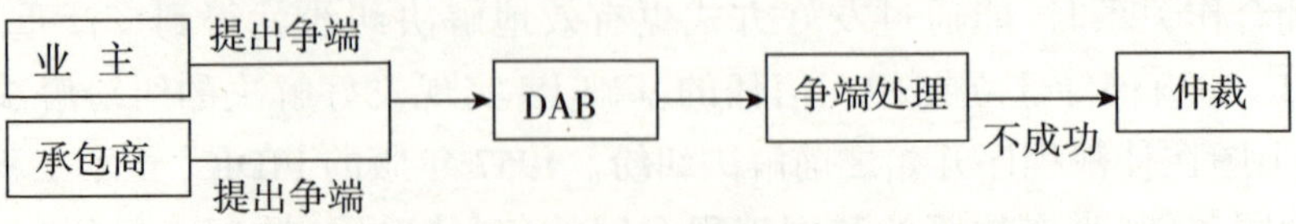

图 12－1 FIDIC 的 EPC 合同争端解决程序

（二）DAB 的法律性质及法律关系

1. DAB 的法律性质

DAB 是准仲裁的非法律程序解决争端的方法，具有非法定、非正式的、契约性质的民间纠纷解决方式。其中契约性是 DAB 的本质特征，争议双方选择 DAB 方式实际上是对自己民事权利的自由处分，DAB 权力来源于合同当事人双方意思自治下的合意授权，而不是法律或司法机构的授权。因此，DAB 方式属于私法的范畴，而非公法的范畴。

2. DAB 的法律关系

法律关系的内容是特定法律关系主体之间的权利和义务。DAB 争端裁决方式中的法律关系主体是业主、承包商和争议裁定委员会成员。

业主与承包商的一般义务主要有：除事先经雇主、承包商和其他成员同意的范围外，雇主及雇主人员，承包商及承包商人员不应在 DAB 根据合同和本争端裁决协议书进行活动的正常过程之外，就合同有关问题要求成员提供建议或与其协商；向 DAB 成员按照争端裁决协议书中所规定的报酬支付酬金和相关补贴费用。

DAB 成员的一般义务主要有：保证或承诺对业主、业主代表、承包商保持公正和独立；除根据争端裁决协议书的付款外，与业主或承包商没有财务或其他利益关系，在合同中也没有任何财务利益；在成为 DAB 成员前，没有被业主、承包商聘请担任过咨询顾问或其他职务；在执行争端裁决协议书期间，不能接受业主、承包商的聘任，除非得到各方的书面同意；没有业主、承包商的书面同意，对合同的细节和 DAB 所有活动负有保密义务。

（三）DAB 的适用法律

1. DAB 协议的法律适用

DAB 争端裁决协议书是业主、承包商与 DAB 成员签订的用来解决工程合同争议的协议，按照 FIDIC 合同条件的要求通常附在 EPC 合同的后面，作为 EPC 合同的重要组成部分。按照目前普遍遵从的“仲裁条款自治理论”的观点，仲裁条款作为实现当事人商事权利的救济手段，具有相对的独立性。因此，可以推论即使 EPC 合同部分条款无效或者全部无效，DAB 争端解决条款及争端裁决协议书仍然独立存在，依然有效。《争端协议书》第 6 条规定：本争端裁决协议书受______法律管辖。由此可以看出，DAB 的法律适用首先适用协议中约定的法律，当没有约定法律管辖时通常情况下适用仲裁地法。

2. DAB 程序法的法律适用

按照国际私法理论“场所支配行为”，仲裁行为应受仲裁地法律的支配，一般国家法律强制要求仲裁必须适用该国家的程序法。但 DAB 方式属于私法范畴而不是公法范畴，因此，任何国家不可能制定 DAB 程序法，其约定只要不违反法律的强制性规范或禁止性规范，就应遵从其意思自治。此外，DAB 的裁决地点变化较大，可以在工程所在地，也可以在其他地方，因此，不能断然地推论 DAB 方式也必然受哪一个裁决地法律支配。FIDIC 合同条件中已经规定了 DAB《程序规则》，规则中对 DAB 成员的权限、行为方式、裁决方式都进行了详细地说明，用以规范 DAB 方式的运作。遵循这一程序规则是完全符合现代商事争议解决发展理论趋势的。

3. DAB 实体法的法律适用

实体法是确定当事人权利与义务，判断是非曲直，解决争议的法律依据。实体法的适用是 DAB 方式法律适用的核心问题。建设工程合同的双方产生争议时，仲裁机构会尊重“意思自治原则”，以争议双方选择的法律作为合同的准据法。DAB 实体法的法律适用同样遵守此原则。FIDIC 合同条件第 1.4 款法律和语言中规定：合同应受专用条件中所属国家（或其他司法管辖区）的法律管辖。EPC 合同的准据法就是专用条件中规定的管辖合同的法律。使用 FIDIC 合同条件应指明所适用的国家法律，但并不能完全排除所在国的法律或他国法律，所选择的法律可能与工程所在国的法律在合同、雇佣、进出口、税务、HSE、保函、保险等法律存在这冲突。选择准据法时，有些国家的业主选择工程所在国的法律并在招标文件中予以规定，承包商不再有其他的选择余地，合同双方当事人意思自治实际上受到很大程度上的约束。例如，苏丹国家石油公司在其招标过程中，已经将合同的适用法律修改为苏丹法律，不再允许承包商选择适用法律。对于争议解决的方式，苏丹国家石油公司规定，仲裁地点必须选定在首都喀土穆，使承包商对争议的处理没有其他选择。事实上，即使双方当事人未选择国际工程承包合同的准据法时，最后也会根据“最密切联系原则”来确定 DAB 的实体法。“最密切联系原则”就是适用与合同有最密切联系国家的法律来解决涉外经济合同争议。所以，按照“最密切联系原则”，DAB 方式也会选择工程所在地的法律。

(四)DAB 裁决的法律效力

1. DAB 决定确定力

FIDIC 合同条件规定 DAB 的决定对合同双方当事人有约束力。主要体现在:

(1)对业主和承包商的约束力。一旦双方将争议提交 DAB,就必须遵守 DAB 的决定,不得擅自改变或者不履行,除非双方通过友好协商或提交仲裁修改此决定。

(2)对裁决人的约束力。DAB 决定做出后,DAB 成员不得擅自更改自己作出的决定,并且要严格遵守《争议裁决协议书》规定的保守当事人商业秘密等义务。

(3)提交仲裁的约束力。DAB 程序是申请仲裁的前提条件,否则仲裁机构不予受理。对于违背 DAB 协议提交仲裁的,另一方当事人可以以有 DAB 裁决协议为根据提起抗辩,要求仲裁庭驳回当事人的仲裁请求。

2. 附生效条件的效力

如果合同的一方对 DAB 的裁决不满意,可以在收到决定通知后 28 日内,将其不满意见发给另一方,并在之后有权提出仲裁。如果在 28 日内没有发出不满通知,则该决定成为最终的、对双方均产生约束力的决定。由此可以看出,DAB 的裁决已经做出,则推定对争议双方当事人有法律约束力,除非一方在 28 日内提出异议,才使裁决失去法律约束力。与 FIDIC1999 年版以前的争议评审委员会(Dispute Review Board,DRB)做出的争议解决建议书相比,已经发出并不具有法律效力,只有双方在 14 日内,任何一方没有向另外一方发出书面通知,表示对争议解决建议书不满,该建议书才成为有约束力的决定。DRB 所做的争议解决建议是实质上是一份新合同。可见 DAB 的决定具有较强的约束力,具有准仲裁的性质。

3. DAB 裁决的执行力

当一方不履行 DAB 的决定时,另一方可以根据仲裁协议提出仲裁。而仲裁机构只能进行程序性审查,不能对 DAB 的决定进行实质性审查。如果未发现 DAB 在程序上违法,则裁定维持 DAB 决定。可见提交仲裁只是为了强制对方执行 DAB 的决定,而不是对 DAB 进行实体性审查,从而排除了仲裁与诉讼管辖的效力。同仲裁相比,DAB 的决定不能直接强制执行,只能通过仲裁裁决书这一方式,作为向法院申请强制执行的依据。

假如中方两个公司在境外分包合同中约定使用了DAB解决方式，一方当事人不履行生效的DAB决定，我国的仲裁机构是否有权对DAB的决定进行实体审查？当事人按照FIDIC条款的DAB制度约定是否与我国的《仲裁法》存在冲突？对于涉外合同，国际惯例中通行规则是允许当事人自由约定，然而约定是否为我国现行法律所承认？我国法律未做出明确的解释。虽然我国《民法通则》规定："中华人民共和国法律和中华人民共和国缔结或者参加的国际条约没有规定的，可以适用国际惯例"。然而在司法实践中，我国的司法机关能否大胆地适用国际惯例？如何适用法律存在空白，需要作出立法规定或司法解释。

（五）DAB方式的特点

1. 公正性

DAB方式的公正性体现在：

（1）DAB成员由三位独立于业主和承包商的专家组成，各方提名一名成员，得到对方批准，第三名成员由双方协商任命，这种任命方式从人员背景来说是公平的。

（2）薪酬由由双方平均分摊。除支付酬金外，对DAB成员作了严格要求，与业主、承包商再没有任何经济利益关系。更换DAB成员需要双方同意，这些从根本上保证了DAB成员裁决的公正性。

（3）DAB成员都是工程管理专家和合同法律专家，他们具有项目管理、工程技术、工程法律等方面的丰富经验，具有相当高的专业素质，其裁决结果的公正性得到专业保障。

（4）在程序上，DAB方式解决争议必须遵循既定的《程序规则》，严格的程序规则确保了裁决的公平性、规范性和可信性。

2. 及时性

争端按照DAB程序解决，28日内任命DAB成员，DAB成员84日内作出裁决，避免了争端久拖不决。相比之下，国际仲裁常常耗时很长，而诉讼程序则更为复杂。FIDIC条款中《争议裁决决议书》和《程序规则》中明确要求DAB成员定期到施工现场进行考察，视察时应有业主和承包商陪同，并编写现场访问报告，这有助于及时了解项目产生争议的特殊情况。在争端提交DAB后，还要进行现场调查和听证，这有利于矛盾的迅速化解。

3. 经济性

与仲裁、诉讼相比,DAB 方式所消耗的费用低。业主与承包商几乎不支付其他与合同争议无关的费用,因此解决纠纷的成本低,易于争端当事人接受。即使通过 DAB 没能达成预期的协议,花费了一笔资金,但这笔资金数额有限,与随后的司法程序的成本相比,只占很小的比例。

4. 保密性

DAB 方式充分尊重当事人之间的商业秘密,如咨询调查阶段,拒绝除双方代表以外的任何人参与或旁听意见听证会;在意见听证会期间,就各方提出的任何证据及观点不发表任何意见;争议裁决书是在 DAB 成员内部召开的秘密会议上形成的,不得透露秘密会议上的任何信息。这种非公开性的解决方式使大量涉及商业秘密的合同纠纷能够得到妥善解决,有效了维护了当事人的颜面和利益,对合同双方当事人有很大的吸引力。

四、国际工程常用的 NEC、JCT、AIA 合同文本中对争端的处理程序

国际工程常见的合同文本除 FIDIC 合同条件外,常见还有 NEC、JCT、AIA 合同文本,以图 12－2 ~ 图 12－4 以对比的方式形象地比较了各种合同文本中对争端规定的处理程序,表 12－6 则就四种合同文本中争端解决要素进行了对比。

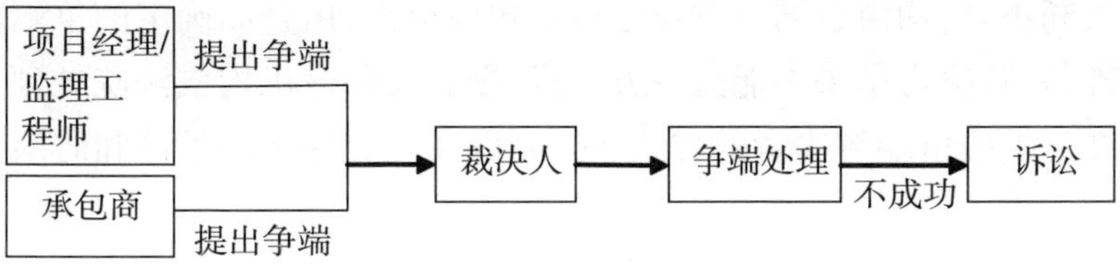

图 12－2　NEC 工程施工合同争端解决程序

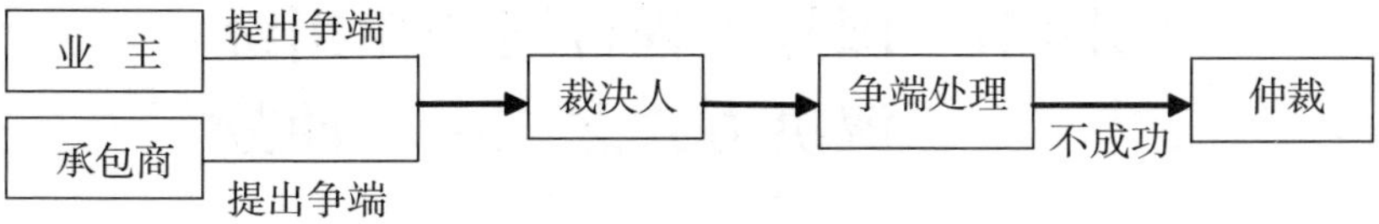

图 12－3　JCT 施工合同争端解决程序

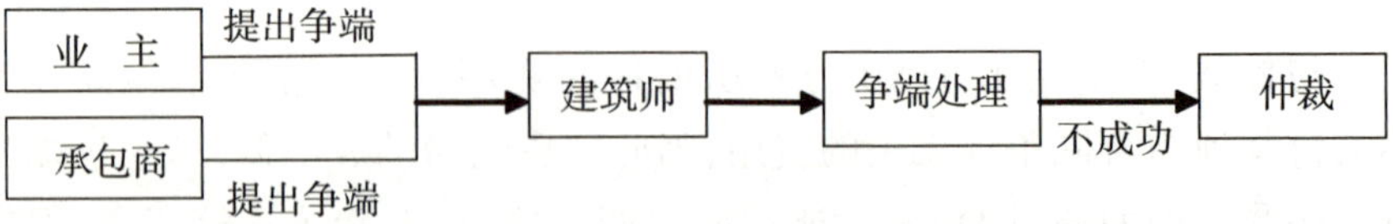

图 12－4　AIA 工程施工合同争端解决程序

表 12－6　四种工程合同争端解决因素比较

	FIDIC	NEC	JCT	AIA
合同约定的争端裁决者	（DAB）	裁决人	裁决人	建筑师
提交争端的时间	随时	通知对方后 2～4 周内	通知对方后 2～4 周内	随时
做出决定时间	84 天内	资料提供期限截止后 4 周内	14 天内确定做出决定日期	尽快
表示不满时间	28 天内	28 天内	14 天内	30 天内
直接付诸仲裁	56 天冷静期	不可	不可	争端提出 45 天后
仲裁开始时间	竣工前后均可	竣工或合同中止后	竣工或合同中止后	竣工前后均可

对比国际上常见四种合同文本的争端解决机制，会发现解决争端的流程大同小异，均由合同一方业主或承包商提出，由合同确定的争端裁决者处理，若其决定结果不能另一方满意，则提交仲裁机构或法院处理。不同点在于提请争端解决者的方式、时间，以及提交仲裁的条件和时间具体规定。

第四节　国际工程合同法律纠纷解决方式之二——仲裁

一、仲裁方式解决争端

尽管通过 DAB 方式解决争端不失为一种理想的办法，应与提倡，但如果不能奏效，只能选择国际商事仲裁或诉讼这两种相对公正的方法。仲裁是指争议双方在争端发生前或争端发生后达成协议，自愿将争端提交给双方同意的第三方机构进行裁决，双方当事人有义务执行裁决的一种解决争端的方法。在国际工程合同中，对于业主与承包商之间的争端，由于国际商事仲裁比国内法庭诉讼具有很多优点，更易为双方接受，因此，FIDIC 合同条件倾向于通过仲裁解决。FIDIC 合同条件通用条件第 20.6 款[仲裁]规定："经 DAB 对之做出的决定(如果有)未能成为最终的和有约束力的任何终端，除非已获得友好解决，应通过国际仲裁对其做出最终解决。"

在 FIDIC 合同条件下，承包商与业主在三种情况下会提起仲裁：

(1) DAB 决定未能成为最终决定，但具有法律约束力。此时仲裁庭应对双方的争端做出实体上的裁决，此裁决已经做出，就具有法律上的约束力。

(2) DAB 决定已经成为最终决定，并具有法律约束力，但业主未遵守该决定。在这种情况下，仲裁庭只能对 DAB 的决定进行程序上的审查，而不能进行实体审查。如果 DAB 未有程序上的违法，则仲裁庭应维持 DAB 决定。此时，仲裁裁决书赋予了 DAB 决定以法律上的强制执行力。

(3) 争端发生时，不存在一个 DAB。不存在的原因可能是因为其任期已满或其他任何原因。此时该争端应根据 FIDIC 合同条件第 20.6 款通用条件和特别条件直接向仲裁委员会提起仲裁。

从以上看出，如果生效的 DAB 裁决不被执行，只能求助于仲裁审理，而无法直接向法院申请强制执行，因此，可以说仲裁是 DAB 方式的法律保障和救济方式。

二、仲裁协议

1. 仲裁范围

仲裁的范围是指合同双方提交仲裁解决的争端内容，也称裁决事件。合同双方请求的仲裁事件只限于仲裁协议中规定的争端内容，具体的内容约定可以采取概括或具体的方法。如果不愿意将某些争端提交仲裁解决，应列出不属于仲裁范围问题的清单。

2. 仲裁效力

争议双方应在仲裁条款中明确仲裁的裁决是终局的，双方均应无条件执行。国际社会的仲裁立法和司法实践一般认可仲裁庭做出的裁决具有终局效力，对合同双方都具有法律约束力，任何一方不得上诉或复议。但也有个别国家的立法并没有确立一裁终局的效力性，因此在合同的仲裁条款中对仲裁的效力加以约定，可以避免当事人就已经定案的问题再提交法院审理。

3. 仲裁地点

仲裁的地点确定关系到当事人的法律保护程序、取证的便捷、聘请律师的方便等因素，因此双方当事人都倾向于寻找一个适合保护自己权利的仲裁地点。FIDIC 合同条件规定，对国际招标的大型项目，仲裁地点最好选在业主和承包商以外的国家，该国应有现代的、开放的仲裁法，并已批准了双边或多边公约（如 1958 年，纽约《承认及执行外国仲裁裁决公约》）或者两者都被批准。国际大型工程项目，业主为保护自己的权益，有时会在招标书中限定仲裁地点必须在自己的国内。除国际大型工程项目外，承包商还会有大量的采购合同、分包合同，承包商可以根据实际情况选择合适的仲裁地点：工程所在国；双方认可的第三国；提出权利要求的当事人一方国内；被诉的一方当事人国内仲裁。

4. 仲裁机构

仲裁机构是指民商关系中双方当事人自主选择解决他们之间可能发生或已经发生争议的团体。仲裁机构本身并不直接审理仲裁案件，主要工作内容是制定和修改仲裁规则，设置仲裁员名单，选定仲裁员，决定对仲裁员的异议，审查和批准仲裁裁决，以及其他相关服务等。为了防止工程所在国的法院偏袒业主，也避免执行时遭遇本国的保护主义，国际承包合同原则上选择国际著名仲裁机构进行仲裁。国际仲裁较外国法院判决更容易得到法律上的承认与程序上的保证。根据《承认和执行外国仲裁裁决公约》，缔约国的仲裁裁决能直接申请在 150 多个缔约国法院得以强制执行。国际著名仲裁机构有国际商会国际仲裁院（ICCCA）、解决投资争端国际中心（ICSID）、斯德哥尔摩商会仲裁院（SCCCA）、伦敦国际仲裁院（LCA）、新加坡国际仲裁中心（SLACA）、中国国际经济贸易促进委员会（CIETAC）。FIDIC 合同条件倾向于选择最具有影响力的国际商会国际仲裁院裁决。斯德哥尔摩商会仲裁院（SCCCA）因为历史悠久，体制完善，加之瑞典是中立国，成为世界各国普遍认为是最中立的仲裁机构，而被广泛地接受。中国国际经济贸易促进委员也是享有信誉的国际仲裁机构，我国的承包商应争取在合同仲裁条款中选择中国国际经济贸易促进委员会裁决。

如果业主反对，还可以退而求其次选择仲裁地在香港。香港是中国境内唯一的普通法系的司法地区，有着完善的法律体系，其法律框架基本上能够满足国际投资者投放资金的先决条件，有着稳定、透明和可预见性高的投资环境。国内企业对外投资时，经常在香港注册一级子公司，在工程所在国注册项目公司（二级子公司）进行投资。香港的《仲裁条例》是依据《联合体国际贸易法委员会国际商事仲裁示范法》的最新版本制定的。此外，香港还是《承认及执行外国仲裁裁决公约》的成员，香港出具的仲裁裁决在其他150个签署国均可被强制执行。许多世界级的知名仲裁机构均选择在香港设立其分支机构，例如，总部在巴黎的国际商会、中国国际经济贸易促进委员会、中国海事仲裁会等。香港还有与中国内地达成的执行仲裁裁决和执行民商事判决两个方面的相互认可的特殊安排。对于大部分国家来说，不管其所属司法地区的法治如何，都对香港与国际标准接轨的仲裁机构基本认可。

5. 仲裁规则

仲裁规则是合同双方和仲裁庭在仲裁过程中所依据和遵守的规则。主要包括仲裁机构的管辖权、仲裁申请的提出与答辩、仲裁员的选定、仲裁庭的组成、案件审理程序、裁决做出的效力等内容。仲裁规则具有契约的性质，是合同双方确定的规范，其效力只限于仲裁机构和合同双方。仲裁规则直接涉及合同双方实体权利与仲裁程序权利的保护。有些仲裁机构只允许采用本机构制定的仲裁程序规则，也有些机构允许争端双方指定专门的仲裁规则。法院会依据仲裁规则对仲裁过程进行监督，其对仲裁规则的认可，是基于尊重合同当事人的意思自治。FIDIC合同条件倾向使用国际商会国际仲裁院（ICCCA）的仲裁规则或者联合国国际贸易法委员会（UNCITRAL）的仲裁规则。

三、仲裁的特点

国际民商事仲裁都实行一裁终决制度。仲裁不同于诉讼，也不同与调解与和解，具有以下特征：

1. 民间性

诉讼是当事人向有管辖权的法院起诉，无须被告同意，法院行使审判权，通过审判解决双方的争端，审判行使的是“公权力”；仲裁机构是民间团体，其权力不是来自国家的法律授权而是来自双方所签订的仲裁协议，仲裁行使的是“私权力”，没有仲裁协议，仲裁机构无权受理合同争议。

2. 自治性

合同双方一旦选择仲裁后，当事人可以在仲裁协议中自由约定仲裁地点、仲裁机构、仲裁员、仲裁程序和仲裁规则等，还可以自由选择国际上任何一家仲裁机构，没有管辖级别或者地域的限制。这些完全符合私法自治的精神。

3. 专业性

国际工程承包合同牵涉许多工程技术、工程法律等专业知识，需要具备工程技术、国际贸易、工程法律等专门知识的人员才能解决。采用仲裁方式，当事人可以自由选择工程技术专家、工程法律专家、高级律师等高端专业人才充当仲裁员，组成仲裁庭，从而更能专业地、迅速地解决争议。

4. 保密性

诉讼中庭审除法律规定的不允许公开事项外，庭审原则上公开审理；而仲裁一般不公开开庭审理，而是秘密进行的。现代各国的司法实践表明，判决一律公开，需要以法定的形式披露判决结果；而仲裁结果是保密的，这有利于保护当事人的商业秘密，对裁决不利一方保护性最大，这有利于双方未来的合作。

5. 便捷性

由于仲裁体现的是私权力特征，相比诉讼，仲裁手续简便、费用较低，仲裁员还可以到现场听证、调查和取证，这些均体现快捷性。仲裁的当事人可以委托律师或代理人参加庭审，当事人不必亲自参加庭审，而对于诉讼，英美国家强制要求当事人必须亲自出庭。

6. 终结性

仲裁与 DAB 方式结果的效力不同，仲裁的裁决是终结的，不允许再向任何机构，包括法院、行政机关提出申诉或行政复议；而法院的判决是允许上诉的，可能会经过一、二审，或者启动再审程序。在执行程序上，败诉方如果不自动履行生效判决，胜诉方可向法院申请强制执行。

四、仲裁与 DAB 方式比较

(一)理论基础

无论 DAB 还是仲裁,双方的主体平等,所提交的争端都是涉及当事人自身利益的纠纷,当事人都有对自己实体权利的处分权,因此当事人可以就纠纷的解决方法和实际内容达成合意,这就是意思自治原则在争端解决上的体现。意思自治原则在仲裁上表现为对仲裁的范围、仲裁地点、仲裁规则、仲裁准据法等内容进行约定;DAB 方式中的意思自治表现为双方可以约定 DAB 的组成形式,选定裁决员、选择适用的准据法,选择提交争议的意见,选择争端裁决委员会等。

(二)书面协议

DAB 协议和仲裁协议都要求采用书面形式。国际商事仲裁协议有两种表现形式:合同仲裁条款和专门的仲裁协议书。国际 EPC 合同一般都采用仲裁条款的形式,它不是一个独立的文件,而是合同双方当事人在签订合同时就可能发生的争议提交仲裁的解决方式。当然,EPC 合同也不排除采用仲裁协议书的形式。仲裁协议书是一项独立的文件,一般是指争端发生之后,双方将达成的争议协议提交仲裁委员会。DAB 方式要求业主、承包商和 DAB 成员在见证人在场见证情况下在协议书上共同签字。

(三)实质要件

仲裁协议有效性通常要求当事人是合格的签约主体,协议内容合法和争议事项的可裁决性三个实质要件;而 DAB 方式由于没有排除法院管辖的特殊效力,也就不需要对它的裁决范围作出限制,因此争议的事项是否具有可裁决性并不是它的实质要件。它的实质要件仅包括当事人主体合法和协议内容合法。对于签约主体的要求,准据法选择不同,其要求会有差异,尤其是对承包商资质和从业范围的特殊规定,不具备特定的资质就不具有协议主体资格,主体的无效也必然导致协议无效。无论 DAB 协议还是仲裁协议都不能违反法律禁止性规定以及以不损害公共秩序为前提,否则有可能被法院判决无效或不被执行。

(四)效力

仲裁是常见的解决合同争端的法律程序,与判决相互排斥,仲裁裁决已经作出即有终局效力,不得上诉与复议,其裁决是最终的,具有约束力;

DAB 是仲裁的前置阶段，具有“准仲裁”性质，其决定必须经过 28 天的除斥期间且任何一方当事人不发出不满意通知才能产生约束力，对 DAB 的决定不满可以提出仲裁或诉讼，可见 DAB 决定的效力低于仲裁裁决。

（五）追求价值

仲裁与 DAB 都是以公正和效率为核心价值，无论是仲裁员还是 DAB 裁决员都是业界的精英，都以独立、公正和效率为基本原则，在裁决的过程中都要遵守规范的程序规则，都力求以经济的方法高效地解决纠纷。

（六）解决争端条款的独立性

仲裁条款是 EPC 合同的一个条款，无论 EPC 合同无效或者失效，或者 EPC 合同其他条款无效，并不能导致该合同的仲裁条款无效，仲裁条款独立于它所依据的合同独立存在。仲裁条款独立性原则已经为多数国家的国际商事仲裁法所认可。《国际商事仲裁示范法》第 16 条规定：仲裁庭可以对它自己的管辖权包括仲裁协议的存在或效力的任何异议，作出裁定。为此目的，构成合同的一部分的仲裁条款应视为独立于其他合同条款以外的一项协议。仲裁庭作出关于合同无效的决定，不应在法律上导致仲裁条款的无效。我国《仲裁法》第 19 条也体现了仲裁条款独立原则：仲裁协议独立存在，合同的变更、解除、终止或者无效，不影响仲裁协议的效力。按照目前普遍遵从的“仲裁条款自治理论”的观点，仲裁条款作为实现当事人商事权利的救济手段，具有相对的独立性。以此推论，DAB 争端裁决协议书也具有独立性，EPC 合同部分条款无效，或者全部无效或者失效，DAB 争端裁决协议依然有效。

（七）报酬

仲裁费一般由败诉方最终承担；DAB 成员的报酬由双方均担，并负责承担因履行成员义务而发生的所有合理开支。

五、仲裁结果的司法监督

国际民商事仲裁裁决作出后，大多数情况下，当事人迫于对方的压力和环境的压力都能够自觉地履行裁决。然而有些时候，败诉方不愿意自觉履行，为了保护获胜方的利益，就需要在法定期限内申请具有管辖权的法院强制执行。世界各国对于仲裁裁决的程序要求有所不同，大陆法系国家可直接向法院申请执行令，英美法系国家须由法院做出相同内容的判决方可执行。各国普遍规定了法院对仲裁有监督和控制的权力，主要法律手段表现为撤销和不予执行制度。在国际工程实践中，胜诉方可以向有管辖权的法院申请强制执行，而败诉方则可申诉到有管辖权的法院，申请撤销或不予执行。例如：

1. 纽约公约的规定。

1958 年 6 月 10 日签署的《承认及执行外国仲裁裁决公约》(纽约公约)。该公约第五条规定了外国仲裁的承认与执行。

一、裁决唯有于受裁决援用之一造向声请承认及执行地之主管机关提具证据证明有下列情形之一时，始得依该造之请求，拒予承认及执行：

(甲)第二条所称协定之当事人依对其适用之法律有某种无行为能力情形者，或该项协定依当事人作为协定准据之法律系属无效，或未指明以何法律为准时，依裁决地所在国法律系属无效者；

(乙)受裁决援用之一造未接获关于指派仲裁员或仲裁程序之适当通知，或因他故，致未能申辩者；

(丙)裁决所处理之争议非为交付仲裁之标的或不在其条款之列，或裁决载有关于交付仲裁范围以外事项之决定者，但交付仲裁事项之决定可与未交付仲裁之事项划分时，裁决中关于交付仲裁事项之决定部分得予承认及执行；

(丁)仲裁机关之组成或仲裁程序与各造间之协议不符，或无协议而与仲裁地所在国法律不符者；

(戊)裁决对各造尚无拘束力，或业经裁决地所在国或裁决所依据法律之国家之主管机关撤销或停止执行者。

二、倘声请承认及执行地所在国之主管机关认定有下列情形之一，亦得拒不承认及执行仲裁裁决：

(甲)依该国法律，争议事项系不能以仲裁解决者；

(乙)承认或执行裁决有违该国公共政策者。

2. 我国民事诉讼法的规定。

我国《民事诉讼法》第 274 条规定：对中华人民共和国涉外仲裁机构作出的裁决，被申请人提出证据证明仲裁裁决有下列情形之一的，经人民法院组成合议庭审查核实，裁定不予执行：

(一)当事人在合同中没有订有仲裁条款或者事后没有达成书面仲

裁协议的;

(二)被申请人没有得到指定仲裁员或者进行仲裁程序的通知,或者由于其他不属于被申请人负责的原因未能陈述意见的;

(三)仲裁庭的组成或者仲裁的程序与仲裁规则不符的;

(四)裁决的事项不属于仲裁协议的范围或者仲裁机构无权仲裁的。

人民法院认定执行该裁决违背社会公共利益的,裁定不予执行。

第五节　国际工程合同法律纠纷解决方式之三——诉讼

作为工程法务人员,千万不能认为仲裁是所有工程纠纷或争端的最好或最后解决方式,因为 FIDIC 合同条件中的仲裁始终是限定在 EPC 合同中业主与承包商之间的纠纷,除了与业主之间的纠纷外,承包商还会有与分包商、供应商之间的纠纷,还会有租房供水供电等合同纠纷,这些合同发生纠纷后,诉诸法院的情况屡见不鲜。除合同纠纷外,还存在大量的侵权纠纷、劳务纠纷,这些纠纷除了友好协商解决外,大部分是通过诉讼解决的。

一、国际诉讼的定义及特点

诉讼是运用司法程序解决争议,由法院受理,依据法律行使审判权,对双方的争端做出强制性判决。在现代法治社会中,诉讼被视为救济社会冲突的最终、最彻底的方式,社会成员间的任何冲突在其他方式难以解决的情形下均可诉诸法院通过司法审判来解决。国际民商事诉讼程序,虽然被称为“国际”的程序,但事实上都是由一国国内法院审理涉外民商事案件的,所以,国际民商事诉讼规则主要是指一国民事诉讼法中有关涉外民事案件审理的特殊规定。

在国际私法中,司法管辖权和法律选择经常被并列在一起提起,实际上任何一个涉外案件的审理必然包括管辖权规定和准据法的选择问题,并且管辖权的分配居于首位,只有解决了涉外民商事案件的管辖权,才能谈及选择处理争议的实体准据法问题。前者属于国际民事诉讼法的范畴，后者属于冲突法的范畴。前者着重解决案件管辖权和程序方面问题的冲突，后者则注重解决案件实体法方面的法律冲突。国际民事诉讼规则很多，这里只就与国际工程相关的国际民事诉讼管辖权和侵权法律冲突进行介绍，关于合同准据法的冲突已经在第十一章《国际工程索赔》中介绍过。

二、国际民商诉讼管辖权竞合

（一）国际民事管辖权的一般规定

民事诉讼管辖权是指一国法院受理或审判介入国际或涉外因素民商事案件的权限。就一国来说，关于国际民商事诉讼的程序规范，主要有国际条约和国内立法。国际条约主要包括专门规定国际民商事诉讼的双边或多边国际条约，以及国际条约中含有国际民商事管辖权的条款，国内立法中主要是各国关于国际民商事诉讼管辖权的规定和各项专门规定。当国内法与国际条约的规定发生冲突时，以国际条约为准；当一般民商事诉讼管辖的规定与涉外民商事诉讼特别规定发生抵触时，则适用国内法的专门规定；当国内法未对某些特定事项的国际民商事诉讼管辖做出明确规定时，国内一般民商事案件的管辖原则可类推适用于涉外民商事管辖权的确定。

国际民商事竞合是指相同的当事人就同一案件向不同国家的法院提起诉讼，该案由哪一国管辖。主要形式表现为重复诉讼和对抗诉讼。重复诉讼是指同一诉讼当事人就同一事实基于相同或相似的诉求，分别在不同的国家法院起诉。对抗诉讼是指同一事实的一方当事人向一国法院提起诉讼，而另一方的当事人同时也以原告的身份在另外一国起诉该当事人。对抗诉讼在国际工程采购合同纠纷中最为常见，如承包商起诉供应商违约，要求赔偿经济损失；此时供应商在本国法院另行起诉，主张合同不成立，以对抗承包商的诉讼请求。导致国际民商事诉讼竞合的原因十分复杂，主要有：各国民商事管辖权立法的差异是产生冲突的基本原因；当事人利益最大化的追求是第二大原因。当事人起诉时，自然会选择对自己最有利的国家的法院，国际民商事诉讼竞合问题体现的是当事人对权益最大化的追求，当事人在跨国诉讼中经常重复行使诉权。

对于解决国际民商事诉讼竞合问题，世界各国分别采取了不同的态度。其中比较有代表性的有先受诉法院原则、不方便法院原则、禁诉令，协议管辖原则、承认逾期原则，这些方法构成了当今国际社会处理国家民商事诉讼竞合问题的主要途径。无论是英美法系还是大陆法系的制度都有其合理性一面，但也都有不可避免的缺陷。例如，先受诉法院容易导致当事人争相起诉，形成诉讼竞赛现象；不方便法院原则给予法院较大的裁量权，不确定性大；禁诉令有干涉他国司法主权之嫌；而承认逾期理论在实际操作中难度较大。为了协调各国法院的管辖权，解决国际民商事诉讼竞合问题，国际社会缔结了一系列区域性国际条约，但从总体上看关于管辖权的公约相对较少。具有代表性的主要有：1928 年的《布斯塔曼特法典》，这是一个美洲国家之间的公约。该法典第四卷第二编第一、二章对国家司法管辖权规定了一般规则和例外条款。1968 年欧共体六国在布鲁塞尔签订了《民商事司法管辖权和判决执行公约》，也称(《布鲁塞尔公约》)，其中第 21 条、第 22 条通过对先受诉法院原则的认可对国际民商事诉讼竞合的问题做出了规定。1988 年《卢加诺公约》与《布鲁塞尔公约》对竞合的问题做出了相同的规定。《卢加诺公约》与《布鲁塞尔公约》是处理国际民商事诉讼竞合的典范，成为适用范围较为广泛的一个条约，但其作用范围仅限于欧洲。2005 年海牙通过的《选择法院协议公约》代表了协议管辖最新立法趋势，标志着协议管辖制度的优越性逐步得到了国际社会的广泛认可。

(二) 中国民事管辖权的一般规定

我国关于国际民商事诉讼管辖权的立法法律可分为两类：一是我国缔结或参加的国际公约，如 1929 年《统一国际航空运输某些规则的公约》，1955 年修改公约的《海牙协定书》，1951 年的《国际铁路货物联运协定》，1969 年的《国际油污损害民事责任公约》等；二是我国国内法的规定，2013 年 1 月 1 日实施的新《中华人民共和国民事诉讼法》以及 2015 年 2 月 4 日起施行的最高人民法院《关于适用〈中华人民共和国民事诉讼法〉的解释》对民事案件管辖做了规定，其他特别法中也有所涉及。我国现行的民商事诉讼基本上采用的是以地域权限划分对一审案件的管辖权，通说认为地域管辖可分为普通地域管辖、特别地域管辖、专属管辖和选择管辖。近年来，在管辖立法趋势上引入了发达国家的先受诉法院原则和不方便法院原则。

1. 普通地域管辖

普通地域管辖是指涉外民事案件由被告住地法院管辖，也被称为“原告就被告原则”，这也是各国普遍采用的立法原则。我国《民事诉讼法》第 21 条规定：对公民提起的民事诉讼，由被告住所地人民法院管辖；被告住所地与经常居住地不一致的，由经常居住地人民法院管辖。对法人或者其他组织提起的民事诉讼，由被告住所地人民法院管辖。根据本条规定，涉外民事案件当事人（自然人、法人或其他组织）的住所地或经常居住地在我国，我国法院就有管辖权。当被告的住所或居所无法确定或被告下落不明时，实行原告所在地法院管辖，这是普通地域管辖的例外。

2. 特殊地域管辖原则

《民事诉讼法》第 265 条还规定了特殊地域管辖。如果一方当事人在我国领域内没有住所，对于以当事人为被告提起的诉讼，以以下四种连接因素作为行使管辖权的根据：

（1）以行为地作为连接因素行使管辖权，即合同在我国签订或履行、履行行为或者其损害结果发生在我国领域内；（2）以诉讼标的物所在地作为连接因素行使管辖权，即双方当事人争讼的财产在我国领域内；（3）以被告可供扣押的财产所在地作为连接因素行使管辖权，即被告有财产在我国领域内可供扣押，以便判决的执行；（4）被告在我国领域内设有代表机构，以机构所在地作为连接因素行使管辖权。

3. 专属管辖原则

《民事诉讼法》第 33 条规定，不动产纠纷提起的诉讼、港口作业中发生纠纷提起的诉讼、因继承遗产纠纷提起的诉讼由本条规定的人民法院专属管辖。第 266 条规定，因在中华人民共和国履行中外合资经营企业合同、中外合作经营企业合同、中外合作勘探开发自然资源合同发生纠纷提起的诉讼，由中华人民共和国人民法院管辖。对于专属管辖案件，人民法院享有绝对的管辖权，不允许任何国家插手该类案件，不允许当事人协议改变管辖法院。

4. 协议管辖原则

2013 年 1 月 1 日生效的新《民事诉讼法》删除了旧《民事诉讼法》中关于涉外协议协议管辖双轨制的规定，但在 2015 年 2 月 4 日起施行的最高人民法院《关于适用〈中华人民共和国民事诉讼法〉的解释》第 531 条规定:“涉外合同或者其他财产权益纠纷的当事人,可以书面协议选择被告住所地、合同履行地、合同签订地、原告住所地、标的物所在地、侵权行为地等与争议有实际联系地点的外国法院管辖。根据《民事诉讼法》第33条和第266条规定,属于中华人民共和国法院专属管辖的案件,当事人不得协议选择外国法院管辖,但协议选择仲裁的除外。”该条是协议管辖原则的体现,但作了一定的限制:(1)协议须以书面形式;(2)所选择的必须是与争议有实际联系的外国法院;(3)不得违反级别管辖和专属管辖的规定;(4)该条还反映了如果是专属管辖案件,限定的是诉讼管辖,但可以选择仲裁,从而体现了仲裁的优势。

5. 不方便法院原则

近年来,我国法院处理竞合问题态度发生了变化,在立法上引入了不方便法律原则来处理民商事诉讼竞合问题。最高人民法院《关于适用〈中华人民共和国民事诉讼法〉的解释》第532条第1款规定:涉外民事案件同时符合下列情形的,人民法院可以裁定驳回原告的起诉,告知其向更方便的外国法院提起诉讼:(1)被告提出案件应由更方便外国法院管辖的请求,或者提出管辖异议;(2)当事人之间不存在选择中华人民共和国法院管辖的协议;(3)案件不属于中华人民共和国法院专属管辖;(4)案件不涉及中华人民共和国国家、公民、法人或者其他组织的利益;(5)案件争议的主要事实不是发生在中华人民共和国境内,且案件不适用中华人民共和国法律,人民法院审理案件在认定事实和适用法律方面存在重大困难;(6)外国法院对案件享有管辖权,且审理该案件更加方便。从上述规定可知,我国对不方便原则是严格限定的。

6. 先受诉法院原则

最高人民法院《关于适用〈中华人民共和国民事诉讼法〉的解释》第533条第2款规定:“外国法院判决、裁定已经被人民法院承认,当事人就同一争议向人民法院起诉的,人民法院不予受理。”本款是对先受诉法院原则或一事不再理原则的有条件的采用。第1款规定:“中华人民共和国法院和外国法院都有管辖权的案件,一方当事人向外国法院起诉,而另一方当事人向中华人民共和国法院起诉的,人民法院可予受理。判决后,外国法院申请或者当事人请求人民法院承认和执行外国法院对本案作出的判决、裁定的,不予准许;但双方共同缔结或者参加的国际条约另有规定的除外。”从以上司法解释可知，如果中国法院和外国法院同时管辖某一案件，除双方缔结条约外或另有规定的除外，只要一方当事人向中国法院起诉，中国法院就有管辖权，允许国内诉讼与国外诉讼同时进行，我国对国际商事诉讼竞合持限定放任态度，也就是允许一诉再理。

三、国际工程中常见的侵权行为

侵权行为是指行为人侵害他人的人身或财产造成的损害，依法应承担的民事责任行为。国际工程中侵权行为从主体上说常见的主要有承包人员内部之间的侵权、承包商对业主（业主人员）、分包商（分包商人员）、供应商（供应商人员）、第三方组织或人员侵权，也包括这些上述人员对承包商（承包商人员）的侵权。从侵权的内容来说，多表现为双方员工的工伤事故、对第三人人身或财产的侵害，或者工程设计、施工工艺、设备、材料等侵犯他人知识产权的情况，既包括一般国际侵权行为的法律适用问题，也包括特殊国际侵权行为的法律适用。

（一）FIDIC 银皮书第 17.1 款规定的侵权责任

FIDIC 银皮书第 17.1 款[保障]，规定了业主和承包商的原因导致的人身伤害和工程以外的其他财产损失责任承担。其风险与责任分配原则是：谁的原因导致的责任谁承担。承包商行为导致的责任，只要不是业主过错原因，由承包商承担，同时保障免除业主的责任；业主原因导致的责任，只要不是承包商过错原因导致的，由承包商承担，同时保障承包商免予承担责任。承担责任的范围既包括对自己人员及其财产的损害，也包括对第三方人员的人身和财产损害。

1. 承包商应当承担的责任

承包商应当承担的责任包括：

（1）人身侵权责任。承包商应承担的人身损害包括对承包商人员、雇主人员以及第三方人员的人身伤害。由于工程设计、施工或者竣工，以及修补任何缺陷引起，或在其过程中或因其原因产生的任何人员的人身伤害、疾病、患病，或者死亡承担责任。但是不包括由于业主、业主人员及其代理人任何疏忽、故意行为或者违法合同造成的。

（2）财产损害责任。由于工程设计、施工和竣工，以及修补任何缺陷引起，或在其过程中或因其原因产生的对任何财产，不动产与动产（工程除外)的损失承担赔偿责任,但是不包括由于业主、业主人员及其代理人任何疏忽、故意行为或者违法合同造成的。

2. 业主应当承担的责任

业主应当承担的责任包括:

(1)人身侵权责任。由于业主、业主人员及其代理人任何疏忽、故意行为或者违法合同造成的人身伤害、疾病、患病,或者死亡的责任。

(2)保险不能覆盖的其他人身或财产损害。主要包括是第 18.3 款所列事项:业主在任何土地上面、下面、范围内,或者穿越它实施的永久工程,以及为了永久工程占用该土地而导致的伤害;承包商实施工程或者修补任何缺陷而造成的不可避免的损害;第 17.3 款[雇主的风险]列举的某项原因导致的,不能按合理的商务条件得到保险的损害。

3. 工程本身损害造成的责任

对于工程本身损害造成的责任,如果是在保险责任范围内的,应该通过保险解决。如果应当投保而没有投保的,发生的损害或者损失应由应投保方负责。如果风险不在保险范围之内,则根据合同规定承担责任。如果因为是业主自身原因引起的,应当有业主承担;如果是因为承包商的原因引起的,应当由承包商承担;如果是第三方原因引起的,合同有约定的从约定,没有约定按照法律途径解决。

(二)银皮书第 17.5 款知识产权和工业产权侵权

产权侵权是指侵犯(或被指称侵犯)与工程有关的任何专利权、已登记的设计、版权、商标、商号商品名称、商业秘密或其他知识产权或工业产权。由于知识产权与工业产权的地域性法律特点,知识产权与工业产权一般是指准据法下的特定权利。侵犯知识产权的归责原则是,“谁造成侵权谁承担责任”。承包商应保障业主免受以下事项产生的任何索赔损害:承包商的工程设计、制造、施工及实施;承包商设备的使用;工程的正确使用。业主应保障承包商免受以下事项产生的任何索赔损害:因承包商遵从雇主的要求,而造成的不可避免的结果;为了合同中指明的或根据合同可合理推断的事项意外的目的;与非承包商提供的任何物品联合使用,除非此项使用已在基准日期前向承包商透露,或者在合同中规定。因为上述行为承包商不能预见,也不是基于承包商的原因而引起的,因此承包商应当免责。

第 17.5 款规定:关于知识产权与工业产权的“索赔”,如果一方当事人没有在收到被侵权人索赔28天内向对方发出索赔通知,就丧失了再向对方索赔的权利,侵权责任由收到索赔的一方独自承担。与银皮书第20条规定的"索赔"不同,第20条的索赔基于合同之债,而本款的索赔基于侵权之债,前款限定的是承包商对业主的索赔是28天,而并没有限制业主对承包商的索赔,本款限制的是业主与承包商,对于他们的侵权行为,都限定在28天内。

本款并没有规定承包商与业主之间就知识产权与工业产权的侵权如何处理。国际工程实践中常见到的是在EPC合同中约定承包商的一切设计、施工、建筑工程、技术软件等成果的知识产权与工业产权全部转移给业主,EPC合同报价中已经包含了承包商的知识产权。如果合同没有约定,哪方开发的建筑工程设计著作权就应该归谁。法务人员在审查知识产权条款前,一定结合准据法的关于知识产权的规定进行审核,构成侵权后协商解决,协商不成通过法律途径解决。

四、侵权行为法律冲突

(一)侵权行为法产生冲突的原因

由于各国政治、经济、文化、历史等方面的原因,对侵权行为认识不同,导致了对侵权行为立法方面的差异,从而导致了各国侵权行为法之间的冲突。主要体现在三个方面:

(1)各国侵权行为规定的范围不同,发达国家通常比发展中国家规定得要宽、要细。

(2)在侵权构成要件上也不尽相同:如法国规定侵权行为构成要件有过错、损害以及两者之间的因果关系;德国则要求有违法性、侵犯权利和错意三要件;英美法系国家一般没有构成要件要求,只是对个别侵权行为规定了要件。

(3)各国侵权行为赔偿原则、标准、数额和限额也不尽相同:发达国家通常的做法是充分补偿受害人的损失,并对严重过失的侵权行为予以惩罚;发展中国家一般按照损失多少赔偿多少的原则。因此相同的侵权事件,发达国家的赔偿数额往往高于发展中国家。

(二)国际侵权行为的原则

1. 国际侵权行为的适用法律的一般原则

在国际私法上,侵权行为适用侵权行为地法是一条古老的原则,无论是大陆法系国家还是英美法系国家，以侵权行为地法作为侵权行为损害赔偿的准据法，始终在各国的立法和实践中占主导地位。19 世纪下半叶开始，英美等西方国家为了改变机械地适用侵权行为法的做法，开始将法院地法作为确定侵权行为准据法的原则之一。但由于法院地法缺乏实践价值，具有不确定性等缺点，国际上较为普遍的重叠适用侵权行为地法与法院地法原则，即判断一种行为是否合法，应以行为地法为原则，但是，为了维护法院地的公共秩序，对于依行为地法发生的债权，只有在法院地承认的范围内，才能得到清偿。侵权行为法适用原则还有共同属人法原则，即如果当事人的国籍或者住所地相同，发生在国外的侵权行为，可以适用共同属人法。近年来，一些国家在侵权行为方面引入了"当事人意思自治原则"，允许当事人在侵权争端中选择案件的准据法。1987 年《瑞士联邦国际司法法规》首次确认了当事人意思自治原则。随后德国、意大利、法国等国也相继确认了侵权行为当事人意思自治原则。

2. 国际侵权行为的特别原则

国际私法立法晚近出现了新的趋势，就侵权的性质和种类不同分别规定了准据法。例如，1987 年《瑞士联邦国际私法法规》首次将侵权行为分为一般侵权行为和特殊侵权行为；1995 年《意大利国际私法制度改革法》第 62 条和第 63 条分别规定了一般侵权行为和产品责任的法律适用。对于国际承包商而言，由于存在大量设备和材料的国际采购和运输，常见的就是涉外产品侵权行为。产品责任侵权与一般侵权责任的区别在于产品责任的侵权行为地与受害人往往没有什么联系。随着产品责任案件的不断出现，西方发达国家放弃了传统的侵权行为地法原则，引入了新的规则，主要有适用受害人有利原则和适用最密切联系原则：（1）美国大多数法院案件均从保护受害人的利益出发，将损害发生地，产品制造地、产品购买地，产品使用地和原告住所地等有联系的法律作为选择准据法的因素，以尽量使受害人得到赔偿为原则。在欧洲不少国家也制定了保护受害人为基本原则的涉外产品法律适用原则。（2）美国是产品质量侵权适用最密切联系原则的典型代表。目前，英国、德国、奥地利、比利时、荷兰、瑞士等国家均采用了最密切联系原则。在产品责任法律适用方面最为权威的莫过于海牙国际私法会议 1972 年通过，1977 年 10 月 1 日生效的《产品责任法律适用公约》，该公约是迄今为止唯一一部国际性产品责任法律适用方面的专门公约。该公约摒弃了“侵权行为依侵权行为地法”这种双边冲突规范的做法，采用了“选择性重叠连接点”为主要原则，以“被告主营业地”为补充性连接点原则的做法，最大限度地保护受害人的利益。我国有关涉外产品侵权的规定在《涉外民事关系法律适用法》第45条：产品责任，适用被侵权人经常居所地法律；被侵权人选择适用侵权人主营业地法律、损害发生地法律的，或者侵权人在被侵权人经常居所地没有从事相关经营活动的，适用侵权人主营业地法律或者损害发生地法律。”

（三）我国有关侵权行为法律适用的立法与实践

我国关于一般侵权行为法的法律适用的规定主要体现在《民法通则》第146条和2011年4月施行的《涉外民事关系法律适用法》第44条。《民法通则》第146条规定：“侵权行为的损害赔偿，适用侵权行为地法律。当事人双方国籍相同或者在同一国家有住所的，也可以适用当事人本国法律或者住所地法律。中华人民共和国法律不认为在中华人民共和国领域外发生的行为是侵权行为的，不作为侵权行为处理。”《涉外民事关系法律适用法》第44条规定：“侵权责任，适用侵权行为地法律，但当事人有共同经常居所地的，适用共同经常居所地法律。侵权行为发生后，当事人协议选择适用法律的，按照其协议。”从以上规定可以看出，我国的涉外侵权责任基本上采取了四项原则：(1)以侵权行为地法为确定侵权行为的一项基本原则，普遍适用各种性质的侵权行为案件；(2)以共同属人法原则为例外，如果当事人双方国籍相同或者有共同住所或者共同经常居住地的，则可适用当事人共同的本国法或者共同住所地法或者经常居住地法；(3)中华人民共和国法律不认为在中华人民共和国领域外发生的行为是侵权行为的，不作为侵权行为处理，这实际上是双重可诉原则的体现，对于某一发生在国外的行为是否构成侵权，我国法院审理时既要依行为地（外国法）判断，也要依据法院地法（我国法）判断；(4)侵权行为发生后，当事人协议选择适用法律的，按照其协议。这也是最近侵权行为立法在我国的发展体现，允许当事人根据意思自治原则选择适用法律，但这种选择仅限于事后选择，而且是明示选择。

五、诉讼方式与DAB方式比较

诉讼是把争议提交法院的解决方式，然而FIDIC合同条件规定将仲裁作 DAB 解决争议失败后的最终争端解决方式，并没有提到诉讼。诉讼作为一种古老的争端解决方式在工程领域逐渐失宠，主要是因为：

1. 法院审判采用严格、烦琐的程序，有可能经过两审终审，甚至三审或再审，耗费时间长，有的到工程完工后也不能得到解决；而 DAB 方式快捷及时。

2. 诉讼中法官判断价值选择的顺序是"法"、"理"、" 情"；而 ADB 成员判断的依据是"情"、"理"、"法"，评判依据的价值选择不同。

3. 诉讼需要支付巨额的诉讼费用与律师费用；而 DAB 方式费用低廉，基本不用支付律师费。

4. 国际工程的承包商来自国外，一般工程所在地法院受理案件会适用工程所在地法院的法律。业主一般是工程所在地的法人，对当地法律较为熟悉，承包商对当地法律不熟悉，担心案件审理过程中当地法院是否会持公正立场，是否会偏袒业主方；而 DAB 方式由于其成员是双方共同选定的，属于当事人的真实意思表示，承包商完全信任。

5. 国际工程技术性强，法官是法律专家，对于工程承包方面的技术性争议问题并不在行，争议双方难免担心法官是否能胜任审理工程纠纷案件；DAB 的裁决人员是工程管理专家或专业律师，决定更为专业。

6. 诉讼方式一般公开审理、一律公开判决，几乎没有隐秘性可言，对承包商的发展会产生负面影响；而 DAB 方式充分尊重当事人的商业秘密，具有严格的保密性。

7. 法院审理依据的是法律事实，但不一定是客观事实。法律事实与客观事实有时不一致，法律事实需要用证据加以证明，对抗性激烈，需要高超的法律技巧；而 DAB 审理基本上依据的是客观事实，法律事实处于次要地位，对抗性小，裁决是建立在双方有着互信的合作基础上的。

以上对比了 DAB、仲裁和诉讼等方式，究竟是采用哪种方式最好呢？DAB 是建立在各方诚实互信基础上的，将 DAB 方式设定为仲裁的前置程序的根本目的是希望搭建友好协商的平台，最终实现纠纷的实质解决。但当合同当事人一方一旦失去商业信誉，拒不履行时，另一方只能寻求仲裁的方式和申请法院强制执行的方式寻求解决。败诉方很有可能利用该制度的弱点恶意拖延时间，从而使胜诉方付出更多的代价。因此，作为承包商在 DAB 方式的采用上，对于业主的信誉以及还债能力，在标前的法制环境调查中应特别重视,不要认为 DAB 方式就是最好的争端解决方式。仲裁最突出的优势就是快速性和经济性。传统上,仲裁被西方国家广泛使用,成为诉讼的一种成功的代替。然而,仲裁的发展趋势越来越朝着诉讼方向发展,仲裁的经济性和快速性正逐渐消失,国际商事争端不得不寻求更好的替代方式,而 DAB 方式应运而生。选择诉讼并不一定对承包商不利,如果我国承包商在工程所在国没有足够可以执行的财产,对于业主来说,该国的法院判决就面临在中国执行的困难。因为我国立法规定对外国的判决原则上不予承认和执行,除非是两国签订了司法互助协议,而到目前为止,真正和我国签订司法互助协议的国家很少。作为法务人员,当遇到争议时,应根据自身的财力、人力、物力、对方当事人的态度、长远目标等审慎地权衡选择究竟是采用和解、调解、DAB 方式、仲裁还是诉讼方式。

第十三章　国际承包商的合规管理与腐败治理

导语：广义上的“合规”不仅包括遵守外部法律法规，也包括遵守企业内部规章制度、监管要求 、行业准则、商业道德、职业操守和道德规范等。狭义的“合规”专指企业在对外商务活动中，反商业贿赂、反利益输送、反垄断和反不正当竞争等法律及制度规定的遵守。第一节承包商的合规管理论述的是广义上的规，鉴于国际工程中腐败往往对企业造成颠覆性危害，第二节则重点论述狭义上的合规—工程腐败治理研究。合规管理是实现企业健康持续发展的根本途径，也是实现企业长远发展目标的保障。承包商必须通过刚性的制度来约束规范企业管理层面和雇员，避免决策随意和管理失控。合规管理是企业法务管理的一项重要内容。

第一节　国际承包商的合规管理

一、承包商合规管理的含义

（一）合规管理的概念

“合规管理”系指企业的经营管理活动和全体雇员对所有适用法律法规和企业制度规定及职业操守的普遍遵从。广义上的“合规”不仅包括遵守外部法律法规，也包括遵守企业内部规章制度、监管要求 、行业准则、商业道德、职业操守和道德规范等。狭义的“合规”专指企业在对外商务活动中，反商业贿赂、反利益输送、反垄断和反不正当竞争等法律及制度规定的遵守。合规主体上,一方面是公司对雇员的约束,包含公司全体雇员,代表(代理)公司从事各项工作的人员。所有雇员应当树立合规理念,熟知并严格遵守相关制度规定,禁止违规为公司或个人谋取利益。另一方面是对企业自身的要求,企业必须依法从事经营活动,不得违反法律、行政法规规定,不得违反社会公序良俗。对于我国从事国外承包业务的承包商而言,其经营活动既要遵守中国的法律、法规、条例和政策,又要遵守工程所在国的法律法规,不得采取违背法律法规和职业道德的手段从事生产经营活动。合规管理是法务管理的一项重要内容。

(二)合规管理与依法治企、法律管理、法律风险防控的关系

合规管理与依法治企、法律管理、法律风险防控紧密相连,又有区别:

(1)合规管理是公司的管理层面要求公司和雇员行为符合法律法规和规章制度,守法合规;依法治企是从公司治理层面上规范管理、科学配置、有效制衡和监督权力。

(2)合规管理是一项具体的业务,合规管理侧重对“人”的管理;法律管理是涉及治理、决策、经营等各个方面的一项综合管理,侧重对“事”的管理。合规管理具有相对独立性,但合规管理广泛涉及大量法律专业问题,与法律管理紧密联系。

(3)合规管理与法律风险既有重合又有不同,两者都属于风险管理,其防控目的、防控方法都是相同的,主要是风险的防控范围不一样,合规管理侧重商务活动,法律风险防控包括企业的全部经营管理活动。

二、承包商合规经营的重要性

国际业务的基本规则就是诚信合规,契约至上,将法律、契约和规则作为企业活动的基本依据和最高权威。21 世纪伊始,连续发生的安然、环球电讯、雷曼兄弟等公司资本市场丑闻,再次引发了美国政府和国际社会对企业合规治理的关注。2002 年 7 月 30 日,美国政府签署了《萨班斯—奥克斯利法案》,加大了公司的合规责任,对公司治理提出了更高要求。2010 年 7 月 21 日,又签署了《多德—弗兰克法案》,其中有不少内容针对的是企业的合规管理规范。根据上述两个法案,一旦公司某个部门或者个人出现问题,公司只有举证已经建立了完善的合规管理体系,才可能免责。这种倒逼机制成为美国企业建立完善的合规管理制度的重要原因。英国能源巨头 BP 公司也制定了一套企业合规制度,内容包括员工

的行为准则和合规管理体制。该公司专门成立了一个独立的职能部门——合规与道德规范部,专门负责在集团合规与道德规范执行官的领导下,管理和监督合规的落实情况。BP 公司也设立了保密帮助专线,员工可以在任何时间匿名致电,秘密举报任何合规方面的疑虑或不正当行为。员工所举报的问题将由申诉专员处理,最后转交合规与道德规范部处理。2008 年全年,BP 共有 925 例案例通过该热线举报,很大程度上防范了不合规行为的发生。当前各国政府都在不断加大对企业合规经营的法律监管,对违规企业处罚力度不断加大。以美国为例,近年来美国依据《反海外腐败法》(以下简称 FCPA)处罚的案例越来越多,处罚金额数亿美元甚至十几亿美元的案例不断出现,金额十分巨大。金融危机以来,全球合规治理环境收紧,联合国、美英等发达国家、国际经济合作与发展组织等加大了企业违反合规、腐败贿赂行为的打击力度。面对严厉的市场监管环境,国际知名公司更加注重合规管理,普遍将诚信合规作为公司的核心价值观和经营管理的底线,更将诚信合规高于一切,视为企业的生命。纵观全球国际知名公司,虽然没有统一的管理标准和模式,但却遵循相似的管理理念和原则,普遍将合规管理作为基本运营理念,重视法律风险防控,强调契约精神。通用电气公司、西门子、埃克森美孚石油公司、西方石油公司等世界知名品牌公司普遍树立了诚信合规经营的价值观,把遵法守规作为雇员行为的底线,逐渐形成了以诚信合规为核心理念的企业文化。这些企业熟悉市场规则,在长期的发展中积累了丰富的跨国管理理念,企业的法治文化和风险管控能力成为其综合竞争力的重要组成部分。

合规管理是全面推进依法治企的基础,是建设法治企业的基石。合规管理主要以防控经营管理风险为目标,通过建立风险防控机制,最大限度地避免或减少违法违规行为导致的风险事件。依法合规能力,直接反映了企业整体管控水平的高低。企业效益再好,一旦出现违法、违规情形,必然遭受严重损失,给企业发展带来负面影响,甚至可能造成颠覆性的致命影响。加强合规管理是实现企业健康持续发展的根本途径,也是实现企业长远发展目标的保障。合规管理与企业的经济利益不是对立的关系,而是实现企业长远经济利益的助推器。合规管理是企业管理和雇员行为的底线要求,是高于一切的要求,包括企业经济利益要求。如果方式不合规，即使为了企业受益，也不能允许。企业活动的合规性会导致很多“边缘地带”或者“灰色地带”业务活动无法开展，甚至会导致合作伙伴、商业客户的不满和疑惑，在短期内有可能导致企业业绩的下滑，可能对企业短期经济利益产生一定的影响，但从长期的发展来看，如果一个企业有着长远的目标，持续的发展战略，那么合规管理必将给企业带来稳定、持续、安全、有效发展的保障。简单地说，诚信合规优于经济利益。我国的企业尤其是国企长期以来，法治建设相对滞后，法律管理基础相对薄弱，违法决策，违规操作等乱象时有发生，企业的可持续发展受到严重影响。这反映出部分国企“重人治轻法治，重实体轻程序”的落后理念尚未根除，法治合规治理有待确立，合规文化的形成、法律风险防控体系的构建、法务人员国际化方面，还有很大的提升空间。

现在企业的竞争，越来越体现为企业文化的较量。依法治企、合规管理要求企业将法规、制度内化为企业文化的一部分，在企业的经营管理中稳定地发挥作用。通过建立健全可行的依法治企的管理制度，促使企业运行过程中的各个环节都依法合规。企业合规文化能够激发企业的创新能力，使企业在融入全球经济过程中，能够尊重国际经贸合作中的各项制度规则，促使企业的各项经营活动与国际惯例和国际标准接轨。不以规矩，无以成方圆，合规是企业可持续健康发展的必然要求，也是一种企业责任和价值伦理。合规建设不仅仅是要引入一些流程、工具和制度，而是要成为一种文化。

合规管理是深化反腐的有效途径。党的十八大以后，随着我国反腐的持续深入，以及国际社会对我国企业的关注度不断提高，我国企业在海外面临的反腐合规风险也日益加大。党的十八届四中全会对推进依法治国进行了全面部署，我国的法治进程进一步加快，法律体系不断健全完善，执法越来越严格，企业将被赋予更多的合规义务和责任，所面临的合规风险将越来越大。首先，不少资源国相继出台反腐败的立法或加入相关的国际条约，在这些国家开展业务就必须遵守其反腐合规的要求，否则可能受到处罚。其次，近年来，随着我国的企业进入欧美发达国家或者与欧美发达国家的公司合作增多，欧美各国的反腐败立法有很强的域外效力，我国的企业必然受到这些国家反腐败立法的管辖。最后，在国际通用的合同文本中往往会有反腐合规的义务和承诺，反腐合规不仅仅是遵守国际法、国际规则的要求,也是国际承包商必须履行的合同义务。

从承包商角度看合规的重要性,承包商只有合规管理才能保障承包商的合法权益。承包商的合法权益受法律保护有两层含义:一是承包商的合法权益归承包商享有,任何组织和个人不得非法侵吞、挪用;二是承包商的合法权益一旦受到侵犯,就必须依法追究侵犯者的法律责任,使承包商的合法权益恢复到被侵犯之前的状态。从雇员角度看合规的重要性,只有合规经营,雇员的合法权益才能受到法律的保护,否则其合法权益不仅得不到法律的保护,还可能会因其从事了非法经营活动而受到法律的制裁。随着经济全球化的趋势,我国企业在国际市场上面临着更为激烈的竞争。我国的承包商在开展业务,不仅受到国内法律的管辖,还要受到工程所在国法律的管辖。因此,如果违规从事经营,就有可能遭受来自国内外的司法调查和处罚,造成巨大损失,甚至面临颠覆性后果。国际大公司普遍倡导合规理念,并形成了较为完备的合规管理体系,而且这些大公司非常关注合作对象是否合规,合规已经成为我国承包商与国际大公司进行合资合作和参与投标的前提条件。我国的承包商欲提高在国际交往合作中的话语权和竞争力,必须与国际大公司的管理接轨,必须加强合规管理。我国承包商国际化经营起步晚,“走出去”就应知悉国际业务的规则和要求,并在各项决策和经营中严格执行,这正是依法治企的应有之义。

三、合规管理是法务管理的重要内容

2016 年 6 月,中共中央办公厅、国务院办公厅印发了《关于推行法律顾问制度和公职律师公司律师制度的意见》,其中对国有企业如何贯彻落实企业法律顾问制度等提出了明确的要求。文件制定了时间表,要在 2017 年底前深入推进国有企业法律顾问、公司律师制度,到 2020 年全面形成与经济社会发展和法律服务需求相适应的中国特色法律顾问、公职律师、公司律师制度体系。

第 19 条规定了国有企业法律顾问履行的职责,其中第 4 款规定了合规管理是企业法务管理的一项重要职责。

(十九)国有企业法律顾问履行下列职责:

1. 参与企业章程、董事会运行规则的制定;

2. 对企业重要经营决策、规章制度、合同进行法律审核;

3.为企业改制重组、并购上市、产权转让、破产重整、和解及清算等重大事项提出法律意见；

4.组织开展合规管理、风险管理、知识产权管理、外聘律师管理、法治宣传教育培训、法律咨询；

5.组织处理诉讼、仲裁案件；

6.所在企业规定的其他职责。

第20条规定了法律顾问对企业经营管理行为的合法合规性负有监督义务，以及承担相应的责任。

(二十)国有企业法律顾问对企业经营管理行为的合法合规性负有监督职责，对企业违法违规行为提出意见，督促整改。法律顾问明知企业存在违法违规行为，不警示、不制止的，承担相应责任。

第31条规定了讨论、决定企业经营管理重大事项之前，必须听取法律顾问、公司律师的法律意见。如果依照有关规定应当听取法律顾问、公司律师的法律意见而未听取的事项，或者法律顾问、公司律师认为不合法不合规的事项，不得提交讨论、作出决定。对应当听取法律顾问、公司律师的法律意见而未听取，应当交由法律顾问、公司律师进行法律审核而未落实，应当采纳法律顾问、公司律师的法律意见而未采纳，造成重大损失或者严重不良影响的，追究领导人员的责任。《意见》对企业法律顾问、国有企业主要负责人、负有责任的其他领导人员进行了"刚性"约束，为国有企业法律顾问的工作厘定了职责、规定了工作方法与程序、明确了责任。在法治社会的背景下，不仅要求企业员工具备法律常识，更为重要的是企业领导需要有深刻的法律意识，这有助于从源头上、全过程地有效监督和制约权力、防止权力滥用，预防和杜绝各类违法违规行为的发生，提高国有企业依法决策、依法办事的能力水平。《意见》的实施，将从根本上改变国有企业法务管理从"人治"走向"法治"的转变。

(三十一)国有企业要按照以下要求充分发挥法律顾问、公司律师的作用：

1.讨论、决定企业经营管理重大事项之前，应当听取法律顾问、公司律师的法律意见；

2.起草企业章程、董事会运行规则等，应当请法律顾问、公司律师参加，或者听取其法律意见；

3. 依照有关规定应当听取法律顾问、公司律师的法律意见而未听取的事项，或者法律顾问、公司律师认为不合法不合规的事项，不得提交讨论、作出决定。对应当听取法律顾问、公司律师的法律意见而未听取，应当交由法律顾问、公司律师进行法律审核而未落实，应当采纳法律顾问、公司律师的法律意见而未采纳，造成重大损失或者严重不良影响的，依法依规追究国有企业主要负责人、负有责任的其他领导人员和相关责任人员的责任。

《意见》赋予了"法律顾问"新的含义，服务的对象是党政机关、事业单位、企业单位，不是原来国资委主导下的自行考核的法律顾问，因为《关于取消和调整一批行政审批项目等事项的决定》国发〔2014〕27 号已经取消了包括企业法律顾问在内的 11 项准入类职业资格。《意见》第 24 ~ 28 条，明确了作为"四大主体"的法律顾问人员原则应当是具备国家统一法律职业资格或律师资格，此举是在取消了原国有企业法律顾问执业资格考试的职业资格许可和认定后，对国有企业法律顾问任职提出了新的较高要求，完成了两种资格的并轨衔接。按照《意见》第 26 条规定，未取得国家统一法律职业资格的"老人"要继续留任的，需要满足"在党政机关、国有企业担任法律顾问满 15 年"的条件，而国资委主导下的法律顾问制度始于 1997 年，至今也才 19 年，最初几年参加企业法律顾问的人数很少，所以将有大量原国企法律顾问从业人员因不符合条件而离岗，市场将需要大量具有国家统一法律职业资格或律师资格的人才竞争"四大主体"的法律顾问岗位。

（二十六）国家统一法律职业资格制度实施前已担任法律顾问、未取得法律职业资格或者律师资格的人员具备下列条件，经国务院司法行政部门考核合格的，由国务院司法行政部门向其颁发公职律师、公司律师证书：

1. 在党政机关、国有企业担任法律顾问满 15 年；

2. 具有高等学校法学类本科学历并获得学士及以上学位，或者高等学校非法学类本科及以上学历并获得法律硕士、法学硕士及以上学位或者获得其他相应学位；

3. 具有高级职称或者同等专业水平。

四、承包商的合规管理规范

有法可依，有规可循是落实合规治企的重要基础，合规管理首先要制定合规管理规范。当今世界各大知名公司,都编制了诚信合规手册,作为公司与雇员遵守的守则。早在2000年,德国巴斯夫公司就在全球范围内发起了合规计划,其内容包括建立约束员工行为的《行为准则》,用来接受员工投诉和揭发不合规行为的外部第三方热线,以及对员工进行合规培训和定期组织沟通交流。通用电气公司制定了《诚信精神与政策手册》,在合规管理理念和管理要求的基础上,以事例和问答形式明确尊法守规的具体要求和行为规则。埃克森美孚石油公司制定了《从业行为规范》,从道德标准、国际业务、反垄断、HSE、客户关系、礼品馈赠等16个方面规定了公司政策和雇员行为要求。尽管各大公司的合规形式多样,但在内容上大同小异,主要是约束雇员或公司那些行为可以为,那些行为不可为。诚信合规基本内容与要求主要涉及以下几个方面:

1. 依法合规用工

多年的国际工程实践证明,无论是中方雇员还是外籍雇员,用工纠纷在涉诉案件中所占的比例最大。我国承包商应遵循合法、公平、平等自愿、协商一致、诚实信用的原则合规用工。遵守中国以及工程所在国劳务方面的法律法规,依法建立完善劳动用工管理制度,规范用工合同的订立、履行、变更、解除、终止、续订等行为,切实提高用工合同的履行质量,强化企业和雇员的法律意识,契约精神。公平对待雇员,不因种族、民族、肤色、宗教、性别、国籍等原因,在招聘录用、薪酬福利、职业发展、奖励惩处受到歧视或差别对待。尊重和保护雇员权益,坚持以人为本,尊重和关爱雇员,切实维护雇员合法权益。严格按时足额向雇员支付薪酬,依法缴纳社会保险,购买雇主责任险,保障雇员依法享有的休息休假权利。公司尊重雇员个人隐私,获取、储存、使用和披露雇员信息,严格遵守相关法律法规和公司制度。依法处理用工争议,鼓励和引导雇员以合法方式反映诉求。雇员如存在用工关系方面的异议或疑问时,可自行向人力资源部门或法务部门咨询。发生争议时的解决途径,既可以与公司协商解决,也可通过法律途径解决。

2. 禁止对外交易中的商业贿赂

商业贿赂,是指在商业活动中违反公平竞争原则,采取给予、收受财物或者其他利益等手段,以提供或者获取交易机会或者其他经济利益的行为。"财物和利益"包括现金及现金等价物,如证券、礼品券、购物卡、非正规折扣。其他经济利益的行为,如旅游、娱乐、度假、工作机会、承诺偿债等。商业贿赂严重破坏公平竞争的市场秩序,为各国法律所禁止。我国反商业贿赂法律、法规有:《刑法》第 163 条和第 164 条禁止收受或给予商业交往对象贿赂;第 385 条至第 394 条规定国家机关工作人员相关的行贿、受贿、介绍贿赂和单位贿赂等方面的罪名与刑罚;《刑法修正案(六)》将贪污受贿罪规定为洗钱罪的上游犯罪;《刑法修正案(八)》规定为谋取不正当商业利益,给予外国公职人员或者国际公共组织官员以财物的,以国际公共组织官员行贿罪论处。在行政法方面,主要有《反不正当竞争法》、《关于禁止商业贿赂的暂行规定》,对以贿赂购买商品或账外暗中收受回扣的行为规定了行政处罚。商业贿赂扰乱公平竞争的市场秩序,危害社会经济健康发展,是世界各国法律监管和处罚的重点领域,违反相关法律将受到严厉处罚。近年来,许多知名国际企业因商业贿赂问题遭受巨额处罚,也有员工个人因此被判处刑罚。

承包商应坚持公平公正诚实信用原则,对外交易活动遵守法律法规,恪守商业道德,推进阳光交易。选择诚信的交易对象,严格审查分包商、供应商的资质和诚信表现,优选具有相应资质和良好商业信誉的交易对象。坚决反对商业贿赂,禁止为获取商业机会和利益给予他人好处,禁止任何雇员在商业活动中收受、索取他人的好处。禁止行为不仅指直接给付和收受,也包括通过第三方给付收受好处,包括但不限于现金、礼金、有价证券、实物、回扣、旅游和娱乐等费用,以及就业机会等非财产性利益。礼品和接待必须符合相关规定,不允许雇员向他人索求礼品和接待,不允许提供或接受不符合公司规定或者可能影响商业决策的礼品和接待。出于商业礼仪和惯例可以接受或提供小额具有象征纪念意义的礼品以及适度接待。对外交易在不违反法律和公司制度的前提下,可以以明示方式给予交易方折扣或中间人佣金,但不能在账外暗中给予回扣和佣金,按正常程序接受的折扣或佣金须如实入账,雇员个人不能接受。支付疏通费是使行政或司法机关及其工作人员加快或保证履行其法定职责而额外支付的小额付款。原则上不允许支付疏通费,除非雇员生命安全处于危急时允许支付,但必须准确入账。办理加急事项时,行政或司法机关依其规定收取且有正式收据的费用,不属于疏通费账。

3. 禁止对外交易中的垄断与不正当竞争行为

垄断是阻碍贸易、限制或排除公平和自由竞争的行为。目前全球一百多个国家已实施反垄断法,触犯反垄断法将受到严厉制裁。承包商倡导公平竞争,严格遵守适用反垄断法律法规,不与竞争者或其他经营者达成限制竞争协议。限制竞争协议包括:有关价格举措、价格目标和区间、限制商品产销量、分割销售市场和采购市场协议等。与竞争者交流时,不要商讨或透露可能限制公平竞争的敏感事项和信息。不滥用市场支配地位,不能以不公平高价销售或低价购买商品或服务,无正当理由低于成本价销售,限制交易对象,搭售、拒售或附加不合理交易条件,对交易对象实行差别待遇。

不正当竞争,是指采用非法或者违背商业道德的手段和方式与其他经营者竞争,损害其他经营者和消费者的合法权益,扰乱市场经济秩序的行为。承包商应严格遵守反不正当竞争法,禁止不正当竞争行为。规范招标投标行为,招标时要依法合规进行,不得操纵招标或者与个别投标者串通,投标时不得串标以排挤其他竞争者。尊重竞争者,坚持以产品和服务品质取胜,维护竞争机制、尊重竞争规则。遵守贸易管制,违反贸易管制后果是丧失贸易特权、遭受民事或刑事处罚等。涉及产品、技术和服务的跨国销售或运输时,必须了解遵守最新的、适用的贸易管制法律和制裁规定。反洗钱是个人或单位隐瞒非法资金或以其他方式使非法资金合法的过程。必须遵守适用的反洗钱法律并建立相应制度和程序,避免与涉嫌洗钱的交易方交易,遵守财务制度和流程,不向非交易账户及非正常商业账户付款。不能采用格式合同或通知声明等方式作出显失公平的规定或者减轻免除公司依法应当承担的责任。不以不正当方式获取、使用或披露竞争者的商业信息。

4. 避免利益冲突、反对利益输送

利益冲突,是指经营管理人员个人利益与公司利益的冲突行为,表现为以侵犯公司利益为代价为自己或亲属谋取利益,利用公司资产或信息为个人谋利,投资与公司有竞争关系的企业,投资企业与公司交易。利益输送是指以明显高于或低于市场价格购买或出售,指定或授意指定交易对象,向利益关系人透露内幕信息、招标标底或其他商业秘密,在雇员录用、职务晋升等方面对领导干部或利益关系人的亲属给予照顾或便利,以捐赠名义进行利益输送。利益冲突与利益输送的区别是利益冲突是为自己或亲属谋利,而利益输送是为他人谋利。以公司名义或公司雇员名义进行考察、谈判、签约、招标投标、提供担保、出具证明等相关业务活动对外发表意见、发布消息，或者出席公众活动应当得到批准和授权。雇员不得与公司竞争或协助竞争者，不能在与公司竞争的单位兼职，或为竞争者提供帮助。不能利用职务便利、职权影响力将公司利益转移给其他企业或者个人。禁止利用职权为自己或他人谋取不正当利益。不能插手或干扰市场准入、招投标和合同签订等。不能指定或授意指定交易对象，不能向特定关系人透露招标标底、内幕信息。不允许以明显高于或低于市场价格交易，不允许购买不必要的商品和服务。对可能产生利益冲突、利益输送事项，及时向公司相关部门报告，并在决策、办理相关事项时主动回避。

5. 财务与资产

依法合规是对财务工作的基本要求，是企业开源节流降本增效的客观需要，也是防控财务风险的主要手段。保证财务信息真实准确。遵守财经制度，严格履行审查审批程序，确保公司账目、报表和文件准确记录。根据实际发生的业务，据实报销符合公司规定的费用，不能报销未实际发生的费用或非业务原因发生的费用。不能隐瞒收入、截留、坐支、挪用和转移资金。会计记录和报告须真实准确。会计记录和财务报告必须符合有关法律法规和会计准则，真实、准确、完整和及时，做到账表、账证、账账目相符，不能隐瞒、伪造、篡改有关财务记录，不能编造、提供或披露虚假财务报告和信息。保存完整的账册和资料，妥善保存各项财务票据及相关审批文件保证财务账册和资料完整、准确。按照公司相关规定建立会计档案，并妥善保管。

雇员有义务以负责任的方式使用资产，保护资产安全，有效使用资产，避免浪费、损失和损坏。采取有效措施保护资产不被偷盗和侵权。公司资产和信息用于工作目的，不能利用公司资产和信息为自己或他人谋取利益。未经批准和授权，不得擅自销售、转让或以其他方式处置资产。

6. 保护知识产权

知识产权包括专利权、商标权、著作权和域名等。注重公司知识产权的保护和利用，及时依法申请或登记注册，已取得权利及时续展维持，规范实施许可和转让，发现侵权行为及时依法维护公司合法权益。防止侵犯他人知识产权，尊重他人知识产权，需要使用他人知识产权要取得许可，研发新技术时，及时查询相关知识产权，防止侵权，特别是针对涉外知识产权,要制定相应的防控措施。

7. 保护公司信息安全

公司信息包括技术信息、商业信息、人事信息、业务信息等。依法保障信息安全,在推进信息化过程中,始终坚持"以安全保发展,以发展促安全",综合采取管理与技术措施,制定安全信息整体解决方案,建立一套网络访问层层有保护,用户操作时有审计、不法行为随时可追溯的立体化安全防护体系。通过信息系统固化企业管理制度和流程,实现"管理制度化、制度流程化、流程表单化、表单信息化"。规范业务操作,通过自动采集数据、强化过程管控,促进源头治理,通过留存真实信息,记录操作日志,实现流程管控由人控制向机控转变,减少或避免违规事件发生。

严格规范雇员的保密行为,雇员要掌握并严格遵守保密法律法规和公司保密制度,在日常工作和生活中切实履行保密义务,规范保密行为,并做到妥善保管和使用与工作有关的资料和信息,确保不被泄漏。避免在公共场所和私人交往中涉及保密信息,不能违规在非涉密载体上传输保密信息。防止在对外交往中泄密,雇员在对外合作、交流、交易中需要向对方提供信息的,一般不应涉及公司商业秘密。如因业务需要向外部披露公司秘密信息的,应事先与对方签订保密协议,防止泄密。对获取外部相关方的保密信息,要依据法律和约定采取保密措施积极应对泄密事件。若发现泄密事件及隐患,要及时制止和报告,以便于公司及时采取补救措施。依法对外披露信息,属于法律法规要求公开披露的信息,公司应全面、准确、及时披露。公开披露信息应由公司授权的雇员按照公司规定进行,任何雇员未经授权或批准,不得擅自对外披露公司信息。

8. 质量和健康安全环保

追求"零事故、零缺陷、国际一流"的质量目标,努力实现"零伤害、零事故、零污染"的 HSE 目标。树立质量意识,完善质量体系,加强过程控制,严把各环节质量关,确保产品、工程和服务质量合格。恪守质量承诺,以质取胜,以量取信。依靠科学管理体系和先进技术方法,为客户提供优质的产品和满意高效的服务。关注雇员安全和健康,保护雇员的生命安全和身体健康是公司对雇员的基本义务。建立健全劳动安全卫生制度,为雇员提供符合法律规定的劳动安全卫生条件和必要的劳动保护用品,预防劳动事故、避免职业危害。若发现危及人身安全和健康情况,雇员可停止工作或采取应急措施后撤离，并向上级主管汇报。当身体健康状况和精神状态难以履行岗位职责时，雇员应及时向上级主管报告。落实安全生产责任，从事高安全风险业务，应始终保持对安全风险的警觉，严格履行安全生产职责，学习和掌握安全生产知识和技能，不违章指挥，不违章作业，从事危险作业要取得相应资质证书和作业许可。保护生态和环境，致力于生产经营与环境保护的协调发展，始终把生态文明建设、防止环境污染放在首位。建设新项目时，按规定进行环境影响评价防污设施与主体工程同时设计、同时施工、同时投产使用。在生产作业同时，做好水土保持和植被恢复，以更严格的标准控制和减少废水、废气和废物的排放。严格管理承包商、供应商，优选合格的承包商、供应商，培养对公司Q\HSE管理体系的认知，要求在履行合同过程中遵守公司相关规定。妥善处理质量和健康安全环保事件，保持对Q\HSE突发事件的警觉，及时发现并消除隐患。

9. 协调好与当地政府社区的关系

承包商应注意加强与工程所在国政府有关部门沟通与交流，获得当地政府的支持。在外事活动中，注意尊重当地居民的风俗习惯和风俗禁忌。及时准确地向当地政府提供数据和资料。帮助发展本地经济，扶持本地配套企业发展，提高其技术水平和竞争能力。中国承包商应尽可能为当地籍员工、附近未就业劳动力提供职业培训机会，帮助驻在国培养具有较好劳动技能的技术型人才。热心公益事业，积极参与当地各种社会公益事业，如教育、扶贫、环保、社区建设和兴建道路、桥梁等。通过合法合理手段向当地政府提出正常的诉求，避免侵犯当地居民的利益。遇到矛盾和问题时，充分沟通，合情合理解决，如一时不了解风俗习惯，无意中触犯了禁忌，应及时真诚道歉，求得谅解，避免诱发不稳定因素。

10. 遵守企业的规章制度

承包商的合规管理还体现在遵守企业自身制定的规章制度上，必须遵守“公司授权管理规定”、“公司证照管理规定”、“合同会签和备案管理规定”、“海外市场国法制环境调研管理程序”、“公司名称和标识管理规定”、“分包商管理办法规定”、“工程项目招标文件评审管理程序”、“公司法律纠纷案件管理规定”、“知识产权管理规定”、“合同管理权限暂行规定”、“公司商业保险管理规定”、“合同专用章管理规定”等。

五、合规管理制度的执行

“天下之事,不难于立法,而难于法治必行。”制度只有被严格遵守的情况下才能发挥作用,形成威慑。体系完备、科学合理的规章制度,必须通过“刚性”的制度来约束规范企业管理层面和雇员,避免决策随意和管理失控。很多时候,企业制定了合规管理制度,但在执行上仍然放任自由,尤其是在合规和经营利益需要取舍时,经营利益往往代替了合规价值的坚持。因此,企业必须树立制度权威,将制度成为业务管理、监督检查和业绩考核的重要依据,充分发挥制度在企业经营管理中的基本准则地位作用,通过制度将合规管理内化为企业经营管理的有机构成。

企业纵向与横向进行合规管理。在纵向管理上,总部各部门和各海外分子公司领导成员必须进行合规培训、评价、登记报告及合规档案管理。组织合规监督检查,建立总部举报平台、受理举报、调查和责任追究。总部指导海外分子公司合规管理工作,制定落实公司总部管理制度实施细则,管理权限范围内的人员合规培训、登记报告、评价及合规档案管理,向公司报告重大合规问题和合规管理情况。建立分子公司举报平台,对管理权限内的合规问题负责调查处理和责任追究。组织分子公司合规审计、测试,对本单位重大事项组织合规审查,依照相关制度事项上报总部审查。在横向管理上,公司总部合规部门组织制定修订制度,组织合规风险评估预警,组织合规培训、登记报告、评价和档案管理,组织重要事项合规审查,负责合规咨询服务,组织信息平台建设,指导企业合规管理工作。法务部是合规业务的综合管理部门。监察部门负责违规举报受理、违规案件调查和责任追究。审计部门管理合规审计。人事部门将合规培训纳入培训计划,将合规评价结果作为干部任免、考核奖惩的依据之一。

源头上掌控合规风险,与业务部门形成相互监督、相互促进的关系,努力建立企业合规管理自上而下统一部署、统一协调、联合监督的审查与防控体系。在管理机制上,坚持预防为主,立足事先防范和过程控制,同时加大违规追责力度,逐步构建防范为主、惩防结合的良性机制。在预防方面,制定制度与流程,进行风险评估预警,开展对全体雇员的合规培训。在控制方面,建立合规登记报告制度,重要事项进行合规审查,建立合规档案。在监督方面,对违法合规规定展开调查,进行合规评价以及合规审计与测试。在问责方面,实行严厉的处罚与整改,修订相应的制度流程。

合规工作责任制，合规职责具体到部门，落实到个人，层层传递，构架各部门、职能部门，合规管理从上到下、齐抓共管的风险立体防护网。

“走出去”企业的违规行为往往牵涉到我国的国家形象，而且直接影响企业在全球范围的可持续发展。随着全球反对商业腐败力度的加强，我国“走出去”企业违规问题也面临越来越多的批评。需要将企业的合规经营与全社会反腐倡廉高效结合，更主动参与全球反对商业贿赂。海外业务的健康运转对合同的依赖度非常高，项目管理就是以合同管理为中心的，因此，应从细化合同管理、规范合同台账、强化流程监督着手，协调各相关业务部门共同搭建合同无遗漏审查体系及合同执行联合监督检查机制。尤其是对长期、重大和复杂的主合同，应在广泛调研的基础上，组织相关部门共同交流、研讨、预判和梳理潜在的法律风险，针对合同条款提出切实可行的修改，优化建议并推广应用。还应特别注意规范和明确纠纷案件的管理程序，针对不同法律纠纷的特点，总结经验，归纳共性，分析规律，采取差异化对策，确保各类纠纷风险可控和损失受控。对于潜在的重大仲裁，诉讼，应预先分析和研判案情，提前谋划应对策略，确保法务人员在涉诉纠纷发生的第一时间介入、跟踪和处理。合规管理延伸至供应商和承包商，控制合规风险的关键环节，可采用签订《廉洁承诺责任书》的形式或在合同中插入反腐败合规条款，引入违规禁入机制等方式，严格规定供应商和承包商在海外作业的资质和 HSE 等要求，规范其经营和操作。

培育良好的合规文化。合规管理从高层做起，企业领导人员应当率先垂范，带头遵守制度规定，全面落实各项合规要求，践行依法决策、依法管理。公司管理人员应严格执行制度，倡导合规文化，在日常经营管理过程中参与合规管理，加强对合规管理风险整体状况的监督、检查和指导，维护合规价值观的权威性。对领导人员和关键岗位人员进行专项合规培训，坚持学用结合，提高针对性，增强培训效果，确保“应知应会”变为“已知已会”。开展全员培训，保证雇员熟练掌握基本合规要求，不断提升雇员法律素质和合规意识，变“要我合规”为“我要合规”。树立合规创造价值的理念，结合合规管理的先进典型和失败案例，从正反两个方面倡导合规价值，破除合规管理只有成本没有收益等短视和错误观念，牢固树立合规创造价值的文化理念。

合规管理需要强有力的海外法务管理团队。《关于推行法律顾问制度和公职律师公司律师制度的意见》为法务人员进行合规管理提供了制度支撑和保障。合规管理人员必须专业化,合规管理的关键在于培养一支业务素质高、爱岗敬业、勇于担当的专业化法律人才队伍。我国的承包商必须借鉴国际大型承包商的经验,优选素质高、专业能力强的法律专业人士充实到现有的法律队伍中来,加强企业法律合规人员配备,坚持按需定岗定编,满足业务发展需要。同时强化对法务人员的培训,提高法务服务的质量和水平,使之在合规管理、依法治企方面发挥积极作用。

六、国内监管要求在海外的适应性

由于受工程所在国法律环境、政治环境、社会环境等因素的影响,完全按照国内公司总部的规章制度监管要求开展业务的难度较大,需要变通处理。海外各分子公司应针对公司总部规章制度中存在的与海外业务实际情况不相符或冲突的情况(如采购招标、合同管理和财务管理)及时上报公司总部,以便开展相关制度的立、改、废工作。以下以国内某企业在伊朗设立子公司从事总承包为例,说明公司总部的规章制度在海外分子公司适用中存在的不一致和冲突情况。

(一)采购招标

《中华人民共和国招标投标法》第 28 条和《中华人民共和国招标投标法实施条例》第 44 条都规定了“投标人少于三个的,不得开标;招标人应当重新招标。”据此,为了保持招标有效竞争,供应商实质性响应招标文件不足三家的,原则上都必须全部废标,组织重新招标。但由于受到国际制裁的影响,业主批准的非伊朗国供货商一般都不响应伊朗项目的招标,而伊朗国当地供货商也由于进口原材料受限,有能力响应招标的厂商也比较少,常常导致开标前有效投标人少于三家的情况。考虑到以上情况,为保证项目按计划进行,伊方业主同意原则上接受供货商少于三家,但需要提交三家以上供货商的正式询价记录。考虑到伊朗项目的特殊性,采购部应尽最大可能向业主批准的三家以上供货商发出询价,在有效投标少于三家的情况下,如果有效投标为两家,建议转为竞争性谈判方式竞标;如果有效投标仅为一家,建议转为议标方式。无论是竞争性谈判还是议标,其最终结果必须按照公司总部有关管理权限报批后确定。

(二)合同管理

根据伊朗税法和社会保险法的要求,在伊朗境内签署的合同需要到税务机关交税,并到当地的社保组织缴纳社会保费,社保部门和税务机关要求承包商必须提供波斯语的合同文本。如果承包商签署的是英语合同文本,承包商必须到伊朗官方机构认可的翻译公司进行波斯语翻译,加盖政府认可的翻译公司的印章。有些合同,如租房合同必须使用当地统一的波斯语制式合同文本,并且到公证机关公证,否则没有法律效力。根据公司总部合同文本管理办法规定,海外单位必须使用公司总部统一编纂的标准英文合同文本,这与伊朗国政府规定存在冲突。为伊朗子公司提供服务的分包商和供应商往往有成熟的波斯语与英语对照的双语合同文本,我方可以借鉴使用,公司总部要求必须采用的一些标准合同文本在伊朗承包市场上如果直接使用,必须进行大量修改,签署后还需要到官方认可的翻译公司进行翻译,这会大大降低合同管理的效率。

(三)财务管理

某地面油田设施项目是国内某承包商在伊朗执行的第一个大型 EPC 总承包合同。为了避免双重征税,保证项目利润,该承包商决定将最初联合体工作范围分工中的难度较大、风险较高的项目营建工作在联合体协议和主合同协议的基础上转移给联合体伙伴,主要方式采用以分包形式报价,该工作量发生转移后,在主合同里程碑划分的前提下,双方对工作量界面重新划分,相应工作量转移的部分改由联合体伙伴方向业主提交发票,相应款项最终支付给联合体伙伴方。该工作量转移的策略,在项目执行的过程中起到良好效果的同时,也产生了一定负面影响。营地建设工作量转移,客观上减少了中方的合同份额(收入额),同时在项目预计总成本中也相应地减少,所节省的成本成为项目的利润。当地联合体伙伴完成该部分工作量工作之后,营地的所有权还是归属于中方。营地实质上变成了中方管理的实物资产,但并没有在中方账面上体现,客观上形成了账外资产。账外资产实质上是企业的一项资产,由企业拥有或控制的以货币来计量收支的经济资源,但是该资产没有入企业账簿,在公司资产负债表上不含该项资产的金额。从国内监管方面来说,该账外资产是严令禁止的。从实际操作结果来看,工作量转移客观上造成了该账外资产的存在,并和国内监管政策产生了一定的冲突。从以上工作量转移的本质来说,都是在主合同和联合体协议框架下完成的。在主合同界定的工作量范围内,双方对工作界面范围重新作了划分,并没有出现新的分包协议。从预算成本的角度，节约了项目成本支出，并规避了伊朗当地执行的各项风险，更快地推进了项目进度。该账外资产的产生并非是主观违规进行操作所产生的，同国内监管范围的对账外资产所产生的不合法手段是有本质区别的。该工作量转移客观上造成了账外资产的产生，子公司只能从实物管理的角度对该资产进行相应管理，并严格执行公司总部相关资产处置规定，依法合规的进行后续的处置手续。

第二节　国际工程项目腐败治理研究[1]

工程建设领域腐败居各产业领域腐败之首。我国企业在“走出去”的过程中，把国内工程建设的一些“潜规则”也带到国际工程中，从而面临着巨大的海外反腐败风险。远离腐败犯罪是国际工程承包商的底线。中国企业在“走出去”过程中，尤其是初期阶段，对国际商务规则及管理不熟悉，需要努力掌握反腐败规则，建立合规经营制度，规避经营风险，防止包括与企业有关联的第三方在内的腐败问题。国际社会现行的反腐法律体系主要由全球性公约、区域性公约和各国国内法构成。对国际社会反腐产生最重要影响的是《联合国反腐败公约》和美国的《海外反腐败法》。我国承包商在国际工程领域的腐败，主要集中在用人腐败和经济腐败上。国际工程腐败产的原因主要有信息不对称，监督机制失灵，以及受托人权力寻租。对于国际工程腐败，需要从公司内部结构和国家层面两方面进行治理。

进入21世纪以来，我国逐渐从资本输入国转变成资本输出国。美国《工程新闻记录》杂志（ENR）评出的2016年全球最大的250家国际承包商排名中，我国内地有65家企业入围。随着资本输出范围的扩大和多样性，我国国际工程公司越来越多的活动进入到工程所在国或第三国反腐败的法律管辖范围之内。我国企业在“走出去”的过程中，自觉或不自觉

---

〔1〕 张浩：《国际工程项目腐败治理研究》，载《海峡法学》2016年第3期，第68～78页。

地把在国内工程建设的一些“潜规则”也带到了国际工程中,从而面临着巨大的海外反腐败风险,有的个别企业已经陷入了反腐败的漩涡。2009年中国铁路集团公司和中国中信公司因涉嫌高速公路项目腐败遭到阿尔及利亚政府的司法调查。2011年大连绿诺环境工程科技有限公司受到美国《海外反腐败法》的正式调查,成为我国第一家被该法调查的企业。2011年9月,澳大利亚证券与投资委员会(ASIC)对中国四川汉龙集团下属汉龙矿业涉嫌与澳大利亚两家矿业公司内幕交易进行调查,汉龙矿业的3名高级管理人员被限制离境并冻结资产。2013年,亚洲首富李嘉诚旗下的长江基建以及电能实业两家公司被澳大利亚税务署追讨7.76亿澳元的未缴纳税款和罚款。2015年6月,中国机械工业集团有限公司收到中央巡视组的反馈意见,主要是海外工程项目监管缺失,采购、分包环节不规范,项目许可和融资环节权力寻租问题突出。有些企业财务管理混乱,账务弄虚作假;有些企业考核指标不合理,业务人员奖金畸高。有的领导人员纪律观念和规矩意识淡薄,违反中央八项规定精神问题时有发生。选人用人不够规范,有些企业存在任人唯亲问题。我国大型国际承包商在“走出去”的同时,需要对国际反腐败制度、反腐体系以及自身应承担的反腐败义务有足够清醒的认识,远离腐败犯罪是从事国际工程总承包的底线,也是合规管理的最低要求。

一、国际工程项目腐败的含义

腐败是一种普遍存在的社会现象,古来有之,各国皆有。由于各国的文化传统与国情的差异,理论界对于腐败并没有统一的界定。从广义上说,腐败是利用委托的权力谋取私利的行为。《联合国反腐败公约》对腐败的定义是:“妨害司法;窝赃;为犯罪所得洗钱;私营部门侵吞财产;私营部门贿赂;资产非法增加;滥用职权;影响力交易;公职人员挪用、贪污或者以其他类似方式侵犯财产;贿赂国际公共组织官员或者外国及本国公职人员”。国际货币基金组织将腐败定义为:“滥用公共权力以谋取私人利益”。透明国际组织对腐败的解释是:“公共部门中官员的行为,不论是从事政治事务的官员,还是行政管理的官员,他们通过错误地使用公众委托给他们的权力,使他们自己或亲近他们的人不正当和非法地富裕起来”。我国刑法对国家公职人员以及国有企业领导人员在腐败方面规定罪名主要有:贪污罪、受贿罪、对单位行贿罪、介绍贿赂罪、滥用职权罪、玩忽职守罪、挪用公款罪、巨额财产来源不明罪、私分国有资产罪等。对民营企业职员规定的涉及的职务犯罪主要有:《刑法》第 271 条规定的职务侵占罪、第 272 条规定的挪用资金罪、第 163 条规定的非国家工作人员受贿罪。

透明国际组织(Transparency International)是非盈利性的国际民间组织,总部设在德国柏林,主要职能是推动全球的反腐运动。该组织每年公布的清廉印象指数被国际社会公认为是最准确和最权威的。该组织对 175 个国家或地区的 2014 年清廉印象指数进行排名,结果表明最清廉的国家当属丹麦、新西兰和芬兰,腐败最严重的国家分别是索马里、朝鲜和北苏丹,中国香港和台湾情况较内陆要好得多。我国大陆 2014 年排名第 100 名,处于中等偏下水平,说明了我国面临的反腐形势异常严峻。这点从 2015 年 3 月最高人民检察院工作报告中的相关数据也能得到佐证。透明国际组织对主要出口国或地区的企业贿赂程度,发布的指数显示,历年来公共工程和建筑行业在 17 个产业领域中腐败程度居首。有统计数据表明,每年因工程建设腐败造成的损失约 32 万亿美元,工程腐败已经成为全球性第一大公害,严重制约着各国的经济发展。透明国际组织列举了全世界典型的六大腐败工程来说明腐败的严重性,它们分别是:菲律宾的巴丹核电站,约有 1700 万美元工程款被套取;阿根廷—巴拉圭边境的亚西塔水电站,约有 18.7 亿美元的工程款被贪污;马来西亚的巴公水电站,存在巨额回扣;乌干达的布加加里大坝,总承包商向政府官员巨额行贿;莱索托的高地水利项目,行贿金额约 200 万美元;德国的科隆垃圾焚烧厂,行贿金额上千万美元。六大工程的共同特点是腐败严重,且均未产生任何经济效益。我国商业贿赂领域中腐败主要集中在工程建设、土地出让、产权交易、医药购销、政府采购、资源开发和经销六大领域,其中工程建设领域腐败排在首位。长期浸淫于腐败商业文化中的我国工程公司在“走出去”的同时,也将国内的“潜规则”带到了工程所在国,严重影响了我国企业的国际形象。本章研究的腐败既包括犯罪行为,也包括一般违法和违纪行为。国企工程公司人员的腐败主要是指在国有企业中被授权的国家公职人员,包括母公司公职人员、海外分子公司领导班子、部门管理层、临时授权行使“公权”的人员,也包括东道国的公职人员。犯罪主体既有自然人犯罪,也有法人犯罪。

二、国际反腐败公约体系

国际社会现行的反腐败法律体系主要由全球性公约、区域性公约和各国国内法构成，可以参见表13－1。全球性公约主要是指2005年10月生效的《联合国反腐败公约》（United Nations Convention Against Corruption）（以下简称《公约》）。该公约至今已有140多个签字国，涵盖了全球主要地区国际性组织成员。《公约》是联合国历史上第一部指导国际反腐败斗争的法律文件，它的制定和生效，不但在国际社会倡导了治理腐败的科学理念和策略，更为国际社会反腐败提供了基本的法律指南和行动准则，是国际社会治理腐败的法律基石。区域性的公约主要有非洲国家联盟制定的《防止和治理腐败公约》，美洲国家制定的《美洲反腐公约》，欧洲理事会制定的《反腐败民事公约》、《反腐败刑事公约》和《欧盟反腐败公约》，经合组织制定的《经合组织反海外贿赂公约》。在国际工程领域反腐方面，国际咨询工程师联合会1996年发表了《商业廉洁方针声明》，就道德规范声明和腐败的特殊政策说明，该项声明虽然不是具体的行为准则，但作为全球工程咨询界的代表，至少表达了FIDIC对廉洁管理、廉洁从业方面的重视。2001年国际咨询工程师联合会制定了商业廉洁管理体系，它是一项预防公共采购腐败的私人部门措施，该体系建议其他成员编制道德守则手册并参与“廉洁承诺”。

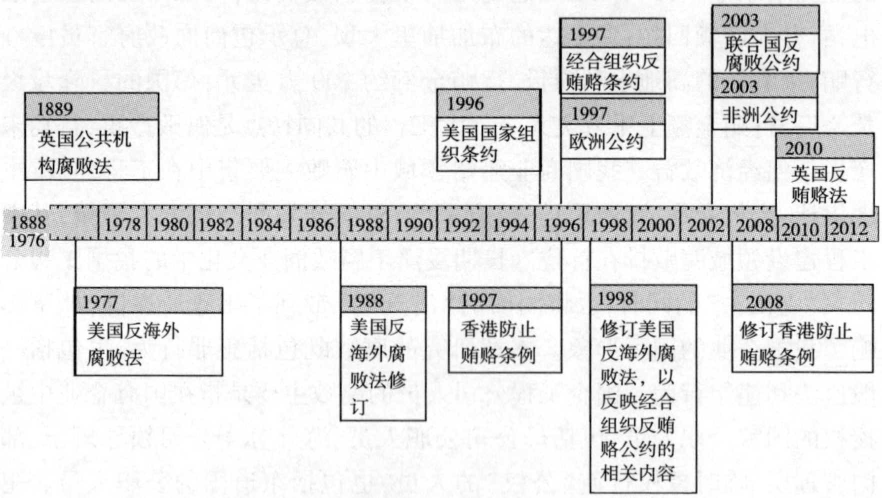

表13－1　国际社会反腐败法律与公约

《公约》要求各缔约国履行的国际义务主要有:一是制定预防性反腐败的政策性措施的义务。要求缔约国制定预防性反腐败政策,采取各种预防性反腐败措施,包括公共部门及公职人员行为守则、公共采购和公共财务管理、审判机关和检察机关人员保持廉洁的措施。二是建立刑事定罪和执法机制,要求缔约国采取必要的立法措施,对贿赂、贪污、挪用、洗钱、妨害司法的行为进行定罪,考虑对影响力交易、滥用职权、资产非法增加、窝赃行为进行定罪,并对上述犯罪进行起诉和审判,冻结、扣押和没收犯罪所得。在刑事管辖权上,《公约》第 42 条规定了成员国的立法和执法管辖权。为了不让高度流动性的犯罪分子因为管辖权上的漏洞逃脱起诉,在《公约实施立法指南》中进一步扩大了缔约国管辖权范围。刑事管辖权的扩大,意味着同一行为可能构成双重法域犯罪甚至多重法域犯罪。在犯罪主体构成上,公约规定了以自然人犯罪为主以法人犯罪为补充的犯罪主体资格。对于缔约国来说,即使国内法没有规定法人犯罪,也必须承担惩治法人犯罪的义务。在犯罪构成上,《公约》第 16 条规定只要有直接或间接向外国公职人员或者国际组织官员许诺给予、提议给予或实际给予公职人员本人或其他人员或实体不正当好处就构成犯罪。在刑罚措施上,如果法人实施了公约规定的五类犯罪,将会受到包括罚款、禁止与政府签约、没收法人财产,以及关闭法人实体等惩罚措施。三是《公约》要求各缔约国必须建立有助于预防和发现腐败的财务和会计监督系统,确保企业的账目和报表符合适当的审计和核查程序。为此,《公约》规定了六项禁止性义务,即不得设立账外账户、账外交易、使用假账单、谎报支出用途、虚列支出、故意销毁账簿。四是国际合作机制,规定缔约国应当就打击《公约》规定的犯罪进行国际合作,包括引渡、司法协助、移管被判刑人、移交刑事诉讼以及执法合作等。五是资产追回机制,缔约国应当对跨国流动的腐败资产的追回提供合作与协助,包括预防和监测犯罪。

美国《海外反腐败法》(Foreign Corruption Practices Act of 1977, FCPA)是第一部防范本国企业在海外进行商业贿赂的成文法。该法 1977 年生效以来,对国际社会反腐产生了深刻和长远的影响。该法主要由三部分构成:一是反贿赂条款,禁止企业为获得或者维持目前或潜在的合同关系,向美国以外政府官员提供或给予任何有价值的物品,包括钱物、服务或利益。二是账簿记录,要求上市企业保持精准的账簿和会计记录,确保企业的透明度,严禁企业为了隐藏其不正当海外支出事项而采取不入账或虚假做账等行为。保持账簿记录要求在于防止三种不当行为:不纪录非法交易、虚假纪录以隐瞒非法交易、制作交易数量准确而性质错误的记录,从而使调查委员会可以在会计体系中发现通常不易察觉的行为。会计条款可以确保会计记录的透明性、完整性和真实性,其目标在于将控制贿赂的防线推前到预防贿赂行为的发生阶段,也是事后的归责依据。三是内部控制,要求上市企业建立完善的会计及财务控制,以充分的使人合理确信所有的交易都获得了适当授权。调查委员会可以从以下几个因素来考量是否建立了内部制度:董事会的职权;公司程序和政策在内部的传达情况;权力和责任的分配;个人的能力和操守;能够执行和遵守政策和程序的能力;客观有效的内部审计功能。内部控制条款要求跨国公司保持有效的内部控制体系,通过自律的方式防止贿赂行为的发生。以上三项反腐措施相辅相成,共同组成了防腐体系。在犯罪管辖权上,该法既包括所有美国公民、国民、居民、公司,也包括在美国上市的外国公司,董事、高管、雇员和第三方机构(如律师事务所、会计师事务所、融资机构、公关机构)。即使一家公司完全是中国企业,如果在美国上市,该法就有管辖权,比如中石油、中海油、中国铝业、中国移动、中国联通、南方航空、东方航空、中国人寿等公司,这些企业在世界范围内投资,如果这些企业或他们的高级管理层、雇员、董事、代理人和股东等有腐败行为,就有可能受到该法的调查。如果企业没有在美国上市,但腐败行为的决策或支付行为在美国境内进行了通信或在美国境内发生一定的关联,如邮件、银行系统,该法也有司法管辖权,因此我国的国际工程公司有可能在不知情的情况下卷入调查。该法还规定子公司与母公司连坐制度,如果海外的子公司向外国公职人员行贿,母公司要承担相应的责任,这在很大程度上迫使母公司约束海外的子公司。在犯罪构成上,该法规定行贿成不成功并不重要,只要有动机甚至许诺就是犯罪,并且规定通过他人间接行贿按直接行贿处理。1988 年该法通过了修正案,规定了一个例外情况与两个积极抗辩:例外情况是指该法不适用于为促进外国政府机构加快履行正常政府活动而支出的小额"润滑费"。两个积极抗辩分别是指如果腐败行为根据行贿地的法律认为合法,或者为了促进合同的顺利履行而善意支付合理的费用,则不构成犯罪。FCPA 的执法机构是司法部和证监会。

证监会针对的是在美国上市公司的腐败行为,司法部监管的范围包括上市公司和未上市公司。FCPA 在处罚措施上有民事处罚、行政处罚和刑事处罚。2010 年美国政府颁布《多德—佛兰克法案》,设立举报人制度,规定举报人可以获得罚款额 10% ~30% 的奖励,该法案的通过,使《海外反腐败法》更加有效和实质性地运转。国际工程建设领域腐败犯罪历来是 FCPA 关注的重点,国际上著名承包商诸如法国的 TECHNIP 公司、日本的 JGC 公司、意大利的 SAIPEM 公司,以及美国的 KBR 公司都曾因为腐败问题受到该法的调查。经过三十多年的发展,美国《反海外腐败法》所倡导的治理腐败的模式已经由单边行动发展成为多边共识,并且其主要规范已经成为国际公约和诸多国家国内立法的参考文本。工程承包企业在海外市场经营过程中,一旦通过行贿政府官员获得竞争优势,同时使用了美国的通信手段、银行账号进行海外贿赂,或者本身是在美国的上市公司,或与美国公司在商业贿赂上形成同谋关系,或者从事贿赂活动的雇员或中间商是持有美国国籍者、在美国有住所者,都有可能遭受 FCPA 调查,进而引发海外反腐败风险。

英国作为《联合国反腐败公约》、《欧盟反腐败公约》以及经合组织《反海外贿赂公约》的成员国,近年来加强了实施履行国际条约义务的措施,最突出的是 2011 年 7 月颁布了全新的《反贿赂法案》,该法案具有很强的域外管辖权,处罚范围涵盖了在英国开展业务的任何类型的公司,只要是在英国开展经营业务,不管在全球任何地方进行商业贿赂,都有可能遭受英国相关部门的调查。还禁止企业间的商业贿赂行为,并将小额润滑费也纳入犯罪的范畴。

德国治理商业贿赂的法律主要有《反不正当竞争法》、《德国刑法典》和《反腐败法》。这些法律对各种形式的贿赂作了界定,并规定了相应的惩治措施。在德国,制止贿赂行为主要是通过司法手段而不是行政手段,以排除行政机关的不适当干预。德国的市场竞争环境已经相当成熟,舆论监督也很严格。如果一家企业做出了违法行为,它不但会受到法律制裁,而且会遭受舆论批评以及竞争对手的排挤,企业形象将大大受损,甚至会破产。在这样的背景下,德国公司尤其是大公司的犯罪动机很小。1999 年德国《OECD 防腐败公约》生效,德国国内企业间的贿赂所得以及企业在海外的贿赂所得要被一并没收,且当事人要被追究刑事责任或被处以罚款。同时,德国一些联邦州还开始对涉及商业贿赂的企业设置黑名单,凡涉及贿赂的企业都将被列入黑名单,并保留五年。期间,黑名单上的企业将被排除在公共招标项目的中标企业之外,从而对企业施加经济压力使其在项目投标过程中不使用贿赂手段。此外,德国还加强对举报人和证人的保护,规定不能公开举报人和证人的姓名,同时允许通过电子邮件或者其他匿名方式进行举报。

日本严厉打击商业贿赂行为,已构筑起一整套比较有效的制约机制,在很大程度上减少了商业贿赂的发生。实施严格的招投标制度,大企业基本上都建立了一套严密的防止和制约商业贿赂的机制,其中最主要的是实施严格的招投标制度。只要超过一定数量的建设工程或者采购项目均采用真实的招投标制度,企业的最高领导人不直接参与招标工作,具体的招标工作由具体部门组成的招标小组进行,对招标小组有无违反招标程序进行检查监督,防止个别人在招标中营私舞弊,接受贿赂。如果企业发现工作人员利用工作之便接受贿赂,给企业造成损失的,除了赔偿损失之外,有关人员还必须承担刑事责任。日本还制定了《公益举报人保护法》,努力保护揭发和透露公司主管或分管人员违法舞弊行为的举报人;规定要为举报人严格保密,不得以任何形式泄露举报人的真实身份。公司不得以任何理由解雇或用其他任何形式打击报复举报人。

我国2005年批准《联合国反腐败公约》后在履行国际条约方面采取了一系列的措施。2006年6月实施的《刑法修正案(六)》将贪污受贿罪规定为洗钱罪的上游犯罪。2007年9月成立了国家预防腐败局。2011年5月实施的《刑法修正案(八)》,规定为谋取不正当商业利益,给予外国公职人员或者国际公共组织官员以财物的,以国际公共组织官员行贿罪论处。单位犯罪的,对单位判处罚金,并对其直接负责的主管人员和其他直接责任人员处罚。2014年11月,北京APEC会议期间通过了《北京反腐败宣言》,成为第一个由我国主导起草的国际反腐败宣言。截至2016年5月,我国已经与89个国家和地区建立了反腐败合作关系,对外缔结44项引渡条约和57项刑事司法协助条约,与35个国家和地区签署了金融情报交换合作协议。2016年,我国政府抓住国内反腐败工作和反腐败国际合作屡结硕果的关键时机,利用G20这一风向标式的国际合作平台,求同存异、谋求共识,尽最大可能弥合分歧,找到最大公约数。9月

G20 杭州峰会,通过了《二十国集团反腐败追逃追赃高级原则》(以下简称 G20《高级原则》)、在华设立 G20 反腐败追逃追赃研究中心、《二十国集团 2017~2018 年反腐败行动计划》等重要成果,成为未来引领反腐败国际合作新实践。G20《高级原则》是 APEC《宣言》的继承、延续和发展,它确立了以"零容忍、零漏洞、零障碍"为主要内容的反腐败追逃追赃十条原则,涉及拒绝腐败分子入境、建立个案协查机制、完善合作法律框架等方面。对于跨境腐败,对于外逃腐败分子和外流腐败资金,G20 成员国将持"零容忍"态度,建立"零漏洞"制度,开展"零障碍"合作。较之《宣言》,G20《高级原则》的推出建立在中国追逃追赃工作取得一系列成绩的基础上,所提出的合作目标、措施和路径更明确、更具体。G20 杭州峰会,凸显了我国政府的主动性和引导性,实现了从全球治理的局外人、参与者到规则制定者的角色转变。

三、国际工程领域腐败的特点

我国总承包商在国际工程领域的腐败主要集中在用人腐败和经济腐败上。西方国家的工程公司的腐败主要集中在经济腐败上,私有制公司授权委托代理层级短,监管严格,因此,用人腐败现象并不明显。我国国有企业还没有真正形成透明的、公平的、科学的用人机制,自上而下的多层级委托授权,链条过长,监管难度大,致使一些国有企业领导人员在委托代理过程中频繁出现公权私用现象。在公共领域,我国已经建立起一套成熟的公务员统一招考制度,用人权与招聘权实现了分离,而国企的用人初聘基本上都是各企业自行招聘,初选的不科学造成了企业用人源头上的腐败。如央企国际工程公司的薪酬比较高,国际工程项目具有很大的吸引力,由于选人制度的漏洞,通过"关系"来到国际工程项目成为常态,少数领导干部趁机收取不能满足国际工程项目管理要求而又想进入国际工程项目人员的"租金"。由于国际工程项目具有一次性和临时性的特点,非专业人员通过"关系"进入项目后,为了掩盖知识的欠缺,通常寻找山头、拉帮结派、阿谀奉承。因不具有基本的项目管理知识、基本技能和外语知识,造成了项目管理混乱无序,给东道国的项目业主、联合体伙伴以及当地的分包商造成了恶劣影响,严重影响了我国企业的国际形象。收取薪酬之外"租金"的领导干部,也不知不觉被"套牢",评价员工不再是依据品德和能力,而是根据自身利益画圈子,排斥异己,甚至出现了“劣币逼退良币”的现象。“圈子文化”为也诱发了团伙经济腐败犯罪，窝案串案犯罪成了国际工程领域腐败的显著特点。由于用人制度的腐败属于违纪，又具有较高的隐秘性，因此，比经济犯罪更难治理。

招投标制度是国际工程成熟的交易方式，具有公开、公平、竞争、择优的特点，它能够发挥信息揭示和传播功能，是一种有效减少信息不对称的程序和手段。然而这个公认的阳光制度，已经异变为少数腐败分子犯罪的“道具”和“护身符”。在招投标环节中主要采用规避招标、控制招标、标后操控的手法。规避招标，成熟的国际工程公司一般都有自己的招投标管理办法，按照法律要求或招标管理办法，达到一定数额后必须公开招标并报公司总部审批。为了避开这些规定，个别决策人将整体项目拆分到要求的数额之下规避招标，等到合同签订后，再通过合同变更的方式增加合同总额。在东道国自行注册公司，明修栈道、暗度陈仓，进行利益输送；改变招标的性质，将公开招标改为邀请招标，或将邀请招标改为议标，明招暗定。控制招标，招标权往往被少数领导所操控，由于评标人主要是项目的内部人员，有的领导班子成员本身就是评标人，他们拉拢、腐蚀或者威胁评标人，向评标人暗示评标意见；为关系户“量体裁衣”，设置不合理的招标条件限制并排斥潜在的投标人；国际工程招标文件一般由承包商自行编制，由于缺乏相应的制约机制，导致个别人敢于在招标文件中加入个人的倾向性意见；中方少数人员收受分包商的贿赂，和分包商串通一气，对分包商的围标、串标等违法犯罪行为视而不见；向意中的投标人泄露标底，使得在同等资质条件下，行贿者中标，不行贿者出局。标后操控，招标结束后，在签订合同过程中，为了利益输送，擅自变更原来的招标内容或实质性条款。履约过程中，成本费用控制人员采用增加额外的工程量、提高工程造价等手法，接受分包商的贿赂或者贪污。

采购是国际工程腐败的重灾区。国际总承包项目合同额通常从几千万美元到几十亿美元，采购部分约占合同总额的60% ~70%。机械设备、建筑材料巨额的采购量，再加上市场恶性竞争，供应商便不择手段地拉拢腐蚀采购人员，回扣成为“显规则”，通常占到采购合同价格的1% ~10%。另一方面就是采购过程“黑箱操作”。在采购合同审查中，采购管理人员以商业秘密为由，隐去敏感的合同价格，让法务人员审查固定的通用条款，从而导致监督失灵，采购人员的权力被无限放大，他们利用职务之便,索要回扣,中饱私囊。也有个别采购人员利用职务之便,采用帮助供应商偷换投标文件的手法进行舞弊。巨大的利益诱惑,使少数领导干部铤而走险,他们插手工程采购,指定特定的设备、材料或暗中指定供应商,大搞权钱交易。还有常见的一种采购腐败方式,在签署合同时,承包商选择了一个低报价的供应商,在合同执行过程中,通过合同变更,最终采购的总价或许超过报价高的供应商。

向政府公职人员行贿是国内工程建设领域腐败的一大特点,这种思维模式和行为方式也反映到国际工程项目中。国有工程公司向东道国公职人员行贿的愿望很高,甚至有些企业领导人员认为海外行贿有助于增强本企业的竞争力,行贿拿到项目也是为了国家利益。在现行体制下,国企对重大事项必须采用民主集中制原则,由组织成员集体讨论作出代表群体的决议,然而恰恰是这种制度,让某些组织无视法律利用"民主原则"作出集体行贿受贿的行为。在主观意志上,这些组织成员怀着"法不责众"的心理,认为违法犯罪行为通过了领导班子集中讨论、决议,便将谋取私利的行为合法化、合理化。企业纪委即使接到企业单位犯罪举报,也会出于自身的考虑,千方百计掩饰犯罪,漂白犯罪行为,致使国企单位犯罪很少被追究。更有甚者,个别领导打着集体决议的旗号,公然伪造合同,套取公款,当被举报时,会以集体决定向业主人员送礼为由进行搪塞,致使违法犯罪取证困难。当然,如果本国采取严厉的措施打击本国企业在东道国的行贿行为,而其他国家没有采取相应的措施,显然有损本国企业的竞争力。然而大多数国际社会成员已经成为《联合国反腐败公约》的缔约国成员时以及 G20《高级原则》通过后,反腐是国际社会的共同义务,上述做法显然已经构成犯罪。对于中方企业在海外商业行为处理的不及时,力度不足,未将法律手段作为常规手段,变相地纵容了行贿与贪污行为,反过来也助长了我国企业在海外行贿与贪污的不良之风,会动摇我国企业的整体信誉,有害于海外商业贿赂的打击。

推行了十几年的国有企业法律顾问制度并没有真正落到实处。设立独立的法务部门,是充分发挥法务人员对海外项目重要决策的法律审核作用,有效识别和管控项目管理中的合同和法律风险的必要前提和条件。法务部门对容易出现腐败的采购部门、财务部门、成本控制部门以及最容易出现腐败的招投标环节具有天然的监督作用。组建独立的法务部并配备适量的法务人员是国际工程惯例。法务人员在国际工程项目反腐中具有不可代替和不可低估的作用，然而我国大部分央企的海外分子公司法务归口部门或是合同控制部或是市场部，其管理职能和人员多以计划控制、成本费用和市场开发为主，即使设立法务部的海外项目也大量存在着法务职能在项目管理流程中弱化、虚化的现象。由于没有独立的法务部门和法务管理流程弱化，法务人员参与重要决策的法律审核率不能得到保证，经营中的合同法律风险不能得到有效的识别和管控。多数海外项目的法务人员，存在精力被控制，工作难以系统化和持续化的现象。由于法律后果的可预见性，法务人员知道违法犯罪结果的严重性，往往对违法犯罪行为予以拒绝，因此，极个别另有所图的领导刻意淡化依法治企理念，在机构配置上不设置或擅自裁撤法务部，视法务人员为“绊脚石”，让法务人员“失声”或者调离法务人员。

国际工程腐败按行为方式分主要有交易型、占有型、挥霍型和决策型四种类型。交易型腐败包括国企公职人员为获得项目竞标成功，以单位名义贿赂工程所在国的业主、评标人、公职人员的行为，也包括在履约过程中，向东道国的政府稽查人员、审计人员和监理公司行贿行为。交易型腐败是最易发和最常见的腐败。占有型腐败，是指国企公职人员利用职务上的便利，贪污、侵吞或者挪用国有资产。常见的表现形式有伪造、编造虚假合同套取公款，暗中侵吞出口退税款，伪造报销票据进行贪污，私分或者挪用工程款等行为。挥霍型腐败指国企公职人员假公济私、公款吃喝、公款送礼、公款消费等行为。正常的商务宴请是国际工程不可避免的事情，然而少数领导以“公事”为由，利用职务便利在小圈子里花天酒地，公款消费，康国家之慨，为个人拉关系谋福利，请客送礼费用全部由项目支出。决策型腐败，主要表现为少数掌握决策权的领导干部在“三重一大”事项决策中，独断专行、不听取法务人员和相关人员的意见，随便拍脑袋，肆意行事，造成严重决策失误。决策型腐败在国际工程项目中往往给企业造成的伤害是致命的，我国大型央企在海外重大投资的失败，总能隐隐约约地找到决策型腐败的影子，而这种腐败总是以“商业风险”为“挡箭牌”蒙混过关。

四、国际工程腐败产生的原因

关于腐败产生的原因，学界有三大理论成果：美国著名政治思想家和现代政府管理学的创立人之一塞缪尔·亨廷顿认为腐败程度与社会和经济迅速现代化有关,并以实证方式研究了西欧主要国家在工业化前后的政治生活变化,从中找出了腐败与现代化之间的关系。美国著名学者克鲁格于20世纪70年代提出"寻租理论",该理论认为普通的经济人以追求个人经济利益为动机,当面临若干不同的机会选择时,总是倾向于选择能够给自己带来最大经济利益的那种机会,而政府官员也并不像人们理想化那样是公共利益的代表,他们与普通经济人一样有同样的自私自利的动机。当他们面临若干可供选择的公共决策机会时,总用倾向以权力为筹码,做出最有利于自己的选择。当利用行政权力干预市场经济活动时,不平等竞争产生的收益称作为"租金"。"委托代理理论"是20世纪30年代美国经济学者柏利和米恩斯提出来的。委托关系基于委托人和被委托人以"理性经济人"的假设为前提的,当公权代理人为寻求个人利益最大化而做出未经委托人同意的行为时,双方之间出现利益偏差,被委托人对委托人的权力进行了滥用。权力的所有权和使用权的分离是产生腐败的重要条件,此外还有信息不对称和监督无效等原因。

信息不对称广泛存在于国际工程项目中。由于国际项目远离本土,被监督者对上对下扮演着"双面人"的角色,对自己的负面信息刻意隐瞒,故意制造虚假信息,并利用信息优势以及行为的隐蔽性谋求私利。而监督者对于被监督者的活动或信息不容易监测到,不能全面掌握,从而导致信息的严重不对称,不能有效地制止腐败。信息不对称的根源在于对信息成本的投入不足和信息传递过程的滞后性。海外国有企业的项目领导班子通常是国内公司总部任命的,委托人负有考核受托人的权力和义务,然而由于存在的距离差距,信息在传递过程中必然会出现偏差和滞后,通过正规渠道传输给国内的信息几乎是被过滤的,基本上是"报喜不报忧",国外项目的负面和腐败信息很难从正规渠道传输给国内的监督者。总公司对海外项目的考核多注重经济指标,廉政考核到海外项目后往往停留在书面上。退一步说,即使负面信息通过非正式渠道传输给国内委托人,由于国内委托人本身也是上一层级的受托人,出于自身利益的考虑,较好者也许会对下级受托人"吹吹耳边风"、"扯扯袖子",但大部分委托人担心自己任命的下级出现腐败殃及自身利益,往往选择将负面消息悄悄处理掉或者采取其他方法变相地包庇掩护,这客观上起了对腐败的“放纵”作用。

权力过分集中，缺乏科学的决策机制是国际工程腐败产生的重要原因。现代国际工程管理基本上采取的是项目经理负责制。委托授权下的项目经理负责制在海外由于缺乏监督，逐渐演变为项目经理在所有的决策中“一言九鼎”的现象，班子其他成员随声附和，规章制度被束之高阁，纪检部门不能行使正常的监督权，法务人员被视为肆意行使权力的“绊脚石”被踢开，权力在运行过程中缺乏透明度失去制衡，最终导致腐败犹如“牛栏里关猫，来去自如”。了解腐败信息最多的和最及时的是莫过于同级或下级，但项目经理负责制下，只要发现不同的声音或者所谓的“异端”就会被清除。甚至有心存不良的腐败分子打着减人增效的旗号，刻意削弱基层纪检人员和法务人员的监督力量，对纪检人员和法务人员边缘化。权力过分集中还体现在具体的职能部门或个别岗位上。

国际工程中，监督机制失灵也是腐败产生的另一重要原因。我国现阶段反腐组织有党的各级纪律监察机关、政府各级监察机构、国家预防腐败局、检察院的反贪局，它们承担着惩治、教育、预防腐败的职责。对于国外工程领域的腐败行为，哪些是违纪？哪些是违法？哪些是犯罪？究竟是向纪委举报还是向检察机关举报？向哪一级纪委举报？向哪一级检察院举报？即使是法律专业人士，也会一头雾水。错综复杂的隶属关系与职能在复杂的国际反腐方面已经显得不能适合实际需要。国有企业内部都设立纪委，然而企业纪委对于企业内部人员的腐败，往往上采取的是不愿意“得罪”本企业职工的态度，国际工程腐败信息经企业纪委查证后的结果，或者是举报信息不实，或者是大事化小、小事化了，甚至变成了个别纪检人员发财的途径。发生在国外的腐败行为，实际上已经形成“腐败信息孤岛”，国内党的各级纪委监督、新闻媒体的监督、群众的监督基本上不能发挥作用。国际工程项目监督体系失灵，在很大程度上助长了受托人无所顾忌的心态。

《公约》要求各缔约国必须建立有助于预防和发现腐败的财务和会计监督制度。保持清晰的财务会计记录是反腐的重要措施，因为无论是行贿行为、贪污行为、洗钱行为、还是偷税行为都能从财务记录中窥见蛛丝马迹，如行贿行为要从会计账户提出现金，贪污行为和偷税行为需要用会计手法进行掩饰，洗钱行为需要利用账户进行转账。完整清晰的会计记录不仅可以预防犯罪,还能为犯罪留下证据。然而一些海外项目财务制度形同虚设,账目管理混乱,为了方便贿赂费用支出和领导人员提取不能正常报销的费用,一些国际项目违规设立账外账,小金库,搞体外循环。财务人员出于自身利益考虑,对于非法违规票据、过期作废的票据、伪造的票据凭证予以报销。财务审计不严格和不及时,导致腐败不能被及时发现和制止。

我国长期以来在反腐的理念上过分注重依靠刑罚对企业的职务犯罪打击和震慑,忽视了企业合规管理所起的积极作用。对于法人犯罪,我国与西方国家的法治理念有大差别,《美国海外反腐败法》一个重要的立法原则就是加强公司内部的治理责任,在美国是否制定和实施守法计划是与刑事制裁紧密相联的,当违法企业制定并有效地实施了守法计划时,根据联邦量刑委员会制定的《美国联邦量刑指南》的规定,可以减轻对企业判处的罚金额。这一规定对企业有效制定和实施守法计划起着非常重要的促进作用。西方国家侧重的是法人内部结构治理,处罚法人的目的是促使法人内部结构调整或整改,从制度上保证类似情况不再发生,而我国的法人犯罪更强调对企业个人行为引起的犯罪本来由个人承担的责任部分让法人分担。必须充分认识到刑罚的处罚只是治标,而依法治企才是治本,标本兼治需要运用“依法治企”和“刑罚打击”等综合治理措施。依法治企是依法治国的重要组成部分,是实现治理体系和管控能力现代化国际化的必由之路。现阶段国企在法治方面突出的问题主要是:企业治理机制不完善,权力配置不合理,权力运行缺乏有效制衡和监督约束;制度存在滞后性和不科学性,一些制度未能全面反映管理规律和实际需求;有的领导干部法治意识薄弱,不懂得运用法律管理企业,违规违法决策;依法治企价值导向和文化氛围弱化;部分领导感悟违规行事,违法决策等问题屡禁不止。

现行的司法体制已经不能适应错综复杂的海外反腐需要。根据刑事诉讼法的规定,人民检察院对贪污贿赂犯罪行使管辖权,但对境外有管辖权的犯罪并没有直接的刑事侦查权,需要通过刑事司法协助程序办理。司法协助的范围主要包括刑事方面的调查取证,送达刑事诉讼文书,通报刑事诉讼结果,移交物证、书证和视听资料,扣押、移交赃款、赃物等。地方各级人民检察院需要向缔约的外国一方请求提供司法协助,应当按有关条约的规定提出司法协助请求书、调查提纲及所附文件和相应的译文，经省级人民检察院审核后，报送最高人民检察院。从现行《刑事诉讼法》的规定可以看出，国际工程中涉及中方人员或外国公职人员的腐败犯罪，需经过最高人民检察院和工程所在国的中央司法机关办理，而调查取证、拘留逮捕等一些司法手段不可能实现。境外的腐败案件由哪一级检察院受案，刑事诉讼法规定并不清晰，实际上地市一级检察院根本不具备从事国际腐败调查的能力。烦琐的办案程序和高昂的成本，让现行的司法措施在办理境外腐败案时捉襟见肘。国际工程中腐败犯罪黑数高，打击率低也是诱发腐败的另一大因素。

腐败的发生，除了法律制度、经济制度的原因外，还有更深层次的文化原因。囿于传统观念，我国重视对海外受贿贪污等自然人行为的矫治，忽略对法人腐败文化的治理，长期认为企业法人犯罪，是为了集体利益或国家利益，并报以同情。"礼尚往来"向来是我国企业的交际习惯，逢年过节赠送礼品一般视为正常的交际活动。然而在清廉指数高的国家，有可能被监察机关认定存在"不正当动机"。从 2005 年开始，就有英国、法国、美国的公司主动公开拒接来自中国供应商馈赠的物品，其目的就是防止被认为不正当利益而遭到调查。我国的商业交际习惯的文化氛围有很大的惯性，短时间很难扭转。当然在当今国内反腐的大环境下，国有企业利用节假日发放礼品等行为受到很大程度上的遏制，对国际工程反腐也起到一定的震慑作用。

当经济人面临不同的行动方案时，无一例外地选择"代价小"而"收益大"的方案，社会学上称之为"经济行为"。经济行为本身是中性的心理倾向，在不同外力作用下可以变成"从善"的动力，也可变成"邪恶"的源头。经济行为的表现完全取决于行为者的心理素质和环境制约条件。一旦监督失灵，被监督者作为理性的"经济人"就会"逆向选择"。对于行贿者而言，我国原来的法律规定了行贿人在被追诉前主动交代行贿行为的，可以减轻处罚或免除处罚。实际判例中，对于行贿人的处罚比受贿人轻得多，"低成本、高回报"成了行贿者的明智投资；对于受贿者而言，因为被发现和处理的概率极低，因此受贿成了"低风险、高收益"的理性选择。行贿人与受贿人作为理性的"经济人"，进行交易可以促使双方利益最大化，因此他们的举动是符合人的正常逻辑思维的。

五、公司层面上全面推进依法治企是反腐的根本途径

依靠制度反腐败是取得成功最根本的保证。必须把法律法规内化为企业规章制度,制定通过企业规章制度来管人、管事的管理秩序。开展制度设计要遵循管理规律,体现权责对等,增强制度科学性和稳定性,确保制度不因领导干部调整而改变。要从制度上设计,真正把权力关进笼子,抓紧抓严。按照合规管理要求,建立完善采购供应商、分包商反商业贿赂和利益输送的机制。健全完善合规管理配套相关制度和业务流程,把合规要求融入相应制度,嵌入工作流程。

完善依法决策机制。细化各层级领导决策的事项和权限,建立决策权力清单和责任清单。完善风险评估、合法性审查、集体讨论决定的决策程序。所有的决策事项都要进行法律论证把关,非经法律论证不得提交讨论。落实海外项目法务负责人在重大决策中的职责,充分发挥其作用,确保每项决策于法有据、风险可控、稳妥可行。实施决策评估、决策责任倒查和终身责任追究制度。强化对权力运行的制约和监督。合理配置管理权限,重要部门和岗位实行分事行权、分岗设权、分级授权,定期轮岗,强化内部流程控制,防止权力滥用。加强总部对海外项目的监督,做到授权有度、行权受控、擅权必究。有效统筹内部审计、内控、监察等监督资源,形成合力,加强对决策、执行等行权监督。深化领导干部经济责任审计,构建审计问题整改机制,促使领导干部依法作为、有效作为。加强职业自律,建立自我纠错机制。

按照诚信合规要求规范交易管理。按照公开、公平、公正、诚信合规守法原则,依法规范内部交易、关联交易、外部交易。建立自律诚信体系,开展反商业贿赂、反利益输送、反垄断、反不正当竞争等专项合规管理。严肃交易纪律,禁止为虚构业绩订立虚假合同;禁止为规避审批恶意拆分合同;禁止违规分包、违法转包合同;禁止应招标不招标、虚假招标和不按招标结果签订合同;禁止交易过程中的一切“暗箱操作”行为。在所有的合同中加入反贿赂条款或单独签订廉政合同。严格标后监管,加强合同监管是防治工程腐败的关键环节。建立严格的合同备案审查制度以及相关的问责制度,在分包过程中对于合同实质性条款与招投标文件存在重大差别、造成造价明显变动的,必须严格问责。加强变更监管,对项目设计变更要建立严格的审批程序。涉及重大设计变更、导致工程预算成本

显著增加的，应建立联合审查机制。加强现场监管，主要是防止挂靠、出借资质和转包转卖、违法分包。加强结算监管，对分包合同，成本控制部门要建立从概算、预算到决算环环相扣的全过程的评审监控，发现实际结算价异常超过预算和合同价的，要严格把关。应当把关而没有把好关的，对相关责任人员要严肃追责。

加强财税监管风险管控。建立符合东道国的财务和会计制度。优化完善财务集中管控模式，严格控制海外项目的预算外收支和外投、外借、对外担保等行为。严肃财经纪律，严禁设立"小金库"等违规行为。健全完善财务内部控制体系，严格执行重大财务事项的操作和审批流程。全面规范公司财权，加强对财务主要负责人行权履职行为的监督。加强财务自律，建立长效财务稽查机制。实行财务系统由总公司直接管理，财务人员的任命与安排由公司总部统筹，与项目相对分离的制度。

我国海外承包市场大都分布在高社会安全风险国家，面临市场、经营、法律、安保等复杂形势，特别是国际知名公司把承包商依法合规经营作为"一票否决"的先决条件，因此，我国的承包商应牢固树立法律至上理念，心中高悬法律明镜，手中紧握法律戒尺，守住底线，不触红线。格外重视海外单位的合规管理，进一步规范海外生产经营行为，全面管控各类风险，促进合规管理与主营业务深度融合。持续宣贯《合规手册》和新安全环保法，推广招投标等领域合规管理成功案例。增强干部员工依法经营、合规管理意识，规范经营管理行为，提升企业形象和公信力。

加强法律合规专业队伍建设。加强企业法律合规人员配备，坚持按需定岗定编，满足业务发展需要。全面推进依法治企，大力提高法律合规专业队伍思想政治素质、业务工作能力、职业道德水准。完善符合法律职业特点的人员管理机制，严格准入条件，拓展职业发展渠道，激发法律合规工作队伍活力。形成相对独立的合同法律管理机构框架，逐步实现国际项目法务人员的任命与安排由公司总部统筹，实行与项目相对分离的制度。

强化依法治企考核评价。充分发挥考核评价的导向与激励约束作用，完善依法治企考核评价制度，把员工法治素质、领导干部法治能力、企业制度建设、企业和员工诚信合规表现等纳入考核评价内容，按照结果与过程并重的原则，科学设计考核评价指标、标准和办法。把考核评价结果与干部任用挂钩，对法治素质好、依法办事能力强的干部优先提拔使用，依法治企考核评价不合格的，对领导班子和领导干部要予以组织调整。把法治素质和诚信合规表现作为衡量员工工作业绩的重要内容，纳入员工绩效合同，加大考核力度，严格奖惩兑现。

积极营造依法治企文化氛围。坚持把全员普法和法治文化建设作为依法治企的长期性基础性工程，大力弘扬法治精神，切实增强法治观念，使全体员工都成为法治的忠实崇尚者、自觉遵守者、坚定捍卫者。完善学法用法制度，把法治知识作为项目领导学习、管理培训、员工入职教育和基本功训练的必备内容，确保法治宣传教育入脑入心，使员工形成自觉、养成习惯、付诸实践。

严格违规责任追究。完善员工违规处罚管理规定，细化违规行为情形，强化罚则实施。对任何违反、变通、规避制度的行为，都要及时查处、严格追究。充分发挥责任追究部门的作用，对违规行为发现一起、追究一起，不遗漏、不拖延，做到违规必究、当罚必罚。对领导干部默许、纵容下属违规的，要从快查处，既追究当事人责任，也追究领导及单位责任。从制度设计和制度执行上提高单位和个人的违规成本，彻底杜绝因处罚过轻导致违规行为屡禁不止的现象。

六、国家层面的海外反腐制度建设措施

《公约》的腐败预防机制、立法与执法机制、资产返还与追回机制、国际合作机制等对我国立法修法有很好的指导作用。由于立法理念的巨大差异，我国国内法与《公约》存在诸多不同和衔接缺失：我国刑法规定行贿罪受贿罪的犯罪对象只是“财物”，而国际工程实践中权钱交易已经演变成安排公职人员出国考察，子女留学、定居等“不正当利益”，行贿受贿方式更加隐蔽，按照《公约》已经构成犯罪，而按我国法律构不成犯罪，这为行为人利用职权谋取不正当利益规避了刑事处罚；《公约》规定只要利用职权之便索取或收受不正当好处的就构成犯罪，而我国《刑法》不仅规定利用职权之便索取或收受财物，还必须同时满足“为他人谋取利益”这一犯罪主观构成要件，可见我国《刑法》规定比《公约》打击面要窄得多；我国《刑法》第 87 条规定刑事追诉时效分别为 5 年、10 年、15 年和 20 年，鉴于国际工程贪腐犯罪的隐蔽性和复杂性，统一规定追诉时效为 20 年更符合实际；对于制定合规计划的公司在量刑上作为减轻刑罚的情节予以

考虑,利用倒逼机制迫使国有企业制定合规体系;突破刑法“罪责自负”原则,母公司与子公司实行“法人连坐”制度,对于海外子公司的腐败犯罪母公司即使不存在故意或者过失,也要因子公司或员工犯罪的行为受到严厉的制裁,迫使母公司严格约束海外子公司;充分考虑我国的国情,对于东道国所在地的“润滑费”,如果按东道国法律不构成犯罪的,立法规定予以豁免。鉴于国内法与《公约》存在的巨大差异,制定《海外预防和打击腐败法》单行法更具有可行性和可操作性。

《公约》第32条和第33条规定了对举报人保护,对于善意举报人必须采取措施避免使其遭受不公正的待遇。我国《刑法》第254条规定了报复陷害罪,第308条规定了打击报复证人罪,《刑事诉讼法》第85条第3款规定了保护报案人、控告人、举报人及其近亲属的安全。报案人、控告人、举报人如果不愿公开自己的姓名和报案、控告、举报的行为,应当为他保守秘密。但由于在司法实践中举报人保护措施没有得到较好的落实,致使举报人普遍不愿出庭作证,大大降低了证据的采信度。我国大量的贪污受贿犯罪是通过举报而得以侦破的,因此应制定《举报人保护法》,对揭发公职人员腐败行为的举报人进行立法保护。对举报的处理程序、举报人的保护和奖励措施予以明确,不得以任何理由和方式泄露举报人的身份。公司不得以任何理由解雇和其他任何形式打击举报人,否则将承担法律责任。举报奖励额度可以设定为犯罪罚金的10%~30%,会促使举报人考量举报成本和举报产出的关系,有效地激发举报的动力。

为了减少在海外恶性竞争,对于同质性的境外大型国企工程公司进行并购重组。我国已经有“南车”与“北车”合并为“中车”的成功案例,重组后有效地避免了国内企业在对外投标中相互残杀的局面。应以国有企业改革为契机,将诸如中石油、中石化与中海油的国际工程业务合并为一家大型国际石油工程公司,统一对外承揽工程。我国的驻外使馆参赞处协调我国企业的投标行为,进行有效的疏导,避免国内企业在同一国家进行恶性竞争。鼓励成立海外国际工程协会,规范企业在海外的文明投资行为,对于违反规定的从业人员,实行“黑名单制度”和“从业禁止制度”。

构建工程领域廉政风险防控工作机制。以岗位风险防控为基础,以现代信息技术为支撑,以制约和监督权力运行为核心,以加强制度建设为重点,构建风险明确、责权清晰、流程规范、制度管用、预警及时、措施有力的廉政风险防控机制，从而最大限度地降低腐败行为发生的可能性。通过企业自身查找，第三方参加的全面排查工程领域的廉政风险，重点权力的运行程序是否规范，自由裁量权是否过大、过于集中存在腐败的风险。让信息透明化，充分保障公众对被监督者的知情权，坚持以公开以为原则，以不公开为例外，把公开、公正、公平作为促进管理防止腐败发生的有效手段。抑制“脱逃黑数”，加大惩处概率，对于国际工程腐高发区的招投标环节、重点部门、重点人，有针对性地开展审计和开展预防性犯罪工作。对于腐败犯罪，也要发挥特殊预防的作用，做到发现一起，查处一起，充分发挥刑罚的威慑力，有效震慑部分心怀侥幸的不法分子。要坚持责权一致原则，做到有权必有责，用权必然受到监督、违法必然受到追究。国资委需加强对海外工程公司及其公职人员的监督管理，对于违法违规的企业采取“约谈”或“指名停止”制度，对违纪违法人员给予党内处分，行政处分，开除公职，移交司法机关。

进行反腐制度创新，引入第三方独立机构进行监督。通过公开招标引入律师事务所、会计师事务所，或成立中立的“反腐败公司”，对在东道国从事国际承包的国资工程公司进行腐败风险管控；所有国际工程项目，一律接受独立第三方的不定时的审计和监督；建立匿名举报制度；建立审计师检举制度；实行“线人”或“特工”制度；推广透明国际组织的廉洁合约制度；建立污点证人作证的诉讼交易豁免制度。

组建专门的海外反腐机构，集中行使预防和惩治贪腐犯罪职能。境外的违纪、违法和犯罪等所有腐败线索，皆由海外反腐机构统一受案，各级纪委组织、监察机关、各级检察院不再受理腐败线索。该机构可隶属最高人民检察院，赋予其调查权、搜查权、扣押权、证据收集权、逮捕权等刑事诉讼权力和相应的外事权。对于收集到的线索，该机构可视不同的情况，督促国有企业整改、交由纪检机构处理，对于腐败犯罪，刑事侦查结束后，可以转交相应的检察院起诉。

我国近年来的反腐败工作及其成果已经得到国际社会的广泛认可，我国正逐步参与、主导国际反腐的话语权，并为掌握反腐国际合作的主动权寻求政策空间。从 APEC 到 G20，进一步彰显了我国在国际反腐败领域的主导权和领导力。我国站在国际道义制高点，积极传播正能量，切实推进反腐败事业发展，其声音已在国际上得到广泛响应和共鸣。G20《高级原则》将为我国开展追逃追赃工作提供新的合作框架和指引，拓展我国与其他国家的反腐合作渠道，国内反腐与国际反腐正形成互动和衔接。下一步，关键在于切实落实原则精神，让原则内容真正“落地”。国际反腐败追逃追赃研究中心 2016 年 9 月 23 日在北京设立，该研究中心是一个常态化的国际平台，成为我国与 G20 其他国家进行合作对话、课题研究、信息交流的重要平台。

参考文献

[1]张浩:《国际总承包中联合体的法律关系》,载《国际经济合作》2013 年第 5 期。

[2]张浩:《EPC 合同中的“一切工程险”研究》,载《国际经济合作》2013 年第 7 期。

[3]张浩:《国际 EPC 合同“设计标准版次适用”引起的争议》,载《国际经济合作》2014 年第 8 期。

[4]张浩:《国际 EPC 合同模式下的采购管理研究》,载《国际经济合作》2015 年第 3 期。

[5]张浩:《国际 EPC 合同模式下的设计管理研究》,载《国际经济合作》2015 年第 7 期。

[6]张浩:《国际大型设计—采购—施工合同的“关闭”管理》,载《科技管理研究》2014 年第 23 期。

[7]张浩:《国际 EPC 合同的“变更”探讨》,载《国际石油经济》2013 年第 9 期。

[8]张浩:《关于国际石油工程公司的法务队伍机制建设的思考》,载《国际石油经济》2014 年第 9 期。

[9]张浩:《伊朗的工伤保险与雇主责任险探讨》,载《国际工程与劳务》2014 年第 6 期。

[10]张浩:《国际工程索赔的法理基础》,载《辽宁工业大学学报》(社会科学版)2016 年第 3 期。

[11]张浩、赵水彬:《回购合同模式下的风险与对策》,载《河南科技大学学报》(社会科学版)2011 年第 6 期。

[12]张浩:《EPC 合同模式下分包商的选择及评估过程管理》,载《北

京石油管理干部学院学报》2015 年第 4 期。

[13]张浩、赵水彬:《国际 EPC 合同评审中的承包商风险分析与对策研究》,载《新余学院学报》2011 年第 2 期。

[14]张浩:《论公司律师制度的困境与构建》,载《行政与法》2016 年第 4 期。

[15]张浩:《国际工程腐败治理研究》,载《海峡法学》2016 年第 1 期。

[16]张浩:《国际 EPC 合同中增值税的索赔》,载《法制与社会》2014 年第 30 期。

[17]张浩:《工伤保险与雇主责任险的融合研究》,载《中国保险》2014 年第 3 期。

[18]张浩:《EPC + LLIs 合同模式下业主采购延误引起的索赔》,载《中国经贸》2014 年第 18 期。

[19]张浩:《国际投资项目的法制环境调查》,载《中国国情国力》2015 年第 3 期。

[20]张浩:《国际 EPC 合同中的银行保函》,载《建筑经济》2014 年第 4 期。

[21]张浩:《FIDIC 银皮书中分包条款与我国分包法律比较》,载《企业研究》2015 年第 9 期。

[22]苏号朋、朱家贤:《论英国法中的合同默示条款》,载《法商研究》1995 年第 5 期。

[23]彭丁带:《投标联合体共同投标中的若干法律问题》,载《政法论丛》2002 年第 12 期。

[24]沈显之:《论菲迪克(FIDIC)合同条件的编制理念》,载《中国工程咨询》2005 年第 2 期。

[25]王新红:《合规管理体系在海外项目运营中的实践》,载《国际石油经济》2015 年第 11 期。

[26]张军:《跨国投资的新动态及加快中国吸收外资的对策分析》,载《经济问题探索》2004 年第 2 期。

[27]张明峰:《国际工程 EPC 融资项目“直接协议”风险辨析》,载《国际经济合作》2013 年第 2 期。

[28]刘向伟、刘东元:《国际工程分包合同编制探讨》,载《国际经济合作》2009 年第 4 期。

[29]祝宁波:《中国企业海外投资的法律风险与法律风险管理探索》,载《华东理工大学学报》2013 年第 3 期。

[30]郝焕庭:《完善雇主责任险相关立法保护雇员合法利益》,载《保险研究》2012 年第 12 期。

[31]李理:《论工伤事故多种赔偿机制的适用关系》,载《中国劳动关系学院学报》2005 年第 4 期。

[32]李珊、徐勤:《我国应立法强制实施雇主责任险》》,载《上海保险》1998 年第 3 期。

[33]刘俊颖、刘欣国:《际承包工程保险:中国建筑企业面临挑战》,载《国际经济合作》2006 年第 3 期。

[34]李季红:《独立保函见索即付的违法阻却事由》,载《人民司法》2016 年第 5 期。

[35]孙淼、姜尧:《银行保函适用的国际惯例及适用时应注意的问题》,载《经济研究导刊》2014 年第 5 期。

[36]李真:《见索即付保函案件司法审判疑难问题研究》,载《法律适用》2015 年第 9 期。

[37]王翰:《国际民事诉讼管辖权的确定及其冲突解决析论》,载《法学杂志》2014 年第 8 期。

[38]李忠富、荆兴凯:《工程总承包模式下施工分包商选择方法研究》,载《工程管理学报》2010 年第 10 期。

[39]肖永平、龙威狄:《论中国国际私法中的强制性规范》,载《中国社会科学》2012 年第 10 期。

[40]张风翔著:《连带责任的司法实践》,上海人民出版社 2006 年版。

[41]张水波、陈勇强著:《国际工程总承包》,中国电力出版社 2010 年版。

[42]陈勇强、张水波著:《国际工程索赔》,中国建筑工业出版社 2008 年版。

[43] 中国工程师咨询协会著:《设计采购施工(EPC)/交钥匙工程合同条件》,机械工业出版社 1999 年版。

［44］杨俊杰、王力尚著:《EPC 工程总承包项目管理模板及操作实例》,中国建筑工业出版社 2014 年版。

［45］王伍仁著:《EPC 工程总承包管理》,中国建筑工业出版社 2014 年版。

［46］吕文学著:《国际工程合同管理》,化学工业出版社 2006 年版。

［47］Reg Thomas 著:《施工合同索赔》,崔军译,机械工业出版社 2010 年版。

［48］张仲伯著:《国际司法学》,中国政法大学出版社 2002 年版。

［49］王利明著:《违约责任论》,中国政法大学出版社 2000 年版。

［50］肖永平著:《国际私法原理》,法律出版社 2007 年版。

［51］陈正云、李翔著:《〈联合国反腐败公约〉——全球反腐败的法律基石》,中国民主法治出版社 2006 年版。

［52］塞缪尔·P. 亨延顿著:《变革社会中的政治秩序》,上海人民出版社 2012 年版。

［53］何伯森著:《工程项目管理的国际惯例》,中国建筑工业出版社 2007 年版。

［54］田威著:《FIDIC 合同条件实用技巧》,中国建筑工业出版社 2005 年版。

［55］李显东著:《中国合同法要义与案例解释》,中国法制出版社 2000 年版。

［56］崔军著:《FIDIC 分包合同管理与实务》,机械工业出版社 2010 年版。

［57］黄进著:《中国国际私法》,法律出版社 1998 年版。

［58］赵秀文著:《国际私法学原理与案例教程》,人民大学出版社 2013 年版。

［59］王卫国著:《〈过错责任原则〉:第三次勃兴》,中国法制出版社 2000 年版。

［60］Willam Ibbs C. Quantitative Impact of Project Change, "Size Issues", in Journal of Construction Engineering and Management ASCE. 1997.

［61］Vincent Powell Smith, Douglas Stephenson, "Civil Engineering

Claims",in Oxford:Blackwell Scientific Publications 1994.

[62] Duane Windsor, Kathleen Getz. Multilateral Cooperation to Combat Corruption, "Normative Regimes Despite Mixed Motives and Diverse Values",in Cornell International Law Journal. 2000.

[63] Ellram L. M. , Caar. A Strategic purchasing, "A history and review of the literature",in International Journal of Purchasing and Materials Management. 1994.

[64] Trimarchi,Pidtro,Commercial Impracticability in Contract Law, "an Economic Analysis",in International Review of Law and Economics. 1991.

[65] Philippa Webb. The United Nations Convention Against Corruption,"Global Achievement or Missed Opportunity?", in Journal of International Economic Law. 2005.

[66]Harmon,K. M. J. ,"Conflicts between owner and contracts about proposed intervention process",in Journal of Management in Engineering. 2003(7).

[67]Fong,P. S. W and Choi,"S. K. Y. Final Contractor Selection Using Analytical Hierarchy Process",in Constr. Manage. Econo. 2000(18).

[68]D Singh,Robert L. K. ,"Tion A Fuzzy Decision Framework for Contractor Selection",in Construction Engineering. 2005.

[69] Sergio Maturana, "On-Site Subcontractor Evaluation Method Based on Learn Principles and Partnering Practices", in Journal of Management in Engineering. 2007(2).

[70]Andreas Hartmann. Relative Importance of Subcontractor Selection Criteria,"Evidence from Singapore",in Journal of Construction Engineering and Management. 2009(9).

[71] Mitropoulos P. , "Howell G... Model for Understanding, Reviewing, and Resolving Project Disputes", in Journal of Construction Engineering and Management. 2001.

[72] Edwin H. W. Chan, Henry C. H. Suen, Charles K. L. Chan, "MAUT-Based Dispute Resolution Selection Model Prototype for

International Construction Projects", in Journal of Construction Engineering and, Management. 2006.

[73] Essex, Randall J, "Means of avoiding and resolving disputes during construction", in Tunneling and Underground Space Technology. 1996.

[74] Paula Gerber, Brennan Jong, Look before your leap, "Avoiding the Traps and Maximizing the Benefits of Your DRB.", in Construction Law Journal. 2002.

[75] Walker David, *The Oxford Companion to law*, Oxford, Clarendon Press. 1980.

[76] John Murdoch, Will Hughes, *Construction Contract*, *Law and Management*, London, Spon Press, 2000.

[77] Thomas R. Peltier, *Information Security Risk Analysis*, Rothstein Associates Inc. 2001.

图书在版编目(CIP)数据

国际工程法务管理/张浩著. —北京:法律出版社,2017.2

ISBN 978-7-5197-0520-6

Ⅰ.①国… Ⅱ.①张… Ⅲ.①国际承包工程—承包合同—合同法—研究 Ⅳ.①D996.1

中国版本图书馆CIP数据核字(2017)第015011号

国际工程法务管理 | 张　浩　著 | 责任编辑　郑　导
装帧设计　汪奇峰

开本 720毫米×960毫米　1/16
版本 2017年3月第1版
出版 法律出版社
总发行 中国法律图书有限公司
责任校对 杨昆玲
印刷 固安华明印业有限公司
印张 37　**字数** 567千
印次 2017年3月第1次印刷
编辑统筹 独立项目策划部
经销 新华书店
责任印制 张建伟

法律出版社/北京市丰台区莲花池西里7号(100073)
网址/www.lawpress.com.cn
投稿邮箱/info@lawpress.com.cn
举报维权邮箱/jbwq@lawpress.com.cn
销售热线/010-63939792/9779
咨询电话/010-63939796

中国法律图书有限公司/北京市丰台区莲花池西里7号(100073)
全国各地中法图分、子公司销售电话:
统一销售客服/400-660-6393
第一法律书店/010-63939781/9782　西安分公司/029-85330678　重庆分公司/023-67453036
上海分公司/021-62071010/1636　深圳分公司/0755-83072995

书号:ISBN 978-7-5197-0520-6　**定价**:118.00元
(如有缺页或倒装,中国法律图书有限公司负责退换)